MARCO POLITI

BENEDIKT

MARCO POLITI

Benedikt

Krise eines Pontifikats

Aus dem Italienischen
von Petra Kaiser, Walter Kögler,
Antje Peter und Rita Seuß

ROTBUCH VERLAG

ISBN 978-3-86789-171-4

Deutsche Erstausgabe, 1. Auflage

Titel der Originalausgabe: »Joseph Ratzinger. Crisi di un papato«

Published by arrangement with Marco Vigevani Agenzia Letteraria
Umschlaggestaltung: Katharina Fuchs, Rotbuch Verlag
Umschlagabbildung: picture alliance / Stefano Spaziani
Druck und Bindung: GGP Media GmbH, Pößneck

Ein Verlagsverzeichnis schicken wir Ihnen gern:
Rotbuch Verlag
Alexanderstraße 1
10178 Berlin
Tel. 01805/30 99 99
(0,14 Euro/Min., Mobil max. 0,42 Euro/Min.)

www.rotbuch.de

Inhalt

»Para venir a lo que no sabes,
has de ir por donde no sabes«

JOHANNES VOM KREUZ

für Liliana
und Ornella

Deutschland – Prüfstein eines Pontifikats

Deutschland ist der Brennspiegel für Papst Benedikts ungelöste Probleme. Deutsche Theologen, unter ihnen der junge Joseph Ratzinger, waren im Stoßtrupp der Reformtheologie des Zweiten Vatikanischen Konzils. Im deutschsprachigen Raum werden seit Jahren immer wieder Stimmen laut, die eine Kursänderung der katholischen Kirche fordern. Nicht, dass es in anderen Ländern keine Bedenken gegen die Kirchenführung gäbe. Kardinal Carlo Maria Martini, der ehemalige Erzbischof von Mailand, sagte wenige Wochen vor seinem Tod, die Kirche sei »zurückgeblieben ... unsere Kultur ist gealtert, unsere Gotteshäuser sind leer, der kirchliche Verwaltungsapparat ist aufgebläht«.[1] Doch die Kritik von deutscher Seite ist besonders explizit. Und damit wird das Verhältnis Benedikts XVI. zu seinem Heimatland zu einem Prüfstein für sein Pontifikat.

Seine letzte Deutschlandreise vom 22. bis zum 25. September 2011 wirkte wie ein Monolog. Als der damalige Bundespräsident Christian Wulff ihm in Schloss Bellevue, abweichend vom Protokoll, Fragen stellte, die ins Herz der katholischen Kirche im 21. Jahrhundert zielten, schwieg der Papst. »Wie barmherzig geht die Kirche mit Brüchen in den Lebensgeschichten von Menschen um?«, fragte der Bundespräsident. »Welchen Platz haben Laien neben Priestern, Frauen neben Männern? Was tut die Kirche, um ihre eigene

Spaltung in katholisch, evangelisch und orthodox zu überwinden?«[2]

Dasselbe geschah bei der Begegnung mit dem Präsidenten des Zentralrats der Juden in Deutschland, Dieter Graumann, der die schmerzlichen Punkte in der Beziehung zwischen Judentum und katholischer Kirche aufzeigte: die Rolle der Piusbrüder, die »für Fanatismus, Fundamentalismus, Rassismus, Antisemitismus, ja schlicht für Unversöhnlichkeit pur stehen«, das Thema Karfreitagsfürbitte und die Seligsprechung Papst Pius' XII., die »weiteren Schmerz und Enttäuschung« verursachen würde.[3] Benedikt XVI. ging nicht darauf ein.

Besonders schwer wiegt, dass der Papst der Bitte der evangelischen Kirche um ein »ökumenisches Gastgeschenk« eine Absage erteilte. Die evangelische Kirche in Deutschland hatte gehofft, zur Einigung über ein gemeinsames Abendmahl für Eheleute und Familien unterschiedlicher christlicher Konfessionen zu gelangen.

In der Erfurter Augustinerkirche bezeichnete Benedikt XVI. die Erwartung eines Geschenks als »politisches Missverständnis des Glaubens und der Ökumene«.[4] Die Beziehungen zwischen den Kirchen, verkündete er quasi ex cathedra, seien mit den Verhandlungen zwischen Staaten nicht vergleichbar und noch viel weniger mit der Unterzeichnung eines Vertrags, durch den »in der Abwägung von Vor- und Nachteilen ein Kompromiss entsteht, der schließlich beiden Seiten vorteilhaft erscheint«. Den Glauben, so betonte der Papst, könne man nicht aushandeln.

Und doch war es die Zeit, da Rom mit den schismatischen Piusbrüdern über die Frage der Autorität und Interpretation der Dokumente verhandelte, die von der höchsten Instanz der katholischen Kirche, einem allgemeinen Konzil – dem Vaticanum II – verabschiedet worden waren. Während Präses Nikolaus Schneider und Landesbischöfin Ilse Junkermann den Papst als »Bruder in Christus« ansprachen, wählte der Papst die unverbindliche Formel »liebe Brüder und Schwestern«: in der offiziellen vatikanischen Übersetzung ins Italienische, Französische, Polnische, Portugiesische und Spanische zu »geehrte Damen und Herren« verkürzt.

Eine Begegnung mit der Deutschen Bischofskonferenz stand bei Papst Benedikts drittem Besuch in seiner Heimat nicht auf dem Programm. »Er hat sich bereits 2005 mit den deutschen Bischöfen getroffen«, erklärte man im Presseamt des Heiligen Stuhls, eine kuriose Begründung, sehr bürokratisch. Schließlich hatte der Pole Johannes Paul II. bei seinen ersten Reisen in die Bundesrepublik 1982 und 1987 beide Male das Gespräch mit den deutschen Bischöfen gesucht. Hatte der deutsche Papst bei seinem Staatsbesuch in Deutschland seinen Mitbrüdern nach sechs Jahren nichts Neues zu sagen?

Vor Beginn der Reise, am 13. August, hatten der Vorsitzende der Deutschen Bischofskonferenz, Erzbischof Robert Zollitsch, der Erzbischof von München und Freising, Kardinal Reinhard Marx, und die Bischöfe von Osnabrück und Essen den Papst in seiner Sommerresidenz in Castelgandolfo besucht. Dort hatten sie ihm den »Gesprächsprozess« dargelegt, den die katholische Kirche in Deutschland bereits im Juli des Vorjahres in Mannheim begonnen hatte: ein Dialog zwischen der Kirchenhierarchie und Vertretern der katholischen Bewegungen, um gemeinsam Stärken und Schwächen der Kirche zu analysieren.

Mit der Entscheidung, sich nicht mit der Bischofskonferenz zu treffen, ging Benedikt XVI. der Frage aus dem Weg und vermied es vor allem, die Initiative offiziell zu unterstützen.

Auch bei seinem Treffen mit dem Zentralkomitee der deutschen Katholiken sprach der Papst nicht die Themen an, die die aktive Laienvertretung seit Jahren auf den Tisch legt. Wenige Tage vor seiner Ankunft in Deutschland hatte das ZdK unter dem Stichwort »Frauen bewegen Kirche« eine brisante Diskussion in Gang gesetzt.

Vieles sei in den letzten Jahrzehnten geschehen, konnte man da hören. Nach wie vor aber stünden den Frauen fast nur ehrenamtliche Dienste offen: Kirchenschmuck und die Pflege von Kirchenwäsche, Vorbeten bei Andachten, Krankenbesuchsdienst, Einsatz bei Pfarrfesten, Tischmütter etc. »Aber wo entscheiden Frauen mit: zum Beispiel beim Thema Gemeindeleitung? Wo fühlen sie sich ernstgenommen in ihrer Wahrnehmung im alltäglichen Leben?«[5] Dagmar Mensink, Mitglied des ZdK, träumte den Traum einer Kirche, in der ihre Tochter »selbstbewusst und fröhlich katholisch sein kann. In der Frauen und Männer verschieden sind, weil jeder Mensch ein Individuum ist, und nicht weil sie qua Geschlecht auf bestimmte Rollen festgelegt werden. In der homosexuelle Menschen so selbstverständlich wie heterosexuelle Paare in Liebe und Verantwortung ihre Beziehungen leben können«.[6]

Marie-Theres Kastner, Bundesvorsitzende der Katholischen Elternschaft Deutschlands, hatte den Traum von einem großen Streik aller Frauen, die in der Kirche mitarbeiten: Kommunion- und Firmgruppen würden ausfallen, Jugendgruppen stünden ohne Betreuerin da. Weniger Einsatz in der Caritas, weniger Besuchsdienste in den Krankenhäusern, leere Plätze in Pfarrgemeinderäten, Stillstand im Religionsunterricht.[7] Dann würden endlich alle verstehen: »Ohne Frauen gibt es keine Kirche!«

Den Anregungen schenkte Benedikt XVI. keine Aufmerksamkeit. Stattdessen wandte er sich mit einer Mahnung an den Rat des ZdK: Es gebe in der deutschen katholischen Kirche »einen Überhang an Strukturen gegenüber dem Geist«.[8]

So entstand der Eindruck, der Papst sei den Impulsen seiner Gesprächspartner ausgewichen. Er wandte sich anderen Themen zu, in denen er oft eine tiefe Saite zum Klingen brachte. Er sprach von der Bedeutung des »Mitglaubens« und davon, dass Menschen, »denen die Erfahrung der Güte Gottes fehlt, Orte brauchen, wo sie ihr inneres Heimweh zur Sprache bringen können«.[9] Das Christentum, so Benedikt, müsse die menschliche Wärme der kleinen Gemeinschaften wiederfinden. Er lobte sogar die Enteignung von Kirchengütern und die Streichung von Privilegien der Kirche in der Vergangenheit: So könne die »von materiellen und politischen Lasten und Privilegien befreite Kirche … ihre Berufung zum Dienst der Anbetung Gottes und zum Dienst des Nächsten wieder unbefangener leben«.[10]

In der letzten Messe seines Deutschlandbesuchs stellte Benedikt XVI. die ethische Sensibilität vieler Agnostiker der Abgestumpftheit der Gewohnheitschristen gegenüber. »Agnostiker, die von der Frage nach Gott umgetrieben werden«, sagte er in seiner Predigt, »Menschen, die unter ihrer Sünde leiden und Sehnsucht nach dem reinen Herzen haben, sind näher am Reich Gottes als kirchliche Routiniers, die in ihr nur noch den Apparat sehen, ohne dass ihr Herz davon berührt wäre.«[11]

Das Image des Papstes Joseph Ratzinger wird als sehr widersprüchlich wahrgenommen. Stereotypen werden ihm nicht gerecht. Der deutsche Papst ist eine komplexe, feinfühlige Persönlichkeit, nuancenreich und von intellektueller Schärfe. Tatsache jedoch ist, dass sein Führungsstil die katholische Öffentlichkeit spaltet. Die einen bewundern ihn voller Begeisterung, die anderen stehen seinem negativen Urteil über die heutige Gesellschaft kritisch gegenüber.

Es gibt jedoch Fakten, die schwerer wiegen als persönliche Einschätzungen. An erster Stelle die Dauerkrise, die sein

Pontifikat charakterisiert und die in der Vatileaks-Affäre gipfelte. Nicht einmal in den schlimmsten Jahren des Kalten Kriegs, als KGB und CIA alles daransetzten, um ihre Agenten in den Vatikan einzuschleusen, hätte man sich einen Kammerdiener des Papstes als Verräter vorstellen können.

Jahr um Jahr folgte eine Krise auf die andere – ein einzigartiges Phänomen in der Geschichte der Päpste des letzten Jahrhunderts. Dabei geht es nicht um einen schablonenhaften Konflikt zwischen Konservatismus und Progressismus. Tatsächlich gerät die Führung der Weltkirche regelmäßig ins Stocken, mit schwerwiegenden Folgen für die Gemeinschaft der Gläubigen, aber auch für die Beziehungen nach außen. Nur Kommunikationsprobleme dafür verantwortlich zu machen grenzt an Selbstbeschwichtigung.

Benedikt XVI. ist ein faszinierender Prediger und Intellektueller, sein Denken ist tiefgründig. Und doch ist sein Pontifikat von ständigen Erschütterungen geprägt: Konflikte mit dem Islam und dem Judentum, mit den Wissenschaftlern im Falle der Aids-Bekämpfung und mit den Katholiken, die an der großen Wende des Konzils festhalten. Unbehagen und Konflikte innerhalb der Römischen Kurie. Seit seinem Amtsantritt 2005 gab es keinen Zeitpunkt ohne Skandale, die das Ansehen und die Rolle der katholischen Kirche in der Weltöffentlichkeit beschädigt haben.

Das zweite typische Element des Ratzinger-Pontifikats ist sein zäher Widerstand gegen Reformen in der katholischen Kirche. Selbst Peter Seewald, sein Lieblingsbiograph, spricht von einem »Reformstau«. Der »Aufruf zum Ungehorsam« österreichischer Pfarrer,[12] ein leidenschaftlicher Reformappell im deutschsprachigen Raum, überraschte Benedikt XVI., unwillig zu erkennen, dass sich die römisch-katholische Kirche in einer Sackgasse befindet. In der Gründonnerstagsmesse 2012 appellierte er an die Gehorsamspflicht. Seine Ansprache verriet freilich auch einen Unterton des Missbehagens. »Vor kurzem hat eine Gruppe von Priestern in einem europäischen Land einen Aufruf zum Ungehorsam veröffentlicht«, sagte er im Petersdom, »und dabei gleichzeitig auch konkrete Beispiele angeführt, wie dieser Ungehorsam aussehen kann, der sich auch über endgültige Entscheidungen des kirchlichen Lehramtes hinwegsetzen soll wie zum Beispiel in der Frage der Frauenordination, zu der der selige Papst Johannes Paul II. in unwiderruflicher Weise erklärt hat, dass die Kirche dazu keine Vollmacht vom Herrn erhalten hat.« Und er fragte: »Ist Ungehorsam ein Weg, um die Kirche zu erneuern? Wir wollen den Autoren dieses Aufrufs glauben, dass sie die Sorge um die Kirche umtreibt; dass sie überzeugt sind, der Trägheit der Institutionen mit drastischen Mitteln begegnen zu müssen, um neue Wege zu öffnen – die Kirche wieder auf die Höhe des Heute zu bringen. Aber ist Ungehorsam wirklich ein Weg?«[13]

Der Papst ist überzeugt, dass die Reformer die Kirche nach ihren Wünschen und Vorstellungen umgestalten wollen. Ein beim Heiligen Stuhl akkreditierter europäischer Diplomat äußert eine andere Vermutung: »Der Papst fürchtet, einen unkontrollierbaren Reformprozess in Gang zu setzen, wie es nach dem Konzil geschah, und er möchte seinem Nachfolger keine instabile Situation hinterlassen.«

Der Erfurter Bischof Joachim Wanke benannte einmal die Reibungspunkte in der Kirche: »Die Forderung nach der Ausweitung der Weihezulassung für Verheiratete und Frauen wird nachdrücklicher gestellt. Die Kirchenaustrittszahlen nehmen weiterhin zu … Die sexualethischen Weisungen der Kirche sind in manchen Bereichen schwer vermittelbar. Manche meinen, die hierarchische Verfasstheit der Kirche selbst, die Art, wie in ihr Macht ausgeübt wird, sei eine der Ursachen ihrer Reformschwäche …«

Bischof Wanke hat kein Rezept. Aber er schlägt einen Weg vor: »Das alles sollte besprochen, nüchtern analysiert beziehungsweise in seiner theologischen und kirchlichen Bedeutsamkeit gewichtet und bedacht werden.«[14] Genau das ist es, was Rom heute, im Pontifikat Ratzingers, nicht zulässt.

Deutschland ist ein Brennspiegel aller Probleme, die in diesem Pontifikat Wunden schlagen. Benedikt XVI. hat schon vor langer Zeit festgestellt, dass die Ära der »christlichen Gesellschaft« vorbei ist, und darauf hingewiesen, dass die Zukunft einem Entscheidungschristentum gehört, bei dem das authentische – persönliche und kollektive – Zeugnis das einzige Kriterium zur Verkündigung des Evangeliums ist.

Er stemmt sich der Dringlichkeit einer Reform entgegen, welche die Strukturen, die Machtausübung und das Weltbild der Institution Kirche neu entwerfen würde, wie es das Konzil von Trient tat, als es die mittelalterliche Kirche hinter sich ließ und den Katholizismus in die Neuzeit führte.

Mehr als alles andere wird das Pontifikat Benedikts von einer Führungskrise belastet. Der Papst in Rom steht an der Spitze einer Institution mit mehr als 1,1 Milliarden Mitgliedern. Über die spirituelle Dimension hinaus besitzt sein Amt auch eine politische, ja geopolitische Dimension. Charismatische Päpste wie Pius XII. oder Karol Wojtyła, nachdenkliche wie Paul VI. und prophetische wie Johannes XXIII. meisterten diese Rolle jeder auf seine Weise. Der Einzige, der sich im 20. Jahrhundert seiner Aufgabe nicht gewachsen fühlte, Johannes Paul I., zerbrach an den Anforderungen seiner Führungsrolle. Und das war kein Zufall.

Benedikt XVI. ist eine bemerkenswerte Persönlichkeit, doch die ständigen Krisen seines Pontifikats werfen die Frage auf, ob er die Rolle eines geopolitischen Führers meistert und ob er das Fingerspitzengefühl dafür hat. In welchem

Zustand wird er die Kirche hinterlassen? Die Bilanz seines Pontifikats wird das nächste Konklave beeinflussen.

Die Hofprediger in Rom hören nicht auf, Benedikt XVI. als einen »großen Papst« zu loben. Er selbst meinte einmal nüchtern und nicht ohne Humor, dass es »neben den großen auch kleine Päpste geben muss, die das Ihre geben«.[15]

Beim Weihnachtsempfang für die Römische Kurie räumte er ein, dass die regelmäßigen Kirchgänger immer älter werden und ihre Zahl stetig abnimmt, dass »der Priesternachwuchs stagniert, dass Skepsis und Unglaube wachsen. Was also sollen wir tun?«[16]

Letzten Endes ist Joseph Ratzinger eine tragische Figur.

Der Anti-Kandidat

Joseph Ratzinger hätte nicht Papst werden dürfen. Er hätte es nicht werden können. Nach den ungeschriebenen Gesetzen des Konklaves hätte eine so »polarisierende« Persönlichkeit niemals die für die Wahl erforderliche Zweidrittelmehrheit erlangen können. Am 19. April 2005 um 18.48 Uhr jedoch zeigte sich nach einer der kürzesten Papstwahlen des 20. Jahrhunderts der Deutsche Joseph Ratzinger lächelnd auf der Loggia delle Benedizioni. Die Herrschaft Benedikts XVI. hatte begonnen.

Wer die Schwelle des Bronzeportals überschreitet, begreift schnell, was das Wort »polarisieren« bedeutet. Es bedeutet, mit Worten, Taten und Ideen ein Spannungsfeld zu erzeugen, das die Kirche in verschiedene Lager spaltet. Der Begriff wird in kirchlichen Kreisen für diejenigen verwendet, die sich markant in Szene setzen. Bleibt die betreffende Person isoliert, heißt es, sie sei »fuori dal coro«, außerhalb des Chors, stehe also im Abseits. Erhält sie hingegen Zuspruch und löst Reaktionen aus, wird ihr vorgeworfen, sie polarisiere. So oder so ist die – nicht selten von einem Seufzer begleitete – Redewendung »leider polarisiert er …« in den vorsichtigen Äußerungen innerhalb der Kurie stets jenen vorbehalten, die trotz großer persönlicher Qualitäten nicht in der Lage sind, einen friedlichen Konsens für ihre Positionen zu finden.

Als Hüter der rechten Lehre 1981 im Alter von nur 54 Jahren von Johannes Paul II. in das einflussreiche Amt des Präfekten der Kongregation für die Glaubenslehre (des ehemaligen Heiligen Offiziums) berufen, ist Kardinal Ratzinger in der Römischen Kurie von Anfang an eine polarisierende Persönlichkeit. Unter Wojtyła, der sich dem Kampf gegen den Kommunismus verschrieben hat, beginnt der deutsche Kardinal, unerbittlich gegen die Theologie der Befreiung zu agieren, als deren Fürsprecher im Kardinalskollegium der Brasilianer Aloísio Lorscheider gilt.

Als Ratzinger nach Rom kommt, gibt es die Befreiungstheologie bereits seit gut einem Jahrzehnt. Auf der Zweiten Generalversammlung des Lateinamerikanischen Episkopats, die 1968 im kolumbianischen Medellín stattfand, erklärten die Bischöfe, den »ohrenbetäubenden Schrei« von Millionen Menschen, die nach der Befreiung aus unerträglicher sozialer Ungerechtigkeit strebten, nicht länger überhören zu können. In Medellín prangerte der Episkopat Lateinamerikas den »unrechtmäßigen Widerstand gegen den Wandel« an und rief die Kirche zum konkreten Handeln auf.[1]

Das komplexe Phänomen der Befreiungstheologie, die im Kontext von Oligarchien und repressiven Regimen ihren Ursprung hat, schöpfte seine Kraft aus der Vision einer Kirche, die sich mit den Armen solidarisiert. Die Befreiungstheologie verband die Botschaft des Evangeliums mit sozialer Gerechtigkeit, rief Priester und Bischöfe zur Armut im Geist des Evangeliums auf und deckte die historische Komplizenschaft der Kirche mit den herrschenden Mächten auf: den »einflussreichen Familien« der Großgrundbesitzer, der Militärkaste, den Mächtigen in der Wirtschafts- und Finanzwelt.

Gewiss, die Befreiungstheologie übernahm einige marxistische Denkfiguren, etwa die Analyse des Verhältnisses zwischen wirtschaftlichen Strukturen und politischen Systemen oder den Begriff des Klassenkampfes. Ihr eigentliches Motiv bestand jedoch darin, den entrechteten Massen Hoffnung zu schenken. Ungeachtet jener, die – wie der kolumbianische Priester Camilo Torres – die Flucht nach vorn antraten und den Guerillakampf wählten, stand der *Cristo libertador* der Befreiungstheologen für eine radikale Lesart der neutestamentlichen Bergpredigt.

Der peruanische Theologe Gustavo Gutiérrez formulierte in seinem 1973 erschienenen Buch *Theologie der Befreiung*, dessen Titel der Bewegung den Namen gab, die Zielsetzung der Befreiungstheologie mit den Worten: »Die Universalität der christlichen Liebe bleibt ein abstrakter Begriff, solange sie nicht konkrete Geschichte wird, Prozess, Konflikt, Überwindung von Einzelinteressen ... Alle Menschen zu lieben bedeutet weder Konflikten aus dem Weg zu gehen, noch eine künstliche Harmonie aufrechtzuerhalten.« In ähnlicher Weise äußerte sich auch der brasilianische Theologe und Franziskaner Leonardo Boff: »Meine Kirche ist aus der Sakristei herausgetreten ... Sie hat aufgehört, den Menschen nur auf das Jenseits vorzubereiten ... Sie hat entdeckt, dass das Wort die Stimme desjenigen ist, der keine Stimme hat, die Kraft desjenigen, der keine Kraft hat.« Für die Theologie der Befreiung gab es kein spirituelles Heil, das losgelöst wäre von der sozialen Befreiung: Nur eine »vollständige Befreiung« ergab Sinn.

Im lateinamerikanischen Katholizismus manifestierte sich die neue Bewegung in einer erstaunlichen Blüte kirchlicher Basisgemeinden, die den Diktatoren des Kontinents ein Dorn im Auge waren. Doch ging es dabei weniger um eine Doktrin als um das tägliche Leben. In dem Ausspruch des brasilianischen Bischofs Hélder Câmara »Wenn ich den Armen zu essen gebe, nennen sie mich einen Heiligen, wenn ich frage, weshalb die Armen nichts zu essen haben, nennen sie mich einen Kommunisten« kommt der Kern einer Botschaft zum Ausdruck, die von Millionen Menschen verstanden wurde.

Zum Märtyrer einer gelebten Theologie der Befreiung wurde der Erzbischof von San Salvador, Óscar Arnulfo Romero. Ursprünglich eher konservativ ausgerichtet, stellte er sich schließlich gegen die salvadorianische Oligarchie, die ihre Widersacher mit Hilfe von Geheimkommandos beseitigte. 1980 starb Romero für seine Ideale durch den Schuss eines Killers, während er die Messe zelebrierte.

Der erste Schlag gegen die Theologie der Befreiung erfolgte durch Johannes Paul II. persönlich. Während der Dritten Generalversammlung der Lateinamerikanischen Bischöfe im mexikanischen Puebla im Januar 1979 verurteilte er die Vorstellung eines politischen Jesus nachdrücklich: »Christus als den Umstürzler aus Nazareth zu präsentieren, der in einen Klassenkampf gegen die römische Herrschaft involviert gewesen sei, ist untragbar und steht im Widerspruch zur Lehre der Kirche.«

Derjenige aber, der über Jahre hinweg systematisch gegen die Befreiungstheologen und jene Bischöfe, Zeitschriften, Studienzentren und religiösen Organisationen vorgeht, die in irgendeiner Form mit dieser Bewegung sympathisierten, ist Kardinal Ratzinger. Für ihn gibt es keinen Unterschied zwischen der politischen Kultur des Marxismus, die in der westlichen Hemisphäre verbreitet ist, und dem totalitären stalinistischen Modell, das er aus Ostdeutschland kennt.

Seine intellektuelle Aversion gegen alles, was an Marxismus erinnert, zeigt sich bereits während des Konklaves, aus dem am 16. Oktober 1978 Johannes Paul II. als Papst hervorgeht. Nicht zufällig hat Ratzinger in einem Interview mit der *Frankfurter Allgemeinen Zeitung* eine Woche zuvor von dem »Druck« gesprochen, den »linke Kräfte« auf die Kardinäle ausüben.

Ratzinger, der während der '68er-Revolte als Professor für Dogmatik an der Universität Tübingen lehrt, ist traumatisiert von den heftigen Angriffen, denen die Kirche ausgesetzt ist, durch Parolen wie »Verflucht sei Jesus« ebenso wie durch Ausfälle gegen das Symbol des Kreuzes, das als Glorifizierung des Sadomasochismus geschmäht wird. In jener Zeit, so erinnert er sich später, »habe [ich] das grausame Antlitz dieser atheistischen Frömmigkeit unverhüllt gesehen, den Psycho-Terror, die Hemmungslosigkeit, mit der man jede moralische Überlegung als bürgerlichen Rest preisgeben konnte, wo es um das ideologische Ziel ging«.[2]

Dabei ist Ratzinger während des Zweiten Vatikanischen Konzils zunächst als entschieden reformwilliger Theologe in Erscheinung getreten. Das gilt insbesondere für seine Rolle als theologischer Berater des Kölner Kardinals Joseph Frings, der die traditionalistische Ausrichtung, die die Kurie dem Konzil zu geben trachtet, in einer berühmten Ansprache während der ersten Sitzung scharf kritisiert. Erst in der Nachkonzilszeit wendet er sich eher konservativen Positionen zu. Schon zu Beginn seiner Tätigkeit im Vatikan zeigt Ratzinger jedoch die Tendenz, historische Ereignisse im Licht großer theoretischer Entwürfe zu beurteilen, die zugleich minuziös durchdacht und abstrakt sind. Auf Widersprüche, die dem Gang der Ereignisse unweigerlich anhaften, nimmt er kaum Rücksicht.

Die blutige Beseitigung derjenigen, die gegen die Diktaturen in Lateinamerika aufbegehren, einschließlich der im Auftrag der Oligarchien ermordeten Geistlichen, ändert nichts an Ratzingers Haltung. Der polnische Schriftsteller und Journalist Ryszard Kapuściński beschreibt auf eindrückliche Weise den Tod eines dieser unbekannten Kämpfer, die sich gegen die Unterdrückerregime auflehnten: »Ganz El Salvador konnte auf dem kleinen Bildschirm die Hinrichtung von Victoriano Gómez verfolgen. [Man hatte ihn in das Stadion der Kleinstadt San Miguel gebracht.] ... Die Kameraleute wiesen ihn schreiend an, sich in die Mitte des Stadions zu begeben, wo die Lichtverhältnisse besser waren und wo sie besser filmen konnten ... der 24-jährige Victoriano – großgewachsen, olivbraune Haut – gehorchte, ging in die Mitte des Spielfeldes und verharrte dort in Habachtstellung. Von der Tribüne aus war nicht mehr als eine kleine Gestalt zu erkennen ... Aus dieser Entfernung verlor der Tod an Gewicht, an Greifbarkeit, Konkretheit ... Nach den Schüssen des Hinrichtungskommandos stürzte Victoriano zu Boden, und die Kameras nahmen die Soldaten ins Bild, die den Leichnam umstellten und die Einschusslöcher begutachteten.«[3]

Solchen Ereignissen wurde in den Dokumenten des Heiligen Offiziums nie Raum gegeben. In seinem erbarmungslosen Kampf gegen die Theologie der Befreiung geht Ratzinger sogar so weit, den alten katholischen Grundsatz in Frage zu stellen, demzufolge es erlaubt sei, sich gegen Tyrannen zur Wehr zu setzen. Einen Grundsatz im Übrigen, den Paul VI. in seiner Enzyklika *Populorum progressio* 1967 erneuerte. Hier heißt es, man dürfe Widerstand leisten »im Fall der eindeutigen und lange dauernden Gewaltherrschaft, die die Grundrechte der Person schwer verletzt und dem Gemeinwohl des Landes ernsten Schaden zufügt«.

Im August 1984 erlässt Ratzinger als Präfekt der Glaubenskongregation eine *Instruktion über einige Aspekte der »Theologie der Befreiung«*, in der er die sozialreligiöse Sehnsucht als eine gefährliche Verwechslung der »Armen der Schrift mit dem Proletariat von Marx« brandmarkt. Die revolutionäre Aktion wird in diesem Dokument auf ihr vorherbestimmtes Ende reduziert, das dem Modell jener »totalitären und atheistischen Regierungsformen« folgen werde, »die auf revolutionärem und gewalttätigem Weg die Macht an sich gerissen haben, und dies im Namen der Befreiung des Volkes« – Stalinismus und Maoismus also. Die kommunistischen Regime, so fährt Ratzinger fort, seien die »Schande unserer Zeit«, die Theologen aber, die sich vom Marxismus anstecken ließen, seien töricht. »Diejenigen, die, vielleicht unbewusst, sich zum Verbündeten solcher Unterdrückung machen, verraten die Armen, denen sie zu dienen behaupten.«[4]

Gegen Gustavo Gutiérrez werden zwar keine Sanktionen verhängt, die peruanischen Bischöfe jedoch müssen noch im selben Jahr nach Rom reisen, um der Theologie der Befreiung abzuschwören. Im September 1984 wird zudem Leonardo Boff von Ratzinger in den Vatikan zitiert, um zu seinem Buch *Kirche: Charisma und Macht* Stellung zu beziehen. Darin kritisierte er die autoritäre Struktur der Institution Kirche und die in ihrem Innern praktizierte Unterdrückung der Meinungsfreiheit. Im darauffolgenden Jahr wird Boff durch eine Notifikation des ehemaligen Heiligen Offiziums verurteilt, und seine Thesen stehen fortan auf dem Index, da sie die »heilige Lehre des Glaubens in Gefahr bringen.«[5]

Die Strafe besteht in einem Jahr absoluten Schweigens. Keine Lehrtätigkeit, keine Konferenzen, keine Buchpublikation. Zwar werden Boff am Ende drei Monate erlassen, doch 1991 ist er gezwungen, die Leitung der Zeitschrift *Revista Vozes* abzugeben. In der Folge erteilt man ihm ein Lehrverbot und verpflichtet ihn darüber hinaus, seine Schriften künftig einer präventiven Zensur zu unterziehen. Am 26. Mai 1992 gibt er sein Priesteramt auf und verlässt den Franziskanerorden. Paradox ist der Umstand, dass der junge Boff ausgerechnet ein Schüler Ratzingers war und 1970 bei ihm als zweitem Gutachter seiner Doktorarbeit in Dogmatik an der Ludwig-Maximilians-Universität in München promovierte.

Die Angelegenheit hinterlässt tiefe Spuren im Verhältnis zwischen Ratzinger und dem fortschrittlichen Flügel des lateinamerikanischen Episkopats. Als Boff im September 1984 im Palazzo del Sant'Uffizio der bereits erwähnten Befragung unterzogen wird, begleiten ihn zwei der bedeutendsten Persönlichkeiten des Kardinalskollegiums aus Brasilien: Aloísio Lorscheider und Paulo Evaristo Arns. Die beiden Geistlichen haben die Absicht, dem Theologen bei seinem Verhör beizustehen und Ratzinger klarzumachen, wie fruchtbar Boffs Denken für den katholischen Glauben in Brasilien ist. Beide haben im Konklave von 1978 für Johannes Paul II. gestimmt, und beide sind überzeugt von dessen Sensibilität für soziale Belange. Ratzinger jedoch lässt die beiden zu Boffs Befragung demonstrativ nicht zu. Erst am Schluss empfängt er sie in einem separaten Raum.

Lorscheider, der ehemalige Vorsitzende der Lateinamerikanischen Bischofskonferenz und dezidierter Verfechter der »vorrangigen Option für die Armen«, wird später ausgegrenzt. Von seinem Posten als Erzbischof der riesigen Diözese Fortaleza mit fast zweieinhalb Millionen getaufter Christen wird er 1995 – unter dem Vorwand seiner schlechten Gesundheit – in den Marienwallfahrtsort Aparecida versetzt, ein Erzbistum mit 85 000 Gläubigen. Dort bleibt er in einer Art Exil bis zu seinem Rücktritt im Jahr 2004.

Mit den amerikanischen Bischöfen, die einen Hirtenbrief zur Aidsproblematik geschrieben haben, in dem der Gebrauch von Kondomen thematisiert wird, setzt sich Ratzinger 1988 auseinander. Der Text, dem alle Bischöfe zugestimmt haben, soll überarbeitet werden. Im darauffolgenden Jahr verhindert Ratzinger, dass der amerikanische Episkopat ein Dokument über die theologische Forschung veröffentlicht.

In den neunziger Jahren treten erneut Spannungen wegen des *Katechismus der katholischen Kirche* auf, dessen Konzeption wie Formulierungen von den amerikanischen Bischöfen zum Teil missbilligt werden. Unstimmigkeiten entstehen in der Folge auch im Zusammenhang mit der neuen englischen Übersetzung der Bibel und der liturgischen Texte: Ratzinger beurteilt die Sprache als zu modern und zu feministisch.

Symbolisch bedeutsam ist das Duell, das Ratzinger sich in den achtziger Jahren mit dem österreichischen Kardinal Franz König liefert, der während des Zweiten Vatikanischen Konzils sowie in der vatikanischen Ostpolitik der siebziger Jahre eine zentrale Rolle spielte. König war bekanntermaßen wesentlich mitverantwortlich für die Wahl Karol Wojtyłas, dessen Kandidatur er schon beim ersten Konklave im August 1978, aus dem Albino Luciani als Papst hervorging, lanciert hatte.

Als Erzbischof von Wien steht König für einen Katholizismus, der ganz auf der konziliaren Wende fußt. Als überzeugter Reformer ist er sich der Notwendigkeit bewusst, sich mit der Gesellschaft der Gegenwart auseinanderzusetzen. König hegt keinerlei nostalgische Gefühle gegenüber der längst vergangenen »Herrschaft der Christenheit«, wie sie in jenen Jahrhunderten typisch gewesen war, in denen soziale Strukturen, Gesetzgebung und individuelle wie kollektive Verhaltensweisen von den Vorgaben der Kirche bestimmt wurden. Er steht für ein weniger monarchisch geprägtes Papsttum, in dem die Bischöfe mehr Gehör für ihre Stellungnahmen finden.

Anlass der Auseinandersetzung zwischen den beiden Kirchenmännern – aus katholischer Perspektive jener Zeit wahre Giganten – wird der 20. Jahrestag des Konzilsabschlusses. Es ist das Jahr 1985, und Johannes Paul II. will den Turbulenzen der Nachkonzilszeit, der kritischen Theologie und den

Forderungen nach weiteren Reformen ein Ende bereiten. Um die Kirche wieder auf den richtigen Kurs zu bringen, beruft er eine außerordentliche Bischofssynode ein, bei der die Bischöfe der gesamten Welt vertreten sein sollen.

Seine Ansichten vertraut Ratzinger dem katholischen Journalisten und Schriftsteller Vittorio Messori an, der ihn im Priesterseminar von Brixen besucht, wo der Kardinal gern seine Ferien verbringt. Sein Buch *Zur Lage des Glaubens*, das am Vorabend der Synode erscheint, sorgt für großen Wirbel. Johannes Paul II., der das Manuskript gelesen hat, ist begeistert. Die Zeit nach dem Konzil wird hier als geradezu katastrophal beschrieben. Denjenigen, die das Zweite Vatikanum als große Baustelle verstehen, entgegnet Ratzinger unumwunden, man habe das Projekt aus den Augen verloren und jeder werkele so vor sich hin. »Ich bin überzeugt, dass die Schäden, auf die wir in diesen 20 Jahren zugegangen sind, weniger dem ›wahren‹ Konzil zuzuschreiben sind als vielmehr – auf *interner* Ebene – der Tatsache, dass sich latent vorhandene polemische und zentrifugale Kräfte in den Vordergrund gedrängt haben; und auf externer Ebene durch das Konfrontiertsein mit einer kulturellen Revolution im Westen: dem Erfolg der oberen Mittelschicht, des neuen ›Tertiärbürgertums‹ mit seiner liberalradikalen Ideologie individualistischer, rationalistischer und hedonistischer Prägung. … Und wir müssen dem *Heute* der Kirche treu bleiben, nicht dem *Gestern* oder dem *Morgen*: Und dieses Heute der Kirche sind die authentischen Dokumente des Zweiten Vatikanums, ohne *Vorbehalte*, durch die sie verkürzt werden, und ohne *Eigenmächtigkeiten*, durch die sie entstellt werden.«[6]

Die Schuld liegt also nicht beim »wahren« Konzil, betont der Kardinal, sondern bei jenen, die es willkürlich interpretieren. Die Kirche befinde sich in einer Krise, und ein altbekannter Irrglaube sei wiedererstanden, der als Neuheit verkauft werde. Die Liste der Übel betrifft nicht zuletzt die Verhaltensweisen von Millionen Katholiken auf dem Gebiet der Sexualmoral. So verurteilt der Kardinal die Trennung zwischen Sexualität und Ehe und verwirft die These, man könne Homosexualität als ein Recht beanspruchen. Darüber hinaus verurteilt er jene Theologen, die die Empfängnisverhütung für zulässig erklären, obwohl sie Paul VI. in der Enzyklika *Humanae vitae* verboten hat, und auch jene, die vorehelichen Geschlechtsverkehr sowie die Masturbation bei Jugendlichen zu rechtfertigen suchen. Er verurteilt die Zulassung wiederverheirateter Geschiedener zur Eucharistie und prangert den radikalen Feminismus an, der sich unter Ordensschwestern verbreitet habe. Gleich einem Schreckgespenst kehrt speziell das Thema der Homosexualität immer wieder. Gegenüber Messori äußert er: »Es ist sogar vorgekommen, dass Bischöfe … den *gays* Kirchen für ihre Veranstaltungen zur Verfügung gestellt haben.«

Angesichts der erstarkenden Bedeutung der nationalen Bischofskonferenzen, die Einfluss auf den Papst und die Römische Kurie auszuüben beginnen, äußert Ratzinger, die Kirche sei keine Partei, keine Vereinigung, kein Club. »Ihre tiefe und unaufhebbare Struktur ist nicht demokratisch, sondern sakramental, folglich hierarchisch.« Die Bischofskonferenzen, so Ratzinger weiter, »haben keine theologische Grundlage, sie gehören nicht zur unaufgebbaren Struktur der Kirche, so wie sie von Christus gewollt ist«. Ihre Dokumente hätten keinen Wert an sich, sondern nur, insofern sie jeweils von den einzelnen Ortsbischöfen gebilligt würden. Hinter dem theologischen Disput zeichnet sich ein grundlegendes Problem der Kirche der achtziger Jahre ab, das bis heute fortbesteht. Sind die Bischöfe eines Landes im Namen ihrer jeweiligen Kirche befugt, gemeinsam mit dem

Papst die Weltkirche zu leiten? Ratzinger, der die theologische Funktion der Bischofskonferenzen leugnet, blockiert jede Reform des päpstlichen Absolutismus schon im Ansatz.

Die Kirche, so fasst Ratzinger zusammen, bedürfe einer Restauration. Nicht als Rückkehr in die Vergangenheit, sondern als neu gefundenes Gleichgewicht der Orientierungen und der Werte innerhalb des katholischen Ganzen, was »durchaus wünschenswert« sei.[7]

Auch Kardinal König wählt das Mittel des Interviewbuchs, um zur Bilanz des Zweiten Vatikanischen Konzils Stellung zu beziehen.[8] Jedes seiner Worte ist ein Hammerschlag gegen Ratzingers Positionen. Das Wort Restauration, so merkt der österreichische Kardinal an, klinge sehr nach Nostalgie. Die Kirche der Vergangenheit habe alles Neue in der Geschichte mit Angst betrachtet und fühle sich der Welt entrückt, in der sie das Böse schlechthin erkannt zu haben meint. Mit dem Konzil, so König, habe man diese Position fundamental revidiert, die Kirche habe sich der Geschichte ebenso geöffnet wie den Nichtchristen und den ökumenischen Beziehungen. »Wie könnten wir auch nur an ein Gefühl der Angst denken, welches die Kirche dazu brächte, dass sie es bedauert, sich damals geöffnet zu haben, und erneut die Waffe der Verdammnis aufzugreifen? Die Kirche muss vorwärtsgehen.«[9]

Was die Beteiligung der Bischöfe an der Leitung der Kirche betrifft, sollte der Wiener Kardinal noch lange Jahre als Gegenpol zu Ratzinger und dem konservativen Flügel der Kurie in Erscheinung treten. Er vertrat die Ansicht, in der Kirche herrsche ein »aufgeblähter Zentralismus«. Denn der Verwaltungsapparat der Kurie habe sich de facto, wenn auch nicht de jure, jene Rolle der Zusammenarbeit mit dem Papst angeeignet, die das Konzil eigentlich dem Bischofskollegium zuschreibt. König war davon überzeugt, die Kirche müsse den Weg einer schrittweisen Dezentralisierung einschlagen. Schließlich hätte ein wesentliches Ziel des Zweiten Vatikanischen Konzils darin bestanden, das Kardinalskollegium an der Mitverantwortung für die Leitung der Kirche zu beteiligen. Während Ratzinger das demokratische Prinzip für unvereinbar mit der Kirche hielt, bekräftigte König: »Zunächst einmal wählt man den Papst, und das gilt auch für die Äbte in den Klöstern und religiösen Instituten ... Über eintausend Jahre hinweg wurden die Bischöfe von den Gläubigen gewählt und anschließend vom Papst bestätigt.«[10]

Tatsächlich setzte sich 1985 Ratzingers Kurs durch. Der Reformprozess der Nachkonzilszeit wurde eingefroren, ein zunehmender Einfluss der Bischofskonferenzen verhindert. Am Ende der Synode übertrug Johannes Paul II. ihm die Aufgabe, den neuen Katechismus für die gesamte Kirche zu redigieren.

Lang ist die Liste jener, gegen die in dem Vierteljahrhundert, in dem Ratzinger das ehemalige Heilige Offizium leitete, Ermittlungen geführt, die gerügt oder verurteilt wurden. Für Spannungen innerhalb der Kirche sorgten im Übrigen auch seine repressiven Äußerungen zu jenen Themen, für die man noch heute, im zweiten Jahrzehnt des dritten Jahrtausends, nach Lösungen sucht.

Der belgische Dominikaner Edward Schillebeeckx etwa, der als »Experte« am Zweiten Vatikanum mitgewirkt hatte und als einer der wichtigsten Theologen der Nachkonzilszeit gilt, erhielt aufgrund seiner Stellungnahmen zu Priestertum, Zölibat und Frauenordination 1986 eine Rüge. Dem US-amerikanischen Theologen Charles Curran wurde 1987 die Lehrbefugnis an der Catholic University of America entzogen, weil er den verbindlichen Charakter der lehramtlichen Auffassung zu Scheidung, Pille und Homosexualität leugnete.

Im Jahr 1994 wurde auf Drängen der Glaubenskongregation die Verbreitung des Buchs *Woman at the Altar* von Lavinia Byrne in den USA unterbunden. Byrne, eine britische Ordensschwester und Theologin, trat hier für das Priesteramt von Frauen ein. Folgenlos blieb ein Brief, in dem Kardinal Basil Hume, der Primas von England und Wales, die Glaubenskongregation bat, »von weiteren Maßnahmen« gegen Byrne »abzusehen«. Ohne ihr jemals die Möglichkeit eines direkten Gesprächs einzuräumen, forderte die Glaubenskongregation die Nonne auf, sich öffentlich zur Lehre des Heiligen Stuhls zu bekennen, die eine Priesterweihe von Frauen ausschließt. Daraufhin legte Byrne im Jahr 2000 ihr Ordensgewand ab.

1997 wurde Tissa Balasuriya, ein Theologe aus Sri Lanka, wegen seiner Publikation[11] *Mary and Human Liberation* exkommuniziert. Das Vorgehen wirkte psychologisch umso brutaler, als Balasuriya bereits 73 Jahre alt war. Man warf ihm vor, Thesen zur unbefleckten Empfängnis, der Jungfräulichkeit Marias und dem Priesteramt von Frauen zu vertreten, die nicht mit der Lehre der Kirche vereinbar seien. Balasuriya, so entschied das Heilige Offizium, stelle das Christentum auf ein und dieselbe Stufe mit anderen Religionen. Im darauffolgenden Jahr widerrief der Theologe seine Thesen und wurde erneut zu den Sakramenten zugelassen. Bezeichnend blieb der Unterwerfungsgestus der *Versöhnungserklärung*, die er zu unterzeichnen gezwungen war: »Ich, P. Tissa Balasuriya …, erkenne an, dass in meinen Schriften schwerwiegende Unstimmigkeiten und Fehler in Bezug auf die Glaubenslehre festgestellt wurden und daher negative Reaktionen ausgelöst … und eine unerfreuliche Polarisierung innerhalb der Gemeinschaft der Kirche nach sich gezogen haben. Ich bedaure aufrichtig den Schaden, der dadurch verursacht worden ist.«

Im selben Jahr verlor Jacques Dupuis, ein ausgewiesener Fachmann für die fernöstlichen Religionen, aufgrund der Veröffentlichung seines Buchs *Unterwegs zu einer christlichen Theologie des religiösen Pluralismus* seinen Lehrstuhl an der Päpstlichen Universität Gregoriana. Der Jesuit vertrat die Ansicht, dass auch die Offenbarungen der nichtchristlichen Religionen respektiert werden müssten, sah er doch in ihnen den Ausdruck des Heiligen Geistes, der jenseits der Erlösungstat Jesu Christi fortwirke. Im Jahr 2001 musste Dupuis es hinnehmen, dass jede Neuauflage seines Buchs künftig eine Notifikation der Glaubenskongregation enthielt, in der alle »Fehler« aufgelistet waren.

1999 traf es Schwester Jeannine Gramick und Pater Robert Nugent, die sich um die Seelsorge unter katholischen Homosexuellengruppen in den Vereinigten Staaten verdient gemacht und die Organisation »New Ways Ministry« gegründet hatten. Die Ordensleute erhielten die Anweisung, ihre seelsorgerische Tätigkeit für Homosexuelle einzustellen. 2003 schließlich entzog die Glaubenskongregation Juan José Tamayo, einem der brillantesten spanischen Theologen, die Lehrbefugnis.

Auch die Toten blieben von den Urteilen des Heiligen Offiziums unter Joseph Ratzinger nicht verschont. Am 22. August 1998 traf eine Notifikation der Glaubenskongregation die Werke des indischen Jesuiten Anthony de Mello, der das Christentum mit der buddhistischen und taoistischen Spiritualität verknüpfte. Er wurde beschuldigt, einen »Gott ohne Form und Bild, … einen Gott der ›puren Leere‹« zu verkündigen und Jesus Christus nicht als »den Sohn Gottes anzuerkennen, sondern nur als denjenigen, der uns lehre, dass alle Menschen Kinder Gottes seien«. In der Verlautbarung wird klargestellt, dass die Positionen des Theologen nicht mit dem katholischen Glauben vereinbar seien und »schweren Schaden anrichten können«. De Mello war elf Jahre zuvor gestorben.

Regelmäßig geriet Joseph Ratzinger in Konflikt mit dem deutschen Episkopat unter dem Mainzer Bischof Karl Lehmann, den die deutschen Bischöfe über 20 Jahre lang in seinem Amt als Vorsitzenden der Bischofskonferenz bestätigten. Seine Landsleute vertraten in Ratzingers Augen allzu eigenständige Positionen hinsichtlich Verhütung, Scheidung, Schwangerenkonfliktberatung. Zusammen mit dem Bischof von Rottenburg-Stuttgart, Walter Kasper, und seinem Freiburger Kollegen Oskar Saier versuchte Lehmann in den neunziger Jahren, bei Ratzinger, dem Präfekten der Glaubenskongregation, das Plazet für eine »Gewissensentscheidung« hinsichtlich des Problems der wiederverheirateten Geschiedenen zu erreichen. Dabei ging es darum, jedem Ehegatten die Möglichkeit einzuräumen, mit seinem Gewissen auszumachen, inwieweit er persönlich für den Bruch der ehelichen Bindung verantwortlich sei. Der verlassene Ehepartner könne dann erneut kirchlich heiraten und auch die Kommunion empfangen. Ratzinger legte sein Veto ein.

Zu einer weiteren Machtprobe kam es im Hinblick auf die katholischen Familienberatungsstellen. Das Schwangeren- und Familienhilfeänderungsgesetz von 1995 sieht vor, dass sich Frauen, die im Rahmen der Fristenregelung einen Schwangerschaftsabbruch in Betracht ziehen, einem Beratungsgespräch unterziehen müssen. Erst der Nachweis einer solchen Beratung erlaubt es der Frau, die Schwangerschaft straffrei abzubrechen. In dieser Situation forderten Ratzinger und Johannes Paul II. die katholischen Beratungsstellen ultimativ auf, sich aus der Schwangerenkonfliktberatung zurückziehen. Nicht wenige deutsche Bischöfe waren hingegen der Ansicht, dass Frauen gerade durch diese Gespräche von einer Abtreibung abgehalten werden konnten.[12]

Der Gegensatz zwischen Ratzinger und Lehmann war so groß, dass Johannes Paul II. dem Mainzer Bischof lange den Kardinalspurpur verweigerte. In der Ankündigung des Konsistoriums vom 21. Februar 2001, die Johannes Paul II. einen Monat zuvor mit einer Auflistung der 37 neuen Kardinäle verbunden hatte, tauchte der Name Lehmann zunächst nicht auf. Ratzinger ist beharrlich in seinen Abneigungen. Erst die Proteste aus Deutschland, die persönliche Intervention des ehemaligen polnischen Außenministers Władysław Bartoszewski, ehemaliger KZ-Häftling in Auschwitz und späterer Solidarność-Berater, bei Johannes Paul II. und der sanfte Druck von Staatssekretär Angelo Sodano und Kardinal Roger Etchegaray führten in einem absoluten Ausnahmeverfahren dazu, dass der Papst nach einwöchiger Verzögerung eine zweite Liste mit sieben weiteren Kardinälen veröffentlichen ließ. Unter ihnen fand sich endlich auch der Name Lehmanns.

Mehr als alles andere trägt eine Angelegenheit dazu bei, dass sich Ratzinger als eine Persönlichkeit erweist, die Konflikte auslöst und extrem polarisierend wirkt: die am 6. August 2000 von der Glaubenskongregation veröffentlichte Erklärung *Dominus Iesus*, die den Status der katholischen Kirche im Verhältnis zu den christlichen Konfessionen und den anderen Religionen festschreibt. Der eng mit Johannes Paul II. abgestimmte Text bekräftigt die »Einzigkeit und die Heilsuniversalität Jesu Christi und der Kirche«.

Nichtgläubigen könnte dieses Problem abstrakt erscheinen. Das ist es jedoch keineswegs. Letztlich geht es um die innere Würde, den Wert der anderen Religionen, den ein Teil der katholischen Theologen als gültigen Heilsweg anzuerkennen bereit ist. Unmissverständlich heißt es hierzu in der Erklärung: »Mit dem Kommen Jesu Christi, des Retters, hat Gott die Kirche für das Heil aller Menschen eingesetzt.« So wie das Dokument aufgebaut ist, stellt es nichts anderes dar als eine Demonstration der absoluten Überlegenheit der katholischen Kirche, was noch durch den Umstand verstärkt wird, dass von der »Subsistenz der einen Kirche Christi in der katholischen Kirche« die Rede ist.

Der Text löst unmittelbar polemischen Widerspruch aus. Die Behauptung, dass sich die Kirche Christi allein in der katholischen Kirche manifestiere, zieht heftige Reaktionen aufseiten der anderen christlichen Konfessionen nach sich, vor allem bei den Protestanten, die nicht einmal als Kirche anerkannt, sondern lediglich unter »kirchliche Gemeinschaften« subsummiert werden. Die These, die »Fülle des Heilsmysteriums Christi« stehe einzig der katholischen Kirche zu Gebote, führt überdies zu Irritationen in den jüdischen Gemeinden, für die das Fundament des Heils aus dem Bund Gottes mit Abraham erwächst.

Symptomatisch ist die Kritik, die innerhalb der katholischen Hierarchie laut wird. Kardinal Edward Cassidy etwa, der Präsident des Päpstlichen Rates für die Einheit der Christen, bemängelt eine unzureichende interne Abstimmung und kritisiert den zu »schulmeisterlichen« Charakter des Textes. Um die Angelegenheit herunterzuspielen, weist er darauf hin, das Dokument trage nicht die Unterschrift Johannes Pauls II. Walter Kasper, damals Sekretär besagten Rates, spricht von »Kommunikationsproblemen«. Der Mailänder Kardinal Carlo Maria Martini äußert die Ansicht, einzelne Formulierungen könnten falschen Interpretationen Vorschub leisten, und Kardinal Lehmann bekräftigt, es wäre besser gewesen, einen Text im »Stil der großen Konzilsdokumente« zu verfassen. Auch innerhalb der Kurie erscheint Ratzinger nicht als eine Persönlichkeit, die in der Lage ist, Einheit zu stiften.

Im Laufe der Jahre wird in Ratzingers Denken immer wieder eine Idee sichtbar, die auch gegenwärtig Spaltungen innerhalb des Klerus, unter den Bischöfen und den Gläubigen hervorruft: seine Aversion gegen das, was reformorientierte Theologen als den »Geist des Konzils« bezeichnen. Als Antwort auf ihre Forderungen prägt er den Begriff »Konzils-Ungeist«, womit zugleich eine Art Schreckgespenst heraufbeschworen wird. Diesem »Ungeist« schreibt Ratzinger all das zu, was Unordnung in die Reihen der Kirche brachte, in allererster Linie die Forderung nach weiteren Neuerungen.

Im Laufe des Pontifikats von Wojtyła wurde die Konfrontation zwischen Ratzinger und dem reformorientierten Flügel der katholischen Kirche zum Dauerzustand. Nach Königs Tod übernimmt Kardinal Carlo Maria Martini, ein Jesuit, die Führung der konziliar ausgerichteten Gruppierung. Der herausragende Bibelwissenschaftler, viele Jahre Rektor des renommierten Päpstlichen Bibelinstituts und ehemaliger Rektor der Päpstlichen Universität Gregoriana, schlägt 1999 bei der Zweiten Außerordentlichen Bischofssynode, die der Situation in Europa gewidmet ist, ein kirchliches Gipfeltreffen vor, eine Art Konzil mit genau festgelegter Agenda. Dabei bedient er sich Martin Luther Kings Traumallegorie. »Ich habe einen Traum …«, sagt er zu den Vertretern der Episkopate aus der ganzen Welt, die im Vatikan zusammengekommen sind. Er bestehe darin, »hin und wieder im Laufe des Jahrhunderts, das gerade anbricht, einen universalen Dialog zwischen den Bischöfen zu ermöglichen, um einige Knoten zu lösen, die aus Gründen der Disziplin oder der Lehre entstanden sind und die sich regelmäßig, wie Gefahrenherde, auf dem Weg der europäischen, aber nicht nur der europäischen Kirchen neu bilden.«

Es geht um jene Probleme, die sich während des Pontifikats von Johannes Paul II. herauskristallisiert haben und auch unter Benedikt XVI. noch nicht gelöst wurden: um das Thema der Kollegialität, das heißt, um das Mitwirken der Bischöfe an der Leitung der Weltkirche; um den dramatischen Priestermangel; um die Rolle der Frau in der Kirche; um die Einbeziehung von Laien in kirchliche Funktionen; um das Problem der Sexualität; um die ökumenischen Beziehungen.

Der Vorschlag stößt im Vatikan mitnichten auf Gegenliebe. In einer Pressekonferenz lässt Papst Johannes Paul II. ihn durch Kardinal Dionigi Tettamanzi abschlägig bescheiden. Tettamanzi, stellvertretender Vorsitzender der Italienischen Bischofskonferenz, ist damit beauftragt, die Schlussbotschaft der Synode zu formulieren. Das Haltesignal ist mehr als deutlich: »Kardinal Martinis Rede fand in der Versammlung keine Resonanz.«[13] Und die Hierarchie holt zum zweiten Gegenschlag aus, als der polnische Bischof und Sondersekretär der Synode Józef Życiński bemerkt: »Das Argument, neue Strukturen könnten die grundlegenden Probleme lösen, ähnelt der Sicht eines Magiers und nicht der eines Theologen.«[14] Ratzinger stimmt dem vollkommen zu.

Doch Martini bleibt bei seiner Auffassung. Von Jerusalem aus, wo er seit seiner Emeritierung im Jahr 2002 lebt, schlägt er erneut die Priesterweihe Verheirateter vor – der sogenannten *viri probati*, der »erprobten Männer«, deren Glaube und Moral sich bewährt haben –, und bekundet zugleich Interesse an der Frauenordination in der anglikanischen Kirche. Dem anglikanischen Primas George Carey vertraut er an, dieses »Wagnis könne auch uns dabei helfen, die Frauen weiter aufzuwerten und zu begreifen, wie es weitergehen soll«.

Trotz der unnachgiebigen Haltung des Lehramts spricht Martini erneut das Thema des Verbots von Verhütungsmitteln an und gibt zu bedenken, dass in der Bibel das Thema Sexualität kaum angesprochen werde. Zugleich kritisiert er die mangelnde Sensibilität der Kirche gegenüber Homosexuellen. Er findet dafür die aufschlussreichen Worte: »In meinem Bekanntenkreis gibt es homosexuelle Paare, Menschen, die sehr geachtet und sozial sind. Ich wurde nie gefragt und wäre auch nie auf die Idee gekommen, sie zu verurteilen.«[15] Während Mutter Teresa zu sagen pflegte, Gott sei nicht katholisch, brachte es Martini so auf den Punkt: »Du kannst Gott nicht katholisch machen. Gott ist jenseits der Grenzen und Abgrenzungen, die wir aufbauen. Wir brauchen sie natürlich im Leben, aber wir dürfen sie nicht mit Gott verwechseln, dessen Herz immer weiter ist.«[16] Diese gegensätzlichen Aussagen der beiden Kardinäle helfen zu verstehen, weshalb das 20. Jahrhundert – mit Blick auf die Nachfolge Johannes Pauls II. – damit zu Ende ging, dass Martini und Ratzinger aus demselben Grund aus dem Kreis der *papabili*, also der möglichen Kandidaten für die Wahl zum Papst, ausgeschlossen werden. Sie sind Antipoden, und beide agieren »polarisierend«. Der eine schlägt eine neue Versammlung nach dem Modell des Konzils vor, der andere verteufelt den »Ungeist« der Abweichungen, die auf das Zweite Vatikanum gefolgt sind. Martini besteht auf einer kollegialen Leitung der Kirche, Ratzinger blockiert die Grundidee einer der letzten Enzykliken von Joannes Paul II., *Ut unum sint*: die Perspektive eines Treffens der Spitzen der verschiedenen christliche Kirchen, um – im Hinblick auf die Wiedervereinigung – gemeinsam die Rolle des Papsttums zu besprechen.

Bei einem öffentlichen Auftritt legt Kardinal Ratzinger Wojtyłas Vorstoß zu den Akten, indem er ihn in eine »Reflexion« umwandelt und die Durchführung auf unbestimmte Zeit verschiebt: »Im Moment können wir das Papsttum nicht reformieren.«[17] Martini wiederum schlägt sich auf die entgegengesetzte Seite: »Man könnte mit einer Konsultation aller christlichen Gemeinschaften beginnen, die vom Papst einberufen wird. Ein Tisch, an dem alle großen Probleme der

Menschheit zur Sprache kommen, um eine Aktionslinie im Dienste des Menschen zu finden, ohne dabei die Privilegien der einzelnen Kirchen anzutasten.«[18]

Mit ihren konträren Positionen neutralisieren sich die beiden großen Exponenten des Kardinalskollegiums gewissermaßen gegenseitig. Es polarisiert Ratzinger, der zwar als einflussreiche Persönlichkeit geschätzt wird, es jedoch nicht versteht, eine Brücke zwischen Tradition und Erneuerung zu bauen. Und es polarisiert Martini, der sich zwar der Unterstützung der Reformer sicher sein kann und, aufgrund seiner ökumenischen Haltung, überdies Zustimmung bei den Vertretern der anderen christlichen Kirchen – Protestanten, Anglikanern und Orthodoxen –, findet, das konservativer ausgerichtete Lager jedoch verschreckt.

Der Gunst Johannes Pauls II. darf sich Ratzinger freilich sicher sein. Kardinal Giovanni Battista Re, ein Kurienveteran, erinnert sich, dass Johannes Paul II. bei Ratzingers Ernennung zum Präfekten der Glaubenskongregation engen Mitarbeitern gegenüber geäußert habe, er brauche einen »großen Theologen« und dass er diesen in Ratzinger gefunden zu haben meine, weil er am Konzil teilgenommen habe und die Fähigkeit besitze, die Probleme der Gegenwart anzugehen.

Ungehalten ist man in Wojtyłas Entourage vielmehr über den Mailänder Erzbischof, der häufig als Widersacher in Erscheinung tritt – vor allem deshalb, weil Martini aufgrund seiner Position als Präsident des Rates der Europäischen Bischofskonferenzen zwischen 1986 und 1993 über Ansehen und Einfluss verfügt. Um ihn auszubooten, beschließt Johannes Paul II. eine Satzungsänderung, die vorsieht, dass den Ratsvorsitz nur übernehmen darf, wer auch einer nationalen Bischofskonferenz vorsteht. Dies trifft auf Martini nicht zu.

An der Wende zum dritten Jahrtausend gilt es in höchsten Kirchenkreisen daher als ausgemacht, dass beide Purpurträger bei der Nachfolge Johannes Pauls II. eine entscheidende Rolle spielen würden – jedoch nicht als Kandidaten.

Mitte der neunziger Jahre geschieht dann allerdings etwas, das der Nachfolgefrage eine gänzlich andere Richtung gibt. Wojtyłas Gesundheitszustand verschlechtert sich rapide, wenngleich der Vatikan die Krankheit, die ihn heimgesucht hat, zunächst nicht preisgibt: Parkinson. Am ersten Weihnachtsfeiertag des Jahres 1995 verfolgen Millionen schockierter Fernsehzuschauer, wie der Papst, vom Brechreiz halb erstickt, seine Ansprache vom Fenster seines Arbeitszimmers auf dem Petersplatz unterbrechen muss. Wochenlang liegt Johannes Paul II. im Fieber. Und auch als er sich schließlich wieder aufrafft, ist sein körperlicher Verfall offensichtlich. Das Kirchenoberhaupt ist nicht mehr Herr seiner selbst. Er ist erschöpft, geht mit langsamen, mühsamen Schritten, die Stimme klingt unnatürlich heiser, er hat Schwierigkeiten zu sprechen, verliert von Zeit zu Zeit den Faden, einfachste italienische Wörter fallen ihm nicht mehr ein. Noch dazu wird er von einer Darminfektion geplagt.

Die Fiktion eines »nur« altgewordenen Papstes, die der Vatikan über Jahre aufrechtgehalten hat, bricht im September 1996 in sich zusammen, als sich Johannes Paul II. in Budapest gezwungen sieht, eine Ansprache abzubrechen, und ein Geistlicher vor Ort den Vortrag übernehmen muss. Am selben Abend noch gibt der Vatikansprecher, Joaquín Navarro-Valls, bekannt, Papst Wojtyła leide unter einem »extrapyramidalen Syndrom«. Als man ihn drängt, er möge sich klarer ausdrücken, erklärt Navarro-Valls, das Problem betreffe einen »Teil des Gehirns«. Es war ein letzter Versuch, das Wort Parkinson zu vermeiden. Doch alle hatten verstanden.[19]

Seit geraumer Zeit ist man sich im Umfeld des Papstes

über die schwerwiegenden Folgen der Krankheit im Klaren, wirft sie doch einen Schatten der Ungewissheit auf das Pontifikat. Niemand kann sich zunächst vorstellen, dass Wojtyła ausgerechnet während seines dramatischen Verfalls zu prophetischen Höhenflügen fähig sein würde: das große Schuldbekenntnis im Jubeljahr 2000, Fehler und Grausamkeiten betreffend, die die Kirche im Laufe der Jahrhunderte begangen hat; die Reise ins Heilige Land; der Besuch in der Moschee von Damaskus; die strikte Ablehnung des von Bush und Blair forcierten Angriffs auf den Irak. 1996, als in Rom angesichts des verschlechterten Gesundheitszustands Johannes Pauls II. die Unsicherheit wächst, wird das rätselhafteste Dokument seines Pontifikats veröffentlicht. Ein Text, der das jahrhundertealte Verfahren der Papstwahl in seinen Grundfesten erschüttert: die Apostolische Konstitution *Universi Dominici Gregis*.

Ein Rückblick auf das Jahr 1996 scheint hier erforderlich. Seit Monaten herrscht in der Kirche Dissens. Zum ersten Mal in der Ära Wojtyła ist eine Protestbewegung an der Basis entstanden. Den Hintergrund bildet ein rücksichtsloses Vorgehen Johannes Pauls II. in Österreich im Zusammenhang mit der Emeritierung von Kardinal König im Jahr 1985. Entgegen den Empfehlungen des Kardinals und der Stimmung, die unter den österreichischen Katholiken herrscht, beruft Johannes Paul II. einen engstirnigen, konservativen Nachfolger auf den Wiener Stuhl: Hans Hermann Groër. Einige Jahre später kommt ans Licht, dass Groër homosexuelle Beziehungen zu Seminaristen unterhalten hat. Der Skandal ist erheblich, die Empörung nicht minder, insbesondere in Kreisen der traditionsbewussten österreichischen Katholiken, die seit jeher dem Papst verbunden sind.

Trotz aller Versuche der Römischen Kurie, den Skandal im Keim zu ersticken, muss Groër schließlich 1995 zurücktreten. Aus der massenhaften Kritik am Verhalten des Vatikans entsteht in diesem Kontext die Bewegung »Wir sind Kirche«, deren Basis ein Kirchenvolksbegehren ist, das sich auf das seit dem Mittelalter bekannte Prinzip beruft: »Was alle angeht, muss von allen gebilligt werden.« Ziel der Bewegung ist es, Druck auf Johannes Paul II. auszuüben, um die Debatte über Kirchenreformen wieder in Gang zu bringen. Die Unterzeichner der Petition erinnern daran, dass man als Gläubiger kein Untertan der Kirche sei, sondern ein Subjekt, das den Anspruch habe, an den grundlegenden Entscheidungen der Gemeinschaft mitzuwirken. Sie fordern die Einrichtung von Rätestrukturen auf der Diözesan- und Staatsebene sowie in der Weltkirche. Auf diese Weise sollen die Katholiken – Männer wie Frauen – in die Bewältigung der Probleme einbezogen werden. Darüber hinaus verlangen die Unterzeichner eine Beteiligung der Gläubigen an der Bischofswahl, die vollständige Gleichberechtigung der Frauen in den kirchlichen Ämtern, die Wahlfreiheit mit Blick auf den Zölibat, die Zulassung wiederverheirateter Geschiedener zur Kommunion sowie die Reintegration verheirateter Priester. In Österreich sammelt die Initiative »Wir sind Kirche« eine halbe Million Unterschriften, in Deutschland sind es anderthalb Millionen. Im folgenden Jahr überschreitet die Bewegung, die sich in Rom unter dem Namen »We Are Church« vorstellt, weltweit die Drei-Millionen-Schwelle.

Den Ereignissen in Österreich war eine Revolte deutscher Theologen gegen Wojtyłas Kirche vorausgegangen. Im selben Jahr, in dem die Berliner Mauer fiel, beklagten 162 katholische Theologieprofessoren in der *Kölner Erklärung*, dass die »lehramtliche Kompetenz« durch den Papst in »unzulässiger Weise« überzogen werde. Es war ein Frontalangriff auf die monarchischen Ansprüche des Vatikans. »Der in jüngster Zeit öfter erklärte und beanspruchte Gehorsam von Bischöfen und Kardinälen gegenüber dem Papst erscheint als blind.« Innerhalb kurzer Zeit schließen sich in der Bundesrepublik Deutschland etwa 16 000 Priester und Laien sowie rund hundert katholische Gruppen den Aussagen der *Kölner Erklärung* an. In den Niederlanden werden 17 000 Unterschriften gesammelt. Ähnliche Erklärungen sind in Belgien, Frankreich, Spanien, Brasilien und den USA in Umlauf. Auch in Italien macht die Zeitschrift *Il Regno* dem Unbehagen gegen das Konzept einer zu hierarchisch strukturierten Kirche Luft.

Unverkennbar zieht sich ein roter Faden von der Revolte der Theologen 1989 zum Massenprotest der Bewegung »Wir sind Kirche« 1995. Dabei sind es nicht nur einfache Gläubige und Theologen, die ihr Missfallen an der Kirche äußern. Selbst Bischöfe protestieren. Im selben Jahr unterzeichnen mehr als 40 amerikanische Bischöfe ein zwölfseitiges Dokument gegen die Einmischung des Vatikans und den Versuch, die Position der nationalen Episkopate zu schwächen. Es ist ein scharfer Angriff gegen das übliche Verfahren der Römischen Kurie, verbindliche Dokumente zu veröffentlichen, ohne die Bischöfe im Vorfeld angemessen zu konsultieren. Die amerikanischen Bischöfe protestieren gegen die Politik Roms, die Texte des Zweiten Vatikanischen Konzils systematisch neu zu interpretieren – »mit dem Ziel, die Minderheitenpositionen im Konzil als dessen wahre Bedeutung hinzustellen«.[20]

Vor dem Hintergrund dieser Protestbewegungen lässt Wojtyła 1996 jene seltsam anmutende Apostolische Konstitution veröffentlichen, die das Konklave neu regelt. Das Dokument spiegelt den Machtzuwachs der Entourage Johannes Pauls II. wider. Ihr Ziel besteht darin, zu verhindern, dass bei der Wahl des künftigen Papstes der Weg für ein weiteres *aggiornamento* im Sinne Johannes XXIII. frei gemacht würde. Die neuen Regelungen, für die Johannes Paul II. nie eine wirklich überzeugende Erklärung zu geben vermochte, scheinen von der Furcht diktiert, ein potentiell progressiver Block könne durch das Ein-Drittel-Veto der wahlberechtigten Kardinäle die Wahl des neuen Papstes bestimmen und den gemäßigten Kardinälen die eigene Strategie aufzwingen.

Durch die Konstitution *Universi Dominici Gregis* wird der Wahlvorgang des Konklaves vollständig revolutioniert. Mit einem Schlag ist die Vorschrift, die seit acht Jahrhunderten eine Zweidrittelmehrheit für die Wahl eines neuen Papstes erforderlich machte, außer Kraft gesetzt. Die Regelung geht auf das Jahr 1179 zurück, auf das Pontifikat Alexanders III. Seither gilt die Suche nach einem Ausgleich zwischen den konkurrierenden Kardinalsgruppen als traditionelle Aufgabe des Konklaves. Die Reform, die Johannes Paul II. am 22. Februar 1996 einführte, kommt völlig unerwartet, gab es zuvor doch weder Anzeichen für eine solche Veränderung, noch hatte eine öffentliche Debatte darauf hingedeutet.

Durch Artikel 75 der Konstitution wird ein komplizierter Mechanismus eingeführt. Für den Fall, dass nach drei Tagen noch kein Kandidat gewählt sei, legt er ein detailliert beschriebenes Prozedere fest: zunächst sieben Wahlgänge sowie eine eintägige Gebetspause; danach weitere sieben Wahlgänge und eine nochmalige 24-stündige Pause. Kann dann noch immer kein Ergebnis verzeichnet werden, folgen weitere sieben Abstimmungen. Sollte anschließend kein Kandidat mit Zweidrittelmehrheit zum Papst gewählt worden sein, sollen die Kardinäle den Papst mit absoluter Mehrheit wählen. Dies bedeutet in der Praxis, dass nach zehn Tagen und 34 Abstimmungen derjenige Kandidat gewählt wird, der es schafft, die Hälfte der Stimmen plus eine auf sich zu vereinen.

Mit der Entscheidung Johannes Pauls II. bricht die von Alters her verinnerlichte Regel der Konklaveteilnehmer zusammen, derzufolge ein neuer Papst seine Herrschaft auf einen möglichst breiten Konsens stützen soll. Die Zweidrittelmehrheit spiegelte von jeher die Weisheit einer Institution wider, deren absolutistischer Herrscher über den Kreis seiner Anhänger hinaus Unterstützung finden muss.

Bei der Pressekonferenz, auf der das Dokument präsentiert wird, findet diese Neuregelung in dem für die Medien bestimmten Material nicht einmal Erwähnung. Noch weitaus seltsamer ist, dass Johannes Paul II. in seinem Begleittext auf »Anforderungen unserer Zeit« anspielt, die keinen Bezug zu der radikalen Veränderung des Wahlvorgangs haben.

Wojtyłas Neuregelung ist folgenreich. Obwohl sich einige altehrwürdige Kurienmitglieder wie etwa Kardinal Jorge María Mejía mit der Bitte an den Papst wenden, er möge seine Entscheidung rückgängig machen, beharren er und seine Mitarbeiter auf ihrer Position. Zunächst jedoch löst die Veränderung keine großen Diskussionen aus. Die Welt verfolgt gebannt die Ereignisse des letzten, abenteuerlichen Jahrzehnts im Pontifikat Johannes Pauls II., während immer mehr Kandidaten (oder selbsternannte *papabili*) von der Bildfläche verschwinden.

Jedermann im Vatikan erinnert sich an den liebenswürdigen brasilianischen Kardinal Lucas Moreira Neves, der lange Zeit als aussichtsreicher Kandidat galt. Als Erzbischof von Bahia war der Dominikanerpater Ende der neunziger Jahre im passenden Alter und verfügte auch über die nötige Erfahrung, hatte er doch das Amt des Präfekten der Kongregation für die Bischöfe bekleidet. Die Gerüchte über seine mögliche Kandidatur waren nicht nur Ausdruck der wachsenden Bedeutung Lateinamerikas, wo fast die Hälfte der Katholiken weltweit lebt, sondern auch der Hoffnung, nach Wojtyła möge ein Papst aus der »Dritten Welt« kommen. Doch der brasilianische Kardinal starb 2002, 77-jährig.

Im selben Jahr trat eine bedeutende afrikanische Persönlichkeit von der Bühne ab: der aus Benin stammende Bernardin Gantin. Der ehemalige Konzilsvater und Erzbischof von Cotonou war der erste Afrikaner an der Spitze von Kurienämtern: nacheinander Präsident des Päpstlichen Rats für Gerechtigkeit und Frieden sowie des Päpstlichen Rats Cor Unum, dann Präfekt der Kongregation für die Bischöfe und zuletzt Dekan des Kardinalskollegiums. Eine Persönlichkeit von großem spirituellen Format, feinfühlig, ausgeglichen und gebildet. Er beschloss nach dem Rücktritt in seine Heimat zurückzukehren. Aus Altersgründen konnte er ohnehin nicht mehr am Konklave teilnehmen. Hätte ein afrikanischer Kardinal Papst werden können, wäre sicher er es gewesen.

So kam es, dass die katholische Kirche im Jahr 2002 über keinen geeigneten Kandidaten für die Nachfolge Johannes Pauls II. verfügte. Inzwischen spitzte sich die Situation im Apostolischen Palast zu. Zum ersten Mal war Wojtyła nicht in der Lage, die Osterfeierlichkeiten zu leiten. In der *Münchener Kirchenzeitung* erklärte Kardinal Ratzinger, der Papst werde zurücktreten, wenn er sich vollkommen außerstande sähe, die ihm übertragenen Aufgaben zu bewältigen. Es war ein Alarmsignal.

Im folgenden Jahr kam es noch schlimmer. Die Papstreise in die Slowakei im September 2003 wurde zu einem Kreuzweg. Johannes Paul II. zitterte fortwährend, seine Stimme war kaum mehr verständlich, die Gesichtszüge wirkten entstellt, der Speichel floss ohne Unterlass. Am Flughafen von Bratislava schaffte er es nicht, den slowakischen Präsidenten offiziell zu begrüßen. Bei den Transfers, die abgeschirmt von der Öffentlichkeit stattfanden, mussten ihn drei oder vier Personen von einem Auto ins andere tragen – wie einen leblosen Körper. Ein mit Sauerstoffflaschen ausgerüsteter Notarztwagen folgte ihm auf Schritt und Tritt.

Zurück in Rom ließ sich der Papst den Eindruck schildern, den seine Reise in der Öffentlichkeit und bei den Medien hinterlassen hatte. Und dann zitierte er plötzlich den römischen Dichter Horaz: »Non omnis moriar … Ich werde nicht ganz sterben … Ein Großteil von mir wird dem Dämon des Todes entkommen.«[21]

Im Vatikan rückte der Moment der Entscheidung immer näher.

KAPITEL II

Das Geheimnis des Konklaves

Die Kür eines Nachfolgers ist ein schwer durchschaubarer Prozess. Jahrelang kursieren im Vatikan Namen, werden Kandidaturen ins Spiel gebracht und wieder verworfen. Dann herrscht auf einmal Funkstille. Die Eminenzen weichen dem Thema aus und murmeln, es sei »noch zu früh, darüber nachzudenken«. Doch während sich – zumindest von außen betrachtet – alles in dichtem Nebel aufzulösen scheint, entsteht plötzlich, wie in einem chemischen Prozess, Klarheit: Empfindungen, Bedürfnisse, Hoffnungen, Erwartungen – alles konzentriert sich auf einen einzigen Namen.

Für Joseph Ratzinger dreht sich der Wind im Jahr 2004.

Mit einem Mal gilt der deutsche Kardinal als »papabile«. Noch während der Leidensweg Karol Wojtyłas seinem Höhepunkt entgegengeht, etabliert sich Ratzinger nahezu lautlos als Anwärter auf den Stuhl Petri. Der Konsens bildet sich in kleinen Zirkeln, ohne dass der Präfekt der Kongregation für die Glaubenslehre dafür geworben hätte. Tatsächlich hat Joseph Ratzinger keineswegs die Absicht, Papst zu werden – im Gegenteil. Mindestens dreimal hat er den Wunsch geäußert, in den Ruhestand zu gehen. Bereits 1994 spricht der Kardinal in einem Interview mit der *Mittelbayerischen Zeitung* davon, sein Amt binnen Jahresfrist aufzugeben.[1] Er will mit seinen Büchern und dem Klavier in die bayerische Heimat zurückkehren oder sich – wenn der Papst ihn brauche – an einen stillen Ort in der Region Latium zurückziehen.

Als Ratzinger, Jahrgang 1927, 70 Jahre alt wird, wagt er einen neuen Vorstoß. Er fühlt die Last des Alters, und als ich ihn einmal frage, ob er seine Tätigkeit weitere fünf Jahre ausüben wolle, entgegnet er mit Anspielung auf seine nachlassenden Kräfte: »Vielleicht auch kürzer.« Mit 75 Jahren versucht er nochmals, von seiner Aufgabe entbunden zu werden. Immerhin hat er nun die für Führungspositionen in der Kurie vorgesehene Altersgrenze erreicht. Doch Johannes Paul II. weist sein Gesuch kategorisch zurück – zu wichtig ist Ratzinger als Präfekt der Glaubenskongregation für ihn. Der intuitiv handelnde, geradezu prophetisch wirkende Wojtyła, ein Mann der großen religiösen und geopolitischen Visionen, kommt ohne Ratzingers Exaktheit in Glaubensfragen nicht aus. Er braucht ihn, auch um die konservativen Widerstände innerhalb der Kurie aufzugreifen und zugleich zu entschärfen.

Ratzinger bleibt schließlich, aus Pflichtgefühl. Als Fahnenflucht hätte er es empfunden, ausgerechnet den Papst im Stich zu lassen, der der Welt das Beispiel einer Sendung vor Augen führt, die um den Preis körperlicher Qualen weitergeführt wird. Dabei ist der Kardinal selbst in keiner sonderlich guten gesundheitlichen Verfassung. Er ermüdet schnell, leidet an einer leichten Form von Diabetes, das Herz ist geschwächt durch Bluthochdruck und Rhythmusstörungen. Zweimal hat er einen leichten Schlaganfall erlitten. Der erste führt infolge einer Gehirnembolie zur Schwächung des linken Auges.[2] Bei einem Sommeraufenthalt im Priesterseminar von Brixen zieht er sich 1992 durch einen Sturz im Badezimmer seines Apartments schließlich eine Kopfverletzung zu.

Wenn Päpste ihr Ende nahen fühlen, geben sie nicht selten durch bestimmte Zeichen zu erkennen, wen sie als Nachfolger in ihrem Amt bevorzugen. Pius XI. tat dies ganz explizit. Über seinen Staatssekretär, Eugenio Pacelli, den späteren Pius XII., sagte er: »Ich schicke ihn viel herum, damit die Welt ihn kennenlernt und er die Welt. Er wird ein guter Papst sein.«[3] Pius XII. förderte wiederum den Aufstieg von Angelo Roncalli, den späteren Johannes XXIII., auch wenn er ihm ganz unähnlich war. Gleichwohl nahm er ihn aus dem diplomatischen Dienst, um ihn als Patriarchen von Venedig gebührend ins Licht zu rücken. Für Johannes XXIII. gab es keinen Zweifel, dass nur Giovanni Battista Montini, der spätere Paul VI., in der Lage sein würde, das von ihm einberufene Konzil zum Abschluss zu bringen. Als Paul VI. wiederum 1972 die Lagunenstadt besuchte, nahm er auf dem Markusplatz überraschend seine Stola ab und legte sie dem errötenden Albino Luciani, dem Patriarchen von Venedig, um. Sechs Jahre später sollte er als Johannes Paul I. den päpstlichen Stuhl besteigen.

Noch bevor das kurze Pontifikat Johannes Pauls I. zu Ende ging, ja sogar noch vor dem plötzlichen Tod Pauls VI. im August 1978, hatte ein intimer Kenner der Römischen Kurie, Kardinalstaatssekretär Jean Villot, etwas anderes prophezeit. Bei einem Mittagessen anlässlich des Geburtstages von Karol Wojtyła am 18. Mai 1978 erklärte er zur allgemeinen Überraschung, der Erzbischof von Krakau sei aus seiner Sicht der »Einzige«, der beim nächsten Konklave die Zweidrittelmehrheit der Stimmen auf sich vereinen könne. Wojtyła war wie versteinert. So sprach man nicht, solange der regierende Papst noch am Leben war. Gleichwohl sollte sich Villots Vorhersage, lässt man das Intermezzo Johannes Pauls I. beiseite, bewahrheiten.[4]

Wojtyła selbst wusste von der Zustimmung, die er genoss und die ihn auf den Papstthron bringen konnte. Józef Mucha, sein Fahrer in Krakau, der ihn nach Lucianis Tod zum Flughafen brachte, erinnert sich: »Ich fragte ihn: ›Kehren Sie zurück?‹ Er umarmte mich mit den Worten: ›Wer weiß.‹«[5] Dies zeigt einmal mehr, dass die angehenden Päpste stets über ihre Kandidatur im Bilde waren – abgesehen von seltenen Ausnahmen, die allerdings nicht in das letzte Jahrhundert gehören.

Das erste Anzeichen dafür, dass Ratzinger inzwischen höher rangierte als die anderen Kandidaten, zeigt sich, als am 18. Mai 2004 das Buch *Auf, lasst uns gehen!* von Johannes Paul II. vorgestellt wird. Der polnische Papst bezeichnet den deutschen Kardinal darin als einen »zuverlässigen Freund«, für dessen »Gegenwart und Hilfe er Gott danke«.[6] Navarro-Valls, der damalige Pressesprecher des Vatikans, räumt ein, dass es ein solches »ausdrückliches und vielsagendes Lob gegenüber einem lebenden Mitarbeiter« noch nie zuvor gegeben habe. Es sei als Ausdruck des engen Verhältnisses und der »großen Harmonie« zu verstehen, die zwischen den beiden herrsche.[7]

In der Zwischenzeit schreitet Wojtyłas körperlicher Verfall immer rascher voran. Auf seiner Pilgerreise nach Lourdes kündigt Johannes Paul II. am 15. August 2004 an: »Ich spüre, dass ich das Ziel erreicht habe …« Das päpstliche Gefolge versucht zwar, den Satz etwas abzumildern, doch es ist offensichtlich, dass der Papst die letzte Etappe seines Lebens erreicht hat.

Im Sommer 2004 existiert bereits jene Gruppe von Kardinälen, die die Kampagne für Ratzinger lancieren soll. Alle Beteiligten sprechen Spanisch, sind entschieden konservativ und haben lange in der Kurie gedient. An ihrer Spitze steht der einflussreiche, energisch auftretende Kolumbianer Alfonso López Trujillo, der dem Päpstlichen Rat für die Familie vorsteht und zuvor die Lateinamerikanische Bischofskonferenz geleitet hat. Er ist ein erklärter Gegner der Befreiungstheologie. Zu der Gruppe gehören auch Kardinal Darío Castrillón Hoyos, ebenfalls ein Kolumbianer, seines Zeichens Präfekt der Kongregation für den Klerus, und der Spanier Julián Herranz, Präsident des Päpstlichen Rats für die Interpretation von Gesetzestexten. Eine wichtige Rolle spielt ferner der Chilene Jorge Medina Estévez, der bereits Präfekt der Kongregation für den Gottesdienst und die Sakramentenordnung war und 40 Tage vor dem Tod Johannes Pauls II. zum Kardinalprotodiakon ernannt wurde.

Innerhalb dieser Gruppe sorgt man sich vor allem um drei Dinge: die Wahrung des römischen Zentralismus, die Bekräftigung von Kirchenlehre und Disziplin sowie die Sicherung der Vormachtstellung der katholischen Kirche gegenüber den anderen christlichen Konfessionen und Weltreligionen: Diese wurde in ihren Augen durch Gesten wie das Schuldbekenntnis im Jubeljahr 2000 oder das Weltgebetstreffen von Assisi in Gefahr gebracht.

In Ratzinger sehen sie einen starken Kandidaten, der geeignet scheint, der zunehmenden Säkularisierung entgegenzutreten, denn sie vor allem gilt als Bedrohung für die hierarchische Ordnung der Kirche und als eigentliche Ursache für das rückläufige Interesse an den Sakramenten. Man hält Ratzinger auch für die richtige Persönlichkeit, um sich gegen das Überhandnehmen der modernen Subjektivität zur Wehr zu setzen. In ihr sehen sie die Ursache für den schwindenden Einfluss der Kirche in der Gesellschaft. Die Kardinäle, die sich so vehement für Ratzingers Wahl zum Papst einsetzen, halten die fortschreitende Verweltlichung für eine verhängnisvolle Attacke auf das Christentum. Und sie sind, wie es der Erzbischof von Chicago, Kardinal Francis George, am Tag nach dem Konklave formuliert, überzeugt davon, dass die größte Gefahr – anders als bei der Wahl Wojtyłas 1978, als der Sowjetkommunismus die wichtigste Herausforderung darstellte – nunmehr von der westlichen Welt ausgeht. Joseph Ratzinger gilt nicht zuletzt deshalb als Mann der Stunde, weil er »die Geschichte und die Kultur des Westens« kennt.[8]

In dieser Hinsicht sind sich Kardinäle unterschiedlichster nationaler Herkunft einig: Kardinal Tarcisio Bertone, Erzbischof von Genua und ehemaliger Sekretär der Kongregation für die Glaubenslehre; Kardinal Giacomo Biffi, Erzbischof von Bologna, ein erbitterter Gegner allen Nachgebens der Kirche gegenüber dem Zeitgeist – und überdies ein höhnischer Kritiker der »Rhetorik des Dialogs«, speziell der Initiative Johannes Pauls II., ein Mea culpa für die Fehler und Sünden zu sprechen, die die Kirche in der Vergangenheit auf sich geladen hatte; Kardinal George Pell, Erzbischof von Sydney, der im Herbst 2004 während einer Konferenz in Chicago die »irrige Lehre von einem Primat des Gewissens« verurteilt und seinerseits für einen Primat der »Wahrheit« eintritt; Kardinal Edgar McCarrick, Erzbischof von Washington, der Ratzingers »Kraft und Anmut« bewundert und es für verdienstvoll hält, dass der deutsche Präfekt der Glaubenskongregation über 20 Jahre lang an der Seite Johannes Pauls II. gewirkt hat.[9]

Auch andere Kardinäle, die weniger im Rampenlicht stehen, sind bestrebt, durch die Wahl eines geeigneten Papstes zu verhindern, dass in der Kirche eine neue, gefährliche Zeit des *aggiornamento* beginnt. Für eine Kandidatur Ratzingers agieren im Hintergrund einflussreiche Bewegungen wie Opus Dei, Comunione e Liberazione (Gemeinschaft und Befreiung), die Legionäre Christi oder der Neokatechumenale Weg. Die Fokolarbewegung und die Gemeinschaft Sant'Egidio hätten hingegen einen aufgeschlosseneren Nachfolger bevorzugt. Unmittelbar nach Wojtyłas Tod werden drei Webseiten erstellt, die eine Wahl Ratzingers propagieren –

ein völlig neues Phänomen in der Geschichte des Konklaves.[10]

Im Vergleich zum vorangegangenen Jahrzehnt hat sich das innere Bild der Kirche erheblich verändert. Aufgrund des schier endlosen Pontifikats Johannes Pauls II. sind zudem nur wenige Anwärter auf das päpstliche Amt übriggeblieben. Zugleich hat Wojtyłas Martyrium, mit dem 27 Jahre unermüdlicher Aktivität zu Ende gehen, Gestalt und Rolle des römischen Pontifex fast ins Riesenhafte gesteigert. Die Welt – auch die nichtchristliche – betrachtet es als eine Notwendigkeit, dass ein Mann den Stuhl Petri besteigt, der eine bedeutende Persönlichkeit und nicht zweite Wahl ist. Aller Augen schauen daher auf Joseph Ratzinger, zumal sein Gegenspieler, Kardinal Martini, aufgrund einer Parkinson-Erkrankung nicht mehr in der Lage ist zu kandidieren. Zwei kranke Päpste in dichter Folge scheinen in keiner Weise zumutbar.

Ratzinger ist einer der wenigen Kandidaten, die noch das Zweite Vatikanische Konzil miterlebt haben, an dem er als »Peritus«, theologischer Berater, beteiligt war. Er hat Bücher zu allen Aspekten des christlichen Lebens verfasst, und seine *Einführung in das Christentum* von 1968 wurde zur Pflichtlektüre für ganze Theologengenerationen. Mit Scharfsinn und Originalität schlägt er in seinen Veröffentlichungen einen weiten thematischen Bogen: von der Liturgie bis zur Eschatologie, von der Musik bis zur Ästhetik, vom Thema Demokratie in der Kirche bis zur Analyse der Dogmen. Er hat über den heiligen Augustinus geschrieben, die Theologen des Mittelalters, die Verbindung zwischen Judentum und Christentum, über Europa, das Zweite Vatikanische Konzil und die Zeit danach. Eine zentrale Rolle spielt in seinen Reflexionen immer wieder die persönliche Begegnung des Gläubigen mit Christus – oder poetisch gesprochen mit dem »Antlitz Jesu«.

Anders als sein Image als finsterer Glaubenswächter es nahelegt, pflegt Ratzinger über Jahre hinweg einen offenen Austausch mit Intellektuellen außerhalb der Kirche. Großes Echo findet etwa ein Streitgespräch mit dem deutschen Philosophen Jürgen Habermas, das im Januar 2004 in der Katholischen Akademie in München stattfindet. Ratzinger und Habermas stimmen darin überein, dass es einer gemeinsamen ethischen Grundlage für Glauben und Vernunft bedürfe und man gegenseitig »Hörbereitschaft« zeigen und die eigenen Grenzen erkennen müsse.

Es gibt einen Abschnitt in Ratzingers Ausführungen, der eine analytische Finesse verrät, welche allen Stereotypen trotzt, die über ihn verbreitet werden. Es geht an dieser Stelle um das Bekenntnis, dass es »Pathologien in der Religion« gebe – gefährliche Phänomene, so der Kardinal, die einen Rückgriff auf das »göttliche Licht der Vernunft«, einem »Kontrollorgan« gleich, notwendig machten. Die Religion, so Ratzingers Überzeugung, müsse sich »mittels der Vernunft immer wieder neu reinigen lassen«.

Gleichwohl, so fügt er hinzu, fehle es auch bei der Vernunft nicht an pathologischen Erscheinungen. Die »Hybris der Vernunft« sei ebenso bedrohlich, vielleicht sogar noch mehr. Als Beispiel führt er die Atombombe und die Gentechnik an, die den Menschen auf den Status eines bloßen Produkts reduzierten. Auch die Vernunft müsse, so Ratzinger, immer wieder ihre eigenen Grenzen anerkennen und »Hörbereitschaft gegenüber den großen religiösen Überlieferungen der Menschheit lernen«. Eine ausschließlich auf sich selbst bezogene Vernunft – so ein Kerngedanke Ratzingers – werde »zerstörerisch«.

Im Laufe der Debatte kommen der Theologe und der Philosoph dahingehend überein, dass der christliche Glaube und die säkulare Rationalität der westlichen Welt maßgeblich das

Weltgeschehen beeinflusst haben. Doch der Kardinal warnt zugleich davor, die anderen Kulturen zu unterschätzen, da sonst schreckliche Rückschläge zu befürchten seien. Ein tragisches Beispiel sei der in religiösem Fanatismus wurzelnde Terrorismus.

Im Jahr 2004 also erweist sich Ratzinger in den Augen der Öffentlichkeit durchaus nicht als eindimensional. Auch wenn er für manche nach wie vor der »Rottweiler Gottes« ist, so erscheint er anderen zwar als unnachgiebig, aber keineswegs diskussionsscheu. Insgesamt präsentiert sich Ratzinger als ein Mann, der sich nicht hinter den Mauern des Heiligen Offiziums versteckt, der Auseinandersetzungen von Angesicht zu Angesicht nicht fürchtet und möglicherweise bereit ist, dazuzulernen. Seit 1992 ist Ratzinger Mitglied der *Académie des sciences morales et politiques* (Akademie der Moralischen und Politischen Wissenschaften) beim Institut de France. Im Jahr 1998 öffnet er im Einvernehmen mit Johannes Paul II. das Geheimarchiv der Glaubenskongregation für die Forschung. Auch in Italien scheut er die öffentliche Auseinandersetzung nicht, stellt er sich doch dem Philosophen Paolo Flores d'Arcais, einem der schärfsten Kritiker der Kirche in ihrer Rolle als Hüterin der absoluten Wahrheit.

Während das Pontifikat Johannes Pauls II. seinem Ende entgegengeht, häufen sich die öffentlichen Auftritte des Kardinals. Allesamt finden sie großen Widerhall. Am 13. Mai 2004 tritt Ratzinger im italienischen Senat auf, wo er über die spirituellen Grundlagen Europas spricht. Am 4. Juni ergreift er im Namen des Heiligen Stuhls das Wort bei den Feierlichkeiten anlässlich des 60. Jahrestages der Landung der Alliierten in der Normandie. In seiner Rede nimmt er das Bündnis gegen Hitler als Werkzeug des »bellum iustum«, also des gerechten Kriegs, in den Blick – eines Krieges, der für das Gute geführt wird und auch dem Wohl jenes Landes dient, gegen das er gerichtet ist: das vom Nationalsozialismus beherrschte Deutschland.

Im Hinblick auf die bevorstehende Papstnachfolge – der Gesundheitszustand Johannes Pauls II. verschlechtert sich zusehends – ist jedoch eine medienwirksame Aktion erforderlich, die Joseph Ratzinger als Hauptakteur des kirchlichen Lebens ins Zentrum rückt, als einen Mann, der dem Katholizismus den Weg ins 21. Jahrhundert zu weisen versteht. Dabei ist es nicht nebensächlich, von welcher Medienbühne das erste Signal ausgeht. Sie darf nicht mit der Kirche verbunden sein. Ratzinger verfügt zwar über einen Journalisten und Biographen seines Vertrauens, Peter Seewald. Das könnte allerdings den Eindruck einer hauseigenen Aktion erwecken, die nach Eigenwerbung riecht. Gewiss, der Kardinal kann in den deutschen und angelsächsischen Medien auftreten, wie es in den Jahren zuvor geschehen ist. Da es diesmal jedoch um eine Botschaft geht, die nicht nur an die öffentliche Meinung, sondern speziell an die kirchliche Hierarchie gerichtet ist, scheint es geboten, dass das Wort des Präfekten der Glaubenskongregation in Italien erklingt: in Rom, dem Zentrum der katholischen Welt. Ebenso wichtig ist es, dass der mediale Rahmen, in dem sich Ratzinger präsentiert, dezidiert weltlich konnotiert ist.

Die Operation wird Joaquín Navarro-Valls anvertraut, dem Pressesprecher des Vatikans, einem Mitglied von Opus Dei, der schon bei Wojtyłas Auftritten geschickt Regie führte. Auf seinem Schreibtisch haben sich im Laufe der Jahre viele Interviewanfragen für Ratzinger angesammelt. Aus der Vielzahl an Printmedien wählt Navarro-Valls schließlich *La Repubblica* aus, eine linksorientierte italienische Tageszeitung laizistischer Ausrichtung. Nichts wird dem Zufall überlassen, alles ist genau geplant. Die Anfrage für das Interview geht übrigens auf das Jahr 2001 zurück.

Den Kern des Interviews, das am 19. November 2004 erscheint und von Medien in aller Welt aufgegriffen wird, bildet eine Verteidigung der katholischen Identität, die Ratzinger offen der modernen Gesellschaft gegenüberstellt. So prangert der Kardinal etwa die Ausgrenzung Gottes im täglichen Leben an: »Eine Gesellschaft, in der Gott vollkommen abwesend ist, zerstört sich selbst.« Der einstigen Herrschaft des Christentums nostalgisch nachzutrauern liegt ihm allerdings fern. »Sich in eine Situation zu flüchten, die nicht wiederholbar ist, wäre absurd. Wir müssen akzeptieren, dass die Geschichte weitergeht, und mit der Schwierigkeit zurechtkommen, den Glauben in einem pluralistischen Kontext zu leben.« Im Unterschied zu den meisten anderen hochrangigen Kurienvertretern spricht der Kardinal offen mit mir, ohne vorbereitete Antworten. Seine Wortwahl macht deutlich, dass er durchaus hoffnungsvoll in die Zukunft blickt: »Es gibt neue Möglichkeiten für einen freien und reifen Glauben.«

Ratzinger plädiert für ein gereinigtes Christentum, dessen Essenz, so formuliert er es, eine »Liebesgeschichte zwischen Gott und den Menschen« ist. »Wenn man das in der Sprache unserer Zeit versteht, folgt alles andere von selbst.« Mit Blick auf die Zeit nach Wojtyła verweist der Präfekt der Glaubenskongregation – freilich ohne das Ende des Pontifikats beim Namen zu nennen – auf zwei Richtlinien: die Fortsetzung des sozialen Engagements der Kirche sowie die Verpflichtung, Gott in den Mittelpunkt des Lebens zu rücken. Die Wiederbelebung des katholischen Glaubens, wie sie vielen Kardinälen am Herzen liegt, die wenige Monate später beim Konklave zusammenkommen, ist dabei auf das persönliche Verhältnis des Einzelnen zu Gott ausgerichtet. Ratzinger bemerkt dazu: »Gott ist kein unbekannter Gott, sondern ein Gott mit einem Antlitz: Christus.«

Meiner Frage zum Profil des zukünftigen Papstes weicht er keineswegs aus: »Ich denke, es wäre wichtig, dass es ein Mann des Glaubens ist und ein Mann, der Gott liebt und deshalb auch die Menschen liebt.« Hinsichtlich einer stärkeren Beteiligung der Bischöfe an der Leitung der Weltkirche scheint er eine neue Haltung einzunehmen. Man sehe immer deutlicher, »dass eine Kirche von globalen Dimensionen nicht auf monarchische Weise regiert werden kann«, erklärt Ratzinger, wobei er seine Worte sorgsam abwägt. Er schließt mit einer Aussage, die von einigen Teilnehmern des Konklaves als Versprechen verstanden wird: »Mit der Zeit wird sich ein Weg finden, eine wirkliche und tiefgreifende Zusammenarbeit zwischen den Bischöfen und dem Papst zu ermöglichen, denn nur so können wir den Herausforderungen dieser Welt begegnen.«[11]

Das weltweite Echo auf das Interview setzt unmittelbar nach seiner Veröffentlichung ein. In Italien lässt Francesco Cossiga, der ehemalige Staatspräsident, es auf eigene Kosten als Broschüre drucken, die er an die über 200 Mitglieder der Italienischen Bischofskonferenz verschickt. Im Januar 2005 heißt es in einem Artikel in *La Repubblica* bereits: »Ratzinger, der geheime Kandidat«. In den ersten Monaten des Jahres 2005 hat sich in katholischen Kreisen Bayerns (in Regensburg lebt Ratzingers Bruder Georg) bereits die Meinung durchgesetzt, der Kardinal sei für den päpstlichen Stuhl bestimmt. Dennoch ist man in diversen kirchlichen und politischen Kreisen von dieser Hypothese nicht so recht überzeugt.

Speziell unter den deutschen Kardinälen hält man die Wahl eines aus Deutschland stammenden Papstes für »undenkbar«. Ebenso skeptisch betrachtet man die Angelegenheit in den USA. Auf der Liste der möglichen Kandidaten, die von der amerikanischen Botschaft beim Heiligen Stuhl nach Washington geschickt wird, spielt der Name Ratzinger keine prominente Rolle. Viele Beobachter sind in ihrem Denken noch immer den neunziger Jahren verhaftet.

Inzwischen steht Wojtyłas Ende unmittelbar bevor. Wenige Tage vor seinem Tod überträgt Johannes Paul II. Kardinal Ratzinger die Leitung des Kreuzwegs am Kolosseum – ein weiteres Zeichen seiner besonderen Wertschätzung. Vor einer bewegten Menge von Gläubigen (die auf Leinwänden in einer Fernsehübertragung nur den Rücken des alten Johannes Pauls II. sehen können, eingeschlossen im Vatikan und so platziert, dass der Schlauch verborgen ist, der ihn mit Sauerstoff versorgt), beschwört Joseph Ratzinger wider Erwarten das Bild einer moralisch zerrütteten Kirche. Sein auf der ganzen Welt übertragenes Gebet gleicht einem Aufschrei: »Wie viel Schmutz gibt es in der Kirche und gerade auch unter denen, die im Priestertum ihm ganz zugehören sollten? Wie viel Hochmut und Selbstherrlichkeit?« Dann wendet sich der Kardinal direkt an Christus: »Wir ziehen dich mit unserem Fall zu Boden, und Satan lacht, weil er hofft, dass du von diesem Fall nicht wieder aufstehen kannst, dass du in den Fall deiner Kirche hineingezogen selber als Besiegter am Boden bleibst. Und doch wirst du aufstehen. Du bist aufgestanden – auferstanden und du kannst auch uns wieder aufrichten. Heile und heilige deine Kirche. Heile und heilige uns.«[12]

Wenige Tage später, am 2. April 2005, stirbt Johannes Paul II. Dem deutschen Kardinal obliegt es, die Trauerfeierlichkeiten zu leiten. Schon auf dem Petersplatz erscheint Joseph Ratzinger als Persönlichkeit mit päpstlicher Ausstrahlung: würdevoll wie Pius XII., umgeben von den Mächtigen dieser Welt und den zahlreichen Vertretern der verschiedenen Religionen. Feierlich steht er zwischen den Kardinälen der Römischen Kirche und den Patriarchen und Metropoliten der Ostkirche. Mit glasklarer Stimme preist er, bebend, das Martyrium Johannes Pauls II., Warmherzigkeit aber strahlt er aus, als er von »unserem Papst … unserem geliebten Papst« spricht. Weich im Ton, geht er zum »Du« über, indem er sich direkt an Wojtyła wendet und dessen »liebe Seele der Muttergottes, deiner Mutter, die dich jeden Tag geführt hat«, anvertraut.[13] Inmitten der lauten Rufe, man möge Johannes Paul II. sofort heiligsprechen – »santo subito« –, erscheint Ratzinger *urbi et orbi*, der Stadt und dem Erdkreis, als vornehmster der Kardinäle, als derjenige, der Karol Wojtyła am nächsten steht.

Nach der Beisetzung beginnt der schwierigste Teil: das Sammeln der Stimmen. Die erste Pflicht eines Kandidaten besteht darin, sich nicht zu bewegen, nicht auf sich aufmerksam zu machen. Paradoxerweise befindet sich Ratzinger in dieser Hinsicht in einer überaus privilegierten Position. Nach dem Rückzug des afrikanischen Kardinals Bernardin Gantin ist er 2002 mit dem prestigeträchtigen und einflussreichen Amt des Dekans des Kardinalskollegiums betraut worden. In dieser Eigenschaft obliegt es ihm, die Sitzungen der Kardinäle, die dem Konklave vorangehen, zu organisieren und zu leiten. Daher steht Ratzinger fortwährend im Mittelpunkt des Geschehens. Er hat den in alle Welt übertragenen Kreuzweg für den Papst übernommen, und er hat die Begräbnisfeierlichkeiten zelebriert. Nun leitet er die täglichen Zusammenkünfte der Kardinäle aus aller Welt, in denen man den Zustand der Kirche analysiert. Es ist eine Debatte, in der jedes einzelne Wort dazu beiträgt, das Profil des künftigen Papstes zu schärfen.

Die eigentliche Arbeit des Knüpfens und Vernetzens liegt jedoch in den Begegnungen, die in den Residenzen von Kardinälen oder Häusern religiöser Institute stattfinden. Die Villa des dem Opus Dei angehörenden Kardinal Herranz in

Grottarossa in der Nähe von Rom etwa ist einer der Treffpunkte für die Ratzinger-Anhänger. Das Studentenkolleg Villa Nazareth, dessen Hausherr der 81-jährige Kardinal Achille Silvestrini ist, wird hingegen zur Anlaufadresse für die Reformer.

Ratzinger leitet die Sitzungen der Kardinäle im Vatikan durchweg meisterlich: liebenswürdig, effizient und mit der Fähigkeit, zuzuhören. Diese Qualitäten hat er als Präfekt der Kongregation für die Glaubenslehre erworben, eine Tätigkeit, die der Kardinal stets als Teamwork verstand, bei dem jeder einzelne Mitarbeiter – selbst der jüngste – angehalten ist, seinen Beitrag zu leisten. Viele Kardinäle, die von weither angereist sind, zeigen sich sowohl von seiner Koordinationsgabe beeindruckt als auch von der Klarheit, mit der er die Wortmeldungen rekapituliert. Umso leichter fällt es seinen Anhängern, in einem fort die Auffassung zu vertreten, Ratzinger sei »der Allerbeste«.

Die Beratungen der Kardinäle, die zwischen dem 9. und 16. April stattfinden, beginnen mit einer entscheidenden Weichenstellung: Die öffentliche Diskussion wird ausgebremst. Im Umfeld der beiden Konklaven von 1978 haben sich die Kardinäle frei in den Medien äußern können. Gegen Ende des Pontifikats Pauls VI. ist in der katholischen Kirche eine lebhafte Diskussion darüber entstanden, welche Punkte künftig auf der Tagesordnung stehen sollen. Als Montini stirbt, haben sich die Kardinäle in Interviews und öffentlichen Auftritten zu der Frage geäußert, welche Eigenschaften der Kandidat mitbringen solle, um die Kirche in das 21. Jahrhundert zu führen. Wer diese Tage miterlebt hat, wird sich an die lebendige, von großer Offenheit gekennzeichnete Atmosphäre erinnern. Sofort hat man verstanden, dass sich die Kardinäle in Europa und Amerika, in Asien und Afrika eine Seelsorger-Figur als Papst wünschen, einen guten Hirten –

einen »papa-pastore«. Und das traf auf Johannes Paul I. und vor allem auf Johannes Paul II. auch zu.

Der Brüsseler Kardinal Godfried Danneels versucht 2005, dieses Klima wiederaufleben zu lassen. Kaum in Rom eingetroffen, beschwört er öffentlich die Vision einer Kirche, die »in ihrer Vielfalt geeint« sei. Er tritt für einen »starken Papst und einen starken Episkopat« ein und spricht von Veränderungen in der Arbeit der Kurie. Das entspricht dem Programm des reformorientierten Flügels, der mehr Dezentralisierung und weniger Absolutismus anstrebt. Im Kirchenjargon nennt man das Kollegialität. Darüber hinaus weist der 71-jährige Kardinal auf die ungeklärte Rolle der Frau hin: »Ganz abgesehen vom Frauenpriestertum muss man den Frauen verantwortliche Funktionen anvertrauen. Sie müssen in der Regierung der Kirche tätig sein.«[14]

Das entspricht freilich nicht den Prioritäten des konservativen Flügels. Die Verfechter der Wagenburg-Mentalität wollen nicht einmal eine öffentliche Diskussion über den künftigen Papst zulassen. Danneels gelingt es gerade noch rechtzeitig, mit Journalisten in einem religiösen Institut unweit der Via Aurelia zu sprechen, bevor alle öffentlichen Treffen untersagt werden. Vermutlich hat der belgische Kardinal gewisse Vorahnungen, schließt er das Pressegespräch doch scherzhaft mit den Worten: »Die Redefreiheit ist ein Menschenrecht.« In der Plenarsitzung der Kardinäle am Tag nach Wojtyłas Beisetzung wird dann eine von Ratzinger gewünschte Anweisung bekanntgegeben, derzufolge alle Kardinäle einer Nachrichtensperre unterliegen.

Dies führt dazu, dass Kardinäle, die vom geographischen Rand des kirchlichen Universums kommen, über weniger Informationen verfügen. In Rom angelangt, sind sie es gewohnt, rasch ihre Freunde in den verschiedenen vatikanischen Behörden aufzusuchen, um sich ein möglichst genaues Bild zu verschaffen. Im Unterschied zum Konklave 1978 ist es ihnen nun jedoch verwehrt, ihren Informationsstand durch die öffentliche Diskussion zu erweitern. So sind sie zunehmend von den Vorgaben der Kurie abhängig und dem Einfluss der Seilschaften ausgesetzt, vor allem jener überaus gut organisierten Seilschaft, die die Wahl Joseph Ratzingers betreibt.

Noch eine Besonderheit kennzeichnet die Atmosphäre vom April 2005. Die wahlberechtigten Kardinäle besitzen in der Regel keine persönliche Erinnerung an eine Papstwahl. Nie haben sie an einem Konklave teilgenommen. Nur Ratzinger und der Amerikaner William Baum, halbblind und an den Rollstuhl gefesselt, haben die beiden Papstwahlen von 1978 miterlebt. Dies führt dazu, dass Ratzingers Einfluss noch viel größer ist, als er es aufgrund seiner Stellung als Kardinaldekan ohnehin gewesen wäre. Den anderen Kardinälen fehlt es am Wissen um die subtilen und etwas verzwickten psychologischen Mechanismen eines Konklaves. Man muss sie jedoch kennen, will man sich auf dem glatten Parkett einer Papstwahl einigermaßen sicher bewegen. Schließlich handelt es sich um ein ganz und gar außergewöhnliches Ereignis, bei dem echter Glaube und Machenschaften Hand in Hand gehen und Wahlempfehlungen wie Vetos in kaum erkennbaren Nuancen miteinander verwoben sind. Wenn man mit den Hauptakteuren darüber spricht, liegt der Akzent freilich stets und ausschließlich auf der spirituellen Dimension. »Das Konklave ist nicht wie eine Parlamentssitzung«, kommentiert etwa Kardinal Jean-Louis Tauran, viele Jahre vatikanischer Außenminister, das Geschehen in jenen Tagen. Er fühle sich eher wie bei »geistlichen Exerzitien«. Und so ist es auch. Allein, ein Konklave hat viele Gesichter. Memoiren und Tagebücher, die Jahre später ans Licht kommen, geben Auskunft darüber, dass unablässig um Stimmen gefeilscht wird, selbst in den Pausen, beim Aufsuchen der Toilette.

Im Vergleich zum Wahlkampf in einem normalen Staat gibt es hier jedenfalls weder einen offenen Wettstreit zwischen den Kandidaten noch eine öffentliche Kampagne. Auch eine Wahlplattform fehlt. Zum spirituellen Aspekt gesellen sich pragmatische Erwägungen, und Gebete wechseln sich mit Konventikeln ab, in denen durchaus konkrete Abreden getroffen werden. Zwar sucht man einerseits nach dem »Willen Gottes«, wägt aber andererseits die Entscheidung für einen Mann ab, der über eine nahezu uneingeschränkte Macht in Fragen der Lehre, der Rechtsprechung und der Entscheidungsgewalt verfügt. Ratzinger selbst hat 1997 in einem Interview mit dem deutschen Fernsehen die Bezugnahme auf den Heiligen Geist entmythisiert. Seine Aufgabe, so erklärt er hier, sei es nicht, die Kontrolle über die Situation zu übernehmen oder den Kandidaten zu »diktieren«, für den gestimmt werden soll. Im Gegenteil, es gebe »reichlich Raum, viel Freiheit«. Die einzige Gewissheit bestehe vermutlich darin, dass »das Ganze nicht völlig zerstört werden kann«.[15]

Das Prä-Konklave von 2005 findet unter den Augen einer Weltöffentlichkeit statt, die vom Tod Johannes Pauls II. tiefbewegt ist. Noch während Wojtyła mit dem Tod ringt, betet man für ihn in den Synagogen, und auf dem Petersplatz kommen sogar Muslime zusammen, die sich zum Gebet niederwerfen. Insgesamt machen sich rund drei Millionen Männer und Frauen auf den Weg, um Johannes Paul II. die letzte Ehre zu erweisen. Über 20 Stunden warten die Menschen, um für wenige Minuten den Petersdom betreten zu dürfen.[16] In diesen langen Stunden des Ausharrens, zum Teil mitten in der Nacht, legen Gläubige die Beichte ab, die jahrzehntelang keinen Priester aus der Nähe gesehen haben.

Mancher, der nicht einmal Christ war, tritt in die katholische Kirche ein.

Dass so viele Regierungs- und Staatschefs an den Begräbnisfeierlichkeiten teilnehmen, beeindruckt die Öffentlichkeit vor allem deshalb, weil sich unter ihnen Vertreter ganz unterschiedlicher Positionen befinden. Sie reichen vom italienischen Staatspräsidenten Ciampi bis zu George W. Bush, vom polnischen Präsidenten Wałęsa bis zum französischen Staatspräsidenten Chirac, vom iranischen Staatspräsidenten Khatami bis zu seinem israelischen Kollegen Katsav, vom syrischen Staatspräsidenten Assad bis zum brasilianischen Präsidenten Lula da Silva. 700000 Römer und Pilger aus aller Herren Länder nehmen am Trauergottesdienst teil. Viele Kinder haben ihre Eltern dazu gedrängt, mit Bus oder Bahn nach Rom zu fahren.

Die wahlberechtigten Kardinäle sind bewegt. »Man verstand jetzt, wie notwendig es war, die weltumspannende Präsenz des Papsttums aufrechtzuerhalten«, erinnert sich Kardinal Angelo Sodano. Die Kardinäle haben zwar mit großen Trauerbezeugungen beim Abschied der Menschen von Wojtyła gerechnet, nicht jedoch damit, dass sein Ableben in der Vorstellungswelt der Menschen eine solche Flut an Emotionen auslösen würde. Bill Clinton, der ebenfalls zum Begräbnis angereist ist, findet als Nichtkatholik die passenden Worte: »Er sprach über die Mauern des Vatikans und seiner Kirche hinaus, um sich an jeden zu wenden, sei er Orthodoxer, Protestant, Animist, weltlich orientiert oder Atheist, in materieller Not oder in geistiger Ungewissheit.« Ein Teilnehmer des Konklaves von 2005, Kardinal Giovanni Battista Re, erinnert sich: »Wir fühlten uns förmlich in der Verantwortung, einen großen Papst zu wählen.«

Die tiefe Lücke, die Wojtyłas Tod hinterlässt, und das hohe Ansehen, das die Kirche nun als Erbteil erhält, wiegen schwer bei der Wahl des Nachfolgers. Kardinal Roger Etchegaray, Wojtyłas Sondergesandter in Krisengebieten, bemerkt nach dem Begräbnis, »in der globalisierten Welt Papst zu sein«, erscheine ihm als eine geradezu »übermenschliche Aufgabe«.

Es geht jedoch nicht allein darum, dem Vergleich mit Johannes Paul II. standzuhalten. Viele Kardinäle empfinden nach dem stürmisch-bewegten Pontifikat Johannes Pauls II. das Bedürfnis nach einer Atempause. Darüber hinaus gibt es den Wunsch nach einer Phase der Neuordnung, da viele Gesten Johannes Pauls II. in konservativen wie moderaten Kreisen der Kirche als Brüche in der Tradition empfunden wurden und Irritation hervorriefen: das Schuldbekenntnis im Jubeljahr, die interreligiösen Treffen von Assisi, der Besuch in der Moschee, der Vorschlag, die Rolle des Papsttums zu überdenken, und nicht zuletzt die ausdrückliche Verurteilung von Bushs militärischem Vabanquespiel im Irak. Einige Kardinäle sind schlichtweg der Ansicht, Johannes Paul II. habe zu viel getan, zu viel gesagt, zu viel geschrieben.

»Es muss Ordnung in die Produktion des Papstes gebracht werden«, äußerte ein römischer Prälat bereits in der letzten Phase der Regierungszeit Johannes Pauls II. Dabei geht es nicht nur um Enzykliken, Verlautbarungen, Erklärungen und Ansprachen des polnischen Papstes. Es geht um mehr, hat man doch das Bedürfnis, die Leitung der Kirche wieder auf Positionen zu lenken, die mehr Sicherheit versprechen und stärker traditionsorientiert sind. Indem Ratzinger als »theologischer Kopf« der Ära Wojtyła präsentiert und unterstützt wird, zielt ein »Ordnungsblock« innerhalb der Kirche gleichsam auf eine Diskontinuität in der Kontinuität. Es ist bezeichnend, dass Kardinal Ruini sechs Jahre nach dem Tod Johannes Pauls II. zu den epochalen Schwerpunkten seines Pontifikats den Fall der kommunistischen Regime, den

Wiederaufschwung der Kirche und das Engagement für den Frieden zählt, während er das Mea culpa aus dem Jahr 2000 ebenso unerwähnt lässt wie die Weltgebetstreffen von Assisi.[17]

Die Ablehnung aller prophetischen Elemente, die für Wojtyłas Strategie typisch waren und auf einen Teil der Kirche beunruhigend wirkten, schweißt die Pro-Ratzinger-Lobby zusammen.

Im Kardinalskollegium ist der Wunsch nach einer wiedererstarkenden katholischen Identität und einer erneuten Bestätigung der dogmatischen Leitlinien unüberhörbar. Das Lehramt soll die Kirche stärker stabilisieren. Johannes Paul II. gab die Parole von der Neuevangelisierung der säkularisierten Gesellschaften aus. Nun denken viele Kardinäle, dass eine solche Evangelisierung in der Kirche selbst ihren Anfang nehmen müsse – unter einer soliden Führung, die der Gemeinschaft der Gläubigen den Impuls für ein christliches Leben vermitteln könne.

Nach dem Trauergottesdienst für Wojtyła fasst Kardinal Jean-Louis Tauran dies so zusammen: »Wir waren überrascht von dem großen Echo, das der Tod des Papstes ausgelöst hat. Ich habe in meinem Leben nie etwas Ähnliches gesehen, und ich glaube auch nicht, dass es so etwas je zuvor in der Geschichte gegeben hat.« Tauran spricht von einem »gewaltigen Erbe«, das anzutreten sei. Und wo liegen seine Prioritäten mit Blick auf das Konklave? »Was mich mit Sorge erfüllt, ist die Vermittlung der Glaubensinhalte … Der Glaube darf nicht nur Gefühl sein … Man erwartet zu Recht, Christen zu sehen, die zu ihrem Glauben stehen.« Fragen der Kurienreform und der Dezentralisierung erscheinen einem Großteil der wahlberechtigten Kardinäle hingegen nicht als vordringlich. »Die Struktur ist zweitrangig, was zählt, ist eine konsequente Lebensführung«, betont Tauran.

Das für Montag, den 18. April, einberufene Konklave rückt immer näher, und die Kandidatur Joseph Ratzingers steht fest – umso mehr, als viele Kardinäle, durch den Verlust Johannes Pauls II. verwirrt, es für notwendig halten, die entstandene Lücke rasch zu schließen. Der polarisierende Mann, der als Kandidat für das päpstliche Amt nicht hätte in Frage kommen dürfen, erscheint nun als der aussichtsreichste Kandidat. Sechs Tage vor der Wahl schreiben ihm die Veteranen der Kurie etwa 50 Stimmen zu. In den darauffolgenden Tagen sinken die Stimmen zu seinen Gunsten auf 35, um dann wieder auf 40 zu steigen. Es ist die Papst-Lotterie, wie sie bei jedem Konklave stattfindet. Die Schlacht der Gerüchte gehört zum Spiel. Kardinal Ratzinger hat dabei den Vorteil, einen geschlossenen Block hinter sich zu wissen. Doch eine Zweidrittelmehrheit, wie sie zur Wahl erforderlich ist – 77 von 115 Stimmen also –, liegt noch in weiter Ferne.

Starke italienische Kandidaten sind indes nicht in Sicht. Staatssekretär Angelo Sodano, Kardinal Dionigi Tettamanzi, Kardinal Camillo Ruini sowie Angelo Scola, der Patriarch von Venedig, meiden das Rampenlicht und halten sich bedeckt. Die Ansprachen Scolas und Tettamanzis in den vorbereitenden Sitzungen sind so spirituell angelegt, dass man sie eindeutig nicht als Bewerbungsreden verstehen kann. Ein frisch aus Nordeuropa in Rom eingetroffener Kardinal stellt denn auch verwundert fest, dass es keinen wirklich ernstzunehmenden italienischen Kandidaten gibt. »In der Kurie und unter den italienischen Kardinälen setzte sich der Eindruck durch, dass der einzige Kandidat, der für eine Wahl in Frage kam, Ratzinger war.« Im Unterschied zu anderen Anwärtern hat Ratzinger dabei den Vorteil, dass er häufig gereist ist und während der ad-limina-Besuche, die die nationalen Episkopate alle fünf Jahre dem Papst abzustatten haben, viele Kardinäle persönlich kennengelernt hat.

Bei einem informellen Treffen in der Villa Nazareth, an der etwa ein Dutzend reformorientierter Kardinäle teilnimmt, fällt ausdrücklich der Name Martini. Der Kardinal lässt jedoch durchblicken, dass er zwar bereit sei, sich dem Reformflügel als Kandidat zur Verfügung zu stellen, aufgrund seines schlechten Gesundheitszustands jedoch »zu mehr« nicht in der Lage sei.

In Martinis Wahrnehmung ist der neue Erzbischof von Mailand, Dionigi Tettamanzi, ein geeigneter Kandidat, da er nicht nur über eine solide dogmatische Ausbildung verfügt, sondern mit Johannes Paul II. auf dem Gebiet der Familienethik eng zusammengearbeitet hat. Darüber hinaus pflegt er einen pastoralen Stil, der ihm hilft, konkreten Problemen ohne Scheuklappen zu begegnen. Auf der Gegenseite steht Camillo Ruini bereit, der Vorsitzende der Italienischen Bischofskonferenz und Kardinalvikar der Diözese Rom. Als kluger politischer Kopf hält er sich zunächst bedeckt, ist jedoch bereit einzuspringen, falls Ratzinger den Rückzug antreten sollte.

Unter den möglichen europäischen Kandidaten befindet sich der Lissaboner Kardinal José da Cruz Policarpo, der für den Konzilskurs steht und mit seinen 69 Jahren im Grunde das richtige Alter hat. Und da ist auch der angesehene 60-jährige Kardinal Christoph Schönborn aus Wien. Man hält ihn jedoch für zu jung. Überhaupt spielt das Alter in diesem Konklave eine besonders wichtige Rolle. Nach dem schier endlosen Pontifikat Johannes Pauls II., der mit 58 Jahren sein Amt angetreten hat, bevorzugen die Kardinäle nun ein Übergangspontifikat. Ein vorgerücktes Alter wird daher als Bonus vermerkt.

Das Wunschbild eines afrikanischen Papstes zerbricht innerhalb weniger Tage. Beste Voraussetzungen hat dem Papier nach der nigerianische Kardinal Francis Arinze, der jahrelang Präsident des Päpstlichen Rats für den interreligiösen Dialog war und sich als Förderer der Beziehungen zum Islam und zu den orientalischen Religionen verdient gemacht hat. Doch die eine Milliarde der über den ganzen Erdball verstreuten Katholiken ist noch nicht reif für einen schwarzen Papst. Die Wahl Barack Obamas zum Präsidenten der Vereinigten Staaten, mit der das Stigma der Hautfarbe in der führenden westlichen Nation aufgelöst wurde, erfolgte erst im Jahr 2008.

In den Tagen, die dem Konklave unmittelbar vorausgehen, werden immer wieder die Aussichten eines Kandidaten aus Lateinamerika diskutiert. Darin spiegelt sich die Hoffnung vieler südamerikanischer Gläubiger (die fast die Hälfte der Katholiken weltweit ausmachen) auf einen Papst, der die Erlösung der Dritten Welt aus ihrem Schattendasein betreiben könne. In Frage kommen der brasilianische Kardinal Cláudio Hummes, der in der dem Konklave vorausgehenden Kardinalsversammlung eine Lobrede auf die »Kirche der Armen« hält, sowie der Argentinier Jorge Mario Bergoglio. Auch der Honduraner Óscar Maradiaga, ebenso brillant wie weltläufig, ist weithin bekannt. Dennoch gibt es Vorbehalte gegenüber einem Papst, der aus einem so kleinen Land stammt, da man – wie seine Kritiker meinen – nicht sicher sein könne, ob er tatsächlich über die nötige Erfahrung im Umgang mit den großen Problemen der Welt verfügt.

Ausgerechnet aus Lateinamerika selbst kommt in dieser Situation der entscheidende Warnruf. Er stammt von einem erfahrenen Mitglied des Kardinalskollegiums, Paulo Evaristo Arns, der sich als Erzbischof der großen Diözese von São Paulo im fortschrittlichen Flügel der Kirche einen Namen gemacht hat. Arns, der das 80. Lebensjahr überschritten hat und somit nicht mehr wahlberechtigt ist, legt analytisch-nüchtern dar, ein lateinamerikanischer Papst verfüge schlechterdings nicht über die erforderliche Erfahrung, um die Wandlungsprozesse in Europa, Nordamerika und Asien zu verstehen und zu lenken.

Ein lateinamerikanischer Papst, so die Ansicht etlicher Kardinäle, besitze zudem das Handicap, dass er gegenüber den USA eine mehr oder minder vorgefasste Meinung habe, entweder überkritisch oder unterwürfig. Ohnedies spielen die USA im Vorfeld des Konklaves eine nicht unerhebliche Rolle, sind sich die Kardinäle doch darüber im Klaren, dass der künftige Papst in der Lage sein müsse, sich angemessen mit der amerikanischen Supermacht auseinanderzusetzen, die sich auf dem Höhepunkt ihrer militärischen, politischen und wirtschaftlichen Macht befindet. Nur ein Mann aus dem alten Europa besitzt jedoch die jahrhundertealte Kultur, die erforderlich scheint, um mit Washington auf Augenhöhe zu verhandeln.

Doch es gibt noch andere Gründe, die dazu führen, dass viele wahlberechtigte Kardinäle ihren Blick nach Europa richten. Der Kontinent steht vor großen Herausforderungen: der schweren Krise des Klerus, dem alarmierenden Rückgang der Zahl der Gottesdienstbesucher, der Auseinandersetzung mit dem Islam. Fast 2000 Jahre lang war Europa Mittelpunkt und Grundlage des Christentums. Von dort muss der neue Papst kommen, der dem Glauben einen neuen Impuls geben kann.

Insgesamt begünstigen diese Aspekte Ratzingers Kandidatur. Immer mehr Kardinäle wenden sich ihm zu, sind beeindruckt von seiner ausgeprägten Spiritualität und Sensibilität, seiner soliden Lehrmeinung und seiner Bildung. In der ganzen Welt ist Ratzinger für seine Verteidigung der christlichen Identität bekannt und für den Respekt, den er anderen Kulturen entgegenbringt, sowie, nicht zuletzt, für seine Ablehnung westlicher Kreuzzugsvisionen.

Dem Aufstieg von Joseph Ratzinger widersetzt sich ein kleiner Kreis von reformwilligen Purpurträgern, unter ihnen die Kardinäle Martini, Policarpo, Danneels sowie ein Großteil der deutschen und amerikanischen Kardinäle. Aus den bruchstückhaft überlieferten Informationen, die damals in aufregendem Tempo gerüchteweise die Runde machten, geht hervor, dass acht von elf US-amerikanischen und fünf von sechs deutschen Kardinälen die Kandidatur Ratzingers nicht befürworteten. In Deutschland gilt nur der konservative Kölner Kardinal Joachim Meisner als unerschütterlicher Ratzinger-Anhänger. Der mehrfach in seinem Amt bestätigte Vorsitzende der Deutschen Bischofskonferenz, Kardinal Karl Lehmann, erklärt am Tag nach der Beisetzung Johannes Pauls II., dass es keine klaren Favoriten gebe – eine diplomatische Art, um eine mögliche Kandidatur des Präfekten der Glaubenskongregation herunterzuspielen. Zu dessen Gunsten agiert hingegen Kardinal Christoph Schönborn, ein Student Ratzingers aus der Regensburger Zeit und Mitglied des sogenannten Schüler-Kreises des Glaubenspräfekten. Als gemäßigter Reformer unterstützt er seinen Lehrer nun ausdrücklich, indem er Einfluss auf jene Kardinäle nimmt, die nicht zum konservativen Lager gehören und Rat und Hilfe für ihre Wahl suchen.

Die Pro-Ratzinger-Lobby, die sich um die Kardinäle Trujillo und Medina Estévez formiert hat, spielt noch zwei weitere Karten aus, die speziell jene Kardinäle überzeugen, die zu Beginn des Konklaves noch nicht festgelegt sind. Das ist zum einen die – für alle geltende – Aussicht auf ein Übergangspontifikat, und für diesen Fall machen seine ausgewiesenen theologischen und intellektuellen Fähigkeiten Ratzinger zu einem exzellenten Kandidaten. Zum anderen die Aussicht auf eine Kurienreform, die eine vorsichtige Dezentralisierung begünstigen würde – ein besonderes Anliegen reformorientierter Kardinäle. Ein Argument, das immer wieder gern genannt wird, ist schließlich die enge Zusammenarbeit zwischen Johannes Paul II. und dem Präfekten der Kongregation für die Glaubenslehre.

Darüber hinaus kann die Ratzinger-Seilschaft darauf verweisen, dass der Kandidat bereits sein Einverständnis mit der Kandidatur erklärt habe. Dies bestätigt nach dem Konklave ein brasilianischer Kardinal gegenüber der Zeitung *O Globo*: »Trujillo und Medina organisieren Treffen und Abendessen. Bei diesen Gesprächen sagen sie eindeutig, dass sie mit Ratzinger gesprochen hätten, und garantieren, der deutsche Kardinal werde die Wahl annehmen.«[18]

Diskret lässt Vatikansprecher Navarro-Valls derweil verlauten, in einer globalisierten Welt sei es undenkbar, dass der Nachfolger auf dem päpstlichen Stuhl keine Fremdsprachen beherrsche. Tatsächlich spricht Ratzinger mindestens vier Sprachen: Neben Deutsch und Latein vor allem Italienisch, Französisch und Englisch.

Der Eindruck, den man gewinnen muss, wenn man in diesen Tagen aus dem Ausland nach Rom kommt, ist, dass die Entscheidungen in der Kurie bereits getroffen sind. Ein europäischer Kardinal, der über eine reiche Erfahrung verfügt, bemerkt zu der von Trujillo effizient geplanten Kampagne in den Tagen vor dem Konklave: »Es ist offensichtlich, dass die Würfel bereits gefallen sind.« Selbst der Name, den der künftige Papst annehmen könnte, ist schon in Umlauf: Benedikt.[19]

Ratzinger verfolgt dies alles schweigend. Am Samstag, dem 16. April 2005, feiert man in den Diensträumen der Glaubenskongregation seinen 78. Geburtstag. Blumen in Gelb und Weiß – den päpstlichen Farben – sind auf dem Tisch drapiert. Man weiß, dass er sich im Wettstreit um den Papstthron befindet. Und er selbst weiß es auch. Seinem ehemaligen Sekretär, Josef Clemens, vertraut er an, ein wenig nervös zu sein.[20] Wie sich die Opposition aufgestellt hat, ist indes nicht bekannt.

Am Sonntag vor dem Konklave, am 17. April, feiern die Kardinäle aus der ganzen Welt die heilige Messe in ihren Titularkirchen. Die Worte, die sie während des Gottesdienstes und danach sprechen, spiegeln präzise ihren Gemütszustand. »Der neue Papst muss ein Fels sein, an dem man sich orientieren kann, aber auch ein Hirte, der uns kennt und den wir anerkennen«, betont Kardinal Walter Kasper, der Präsident des Päpstlichen Rates zur Förderung der Einheit der Christen. Die Gläubigen suchen niemanden, der Befehle erteile, sondern wünschen sich ein Verhältnis, das von gegenseitigem Vertrauen getragen ist. Schließlich, so fügt Kasper hinzu, sei es auch wichtig, dass die säkularisierte Welt den neuen Papst nicht zu sehr abschrecke.[21] Der Patriarch von Lissabon, Policarpo, drückt sich noch unmissverständlicher aus – zumindest für geschulte Ohren: »Die Botschaft der Kirche darf sich nie auf die reine Verkündigung der Glaubenslehre beschränken.«

In der Pro-Ratzinger-Lobby drängt man auf eine schnelle Wahl. Der Grund dafür liegt auf der Hand, kann Ratzingers Kandidatur doch nur dann erfolgreich sein, wenn sich ein Schneeballeffekt einstellt. »Wir hoffen auf ein kurzes Konklave«, so Kardinal Norberto Rivera Carrera, der Erzbischof von Mexiko-Stadt. Bei einer geistlichen Meditation im Vorfeld des Konklaves mahnt Raniero Cantalamessa, der Prediger des Päpstlichen Hauses, die Kardinäle zur Einheit. In Anspielung auf die vom Heiligen Geist erleuchteten Apostel ruft er aus: »Pfingsten darf nicht zu einem Babel werden, wie das der Fall ist, wenn man persönliche Bestätigung sucht.« Mit sanftem Druck versucht er, einen Konsens zugunsten des bevorzugten Kandidaten herzustellen.

Doch wer »als Papst« das Konklave betritt, kann, einem alten römischen Sprichwort zufolge, gut und gern als »Nichts« herausgehen. Erst in der Sixtinischen Kapelle werden Absichtserklärungen zu Stimmen. Dies ist die letzte Strecke, die Ratzinger zurücklegen muss.

Am Montag, dem 18. April, kommen die Kardinäle zum Konklave zusammen. Bevor sie am Vormittag die Sixtinische Kapelle betreten, nehmen sie noch an der besonders feierlichen »Missa pro eligendo pontefice« teil. Sie bitten Gott darum, dass der würdigste Mann gewählt werde. Es zelebriert der Dekan des Kardinalskollegiums, Joseph Ratzinger, und so nimmt die Papstwahl ihren Lauf. Seit Menschengedenken ist es nicht vorgekommen, dass derjenige, der bei dieser Gelegenheit die Predigt hält, zugleich ein Anwärter auf den päpstlichen Stuhl ist. Joseph Ratzinger ist beides.

Als der deutsche Kardinal in der Petersbasilika eintrifft, wirkt er müde, er hat Ringe unter den Augen und ist heiser. Sogar die Brille wirkt plötzlich größer, so als hätte er Schwierigkeiten beim Lesen. Intensive Wochen liegen hinter ihm. Gewaltig ist der Druck, der auf ihm lastet: Er soll sich nicht zurückziehen, sondern voranschreiten und die Mühen und Spannungen des Pontifikats auf sich nehmen. Jedem ist bewusst, dass Ratzinger diesen entscheidenden Punkt seines Lebens ohne eigene Ambitionen erreicht hat. Das Einzige, worum er seine Unterstützer bittet, ist die Zusage, ihn in den Abstimmungen nicht zu verschleißen. Ohne einen schnellen Konsens zu seinen Gunsten, erklärt er im Voraus, werde er das Feld anderen Kandidaten überlassen.

Während der Predigt fährt sich Ratzinger häufig mit der Hand über die Stirn. Doch seine Stimme zittert nicht, als er betont: »Einen festen Glauben zu haben wird oft als Fundamentalismus etikettiert.« Wenige Stunden vor dem ersten Wahlgang gleichen diese Worte einem Fehdehandschuh, den

Ratzinger seinen Anhängern wie seinen Gegnern hinwirft. Der Kardinal zeigt sich als der, der er ist. In ihren feuerroten Gewändern, die weiße Mitra der Konzelebranten auf dem Haupt, lauschen die 114 wahlberechtigten Kardinäle einer Predigt, die wie ein Manifest wirkt. Als habe Ratzinger sagen wollen: »Wenn ihr mich wählt, solltet ihr wissen, wer ich bin.«

Der Kardinal beschwört das Bild einer von Stürmen heimgesuchten Kirche, als stehe die Apokalypse bevor: »Wie viel neuen Wind haben wir in Sachen Glaubenslehre in den letzten Jahrzehnten gespürt, wie viele ideologische Strömungen, wie viele Denkmoden kennengelernt.« Ratzinger beschreibt das Schiff der Christenheit als »von Wellen geschüttelt, von einem zum andern Ende geworfen«. Bedrohliche Wogen, die von unzähligen Ismen herrühren: Marxismus, Liberalismus, Hedonismus, Kollektivismus, Atheismus, Synkretismus, Agnostizismus. Und weiter noch: radikaler Individualismus, verschwommener Mystizismus, aggressiver Relativismus. Vor allem Letzterer ist es, dem es Einhalt zu gebieten gelte: »Es entsteht eine Diktatur des Relativismus«, skandiert Ratzinger mit starkem deutschen Akzent, »die nichts als endgültig anerkennt und als letzte Größe nur das eigene Ich und die eigenen Wünsche gelten lässt.«

Allein die Freundschaft mit Christus, so schließt Ratzinger, erlaube es, einen Maßstab zu entwickeln, um das Wahre vom Falschen, die Lüge von der Wahrheit zu unterscheiden. Nachdem er die Predigt beendet hat, brandet im Kirchenschiff Applaus auf – zunächst etwas zögerlich, dann kräftiger und bis tief hinein in die Reihen der Kardinäle. Unter ihnen befindet sich der eine oder andere, der seine Stimme am Ende nicht Ratzinger geben würde, da ihn dessen Pessimismus an die »Unheilspropheten« erinnert, vor denen Johannes XXIII. gewarnt hat. Etliche Kardinäle zeigen sich jedoch von Ratzingers Worten im Petersdom ganz begeistert. Sie sehnen sich nach einem klaren Kurs, einem energischen Steuermann und Kapitän, der sie sicher durch die Untiefen der modernen Gesellschaft schifft. So kann Joseph Ratzinger durch seine Predigt einige Stimmen mehr für sich gewinnen.

Um 16.30 Uhr stimmen die Kardinäle das »Veni creator spiritus« an und ziehen in die Sixtinische Kapelle ein. Ratzingers Befürworter fragen sich, ob die Stimmen ausreichen werden. Die erste Abstimmung erfolgt noch am späten Nachmittag, am selben Tag, gleich nach der feierlichen Ablegung des Eids, der die Wähler – der Tradition entsprechend – zur Geheimhaltung verpflichtet. Die Kardinäle wollen keine Zeit verlieren. Um 20.05 Uhr sieht die auf dem Petersplatz versammelte Menschenmenge schwarzen Rauch aufsteigen, zunächst undeutlich, dann immer klarer. Es ist noch kein neuer Papst gewählt.

Beim ersten Wahlgang – die Rekonstruktion geht auf einen anonymen Kardinal zurück, der einem Vatikan-Experten, dem Fernsehjournalisten Lucio Brunelli, die Details anvertraut hat – erhält Ratzinger 47 Stimmen. Genau die Stimmenanzahl, die man ihm am Vorabend zugesichert hat. Doch es ist nur der Auftakt. Die Mehrheit der Kardinäle wartet noch ab, die große Masse der Stimmen bleibt vorerst verstreut. Auf Martini entfallen neun, auf den Argentinier Bergoglio zehn. Ruini erhält sechs, Sodano vier Stimmen, der Honduraner Maradiaga drei, Tettamanzi zwei. Weitere 34 Stimmen verteilen sich auf verschiedene Kardinäle.

Am Abend, als im vatikanischen Gästehaus Santa Marta – als erste Residenz in der jahrhundertealten Geschichte der Konklaven mit allem Komfort ausgestattet – sich die Kardinäle zur Ruhe begeben, sind viele von ihnen nachdenklich. Es herrscht eine sehr konzentrierte Atmosphäre, es gibt keine Gruppensitzungen, lediglich Gespräche zwischen zwei oder drei Personen. »Wir hatten das Gefühl, dass wir uns beeilen mussten«, bestätigt Kardinal Ruini später. Die Überraschung des ersten Tages besteht darin, dass der Zweitplatzierte, der Erzbischof von Buenos Aires, Kardinal Bergoglio, ein Jesuit, eine Stimme mehr erhalten hat als Martini. Offensichtlich gibt es eine Gruppe von Kardinälen, die einen »dritten Weg« im Sinn hat. Für sie kommen weder Ratzinger noch Tettamanzi, der von Martini favorisierte Kandidat, in Frage.

Bergoglio, eine betont spirituelle Persönlichkeit mit bescheidenem Lebensstil, die keinerlei Sympathien für das liberale Lager hegt, aber nicht ausgewiesen konservativ ist, gefällt vor allem den moderaten Kräften. Es ist bekannt, dass Bergoglio irritiert ist von der starren Haltung des Vatikans in Fragen der Sexualmoral, und viele Bischöfe und Kardinäle unterstützen ihn darin.

Am 19. April um 9.30 Uhr findet der zweite Wahlgang statt. Das Ergebnis zeigt, dass sich die Lager nunmehr herauskristallisieren. Ratzinger erhält 65 Stimmen, Bergoglio 35, Sodano vier und Tettamanzi zwei.[22]

Ratzinger hat die absolute Mehrheit erreicht, die bei 58 Stimmen liegt. Von der vorgeschriebenen Zweidrittelmehrheit, für die 77 Stimmen notwendig sind, ist er allerdings noch entfernt. Bergoglio macht man zum Frontmann der reformorientierten Kardinäle. Paradoxerweise hat dies der Umstand begünstigt, dass er sich Ende der siebziger Jahre gegen den progressiven Kurs im Jesuitenorden ausgesprochen hat und schließlich von seinem Amt als Provinzial zurückgetreten ist. Ratzinger schätzt Bergoglio sehr und soll – Gerüchten zufolge – im Konklave für ihn votiert haben.

An jenem Morgen des 19. April stellt sich heraus, wie schwach der Reformflügel tatsächlich ist. 27 Jahre des Wojtyła-Pontifikats haben ihn ausgezehrt. Im dritten Wahlgang erhält Ratzinger 72 Stimmen, Bergoglio 40. Die Stimmen von Sodano, Ruini, Scola und der ihnen nahestehenden Kardinäle sind geschlossen auf den deutschen Kardinal übergegangen.

Es ist Mittagszeit. Die erste Phase des Konklaves ist abgeschlossen. Aber auch die Kandidatur Ratzingers hat sich – nach der Logik früherer Konklaven – im Grunde erledigt. Erfahrungsgemäß wäre die Gruppe der 40 Bergoglio-Wähler ohne weiteres in der Lage, die Wahl des Präfekten der Glaubenskongregation zu blockieren und die Suche nach Kompromisskandidaten zu erzwingen. So ist es immer gewesen. Während des Mittagessens gesteht Martini denn auch, er rechne mit »Überraschungen«.

Ein fataler Fehler. Die allermeisten Kardinäle denken nach den Verfahrensregeln des vergangenen Jahrtausends. Nahezu alle haben – unbewusst – die Zweidrittelmehrheit im Sinn, die um jeden Preis erreicht werden muss. Doch dem ist nicht so. Die klügsten Köpfe unter den Ratzinger-Anhängern, angefangen beim kolumbianischen Kardinal Trujillo bis hin zu den Führungsleuten des Opus Dei, denken weiter. Sie haben bereits in dem Moment, als sie die Kampagne für den deutschen Kardinal starteten, damit kalkuliert, dass Wojtyłas Wahlreform alles auf den Kopf stellen würde. Die absolute Mehrheit der Stimmen zu erzielen heißt, mit dem Schwert auf den Tisch zu hauen. Es genügt, die Vorschriften im Auge zu behalten und bei den anstehenden 20, 30 Wahlgängen so lange die Nerven zu bewahren, bis die Minderheit kapituliert. Johannes Paul II. hat nicht einfach nur erlaubt, dass nach ergebnislosen Abstimmungen eine Wahl mit einfacher Mehrheit genügt. Er hat es angeordnet.

In Paragraph 75 der Apostolischen Konstitution *Universi Dominici Gregis* ist es unmissverständlich festgehalten. Nach Ablauf von 34 ergebnislosen Abstimmungen sollen die Kardinäle entscheiden, ob man zu einer Wahl mit absoluter Mehrheit übergehen solle oder zu einer Stichwahl zwischen den beiden bestplatzierten Kandidaten. In beiden Fällen, so hat es Johannes Paul II. festgelegt, solle es ausschließlich auf die »absolute Mehrheit« ankommen.

Dieses Szenario benutzt die Ratzinger-Lobby, um Druck auf die Unentschlossenen auszuüben. Sie seien dafür verantwortlich, so lautet ihr Argument, dass unablässig schwarze Rauchfahnen in den Himmel aufstiegen und das Bild einer gespaltenen Kirche erzeugten. Der psychologische Druck, den das neue Wahlverfahren erzeugt, ist erheblich. Wer sich zu einer Kraftprobe bereit findet, die schlichtweg nicht zu gewinnen ist, muss fortan als Gegner des neuen Papstes gelten. In diesem Nervenkrieg befindet sich der Ratzinger-Block auf der sicheren Seite. Unter den Anhängern von Opus Dei ist die Überzeugung, alles werde nach Plan laufen, derart groß, dass ein Vertreter der Organisation mir bereits am Montag, dem 18. April, erklärt: »Morgen komme ich, um mir den weißen Rauch anzusehen.« Und so geschieht es dann auch.

Während der Mittagspause nach dem dritten Wahlgang streuen die Unterstützer Ratzingers das Gerücht, der Kandidat werde sich zurückziehen, wenn er nicht noch am selben Tag gewählt werde. Ein Teilnehmer des Konklaves erinnert sich: »Ein Kurienkardinal trat an mich heran und sagte: ›Bergoglio und Ratzinger ziehen sich zurück, wenn der neue Papst am Nachmittag nicht gewählt worden sein sollte.‹«

Ein letztes Mittel, Druck auf die Zögerlichen auszuüben, besteht darin, mit einem desaströs langen Konklave zu drohen und gleichzeitig zu garantieren, ein Ratzinger-Pontifikat sei nur als Übergangslösung gedacht. Der Plan geht auf. Die Kardinäle, die für Bergoglio votiert haben, müssen feststellen, dass sie keine Alternative besitzen. »Wir hatten verstanden, dass er keine Stimme mehr hinzugewinnen würde«, erinnert sich ein europäischer Kardinal. Und ein anderer bemerkt: »Das Signal bestand darin, dass von italienischer Seite kein weiterer Vorschlag kam.«

Kehren wir zur Mittagsmahlzeit in der Sixtinischen Kapelle zurück. Joseph Ratzinger wirkt »schweigsam und bewegt«. Am frühen Nachmittag gelingt es ihm im vierten Wahlgang, 84 Stimmen auf sich zu vereinen.[23] Selbst Kardinal Martini entschließt sich in letzter Minute, eine Empfehlung für die Wahl Ratzingers auszusprechen. Und doch ist der Konsens in diesem Fall – der Kandidat erhält sieben Stimmen mehr als erforderlich – nicht so groß wie bei der Wahl Johannes Pauls I. und Johannes Pauls II., die 99 beziehungsweise 98 Stimmen erhalten haben.[24]

Um 17.50 Uhr verwirrt ein zwischen Grau und Schwarz changierender Rauch die auf dem Petersplatz versammelten Menschen. Dann setzt sich das Weiß durch: »Habemus papam.« Etwa eine Stunde später zeigt sich Benedikt XVI. auf der Loggia und segnet die Menge. »Nach dem großen Papst Johannes Paul II. haben die Kardinäle mich gewählt, einen einfachen, bescheidenen Arbeiter im Weinberg des Herrn …«

Wojtyłas Regeln, die den Verlauf des Konklaves auf den Kopf gestellt haben, hat Ratzinger 2007 wieder aufgehoben. »Sie waren ein Fehler«, bekennt einer seiner engsten Vertrauten ohne Zögern.

KAPITEL III

Ein Jahr der Gnade

Rom lernt einen Papst kennen, der ein frappierend einfacher Mensch ist. Während er von seiner Loggia aus den Gläubigen seinen Segen spendet, erkennt man unter dem päpstlichen Gewand die schwarzen Ärmel einer Wolljacke. Joseph Ratzinger fröstelt oft, es ist rührend, ihn in der Aufmachung eines Landpfarrers zu sehen. Eines Tages zeigt er sich sogar mit einer hermelinbesetzten Samtmütze als Kopfbedeckung, dem Camauro, und er sieht damit wirklich wie der Kobold aus einem Märchen der Gebrüder Grimm aus. Später gibt er zu, ihn aus der alten päpstlichen Garderobe ausgegraben zu haben, um sich vor der Kälte zu schützen. Angesichts der Kritik verzichtet er darauf, ihn wieder zu tragen.

Benedikt XVI. hat den Stuhl Petri mit 78 Jahren bestiegen, und seine Konstitution verlangt eine pflegliche Behandlung. Er führt ein sehr geregeltes Leben, achtet auf sein Herz, nimmt sorgfältig seine Medikamente, hält während des Tages gewissenhaft die erforderlichen Ruhepausen ein. Gegen sechs Uhr steht er auf, um sieben private Messe, von 8.30 bis 11 Uhr arbeitet er in seinem Büro, von 11 bis 12.30 Uhr gibt er Audienzen, Mittagessen gegen 13.15 Uhr. Allein. Danach ruht sich der Papst aus. Von 15 bis 16 Uhr arbeitet er an seinen Büchern. Um 16.15 Uhr nimmt er sich normalerweise Zeit für seinen täglichen Spaziergang in den vatikanischen Gärten. Der dauert eine halbe Stunde, manchmal verlängert er bis 17 Uhr. »Ob es regnet oder heiß ist, er ist pünktlich wie ein Uhrwerk«, heißt es im Apostolischen Palast. Am Nachmittag studiert er Akten, bereitet Predigten und Reden vor, empfängt die Leiter der kurialen Dikasterien. Um 19.30 Uhr gibt es Abendessen und um 20 Uhr Abendnachrichten im ersten Programm des staatlichen italienischen Fernsehens RAI. Nach dem Abendessen arbeitet er nie. Er hört dann Musik, liest, betet. Gegen 21.15 Uhr verabschiedet er sich von seinem Privatsekretär Georg Gänswein und von der kleinen päpstlichen Familie, die aus vier Frauen der Laiengemeinschaft Memores Domini von der Bewegung Comunione e Liberazione besteht, und zieht sich in seine Privatgemächer zurück.

Den Dienstag hält er sich von allen Verpflichtungen frei. Er verbringt den Tag mit der Vorbereitung offizieller Texte. Vor allem aber, so hört man im Vatikan, ist er »sehr froh, für sich selber schreiben zu können«. Wenn er etwas bedauert, so ist es der Umstand, dass er seine persönliche Assistentin Ingrid Stampa von der Schönstatt-Bewegung nicht in seine päpstliche Wohnung aufnehmen konnte, weil die Kurie keinen weiblichen Berater an der Seite des Papstes geduldet hätte. Sie wurde in die deutsche Abteilung des Staatssekretariats versetzt.

Nach den ersten hundert Tagen seiner Regentschaft bezeichnet er den Urlaub im Aostatal als ein »Geschenk Gottes«. Die internationalen Reisen, Wojtyłas Leidenschaft, ermüden ihn. Wenn er sie schon unternehmen muss, versucht er, so schnell wie möglich wieder nach Rom zurückzukehren. Der Papst »sollte so viel tun! Und meine Kräfte reichen einfach nicht dafür aus«, gesteht er offen.[1]

Als er 2008 nach Australien fliegt, braucht er drei Tage, um sich von dem Flug zu erholen. Den jungen Leuten, die zum Weltjugendtag in Sydney zusammengekommen sind, gesteht er seine Angst. »Mir stand dieser Flug bevor wie etwas, das einem den Mut nehmen kann! Und doch waren die Ausblicke auf unseren Planeten, die sich mir von der Höhe aus boten, wirklich wundervoll.«[2]

Ratzinger macht keinen Hehl aus der Ungewissheit, die sich aus seinem fortgeschrittenen Alter ergibt. »Ich bin ja ein alter Mann. Wie viel Zeit mir der Herr noch gibt, weiß ich nicht«, gesteht er den Journalisten während seiner Reise nach Bayern ein Jahr nach seiner Wahl.[3]

In den ersten Tagen ist sein weißer, päpstlicher Talar zu kurz und lässt die roten Mokassins allzu sehr hervorblicken. Er bestraft die Lieferanten, indem er die Schneiderei wechselt. An einem Sonntag im März verblüfft er in einer römischen Pfarrei die Anwesenden mit seiner surrealen Erscheinung in rosafarbenem Gewand, wie es die Liturgie für jenen Tag vorsieht. Doch er gewinnt sie mit seiner äußerst schlichten und schönen Predigt. Der neue Papst versteht es, die Aufmerksamkeit der gebildeten und weniger gebildeten Gläubigen mit klaren, ausdrucksstarken Worten zu gewinnen. »Gott ist Liebe«, lautet sein Leitmotiv. Den Suchenden ruft Ratzinger in Erinnerung, dass nur ein Zeichen Herz und Verstand berührt: der ans Kreuz genagelte, gestorbene und wiederauferstandene Jesus Christus. Der Glaube, den er verkünden will, ist keine Ideologie, sondern Zeugnis der göttlichen Liebe.[4] Jahre später wird er hinzufügen, dass die Christen das Evangelium mit »diskretem Stolz« verkünden sollten.[5]

Bei der Eröffnungsmesse seines Pontifikats am 24. April 2005 hatte er die Anwesenden in seinen Bann gezogen, indem er in knapper und aktualisierter Form das Gleichnis vom guten Hirten darbot. Das verlorene Schaf ist die heutige Menschheit, die keinen Weg mehr finde, sagte er; viele lebten in »der Wüste der Armut, … des Hungers und des Durstes, … der Verlassenheit, der Einsamkeit, der zerstörten Liebe«.

Es gebe die Wüste des Gottesdunkels, der Entleerung der Seelen, die nicht mehr um die Würde des Menschen wissen. Die Kirche müsse sich auf den Weg machen, um die Menschen aus der Wüste herauszuführen »zur Freundschaft mit dem Sohn Gottes«.[6]

Da er sich der einzigartigen und temperamentvollen Persönlichkeit Johannes Pauls II. wohlbewusst ist, bemüht er sich erst gar nicht, diesem nachzueifern. Er zieht es vor, sich in seiner Unmittelbarkeit darzustellen. Auf seiner ersten Auslandsreise setzt er bei seiner Ankunft in Köln der Gewohnheit Wojtyłas ein Ende, sich auf die Erde zu werfen und sie zu küssen. Benedikt XVI. mag theatralische Gesten nicht. Seinem Biographen Peter Seewald vertraut er an, sich nicht als etwas zeigen zu wollen, was er nicht ist: »Ich bin der, der ich bin, … und was ich nicht geben kann, versuche ich auch nicht zu geben.«[7] Die Kardinäle, die an seiner Wahl »schuld« sind, meint er, mussten doch wissen, wer er ist …

Joseph Ratzinger weiß, dass seine deutsche Herkunft in der Geschichte des zeitgenössischen Papsttums eine besondere Rolle spielt. Bei der Vorführung eines Films über Johannes Paul II. nannte er es ein Zeichen der Vorsehung, dass auf den polnischen Papst ein Papst folgt, der in jenem Deutschland geboren ist, das unter nationalsozialistischer Flagge Polen überfallen hatte. Die Öffentlichkeit hat dies im Übrigen sofort erkannt. Ein deutscher Papst, dessen Name an den heiligen Benedikt, den Patron Europas, anknüpft, aber auch an Benedikt XV., der sich während des Ersten Weltkriegs für den Frieden eingesetzt hatte, erscheint als symbolische Überwindung jener Wunden, die der Zweite Weltkrieg in Europa geschlagen hat.

Als Deutscher habe er den Horror der Ruinen und die Teilung seines Vaterlandes erlebt, teilt er den zu seiner ersten Audienz geladenen Diplomaten mit: »Sie werden also verstehen, dass mir ganz besonders am Dialog zwischen allen Menschen gelegen ist, um alle Formen von Konflikt und Spannung zu überwinden.« Alle zusammen seien aufgerufen, fügt er hinzu, »die Versuchung zu Auseinandersetzungen zwischen Kulturen, Ethnien und verschiedenen Lebenswelten zu überwinden«.[8] Auf die Deutschen wirkt seine nach der Wiedervereinigung erfolgte Wahl wie eine nationale Wiedergeburt. »Wir sind Papst!«, titelt die *Bild*-Zeitung mit überbordendem Stolz.

Die Römer und die Pilger fangen an, jene Merkmale an ihm zu erkennen, die der langjährige Rektor der Päpstlichen Lateranuniversität, Bischof Rino Fisichella, treffend so beschreibt: »Joseph Ratzinger ist ein Gentleman, er ist schüchtern, respektvoll, er schaut den Leuten in die Augen, er schöpft Kraft aus seiner Einfachheit.« An der Kurie erinnert man sich an Kardinal Ratzinger wegen seiner schüchternen Freundlichkeit und der Bereitschaft, seinen Gesprächspartnern Gehör zu schenken. Seine Höflichkeit erweist sich manchmal allerdings auch als unsichtbare Schranke, um Abstand zu halten. Viele Prälaten erinnern sich an seine Angewohnheit, sofort die schwarze Baskenmütze abzunehmen, wenn er einen Bekannten traf. Manche erinnern sich auch, ihn an einer Autobahnraststätte gesehen zu haben, wie er sich mit dem Tablett in der Hand in die Reihe stellte und geduldig wartete, bis er dran war.

Tendenziell ist er konfliktscheu, wie auch sein Bruder Georg bezeugt. Obwohl er durchaus fähig ist, hartnäckig an negativen Urteilen festzuhalten. »Zur Güte gehört für mich auch, nein sagen zu können«, gab er einmal zu, »denn eine Güte, die alles gewähren lässt, tut dem anderen nicht gut.« Jedenfalls ist dies weit vom Klischee des Panzerkardinals entfernt, das man ihm aufdrückte, als er die Glaubenskongregation leitete, und es hat schon gar nichts mit dem zerrbildhaften Etikett Ratzi the Nazi zu tun, das ihm die britische Boulevardpresse anheftete, in böswilliger Anspielung auf die kurze Zeit, als er in die Hitlerjugend eintreten musste und danach zur Wehrmacht einberufen wurde.

Aus der Nähe betrachtet, ist Benedikt XVI. keineswegs eine teutonische Dampfwalze. Im Vier-Augen-Gespräch lacht und scherzt er, dann huscht eine jugendliche Heiterkeit über sein Gesicht. Er kann ironisch sein, gern nimmt er die heiteren Seiten des Lebens wahr und sieht keineswegs nur die tragischen Aspekte. Sogar in seiner Tätigkeit als Papst, die ihn so viel Mühe kostet, »versuche ich, Freude zu finden«, wie er Reportern aus seiner Heimat berichtet.

Ein deutscher Maler, der Papst Paul VI. porträtierte, sagte, unter vertrauten Personen öffne sich dieser Papst wie eine Muschel und gebe dann auch den Blick auf die Perle frei. Auch Benedikt XVI. ist so eine Muschel, er öffnet sich tatsächlich nur im engsten Kreis. Er ist schüchtern, aber nicht verschlossen. In München verlieh man ihm in seiner Zeit als Erzbischof den Karl-Valentin-Orden.

Er mag Katzen, wie die Römer bald merkten. Als Kardinal brachte er den streunenden Katzen innerhalb des Vatikans manchmal ein Häppchen mit. Kardinal Bertone behauptet, er könne bezeugen, wie er ihnen in bayerischem Dialekt Koseworte zuflüsterte.[9] Als Papst kann er es sich nicht leisten, Tiere in den Apostolischen Gemächern zu halten. Deshalb muss er sich mit Nippesfiguren in Katzenform begnügen. Tauben haben weniger Glück. Bruno Bartoloni, der als Journalist und Sohn eines Journalisten 50 Jahre im Vatikan verbracht hat, erzählt von einem ungeduldigen Fußtritt, den er einer Taube versetzte, die hüpfend mit ihm durch eine Seitentür in den Hof des Heiligen Offiziums eindringen wollte.

Sein großes Hobby ist das Klavier. Er spielt Mozart, Liszt und Bach. Das tut er auch nach seiner Wahl, vor allem während seiner Ferien in den Alpen. Wo immer er seine Sommerferien verbringt, ein Klavier darf nicht fehlen. Manchmal spielt er während der Ferien für seinen halbblinden Bruder Georg, der Zeiten gedenkend, da sie vierhändig spielten. Früher schrieb er auch kleine Gedichte über die Natur und kirchliche Feiertage.

Vor allem ist Ratzinger ein Sohn Bayerns, der einen farbenprächtigen, musikalischen Katholizismus südlichen Gepräges mag. Einen Katholizismus, der »alle Sinne« anspricht, erläutert sein Bruder Georg, der in Regensburg als Domkapellmeister den berühmten Chor der Regensburger Domspatzen leitete.[10] Bei der Beisetzung Johannes Pauls II. entwirft er vor der Menge das Bild seines Vorgängers, der im Himmel ein Fenster öffnet, um auf die Gläubigen am Petersplatz herunterzusehen, eine Vorstellung mit volkstümlichen bayerischen Anklängen.

»Ich bin Bayer«, antwortete er einmal einem spanischen Priester, der sich wunderte, warum er zu Hause die österreichischen Fernsehnachrichten schaute.[11] Die Bayern, erfährt man nun in Italien, halten viel auf ihre Heimat, die sich heute noch mit dem amtlichen Titel »Freistaat« schmückt. Sie sind zwar Deutsche, bestehen aber darauf, sich von ihrem Naturell her deutlich von den Preußen aus dem Norden zu unterscheiden.

Ein Manko bleibt, dass nach all den Jahren in Rom seine italienische Aussprache immer noch so hart klingt, was in Italien manchmal für Schmunzeln sorgt. Demgegenüber fällt der Wohlklang seiner einwandfreien französischen Aussprache auf.

Seit der etwas unbeholfenen Geste, mit der er gleich nach der Wahl auf dem Balkon des Petersdoms die Gläubigen begrüßte, indem er die Hände über dem Kopf kreuzte wie ein Sportler, der es unerwartet auf Platz eins geschafft hat, zeigte Benedikt XVI. eine gewisse Mühe, in die Rolle des Kirchenoberhauptes zu schlüpfen. »Ich arbeite mich langsam ein«, gestand er spitzbübisch zwinkernd, als er bereits ein ganzes Jahr Papsttum hinter sich hatte.[12] In den ersten Monaten konnte es ihm schon mal passieren, dass er die abschließende Segnung bei einer Generalaudienz vergaß[13] oder die italienischen Grußworte bei einer Begegnung mit Pilgern aus verschiedenen Ländern.

Die Führung der Universalkirche im Alter von beinahe 80 Jahren zu übernehmen, ist eine anstrengende Aufgabe. Er betrachtet den Pastoraldienst als »anspruchsvoll«[14], und er macht auch keinen Hehl daraus, dass er seine Kräfte schwinden spürt.

Mit der Menge auf Tuchfühlung zu gehen, kostet ihn Mühe. Man erkennt es an seinem angespannten Blick, den leicht geweiteten Pupillen, wenn er sich in eine ihm unbekannte Arena begibt. Ratzinger ist den Umgang mit einer organisierten Zuhörerschaft gewohnt, sei es bei einer Konferenz, einem Vortrag oder der Begegnung mit einer Delegation. Aber eine große Menschenmenge mit ihrer animalischen Wärme und ihrer Unberechenbarkeit ist nicht sein Element. Tendenziell erschreckt sie ihn. Nach seiner Wahl brauchte es Tage, bis er lernte, die Kinder, die man ihm beim Bad in der Menge entgegenhielt, spontan zu küssen. Wie in Zeitlupe konnte man in den ersten Monaten beobachten, wie er es sich angewöhnte, zuerst eine Wange zu küssen und dann auch die andere. Es vergingen Jahre, bevor man den Eindruck gewann, dass er sich beim körperlichen Kontakt mit Fremden wohl fühlt, doch dann sah man ihn im Sommer 2008 in Australien fröhlich ein Neugeborenes in den Arm nehmen.

In einer Hinsicht will Benedikt XVI. sich ostentativ von Johannes Paul II. abheben: Er kann keine spektakulären Aufläufe ertragen, in denen die Liturgie zur Show und der Papst zum medialen Superstar wird. Die Weltjugendtage, sagt er, sollte man nicht als »Rockfestival ... mit dem Papst als Star« ansehen. Feste, die sich darstellen als »ein großes Spektakel ... das aber für die Frage nach dem Glauben wenig bedeutet«, gefallen ihm nicht.[15] Sich einen Feuerwehrhelm aufzusetzen, wie es ihm bei einer Generalaudienz passierte, kostet ihn enorm viel Mühe, wie man an seinem gequälten Lächeln ablesen kann.

Wie er auf Fotos aussieht und wirkt, interessiert ihn kaum. Als Navarro-Valls, sein Pressesprecher im ersten Jahr des Pontifikats, ihn fragte, wie er aufgenommen werden möchte, antwortete Ratzinger, ein Gedanke wiege tausend Abbildungen auf. Aus diesem Grund liest er manchmal eine Ansprache – selbst vor jugendlichem Publikum –, ohne Rhythmus und Tonfall zu verändern, ohne Pausen, ohne aufzusehen und die Menge in den Blick zu nehmen. Obwohl er dabei riskiert, monoton zu wirken. Er ist davon überzeugt, eine gute Gedankenführung benötige keine rhetorischen Hilfsmittel.

Trotzdem kommt Benedikt XVI. nicht umhin, an Massenveranstaltungen teilzunehmen, sieht er doch ein, dass sie vor allem jungen Leuten den aufrichtigen Wunsch nach einer besonderen religiösen Erfahrung erfüllen, bei der sie den Papst hautnah erleben können. Beim Weltjugendtag in Köln im August 2005 lässt er sich vom Enthusiasmus Zehntausender junger Leute anstecken, die ihn mit Ovationen empfangen und sogar im Rhein waten, um sich näher um ihn scharen zu können. Für sie findet er die richtigen Worte. »Wer Christus [in sein Leben] eintreten lässt, verliert nichts, gar nichts – absolut nichts von dem, was das Leben frei, schön und groß macht.« Im Gegenteil, nur in der Freundschaft zu Christus öffnen sich die Türen des Lebens weit.[16]

Sehr persönlich ist seine Art zu beten. Auch der Papst, offenbart er, ist ein »einfacher Bettler vor Gott«. Er sei, sagt er, mit Augustinus, Bonaventura und Thomas von Aquin »befreundet«. Er rede mit dem »lieben Gott«, wie die einfachen Leute, »vor allem bettelnd, aber auch dankend – oder ganz einfach freudig«.[17]

Ratzinger hatte Angst, Papst zu werden. Vor seinen Landsleuten, die ihm nach der Wahl gratulierten, gab er dies offen zu. Es war, sagte er, als sehe er »das Fallbeil auf mich herabfallen«, und bekannte damit eindrucksvoll, welche Furcht ihn angesichts dessen, was auf ihn zukam, ergriffen hatte. »So blieb mir am Ende nichts, als Ja zu sagen. … Ich hatte nie an dieses Amt gedacht, für das ich mich nicht geschaffen glaubte«, erklärte er.[18] Peter Seewald gegenüber wird er später sagen, als die Wahl ihn »traf« – so drückt er es aus – wandte er sich an den Herrn und murmelte: »Was tust Du mit mir? Jetzt hast Du die Verantwortung. Du musst mich führen! Ich kann es nicht. Wenn Du mich gewollt hast, dann musst Du mir auch helfen!«[19]

Selten hat ein Papst die eigene Zerbrechlichkeit auf so rührende Weise beschrieben. Es ist ein wichtiges Eingeständnis, offenbart es doch gewissermaßen das Gefühl der unzureichenden Vorbereitung, mit dem Benedikt XVI. den päpstlichen Thron bestieg. Trotz seiner 23 Jahre im Vatikan ist Joseph Ratzinger nie ein »Mann der Kurie« gewesen. Er hat nicht die Routine eines Prälaten, der es gewohnt ist, sich zu vernetzen, und der sich unbefangen zwischen den Manövern und den Intrigen des Apostolischen Palastes zu bewegen weiß. Er vertraute stets auf das privilegierte Verhältnis zu Wojtyła und zog sich in das sichere Gefilde der Glaubenskongregation zurück, auch wenn er Dienstreisen machte und an internationalen Kirchenversammlungen, Diskussionen oder offiziellen Veranstaltungen teilnahm.

Auf seine Rolle als Hüter des Glaubens konzentriert und damit befasst, Wojtyłas prophetischen Höhenflügen die theologische Begründung nachzureichen, war er nicht unmittelbar in die geopolitische Strategie des Pontifikats seines Vorgängers verwickelt. Die seltenen politisch orientierten Stellungnahmen Ratzingers aus seiner Zeit als Kardinal fußen in seinem theologisch-kulturellen Gedankengut. Die Opposition gegen den Beitritt der Türkei zur Europäischen Union erwächst aus seiner Überzeugung, die Aufnahme von 75 Millionen Muslimen würde die christliche Substanz des europäischen Gefüges erschüttern. Seine vorbehaltlose Unterstützung von Wojtyłas »Nein« zu George W. Bushs Krieg gegen den Irak erwuchs aus dem Bewusstsein, dass der unselige Krieg den islamischen Fundamentalismus befeuern würde.

Mit dem, was in den vatikanischen Palästen vor sich ging, hatte er kaum Berührung. Verwaltungsapparate haben noch nie seine Leidenschaft geweckt. In gewisser Weise lebte er – gerade wegen seiner beherrschenden Stellung im Bereich der Lehre – fast ein Vierteljahrhundert lang am Rande des Kurienapparats. Im Heiligen Offizium erfüllte er seine Aufgabe in der vertrauensvollen Atmosphäre einer um ihn gescharten Mannschaft. Letztlich verbrachte er all die Jahre ohne die Erfahrung, »die Verantwortung zu haben«,[20] und dazu steht er auch. Ratzinger ist auch kein Freund nationaler Seilschaften. In seinem Pontifikat gibt es nichts, was dem »polnischen Clan« vergleichbar wäre, der in den 27 Jahren Wojtyłas so raumgreifend gewesen war.

Seine diskrete Art zu handeln, das starke Bedürfnis nach Vertrautheit, der Wunsch, seine Gewohnheiten beizubehalten, spiegeln sich sogar in der Organisation der päpstlichen Gemächer wider. Kaum hatte er das Konklave verlassen, begab sich Benedikt XVI. in seine alte Kardinalswohnung an der Leoninischen Mauer, um Bücher und Unterlagen zu holen, die er benötigte. »Sono emozionatissimo«, »Ich bin sehr aufgeregt«, murmelte er, während er sich kurz in dem geliebten Apartment umsah, das nunmehr einer abgeschlossenen Phase seines Lebens angehörte. Im Vatikan zog er allerdings nicht sofort in die päpstlichen Gemächer ein. Er wartete, bis man ihm sein Arbeitszimmer mit seinen Büchern und Regalen in genau derselben Anordnung wieder aufbaute, wie sie seit 1954 standen, als er den Schreibtisch und die ersten Regale erworben hatte. Bis dahin blieb er lieber weiterhin im vatikanischen Gästehaus Santa Marta, wo er während des Konklaves mit den anderen Kardinälen gewohnt hatte.

Recht schnell setzte Benedikt XVI. seinen Stil durch. Es ist vor allem der eines Predigers, eines Intellektuellen. Er spricht nüchtern, leise, maßvoll, ohne Leidenschaft. In feierlichen Momenten fasziniert seine Fähigkeit, seine Rede so glanzvoll eloquent aufzubauen, dass Gedankenführung und Eindringlichkeit der Wortwahl Hand in Hand gehen. Sein Streben gilt einem auf das Wesentliche konzentrierten, reinen Christentum, das von keinem Überbau überfrachtet ist. Einem innigen und zugleich konkreten und öffentlich gelebten Glauben.

Den Gläubigen gibt er zu verstehen, dass er nicht der Träger einer religiösen Doktrin ist, die sich auf ein Paket von Regeln und Verboten beschränkt und sich im Moralismus erschöpft. »Das Christentum, der Katholizismus ist nicht eine Ansammlung von Verboten, sondern eine positive Option«, betont er, und beklagt, dieses Bewusstsein sei in der Öffentlichkeit aus dem Blickfeld verschwunden.[21]

Die christliche Hoffnung, ruft er in der Predigt zum vierten Todestag von Papst Johannes Paul II. aus, lässt sich nicht auf »Ideologie reduzieren, auf einen Gruppenslogan, auf ein äußeres Erscheinungsbild«. Christus will nicht, dass seine Jünger einen Part »rezitieren«. Christsein bedeutet, aus freien Stücken und aktiv an der Liebe Gottes teilzuhaben, die untrennbar mit der Nächstenliebe verknüpft ist.

Den Priestern, denen er während seines ersten Urlaubs im Aostatal in der kleinen Kirche von Introd begegnet, vermittelt er den Eindruck einer Autorität mit menschlichen Zügen. Der Papst, betont er, »ist kein Orakel und – wie wir wissen – nur in den seltensten Fällen unfehlbar«. Daher leide auch er unter den Problemen, die dem heutigen Klerus zu schaffen machen. Auf die schmerzliche Lage wiederverheirateter Geschiedener angesprochen, die keine Kommunion empfangen dürfen, lässt er Hoffnung aufkommen: »Keiner von uns besitzt ein Patentrezept ... Besonders schmerzlich würde ich die Situation derer nennen, die kirchlich verheiratet, aber nicht wirklich gläubig waren und es aus Tradition taten, sich aber dann in einer neuen nichtgültigen Ehe bekehren, zum Glauben finden und sich vom Sakrament ausgeschlossen fühlen.« Der Papst bekennt, nicht die Behauptung zu »wagen«, man könne von Ungültigkeit des Ehesakraments bezüglich der ersten Ehe sprechen, versichert aber, das Problem müsse, »weil diese Personen in einer leidvollen Situation sind, vertieft werden«.[22]

Die schon im Titel seiner ersten Enzyklika anklingende geniale Intuition besteht darin, den Kernpunkt des Christentums im Konzept »Gott ist Liebe« vorzustellen: *Deus Caritas est.* In einer Zeit, die von religiösem Fundamentalismus und von blutiger Gewalt im Namen Gottes unter Manipulation des Gottesbildes gekennzeichnet ist, führt Benedikt XVI. der Welt ein gewaltfreies Christentum vor Augen, das im 21. Jahrhundert mehr denn je Gerechtigkeit und Fürsorge in Einklang bringen muss. Im Mittelpunkt der Eucharistie stehen die Begegnung mit Gott und die Nächstenliebe. Vor den Altar zu treten, um die Kommunion zu empfangen, sei keine reine Privatangelegenheit: Es verpflichte vielmehr dazu, so zu handeln, dass um einen herum »Kommunion« entstehe und Leidende nicht im Abseits gelassen werden.

Die heutige zerrüttete und orientierungslose Welt brauche klare Worte, hebt er in der symbolhaft am Weihnachtstag 2005 unterzeichneten Enzyklika hervor. »Liebe« ist das Wort, das alle anderen überstrahlt. Der Papst setzt darauf, wohl wissend, dass der Begriff abgenutzt ist. Dennoch beschreibt er nicht eine entkörperlichte Liebe. Er geht von der Liebe zwischen Mann und Frau aus, von der »begehrenden Liebe, dem Eros«, vom mitreißenden Verlangen nach einer großen »Verheißung des Glücks«, um dann zur Wärme der Bindung zwischen zwei Menschen in der Ehe zu gelangen, in der der eine immer mehr das Glück des anderen will, bis hin zu einem allgemeinen Gefühl der Solidarität und der Mitverantwortung für alle Menschen.

Diese Liebe, so Benedikt XVI., kann nicht allgemein, abstrakt, unverbindlich sein, sondern »verlangt meinen praktischen Einsatz hier und jetzt«. Und die Kirche sei als Gemeinschaft der Liebe zu verstehen, die aufgerufen ist, auf globaler Ebene Caritas zu praktizieren. Ein permanenter Dienst jenseits der sozialen Gerechtigkeit, welche Aufgabe der Politik bleibt. Hier zitiert der Papst den heiligen Augustinus und erinnert daran, dass ein Staat ohne Gerechtigkeit »nur eine große Räuberbande wäre«. Allein in Italien waren nach zehn Tagen über eine Million Exemplare der Enzyklika verkauft.[23]

Im ersten Jahr seines Pontifikats widmete sich Benedikt XVI. intensiv der Niederschrift eines Buches über Jesus Christus, die er schon als Kardinal begonnen hatte. Die Wirren in der nachkonziliaren Ära, immer wieder neue Interpretationen der Gestalt Christi, zwei Jahrhunderte theologischen und historischen Forschungseifers mit unterschiedlichen Ansätzen machten ihm klar, wie dringend dieses Thema einer Behandlung bedurfte. Er widmete dem Buch »jede freie Minute«, gestand er, denn nach der Wahl zum Papst wusste er erst recht nicht mehr, »wie lange mir noch Zeit und Kraft geschenkt sein werden.« Der erste Band mit 446 Seiten in zehn Kapiteln erschien im April 2007.

Den Papst treibt die Sorge, dass die subtilen Analysen der historisch-kritischen Forschung die Gestalt Jesu in einen immer dichteren Nebel hüllen, so dass sie an Kontur verliert. Er ist alarmiert von der weitverbreiteten Meinung, »dass der Glaube an seine Gottheit erst nachträglich sein Bild geformt habe«.[24] Er weist den Leser darauf hin, dass »Jesus kein Mythos ist, er ist ein Mensch aus Fleisch und Blut, steht ganz real in der Geschichte«, und dass gerade der Jesus der Evangelien eine historisch sinnvolle und stimmige Figur ist.

Mit der für seinen Charakter typischen Zurückhaltung stellt er in der Einführung klar, das Buch sei in keiner Weise ein lehramtlicher Akt, »sondern einzig Ausdruck meines persönlichen Suchens nach dem ›Angesicht des Herrn‹. Es steht daher jedermann frei, mir zu widersprechen.« Um das zu unterstreichen, lässt er auf dem Umschlag den Doppelnamen Joseph Ratzinger – Benedikt XVI. setzen.

Ratzinger rechnet mit zwei Jahrhunderten theologischer Forschung und Hinterfragung der Göttlichkeit Christi ab, indem er feststellt, diese Figur könne man nur im Blick auf das Geheimnis Gottes begreifen. Darüber hinaus ist das Buch eine brillante literarische Katechese, ein fesselndes Porträt, eine Hymne auf die Nachfolge Jesu. Seite um Seite entfaltet der Papst eine intensive, rigorose, freudige Spiritualität. Gott, schreibt er, zeigt uns in Jesus sein Gesicht: »In seinem Tun und in seinem Willen lernen wir die Gedanken Gottes und Gottes Willen selber kennen«.[25]

Indem der Papst die Bergpredigt, die Gleichnisse und das Vaterunser nacherzählt und erläutert, nimmt er den Leser an die Hand und zeigt ihm einen lebendigen Glauben. Ernsthaft das Vaterunser zu beten, betont er, heiße, das Geplapper, das auf das Hersagen gewohnter Formeln reduzierte Beten abzulegen. Je tiefer wir den Sinn dessen erfassen, was es heißt, »Kinder Gottes« zu werden und die Seele dem Vater zuzuwenden, desto mehr wird diese Ausrichtung zur Grundlage unserer Existenz, desto mehr »können wir den Schmerz tragen, desto mehr die anderen verstehen und uns ihnen öffnen«.

In einer Zeit, in der die Figur des Vaters verschwinde, führe die Anrufung Gottes als Vater zur Erkenntnis, dass jeder einzelne Mensch von Gott gewollt ist. Wenn wir uns als seine Kinder verstehen, können wir Christus auf dem Weg einer Liebe folgen, die die menschliche Existenz trägt, ihr Sinn und Größe gibt.

Im Widerstreit mit einer bestimmten feministischen Theologie – weniger zu Papst Johannes Paul I., der in seinem kurzen Pontifikat Gott als Mutter beschworen hatte – stellt Benedikt XVI. klar, dass jenseits der Metaphern von der Gott zugeschriebenen mütterlichen Liebe, die schon im Alten Testament auftauchen, »Mutter kein Gottestitel, keine Anrede für Gott ist«. Hier sei zu beachten, wie Jesus uns zu beten gelehrt habe.

In der Darlegung der Gleichnisse vom verlorenen Sohn und dem barmherzigen Samariter führt Ratzinger den Leser zum tieferen Kern der Evangelien. Der »Nächste«, unterstreicht er, »zeigt mir, dass ich von innen her das Nächster-Sein erlernen muss und dass ich die Antwort schon in mir trage. Ich muss ein Liebender werden, einer, dessen Herz der Erschütterung durch die Not des anderen offensteht. Dann finde ich meinen Nächsten, oder besser: Dann werde ich von ihm gefunden.«[26]

Jesus von Nazareth war lediglich als erster Band konzipiert, der mit der Verklärung endet. Es fehlten sowohl die Kindheit Jesu als auch die Passion. Benedikt XVI. wollte damit die Identität des Gläubigen und der Kirche fördern, die, so hofft er, »als die Gemeinschaft der Armen Gottes erkennbar bleiben muss«. Die Versuchung, das Reich Gottes mit bestimmten politischen Strukturen gleichzusetzen, sei immer wieder abzuwehren, denn die Verschmelzung von Glauben und politischer Macht bedinge die Unterwerfung unter die Kriterien dieser Macht.

Das Buch kritisiert den Westen in zweifacher Hinsicht: weil er religiöse Traditionen nur insofern achte, als sie nicht zählen; und weil er seine Entwicklungshilfe auf rein technisch-materiellen Prinzipien aufgebaut habe. In seiner Besserwisserei, so Ratzinger, neige der Westen dazu, religiöse, moralische und soziale Strukturen anderer Kulturen zu verdrängen. Und in der so entstehenden Leere mache er seine technizistische Mentalität geltend. Er gebe »Steine für Brot«.[27]

Jesus von Nazareth stellt einen wesentlichen Baustein von Benedikts Mission dar. Er hat sich vorgenommen, die christliche Identität in den säkularisierten Gesellschaften von heute wiederzubeleben, in denen jeder Bezug zu Gott aus dem öffentlichen Leben verschwindet. »Glaube ist schwierig geworden«, erklärt er in einem gemeinsamen Interview deutscher Fernsehanstalten im August 2006 vor seiner Reise nach Bayern, »weil die Welt, die wir antreffen, ganz von uns selber gemacht ist und sozusagen Gott in ihr nicht mehr direkt vorkommt.«[28] Die Grundfrage dieser historischen Epoche sei es, Gott wiederzuentdecken.

Seine persönliche Aufgabe beschreibt Benedikt XVI. den Gläubigen am ersten Jahrestag seiner Wahl wie folgt: »Ich bitte jeden von euch, mich auch weiterhin zu unterstützen und Gott zu bitten, dass er mich ein milder und standhafter Hirte seiner Kirche sein lasse.«

Die italienischen Katholiken finden zunächst Gefallen an diesem Papst, der die Richtung vorgibt. Gleich nach seiner

Wahl erklären sich 87 Prozent der praktizierenden Katholiken und 80 Prozent der nicht praktizierenden mit dem deutschen Papst zufrieden. Er findet im rechten wie im linken Lager Zustimmung. Sogar bei Nichtgläubigen, Agnostikern und Angehörigen anderer Religionsgemeinschaften liegt die Ablehnung lediglich bei 47 Prozent. Beinahe drei Viertel der jungen Leute unter 24 verlangen allerdings Veränderungen in der Familienethik: bei Themen wie Empfängnisverhütung, Abtreibung, künstliche Befruchtung.[29]

Der Papst findet vor allem bei den Gläubigen Anklang, die sich ihrer Identität zu vergewissern suchen. Sie fühlen sich mit einem beharrlichen und vertrauensvollen Papst wohl, der verkündet: »Gott scheitert nicht« und vernünftigerweise ergänzt: »Oder genauer gesagt: Gott scheitert zunächst immer, er lässt die Freiheit des Menschen stehen, und die sagt immer wieder ›nein‹. Aber Gottes Phantasie, die schöpferische Kraft seiner Liebe, ist größer als das menschliche Nein.«[30]

Im ersten Jahr seines Pontifikats drängelten sich über drei Millionen Gläubige in Rom bei seinen Audienzen, den Messfeiern auf dem Petersplatz und den sonntäglichen Angelusgebeten, deutlich mehr als in der letzten Phase von Johannes Paul II. Im zweiten Jahr stieg diese Zahl noch weiter an. 3,4 Millionen Gläubige nahmen an den Begegnungen mit Benedikt XVI. teil.[31] Als wollten sie damit den Kardinälen recht geben, die ihn gewählt hatten. »Ratzinger gibt uns das Gefühl, Gott sei uns nahe«, sagte Kardinal Tarcisio Bertone. Der neue Papst, so Kardinal Angelo Comastri, ist keine Kopie Wojtyłas. Er hat ein eigenes Ziel: »Er möchte, dass die gesamte Kirche die zentrale Bedeutung Jesu wiederentdeckt und Konsequenzen für das eigene Leben daraus zieht.« Der Papst, kommentiert Kardinal Camillo Ruini, zeige uns, dass der Glaube nicht irgendeine Beigabe ist, sondern den Menschen in seinem Innersten berührt.[32]

Fünf Monate nach der Wahl empfängt der Papst in Castelgandolfo seinen alten Freund und späteren theologischen Gegner Hans Küng. In den Augen der Öffentlichkeit wirft die Begegnung ein ganz anderes Licht auf Benedikt XVI., er erscheint nicht als der grimmige Hüter der rechten Lehre. Seinem Lehrer und Weggefährten Küng, mit dem er während des Zweiten Vatikanischen Konzils Seite an Seite für Reformen gekämpft hatte, wurde am 18. Dezember 1979, zu Beginn von Wojtyłas Pontifikat, die *Missio canonica* entzogen, die Befugnis, katholische Theologie zu lehren. In völliger Freiheit setzte der Theologe, der sich dem Absolutismus des Vatikans entgegenstellt, jahrzehntelang seinen Kampf gegen den Zentralismus der Römischen Kurie und die inquisitorischen Methoden der Kongregation für die Glaubenslehre unter Vorsitz von Kardinal Ratzinger fort.

Dennoch verbringen die zwei, ohne an die Vergangenheit zu rühren, in der päpstlichen Sommerresidenz freundlich plaudernd vier gemeinsame Stunden. Benedikt XVI. zeigt sich besonders an dem Projekt interessiert, an dem der Schweizer Theologe mit seiner Stiftung Weltethos arbeitet: die Grundlagen für eine globale Ethik zu schaffen und dabei im Kern von Religionen und ethischen Überzeugungen einen Grundkonsens verbindlicher Werte und verantwortungsvoller Verhaltensweisen herauszuarbeiten.

Die Begegnung bleibt ein folgenloses Intermezzo

Die Eckpunkte seiner Sicht der katholischen Lehre erläutert Benedikt XVI. nach und nach bei seinen öffentlichen Auftritten. Bei der Messe in der Lateranbasilika am 7. Mai 2005 zur feierlichen Inbesitznahme der Kathedra des Bischofs von Rom proklamiert er die »Unverletzlichkeit des menschlichen Lebens von der Empfängnis bis zum natürlichen Tod«. Am 30. Mai weist er den italienischen Bischöfen den Schutz der Institution Ehe als Ziel. Die »wunderbare

Wirklichkeit der unauflöslichen Ehe zwischen einem Mann und einer Frau«, preist er im folgenden Jahr beim Welttreffen der katholischen Familien in Valencia.[33] Um diese zwei Fixpunkte gruppieren sich seine späteren Stellungnahmen gegen die künstliche Befruchtung, gegen die Präimplantationsdiagnostik, gegen die Zivilehe, die Anerkennung homosexueller Paare und die Patientenverfügung.

Mit der Wahl des Präfekten der Glaubenskongregation zum Papst ist zum maßgeblichen Wort geworden, was Ratzinger in einer 2002 veröffentlichten *Lehrmäßigen Note* zum Engagement katholischer Regierender und Parlamentarier für den bedingungslosen Schutz der sogenannten »nicht verhandelbaren Grundsätze« geschrieben hatte.[34] Ganz oben auf der Liste steht der Schutz des Lebens (und folglich das Veto gegen Abtreibungs- und Sterbehilfegesetze), die Verteidigung der Rechte des menschlichen Embryos, der Schutz der Familie, »die auf der monogamen Ehe zwischen Personen verschiedenen Geschlechts gründet und die in ihrer Einheit und Stabilität gegenüber den modernen Gesetzen über die Ehescheidung zu schützen ist« (und damit das Verbot ihrer Gleichstellung mit eheähnlichen Gemeinschaften) und die »Freiheit der Eltern in der Erziehung ihrer Kinder«, was konkret dem Rechtsanspruch auf Finanzierung katholischer Schulen entspricht.

Im Ausland haben die »nicht verhandelbaren Grundsätze« keine so einschneidende Bedeutung. Aber auf der politischen Bühne Italiens veranlassen sie die Kirche, in das politische Leben einzugreifen: zunächst mit dem Boykott der Volksabstimmung des Jahres 2005 über die Änderung einiger Klauseln des Gesetzes zur künstlichen Befruchtung. In der Folge blockierte die Kirche auch die Verabschiedung eines Gesetzes zu eingetragenen Partnerschaften sowie jede Regelung zum Selbstbestimmungsrecht in der Patientenverfügung.

Als Papst zeigt sich Ratzinger außerdem unerschütterlich bei der Verteidigung des Zölibats für katholische Priester und bekräftigt systematisch sein Nein zum weiblichen Priesteramt. Frauen ist es nicht einmal gestattet, leitende Positionen in der vatikanischen Kurie zu übernehmen: »Es gibt ein juristisches Problem«, erklärt er. »Jurisdiktion, also die Möglichkeit rechtlich bindender Entscheidungen, ist nach dem Kirchenrecht an Weihe gebunden.«[35]

Als Staatssekretär und damit als seine rechte Hand bestätigt Benedikt XVI. gleich nach seiner Wahl Kardinal Angelo Sodano im Amt, der diese Funktion bereits unter Johannes Paul II. ausübte. Solide und kompetent, ist Sodano ein ausgewiesener Kenner des vatikanischen Staatsapparats und der Mechanismen der Außenpolitik. Er ist es gewohnt, absolut loyal im Hintergrund zu agieren, besitzt jedoch ein Gespür für den richtigen Zeitpunkt, um auf der italienischen oder der internationalen Bühne zu intervenieren und damit dem Schiff der Kirche zu helfen, Klippen und Abgründe zu umschiffen.

Bei seiner Ernennung, die auf unbefristete Zeit erfolgt, haben Beobachter den Eindruck, Sodano sei dazu bestimmt, lange für Benedikt XVI. zu arbeiten. Die ersten Begegnungen mit den jüdischen und muslimischen Gemeinschaften im August 2005 in Köln verstärken den Eindruck, der Papst beabsichtige, die Politik des Trialogs mit den abrahamitischen Religionen fortzusetzen. Doch ein Jahr später, am 22. Juni 2006, ernennt Ratzinger Kardinal Tarcisio Bertone, einen Salesianer, anstelle Sodanos. Bertone war bereits in der Glaubenskongregation sein enger Mitarbeiter gewesen und hatte von 1995 bis 2002 die Stelle des Sekretärs inne. Ein Zeichen dafür, dass der Papst mit fortschreitendem Alter das Bedürfnis verspürt, sich mit Leuten zu umgeben, die er kennt, mit denen er sich auf einer Wellenlänge befindet, die ihm keine Schwierigkeiten machen, auch nicht, indem sie ihm respektvoll Fragen zu seinen Entscheidungen stellen. In der Kurie wird man sagen, Sodano mit seinem eher politischen Ansatz habe Mühe gehabt, sich auf eine doktrinäre Linie des Heiligen Stuhls einzustellen.

Bertone war Bischof von Vercelli gewesen, bevor er dem Heiligen Offizium beitrat, und anschließend vier Jahre lang Erzbischof von Genua. Wie Ratzinger kommt er aus dem akademischen Bereich. Er lehrte Moraltheologie und war Rektor der Salesianer-Universität in Rom. Als Jurist arbeitete er an der Reform des Kirchenrechts mit. Er stammt nicht aus den Rängen der vatikanischen Diplomatie, was ihm die stillschweigende Feindseligkeit eines großen Teils des Kurienpersonals einbringt.

Bei seiner Amtseinführung hat Benedikt XVI. kein Strategiekonzept für eine Neuorganisation der Kurie, er möchte jedoch den Apparat verschlanken. Seit den neunziger Jahren ist er überzeugt, man müsse prüfen, »ob alle heute bestehenden Dikasterien der Römischen Kurie erforderlich sind«.[36] Demgegenüber kritisiert der japanische Kardinal Stephen Hamao, ehemals Vorsitzender des Rates für die Migranten, Ratzinger sei als Papst beratungsresistent.

Im März 2006 legt er den Rat für den Interreligiösen Dialog, der für die Beziehungen mit dem Islam zuständig ist, mit dem Rat für Kultur zusammen (oder ordnet ihn diesem unter, wie Kritiker meinen). Dessen Vorsitzender, Erzbischof Michael Fitzgerald, ein profunder Kenner der islamischen Welt, wird als Nuntius für Ägypten und Apostolischer Delegat bei der Arabischen Liga nach Kairo ins Exil geschickt. Zugleich wird der Rat für die Migranten mit dem Rat für Gerechtigkeit und Frieden zusammengelegt.

Die Zusammenschlüsse erweisen sich als kontraproduktiv. Ein Jahr später wird die Eigenständigkeit des Rates für den

Interreligiösen Dialog in Anbetracht der strategischen Bedeutung der Beziehungen zum Islam wiederhergestellt. Und angesichts des globalen Ausmaßes des Migrationsphänomens erhält im Februar 2009 auch der Rat für die Migranten seine Eigenständigkeit zurück.

Ein Detail drückt dem Übergang des Pontifikats von Johannes Paul II. auf Ratzinger einen negativen Stempel auf: das Verhältnis zu den Medien. Gleich nach seiner Wahl hatte sich Johannes Paul II. ohne große Formalitäten den Vertretern der Weltpresse gestellt, die für das Konklave nach Rom gekommen waren. Beim Empfang in der Sala delle Benedizioni hatte er seinen kleinen Thron verlassen, sich unter die Journalisten gemischt und 40 Minuten lang in verschiedenen Sprachen Fragen aller Art beantwortet: zum Marxismus, zu Polen, zur Ökumene, zum Libanon, zum Skifahren ... Er führte auch die Pressekonferenzen im Flugzeug bei Papstreisen ein. Fragen und Antworten ohne Sicherheitsnetz.

Benedikt XVI. kehrt zum protokollarischen Formalismus der Zeit vor Johannes Paul II. zurück. Dem ersten Treffen mit den Medien nach seiner Wahl fehlt jede Spontaneität. Im Saal der Generalaudienzen hören sich die Journalisten eine kurze Ansprache des Papstes über die Rolle der Medien an, die mit der Aufforderung endet: »Da wir hier als Christen zusammengekommen sind, wollen wir das Vaterunser sprechen.« Ein paar Minuten noch, damit Gruppen von Kindern und Müttern »Bee-ne-detto, Bee-ne-detto« schreien können, dann steht der Papst auf, hebt kurz die Arme und ruft: »Arrivederci. Grazie.«

Sofort verlieren die Begegnungen mit der Presse im päpstlichen Flugzeug den Charakter des freien Spiels von Frage und Antwort. Sogar während des Urlaubs in den Bergen, wohin ihm eine kleine Gruppe von Reportern folgt, die er persönlich kennt, reagiert er häufig mit: »Keine Fragen, bitte.«

Am 11. Juli 2006 erfolgte der Wechsel in der Leitung des vatikanischen Presseamts. Navarro-Valls, der legendäre Sprecher Johannes Pauls II., trat ab. Seinen Posten übernahm der Jesuitenpater Federico Lombardi, der Generaldirektor von Radio Vatikan. Benedikt XVI. möchte keinen Spindoktor, der es versteht, den Papst ins rechte Licht zu setzen, Einfluss auf die Massenmedien zu nehmen und ihnen diskret und geschickt die Richtung zu weisen. Er will lediglich einen Intendanten für den Pressesaal.

Ein Epochen- und ein Strategiewechsel.

KAPITEL IV

Das Regensburger Desaster

Wie verschlafene Weise aus dem Morgenland machen sich die Journalisten des päpstlichen Fluges um sechs Uhr morgens auf den Weg, um die Texte der Ansprachen abzuholen, die der Papst im Laufe des Tages halten wird. Die Redemanuskripte stehen unter Sperrfrist. Sie könnten auch zu einer angenehmeren Tageszeit verteilt werden, doch der Mitarbeiter des vatikanischen Presseamts Victor Van Brantegem, der die Reporter vor den Transferbussen am liebsten in Reih und Glied aufstellen würde, genießt das Hochgefühl, das Wort des Papstes im Morgengrauen exakt eine Viertelstunde lang in seiner Suite zu verteilen.

Es ist ein Ritual, und es markiert den entscheidenden Wendepunkt dieses Tages. Die akkreditierten Journalisten lesen die in mehreren Sprachen abgefassten Texte, um zu wissen, woher der Wind weht. Während des Frühstücks unterstreichen sie Passagen und tauschen Meinungen aus. An jenem 12. September 2006 um sechs Uhr morgens in München war schnell klar, dass sich ein Desaster anbahnte. Die Rede war ausnahmsweise noch früher als sonst verteilt worden, weil eine Busreise bevorstand. In dem Manuskript der Rede, die Benedikt XVI. um fünf Uhr nachmittags in der Universität Regensburg halten wollte, stand schwarz auf weiß ein Satz, der eine internationale Krise auslösen sollte. »Zeig mir doch, was Mohammed Neues gebracht hat, und da wirst du nur Schlechtes und Inhumanes finden wie dies, dass er vorgeschrieben hat, den Glauben, den er predigte, durch das Schwert zu verbreiten.«[1]

Das sagt nicht Benedikt XVI., vielmehr handelt es sich um das Zitat eines Gesprächs zwischen dem byzantinischen Kaiser Manuel II. Palaiologos und einem Perser islamischen Glaubens vor 600 Jahren. Worte, die wie ein Vorschlaghammer niedersausen, weil sich der Papst nicht von ihnen distanziert. So, als würde ein deutsches Staatsoberhaupt in einer Rede über den Katholizismus Luther zitieren, ungefiltert, der den Papst einen Stellvertreter des Teufels nannte und die Römische Kurie »ärger und schändlicher als Sodom«.[2]

Die weltpolitische Situation ist von Konflikten zwischen dem Westen und der islamischen Welt geprägt – drei Jahre nach der Invasion im Irak, im fünften Kriegsjahr in Afghanistan, mitten in einem Jahrzehnt, das vom Terrorismus Al Qaidas heimgesucht wird, wenige Monate nach den gewalttätigen muslimischen Demonstrationen gegen die dänischen Karikaturen, die Mohammed mit einer Bombe als Turban zeigten. In dieser Situation schickt sich das Oberhaupt von 1,1 Milliarden Katholiken an, eine Botschaft zu verbreiten, die unweigerlich als Beleidigung des Propheten und des islamischen Glaubens aufgenommen wird.

Nach der Ankunft in Regensburg kurz nach zehn Uhr wenden sich vier Journalisten von *La Repubblica*, *New York Times*, *Associated Press* und *Los Angeles Times* an den Vatikansprecher Pater Federico Lombardi, um ihn nach dem Sinn dieses Satzes zu fragen. Lombardi versteht, worauf die Frage hinausläuft, und versucht, den Rahmen weiter zu fassen. Die Rede sei in einem komplexeren Zusammenhang zu sehen: »Sie betrifft das Verhältnis zwischen Glaube und Vernunft«, sagt er, »sie betrifft die Ablehnung von Gewalt im Bereich der Religion.«

Doch die Worte des römischen Papstes, der von Hunderten Journalisten ins Ausland begleitet wird, wiegen schwer wie Steine. Große Papstreden waren zwar stets komplex in ihrer Gedankenführung, aber ein paar Kernsätze vermittelten immer sofort, in welchem Geist hier gesprochen wurde. Johannes Paul II. rief in der Messe zur Amtseinführung am Beginn seines Pontifikats aus: »Habt keine Angst! Öffnet, ja reißt die Tore weit auf für Christus!« Auf seiner ersten Reise nach Polen 1979 rief er auf dem Siegesplatz in Warschau: »Man kann Christus nirgendwo auf Erden aus der Geschichte des Menschen ausschließen, gleich, um welchen Längen- oder Breitengrad es sich handelt. Man kann Jesus nicht aus der Menschheitsgeschichte wegdenken, in keinem Teil der Welt.«[3] Und bevor sich Ratzinger ins Konklave begab, beklagte er die »Diktatur des Relativismus«, was dann zum Kernbegriff seines Pontifikats wurde. Solche Schlüsselsätze gehen um die Welt.

Es geschieht auch mit dem Mohammed-Zitat. Der Vatikan verteidigt sich mit der Behauptung, die Sätze seien aus dem Zusammenhang gerissen, beweist aber damit nur seine Unkenntnis der Medienmaschinerie und der aktuellen geopolitischen Lage. An jenem Vormittag kommentiert auch die Reporterin des Berlusconi-Senders TG 5, eine praktizierende Katholikin, im Gespräch mit Lombardi den unglücklichen Satz, der bald danach ausgesprochen werden sollte: »Wäre ich Muslimin«, rutscht ihr im römischen Dialekt heraus, »wäre ich stinksauer.«

Trotzdem bleibt noch Zeit, den Fauxpas zu vermeiden. Wenige Monate zuvor, auf seiner Polenreise im Mai, hatte Papst Ratzinger es bei seiner Ansprache im Konzentrationslager Auschwitz-Birkenau versäumt, die Shoah zu erwähnen. Im Manuskript war lediglich vom Holocaust die Rede, ein Begriff, den viele Vertreter des Judentums ablehnen. Der damalige Pressesprecher Navarro-Valls war, wiederum frühmorgens, darauf hingewiesen worden. Daraufhin korrigierte Ratzinger den Fehler.

Nicht so in Regensburg, wo Benedikt XVI. pünktlich um 17 Uhr im feierlichen Rahmen des Audimax der Universität erscheint, an der er zwischen 1969 und 1977 selbst gelehrt hatte. Gelassen und mit der Sicherheit eines Professors, der eine gut vorbereitete Vorlesung hält, trägt er den Text so vor, wie er ihn in Rom geschrieben hatte. Unverändert. »In der … siebten Gesprächsrunde kommt der Kaiser auf das Thema des *Djihād* … und wendet sich in erstaunlich schroffer Form ganz einfach mit der zentralen Frage nach dem Verhältnis von Religion und Gewalt überhaupt an seinen Gesprächspartner. Er sagt: ›Zeig mir doch, was Mohammed Neues gebracht hat, und da wirst du nur Schlechtes und Inhumanes finden wie dies, dass er vorgeschrieben hat, den Glauben, den er predigte, durch das Schwert zu verbreiten.‹«

Ratzinger schickt voraus, der Kaiser habe bestimmt gewusst, dass in der zweiten Sure des Korans geschrieben steht: »Kein Zwang in Glaubenssachen.« Doch der Papst kommentiert: »Es ist wohl eine der frühen Suren aus der Zeit, wie uns ein Teil der Kenner sagt, in der Mohammed selbst noch machtlos und bedroht war.« Und in den still lauschenden Saal hinein fährt Benedikt XVI. fort: »Der Kaiser begründet, nachdem er so zugeschlagen hat, dann eingehend, warum Glaubensverbreitung durch Gewalt widersinnig ist. Sie steht im Widerspruch zum Wesen Gottes und zum Wesen der Seele. ›Gott hat kein Gefallen am Blut‹, sagt er, ›und nicht vernunftgemäß, nicht *σὺν λόγῳ* zu handeln, ist dem Wesen Gottes zuwider.‹«

Die Verkettung der drei Sätze wirkt fatal: Mohammed hat die Religion durch Gewalt verbreitet. Mohammed predigte Toleranz nur, als er schwach war. Gott hat kein Gefallen am

Blut. Die *Lectio magistralis* endet unter großem Beifall, während die Agenturmeldungen um die Welt gehen. *Al-Dschasira*, der wichtigste Fernsehsender der arabischen Welt, verkündet: »Der Papst kritisiert den Islam und zitiert eine Beleidigung des Propheten.« Der als gemäßigter geltende Nachrichtensender *Al-Arabiya* sieht eine Welle »islamischen Zorns« anbranden. Und der Zorn bricht aus, in Indonesien, Marokko, Ägypten, Afghanistan und im Irak. Fanatisierte und gewaltbereite Massen gehen auf die Straße, skandieren Hassparolen, stürmen Kirchen und zünden sie an. Besonders heftig fallen die Kundgebungen in Pakistan aus, dem Land mit den meisten Muslimen weltweit nach Indonesien. In Ankara wird vor der vatikanischen Nuntiatur ein schauriger schwarzer Kranz niedergelegt. Eine mysteriöse irakische Gruppe droht damit, Christen umzubringen, wenn der Papst sich nicht binnen drei Tagen entschuldigt. Eine islamische Webseite im Irak gibt die »Hinrichtung« eines Christen bekannt, der auf dem Basar mit vier Messerstichen getötet wurde. Eine Al-Qaida-Webseite droht: »Nimm dich in Acht, Benedikt.« Todesdrohungen kommen auch von anderen dschihadistischen Organisationen. Auf islamischen Webforen zirkulieren erbitterte Kommentare: »Der Papst hat den Islam beleidigt … Wo sind diejenigen, die vom Dialog zwischen den Religionen sprechen?« Der saudische Großmufti Abd Al-Aziz bin Abdullah Al asch-Schaich beharrt auf dem Dschihad als »göttlichem Recht«, das viel älter sei als Mohammed: »Auch die israelitischen Propheten Moses und David bekämpften die Feinde.« Die übelsten religiösen Ressentiments brechen sich Bahn.

Die folgenden hundert Stunden zeigen dem Vatikan, dass Benedikt XVI. es geschafft hat, sämtliche Muslime gegen sich aufzubringen, radikale und gemäßigte, extremistische und prowestliche, Schiiten und Sunniten, Fundamentalisten und

Dialogbereite. Die vatikanischen Nuntien werden von den Regierungen in Islamabad, Kairo, Khartum, Kuwait und Teheran einbestellt. Marokkos König Mohammed VI. schickt dem Papst einen bitteren Protestbrief und beruft seinen Botschafter ab. Das pakistanische Parlament verabschiedet eine Resolution gegen »die beleidigenden Äußerungen des Papstes«. Der türkische Vorsitzende des Amts für religiöse Angelegenheiten Ali Bardakoğlu prangert die »Worte des Hasses« an: »Sich über das Heilige Buch und den Propheten zu äußern ist ein Zeichen von Arroganz und Feindseligkeit.« Vertreter der Partei des türkischen Ministerpräsidenten Erdoğan und der laizistisch-republikanischen Opposition verlangen eine offizielle Entschuldigung, bevor Benedikt XVI. zu seinem geplanten Besuch in die Türkei kommt.

In Ägypten beklagt der Außenminister, der Papst heize den Kampf der Kulturen an. Die Ulemas der Al-Azhar-Universität, dem wichtigsten geistigen Zentrum des sunnitischen Islam, schätzen die Rede als »provokatorisch« ein. Der Vorsitzende des ägyptischen Parlamentsausschusses für den Interreligiösen Dialog, Fawi Zefzaf, nennt den Papst einen »Lügner«.

In Jordanien kritisiert der Minister für religiöse Angelegenheiten den Papst wegen seiner »haltlosen und negativen« Urteile. Im Iran beschuldigt der oberste Führer Ali Chamenei den Papst, sich auf die Seite Amerikas und der »Zionisten« zu schlagen. In Indien bezeichnet der nationale Ausschuss für Minderheiten Benedikts Rede als ein Wiederaufleben der »mittelalterlichen Kreuzzüge«. Vorsichtig und sichtbar peinlich berührt ist der Sprecher von Al-Fatah im Westjordanland: »Die Papstrede spiegelt nicht die Grundsätze der christlichen Toleranz wider, die der Palästinenser Jesus Christus verbreitet hat.« Der palästinensische Ministerpräsident Ismail Hanija verurteilt zwar die Überfälle auf Kirchen, bringt aber

»den Zorn der Palästinenser wegen der Kommentare« zum Ausdruck, »die den Islam und die Muslime beleidigt haben«.

Der sephardische Oberrabbiner Israels, Shlomo Amar, mischt sich ein und beschließt, dem berühmten muslimischen Fernsehprediger Yusuf Al-Qaradawi einen Brief auf Arabisch zu schreiben: »Unser Weg«, betont er, »besteht darin, jede Religion und jedes Land zu ehren, wie es im Buch der Propheten geschrieben steht«.[4]

Der Vatikan steht unter Schock. Manche zeigen sich aggressiv und verteidigen den Papst, koste es, was es wolle. Sie geben den Medien die Schuld und klagen den islamischen Fanatismus an. Kardinal Ruini spricht bei der Eröffnung des Ständigen Rates der Italienischen Bischofskonferenz von Überraschung und Betrübnis. Die Aussage Benedikts XVI. sei missverstanden worden; das habe Drohungen und Einschüchterungen ausgelöst. Der Vorsitzende des italienischen Episkopats bringt die islamischen Proteste mit der Ermordung der Ordensschwester Leonella Sgorbati in Somalia in Verbindung. Für einen solchen Zusammenhang gibt es allerdings keine Beweise. Mehrere Kirchenvertreter wiederholen gebetsmühlenhaft die Losung, alles sei die Folge einer falschen Interpretation der Regensburger Rede. Ratzinger selbst hat dies später dementiert.

In Regensburg geht in einer Stunde alles zu Bruch, was Johannes Paul II. in 20 Jahren gegenüber dem Islam aufgebaut hatte. Dabei war Papst Wojtyła keineswegs ein Gutmensch. Dass der Koran neben der Aufforderung zu Toleranz und Respekt für die Anhänger des jüdischen und christlichen Monotheismus auch Suren mit gewalttätigen und intoleranten Impulsen enthält, verlor er nie aus dem Blick. Er machte sich auch keine Illusionen darüber, wie gefährlich der wiederaufflammende Fundamentalismus sein kann, der mit dem Machtantritt Khomeinis den Beginn seines Pontifikats prägte.

Johannes Paul II., dem Geiste nach ein Mystiker, doch mit der Einstellung eines Geschichtsphilosophen, war sich vor allem seiner Rolle als religiöses Oberhaupt auf der weltpolitischen Bühne bewusst. Beharrlich und mit dem Mittel des Dialogs verfolgte er über 20 Jahre lang eine Strategie der systematischen Einbeziehung islamischer Eliten der ganzen Welt. Dieser Prozess begann 1985 in Casablanca, wo er vor jungen Muslimen von »demselben, dem einzigen Gott« sprach, »an den wir glauben, ihr Muslime und wir Katholiken«. Mit dem großen interreligiösen Treffen in Assisi 1986 und mit zahlreichen Begegnungen mit muslimischen Gemeinschaften während seiner internationalen Reisen setzte er dieses Bemühen fort.

2001 zog Johannes Paul II. seine berühmten roten Mokassins aus, um als erster Papst der Geschichte die Moschee in Damaskus zu betreten. Neben dem Grab, in dem der Überlieferung nach die sterblichen Überreste Johannes des Täufers bestattet sind, im Schatten des Minaretts, zu dem Jesus Christus am Jüngsten Tag herabkommen wird, um den Antichrist zu bekämpfen – so die Legende in Syrien –, pries Papst Wojtyła die Gebetsstätten, die »sowohl Muslime als auch Christen als Oasen schätzen, wo sie den barmherzigen Gott auf ihrem Weg zum ewigen Leben treffen«.

Auf Wojtyłas Pilgerreisen wurde jedes Ereignis zu einem Mosaikstein für sein religiöses und geopolitisches Projekt. In jedem Winkel der Erde traf er sich mit Anhängern des Islams und bekräftigte jedes Mal den Glauben an den einen Gott, der die Kinder Abrahams verbinde. Überall forderte er Juden, Christen und Muslime zum gemeinsamen Gebet auf und predigte den gemeinsamen Einsatz für Frieden und Gerechtigkeit. Sein Traum war es, gemeinsam den Berg Sinai zu besteigen, um zusammen zu dem einen Gott zu beten. Er wollte verhindern, dass nach dem 20. Jahrhundert, das vom

Kalten Krieg zwischen Ost und West gekennzeichnet war, das 21. Jahrhundert Schauplatz eines fortwährenden Kampfes zwischen dem Westen und dem Islam würde. Seine Appelle gegen die Kriege in Afghanistan und im Irak ergaben sich aus dieser Vision: Sie sollten nicht als Konflikt zwischen christlichen und muslimischen Nationen wahrgenommen werden.

Das war keine Rhetorik. Das mit klarem Blick verfolgte Ziel war die Betonung der spirituellen Bruderschaft und die Schaffung einer gemeinsamen Wertebasis. Auf der Grundlage dieser Werte wurde religiös motivierter Terrorismus verurteilt, der – und Wojtyła wurde nie müde, dies zu betonen – den Namen Gottes missbraucht und eine Beleidigung seiner Barmherzigkeit darstellt. Aus diesem Grund wurde der römische Papst zum ersten Mal in der Geschichte eine in der muslimischen Welt anerkannte Führungspersönlichkeit, der man Gehör schenkte und die von den religiösen und politischen Eliten nie als »Feind aus dem Westen« angesehen wurde.

Die von der Regensburger Vorlesung ausgelöste Krise verschleudert dieses Erbe. Der Vatikan sieht sich plötzlich mit der Forderung nach einer Entschuldigung und Widerrufung konfrontiert, nicht nur seitens radikaler Muslime, sondern auch seitens der Vertreter von Ländern, die dem Westen nahestehen: die Türkei, Kuwait, die Vereinigten Arabischen Emirate, die Maghreb-Staaten. Die Organisation der Islamischen Konferenz, in der 60 muslimische Staaten zusammengeschlossen sind, verlangt vom Vatikan eine offizielle Erklärung. Die ISESCO (»UNESCO« der Islamischen Weltliga) fordert den Papst auf, »jene Sätze zu korrigieren, die 1,3 Milliarden Muslime beleidigt haben«.

Besonders verletzt fühlen sich die »europäisierenden« Muslime, die sich für eine friedliche Eingliederung des Islams in die Europäische Union einsetzen. Die islamischen Zentralräte in Frankreich, Deutschland, Spanien und Großbritannien protestieren. Dalil Boubakeur, Vorsitzender des Französischen Rats der Muslime, der mit Johannes Paul II. im Dialog gestanden hatte, äußert seine Verwunderung und verlangt »eine baldmöglichste Klarstellung durch die Kirche«. Der Vorsitzende des Zentralrats der Muslime in Deutschland, Aiman Mazyek, erklärt bissig: »Da auch die Geschichte des Christentums blutig war – man denke nur an die Kreuzzüge oder die Zwangsbekehrungen von Juden und Muslimen in Spanien –, fällt es mir schwer zu glauben, dass der Papst gerade im Verhältnis zur Gewalt die Grenze zwischen Christentum und Islam sieht.« In Italien beklagt Yahya Sergio Pallavicini, Vizepräsident der gemäßigten muslimischen Gruppe Coreis, die sich um den Dialog mit Christen und Juden bemüht, im Pontifikat Ratzingers habe von Anfang an »ein klares Zeichen der Bereitschaft zum interreligiösen Dialog gefehlt«.[5]

Auf dem Höhepunkt der Proteste interveniert die Europäische Kommission in Verteidigung der katholischen Kirche und prangert »unverhältnismäßige Reaktionen« an. Der Pressesprecher der Kommission Johannes Laitenberger bekräftigt die Meinungsfreiheit als Markstein der europäischen Ordnung ebenso wie »die Freiheit aller Religionen und Religionsgemeinschaften«. Sogar aus Russland mahnt Wladimir Putin zu »Mäßigung und Verantwortungsbewusstsein«.

Doch selbst Adel Theodor Khoury, der Verfasser der von Benedikt XVI. zitierten kritischen Edition der Gespräche mit Kaiser Manuel II. Palaiologos, äußert sein Unbehagen über die Art, wie der Papst mit den Texten umgegangen ist. »Ich hätte mir vom Papst ein paar Worte der Differenzierung gewünscht.« In Bagdad fordert der Patriarch Emmanuel III. Delly, Mitglied des Kardinalskollegiums, den Vatikan auf, eine Klärung herbeizuführen, um »alle Zweideutigkeiten zu beseitigen«. Der Jesuit Tom Michel, in der Föderation der Asiatischen Bischofskonferenzen (FABC) für den Dialog mit dem Islam zuständig, äußert in extremer Offenheit. Benedikt XVI. habe eine persönliche Meinung geäußert, die manchen im Vatikan gefällt, während andere gar nicht damit einverstanden sind. »Mit seinem Rückgriff auf einen schlecht informierten Autor voller Vorurteile wie Manuel II. Palaiologos hat der Papst es an Respekt gegenüber den Muslimen fehlen lassen. Wir Christen müssen uns bei den Muslimen entschuldigen.«

Der byzantinische Kaiser war freilich kein desinteressierter Beobachter. Er stand unter dem Druck der auf sein Territorium vorrückenden Türken und war ein Vasall des osmanischen Sultans Beyazid I. 1390–1391 erlebte Manuel II. voll Sorge die Konfrontation mit der muslimischen Welt. Ihn zu zitieren war an sich schon keine glückliche Entscheidung. Noch schlimmer ist, dass Benedikts Behauptung, Mohammed habe Toleranz gepredigt, als er machtlos und bedroht war, nicht zutrifft. Die zitierten Koranverse stammen aus der Zeit, da der Prophet bereits siegreich nach Mekka zurückgekehrt war, wie Wissenschaftler in jenen turbulenten Tagen nachweisen. Vor allem aber unterscheiden sich Kaiser Manuel und der persische Gelehrte keineswegs in ihren Anschauungen über Glaube und Gewalt. Der christliche Kaiser hat kein Monopol auf rationales Denken, denn auch sein persischer Gesprächspartner ist mit der griechischen Kultur vertraut. Beide argumentieren auf die Vernunft gestützt und stimmen darin überein, dass »das Maß – *métron*, ein klassischer griechischer Begriff – das Beste aller Dinge ist«.

In Wirklichkeit zeigt der Dialog eine überraschende Bereitschaft beider Akteure zum Zuhören. In Regensburg den Verweis des byzantinischen Kaisers auf die »schlechten und inhumanen« Dinge hervorzuheben, die Mohammed eingeführt habe, kann nur abwegig sein und Schaden anrichten. Schlimmer als die überzogenen Reaktionen fanatischer Gruppen sind für den Vatikan die bitteren Äußerungen in den Medien und die Kommentare von Leuten, die die internationale Rolle des Papstes seit jeher mit Respekt verfolgen. Die angesehene Kairoer Tageszeitung *Al-Ahram* fasst zusammen: »Dem Papst fehlt das Verständnis für den Islam und seine Geschichte.«

Seinem Biographen Peter Seewald gesteht Ratzinger Jahre später frei heraus, er habe seine Rede als streng akademische Rede konzipiert und gehalten, ohne sich bewusst zu sein, »dass man eine Papstrede nicht akademisch, sondern politisch liest«.[6] Eine bezeichnende Äußerung, die belegt, wie sehr Benedikt XVI. letztlich von der geopolitischen Rolle entfernt ist, die ein Papst in der heutigen globalisierten Welt mehr denn je wahrzunehmen hat.

Zunächst einmal geht es um Schadensbegrenzung. Im ersten Ansatz tut der *Osservatore Romano* so, als gäbe es kein Problem – ein Verhaltensmuster, das in allen Krisen des Pontifikats Benedikts XVI. aufscheint. Einen Tag später, als der Sturm bereits entfacht ist, wird die Rede Benedikts XVI. als »intellektuell stark verdichtete theologische Vorlesung« charakterisiert, der Hörsaal der Regensburger Universität auf der Titelseite der Vatikanzeitung als »Lehrstuhl Petri« bezeichnet. Die Verdrängung belegt, dass man im Apostolischen Palast einfach kein Gespür für die Situation hat.

Die Diplomaten in der amerikanischen Botschaft beim Heiligen Stuhl konstatieren perplex, dass der Papst sich offenbar nicht vorstellen konnte, was er mit seinen Äußerungen anrichtet. Der Geschäftsträger Christopher Sandrolini berichtet nach Washington, ein Teil der Kurienprälaten beschuldige die Presse und aufwieglerische Muslime, während andere im Vatikan »betonen, der Flächenbrand sei vorhersehbar gewesen und hätte sich leicht vermeiden lassen, wenn der Papst seinen Text vorab seinen Mitarbeitern hätte zukommen lassen«. Als ausgewiesener Intellektueller, so notiert der US-amerikanische Diplomat fleißig weiter, »der es gewohnt ist, seine Texte selbst zu schreiben, legt Benedikt in der Regel niemanden etwas zur Begutachtung vor«.[7]

Die Forderung der islamischen Welt nach einer Entschuldigung bringt den Papst und den Vatikan täglich aufs Neue in eine peinliche Situation. Es beginnt eine dramatische Phase immer neuer Rechtfertigungen und Reuebekundungen. Nie zuvor war der Heilige Stuhl derart in der Defensive. Den Anfang macht am 14. September Pressesprecher Lombardi. Er erklärt, Benedikt XVI. habe die radikale Ablehnung jeglicher religiöser Motivation für die Anwendung von Gewalt unterstreichen wollen: »Es lag gewiss nicht in seiner Absicht, die Gefühle der muslimischen Gläubigen zu verletzen.«

Zwei Tage später interveniert Kardinalstaatssekretär Bertone mit einer Erklärung, die von höchster Stelle sanktioniert ist. »Der Heilige Vater bedauert zutiefst, dass einige Passagen seiner Rede als Beleidigung der Gefühle gläubiger Muslime klingen konnten.« Die Zitate seien in einer Weise interpretiert worden, die seinen Absichten in keiner Weise entsprochen habe. Und dann der erste Rückzieher: Jenes Urteil Kaiser Manuels über Mohammed, versichert Bertone, »hat der Heilige Vater weder beabsichtigt, noch beabsichtigt er, es sich zu eigen zu machen«.[8] Die Erklärung des Kardinalstaatssekretärs bekräftigt die »unmissverständliche Option« des Papstes, den Dialog und die Zusammenarbeit mit den Muslimen sowie den Einsatz für ein gemeinsames Bekenntnis zu dem »alleinigen Gott« fortzusetzen.

Das reicht nicht. Der Islam erwartet eine persönliche Erklärung Benedikts XVI.

Der 17. September ist ein Sonntag. *Al-Dschasira* schickt seine Reporter los, um den Angelus zu verfolgen, den der Papst in seiner Sommerresidenz Castelgandolfo betet. Benedikt XVI. spricht das Wort »Bedauern« aus. Mehr noch. »Ich bedauere tief«, versichert er, »die Reaktionen, die ein kurzer Abschnitt meiner Ansprache in der Universität Regensburg hervorgerufen hat, der als verletzend für die Empfindungen der muslimischen Gläubigen aufgefasst wurde.« Es handle sich um das Zitat aus einem mittelalterlichen Text, erklärt er, der »in keiner Weise meine persönliche Meinung wiedergibt ... ich hoffe, dass dies dazu dient, die Gemüter zu beruhigen«.[9] Die wahre Bedeutung seiner Ansprache, schließt er, sei eine Einladung zum offenen und aufrichtigen Dialog in großer gegenseitiger Achtung. Der *Osservatore Romano* veröffentlicht die Erklärung auf Arabisch, Englisch und Französisch.

Der Muslimische Rat Großbritanniens kommentiert: »Das ist ein erster Schritt in die richtige Richtung ... wir sind nicht sicher, dass die Worte des Papstes als echte Entschuldigung zu werten sind.« Ein Ende der Affäre ist aber immer noch nicht abzusehen. Eine Karikatur auf der Webseite von *Al-Dschasira* zeigt Ratzinger mit einem Gewehr im Anschlag, wie er unter den verzweifelten Blicken Johannes Pauls II. auf eine Friedenstaube schießt.

Die internationale Gemeinschaft greift ein, um die Wogen zu glätten. Irans Präsident Ahmadinedschad erklärt im Gegensatz zu Chamenei: »Ich habe Achtung vor Benedikt XVI.« Seine Aussagen seien falsch interpretiert worden. Der Ministerpräsident Malaysias, Abdullah Ahmad Badawi, räumt ein: »Ich denke, wir können die Entschuldigung des Papstes annehmen«, es werde wohl nicht mehr vorkommen.

Nie zuvor stand ein römischer Papst derart auf dem Prüfstand. Die amerikanische Außenministerin Condoleezza

Rice meldet sich zu Wort: »Man kann manchmal beleidigen, ohne es zu wollen.« Auch Präsident George W. Bush eilt dem Papst zu Hilfe: »Das Bedauern, das Benedikt XVI. zum Ausdruck gebracht hat, ist aufrichtig.« Der Großmufti von Jerusalem verlangt dennoch weiterhin eine ausdrückliche Entschuldigung, und der libysche Staatschef Muammar Al-Gaddafi kann der Versuchung einer Provokation nicht widerstehen: »Benedikt XVI. sollte abtreten und sich zum Islam bekehren.«

Doch die Zeit der Prüfung ist noch nicht vorbei.

Am 20. September, eine Woche nach der Regensburger Rede, hält Benedikt XVI. auf dem Petersplatz eine Generalaudienz. Das Areal wird diesmal besonders streng überwacht. Man befürchtet Aktionen von Fanatikern. Das Aufgebot an Ordnungskräften ist massiv: Die Pilger werden mit Metalldetektoren kontrolliert, der Petersplatz und alle seine Zugänge sind fest in der Hand der Ordnungshüter, Polizisten in Zivil mischen sich unter die Gläubigen, Scharfschützen sind auf den Dächern platziert, Einsatzkommandos der Polizei halten sich in den umliegenden Straßen bereit. Die Diözesen außerhalb Roms wurden in Alarmbereitschaft versetzt. Die Pfarrer werden aufgefordert, sich sofort an Polizei oder Carabinieri zu wenden, wenn sie etwas Verdächtiges bemerken.

Wieder nimmt Benedikt XVI. eine Korrektur vor. Das Zitat Manuels II., so gesteht er erstmals ein, »konnte leider zu Missverständnissen Anlass geben«. Und wieder versichert er: »Ich wollte mir die von dem mittelalterlichen Kaiser in diesem Dialog ausgesprochenen negativen Worte in keiner Weise zu eigen machen, und ihr polemischer Inhalt bringt nicht meine persönliche Überzeugung zum Ausdruck.«

Endlich kommt aus dem Mund des Papstes während der Generalaudienz ein Verweis darauf, dass die Muslime den

»alleinigen Gott« anbeten. Mit anderen Worten, Gott ist für die Anhänger des Korans, der Evangelien und der Tora ein- und derselbe. Eine Anerkennung, die in der gesamten Regensburger Rede fehlte. Und das ist kein Zufall.

Das Zitat des byzantinischen Kaisers ist kein Ausrutscher. Es gibt eine Vorgeschichte. Der scheidende Staatssekretär, Kardinal Angelo Sodano, hatte Benedikt XVI. vor der Rede auf die Brisanz der Textpassage hingewiesen. Schon vor dem Abflug des Papstes nach Bayern, als die Übersetzungen der päpstlichen Texte in die verschiedenen Sprachen vorbereitet wurden, waren in den vatikanischen Ämtern Zweifel aufgekommen. Es gibt guten Grund zur Annahme, dass Pressesprecher Lombardi, wie Navarro-Valls ein Jahr zuvor in Polen, seinen »Vorgesetzten« auch die am frühen Morgen von den Journalisten geäußerten Bedenken übermittelt hat. Es ist bezeichnend, dass er stets strengstes Stillschweigen über die Angelegenheit bewahrt hat. Wenn man ihn darauf anspricht, gibt er lakonisch zurück: »Darüber möchte ich nicht sprechen.«

Benedikt XVI. schlägt die Bedenken in den Wind. Denn einerseits ist er sich über die Bedeutung des Dialogs mit dem Islam im Klaren, andererseits aber hegt er seit jeher ein tiefes Misstrauen. Bei der Messe zur Amtseinführung am Beginn seines Pontifikats lässt er die Muslime absichtlich unerwähnt. In der Predigt sendet er einen herzlichen Gruß an die in Christus Getauften und an die »Brüder« aus dem jüdischen Volk. Dann gehen seine Gedanken zu »allen Menschen unserer Zeit«. An dem Tag, an dem Benedikt XVI. symbolisch das Erbe Johannes Pauls II. antritt, verschwindet der Islam symbolisch von der Agenda.

Ein paar Monate nach seiner Wahl erläutert der Papst seine Vorstellungen einem engen Kreis von Vertrauten in Castelgandolfo. Als Professor hatte Joseph Ratzinger es sich angewöhnt, jedes Jahr nach dem Sommerurlaub den Kreis seiner ehemaligen Schüler um sich zu scharen, dem Professoren und Prälaten angehören, unter anderem der Wiener Erzbischof Christoph Schönborn und der Hamburger Erzbischof Werner Thissen. Nach seiner Wahl verspricht Ratzinger seinen Schülern, diese Tradition fortzusetzen, und lädt sie für den 1. und 2. September 2005 nach Castelgandolfo ein, um die Schlüsselfrage des Moments zu diskutieren: das Verhältnis von Islam und Christentum.

Die Sitzungen finden in der historischen päpstlichen Villa statt. Jeden Morgen folgen die Schüler einem einstündigen Vortrag auf Deutsch, anschließend entwickelt sich die Diskussion unter der persönlichen Leitung des Papstes, der am Ende die Schlussfolgerungen zieht. Am ersten Tag diskutiert man über den zeitgenössischen Islam, am zweiten untersucht man die Bedingungen für den interreligiösen Dialog. Und hier vollzieht sich die theologische und damit auch politische Kehrtwende Ratzingers gegenüber der von Wojtyła verfolgten Linie. Benedikt XVI. zeigt drei kritische Punkte auf, die die Erfolgsaussichten eines Dialogs mit dem Islam beeinträchtigen. Der Islam, so Benedikt, verfüge nicht über eine zentrale Autorität, der Islam habe sich die Idee der Laizität nicht zu eigen gemacht, der Koran sei das direkte »Wort Gottes« (während die Bibel für die Christen durch göttliche Eingebung entstanden ist). Folglich lasse er sich nicht mit der Flexibilität interpretieren, die dem Christentum zu eigen ist.

Ein in der Diskussion immer wiederkehrendes Thema ist die »Schwierigkeit des Islam, in einer säkularisierten Gesellschaft zu leben«. Während die christliche Religion die Unterscheidung zwischen Gott und dem Kaiser akzeptiere, so Ratzinger, »neigt die islamische Religion dazu, alle Elemente des gesellschaftlichen Lebens unter dem Gesetz des Korans zu subsumieren«. Eine weitere Hürde für einen Gleichklang sei die unterschiedliche Bedeutung der Offenbarung für Christen und Muslime. Während die Texte des Alten Testaments und der Evangelien als ihren Verfassern von Gott »eingegeben« gelten und somit ein echter Spielraum in der Interpretation dieser Texte für die Gestaltung des sozialen Verhaltens vorhanden sei, betrachteten die Muslime den Koran als unmittelbar »von Gott empfangen«, also dem Propheten Mohammed diktiert. Daraus ergebe sich eine sehr viel strengere Auslegung und letztlich ein totalisierender Ansatz in der Organisation der Gesellschaft: so sehr, dass der fundamentalistische Islam zwischen zivilen und religiösen Gesetzen nicht mehr unterscheide.[10]

Der libanesische Jesuit Samir Khalil Samir vom Päpstlichen Orientalischen Institut, einer der Referenten in Castelgandolfo, gibt die von Benedikt XVI. geleitete Debatte wie folgt wieder: »Der Kerngedanke ist, dass der Dialog mit dem Islam … kein im Wesentlichen theologischer oder religiöser Dialog sein kann.« Bestenfalls ein Austausch über moralische Werte, also »ein Dialog der Kulturen und Zivilisationen«.[11] In einem Interview mit der Missionspresseagentur *Asia News* bekennt Samir freimütig: »Für den polnischen Papst war der Dialog mit dem Islam offen für eine Zusammenarbeit in allen Bereichen, auch im Gebet. Benedikt XVI. hat Wesentlicheres im Auge: Auf die Theologie kommt es, zumindest in dieser Phase, nicht an. Wichtig ist, dass der Islam die Religion ist, die sich am stärksten ausbreitet und für den Westen und die ganze Welt immer mehr zu einer Gefahr wird.«

Auf dieser theoretischen Grundlage schreibt Papst Ratzinger 2006 seine Regensburger Rede. Natürlich, fügt Samir hinzu, »ist die Gefahr nicht der Islam an sich, sondern eine bestimmte Auffassung vom Islam, die der Gewalt nicht offen abschwört und dem Terrorismus und Fanatismus Vorschub leistet«. Letztlich behält aber eine misstrauische, wenn nicht gar negative Sicht die Oberhand.

Die Ergebnisse der Diskussion in Castelgandolfo reflektieren den Hang zu abstrakten Gedankenschemen, wie sie sich in Ratzingers politisch-religiöser Argumentation oft finden. Die Kritik am islamischen Denken ist zutreffend. Dennoch lässt sie die große Bandbreite historischer Erfahrungen in Vergangenheit und Gegenwart außer Acht und auch das Organisationsmodell der Gesellschaften, die sich als islamisch bezeichnen. Es gibt auf der Welt keinen einheitlichen Islam. Die integralistischen und fundamentalistischen Strömungen sind nicht sein einziger Ausdruck.

Im Übrigen ist in den christlich geprägten Ländern des Westens die Unterscheidung zwischen Religion und Gesellschaft kein von Raum und Zeit losgelöstes Phänomen, sondern erst eine Errungenschaft der Aufklärung (der sich das kirchliche Lehramt entgegengestellt hatte). Fast anderthalb Jahrtausende lang erhob die Kirche den Anspruch, die christlichen Gesellschaften sollten sich nach den Vorschriften des Glaubens richten, und die Herrscher unterstünden, zumindest vom Grundsatz her, der Oberhoheit des römischen Papstes. Im Judentum ebenso wie im Islam und im Christentum lässt sich immer ein offizieller Text finden, der die Anwendung von Gewalt gegen Feinde, Abtrünnige oder Ketzer rechtfertigt.

Auch die Vorstellung von einem größeren Spielraum in der Auslegung der Heiligen Schriften ist das Ergebnis einer historischen Entwicklung. Man braucht nicht erst den Prozess gegen Galilei zu bemühen, um sich zu vergegenwärtigen, dass die Bibel jahrhundertelang als das »Wort Gottes« galt, das nicht in Zweifel gezogen werden durfte.

Mehr als die theoretischen Konstruktionen zählen letztlich die Fakten. Bei Benedikt XVI. liegen der Wille zum Dialog und ein tiefes Misstrauen gegenüber einem als Bedrohung empfundenen Islam nah beieinander. Das zeigt der Zickzackkurs seiner ersten Regierungshandlungen. Zu Beginn des Pontifikats übergeht er den Islam. Aber beim Weltjugendtag in Köln ruft er die muslimische Gemeinde in Deutschland dazu auf, gemeinsam dem Terrorismus entgegenzutreten, und versichert: »Der interreligiöse und interkulturelle Dialog zwischen Christen und Muslimen darf nicht auf eine Saisonentscheidung reduziert werden. Tatsächlich ist er eine vitale Notwendigkeit, von der zum großen Teil unsere Zukunft abhängt.«[12] Wenige Monate später, im Februar 2006, enthebt Benedikt XVI. den Präsidenten des Rates für den Interreligiösen Dialog, Erzbischof Michael Fitzgerald, seines Amtes. Im März schafft er den Rat praktisch ganz ab, indem er ihn dem Päpstlichen Rat für die Kultur unterstellt.

Der Päpstliche Rat für den Interreligiösen Dialog war 1964 als Sekretariat für die Nichtchristen entstanden und ist das Ergebnis der auf dem Konzil vollzogenen Wende in den Beziehungen zu den anderen Religionen. Er lenkte die Aufmerksamkeit und den Respekt der katholischen Kirche auf deren Spiritualität. Im Falle des Islams rückte sie die Anerkennung des gemeinsamen Glaubens an den einen Gott Abrahams in den Blick. Ratzingers Entscheidung, diesen Rat mit jenem für Kultur zusammenzulegen, kommt einer Abwertung des theologischen Dialogs sowie der Überzeugung gleich, mit dem Islam reiche ein kultureller Austausch aus.

In diesem Klima gewährt Benedikt XVI. in den ersten Monaten seines Pontifikats Oriana Fallaci eine Audienz. Die brillante Journalistin und weltberühmte Schriftstellerin, die den Papst sehr bewundert, verfiel nach den Anschlägen auf die Twin Towers am 11. September 2001 in eine gehässige und maßlose Islamfeindlichkeit. Nach ihren Worten tat der

Islam 1400 Jahre lang nichts anderes, als »zu erobern, zu unterwerfen und abzuschlachten«. Europa, das sie abfällig als »Eurabien« bezeichnet, betrachtet sie als einen feigen Kontinent, vom Multikulturalismus geschwächt und unfähig, sich der islamischen Invasion zu widersetzen, die den Westen, seine Kultur, seine Grundprinzipien, seine Werte, seine Freiheit, seine Demokratie, sein Christentum und seine Laizität unweigerlich auslöschen wird.[13] In ihrer apokalyptischen Vision betrachtet die Schriftstellerin die exzessive Fruchtbarkeit der Muslime als das Instrument, um Europa den Glauben Mohammeds aufzuzwingen. Diese Muslime »stinken … sie vermehren sich wie die Karnickel«, platzt es aus ihr heraus.

Johannes Paul II. wurde von Fallaci wegen seiner »Küsse und Umarmungen, seines Verzeihens und Gutmenschentums« unverhohlen verspottet.[14] Als Wojtyła beharrlich gegen Bushs abenteuerlichen Plan einer Irak-Invasion kämpfte, bezeichnete sie ihn als einen Papst, der »die Welt mit seinem Ökumenismus, seinem Pietismus und seiner Dritte-Welt-Romantik verpestet«.[15]

Die Schriftstellerin, bereits schwer an Krebs erkrankt, als sie am 27. August 2005 nach Castelgandolfo kommt, ist allerdings eine glühende Bewunderin Benedikts XVI. Bei seiner Wahl jubelte sie. Öffentlich äußert sie ihre Genugtuung darüber, wie sehr ihre Vorstellungen mit denen des Papstes übereinstimmen, und huldigt ihm emphatisch: »Danke, Eure Heiligkeit, dass Sie stets den Mut haben, die Dinge beim Namen zu nennen.«[16] Bei Ratzinger nimmt sie eine gegenüber dem Pontifikat Johannes Pauls II. geänderte Tonlage wahr, vor allem gegenüber dem Islam – obwohl Benedikt XVI. nach den Londoner Selbstmordattentaten vom 7. Juli 2005 mit 52 Toten und 700 Verletzten klarstellt, dass Terrorakte nicht als »Religionskrieg« zu betrachten sind.

Eigentlich soll die Begegnung des Papstes mit Fallaci geheim gehalten werden, doch die Nachricht verbreitet sich wie ein Lauffeuer. Der Vatikan reagiert befangen. Es habe sich um eine Geste der Menschlichkeit gegenüber einer unheilbar Kranken gehandelt, lässt man verlauten. Die Geheimhaltung bezeugt allerdings das Unbehagen darüber, dass man einer Ikone des islamfeindlichen Hasses eine Audienz gewährte. Da man sich von der Aggressivität der Schriftstellerin nicht distanziert, übermittelt man eine irreführende Botschaft. Doch die Frau, die von Benedikt XVI. empfangen wird, ist dieselbe, die in einem Interview mit dem *New Yorker* Gift und Galle gegen das Projekt eines islamischen Kulturzentrums sprüht, das der Bürgermeister der toskanischen Stadt Colle Val d'Elsa genehmigt hat und baut. »Ich will diese Moschee nicht sehen … ich will kein 24 Meter hohes Minarett in der Landschaft Giottos sehen … Wenn ich dann noch am Leben bin, gehe ich zu meinen Freunden in Carrara … das sind lauter Anarchisten, bei denen besorg ich mir Sprengstoff und jage diese Moschee in die Luft.«[17]

Die von Benedikts Regensburger Rede ausgelöste internationale Krise endet offiziell mit einem kleinen Gipfeltreffen zwischen Benedikt XVI. und 22 Botschaftern muslimischer Länder, an dem in Vertretung der Muslime Italiens die 16 Mitglieder des von der Regierung eingerichteten islamischen Beirats teilnehmen. »Liebe Freunde«, sagt der Papst, und seine Worte werden auf der Titelseite des *Osservatore Romano* auf Arabisch abgedruckt, »ich möchte die Bande der Freundschaft und Solidarität zwischen dem Heiligen Stuhl und den muslimischen Gemeinschaften der Welt stärken.«

Wieder einmal bekräftigt Benedikt XVI. »unseren Glauben an den alleinigen Gott«. Der Papst mahnt zur Anerkennung der gemeinsamen religiösen Werte und zur Achtung der Unterschiede »in loyaler Haltung«. Er fordert dazu auf, die Feindschaften der Vergangenheit abzulehnen, Versöhnung anzustreben, Identität und Freiheit des jeweils anderen zu achten. Es ist der 25. September 2006. Zwei Wochen lang hat sich der Heilige Stuhl auf der Anklagebank befunden. Es wird nicht das letzte Mal im Pontifikat Ratzingers sein. Als die Schlussfassung der Regensburger Rede veröffentlicht wird, sind zwei Eingriffe in den Text nötig. Der wichtigere bezeichnet den Kommentar von Kaiser Manuel II. über Mohammed als eine Äußerung »in für uns unannehmbar schroffer Form«.

Zwei Monate später landet Benedikt XVI. in der Türkei. Die Reise vom 28. November bis zum 1. Dezember wird von der türkischen Presse als Erfolg gewertet. Der Papst überbringt die Botschaft, die Religion sei gegen die Gewalt, und betont die Kraft der Vernunft. Er muss sich allerdings gefallen lassen, dass der türkische Vorsitzende des Amts für Religiöse Angelegenheiten Ali Bardakoğlu einen Gegenvortrag zur (nicht ausdrücklich genannten) Regensburger Rede zu Gehör bringt. Der Islam, so gibt der Beamte dem Papst mit auf den Weg, orientiere sich an »Vernunft, Freiheit und rationalem Denken«. Den Islam als Religion, die mit dem Schwert verbreitet werde, und die Muslime als potentiell gewalttätig darzustellen, entbehre »jeder wissenschaftlichen wie auch historischen« Grundlage.

Der spannendste Moment der Reise ergibt sich in der Blauen Moschee in Istanbul. Als er mit dem Großmufti Mustafa Cağrici unter der riesigen Kuppel der von den blauen Fliesen aus Iznik glitzernden Moschee dahinschreitet, steht Benedikt XVI. plötzlich vor dem Mihrab. Die Gebetsnische zeigt nach Mekka, aber auch in Richtung jenes Ostens, der für die Christen die Wiederauferstehung des Erlösers symbolisiert.

»Wenn Sie möchten«, schlägt der Großmufti ihm höflich

vor, »können wir uns kurz in Ruhe sammeln.« Sogleich beginnt er, halblaut sein Gebet an den gnädigen, barmherzigen Gott zu sprechen. Benedikt XVI. bleibt regungslos in seine Gedanken versunken. Als der muslimische Würdenträger schweigt, fängt der Papst seinerseits an zu beten. Lautlos bewegt er die Lippen und starrt dabei vor sich hin. Er betet länger als sein muslimischer Bruder, während das vatikanische Gefolge nur so staunt. Nicht einmal Johannes Paul II. hatte in der Moschee von Damaskus ausdrücklich gebetet.

Die Verlegenheit der vatikanischen Prälaten ist umso größer, da alle genau wissen, wie sehr Ratzinger schon als Kardinal gegen interreligiöse Zeremonien eingestellt war. Es fing schon mit dem ersten großen Gebetstreffen für den Frieden 1986 in Assisi an, zu dem Johannes Paul II. die Führer der Weltreligionen aufgerufen hatte. Ratzinger nahm nicht daran teil.

Als die Gemeinschaft Sant'Egidio kurz vor dem 20-jährigen Jubiläum der Gebetstreffen von Benedikt XVI. wissen wollte, wie er des Ereignisses zu gedenken beabsichtige, erhielt sie zur Antwort, man frage sich, ob eine besondere Veranstaltung überhaupt vonnöten sei. Am Ende schickte der Papst eine Botschaft voller Ermahnungen, damit »der Geist von Assisi nicht durch ›unangebrachte Verwechslungen‹ beeinträchtigt« werde. Wenn man zusammenkomme, um für den Frieden zu beten, müsse dieses »Gebet in unterschiedlicher, den einzelnen Religionen jeweils angemessener Weise stattfinden ... Die Zusammenführung des Getrennten darf nicht den Eindruck erwecken, dass man jenem Relativismus Raum gibt, der den Sinn für die Wahrheit und die Möglichkeit, zu ihr zu gelangen, leugnet.«[18]

Jetzt, in Istanbul, betet Benedikt XVI. vor dem Mihrab einer türkischen Moschee. Bedrängt von den Journalisten, die lebhaft über die flüchtig erkannten und im Fernsehen direkt übertragenen Lippenbewegungen des Papstes disku-tieren – Gebet ja, Gebet nein, oder nur eine einfache Meditation –, improvisiert Vatikansprecher Lombardi eine subtile Antwort: »Es handelt sich um ein inniges, persönliches Gebet ohne äußere christliche Zeichen.« Benedikt XVI. selbst löst wenig später das Rätsel. »Danke für diesen Augenblick des Gebets«, sagt er an den Großmufti gewandt.

Ins Goldene Buch der Basilika der Hagia Sophia, die nach der Eroberung Konstantinopels 1453 in eine Moschee verwandelt wurde, trägt der Papst am selben Tag ein: »In unseren Verschiedenheiten treffen wir uns im Glauben an den alleinigen Gott. Gott möge uns erleuchten und uns den Weg der Liebe und des Friedens finden lassen.«

Die Regensburger Krise zwingt den Papst, den Rat für den Interreligiösen Dialog zu reaktivieren. Im Juni 2007 ernennt er den ehemaligen vatikanischen Außenminister, Kardinal Jean-Louis Tauran, einen hervorragenden Diplomaten und ausgewiesenen Kenner der arabischen Welt, zum Vorsitzenden. Dies dokumentiert die Erkenntnis der katholischen Kirche, dass sie die Strategie des Dialogs mit dem Islam nicht schadlos unterbrechen darf.

Kaum ein Jahr ist vergangen, als Benedikt XVI. in der Osternacht 2008 in einem handverlesenen Kreis von Katechumenen vor laufenden Kameras Magdi Allam die Taufe spendet. Allam, ein muslimischer Journalist und Autor ägyptischer Abstammung und einer der aktivsten Propagandisten des rhetorisch prowestlichen Antiislamismus, ist ein hemmungsloser Befürworter von Bushs »Kriegen für die Demokratie«. »Das Wunder der Auferstehung Christi«, verkündet Magdi Allam nach seiner Taufe, »hat sich in meiner Seele widergespiegelt und sie aus der Finsternis einer Predigt des Hasses und der Intoleranz gegenüber denjenigen befreit, die anders sind, ... und mich zur Liebe und zum Respekt gegenüber dem Nächsten geführt.« Allam, der den Taufnamen Cristiano wählt, legt Wert auf die Feststellung, dass das Problem nicht nur im Terrorismus liegt. »Die Wurzel des Übels liegt in einem Islam, der von seiner Natur her gewalttätig und historisch konfliktträchtig ist.«[19]

In seiner geistlichen Vorbereitung wurde er von dem römischen Weihbischof Rino Fisichella betreut, dem Rektor der Päpstlichen Lateranuniversität und Kaplan des italienischen Abgeordnetenhauses: demselben Prälaten, der das Treffen des Papstes mit Oriana Fallaci arrangiert und im April 2003 – in krassem Gegensatz zum entschlossenen Widerstand Johannes Pauls II. gegen den Irakkrieg – öffentlich die amerikanische Eroberung Bagdads bejubelt hatte, die zum Sturz von Saddam Husseins Regime führte.

Es ist schwer, in diesem Hin und Her päpstlicher Signale mal in die eine und mal in die andere Richtung eine klare Linie zu erkennen. Muslimische Vertreter und Organisationen sind erstaunt und irritiert über dieses einzigartige Privileg, das Allam am liturgisch wichtigsten Tag der Christenheit gewährt wurde. Der Vatikan sieht sich gezwungen, mit einer Reihe von Klarstellungen zu reagieren. Vor Beginn der Zeremonie stellt Pressesprecher Lombardi schon einmal vorsorglich fest, der Papst spende das Taufsakrament »ohne Unterschiede der Person«. Anschließend wird der *Osservatore Romano* mit der Erklärung aufgeboten, die Geste Benedikts XVI. sei eine Bekräftigung der Religionsfreiheit ohne jede »feindselige Absicht« gegenüber dem Islam.

Als der soeben konvertierte Allam in alle Richtungen hinausposaunt, er fühle sich endlich befreit von »einer Ideologie, die Lüge und Heuchelei und den gewaltsamen Tod rechtfertigt, die zu Mord und Selbstmord anstiftet, zu blinder Unterwerfung und Tyrannei«, muss Lombardi erneut klarstellen: »Einen neuen Gläubigen in die Kirche aufzunehmen bedeutet nicht, dass man all seine Gedanken und Standpunkte teilt.«[20]

In der showmäßigen Inszenierung dieser Taufe sehen viele eine »Provokation«, auch Vertreter jener 138 Islamgelehrten, die sich Sorgen um die Abwege machen, auf die der islamisch-christliche Dialog während des Pontifikats Benedikts XVI. geraten ist. Im Oktober 2007 richten sie einen Appell an den Papst und an die Führer der christlichen Kirchen, um der Zusammenarbeit zwischen den beiden Glaubensgemeinschaften neuen Auftrieb zu verschaffen.

Einer der Verfasser des Appells mit dem eindrucksvollen Titel *A Common Word between Us and You* ist Prinz Ghazi bin Talal aus Jordanien, ein glühender Befürworter des interreligiösen Dialogs. Die Unterzeichner decken ein sehr weites geographischen Spektrum ab: Nigeria, Tschad, Jordanien, Marokko, die USA, Saudi-Arabien, Tunesien, Kaukasus, Sudan, Frankreich, Syrien, Türkei, Bosnien, Algerien, Kuwait, Russland, Slowenien, Jemen, Deutschland, Malaysia, Vereinigte Arabische Emirate, Gambia, Ägypten, Pakistan, Oman, Irak, Kanada, Indien, die Schweiz, Brunei, Libanon, Kroatien, Italien, Palästina, Großbritannien, Belgien, Ukraine, Iran, Kosovo und Mauretanien. Weitere Unterschriften kommen hinzu, am Ende sind es 309. Eine gewaltige Mobilisierung, die auf der Überzeugung beruht: »Muslime und Christen machen mehr als die Hälfte der Weltbevölkerung aus«, weshalb es ohne Frieden und Gerechtigkeit zwischen diesen beiden Glaubensgemeinschaften keinen Frieden in der Welt geben könne.

Während Benedikt XVI. im Kreis seiner Schüler in Castelgandolfo starke Zweifel an der Durchführbarkeit eines theologischen Dialogs zwischen Islam und Christentum äußerte, betonen die 138 Gelehrten die Bedeutung der Werte, die Tora, Evangelien und Koran miteinander teilen: den Einen

Gott, die Liebe zu Gott und die Liebe zum Nächsten. »Die Basis für den Frieden und das Verständnis füreinander gibt es bereits«, erklären sie. »Sie ist Bestandteil der fundamentalen Prinzipien beider Glaubensrichtungen.« Das Dokument spielt die Unterschiede zwischen den beiden Religionen nicht herunter, sondern ruft dazu auf, die Gemeinsamkeiten zu entwickeln, um zu verhindern, dass die Unterschiede zu Hass und Konflikten führen. »Unsere gemeinsame Zukunft, vielleicht sogar das Überleben der Welt, steht auf dem Spiel.«[21]

Die Initiative führt im November 2008 zu einem von der Universität Gregoriana in Rom veranstalteten katholisch-muslimischen Forum. An dem Austausch mit 29 katholischen Theologen beteiligen sich ebenso viele islamische Wissenschaftler und geistliche Würdenträger aus der ganzen Welt, Frauen inbegriffen. Die dreitägige Debatte endet am 6. November mit einem Dokument, das wie ein Abkommen klingt: »Wir bekräftigen, dass keine Religion und keiner ihrer Anhänger von der Gesellschaft ausgeschlossen werden darf. Wir erkennen an, dass die Schöpfung Gottes in ihrer Vielfalt an Kulturen, Zivilisationen, Sprachen und Völkern eine Quelle des Reichtums ist und deshalb niemals Anlass für Spannungen und Konflikte geben darf. Wir bekennen, dass Katholiken und Muslime berufen sind, unter gläubigen Menschen – und für die Menschheit insgesamt – Werkzeuge der Liebe und der Harmonie zu sein und jeder Form von Unterdrückung, aggressiver Gewalt und Terrorismus abzuschwören, vor allem wenn sie im Namen der Religion verübt wird.«

Unter den vereinbarten Punkten sind ausdrücklich die Garantie der Menschenwürde auf der Basis der Gleichheit von Männern und Frauen genannt, der Respekt vor den religiösen Überzeugungen und Praktiken von Minderheiten, die sorgfältige Information über die religiösen Traditionen anderer, die Achtung der Person und ihrer Entscheidungen in Gewissens- und Glaubensfragen, das Recht auf eigene Kultstätten, auf öffentliche und private Ausübung der Religion, auf den Schutz religiöser Überzeugungen und den Schutz vor Verhöhnung der Symbole und der Gründergestalten der verschiedenen Religionen.

Die Tagung entspricht den Bemühungen Kardinal Bertones, der polemischen Diskussion nach Benedikts Regensburger Rede einen positiven Ausklang zu verleihen. Sie knüpft in bedeutsamer Weise an die gemäßigten Strömungen der muslimischen Welt an. Eine der Teilnehmerinnen, die Vorsitzende der Islamischen Gesellschaft Nordamerikas Ingrid Mattson, bringt den Geist der Sitzung zum Ausdruck, als sie auf der globalen Dimension von Katholizismus und Islam beharrt: »Wir wollen substantielle Beziehungen, eine ehrliche Kommunikation, ein tieferes Verständnis.« Kardinal Tauran zeigt sich mit den konkreten Punkten der Abschlusserklärung zufrieden. Der Iraner Sayyed Nasr, Dozent an der George Washington University, kommentiert: »Religionsfreiheit schließt das Recht ein, seine Religion zu wechseln.«[22]

Bei einem Empfang für die Teilnehmer der Tagung unterstreicht Benedikt XVI. den Zusammenhang zwischen Religion und Rechten. Er missbilligt die Diskriminierung, Einschüchterung und Verfolgung von Gläubigen und bekräftigt, Gewalttaten seien »umso schwerwiegender und beklagenswerter, wenn sie im Namen Gottes ausgeführt werden«. Denn der Name Gottes könne nur ein Name des Friedens und der Brüderlichkeit, der Gerechtigkeit und der Liebe sein.

In der Politik des Vatikans hinterlässt dieses Ereignis allerdings so gut wie keine Spuren. Der im Schlussdokument enthaltene Vorschlag, einen katholisch-islamischen ständigen Ausschuss ins Leben zu rufen, um Krisensituationen anzugehen, fällt ins Leere. Der Papst wird auf die getroffenen Vereinbarungen nie Bezug nehmen, um eine neue Initiative zu starten.

Seither lässt sich die katholische Kirche in ihrer Strategie gegenüber der muslimischen Welt von den Ereignissen eher treiben, als selbst darauf Einfluss zu nehmen. In den letzten Jahren sind in Qatar, Dubai, Abu Dhabi und Oman katholische Kirchen entstanden, während Saudi-Arabien – dem Zeitgeist zum Trotz – seine Politik des totalen Ausschlusses fortsetzt. Benedikt XVI. sagt immer wieder, der Islam sei eine große religiöse Realität, mit der man den Dialog suchen müsse. Im Gespräch mit seinem Biographen Peter Seewald sieht er keinen Grund für ein generelles Verbot der Burka, sofern die Frauen sie freiwillig tragen. Benedikt XVI. versichert, er betrachte es als »selbstverständlich«, dass Muslime sich auch »bei uns« in Moscheen zum Gebet versammeln können.[23]

Diese Position findet bisher jedoch keine Entsprechung in einer konkreten Linie der italienischen Kirche, die dem Papst in seiner Funktion als »Primas von Italien« direkt unterstellt ist. Die Mitte-rechts-Regierung unter Berlusconi widersetzte sich auf Druck der fremdenfeindlichen Lega Nord dem Bau von Moscheen, obwohl rund eine Million muslimische Einwanderer im Land leben. Die Italienische Bischofskonferenz, deren Vorsitzender direkt vom Papst ernannt wird, hat zum Menschenrecht – und zum verfassungsmäßig garantierten Recht – der muslimischen Gläubigen, eigene Gotteshäuser zu errichten, nie in einem offiziellen Dokument Stellung bezogen. Obwohl ausgerechnet in Rom, der Hauptstadt des Katholizismus, unter Paul VI. und Johannes Paul II. der Bau einer großen Moschee begonnen und zu Ende gebracht wurde.

Als der Mailänder Kardinal Dionigi Tettamanzi 2010 den Wunsch äußerte, für die Einwanderer mögen in Mailand islamische Kultstätten entstehen können, antwortete der Minister der Lega Nord, Roberto Maroni, höhnisch: »Ich bin Innenminister, nicht Erbauer von Moscheen.« Zur gleichen Zeit erklärte in Ratzingers Heimatland die christdemokratische Bundeskanzlerin Angela Merkel: »Moscheen werden stärker als früher ein Teil unseres Stadtbildes sein.« Dennoch kam weder vom Vatikan noch von der Italienischen Bischofskonferenz entschiedene Unterstützung für Kardinal Tettamanzis Äußerung zu den Rechten muslimischer Gläubiger in Italien.

Jenseits aller offiziellen Verlautbarungen gewinnt man dennoch ab und zu Einblick in die Gedankenwelt der engsten Mitarbeiter Benedikts XVI. Im Sommer 2007 gab sein Privatsekretär Gänswein in einem Interview mit der *Süddeutschen Zeitung* alarmierende Erklärungen ab: »Die Islamisierungsversuche im Westen sind nicht wegzureden. Und die damit verbundene Gefahr für die Identität Europas darf nicht aus falsch verstandener Rücksicht ignoriert werden.« Mit seiner Regensburger Rede, so der Papstsekretär, habe Benedikt XVI. »einer bestimmten Blauäugigkeit entgegenwirken« wollen. Auf die Frage, warum niemand den Text vorab gegengelesen habe, um die anschließende Krise zu vermeiden, gab Gänswein zurück: »Ich halte die Regensburger Rede, so wie sie gehalten wurde, für prophetisch.«[24]

Prälat Gänswein zeichnet sich durch eine besondere Eigenschaft aus. Er frönt nicht den sprachlichen Alchemien der Kurie, er ist äußerst ehrlich und hält mit seinen Ansichten nicht hinterm Berg. In seinen Äußerungen hört man das Echo des Denkens von Benedikt XVI. Früher oder später macht sich das bemerkbar. In der ganzen Geschichte hat man das Gefühl, dass etwas schiefgelaufen ist. Als der Papst um die Jahreswende 2010/2011 seine Stimme gegen die Christenverfolgungen in verschiedenen Teilen der Erde erhebt, von Indien über Pakistan und den Irak bis Nigeria, und Massaker an koptischen Christen in Ägypten anprangert – 28 Tote bei Attentaten in Alexandria und Nag Hammadi bei Luxor – kommt aus Kairo eine unerwartet schroffe Reaktion. Die Al-Azhar-Universität, das religiöse Zentrum der sunnitischen Muslime, friert die Beziehungen zur katholischen Kirche ein und begründet dies mit den wiederholten Äußerungen Benedikts XVI. gegen den Islam. Dass Benedikt das Attentat in Alexandria als eine »feige Geste des Todes« brandmarkt und das »Bombenlegen im Irak in der Nähe von Wohnungen von Christen, um sie zur Flucht zu zwingen«, als eine »Beleidigung gegenüber Gott und der ganzen Menschheit«[25] bezeichnet, bringt ihm eine harte Antwort des Scheichs der Al-Azhar-Universität Ahmad Al-Tayyeb ein, der die Worte des Papstes eine inakzeptable Einmischung in die inneren Angelegenheiten Ägyptens nennt und polemisch fragt: »Warum hat der Papst nicht den Schutz der Muslime verlangt, als sie im Irak abgeschlachtet wurden?«

Al-Tayyeb ist kein Extremist, er hat an der Sorbonne promoviert, spricht fließend Englisch und Französisch und vertritt einen islamischen »Mittelweg« zwischen Fundamentalismus und unkritischer Verwestlichung. Er ist Mitunterzeichner des Briefes der 138 Islamgelehrten an Benedikt XVI. Das Einfrieren der Beziehungen zwischen der Al-Azhar-Universität und dem Heiligen Stuhl mag seine Ursache auch in der politischen Instabilität Ägyptens haben, zeigt aber dennoch, wie brüchig die Beziehungen zwischen dem Islam und Ratzingers Pontifikat geworden sind.

An jenem Tag in Regensburg ging etwas zu Bruch. Prinz Ghazi bin Talal ist Initiator des Briefes der 138. Als er Benedikt XVI. drei Jahre nach dem Debakel in Regensburg in der

Hussein-Moschee in Amman willkommen heißt, verspürt er das Bedürfnis, daran zu erinnern, auch wenn er es unter viel Lob für seinen Gast verpackt: »Ich danke Eurer Heiligkeit für den Ausdruck des Bedauerns für die in der Regensburger Rede geäußerte Kränkung der Muslime. Die Muslime wussten die Klarstellungen des Vatikans zu schätzen.«[26] Mit orientalischer Eleganz präzisiert der Prinz sodann, der Prophet Mohammed sei »seinem Wesen nach völlig anders« als das Bild, das die westliche Geschichtsschreibung von ihm zeichnet.

Zurück zur Vergangenheit

An Weihnachten, dem ersten seines Pontifikats, rechnet Joseph Ratzinger mit einem Gegner ab, den er seit über 30 Jahren im Visier hat: dem »Geist des Konzils«. Es ist seiner Ansicht nach ein Antigeist, der die Ergebnisse des Zweiten Vatikanischen Konzils entsprechend den eigenen Utopien verfälscht, die Kirche erschüttert und auf gefährliche Abwege geführt hat.

Einstmals gehörte der spätere Papst zu den radikalen Reformern. Seine letzte Aktion in dieser Richtung war die Unterzeichnung eines Memorandums im Jahr 1970, mit dem die deutschen Bischöfe zu einer »eindringlichen Überprüfung und differenzierten Betrachtung des Zölibatsgesetzes der lateinischen Kirche für Deutschland und die Weltkirche im Ganzen« aufgefordert wurden. In dem Appell wurde der Pflichtzölibat in Frage gestellt und erklärt, wer eine Auseinandersetzung mit diesem Thema von vornherein ablehne, habe »wenig Glauben« an die Gnade Gottes.[1] Mitunterzeichner waren acht Theologen, unter ihnen Karl Rahner und die beiden späteren Kardinäle Walter Kasper und Karl Lehmann, allesamt Mitglieder der Glaubenskommission der Deutschen Bischofskonferenz.

Zwei Jahre später brach Ratzinger mit Yves Congar, Karl Rahner, Hans Küng, Johann Baptist Metz und Edward Schillebeeckx, der Gruppe der Neuerer um die Zeitschrift

Concilium, an der er selbst mitgearbeitet hatte, und gründete zusammen mit den Theologen Henri de Lubac und Hans Urs von Balthasar die Zeitschrift *Communio*.

Seither hat Ratzinger zuerst als Theologe, später auch als Bischof und Präfekt der Glaubenskongregation unermüdlich gegen jede Form eines fortlaufenden Reformgeistes angekämpft, 33 Jahre lang. Jetzt ist er Papst, sein Wort ist Gesetz.

Am 22. Dezember 2005 versammeln sich Kardinäle, Bischöfe und Prälaten der Kurie zum Weihnachtsempfang in der Sala Clementina, um dem Papst ihre Festtagswünsche zu überbringen und seinen Weisungen zu lauschen. Benedikt XVI. begrüßt sie mit einer programmatischen Ansprache. Scharf attackiert er all jene, die das Zweite Vatikanische Konzil als einen Bruch mit der Vergangenheit sehen, und wirft ihnen vor, durch ihr systematisches Predigen von Diskontinuität und permanenter Innovation dessen Ergebnisse zu verfälschen.

Seine Klage über die Schwierigkeiten der nachkonziliaren Ära beginnt mit einem rhetorischen Kunstgriff. Der Papst benutzt eine eindringliche Metapher, bestreitet aber gleichzeitig, sie beschwören zu wollen. In seiner Ansprache an die Kurie beruft er sich auf den heiligen Basilius, einen Kirchenvater zur Zeit des Konzils von Nicäa, der den Zustand der damaligen Christenheit mit dem wirren Geschrei einer Seeschlacht in stürmischer Nacht verglich. Das aufgewühlte Meer, auf dessen Wellen das kleine Schiff der Kirche hin und her geworfen wird, ist ein düsteres Bild, auf das Ratzinger in seinen Ansprachen immer wieder zurückkommt.

Schon in der Messe am Morgen des 18. April anlässlich der Eröffnung des Konklaves hatte er vom Boot der katholischen Christenheit gesprochen, das »nicht selten von diesen Wogen ins Schwanken gebracht, von einem Extrem ins andere geworfen« worden sei. Jetzt schlägt er mit den Worten des Kirchenlehrers Basilius einen noch weit bedrohlicheren Ton an, um die Jahre nach dem Konzil zu schildern. »Das heisere Geschrei derer, die sich im Streit gegeneinander erheben, das unverständliche Geschwätz, die verworrenen Geräusche des pausenlosen Lärms, all das hat fast schon die ganze Kirche erfüllt und so durch Hinzufügungen oder Auslassungen die rechte Lehre der Kirche verfälscht …«

Schuld daran sind seiner Ansicht nach all jene, die das Zweite Vatikanum – mit Unterstützung der Medien und moderner theologischer Strömungen – als einen Bruch zwischen der vor- und der nachkonziliaren Kirche hinstellen. Sie behaupten, so der Papst, die Konzilstexte seien das Ergebnis von Kompromissen und würden den »wahren Geist des Konzils« nur unvollkommen zum Ausdruck bringen, der ihres Erachtens »im Elan auf das Neue hin« liege.

Papst Benedikt führt eine scharfe Attacke. Diese »Hermeneutik der Diskontinuität und des Bruchs« habe Verwirrung gestiftet und Raum für Spekulationen geschaffen. Damit habe man das Wesen eines Konzils gründlich missverstanden, denn ein Konzil sei keine vom Volk beauftragte verfassunggebende Versammlung. Die Konzilsväter hätten keinen derartigen Auftrag gehabt, und »es konnte ihn auch niemand erteilen, weil die eigentliche Kirchenverfassung vom Herrn kommt«. Die wahre Interpretation, die richtige Hermeneutik, betonte er mit Verweis auf Johannes XXIII., sei die »Hermeneutik der Reform«: eine Neuformulierung der unumstößlichen und unveränderlichen Lehre.

In Wirklichkeit jedoch war das Konzil eine Revolution: eine Wende, eine grundlegende Reform der Kirche im Innern wie in ihren Beziehungen zur heutigen Welt. Das Zweite Vatikanische Konzil revidierte die Stellung des Papstes als absolutistischen Herrscher und definierte den Auftrag der

Bischöfe neu, die nun nicht mehr als Präfekten eines monarchischen Papstes betrachtet werden. Es etablierte die Lehre von der Kollegialität, der gemeinsamen Verantwortung von Papst und Bischöfen für die Leitung der Kirche. Im Zuge der Liturgiereform wurde die Messe in der jeweiligen Landessprache eingeführt und dem Gottesdienst sein gemeinschaftlicher Charakter zurückgegeben. Die Gewissensfreiheit wurde bejaht, die Religionsfreiheit sanktioniert, die brüderliche Verbundenheit mit den anderen christlichen Konfessionen proklamiert, die gemeinsame Wurzel mit dem Judentum anerkannt und jeglicher Ideologie abgeschworen, die aus den Juden ein »Volk der Gottesmörder« machte. Schließlich betonte das Konzil nicht nur, dass es ein einziger Gott sei, der von Muslimen, Christen und Juden gleichermaßen angebetet werde, es räumte – zum allerersten Mal überhaupt – ein, dass die nichtmonotheistischen Religionen »Fragmente der Wahrheit« besitzen.

Wenn Millionen Katholiken, Christen, Anhänger anderer Religionen und Nichtgläubige der Ansicht sind, mit dem Zweiten Vatikanum habe die katholische Kirche ein völlig neues Kapitel in der Kirchengeschichte aufgeschlagen, kann sich der Instinkt der Zeitgenossen nicht getäuscht haben. Dass tatsächlich ein neuer Geist wehte, zeigt schon ein Vergleich mit dem *Syllabus Errorum*, der 1864 von Pius IX. herausgegeben wurde, dem letzten weltlichen Monarchen auf dem Papstthron: ein Dokument, das von negativen Urteilen nur so strotzt. Es wendet sich gegen die Freiheit der philosophischen Forschung, gegen die Freiheit des Individuums, sich seine Religion selbst zu wählen, gegen die Möglichkeit, das ewige Heil auch außerhalb der katholischen Kirche zu finden, gegen die Anerkennung einer Mitverantwortung der katholischen Kirche für die Spaltungen der Christenheit, gegen die Abschaffung der weltlichen Herrschaft des Papstes, gegen die Abschaffung der katholischen Religion als der alleinigen Staatsreligion. In die Zeit vor dem Zweiten Vatikanum fällt auch die Verurteilung der Pressefreiheit und der Demokratie durch das päpstliche Lehramt.

Wie das Konzil von Trient nach der protestantischen Abspaltung im Übergang vom Mittelalter zur Neuzeit die katholische Kirche auf eine völlig neue Grundlage stellte, so gestaltete das Zweite Vatikanische Konzil ihr Profil und Selbstverständnis im 20. Jahrhundert um und brachte die Kirche mit der multikulturellen modernen Gesellschaft auf Augenhöhe.

In einem Punkt, der von Historikern immer wieder hervorgehoben wird, unterscheidet sich das Zweite Vatikanum von all seinen Vorgängern: Es ist das einzige Konzil, das nicht einberufen wurde, um Irrtümer und Häresien zu bekämpfen, das einzige, das sich nicht aus Feindbildern speiste. So empfand es auch Papst Johannes XXIII., als er von einem »pastoralen Konzil« sprach. Darin liegt die Einzigartigkeit des Zweiten Vatikanischen Konzils. Erstmals seit Jahrhunderten dachte die Kirche über sich selbst nach, über ihre Befindlichkeit, ihre innere Struktur und ihr Verhältnis zur Welt. Dieser Reflexionsprozess mündete in den Abschied von der alten Vorstellung einer metaphysischen Kirche, die über der Geschichte steht, und in einem neuen Selbstverständnis als »Volk unterwegs« durch die Wechselfälle der Zeit: so wie das Volk Israel auf seiner Wanderung mit Mose ins Gelobte Land.

In der gesamten Geschichte der 20 Konzilien findet sich kein einziges Dokument wie die Konstitution *Gaudium et spes*, die vom Geist einer engen Verbundenheit der Gemeinschaft der Gläubigen mit der gesamten Menschheitsgeschichte durchdrungen ist. In diesem Text bekundeten die Konzilsväter, »Freude und Hoffnung, Trauer und Angst der

Menschen von heute« seien »auch Freude und Hoffnung, Trauer und Angst der Jünger Christi«.

Die Ansprache Benedikts XVI. an die Kurie vom Dezember 2005 bildet einen Eckstein seines Pontifikats, verkündet er doch damit offiziell die Konzeption einer Kirche, die auf ihrem Weg dahinschreitet, dabei aber »dieselbe eine« Kirche bleibt. In diesem Zusammenhang stellt er auch die zentrale Frage nach der Beziehung der Kirche zur modernen Welt und untergliedert sie in drei Bereiche: die Beziehung des Glaubens zu den Naturwissenschaften und zur Geschichtswissenschaft, die Beziehung zum modernen Staat und die Beziehung zu den Weltreligionen.

Natürlich streitet ein brillanter Kopf wie Ratzinger nicht ab, dass die Positionen des Konzils zu diesen Fragen Unterschiede gegenüber der Vergangenheit aufweisen, Diskontinuitäten im Umgang mit den Problemen und in der Anwendung der althergebrachten Prinzipien. Zum Abschluss des Konzils hatte Paul VI. selbst den Weg zu dieser Interpretation geebnet. »Das Zweite Vatikanische Konzil«, räumt Ratzinger ein, »hat durch die Neubestimmung des Verhältnisses zwischen dem Glauben der Kirche und bestimmten Grundelementen des modernen Denkens einige in der Vergangenheit gefällte Entscheidungen neu überdacht oder auch korrigiert.« Doch trotz dieser »scheinbaren« Diskontinuität, so präzisiert der Papst, habe die Kirche ihre wahre Natur und ihre Identität bewahrt. Es sei daher falsch, das Konzil so darzustellen, als habe es eine »Öffnung« der Kirche »gegenüber der Welt« gebracht.

In der modernen Gesellschaft sieht Benedikt XVI. bis dahin nicht vorstellbare Bedrohungen und Gefahren heraufziehen, insbesondere in der »neuen Macht des Menschen über die Materie und über sich selbst«. Deshalb sei es wichtig und notwendig, den Dialog zwischen moderner Vernunft und christlichem Glauben fortzusetzen, dessen Richtung durch das Zweite Vatikanum vorgegeben worden sei, allerdings nur, wenn dessen Beschlüsse mit der »richtigen Hermeneutik« gelesen und rezipiert werden. Eine Erneuerung auf der Grundlage der Kontinuität also.

Die Polemik gegen den konziliaren Reformismus als ein kontinuierlicher Prozess sollte sich zu einer Konstante von Ratzingers Pontifikat entwickeln. Noch fünf Jahre nach seiner Wahl wird er betonen, dass die Kirche zur Zeit des Zweiten Vatikanums der Gefahr eines »anarchischen Utopismus« ausgesetzt gewesen sei. Dieser Utopismus sei von jenen geschürt worden, die überzeugt waren, die vorkonziliare Kirche sei »zu Ende und wir würden eine andere, eine völlig andere Kirche haben«. Diese Gefahr hätten Paul VI. und Johannes Paul II. dadurch gebannt, dass sie die Einzigkeit und Kontinuität der Kirche verteidigten.[2]

Ratzingers Ansprache vom Dezember 2005 ist ein klares Signal an die katholische Welt auf allen Ebenen, das definitive Ende jeder Aussicht auf weitere Reformen der Kirche und eine entschiedene Verankerung des Konzils im Boden der Tradition, womit ihm jegliche Sprengkraft genommen ist. Sie ist eine Warnung an alle Reformkräfte in der katholischen Kirche – Bischöfe, Theologen und Laien –, die damit delegitimiert werden.

Der Papst bekräftigt die Version von einem falsch verstandenen und falsch umgesetzten Konzil. Mehrfach beschwört er das Phantom, das ihn seit fast 40 Jahren verfolgt: die »Unruhen« von 1968. Dieses Gespenst ist im Denken Ratzingers und seiner Vertrauten so tief verwurzelt, dass sich Prälat Georg Gänswein sogar bei der Verleihung der Ehrendoktorwürde der Ausländeruniversität in Perugia 2011 veranlasst sah, die Reform des Konkordats in Italien mit dem Wandel der öffentlichen Meinung nach der »Bewegung der Achtundsechziger und ihrem Protest gegen alle festgefügten Ordnungen und alle althergebrachten Institutionen« in Zusammenhang zu bringen.[3]

Mit seiner Ansprache befriedigte der Papst vor allem die Bedürfnisse des identitätsfixierten traditionalistischen Lagers innerhalb der Kirche. Damit habe er, so der spätere Kommentar von Kardinal Ruini, die einzig mögliche »theologisch vertretbare und seelsorgerisch fruchtbare« Interpretation des Konzils vorgelegt. Das Gebot der Stunde lautet also: Erneuerung nur in der Kontinuität der einen katholischen Tradition.[4] Auf dieser Prämisse gründet die von Ratzinger unmittelbar nach seiner Wahl forcierte Kontaktaufnahme mit der Piusbruderschaft, der schismatischen, konzilsfeindlichen Bewegung Marcel Lefebvres.

Lefebvre, 1905 geboren und ehemals Bischof von Dakar, war Mitglied der Vorbereitungskommission des Konzils und trat beim Zweiten Vatikanum aktiv in den Reihen einer konservativen Minderheit auf, die sich zur Arbeitsgruppe Coetus Internationalis Patrum zusammengeschlossen hatte. Obwohl in der Konzilsaula heftig und lebhaft gestritten wurde, darf man nicht vergessen, dass dank der zähen Vermittlungsbemühungen Pauls VI. am Schluss alle Dokumente dieser großen Versammlung der katholischen Welt mit einer Mehrheit von über 95 Prozent verabschiedet wurden.

Im Klima der nachkonziliaren Krise, stark geprägt von fehlendem Priesternachwuchs, Priesteraustritten, Protest der Theologen und der Entstehung von Basisgemeinden, beginnt Lefebvre seinen Kampf für die tridentinische Messe in lateinischer Sprache. 1970 gründet er seine Bruderschaft und ein Seminar im schweizerischen Ecône, um Priester im vorkonziliaren Geist heranzubilden. Die Erlaubnis zur Gründung des Seminars wird ihm zunächst erteilt, dann aber wieder entzogen, als der Heilige Stuhl erkennt, dass er sich nicht auf die Verteidigung der traditionellen Liturgie beschränkt, sondern die Neuerungen des Zweiten Vatikanischen Konzils grundsätzlich ablehnt: den neuen, von Paul VI. promulgierten Ritus, den kollegialen Charakter des bischöflichen Amtes, die Ökumene, die Religionsfreiheit, das Verhältnis zu den anderen Religionen, insbesondere zum Judentum. Gerade diese Position ist es im Übrigen, die der Piusbruderschaft unter konservativ-reaktionären Katholiken, vor allem in Frankreich, die meiste Zustimmung sowie die offene Unterstützung durch Organisationen der extremen Rechten in Europa einbringt. Als Lefebvre jedoch trotz Verwarnung am 29. Juni 1976 in Ecône eigene Priester weiht, belegt ihn Papst Paul VI. mit der *suspensio a divinis*, dem Verbot, die Messe zu feiern und Sakramente zu spenden.

Um eine innerkirchliche Spaltung zu verhindern, bemühen sich die Päpste trotzdem mehrfach um eine Einigung. Paul VI. empfängt den rebellischen Bischof im September 1976. Johannes Paul II. gewährt ihm nach seiner Wahl eine Privataudienz. 1984 lässt Papst Wojtyła von der Gottesdienstkongregation neue Regeln erarbeiten, die die Feier der Messe nach dem tridentinischen Ritus erleichtern.[5] Und er beauftragt Kardinal Ratzinger, den Präfekten der Glaubenskongregation, mit den Piusbrüdern ein Einvernehmen auszuhandeln.

Am 5. Mai 1988 scheint eine Lösung erreicht. Lefebvre unterschreibt im Vatikan das *Protokoll über ein Einvernehmen*. Hierzu gehört eine Erklärung, mit der er den nachkonziliaren Ritus und andere Beschlüsse des Zweiten Vatikanums anerkennt. Im Gegenzug soll seiner Piusbruderschaft die volle Autonomie gewährt werden. Am darauffolgenden Tag zieht Lefebvre jedoch seine Unterschrift zurück und weiht am 30. Juni 1988 vier Bischöfe. Es kommt zum endgültigen Bruch, Johannes Paul II. exkommuniziert ihn.

Doch noch im selben Jahr setzt Papst Johannes Paul II. die Kommission Ecclesia Dei unter Leitung von Kardinal Darío Castrillón Hoyos ein und beauftragt sie, die traditionalistischen Dissidenten in die katholische Kirche zurückzuholen. Man bietet ihnen Erleichterungen bei der Messfeier nach tridentinischem Ritus an: Bemühungen, die im Laufe der Jahre mit der Rückkehr einiger traditionalistischer Gruppen in die Gemeinschaft der Kirche belohnt werden.

1991 stirbt Lefebvre. Seine Nachfolge an der Spitze der Bewegung treten der schismatische Bischof Bernard Fellay und der Priester Franz Schmidberger an. Im Heiligen Jahr 2000 erhält eine Pilgergruppe der Piusbrüder – rund 300 Priester und drei Bischöfe – die Erlaubnis, in der Peterskirche eine Andacht zu feiern.[6]

Kaum im Amt, unternimmt Ratzinger gezielte Schritte, um den Streit beizulegen. Zusammen mit Kardinal Castrillón Hoyos empfängt er am 29. August 2005 Fellay und Schmidberger zu einer 35-minütigen Audienz in Castelgandolfo. Am 23. März 2006, anlässlich einer außerordentlichen Vollversammlung der Kardinäle, lässt er das Thema auf die Tagesordnung setzen. Die Mehrheit der Kardinäle fordert die Piusbrüder auf, sich klar zu den Beschlüssen des Zweiten Vatikanums zu bekennen. Kardinal Kasper erklärt: »Jeder von uns will die Aussöhnung … Die Frage ist allerdings, ob die Situation reif dafür ist. Wenn sie bereit sind, das Konzil anzuerkennen, gibt es die Möglichkeit einer Lösung.« Ganz anders äußert sich Kardinal Castrillón Hoyos, der sicher ist, Ratzingers Position zum Ausdruck zu bringen: »Die Kirche empfängt sie mit offenen Armen. Wir sind auf dem Weg … In jeder Familie gibt es viele Stimmen, viele unterschiedliche Ansichten.«[7]

Im Herbst 2006 lässt der Papst ein Dokument erarbeiten, das die Messfeier nach vorkonziliarem Ritus erlaubt. Die

Entscheidung alarmiert vor allem die französischen Bischöfe, weil Frankreich in den siebziger Jahren das Terrain war, auf dem die Piusbrüder mit aggressiven Polemiken, Kundgebungen und Kirchenbesetzungen ihre konzilsfeindlichen Schlachten austrugen. Auf ihrer Konferenz im November 2006 in Lourdes äußern die Bischöfe die Sorge, mit einer bedingungslosen Freigabe des tridentinischen Ritus könne die Liturgiereform Papst Pauls VI. diskreditiert und Angriffe auf das Zweite Vatikanische Konzil gerechtfertigt werden.

Im Vatikan werden die Kardinäle Jean-Marie Lustiger und Jean-Pierre Ricard, der Vorsitzende der Französischen Bischofskonferenz, vorstellig, um Benedikt zu empfehlen, Grenzen zu setzen. Aber die »Invasion der Gallier«, wie man in der Kurie spöttelt, führt zu nichts. Im Gegenteil. Ratzingers Schützling Erzbischof Malcolm Ranjith, Sekretär der Kongregation für den Gottesdienst, lässt sogar verbreiten, es wachse die Zahl derer, die »eine Rückkehr zur tridentinischen Messe verlangen«.[8]

Benedikt XVI. hat entschieden, nach seinem Willen. Um seinen Beschluss mitzuteilen, lässt er am 27. Juni 2007 in Anwesenheit der Kardinäle Bertone und Castrillón Hoyos einige Kardinäle und Bischöfe der betroffenen Länder antreten: Ruini und Bagnasco (Italien), Ricard und Barbarin (Frankreich), Lehmann (Deutschland), Koch (Schweiz), Murphy-O'Connor (England), O'Malley und Burke (Vereinigte Staaten), Pell (Australien) und Toppo (Indien). Am 28. Juni 2007 empfängt er in Castelgandolfo den Generaloberen der Piusbrüder Fellay. Und am 7. Juli gibt er mit der Veröffentlichung eines Motu Proprio[9] den tridentinischen Ritus frei, der auf diese Weise mit der nachkonziliaren Liturgiereform auf dieselbe Stufe gestellt wird. Das Dokument *Summorum Pontificum* sanktioniert, dass der vorkonziliare und der nachkonziliare Ritus »zwei Anwendungsformen des einen Römischen

Ritus« sind. Das Messbuch Pauls VI. sei die ordentliche Form, der tridentinische Ritus – schamhaft als »das vom seligen Johannes XXIII. herausgegebene Römische Messbuch« bezeichnet – habe als dessen außerordentliche Ausdrucksform zu gelten. Damit entfallen alle Beschränkungen. In den Messen »ohne Volk«, an denen jedoch die Gläubigen spontan teilnehmen können, kann jeder Priester nach Belieben den alten Ritus wählen, und zwar an jedem Tag des Jahres. Er braucht dafür keine Erlaubnis, weder vom Bischof noch vom Apostolischen Stuhl, außer während des Triduum Sacrum, Karfreitag, Karsamstag und Ostersonntag. In Gemeinden mit einer festen Gruppe traditionalistischer Gläubiger soll der Pfarrer für eine Messe nach vorkonziliarem Ritus sorgen. Die Bischöfe verlieren ihr bisheriges Recht, hierzu die Erlaubnis zu erteilen oder ein Verbot auszusprechen. Wird der Bitte einer solchen Gruppe vom Pfarrer nicht stattgegeben, können sie sich an den Bischof wenden, der vom Papst »nachdrücklich ersucht wird, ihrem Wunsch zu entsprechen«. Wenn der Bischof »nicht dafür sorgen« kann, möge »die Sache der Päpstlichen Kommission Ecclesia Dei [im Vatikan] berichtet werden«.[10]

Dies ist genau das Gegenteil dessen, was Papst Johannes Paul II. wollte, der als Konzilsvater den Dokumenten des Zweiten Vatikanums zugestimmt hatte. Während seines Pontifikats bedurfte jede Messfeier nach dem alten Ritus einer Sondererlaubnis des örtlichen Bischofs, und in den Pfarrkirchen durfte die lateinische Messe überhaupt nicht (oder nur in Ausnahmefällen) gefeiert werden, wodurch unterstrichen wurde, dass es sich dabei lediglich um eine Sondererlaubnis für kleine Gruppen handelte.[11]

Derselbe Ratzinger, der in seinem Kommentar zur dritten Sitzung des Konzils die tridentinische Messe als »Archäologisierung der Liturgie« und als »fest verkrustetes Gebilde«

bezeichnet hatte,[12] stellt nun in *Summorum Pontificum* den verpflichtenden Charakter der Liturgiereform Pauls VI. insgesamt in Frage. Die Geistlichen können nun wieder das alte Brevier benutzen, die Bischöfe die Firmung nach dem alten Ritus spenden. Mit Erlaubnis des Pfarrers können Taufe, Eheschließung, Begräbnis und auch die Krankensalbung nach dem alten Ritus durchgeführt werden. Sogar bei der Beichte sind vorkonziliare Formeln wieder möglich. Wenn der Ortsbischof es für ratsam hält, können jetzt sogar sogenannte Personalpfarreien für traditionalistische Gläubige errichtet werden, die Gottesdienste »nach der älteren Form des Römischen Ritus« feiern wollen.[13]

»Heute ist für mich ein trauriger Tag … ich kann meine Tränen kaum zurückhalten«, äußert sich spontan Bischof Luca Brandolini, Mitglied der Liturgiekommission der Italienischen Bischofskonferenz. Seine Reaktion ist bezeichnend für die Bestürzung und die Bitterkeit vieler Bischöfe in der ganzen Welt. Und Brandolini hat eine klare Meinung: »Es wurde eine Reform zunichte gemacht, für die viele gearbeitet und große Opfer gebracht haben, beseelt allein von dem Wunsch, die Kirche zu erneuern.«[14]

Tatsächlich war zur Zeit des Zweiten Vatikanischen Konzils der Text über die Liturgie die einzige Vorlage der Kurie, die von der Vollversammlung nicht abgelehnt wurde. Es war die erste Beschlussvorlage, die in der Sitzung vom 4. Dezember 1963 fast einstimmig angenommen wurde: mit 2147 Ja- und nur vier Neinstimmen. »Ich werde dem Heiligen Vater gehorchen, weil ich Bischof bin und ihn gernhabe«, lenkt Brandolini ein.

Mehr oder weniger murrend fügt sich der gesamte Weltepiskopat offiziell dieser Linie des Gehorsams, versucht aber gleichzeitig stillschweigend, die verheerenden Auswirkungen der päpstlichen Verfügung so gut es geht zu bremsen.

Dennoch, ein harter Schlag. Allen ist klar, dass es nicht nur um die Messe in lateinischer Sprache geht. Auf dem Spiel stehen vielmehr die sinnstiftenden Grundwerte der Liturgiereform als Frucht des Zweiten Vatikanischen Konzils.

Darüber hinaus steht das Motu Proprio des Papstes auch in offenem Widerspruch zu einer Erklärung der Gottesdienstkongregation, die sechs Jahre vor Ratzingers Wahl veröffentlicht wurde. Darin heißt es, auch wenn Paul VI. das Messbuch Pius' V. nicht ausdrücklich abgeschafft habe, so sei er doch eindeutig gewillt, einen revidierten Text des Römischen Messbuchs herauszugeben, »der den bisher benutzten ersetzt«. Die Vorschrift der Gottesdienstkongregation ist klar: »Es ist festzustellen, dass das Missale Romanum aus der Zeit vor dem Zweiten Vatikanischen Konzil für sämtliche Kirchen, die dem Römischen Ritus angehören, nicht mehr als eine frei wählbare Alternative in Kraft ist.«[15]

Diese Kehrtwende, mit der Benedikt XVI. nicht nur der Position des Theologen und Glaubenspräfekten Ratzinger, sondern auch den Anweisungen Johannes Pauls II. widerspricht, nimmt den Traditionalisten die grundsätzliche Entscheidung eines Entweder-Oder ab: die Anerkennung des Messbuchs Pauls VI. (das Lefebvre und seine Gefolgsleute stets als Häresie gebrandmarkt und abgelehnt haben).

1976, als er sich bereits vom nachkonziliaren Reformismus verabschiedet hatte, schrieb der damalige Professor Joseph Ratzinger an den katholischen Rechtshistoriker Wolfgang Waldstein, es müsse allen Priestern die Erlaubnis erteilt werden, das alte Messbuch zu benutzen, vorausgesetzt, sie erkennen auch die Gültigkeit des neuen Messbuchs an.[16]

Als Johannes Paul II. 1984 die Feier der sogenannten Indultmessen nach tridentinischem Ritus erlaubte, war seine erste Bedingung: »Es soll eindeutig, auch öffentlich, feststehen, dass ein solcher Priester und solche Gläubige in keiner

Weise die Position derjenigen teilen, die die Rechtsverbindlichkeit und Rechtgläubigkeit des Missale Romanum, das Papst Paul VI. im Jahre 1970 promulgiert hat, in Zweifel ziehen.«[17]

Auch das Protokoll, das am 5. Mai 1988 von Ratzinger und Lefebvre unterzeichnet wurde (und von dem Lefebvre dann seine Unterschrift zurückzog) enthielt ausdrücklich die Bereitschaft, die Gültigkeit der von Paul VI. und Johannes Paul II. verkündeten Riten anzuerkennen, sowie die Verpflichtung, »jede Polemik zu vermeiden«.[18]

In dem nach der Exkommunikation Lefebvres und seiner vier Bischöfe veröffentlichten Apostolischen Schreiben bemühte sich Johannes Paul II. zwar, den traditionalistischen Gläubigen entgegenzukommen, um deren Bruch mit der Kirche zu verhindern, hielt aber an dieser grundsätzlichen Bedingung fest. Er versicherte, dass die Richtlinien zum Gebrauch des Römischen Messbuchs »weitherzig und großzügig angewandt« würden, betonte aber zugleich, dies möge gemäß den Klauseln des von Ratzinger und Lefebvre unterzeichneten Protokolls geschehen. In dem Dokument *Ecclesia Dei* mahnte Johannes Paul II., die Bande zwischen dem Konzil und der Tradition zu stärken und irrige Interpretationen sowie willkürliche und ungerechtfertigte Erweiterungen zurückzuweisen. Er unterstrich jedoch: »Alle müssen wissen, dass die formale Zustimmung zu dem Schisma eine schwere Beleidigung Gottes ist und die Exkommunikation mit sich bringt, wie es im Kirchenrecht festgesetzt ist.«[19]

Mit der Freigabe 2007 hob Benedikt XVI. alle Beschränkungen auf und gab den Traditionalisten freie Hand – es sollte nicht das einzige Mal bleiben. Am Tag der Veröffentlichung von *Summorum Pontificum* schickte der Papst einen Brief an die Bischöfe in aller Welt. Darin bestritt er, dass das Dokument die Autorität des Zweiten Vatikanums antaste.

Das »Messbuch von 1962« (der tridentinische Ritus in der Fassung Johannes' XXIII.) sei niemals abgeschafft worden, und zwischen dem alten Messbuch und dem Messbuch Pauls VI. gebe es »keinen Widerspruch«. Ja, es handle sich nicht einmal um zwei Riten: »Es handelt sich vielmehr um einen zweifachen Usus ein und desselben Ritus.«[20] Die Pflicht der Traditionalisten, die Gültigkeit der Konzilsreform anzuerkennen, wurde durch eine geschraubte Paraphrase ersetzt: »Selbstverständlich können die Priester, die den Gemeinschaften des alten Usus zugehören, die Zelebration nach den neuen liturgischen Büchern im Prinzip nicht ausschließen.«[21]

Benedikt XVI. ist sich des unterschwelligen Widerstands des Weltepiskopats durchaus bewusst. Nicht umsonst tadelt er zu Beginn seines Briefs die »nicht geringe Verwirrung«, die seines Erachtens durch Nachrichten und Beurteilungen ohne ausreichende Kenntnis gestiftet worden sei. Trotzdem räumt er die Existenz einer »harten Opposition« gegenüber seinem Vorhaben ein.[22]

Im Laufe der Jahre hat Ratzinger immer wieder betont, dass die Kirche seit jeher eine Vielfalt von Riten nebeneinander geduldet habe. Das stimmt, noch heute gibt es Sonderfälle wie den Ambrosianischen Ritus, den Ritus der Dominikaner und einige andere. Doch zu keinem Zeitpunkt nach dem Tridentinum hatte der Römische Ritus, der universelle Gültigkeit besitzt, zwei Versionen: eine alte und eine neue. In ihrem Grundansatz sind die beiden Riten nicht gleichwertig. Wenngleich Benedikt XVI. immer wieder das Heilige und das Mysterium des vorkonziliaren Ritus hervorhebt, so bleibt doch unbestritten, dass die Idee der Gemeinschaft und der Partizipation – die Essenz der konziliaren Liturgiereform – in der tridentinischen Messe weitgehend fehlen.

Dass die Gläubigen in der tridentinischen Messe auf die »Herde« reduziert werden, bestätigt sogar ein Buch des päpstlichen Sekretärs Georg Gänswein. In *Katholisch: Wissen aus erster Hand* heißt es im Kapitel über die Messe, mit dem Missale Romanum Pius' V. werde »die Teilnahme der Gläubigen nicht wiederentdeckt, sondern auf private Andacht beschränkt«.[23]

Als Kardinal Castrillón Hoyos am 14. September 2007 in der unteren Basilika des Heiligen Hauses von Loreto mit großem Pomp und zu den Klängen des »Te Deum« die tridentinische Messe feierte – ein Signal für den italienischen Katholizismus –, trat das Artifizielle dieser rein politischen Entscheidung der Kirchenspitze ganz klar zutage: ein zweistündiges Pontifikalhochamt nach dem langen, bis ins kleinste Detail ausgetüftelten Ritus; der Zelebrant mit purpurroten Handschuhen und in Pontifikalgewändern, umringt von acht Offizianten, unter denen neben Priestern und Diakonen auch ein Bischof war.

Es herrschte eine Atmosphäre wie in den fünfziger Jahren. In den Kirchenbänken verfolgten Männer in dunklen Anzügen und Frauen mit schwarzen oder weißen Spitzenschleiern das Geschehen. Ihre Blicke waren auf den Rücken der Zelebranten gerichtet, die in perfekt abgestimmter Choreographie agierten, Gebete murmelten, die Bibel küssten und herumtrugen – in unmittelbarem Gespräch mit Gott, Lichtjahre entfernt vom Volk, dem lediglich die Aufgabe zukam, ab und zu ein »Amen« und ein »Et cum spiritu tuo« zu sprechen. Mit leiser Stimme verkündeten die Priester in einem unverständlichen lateinischen Singsang einer Gemeinde das Evangelium, die sich vom Weihevollen des gregorianischen Gesangs fasziniert zeigte, aber rein gar nichts verstanden hätte, wenn nicht Broschüren mit der Übersetzung ins Italienische ausgelegen hätten.[24]

»Ich bin überzeugt, dass die Bischöfe überall in der Welt froh sind, den Gläubigen diesen heiligen Ritus zugänglich machen zu können. Es ist kein Rückschritt und keine Geringschätzung der Messe in italienischer Sprache. Der Papst ist ein Wohltäter«, rief der Kardinal vom Altar herunter. Dann knieten alle nieder, um die Kommunion zu empfangen. Der eine oder andere blieb aus alter Gewohnheit stehen, doch die Hand eines Priesters drückte ihn entschieden nach unten.[25]

Die nostalgische Sehnsucht einer Gruppe von Gläubigen – damals hieß es, die Piusbrüder hätten weltweit rund 150 000 Anhänger – und die Anziehungskraft des alten Ritus für bestimmte Kreise junger Menschen können nicht darüber hinwegtäuschen, dass Benedikt XVI. in einem Gewaltakt die vorkonziliare Messe der vom Konzil erarbeiteten Liturgie gleichstellte. Jeder Ritus besitzt eine große sinnstiftende Kraft. Nimmt man dem Geist der Gemeinschaftlichkeit, dem Kernstück der Messe Pauls VI., seine Autorität, so beraubt man die liturgische Wende des Zweiten Vatikanums nolens volens ihres Sinns.

Giovanni Miccoli, einer der renommiertesten Kirchenhistoriker Italiens, weist darauf hin, dass »für Lefebvre die neue Messe alles symbolisierte, was das Konzil seiner Ansicht nach falsch gemacht hatte«. Deshalb hatte er Paul VI. bei seinem Besuch in Castelgandolfo am 11. September 1976 auch angefleht: »Heiligkeit, bitte lassen Sie uns die Erfahrung der Tradition machen.« Einen Monat später erklärte ihm Paul VI. in einem 18-seitigen Brief in lateinischer Sprache, wenn er hier nachgebe, würde er Lefebvres Kritik am Konzil anerkennen und einräumen, dass das Konzil sich geirrt habe.[26] Gegenüber seinem engen Freund, dem Philosophen Jean Guitton, ließ Paul VI. seinem Unmut freien Lauf: »Für Ecône wird die sogenannte Pius-Messe zum Symbol ihrer Ablehnung des Konzils. Aber ich werde unter gar keinen Umständen zulassen, dass irgendjemand das Konzil mittels eines Symbols ablehnt. Durch eine solche Ausnahme würde man das gesamte Konzil und damit auch seine apostolische Autorität in Frage stellen.«

Die Sonderbehandlung der Piusbrüder sowie weitere Fehler des Papstes sollten in den folgenden Jahren mehrere Krisen auslösen. Für Miccoli wirkt das Pontifikat Benedikts XVI. wie eine »Rückkehr zur Vergangenheit«.[27] Auch Pater Thomas Reese, der ehemalige Chefredakteur der einflussreichen amerikanischen Jesuitenzeitschrift *America* (er wurde nach dem Amtsantritt Benedikts XVI. zum Rücktritt gedrängt), bezeichnet die Entscheidung des Papstes unumwunden als eine »Ohrfeige für den Episkopat«. Auch wenn nur wenige offen ihre Bedenken äußerten, so stimmten doch viele insgeheim Kardinal Martini zu, der umgehend ankündigte, er werde die Messe nicht nach dem alten Ritus feiern. Sie wecke in ihm »ein Gefühl der Verschlossenheit, wie generell die Art von christlichem Leben, das man damals führte«.[28]

Tatsächlich sind die Ausführungsbestimmungen des Apostolischen Schreibens *Summorum Pontificum* vom Episkopat der Weltkirche stillschweigend boykottiert worden. Die Bischöfe haben nur das unbedingt Notwendige getan, die Pfarrer haben alle möglichen Ausreden gefunden, um nicht die tridentinische Messe feiern zu müssen. Viele beherrschen nicht einmal mehr die lateinische Sprache. Ein militanter Traditionalist aus Versailles hat die Situation anschaulich zusammengefasst: »Da gibt es den Priester, der sagt, es sei ein Problem für die Einheit der Pfarrgemeinde. Den Kuraten, der zugibt, dass er gar nicht weiß, wie man die Messe feiert. Den Pfarrer, der sich damit entschuldigt, er habe am Sonntag schon zwei, drei Messen zu halten, mehr schaffe er nicht.«

In Italien, immerhin unter direkter Kontrolle des Heiligen Stuhls, haben zwei stellvertretende Vorsitzende der Bischofskonferenz, Bischof Renato Corti und Erzbischof Alessandro Plotti, eindeutig Position bezogen. In seiner Diözese Novara enthob Corti 2008 drei Priester ihres Amtes, die in ihren Pfarreien angefangen hatten, die Messe nur noch in lateinischer Sprache zu feiern, und die Messe in italienischer Sprache mit dem Argument ablehnten: »Wir sind doch keine Jukebox.«[29] In Pisa ließ Plotti sofort nach der Veröffentlichung von *Summorum Pontificum* eine Mitteilung verbreiten, in der er die Rolle des Bischofs als »Vermittler der Liturgie in seiner Diözese« bekräftigte. Niemand dürfe die Autorität des Konzils und der Liturgiereform in Zweifel ziehen. Sogar der Vorsitzende der Italienischen Bischofskonferenz, Kardinal Angelo Bagnasco, der sich hinter den Papst stellte, warnte davor, den alten Ritus nur wegen »seines ästhetischen Prunks« zu wählen, »losgelöst von der Gemeinschaft, ja sogar, um sich zu anderen in Opposition zu stellen«.

Ein Jahr nach der Freigabe der tridentinischen Messe sagte der Sekretär der Kommission Ecclesia Dei, Prälat Camille Perl, bei einer Tagung, leider habe »die Mehrheit der italienischen Bischöfe mit wenigen bewundernswerten Ausnahmen dem Motu Proprio Benedikts XVI. Steine in den Weg gelegt«. Vier Jahre nach ihrer Instruktion zur Ausführung des Apostolischen Schreibens sah sich die Kommission gezwungen, die Bischöfe erneut zu ermahnen, das Recht der Gläubigen auf den alten Ritus zu achten und die Pfarreien aufzufordern, sich diesen Gläubigen gegenüber »vom Geist großzügiger Gastfreundschaft« leiten zu lassen. Auch Gläubige anderer Pfarreien und Diözesen können vom Pfarrer die Messfeier nach dem alten Ritus verlangen, ebenso Priester, die nur gelegentlich dort Dienst tun. In der von Kardinal William Levada unterzeichneten Instruktion vom 13. Mai 2011 wird darauf hingewiesen, dass die Kommission das

Recht habe, »über die ihr rechtmäßig vorgelegten Rekurse gegen einzelne Verwaltungsakte von Ordinarien zu entscheiden, die dem Motu Proprio zu widersprechen scheinen«. Auch dieses Detail bedeutet einen Bruch: Ein Verwaltungsorgan der Kurie – und nichts anderes ist eine Kommission aus theologischer Sicht – kann über die Entscheidungen einer Diözese richten, an deren Spitze ein Bischof steht, den das Konzil als »Stellvertreter Christi« definiert hat.

Das Dokument zerreißt in liturgischer Hinsicht das letzte Band einer Zusammengehörigkeit in der katholischen Kirche: die vom Apostolischen Schreiben *Summorum Pontificum* vorgesehene Verpflichtung, Tod und Auferstehung Christi mit einem einzigen Ritus zu feiern, dem nachkonziliaren. Nun können die Traditionalisten die tridentinische Messe das ganze liturgische Jahr hindurch getrennt feiern, Ostern eingeschlossen. Dazu kommentieren die Gegner dieses neuen Kurses, Papst Benedikt XVI., ein Feind des Relativismus, autorisiere den Relativismus der Riten.

Unterdessen hatte sich herausgestellt, dass nur noch wenige Priester die lateinische Sprache wirklich beherrschten. Das Dokument der Kommission Ecclesia Dei forderte daher die Bischöfe auf, »für eine geeignete Ausbildung der zukünftigen Priester durch das Studium der lateinischen Sprache in den Seminaren zu sorgen«. Ein Appell, dessen Umsetzung eher unwahrscheinlich ist. Bei Bedarf, so der Vorschlag, könne man Priester aus den traditionalistischen Gruppen anfordern, die sich mit Erlaubnis des Vatikans konstituiert haben. Ein schwerfälliges System, und alles nur, um eine kleine Parallelkirche am Leben zu erhalten, die sich in die Zeit vor dem Konzil zurücksehnt.

Doch abgesehen von dem Versuch, das Schisma der Piusbrüder zu überwinden, bildet das Apostolische Schreiben *Summorum Pontificum* den Höhepunkt einer langen Polemik Ratzingers gegen die Liturgiereform des Konzils und deren Umsetzung. Schon in seinem Gespräch mit Vittorio Messori, das in *Zur Lage des Glaubens* von 1985 dokumentiert ist, hatte Ratzinger betont, man müsse mit Entschiedenheit »rationalistischer Verflachung, geschwätzigem Zerreden und pastoraler Infantilität entgegentreten, die die Liturgie zum Gemeindekränzchen degradiert und sie auf *Bild*-Zeitungs-Verständlichkeit herunterschrauben will«. Eine bestimmte Art nachkonziliarer Liturgie mache frösteln aufgrund der »Langeweile, die sie mit ihrer Lust zum Banalen wie mit ihrer künstlerischen Anspruchslosigkeit auslöst«.[30] Der Ritus sei zur Show verkommen.

In seinen Augen hat das Verbot der tridentinischen Messe nach der Reform von 1970 »einen Bruch in die Liturgiegeschichte getragen, dessen Folgen nur tragisch sein konnten«.[31] Ein Dorn im Auge ist ihm vor allem, dass Zelebrant und Altar den Gläubigen zugewandt sein sollen. »Zwei Dinge«, schrieb Ratzinger kurz vor seiner Wahl zum Papst, »erscheinen für den normalen Kirchenbesucher als die greifbarsten Ergebnisse der Liturgiereform des Zweiten Vatikanischen Konzils: das Verschwinden der lateinischen Sprache und die Wendung der Altäre zum Volk hin. Wer die entsprechenden Texte kennt, stellt verwundert fest, dass in den Konzilsdekreten nichts von alledem vorgesehen ist.«[32]

Es stimmt, 1970 wurde das neue, aus der Reform hervorgegangene Messbuch Pauls VI. eingeführt und von der überwältigenden Mehrheit der Katholiken als »Zeichen der Zeit« begeistert aufgenommen. Und da es die Messe als Feier der Gemeinschaft der Gläubigen in den Mittelpunkt stellt – eine Feier, bei der Zelebrant und Gläubige, symbolisch um den Tisch des Letzten Abendmahls versammelt, einander zugewandt sind –, setzte es sich sehr schnell durch.

Als Paul VI. am 7. März 1965, dem ersten Fastensonntag,

die liturgischen Gewänder anlegte, um zum ersten Mal eine Messe in italienischer Sprache zu feiern, wählte er dafür bewusst einen symbolischen Ort. Er feierte die Messe nicht im Petersdom, sondern in der Kirche Ognissanti an der Via Appia Nuova. »Der heutige Sonntag«, sagte er in seiner Predigt, »ist ein denkwürdiger Tag in der Geschichte der Kirche, denn heute wurde die Volkssprache offiziell in den liturgischen Kult eingeführt.« Die Kirche, fuhr er fort, »hat jahrhundertealte Traditionen geopfert, um alle zu erreichen«.

Mehr als drei Jahrzehnte lang haben Paul VI. und Johannes Paul II. in ihren Gottesdiensten den neuen Ritus bekräftigt. Benedikts Kritik, auch wenn sie kleine Gruppen von Spezialisten oder Nostalgikern begeistert, erscheint der Mehrheit der Gläubigen auf den fünf Kontinenten zunehmend unverständlich. Die Improvisationen bei der Feier der Liturgie, wie man sie in den Jahren nach dem Konzil oft erleben konnte, haben sich im Allgemeinen in geordnete und anständige Formen gefügt. Für den neuen Ritus spricht eine sehr viel bewusstere Teilnahme der Gläubigen am Gottesdienst, wie sie noch in den fünfziger Jahren undenkbar gewesen wäre.

Die Klagen darüber, dass der Sinn für das Heilige und das Mysterium verlorengehe, die Polemiken gegen den »Geltungsdrang« des Zelebranten, die Klage über den Wegfall des Lateinischen (das längst auch von der Bischofssynode als Sprache der Arbeitsgruppen aufgegeben wurde) und die hinter vorgehaltener Hand geäußerte Forderung nach einer Revision der Reform – all dies bildet nach wie vor das Hintergrundrauschen dieses Pontifikats. Es ist laut genug, um die Unzufriedenheit des Papstes spürbar werden zu lassen, bleibt aber letztlich ohne praktische Folgen.

Von Kardinal Ranjith aus Sri Lanka, den Benedikt XVI. als Sekretär der Gottesdienstkongregation (2005–2009) in den Vatikan holte, stammt eine Äußerung, die Ratzinger sicher sehr gefallen hat: Der Priester, sagte er, müsse sich in dem Moment zur Apsis umdrehen und den Gläubigen den Rücken zukehren, wenn die »Gaben dem Herrn dargebracht werden: von diesem Augenblick an bis zum Ende des Eucharistischen Hochgebets, dem Kulminationspunkt der *transsubstantiatio* und der *communio*«.[33] Ratzinger wiederholt unablässig, wie grundfalsch die Behauptung sei, der Zelebrant drehe den Gläubigen den Rücken zu. Vielmehr blickten Priester und Gläubige in dieselbe Richtung, nach Osten, wo Christus auferstanden ist. Ranjith zufolge wäre es angebracht, dass auch bei internationalen Begegnungen die Messe in lateinischer Sprache gefeiert wird, abgesehen von den Lesungen, der Predigt und den Fürbitten der Gläubigen.

Kurz vor seiner Wahl zum Papst hatte Ratzinger seine tatsächlichen Präferenzen bekundet, als er das Vorwort zum Buch des in England lebenden deutschen Priesters Uwe Michael Lang schrieb. Lang ist überzeugt, das derzeitige Klima in der Kirche sei günstig für die Wiedereinführung der heiligen Gebetsrichtung der Christenheit. Auch Lang befürwortet eine Reform der Reform. »Priester und Gläubige stehen einander bei der Eröffnung, dem Wortgottesdienst, dem Kommunionteil und der Entlassung gegenüber.« Bei der Eucharistiefeier dagegen richtet sich die Versammlung »zur Gebetsrichtung«, das heißt, alle – Priester und Gläubige – blicken nach Osten.

Unterdessen hat die Gottesdienstkongregation erklärt: »Nur während der Dialoge am Altar spricht der Priester zum Volk. Alles andere ist Gebet zum Vater durch Christus im Heiligen Geist. Diese Theologie muss sichtbar sein.« Kurz gesagt, der Priester möge dem Volk den Rücken zukehren.[34]

Lang wurde schließlich in die Kongregation für den Gottesdienst berufen. Nur wenige Monate, nachdem Joseph Ratzinger den Papstthron bestiegen hatte, wurde ein glühender Befürworter der Liturgiereform, Bischof Domenico Sorrentino, aus diesem Gremium entfernt. Den Sekretär der Kongregation schickte man quasi ins Exil: an die Spitze der Diözese Assisi.

Dennoch hat die Idee einer Revision der Liturgiereform weder intern an Boden gewonnen, noch hat Benedikt XVI. sie ins Spiel gebracht. Der Papst beschränkt sich darauf, kleine Signale auszusenden. Bei der Fronleichnamsprozession in Rom 2008 und erneut beim Weltjugendtag in Sydney bestand er darauf, dass die Gläubigen beim Empfang der Kommunion vor ihm niederknieten. Er legte ihnen die Hostie nicht in die Hand, sondern gab sie ihnen in den Mund. Am Altar achtet Benedikt stets darauf, dass das Kreuz in der Mitte ist, um zu verdeutlichen, dass im Zentrum des Gottesdienstes nicht der Zelebrant, sondern Christus steht.

Da er nicht so kann, wie er vielleicht möchte, beschränkt sich Ratzinger auf Detailmaßnahmen, die den Beigeschmack des Antiquierten haben. Im Oktober 2007 ernannte er den ihm kirchenpolitisch nahestehenden Prälaten Guido Marini zum neuen Zeremonienmeister. Benedikt XVI. hatte zwar den Mut, die dreifache Krone als Symbol der Macht im päpstlichen Wappen durch die einfache Bischofsmitra zu ersetzen, doch dann begann er, sich bei feierlichen Anlässen mit der wuchtigen vergoldeten Mitra Pius' IX. zu schmücken. Die schlichte weiße Soutane, die Johannes Paul II. als Zeichen des Pontifikats im globalen Zeitalter getragen hatte, wird jetzt ergänzt durch die traditionelle rote Pelerine, manchmal mit Hermelinbesatz.

Es ist nicht immer leicht, die Logik gewisser Veränderungen zu durchschauen. So wurde beispielsweise das Pastoralkreuz Pauls VI. mit dem stilisierten gemarterten Christus, das Wojtyła auf allen fünf Kontinenten als Ikone des Papsttums bekannt machte, in die päpstliche Sakristei verbannt und durch ein massives Stabkreuz ersetzt, ein Vortragekreuz, gleichfalls ein Erbe jenes Pius IX., der sich für unfehlbar erklärte. Dem neuen Zeremonienmeister Guido Marini zufolge entspricht das Kreuz ohne den Gekreuzigten »einer der Form des päpstlichen Pastoralkreuzes römischer Tradition«. Mit Sicherheit ist es prunkvoller und bezeugt nicht unmittelbar das Leiden Christi.

Benedikt XVI. trägt jetzt ein neues, größeres Pallium, das auf Formen aus der Zeit vor Johannes Paul II. zurückgreift. Außerdem benutzt er wieder häufiger das »Wir«. Bei feierlichen Zeremonien stellt er sogar wieder den hohen Papstthron aus alten Zeiten zur Schau. Er diene dazu, die liturgische Vorrangstellung des Papstes als »Nachfolger Petri und Stellvertreter Christi« zu betonen, heißt es. Der Rückgriff auf liturgische Requisiten der Vergangenheit wird mit der Notwendigkeit begründet, den heutigen Menschen das »wahre Wesen der Liturgie« zu vermitteln.[35] Erneut ist ein gewisser Pomp zu beobachten. »Der Papst trägt nicht Prada, sondern Christus«, konstatierte der *Osservatore Romano*.

Am Sonntag, dem 13. Januar 2008, nahm Ratzinger Revanche in der Sixtinischen Kapelle, dem Herzstück des päpstlichen symbolischen Kosmos. Er ließ den nachkonziliaren Altar entfernen, der nach der Reform Pauls VI. aufgestellt worden war, und erfüllte sich drei Jahre nach seiner Wahl seinen alten Traum, die Messe nach dem alten Ritus zu feiern. Im Moment der Konsekration hob er Hostie und Kelch feierlich empor zum Kreuz auf dem alten Marmoraltar direkt an der Wand, mit dem Rücken zur Gemeinde.

Die Arme erhoben, zeigte er sich als Hirte, der die Herde zu Christus führt. Dann geschah das Unerwartete. Als sich der Gottesdienst dem Ende näherte, rutschte ihm der Fischerring vom Finger. Das Symbol der höchsten päpstlichen Macht rollte langsam zu Füßen des Altars.

KAPITEL VI

Der Zorn der Rabbiner

Joseph Ratzingers erster Gedanke auf dem Stuhl Petri richtet sich an die jüdischen Brüder. Ihnen gilt seine erste Botschaft unmittelbar nach dem Konklave. Am Mittwoch, dem 20. April 2005, landet ein Fax auf dem Schreibtisch des Oberrabbiners von Rom, Riccardo Di Segni. Es beginnt mit einem Bibelzitat, das die Jünger Jesu mit den Söhnen Israels zusammenführt: »Der Herr segne und behüte uns. Der Herr lasse sein Angesicht über uns leuchten.« Der Brief enthält ein Versprechen: »Die Kardinäle der Heiligen Römischen Kirche«, schreibt Ratzinger, »haben mich zum Bischof von Rom und zum Oberhirten der katholischen Kirche gewählt ... Ich vertraue auf den Beistand des Höchsten, um den Dialog fortzusetzen und die Zusammenarbeit mit den Söhnen und Töchtern des jüdischen Volkes zu verstärken.«

Eine spontane Geste, die den Oberrabbiner beeindruckt. »Ein ungewöhnlicher Vorgang in der Geschichte unserer Beziehungen ... ein starkes Signal, ein guter Anfang einer guten Zeit«, kommentiert Di Segni, der für den sterbenden Johannes Paul II. auf dem Petersplatz gebetet hat und mit dem Präfekten der Glaubenskongregation seit langem einen guten Kontakt pflegt. Drei Jahre zuvor hatten sich auf Vermittlung von Andrea Riccardi, dem Leiter der Gemeinschaft Sant'Egidio, der Oberrabbiner und der damalige Präfekt der Glaubenskongregation zum Abendessen getroffen. Es war eine dreistündige Unterredung. »Wir haben lange über schwierige Themen des jüdisch-christlichen Dialogs gesprochen, über die heikelsten theologischen Probleme«, erinnert sich Di Segni. Eine Begegnung mit dem Ziel, »trotz unserer unterschiedlichen Denkweise eine Möglichkeit des Miteinanders zu finden«.[1]

Wer Ratzinger kennt, wundert sich nicht. Der jetzige Papst hat schon immer das unzerstörbare Band zwischen Judentum und Christentum betont. Während der Messe zu Beginn seines Pontifikats wandte er sich an die »Brüder aus dem jüdischen Volk, mit dem wir durch ein großes gemeinsames geistiges Erbe verbunden sind«. In seinen Schriften und Reden betont er, das Judentum sei für die Christen nicht eine andere Religion, sondern das Fundament ihres eigenen Glaubens. Von ihm stammt auch die Definition der Juden als »Väter im Glauben« für die Christen.

Eine hinreißende und höchst überzeugende Rede hielt Kardinal Ratzinger 1994 bei einem internationalen Symposium in Jerusalem – ein kühner Exkurs über das Opfer Christi als Erfüllung der messianischen Verheißung, ergänzt durch ein persönliches Bekenntnis: Ihm sei »schon als Kind … immer unbegreiflich gewesen, wie manche aus dem Tod Jesu eine Verurteilung der Juden ableiten wollten«, da ihm ein Begriff zutiefst tröstend »in die Seele gedrungen war: Jesu Blut erhebt keine Vergeltungsforderungen, sondern ruft alle in die Versöhnung.«[2]

Der Aufbau dieser Rede lässt keinen Raum für ein oberflächliches »Lasst uns gute Freunde sein«. Das ist ein Grundzug seiner Persönlichkeit, den alle Gesprächspartner anerkennen. Ratzinger beginnt seine Rede mit Auschwitz, mit der »Geschichte des Verhältnisses von Israel und der Christenheit«, die »von Blut und Tränen getränkt ist«, um dann die theologischen Motive des Bandes zwischen Judentum und Christentum auszuloten. Es könne, sagte er, keinen Zugang zu Jesus geben, ohne die Verheißung Gottes in der Heiligen Schrift anzuerkennen, die die Christen Altes Testament nennen. Jesus und die Heilige Schrift Israels seien nicht voneinander zu trennen. Die Geschichte Israels sei dazu bestimmt, die Geschichte aller zu werden, da das Versprechen Gottes an Abraham eine universelle Dimension habe. Jesus sei der Spross aus dem Stamme Juda, »der Israel und die Völker im Königtum Gottes« vereine.

Es lohnt sich, die Kernpunkte von Ratzingers Überlegungen genauer zu betrachten. Er unterschlägt nicht die Unterschiede und Gegensätze zwischen den beiden Religionen, sondern verweist auf den Rahmen, in dem sie stehen. Er weist die Sicht Jesu als eines »Liberalen« oder eines politischen Kämpfers zurück, der einer verknöcherten traditionalistischen jüdischen Priesterhierarchie gegenübergestanden habe. Ratzinger betont ausdrücklich den Konflikt, der sich mit dem Kommen Christi auftue. Der Glaube Israels, erklärt er, war auf Universalität hin ausgerichtet, weil er auf den einen Gott aller Menschen hin ausgerichtet war. Aber »das Gesetz, in dem er sich ausdrückte, war partikulär, ganz konkret auf Israel und seine Geschichte bezogen; es konnte in dieser Form nicht universalisiert werden«.

Hier liege der Kern dessen, was Juden und Christen voneinander trennt. »Im Schnittpunkt dieser Paradoxie steht Jesus von Nazareth, der selbst als Jude ganz im Gesetz Israels lebte, aber sich zugleich als Mittler der Universalität von Gott her wusste.« Daraus ergebe sich, dass es in dem Streit zwischen Jesus und den jüdischen Behörden seiner Zeit nicht um diese oder jene einzelne Gesetzesvorschrift ging, »sondern um den Anspruch Jesu, *ex auctoritate divina* zu handeln, ja, diese *auctoritas* selbst zu sein. ›Ich und der Vater sind eins.‹«[3]

Für Ratzinger endet dieser Gehorsamskonflikt am Kreuz. Die Kreuzigung ist für ihn eine Fortsetzung des Opfers Abrahams. Die Bereitschaft des Patriarchen, seinen Sohn Isaak zu opfern, machte ihn zum »Vater zahlreicher Nachkommen, zum Segen für alle Völker der Erde«.[4] »Am Kreuz«, so Ratzinger, »öffnet und erfüllt Jesus nach christlichem Glauben die Ganzheit des Gesetzes und übergibt es so den Heiden«, die damit zu Kindern Abrahams werden.

Auf dieser theologischen Reflexionsebene ist es unsinnig, von einer Schuld der Juden am Tod Christi zu sprechen, eine Vorstellung, die mit der Konzilserklärung *Nostra Aetate* von 1965 definitiv zurückgewiesen wurde. Bekräftigt wird damit auch die Feststellung des Römischen Katechismus von 1566: »Alle Sünder sind schuld am Leiden Christi.« Anders als das Blut Abels, das Blut aller getöteten Gerechten, rufe das Blut Christi nicht nach Bestrafung, sondern schaffe Versöhnung.

Für Kardinal Ratzinger ergibt sich daraus, dass Juden und Christen einander in tiefer Versöhnung annehmen sollten, »nicht unter Absehung von ihrem Glauben oder gar unter dessen Verleugnung«, sondern aus der Tiefe ihres Glaubens heraus. Bei dem Symposium in Jerusalem erhielt er tosenden Applaus, als er zu der Schlussfolgerung kam: »Durch ihr Zeugnis von dem einen Gott, der nicht anders als durch die Einheit von Gottes- und Nächstenliebe angebetet werden will, sollten sie diesem Gott die Tür in die Welt hinein auftun, damit sein Wille geschehe und es so auf Erden ›wie im Himmel‹ werden könne: ›Damit Sein Reich komme.‹«[5]

Trotz dieser Worte entsteht ein Riss bei der Reise Benedikts XVI. nach Polen im Mai 2006. In der ersten Fassung seiner Ansprache, die er in Auschwitz halten will, vergisst der Papst, die Shoah zu erwähnen. Er spricht lediglich vom Holocaust, der im allgemeinen Sprachgebrauch als abscheulicher Massenmord verstanden wird und Ausdruck der Solidarität angesichts des Grauens ist, das die Juden im Nationalsozialismus erlitten haben. Für einige jüdische Gruppen bedeutet es jedoch etwas anderes, und diesen sprachlichen Nuancierungen muss Rechnung getragen werden. Holocaust verweist auf ein religiöses Opfer, und als ein solches Opfer möchten sie sich keinesfalls sehen. Der Begriff Shoah dagegen bedeutet »Katastrophe«, »Zerstörung« und betont damit die Brutalität und Unentschuldbarkeit des nationalsozialistischen Völkermords.

Shoah ist also ein Begriff, der nicht unterschlagen werden darf. Dass niemand im Vatikan Papst Benedikt auf dieses Versäumnis hinweist, als er seine Rede schreibt, zeigt, wie groß die Desorganisation im Staatssekretariat ist und wie sehr sich im Apostolischen Palast eine unkritische Atmosphäre breitgemacht hat: Der Theologe auf dem Stuhl Petri wird als oberste Autorität betrachtet, die nicht gestört werden und der Ratschläge zu erteilen man nicht wagen darf.

Der Fauxpas wird im letzten Moment von Navarro-Valls verhindert, damals noch der Pressesprecher des Papstes. Im Lager Auschwitz-Birkenau fügt Benedikt XVI. in letzter Minute zwei Erwähnungen der Shoah ein. Als »Kind des deutschen Volkes« erkennt Ratzinger eine besondere Verpflichtung im Hinblick auf dieses Konzentrationslager, das einen so hohen Symbolwert besitzt. Diese Pilgerreise, gesteht er, sei für ihn besonders schwer und bedrückend. »Ich musste kommen. Es war und ist eine Pflicht der Wahrheit, dem Recht derer gegenüber, die gelitten haben, eine Pflicht vor Gott.«

Tief in sich gekehrt, mit einen Anflug von Fassungslosigkeit, durchschreitet Ratzinger an einem bewölkten Nachmittag das Tor mit dem zynischen Schriftzug *Arbeit macht frei*. Er verharrt im Gebet vor der Todesmauer und verneigt sich tief vor den Schatten all derer, die hier gelitten haben. An einem solchen Ort, so Benedikt, versagen die Worte, könne eigentlich nur erschüttertes Schweigen stehen, »Schweigen, das ein inwendiges Schreien zu Gott ist: ›Warum hast du geschwiegen? Warum konntest du dies alles dulden?‹«

Es ist ein bewegender Besuch. Benedikt XVI. erbittet die Gnade der Versöhnung und preist das Volk Israel, dessen Dasein allein den Gott bezeuge, der zum Menschen gesprochen hat und ihn begleitet. Er erinnert an die sechs Millionen Polen, die während der NS-Besatzung ums Leben kamen, und – mit Verweis auf den Hass, dem viele Menschen heute ausgesetzt sind – an das Schicksal der Sinti und Roma, die die Nationalsozialisten als »unnütze Elemente der Weltgeschichte« auslöschen wollten. Schließlich spricht der Papst auch von Edith Stein – Jüdin und Deutsche, Christin und Jüdin – als einer Vertreterin all jener in Deutschland, die »sich der Macht des Bösen nicht gebeugt haben und so als Lichter in einer dunklen Nacht vor uns stehen«.

An jenem 28. Mai 2006 scheint die Natur Anteil zu nehmen an der Reise des deutschen Papstes in diesen schwarzen Abgrund der Geschichte, das mit dem Schicksal seines Volkes unauflöslich verknüpft ist. Es ist ein regnerischer Tag. Benedikt XVI. rezitiert einen Psalm Israels und spricht zum Ausklang die Worte der Antigone des Sophokles: »Nicht mitzuhassen, mitzulieben bin ich da.« Kaum hat er den Krematorien den Rücken gekehrt, erscheint ein Regenbogen am Himmel.

Und doch gibt es in seiner Rede einen Misston, es tut sich ein Riss auf im Verhältnis des neuen Papstes zur jüdischen und auch zur nichtjüdischen Öffentlichkeit. Eine Verbrecherbande, sagt der Papst, habe das deutsche Volk missbraucht. »Eine Schar von Verbrechern« habe über das deutsche Volk »mit lügnerischen Versprechungen, mit der Verheißung der Größe, des Wiedererstehens der Ehre der Nation und ihrer

Bedeutung, mit der Verheißung des Wohlergehens und auch mit Terror und Einschüchterung Macht gewonnen.«

Es ist das Bild, das jahrzehntelang von konservativen Kreisen in Deutschland verbreitet wurde. Demnach habe sich der Aufstieg des Nationalsozialismus als ein dem deutschen Volk zutiefst fremdes Geschehen vollzogen. Das nationalsozialistische Regime sei dem deutschen Volk und damit auch einer katholischen Kirche aufgezwungen worden, die schon seit jeher gegen das Neuheidentum Hitlers und seiner Gefolgsleute gewesen sei, auch wenn sie oft nur still gelitten habe. Das NS-Regime, so Ratzinger in Auschwitz, wo das Dritte Reich seine teuflische Fratze zeigte, habe sich mit Lügen und Terror durchgesetzt, »so dass unser Volk zum Instrument ihrer Wut des Zerstörens und des Herrschens gebraucht und missbraucht werden konnte«.

Ausgeblendet bleiben in Ratzingers Ausführungen die historischen Ereignisse, die Hitler an die Macht brachten. Ausgeblendet bleiben die vielfältigen Quellen, aus denen sich der Konsens zum Nationalsozialismus speiste. Ausgeblendet bleibt der grundlegende Antisemitismus einer breiten Strömung innerhalb der katholischen Bevölkerung, der aus einem im Klerus weitverbreiteten Antijudaismus hervorging. Ausgeblendet bleibt aber auch die Politik des Heiligen Stuhls. Mit Blick auf ein Konkordat mit dem Dritten Reich zwang der Vatikan den katholischen Abgeordneten das Votum für das Ermächtigungsgesetz auf, mit dem sich das Parlament am 23. März 1933 selbst abschaffte und die Diktatur die Macht ergriff.

Es ist eine historische Tatsache, dass das Ermächtigungsgesetz, das einer Zweidrittelmehrheit des Parlaments bedurfte, mit den entscheidenden Stimmen der Abgeordneten der katholischen Zentrumspartei verabschiedet wurde. Der Heilige Stuhl hatte sie ausdrücklich aufgefordert, dafür zu stimmen. Vier Monate später unterzeichneten Kardinalstaatssekretär Eugenio Pacelli (der spätere Papst Pius XII.) und Vizekanzler Franz von Papen das Reichskonkordat, das Hitler anschließend nach Belieben verletzte. Die unmittelbare politische Folge des Vertrags war die Auflösung der katholischen Zentrumspartei. Gleichzeitig wurden die deutschen Bischöfe gezwungen, ihre früheren Verurteilungen des Nationalsozialismus zurückzunehmen und ihr Verbot des Beitritts der Katholiken zur NSDAP zu widerrufen.

In der Zeitspanne zwischen dem Ermächtigungsgesetz und der Unterzeichnung des Konkordats schrieb Edith Stein einen prophetischen Brief an Pius XI. Die Judenverfolgung hatte bereits begonnen. Am 1. April 1933 kam es zum »Judenboykott«, zum Boykott jüdischer Geschäfte und Unternehmen. Am 7. April wurde der »Arierparagraph« erlassen, mit dem die Juden aus der staatlichen Verwaltung entfernt wurden. Am 12. April richtet die zum Katholizismus konvertierte und Karmelitenschwester gewordene jüdische Philosophin an Pius XI. einen Brief als »ein Kind des jüdischen Volkes, das durch Gottes Gnade seit elf Jahren ein Kind der katholischen Kirche ist«. Sie möchte Alarm schlagen und aufmerksam machen auf das, was in Deutschland geschieht, seitdem »Hitler die Regierungsgewalt in seine Hände gebracht« hat. Sie beklagt die »Taten, die jeder Gerechtigkeit und Menschlichkeit Hohn sprechen ... den Judenhass ... die Knebelung der öffentlichen Meinung ... die Vergötzung der Rasse und der Staatsgewalt«, wodurch viele Juden aus Verzweiflung in den Selbstmord getrieben worden seien. Alles Machenschaften einer Regierung, unterstreicht Edith Stein, die sich »christlich« nennt.[6]

Der Appell der Philosophin, die am 9. August 1942 in Auschwitz starb und 1998 von Johannes Paul II. heiliggesprochen wurde, klang verzweifelt. »Seit Wochen warten und hoffen nicht nur die Juden, sondern Tausende treuer Katholiken in Deutschland – und ich denke, in der ganzen Welt – darauf, dass die Kirche Christi ihre Stimme erhebe, um diesem Missbrauch des Namens Christi Einhalt zu tun.« Als Antwort erhielt sie ein bürokratisches Schreiben, in dem ihr und ihren Angehörigen der übliche Segen des Papstes übermittelt wurde.

Bei dem großen antijüdischen Pogrom in der Nacht vom 9. auf den 10. November 1938, das als »Reichskristallnacht« in die Geschichte einging – offiziell wurden 91 Menschen getötet, die tatsächliche Opferzahl beträgt jedoch schätzungsweise mehrere Hundert, 267 Synagogen wurden niedergebrannt, 7500 jüdische Geschäfte zerstört, 30 000 Juden in die Konzentrationslager Dachau, Sachsenhausen und Buchenwald deportiert –, schwieg der Heilige Stuhl und verurteilte den nationalsozialistischen Terror nicht.

Das verzerrte Geschichtsbild, welches das Oberhaupt der katholischen Kirche in Auschwitz zeichnet, lässt die Öffentlichkeit aufhorchen. Aber es ist kein Ausrutscher. Die Spuren dieser Betrachtungsweise reichen weit in die Vergangenheit zurück. Der Ratzinger-Biograph John Allen schrieb, in den Lebenserinnerungen des Kardinals blieben Krieg und Nationalsozialismus irgendwie ausgeklammert. Ratzinger sagt zwar, sein Vater sei ein klarer Nazigegner gewesen, doch das Schicksal der jüdischen Bewohner der 12 000-Einwohner-Stadt Traunstein, wo Ratzinger aufwuchs, findet in seinen Erinnerungen keine Erwähnung.[7]

Allerdings tauchte 1933 auch auf dem Marktplatz von Traunstein das Schild mit der Aufforderung *Kauft nicht bei Juden* auf. Nach der »Reichskristallnacht« mussten die jüdischen Familien fliehen, ihre Häuser wurden öffentlich versteigert. Am 12. November 1938 erklärten die örtlichen Behörden den Ort für »judenfrei«. In den letzten Kriegstagen, am 3. Mai 1945, wurden während eines Todesmarsches aus den Konzentrationslagern Buchenwald und Flossenbürg 62 Kriegsgefangene von SS-Wachleuten ermordet, um zu verhindern, dass sie von den anrückenden amerikanischen Truppen befreit wurden. Der Einzige, der sich retten konnte, indem er sich tot stellte, war der 25-jährige Pole Leo Neumann. Das Massaker fand in einem Wald des Ortsteils Hufschlag statt, wo die Familie Ratzinger wohnte.

Man gewinne den Eindruck, schreibt John Allen, das Dritte Reich habe für Joseph Ratzinger »nur noch als Lehrbeispiel für Kirche und Kultur Bedeutung«.[8] In den Erinnerungen des Kardinals hat der Nationalsozialismus mit dem deutschen Katholizismus nichts zu tun, er ist etwas Bösartiges, zutiefst Fremdes, ja Feindseliges. Die Frage der Mitverantwortung stellt er erst gar nicht.

Doch die deutsche Geschichte ist sehr viel komplexer. Trotz so entschiedener Nazigegner wie Kardinal Michael von Faulhaber und Clemens August von Galen, den Bischof von Münster, lässt sich das Phänomen des christlichen Antijudaismus nicht leugnen. Er mündete in Deutschland wie auch in anderen Staaten Europas im 19. und 20. Jahrhundert in einen vehementen Antisemitismus, der auch im Klerus weitverbreitet war. Im katholischen Lager wird sogar zwischen einem »gesunden« und einem »materialistischen und antichristlichen«,[9] radikal gewalttätigen Antisemitismus unterschieden. Wie die Untersuchungen des Historikers Giovanni Miccoli zeigen, spielte dabei auch die von den Jesuiten herausgegebene und unmittelbar im Dienst des Heiligen Stuhls stehende Zeitschrift *La Civiltà Cattolica* eine unselige Rolle.

Beispielhaft für die Haltung eines Teils der Kirchenführung bleibt die Äußerung des Primas von Polen, August Hlond. Am 29. Februar 1936 schrieb er in einem Hirtenbrief, das Judenproblem werde fortbestehen, solange es Juden gebe. »Sie bilden die Vorhut für den Atheismus und jene bolschewistische Bewegung, die für die Revolutionen in unserer Welt verantwortlich zeichnet.«[10] Im Vatikan ist die Seligsprechung Hlonds im Gange.

1923 konnte in Deutschland der Priester Philipp Haeuser (der von den deutschen Bischöfen erst viel später verstoßen wurde) schreiben: »Der Jude hat durch seine Schlauheit, seine Rücksichtslosigkeit, seine – geradezu vorbildliche – Konsequenz und Ausdauer fast alle Nationen und Regierungen sich zum sklavischen Gehorsam verpflichtet.« Sein Buch *Jud und Christ*, in dem er behauptet, Jesus habe die Juden abgelehnt, enthält die klassische Formel bestimmter kirchlicher Kreise: Bekämpfen wir die Juden, nicht um sie zu vernichten, sondern um sie im Zeichen des Kreuzes zu unterwerfen. Das Buch erhält die Druckerlaubnis der Diözese Regensburg.[11]

Im Konzentrationslager Auschwitz erhebt Benedikt XVI. seinen dramatischen Klageruf über das Schweigen Gottes. Vom Schweigen der Menschen und seiner Landsleute spricht er nicht. Und er lässt auch den unseligen Antisemitismus unerwähnt. Das Nichtgesagte weckt Irritationen in jüdischen Kreisen, Unbehagen unter den Katholiken und kritische Fragen in der Weltöffentlichkeit. Es entsteht der Eindruck einer Art Rückzug, um die Deutschen und in gewissem Umfang auch die Kirche von ihrer Verantwortung zu entbinden. Ohne eine klare Verurteilung des Schweigens und der Mittäterschaft, die den Aufstieg des Nationalsozialismus ermöglicht haben, sieht es so aus, als wolle man im Aufschrei über das Schweigen Gottes die Shoah mit den anderen Katastrophen des 20. Jahrhunderts in einen Topf werfen – eines Jahrhunderts, das durch Gottesferne und antichristliche Bewegungen gekennzeichnet ist.

In Auschwitz, dem Inbegriff des nationalsozialistischen Konzentrationslagers, manifestiert sich erneut die Kluft zwischen dem inspirierten Prediger Benedikt XVI. und seiner ungenügenden Berücksichtigung der historischen und geopolitischen Dimensionen, in denen seine Äußerungen notwendigerweise stehen. Die Mittel zur Geschichtsanalyse stehen ihm alle zur Verfügung. Wer seine Schriften kennt, kann keinen Zweifel an seiner totalen Ablehnung des Antisemitismus haben. Dies war ein persönlicher Kampf, den Johannes Paul II. führte und den Ratzinger aus unmittelbarer Nähe mitverfolgte. 1998 veröffentlichte die vatikanische Kommission für die religiösen Beziehungen zum Judentum unter Führung Kardinal Edward Cassidys ein Dokument zur Shoah, in dem die Vernichtung der Juden als »unauslöschlicher Schandfleck« in der Geschichte des 20. Jahrhunderts bezeichnet wird und »die Fehler und die Schuld dieser Söhne und Töchter der Kirche« ausdrücklich bedauert werden. Als eine schwere Gewissensschuld wird die Haltung jener Christen bezeichnet, deren »geistiger Widerstand und konkretes Handeln nicht so war, wie man es von einem Jünger Christi hätte erwarten können«.[12]

2000, im Jahr des feierlichen Mea culpa Johannes Pauls II., räumte Kardinal Ratzinger selbst ein, man könne »nicht leugnen, dass sich ein gewisser ungenügender Widerstand von christlicher Seite gegen diese Grausamkeiten aus dem antijüdischen Erbe erklärt, das in der Seele nicht weniger Christen da war«.[13]

Letztlich hinterließ der historische Besuch des ersten deutschen Papstes in Auschwitz zumindest teilweise Beschädigungen. Erneut war Benedikt XVI. durch die Polemiken gezwungen, die Dinge nachträglich wieder zurechtzurücken. In Rom angekommen, legt der Papst Wert darauf, das Wort Antisemitismus zu benutzen, das in seiner Rede im Vernichtungslager Auschwitz kein einziges Mal auftauchte. »Möge die heutige Menschheit Auschwitz und andere Todesfabriken nicht vergessen«, ruft Benedikt XVI. den Pilgern zu, die zur Generalaudienz in den Vatikan gekommen sind. »Möge sie nicht der Versuchung des Rassenhasses nachgeben, der am Anfang der schlimmsten Formen des Antisemitismus steht!«[14] Alle Christen, mahnt er, müssten mithelfen zu verhindern, dass die Menschheit im dritten Jahrtausend noch einmal ähnliche Greuel kennenlernt wie in den Vernichtungslagern.

Anlässlich der Einweihung einer religiösen Verlagsbuchhandlung am selben Tag legt der deutsche Kardinal Walter Kasper gekonnt den Finger in die Wunde: »Eine kollektive Verantwortung des deutschen Volkes für die Judenvernichtung nach der katholischen Glaubenslehre existiert genauso wenig wie eine kollektive Absolution«, sagt er.

Es ist das Schicksal Benedikts XVI., dass es ihm nie gelingt, solche Zwischenfälle ein für alle Mal aus der Welt zu schaffen. Innerhalb eines Jahres weitet sich die Krise der Beziehungen zum Judentum auf eine sehr viel breitere Front aus.

Mit dem Apostolischen Schreiben *Summorum Pontificum* gab Benedikt XVI. 2007 die Feier der tridentinischen Messe frei. Damit brachte er aber auch die von antijüdischen Ressentiments triefende Karfreitagsfürbitte in den christlichen Gottesdienst zurück (sie wurde jetzt nicht mehr nur in kleinen Konventikeln nostalgischer Konzilsgegner gesprochen). »Lasset uns auch beten für die treulosen Juden«, lautet diese Fürbitte nach dem Ritus Pius' V. »Gott, unser Herr, möge wegnehmen den Schleier von ihren Herzen, auf dass auch sie erkennen unseren Herrn Jesus Christus. Allmächtiger ewiger Gott, der Du sogar die treulosen Juden von Deiner Erbarmung nicht ausschließest, erhöre unsere Gebete, die wir ob der Verblendung jenes Volkes vor Dich bringen. Mögen sie das Licht deiner Wahrheit, welche Christus ist, erkennen und ihrer Finsternis entrissen werden.«

1959 ließ Johannes XXIII. das Adjektiv »treulos« aus den Messbüchern streichen, was im Lateinischen (»perfidus«) einen sehr negativen Unterton hat. Erhalten blieb jedoch der Grundtenor der Fürbitte, die von der Blindheit der Juden und der Notwendigkeit handelt, sie zu bekehren und der Finsternis zu entreißen. Damit widerspricht sie in eklatanter Weise dem Geist der Konzilsdokumente und den 50 Jahren des katholisch-jüdischen Dialogs, der auf der Anerkennung beruht, dass der Glaube Abrahams nicht überholt ist und dass die Christen den Auftrag dieses Glaubens auch heute akzeptieren.

Auf die Ankündigung, diese Fürbitte auf breiter Front wieder zuzulassen, reagiert die ehemalige Vorsitzende der Union der jüdischen Gemeinden Italiens, Tullia Zevi, überrascht: »Entweder Bekehrung oder Dialog.«[15] Giuseppe Laras, der Vorsitzende der italienischen Rabbinervereinigung, ist fassungslos: »Das ist ein schwerer Schlag, der uns weit, sehr weit zurückwirft.«[16]

Angesichts des Missbehagens von jüdischer Seite lässt der Vatikan verlauten, der Gebetstext werde geändert. Einen Vorschlag macht Kardinalstaatssekretär Tarcisio Bertone. Man könne die Formulierung aus der Karfreitagsliturgie des Ritus Pauls VI. aufgreifen. Der Kardinal weist darauf hin, dass nach der Veröffentlichung von *Summorum Pontificum* zwar jeder katholische Priester zwischen dem Gottesdienst nach dem vorkonziliaren Messbuch Pius V. und dem Messbuch Pauls VI. frei wählen könne, »aber nicht während des Triduum Sacrum«. In diesen drei Tagen zwischen Gründonnerstag und Ostersonntag ist die alte Liturgie und damit auch die Fürbitte zur Bekehrung der Juden nicht möglich.[17]

Die von Paul VI. nach dem Konzil verabschiedete Formulierung beweist Fingerspitzengefühl. »Lasst uns auch beten für die Juden, zu denen Gott, unser Herr, zuerst gesprochen hat. Er bewahre sie in der Treue zu seinem Bund und in der Liebe zu seinem Namen.«[18] Ein Wort der Zustimmung des Papstes zu diesem Lösungsvorschlag des Staatssekretariats würde genügen, um die Kritik verstummen zu lassen und alle Missverständnisse zu beseitigen. Und um den Piusbrüdern zu verstehen zu geben, dass in diesem Punkt kein Kompromiss möglich ist.

Aber Benedikt XVI. lehnt den Vorschlag ab. Der Papst entscheidet sich für eine Kompromisslösung, einen Mittelweg zwischen der alten und der neuen Formulierung. Die neue Fürbitte, die nach sieben Monaten das Licht der Welt erblickt, lautet folgendermaßen: »Lasst uns auch beten für die Juden, dass Gott, unser Herr, ihre Herzen erleuchte, damit sie Jesus Christus erkennen, den Retter aller Menschen. Allmächtiger ewiger Gott, Du willst, dass alle Menschen gerettet werden und zur Erkenntnis der Wahrheit gelangen. Gewähre gnädig, dass beim Eintritt der Fülle aller Völker in Deine Kirche ganz Israel gerettet werde.«

Am 4. Februar 2008 veröffentlicht das vatikanische Staatssekretariat den neuen Text. Der Oberrabbiner von Rom, Riccardo Di Segni, reagiert enttäuscht: »Es ist ein tragischer Rückschritt, der für jede Art des Dialogs zwischen Katholiken und Juden ein schweres Hindernis darstellt.«[19] 24 Stunden später spricht sich die italienische Rabbinervereinigung für einen Abbruch der Beziehungen zur katholischen Kirche aus, da die vatikanische Entscheidung dem Dialog seine Grundlage entzogen habe. Ihr Vorsitzender Laras bekräftigt, der Papst sei frei, sich zu äußern, aber die jetzt veröffentlichte Formulierung steht »in klarem und gefährlichem Widerspruch zu mindestens 40 Jahren des jüdisch-katholischen Dialogs«. Wenn die Juden erleuchtet werden müssen, so die italienischen Rabbiner, bedeutet das, dass sie in Bezug auf die Wahrheit immer noch »verblendet« sind.

Das israelische Oberrabbinat in Jerusalem bekundet seine Sorge: Auf dem Spiel stehen im Vatikan geplante Begegnungen. Am 12. Februar äußert die Rabbinervereinigung des konservativen Judentums in Washington (eine der jüdischen Strömungen in den Vereinigten Staaten) ihre tiefe Irritation und fordert Klarstellungen vom Vatikan. Abraham Foxman, Direktor der Anti-Defamation League, verlangt öffentlich die Rücknahme von Ratzingers Textfassung. »Bei seinem Besuch in der Synagoge von Rom«, erklärt er, »sagte Johannes Paul II., die jüdische Religion habe ihre Berechtigung und sei durch den Katholizismus nicht hinfällig geworden. Wenn ein Papst eine Synagoge besucht, akzeptiert er, dass die Juden in ihrer Religion für ihre Erlösung beten. Man kann das Problem nicht aus der Welt schaffen, wenn man in der Fürbitte nicht ausdrücklich sagt, dass man keine Bekehrung will.«

Auch unter den Katholiken regt sich Unmut. 400 Dozenten und Intellektuelle unterzeichnen einen Brief des »Bedauerns« und beschwören die Gefahren für den Dialog. Sie kritisieren den Widerspruch zwischen der Haltung Johannes Pauls II. und Benedikts XVI. »Es ist eine Verfügung, die dem vorherigen Lehramt klar widerspricht.«[20]

Erneut – und das fängt an, gängige Praxis dieses Pontifikats zu werden – bemüht man sich nach jedem falschen Schritt darum, Rettungsmaßnahmen einzuleiten. Der vatikanische Kulturminister, Erzbischof Gianfranco Ravasi, beschreibt die Fürbitte als Ausdruck der Verbundenheit, ein Wunsch der Christen, das treue Israel »an ihrer Seite« in einer einzigen Gemeinschaft der Gläubigen in Christus zu wissen. Kardinal Kasper, zuständig für die Beziehungen zum Judentum, versucht auf Radio Vatikan, die Wogen zu glätten: »Wir haben vieles gemeinsam«, sagt er, »doch es gibt einen fundamentalen Unterschied: Jesus ist der Christus, das heißt, der Messias, der Sohn Gottes. Diesen Unterschied kann man nicht vertuschen.« Kasper betont, die Fürbitte impliziere keine Mission unter den Juden. Sie sei lediglich Ausdruck einer eschatologischen Hoffnung für das Ende der Zeiten. Dem Rabbiner David Rosen, eine der tragenden Säulen des jüdisch-katholischen Dialogs, der die Verträge über die diplomatischen Beziehungen zwischen dem Heiligen Stuhl und Israel ausgehandelt hat, versichert Kasper, die Kirche werde nicht in die Vergangenheit zurückkehren und schon gar nicht zur alten Sprache der Herabwürdigung. Der Dialog, so der Kardinal, sei unumkehrbar.[21]

Doch das genügt nicht, um die Gemüter zu besänftigen. Nach Ostern ist das Staatssekretariat gezwungen, ein Kommuniqué herauszugeben, um zu versichern, dass die Neuformulierung der Fürbitte »mitnichten eine Änderung in der Haltung« beabsichtigt. Die nachkonziliare Messe, so das Staatssekretariat, bleibe der ordentliche Ritus, und »die brüderlichen Beziehungen der Wertschätzung, des Dialogs, der Liebe, Solidarität und Zusammenarbeit zwischen Katholiken und Juden« hätten weiterhin Bestand. In dem Kommuniqué betont Kardinal Bertone auch, dass die katholische Kirche »jede Haltung der Verachtung und der Diskriminierung den Juden gegenüber zurückweist und standhaft jedwede Form von Antisemitismus« ablehnt.[22] Damit, so der Kardinal, hoffe der Heilige Stuhl, die Missverständnisse geklärt zu haben, und bekräftige den Wunsch einer Weiterentwicklung der Beziehungen zum Judentum. Im Mai schreibt Bertone dem Oberrabbinat in Jerusalem einen Brief, um die Absage an jede Judenmission zu bekräftigen.

In Rom bekundet Oberrabbiner Di Segni zwar nach wie vor seine Unzufriedenheit, aber die Wogen scheinen sich allmählich zu glätten. Am 15. April bricht Benedikt XVI. zu seiner Reise in die Vereinigten Staaten auf. In Washington versichert er den jüdischen Vertretern die Fortsetzung des

Dialogs, in New York erinnert er in der Park East Synagoge an das Bild Jesu, der »als junger Mann an einem Ort wie diesem die Worte der Schrift hörte und betete«. Ein paar Monate später sagt er in Paris vor einer jüdischen Delegation einen Satz, der als die Quintessenz seiner Haltung gegenüber dem Judentum gelten kann: »Liebe Freunde, aufgrund dessen, was uns eint, und aufgrund dessen, was uns trennt, haben wir eine Brüderschaft, die wir stärken und leben müssen. Und wir wissen, dass die Bruderschaftsbande eine ständige Einladung darstellen, sich besser kennenzulernen und sich zu respektieren.«[23]

Doch die Ruhepause hält nicht lange. Es ist, als würde dieses Pontifikat von einer unsichtbaren Hand dazu gedrängt, ständige neue Polemiken zu entfachen. Im Herbst 2008 überschüttet Ratzinger Papst Pius XII. mit Lob. Für die Juden weltweit und für große Teile der Öffentlichkeit ist Eugenio Pacelli ein umstrittener Papst, der schwieg, als die Öfen der Krematorien brannten, und der es nicht wagte, den Nationalsozialismus offen zu verurteilen.

Innerlich – und das ist dokumentiert – litt Pius XII. wegen der Judenverfolgung. Es kann nicht bestritten werden, dass er den Nationalsozialismus als dämonisch beurteilte, dass er die Klöster öffnen ließ um die Verfolgten zu retten, dass er den jüdischen Opfern des Hitler-Regimes in vielfältiger Weise half und andere zu solcher Hilfe aufforderte. Unmittelbar nach dem Krieg bezeugten ihm maßgebliche Vertreter des internationalen Judentums ihre Dankbarkeit. Anlässlich seines Todes würdigte Golda Meir ihn als »einen großen Diener des Friedens« und sagte: »Als das schrecklichste Martyrium während der zehn Jahre des Naziterrors unser Volk getroffen hat, hat der Papst seine Stimme zugunsten der Opfer erhoben.« Lob und Dank äußerten auch der Großrabbiner von Jerusalem Isaac Herzog, der Oberrabbiner von

Rom Elio Toaff, der Präsident des Jüdischen Weltkongresses Nahum Goldmann und der israelische Staatspräsident Itzhak Ben-Zvi.

Anfang der sechziger Jahre jedoch wandelte sich das Bild Pius' XII. sowohl in Israel als auch in der Weltöffentlichkeit. Symptom dieses Meinungsumschwungs war der in Jerusalem geführte Prozess gegen Adolf Eichmann, dem Verantwortlichen für den Abtransport der Juden in die Vernichtungslager. Der Prozess lenkte die internationale Aufmerksamkeit auf die Banalität der alltäglichen Mitarbeit an der nationalsozialistischen Vernichtungsmaschinerie und stellte plötzlich die Frage nach der Mittäterschaft, der stillschweigenden Duldung und der Gleichgültigkeit, ohne die der Völkermord nicht durchführbar gewesen wäre. Angesichts der Ungeheuerlichkeit der Shoah trat die Frage der Verantwortung jetzt nachdrücklicher in den Vordergrund: der Verantwortung jedes einzelnen Individuums, jedes Menschen, der mit einer gewissen Macht und Autorität ausgestattet war, für die Vernichtung der Juden.

1963, ein Jahr nach der Hinrichtung Eichmanns, als an der Freien Volksbühne in Westberlin Rolf Hochhuths Theaterstück *Der Stellvertreter* uraufgeführt wurde, gewann das Problem noch mehr Brisanz. Die dramatische Szenenfolge des Stücks handelt von den Anstrengungen, die unternommen wurden, um Pius XII. vom Massenmord an den Juden in den Konzentrationslagern zu informieren und ihn zu einer öffentlichen Verurteilung des Nationalsozialismus zu bewegen. Ausgehend von historischen Dokumenten war es eine vehemente Anklage des Schweigens Pius' XII. Das Stück löste einen weltweiten Skandal aus. In Rom wurde Carlo Cecchis und Gian Maria Volontés Inszenierung 1965 von der Polizei gestürmt. Auf Befehl des Präfekten wurde die Aufführung ganz verboten.

In vatikanischen Kreisen hat sich die beruhigende Version durchgesetzt, es sei der KGB gewesen, der im Kalten Krieg die Debatte zur Passivität Pius' XII. gegenüber dem Nationalsozialismus hatte anheizen wollen. Anlässlich des 50. Todestags Pius' XII. sprach Kardinal Bertone von »systematischen Angriffen der kommunistischen Welt« gegen den Papst.[24] Gestützt auf die Thesen des deutschen Publizisten Michael Hesemann verbreiteten andere katholische Organe die Ansicht, der sowjetische Geheimdienst habe gefälschte Dokumente in Umlauf gebracht, die Hochhuth für sein Drama *Der Stellvertreter* benutzt habe.[25]

Tatsächlich wurden bereits während des Zweiten Weltkriegs Zweifel an der Richtigkeit des Verhaltens Pius' XII. und seiner Linie laut, den Nationalsozialismus nicht öffentlich zu verurteilen: »Vorwürfe, die aus katholischen Kreisen stammten«, wie der Historiker und Chefredakteur des *Osservatore Romano*, Giovanni Maria Vian, schrieb: von Katholiken aus den Ländern Frankreich und Polen, die von den Nationalsozialisten besetzt waren.

Adam Sapieha, der Erzbischof von Krakau, schrieb 1941 an Kardinalstaatssekretär Maglione einen qualvollen Brief über die Brutalität der Nationalsozialisten gegen Bischöfe und Klerus – 2500 polnische Priester wurden ins Gefängnis gesteckt – und die grausamen Leiden der Bevölkerung unter den deutschen Besatzern: »Zum Wohl der Kirche wage ich demütig darauf hinzuweisen, dass aufgrund der schweren Verfolgung, der sie ausgesetzt ist, ein Wort des Protestes oder des Tadels seitens des Heiligen Stuhls unerlässlich wäre.«[26]

In Frankreich sprach bereits 1939 der namhafte katholische Intellektuelle Emmanuel Mounier von dem »Skandal des Schweigens« Pius' XII. zu den nationalsozialistischen Angriffen – ein Skandal, der »Tausende Herzen« beunruhige. Noch direkter und mit unmittelbarem Bezug auf Pacellis

Schweigen zum Völkermord äußerte sich der katholische Schriftsteller François Mauriac 1951: »Wir hatten nicht den Trost, den Nachfolger des Galiläers Simon Petrus mit einem eindeutigen und klaren Wort statt mit diplomatischen Anspielungen die Kreuzigung dieser unzähligen ›Brüder des Herrn‹ verurteilen zu hören.«[27]

Pius XII. war sich dessen selbst durchaus bewusst. Als er am 10. Oktober 1941 Erzbischof Angelo Roncalli, den Nuntius in Istanbul und späteren Papst Johannes XXIII. zu einer Audienz empfing, sprach er das Problem an. »Er fragte mich«, schreibt Roncalli in seinen Aufzeichnungen, »ob sein Schweigen zum Verhalten des Nationalsozialismus nicht für schlecht befunden werde.«[28]

Für die meisten Historiker ist das Schweigen Pius' XII. längst ein gesichertes Faktum. Er war in vollem Umfang über den Massenmord an den Juden informiert, ohne öffentlich dagegen Stellung zu beziehen. Uneins ist man sich nur über die Gründe dafür. Eugenio Pacelli war von seinem Wesen her ein Diplomat: vorsichtig, voll Angst, dass sich die Nationalsozialisten an der Kirche rächen würden. Das Für und Wider einer offenen Konfrontation mit dem Dritten Reich wägte er qualvoll bis ins Letzte ab und war überzeugt, Deutschland – nicht der Nationalsozialismus – müsse als Bollwerk gegen die Sowjetunion erhalten bleiben. Darüber hinaus war er verschreckt durch die brutale Antwort Hitlers auf den Hirtenbrief der holländischen Bischöfe, in dem sie die Judenverfolgung anprangerten. Die unmittelbare Folge war die sofortige Deportation von Zehntausenden Juden im Jahr 1942, unter ihnen 4000, die zum Katholizismus übergetreten waren, auch Edith Stein.

Konfrontiert mit dem unvorstellbaren Grauen der Shoah, war Pius XII. seiner Aufgabe als weltweite moralische Instanz nicht gewachsen. Fixiert darauf, gegenüber den kriegführenden Mächten Neutralität zu wahren, fehlte ihm der Mut, offen Protest einzulegen, und damit wurde er der prophetischen Mission nicht gerecht, die die Welt vom Papst in Rom erwartete.

Dass er angesichts des Völkermords das Wort Juden nicht über die Lippen brachte, diskreditiert ihn bis heute. Lässt man seine persönlichen Gewissensqualen außer Acht, trennen ihn Welten vom Protest der holländischen Bischöfe. Am 26. Juli 1942 brachte die katholische Kirchenführung im besetzten Holland den Mut auf, in den Kirchen einen Hirtenbrief verlesen zu lassen, in dem »das traurige Schicksal der Juden« öffentlich angeprangert wird. Nicht umsonst wich Johannes Paul II. bei seinem Deutschlandbesuch 1996 von dem in der Kurie vorbereiteten Redetext ab und lobte die holländischen Bischöfe in eindringlichen Worten.[29]

Für die Juden weltweit wurde Pius XII. im Laufe der Jahre zu einem Negativbeispiel. Sein Schweigen zur Deportation der 1259 Juden Roms am 16. Oktober 1943 direkt »unter seinem Fenster«, wie man damals sagte und bis heute wiederholt, bleibt für viele das Symbol einer unverzeihlichen Verfehlung. Bekannt ist seine Intervention zur Verhinderung weiterer Säuberungen, beredt jedoch bleibt sein Schweigen angesichts der Deportation der über tausend römischen Juden, die nach Auschwitz in den Tod geschickt wurden. Die Worte, die Kardinal Maglione aus diesem Anlass an den deutschen Botschafter Ernst von Weizsäcker richtete, enthüllen die tragische Unangemessenheit der von Pius XII. gewählten Position: »Der Heilige Stuhl möchte sich nicht dazu gezwungen sehen, ein Wort der Missbilligung sprechen zu müssen.«

Das verurteilende Wort kam niemals. Nicht einmal gegen Ende des Kriegs, als die Krematorien von Auschwitz tagtäglich immer mehr Menschen vernichteten. »Pius XII., wie im

Übrigen jeder Papst, hatte einen prophetischen Auftrag zu erfüllen. Und darin hat er versagt«, kommentierte Eva Fleischner, Mitglied der 1999 von Johannes Paul II. eingesetzten katholisch-jüdischen Historikerkommission zur Untersuchung der Haltung der Kirche und Pius' XII. gegenüber der Shoah.

Selbst der kroatische Kardinal Alojzije Stepinac, der tief in das faschistische Regime von Ante Pavelić verstrickt war, fand 1943 unter der nationalsozialistischen Besatzung den Mut, am Christkönigsfest öffentlich zu erklären, dass es keinen Unterschied macht, »ob es sich um verhasste Juden oder stolze Arier« handelt. Es sei »nicht zulässig, die Zigeuner oder Juden vom Angesicht der Erde zu tilgen, weil man sie für eine minderwertige Rasse hält«.

Heutige Juden sehen Pius XII. durch zwei weitere Ereignisse diskreditiert. Zum einen dadurch, dass er nach seiner Wahl zum Papst die von Pius XI. vorbereitete, dezidiert antitotalitäre und antirassistische Enzyklika *Humani generis unitas* ad acta legte. Der Entwurf, der unter Pius XII. in der Schublade verschwand, prangert die Rassenlehre an. Es zeige sich immer deutlicher, heißt es darin, »dass der Kampf für die Reinheit der Rasse schließlich einzig zu einem Kampf gegen die Juden wird – einem Kampf, der sich weder in seinen wahren Motiven noch in seinen Methoden – mit Ausnahme seiner systematischen Grausamkeit – von den Verfolgungen unterscheidet, denen die Juden seit der Antike allerorten ausgesetzt waren«.[30]

Nach dem Krieg, unter dem Pontifikat Eugenio Pacellis, war der Vatikan maßgeblich an den Maßnahmen zur Rettung der NS-Kriegsverbrecher und ihrer Flucht nach Lateinamerika beteiligt. An der Vorbereitung der sogenannten Rattenlinie nahmen Ende der vierziger Jahre wichtige Geistliche der katholischen Kirche direkt teil, unter anderem der nazifreundliche österreichische Bischof Alois Hudal, Rektor des Instituts Santa Maria dell'Anima, und Pater Krunoslav Draganović, Sekretär der kroatischen Hieronymus-Bruderschaft.

Dies sind die Gründe, warum weite Teile der jüdischen wie der nichtjüdischen Öffentlichkeit es für unerträglich halten, Pius XII. zur Ehre der Altäre zu erheben und als Vorbild für die Christenheit darzustellen.

Ein schlechtes Vorzeichen für neue Konflikte mit dem Judentum war die Ansprache Benedikts XVI. am 18. September 2008 vor einer Delegation der US-amerikanischen Stiftung Pave the Way, die die »negativen Stereotypen« zu Papst Pius XII. korrigieren möchte. Der Papst spendete Pius XII. uneingeschränktes Lob für sein »mannigfaltiges pastorales Wirken«, das in »seinen authentischen Aspekten« nicht immer im rechten Licht untersucht worden sei. In den Worten Ratzingers war Pius XII. eine »edle« und »mutige« Gestalt, die keine Mühen gescheut habe, zugunsten der Juden einzugreifen. Die Rede war nur ein Vorgeschmack auf die Feierlichkeiten zum 50. Todestag Eugenio Pacellis.

Die Reaktion ließ nicht lange auf sich warten. Im Oktober begann in Rom die Bischofssynode zur Rolle der Bibel in der heutigen Gesellschaft, ein Treffen, an dem erstmals auch ein Vertreter des Großrabbinats von Israel teilnahm: She'ar Yashuv Cohen, der 81-jährige Oberrabbiner von Haifa und Co-Vorsitzende der vatikanisch-jüdischen Kommission für den Dialog. Am 6. Oktober ergriff er auf der Synode das Wort und bezeichnete seine Anwesenheit als ein Zeichen der Hoffnung für die beiden Religionen. Bei der anschließenden Begegnung mit Journalisten jedoch schoss er gegen Pius XII. los: »Er sollte unserer Ansicht nach nicht seliggesprochen werden und nicht als Vorbild hingestellt werden, weil er uns nicht gerettet oder seine Stimme erhoben hat, auch wenn er insgeheim versucht hat zu helfen.« Zu den Journalisten sagte der Oberrabbiner von Haifa, wenn er gewusst hätte, dass Benedikt XVI. zum Todestag Pius' XII. eine Gedenkmesse feiert, wäre er wahrscheinlich nicht zur Synode gekommen. Er fällte ein hartes Urteil: »Wir sind nicht glücklich über die Versuche der Kirche, dieses traurige Kapitel im Leben eines großen Papstes vergessen zu machen, das wir nicht verzeihen können und das nicht verziehen werden kann.«[31]

Indirekt antwortete ihm der *Osservatore Romano* mit der Veröffentlichung von Kardinal Bertones Vorwort zu einem Buch über Pius XII. Bertone gab ein gegenteiliges Urteil ab: »Papst Pius XII. hat weder geschwiegen noch war er Antisemit: Er war vorsichtig.« Auf diese Weise, so der Staatssekretär, sei es ihm möglich gewesen, Juden und Flüchtlinge zu retten.

Tatsächlich war der Vatikan mit Hochdruck dabei, der Seligsprechung Papst Pius' XII. den Weg zu ebnen. Das Verfahren war seit einem Jahr in der Schwebe. Im Mai 2007 sprach sich die Kongregation für die Selig- und Heiligsprechungsprozesse auf einer Vollversammlung in einem einstimmigen Votum für die Zuerkennung des »heroischen Tugendgrads« an Pius XII. aus. Aber Benedikt XVI. hatte das entsprechende Dekret noch nicht unterschrieben, wie es das Prozedere verlangt: Erst seine Unterschrift macht den Weg zur Seligsprechung frei. Doch sein Lob Pius' XII. ließ erahnen, dass der Augenblick nicht mehr fern war. (Er unterzeichnete das Dekret ein Jahr später, am 19. Dezember 2009, zusammen mit dem Dekret zur Seligsprechung Johannes Pauls II., womit er neue Polemiken und Missverständnisse über eine mögliche gleichzeitige Seligsprechung beider Päpste entfachte.)

Am 9. Oktober 2008 feierte Benedikt im Petersdom vor den Bischöfen aus allen Kontinenten das feierliche Hochamt für Pius XII. Seine Predigt war ein Plädoyer. Sie ließ keinen Raum für Zweifel, Differenzierungen, Schattenzonen. Pius XII., erklärte der Papst, habe von Anfang an die Gefahr erkannt, »welche die unmenschliche nationalsozialistische Ideologie mit ihrem bösartigen Antisemitismus und Antikatholizismus darstellte«. Er »handelte häufig leise und im Verborgenen, weil er im Licht der konkreten Situation jenes komplexen historischen Moments erahnte, dass nur auf diese Weise das Schlimmste zu verhindern und die größtmögliche Zahl von Juden zu retten war«. In seiner Weihnachtsbotschaft 1942, die im Rundfunk übertragen wurde, habe Pius »mit von Bewegung gebrochener Stimme« das Schicksal von Hunderttausenden beklagt, die allein aufgrund ihrer Nationalität oder ihrer Abstammung zur Vernichtung bestimmt wurden. Nach seinem Tod, betonte Ratzinger, habe Pius »zahlreiche, einmütige Zeugnisse der Dankbarkeit von den höchsten Autoritäten der jüdischen Welt« erhalten, angefangen mit der israelischen Premierministerin Golda Meir.

Die Debatte über das vielseitige Pontifikat Pius' XII., meinte Ratzinger abschließend, sei nicht immer sachlich geführt worden. Und dann kannte seine Apologie keine Grenzen mehr. Pius XII. sei der Vorläufer des Zweiten Vatikanischen Konzils und »von großer Offenheit gegenüber der wissenschaftlichen Forschung über die biblischen Texte« gewesen, er habe die Selig- und Heiligsprechung vieler Frauen angeregt und den Episkopat der Weltkirche, die Missionstätigkeit und die Rolle der Laien in der Kirche gefördert. »Beten wir für den glücklichen Fortgang des Seligsprechungsverfahrens des Dieners Gottes Pius XII.«, rief er.

Ein paar Tage später provozierte der Relator des Verfahrens, Pater Peter Gumpel, neue Polemiken. Wenn die Seligsprechung Pius' XII. so spät erfolge, sei dies vom Wunsch Benedikts XVI. bestimmt, »weiterhin gute Beziehungen zwischen der Kirche und der jüdischen Welt zu haben«.[32] Gumpel kritisierte, dass im Museum der Holocaust-Gedenkstätte Yad Vashem in Jerusalem das Bild Pius' XII. im sogenannten »Saal der Schande« hängt, neben den Staatsoberhäuptern, die für die Juden nichts getan haben. Die dazugehörige Bildunterschrift, so Gumpel, sei eine Beleidigung für alle Katholiken. Nachdem Benedikt XVI. am Grab Pius' XII. gebetet habe, sei es »schwer vorstellbar, wenn nicht unmöglich, dass er nach Israel geht«.

Er bezog sich auf den Besuch Benedikts im Heiligen Land, zu dem ihn die israelische Führung bereits wiederholt eingeladen hatte und der im Vatikan bereits vorbereitet wurde. Der vatikanische Pressesprecher Lombardi dementierte umgehend, man könne »diese Tatsache nicht als ausschlaggebend für eine Entscheidung über eine mögliche Reise des Heiligen Vaters ins Heilige Land betrachten«.

In der aufgeheizten Atmosphäre schaltete sich der israelische Sozialminister Isaac Herzog mit einem scharfen Kommentar ein. »Das Vorhaben, Pius XII. zum Heiligen zu machen, ist inakzeptabel ... Es ist eine Art Missbrauch des Vergessens und ein Mangel an Bewusstsein.« Der Tageszeitung *Haaretz* sagte der Minister, der Vatikan habe in den Jahren des Holocausts »sehr genau gewusst, was vor sich ging«.[33]

In Israel schlugen die Wellen hoch. Eine der regierenden Kadima-Partei nahestehende Webseite zeigte eine Fotomontage Ratzingers mit dem Hakenkreuz. Außenministerin Tzipi Livni, Vorsitzende der Kadima-Partei, ließ die Fotomontage aus dem Netz entfernen. Der israelische Staatspräsident Shimon Peres erneuerte die Einladung an Benedikt, nach Jerusalem zu kommen. Dennoch blieb das Klima der Beziehungen vergiftet, eine Situation, die sich im Laufe des Novembers weiter zuspitzte.

Am 4. November gab Kardinal Bertone bekannt, das Verfahren der Seligsprechung gehe »denselben Gang wie alle anderen Verfahren auch. Wir warten auf das [päpstliche] Dekret zum heroischen Tugendgrad und dann auf das Wunder«. Wenige Tage danach nannte er die Darstellung Pacellis als »Hitlers Papst« beleidigend und unhaltbar. Aus seinen Worten sprach die Irritation des Vatikans über das, was als inakzeptabler Druck seitens der Juden betrachtet wurde. Bei der Seligsprechung handle es sich um »eine rein religiöse Angelegenheit«, für die allein der Heilige Stuhl zuständig sei.[34]

Am 9. November erklärte Benedikt XVI. in der Universität Gregoriana Pius XII. und sein Lehramt zu einem für die Kirche »wertvollen Erbe«. Es war der Höhepunkt seines Lobpreises: Pius XII. sei »ein höflicher Diplomat, ein hervorragender Jurist, ein ausgezeichneter Theologe« gewesen. »In den von den Konzilsvätern des Zweiten Vatikanums eingebrachten mündlichen und schriftlichen Beiträgen finden sich bekanntlich mehr als tausend Bezugnahmen auf das Lehramt Pius' XII.« Fast eine Vorwegnahme der Seligsprechung.

Für das italienische Judentum war das zu viel. Das Festhalten am Aufruf zur Bekehrung der Juden in der Karfreitagsfürbitte und die Glorifizierung von Pacellis Pontifikat bilden ein explosives Gemisch. Es kommt zum Bruch. Obwohl Kardinal Kasper im November nach Budapest reist, um zusammen mit dem Jüdischen Komitee für interreligiöse Konsultationen ein gemeinsames Vorgehen gegen den wachsenden Antisemitismus in Osteuropa zu erarbeiten. Und trotz einer eindringlichen Rede Benedikts XVI. zum Jahrestag der »Reichskristallnacht«, in der er mit bewegenden Worten das Wüten der Nazis gegen die Juden, die Zerstörung der jüdischen Geschäfte, Büros, Wohnungen und Synagogen und die Ermordung unzähliger Menschen anprangert. Dies, spricht der Papst, sei der Auftakt für die systematische und brutale Verfolgung der deutschen Juden gewesen, die in die Shoah mündete. »Noch heute schmerzt mich das, was sich unter jenen tragischen Umständen ereignete, deren Gedächtnis dazu dienen muss, damit sich ähnliche Schrecken nie mehr wiederholen und damit man sich auf allen Ebenen gegen jegliche Form des Antisemitismus und der Diskriminierung einsetzt.«[35]

Am 18. November kündigt Rabbiner Laras im Namen der italienischen Rabbinervereinigung an, den traditionellen jüdisch-christlichen Tag am 17. Januar 2009 nicht zu begehen. Der Grund sei der ungelöste Konflikt zur Karfreitagsfürbitte. Mit Bezug auf Pius XII. stellt Laras fest: »Wir mischen uns nicht in die inneren Angelegenheiten der Kirche ein. Aber wir nehmen das Recht in Anspruch, ein kritisches historisches Urteil zu fällen. Während der Shoah hätte Papst Pacelli mit Sicherheit stärker gegen die nazifaschistischen Regime protestieren können.«

Ein Hauch von Eiszeit weht über die jüdisch-katholischen Beziehungen in Italien. Noch nie war man nach dem Zweiten Vatikanischen Konzil an einem solchen Tiefpunkt angelangt. In der von den Jesuiten herausgegebenen Online-Zeitschrift *Popoli* wirft der Oberrabbiner von Venedig, Elia Enrico Richetti, dem Papst vor, er wolle »die letzten fünfzig Jahre Kirchengeschichte ausradieren«. Der Dialog sei sinnlos, wenn mit der Karfreitagsfürbitte die Überlegenheit des christlichen Glaubens bezeugt werde. Da die Kontakte zum Heiligen Stuhl und der Italienischen Bischofskonferenz ohne Ergebnis geblieben seien, habe es keinen Sinn, gemeinsame Initiativen fortzusetzen. Voraussetzung für den Dialog sei die Anerkennung der Gleichwertigkeit der Religionen, die Unterbrechung des Dialogs daher »eine logische Konsequenz der Denkweise der obersten kirchlichen Autorität«.[36]

Der jüdisch-christliche Gedenktag am 17. Januar 2009 bleibt verwaist. Es ist das desaströse Ergebnis der Behandlung eines Themas, das nur dem Willen entsprungen ist, die nostalgischen Befürworter der vorkonziliaren Messe zufriedenzustellen.

Kann es noch schlimmer kommen?

Ja. Den Beweis liefert die Kurie Benedikts XVI. wenige Tage später.

KAPITEL VII

Ich, der Papst, mit Hass bedacht

»Mit sprungbereiter Feindseligkeit glaubten auch Katholiken auf mich einschlagen zu müssen … ohne Scheu und Zurückhaltung durfte der Papst mit Hass bedacht werden …« An einem Märztag anno 2009 sitzt Benedikt XVI. an seinem Schreibtisch und bringt in nervöser und kantiger Handschrift eines der dramatischsten Bekenntnisse seiner Amtszeit zu Papier. Denn Feindseligkeit und Hass richten sich gegen ihn, den römischen Papst. Es ist das Eingeständnis eines beispiellosen Autoritätsverlusts, das schmerzhafte, aufrichtige Zeugnis einer um sich greifenden Revolte.

Der Brief erzählt von einer Lawine von Protesten gegen den päpstlichen Thron. Er berichtet von einem Papst, dem man das Recht auf Toleranz verweigert, schildert eine Kirche – lauter Worte, die aus der Feder Benedikts XVI. fließen –, in der die Praxis Fuß gefasst hat, den Gegner »zu beißen und zu zerreißen«. Selbst unter Katholiken, klagt Ratzinger, habe sich eine »sprungbereite« Feindseligkeit gegen den Papst offenbart. Sprungbereit wie Raubtiere, die ihrer Beute auflauern.

Die Beute ist er, Benedikt XVI. Und die Raubtiere, räumt er ebenso verbittert wie entrüstet ein, sind Katholiken, die hemmungslos den Papst attackieren.

Ausgelöst hat den Sturm ein derart absurder Vorfall, dass ein Fantasy-Autor ihn kaum hätte erfinden können. Auf

Anweisung von Benedikt XVI. wird im Januar 2009 die Exkommunikation der vier Bischöfe der Piusbrüder aufgehoben. Einer von ihnen ist der Engländer Richard Williamson, ein früherer Anglikaner, der in Argentinien ein Priesterseminar leitet. In einem Interview mit dem schwedischen Fernsehen hat er sich als eindeutiger Holocaust-Leugner präsentiert. Das vom Sender SVT 1 aufgezeichnete Gespräch liefert ein klares Bild von dem Sumpf antijüdischer Ressentiments und Schmähungen der Shoah, die in den Milieus der katholischen Ultrakonservativen tief verwurzelt sind.

»Bischof Williamson«, fragt der schwedische Interviewer vorsichtig, »sind das Ihre Worte? ›Kein einziger Jude wurde in den Gaskammern getötet! Das waren alles Lügen, Lügen, Lügen!‹ Sind das Ihre Worte?«

Williamson erwidert: »Ich glaube, dass die historischen Beweise sehr stark dagegen sprechen, dass sechs Millionen Juden absichtlich in den Gaskammern vergast wurden, in einer bewussten Politik von Adolf Hitler.«

Williamson ist ein Fanatiker, kein Ahnungsloser. Den Satz hat er sich geschickt zurechtgelegt. Er beruft sich auf »historische Beweise«, um die Ermordung von Millionen Juden zu leugnen, zweifelt jede Vernichtungsabsicht an und unterstellt, es habe nie eine »politische Absicht« des Führers gegeben. Vor allem verschweigt er, was Historiker schon vor Jahrzehnten aufgedeckt haben: dass die Entscheidung zur Vernichtung der Juden von den Nazis 1942 auf der geheimen Wannseekonferenz getroffen wurde, in der es ausdrücklich um die »Endlösung« ging.

Das im November vor dem päpstlichen Straferlass geführte Interview mit Williamson ist eine Blütenlese der Argumente antisemitischer Holocaust-Leugner. »Es gab keine Gaskammern ... die Türen der Gaskammern, die in Auschwitz den Touristen gezeigt werden, sind überhaupt nicht luftdicht … in den nationalsozialistischen Lagern sind zwei- bis dreihunderttausend Juden umgekommen, aber keiner davon in Gaskammern.« Der Interviewer hakt nach: Wenn das nicht Antisemitismus ist, was dann? Bischof Williamson antwortet ruhig: »Wenn Antisemitismus schlecht ist, dann ist es gegen die Wahrheit gerichtet. Wenn etwas wahr ist, dann ist es nicht schlecht. Mich interessiert der Begriff Antisemitismus nicht. Das Wort ist sehr gefährlich.« Zur Krönung prangert Williamson die »massive Ausbeutung« an, der Deutschland sich unterwirft, da es gezwungen ist, »Milliarden von Mark zu zahlen«, wegen des Schuldkomplexes für das Vergasen von sechs Millionen Juden. »Aber ich glaube nicht, dass sechs Millionen Juden vergast wurden.«

Zum Zeitpunkt des Interviews ist Williamson nur ein Prälat aus der traditionalistischen Schismatikerbewegung der Piusbrüder. Er ist einer unter vielen Reaktionären, aber kein katholischer Würdenträger. Er ist out.

Das Interview wird am 21. Januar 2009 ausgestrahlt. Drei Tage später tritt Prälat Williamson wieder als Bischof der katholischen Kirche vor die Welt. Denn am 24. Januar verbreitet der Vatikan die Meldung über die »Aufhebung der Exkommunikation« der Bischöfe aus der Priesterbruderschaft St. Pius X., wie die Bewegung der Piusbrüder offiziell heißt. Der Straferlass betrifft die führenden Köpfe der Bewegung, die Bischöfe Bernard Fellay, Bernard Tissier de Mallerais, Richard Williamson, Alfonso de Gallareta. Die Strafe hatte Papst Johannes Paul II. 1988 verhängt, als die vier von Marcel Lefebvre unrechtmäßig geweiht und wegen Auslösung eines Schismas sofort mit ihm zusammen exkommuniziert wurden.

Der Erlass trägt die Unterschrift von Kardinal Giovanni Battista Re, dem Präfekten der Kongregation für die Bischöfe. Der Heilige Vater, heißt es darin, habe die Entscheidung auf Antrag des Generaloberen der Bruderschaft, Bischof Fellay, getroffen. In einem Schreiben vom 15. Dezember hatte Fellay, nach jahrelangen geheimen Verhandlungen, erklärt, die Piusbrüder seien bereit, sich in den Dienst der Kirche zu stellen, und auch im Namen der drei anderen exkommunizierten Bischöfe versichert, fest an den Primat Petri und an seine Vorrechte zu glauben.

Die Entscheidung erfolge im Geiste »väterlichen Empfindens«, erläutert der Erlass. Der Papst wünsche, der Riss zwischen der Bruderschaft S. Pius X. und der katholischen Kirche werde »schrittweise und in absehbarer Zeit« beigelegt. Das vatikanische Dokument schwelgt geradezu im Optimismus. Papst Benedikt XVI., heißt es darin, fasse den Entschluss »im Vertrauen auf ihre [der vier Bischöfe] in dem genannten Schreiben geäußerte Verpflichtung, keine Mühe zu scheuen, um in den notwendigen Gesprächen mit dem Heiligen Stuhl die noch offenen Fragen eingehend zu prüfen …« Von der Piusbruderschaft wird verlangt, sich einzusetzen »für die volle Gemeinschaft mit der Kirche, um so die echte Treue und wahre Anerkennung des Lehramts und der Autorität des Papstes zu bezeugen«.

Die Geste Benedikts XVI. ist ein Geschenk, das einer Kapitulation gleichkommt. Ohne irgendein Zugeständnis hat die Bruderschaft S. Pius X. in kaum eineinhalb Jahren die Zulassung der tridentinischen Messe und die Widerrufung der Exkommunikation erreicht, die sie zu Schismatikern gemacht hatte. In dem aus 381 Wörtern bestehenden, vom Papst persönlich autorisierten Text kommt das Konzil – gegen das die Piusbruderschaft seit 40 Jahren mobil macht – kein einziges Mal vor. Stattdessen werden die vier Exkommunizierten ausdrücklich als »die Bischöfe Bernard Fellay, Bernard Tissier de Mallerais, Richard Williamson, Alfonso de Gallareta« angesprochen. Der Holocaust-Leugner Williamson wird plötzlich zum vollwertigen katholischen Bischof.

Um zu verstehen, wes Geistes Kind er ist, braucht man nur das Interview zu lesen, das er dem rechtsextremen französischen Wochenblatt *Rivarol* gegeben hat. Benedikt XVI. habe in der Istanbuler Moschee, polemisiert Williamson, als er »von Moslems umgeben nach moslemischer Sitte gebetet hat, eine schwere Sünde gegen den katholischen Glauben begangen und einen enormen Skandal vor der gesamten Kirche ausgelöst«. Für Williamson steht der Papst im Ruch der Häresie. Seine früheren Schriften »sind voller modernistischer Fehler … als Häretiker übertrifft Ratzinger bei weitem die protestantischen Fehler Luthers«. Zum Konzil hat der Piusbruder keine Zweifel: »Eine teilweise vergiftete Süßspeise muss man komplett in den Müll werfen!«[1]

Doch für den Augenblick richtet sich das Augenmerk an jenem fatalen 24. Januar 2009 auf den lapidaren Satz Williamsons: »Es hat keine Gaskammern gegeben.« Das löst einen Riesenkrach aus, denn der Gnadenerlass erfolgt wenige Tage vor dem 27. Januar, dem Tag des Gedenkens an die Befreiung der Überlebenden im Konzentrationslager Auschwitz durch die Rote Armee 1945.

In Israel erheben sich erste Stimmen des Protests. »Dieser Schritt infiziert die gesamte Kirche«, meint der Rabbiner David Rosen, der sich um den bevorstehenden Besuch des Papstes in Israel sorgt. Rosen ist erschüttert von der Ahnungslosigkeit des Kurienapparats. »Es hat da eine Oberflächlichkeit gegeben, so will ich zumindest hoffen, die auf grobe Missstände in der Arbeitsweise im Vatikan schließen lässt.« Einen offensichtlichen Antisemiten wie Williamson aufzunehmen bedeute, die von Johannes XXIII. und Johannes Paul II. verfolgte Linie des Dialogs zunichte zu machen. Der für seine offene Haltung gegenüber dem Katholizismus bekannte Rabbiner stellt ein Ultimatum: »Der Vatikan soll sich zu einer bedingungslosen Ablehnung und Verurteilung jeglicher Leugnung des Holocausts bekennen.«

In Jerusalem beklagt die Shoah-Gedenkstätte Yad Vashem, das sei eine Beleidigung für die Holocaust-Überlebenden, für das Gedenken an die Opfer und an die »Gerechten unter den Völkern«, die ihr Leben riskiert haben, um Juden zu retten. In Israel fragt man sich, welche Absichten der Vatikan mit der Rehabilitierung einer solchen Gestalt verfolgt. Das Simon-Wiesenthal-Zentrum, das seit Jahrzehnten nach Nazi-Kriegsverbrechern fahndet, reagiert trocken: »Die Entscheidung des Papstes, einen solchen Hassprediger in die Kirche aufzunehmen, bietet eine moralische Rechtfertigung für diejenigen, die eines der schlimmsten Verbrechen der Geschichte leugnen.«

Stunde um Stunde wird der Ton des anschwellenden Protests schärfer. Renzo Gattegna, der Präsident des Verbandes der jüdischen Gemeinden in Italien, bezeichnet die Rehabilitierung eines Bischofs, der den Holocaust leugnet, als »eindeutig tragische Verknüpfung«. Shlomo Bekhor, der Mailänder Rabbi der ostsephardischen Synagoge, benutzt eine volkstümlichere Ausdrucksweise: »Man kann keinen in seine Mannschaft holen, der für Massenvernichtung ist, dann sagen, man sei mit ihm nicht einverstanden, und gleichzeitig mit ihm weiterspielen.« Der Vizepräsident des Zentralrats der Juden in Deutschland spricht von einem schier unfassbaren Akt der Provokation und legt den Finger in die Wunde. Es sei bedauerlich, dass »ausgerechnet ein deutscher Papst eine Eiszeit in den Beziehungen zwischen den Juden und der katholischen Kirche heraufbeschwört«. Im Großrabbinat Israels zieht man in Erwägung, ein für den 2. März geplantes Treffen mit der vatikanischen Kommission für die religiösen Beziehungen mit dem Judentum platzen zu lassen.

Die Kirchenführung reagiert gemach. Sie schickt den Pressesprecher Lombardi vor, der versucht zu retten, was zu retten ist, und die persönlichen Stellungnahmen Williamsons als »in keiner Weise akzeptabel« und als nicht im Einklang mit der Lehre des Papstes bezeichnet. Kardinal Kasper versucht, die Gegenschläge zu parieren: »Es ist klar, dass wir uns völlig von jeder Leugnung des Holocausts distanzieren.« Kasper baut vor und fügt hinzu, nach der Aufhebung der Exkommunikation gebe es noch vieles, das diskutiert werden muss. Man müsse abwarten, ob die Piusbrüder das Konzil anerkennen und welcher Status ihrer Bruderschaft verliehen werden solle.[2]

Inzwischen bricht auch innerhalb der Kirche die Empörung aus, und der Sturm erfasst unweigerlich auch die Rolle des Papstes, der letztlich die Veranwortung trägt für die Entscheidung, Williamson und die anderen wieder in den Bischofsstand zurückzuversetzen. Die Vorstellung, dass ein deutscher Papst einen Holocaust-Leugner rehabilitiert, ist für die Katholiken in Deutschland unerträglich. Die Deutsche Bischofskonferenz stellt sich auf die Seite der jüdischen Gemeinde und verlangt, Williamson solle seine Behauptungen zurücknehmen. Da das Interview des schwedischen Fernsehens auf deutschem Boden stattgefunden hatte, leitet die Staatsanwaltschaft Regensburg gegen ihn ein Ermittlungsverfahren wegen Volksverhetzung ein. Der Regensburger Bischof Gerhard Müller erteilt ihm wegen »gotteslästerlicher und unmenschlicher« Behauptungen ein Hausverbot für die Diözese.

In Österreich bricht es aus Kardinal Christoph Schönborn, einem persönlichen Freund Benedikts XVI., heraus: »Es ist beschämend und beängstigend, dass es immer noch Stimmen gibt, die öffentlich die Shoah leugnen und das Existenzrecht des jüdischen Volkes in Frage stellen.« Schönborn, der auch Vorsitzender der Österreichischen Bischofskonferenz ist, schickt dem Oberrabbiner Paul Chaim Eisenberg einen Brief, in dem er die Aufmerksamkeit auf einen weiteren wunden Punkt der Angelegenheit lenkt. Die Judenvernichtung, schreibt der Kardinal, bleibe eine schmerzliche Wunde und eine Schande Europas. Auch Christen seien an diesem Großverbrechen beteiligt gewesen oder hätten »weggesehen«.

Protestiert wird auch in Frankreich, wo der Kardinal von Bordeaux Jean-Pierre Ricard, Mitglied der Kommission Ecclesia Dei (der die Verhandlungen mit der Bruderschaft obliegen), klarstellt, die Aufhebung der Exkommunikation bedeute noch nicht, dass der Bruch mit den Piusbrüdern überwunden sei, und schon gar nicht, dass man auch nur ansatzweise deren absurde Leugnung des Holocausts teile.

Am 27. Januar 2009, dem Tag des Gedenkens, meldet sich der Episkopat der Schweiz zu Wort, wo der schismatische Bischof Marcel Lefebvre 1970 den Hauptsitz der Bruderschaft gegründet hatte. In einer offiziellen Erklärung treffen die Schweizer Bischöfe eine Feststellung, die im Aufhebungserlass des Vatikans nicht enthalten ist: Die vier Pius-Bischöfe bleiben »weiterhin suspendiert«, das heißt, sie dürfen weder Messen feiern noch Sakramente erteilen und folglich auch nicht die bischöflichen Funktionen ausüben. Eine Ohrfeige für die vom Vatikan geschaffene Konfusion. »Nach dem Recht der katholischen Kirche«, erläutert die Schweizer Bischofskonferenz, »ist die Aufhebung der Exkommunikation noch nicht die Versöhnung oder Rehabilitierung, sondern erst die Eröffnung eines Weges auf Versöhnung hin. Dieser Akt ist nicht das Ende, sondern der Beginn von notwendigen Gesprächen über die strittigen Fragen.«

Mitten in der Polemik meldet sich auch der Relator im Seligsprechungsverfahren für Pius XII., der Jesuit Peter

Gumpel. Er zitiert aus den Unterlagen der Wannseekonferenz, die das Ziel der Judenvernichtung des NS-Regimes belegen. »Die Holocaust-Leugner möchte ich fragen«, schreibt er im *Osservatore Romano*, »wo die Millionen von Juden, die in Europa lebten, denn geblieben sind? Sie haben sich ja nicht in Nichts aufgelöst, sie wurden ermordet.« Um die Gemüter zu besänftigen, veröffentlicht die Vatikanzeitung einen Artikel der jüdischen Historikerin Anna Foa. In dem aufgeheizten Klima, das inzwischen entstanden ist, verschlimmert allerdings jede neue Stellungnahme die Position des Vatikans, da immer unverständlicher wird, warum der Papst Williamson und die anderen drei Bischöfe offensichtlich als verlorene Söhne aufgenommen hat.

Vier Tage sind seit der Veröffentlichung des von Benedikt XVI. gewollten Erlasses vergangen und schon zeigen sich gravierende Mängel im Umgang der Kurie mit der Angelegenheit. Im Vorfeld hatte der Kurienapparat gar nicht untersucht, wer Williamson ist. Damit leistete man weltweit der Vorstellung Vorschub, dass ein erklärter Holocaust-Leugner rehabilitiert wird. Man hatte einfach nicht berücksichtigt, dass unter den traditionalistischen Hardlinern althergebrachte christliche Judenfeindschaft, Antisemitismus und Leugnung des Holocausts eine unheilvolle Mischung eingehen. Schließlich schweigt man auch noch über die Stellung Williamsons und der anderen drei Bischöfe: Sind sie nun vollwertige Bischöfe oder bleiben sie *a divinis*, also von der Ausübung ihrer Funktionen suspendiert? Gespannt richten sich alle Augen in der jüdischen wie der katholischen Welt auf den Papst. Der Öffentlichkeit entgeht auch nicht die Zweideutigkeit, mit der der Generalobere der Piusbrüder Bernard Fellay in der Sache auftritt.

Kaum war die Aufhebung der Exkommunikation verkündet, gab Fellay noch am 24. Januar eine Pressemitteilung heraus. Darin erinnerte er daran, dass die traditionalistische Bewegung die Strafe stets angefochten hatte, und sprach Benedikt XVI. mit einem ebenso stolzen wie vielsagenden Versprechen seine Anerkennung aus: Die Bruderschaft »wünscht, dem Papst immer mehr helfen zu können, die Heilmittel für die Krise, die ihresgleichen in der Vergangenheit nicht kennt und die gegenwärtig die katholische Welt erschüttert, anzuwenden«. Kein Wort der Anerkennung des Konzils, kein Wort der Distanzierung von Williamson. Fellay attackiert vielmehr das schwedische Fernsehen für dessen »feigen Versuch ... die Tätigkeit unserer Gemeinschaft verzerrt darzustellen und zu verleumden«.

24 Stunden später versucht der Generalobere der Piusbrüder eine Kurskorrektur. Er teilt mit, dass die Bruderschaft mit Williamsons Aussagen nichts zu tun hat. »Die Shoah hat es leider wohl gegeben, aber es war nicht der erste Völkermord in der Geschichte und schon gar nicht der letzte ... wie der Völkermord an den Armeniern ...« Fellay bemüht sich zu unterstreichen, es sei »kein Dogma, an die Ermordung der Juden, an den Einsatz von Gaskammern oder an die anderen Vernichtungsaktionen zu glauben. Die Geschichte erinnert ohnehin daran.« Unter Berufung auf das Gottesgebot »Du sollst nicht töten« flüchtet Fellay sich in die allgemeine Feststellung, Menschen das Leben zu nehmen sei eine verabscheuungswürdige Todsünde.[3]

Aber der Kunstgriff reicht nicht aus, um die öffentliche Meinung zu besänftigen. Auf Druck des Vatikans schreibt der Generalobere zwei Tage später einen Brief an den Vatikan, der vom Presseamt des Heiligen Stuhls verbreitet wird. »Wir bitten den Heiligen Vater und alle Menschen guten Willens um Entschuldigung für den dadurch [Williamsons Interview] hervorgerufenen Ärger.« Bei den Opfern entschuldigt sich Fellay nicht und spricht lediglich von der »Unangebrachtheit dieser Äußerungen«. Ihren Höhepunkt erreicht die Doppelzüngigkeit der Piusbrüder in einer der verschwurbeltsten Passagen des Schreibens: »In diesem Interview äußert er [Williamson] sich auch zu historischen Fragen, insbesondere zum Judenmord der Nationalsozialisten. Es ist offensichtlich, dass ein Bischof nur zu Fragen des Glaubens und der Moral mit religiöser Autorität sprechen kann.« Unweigerlich folgte die Reaktion des Oberrabbiners von Rom, Di Segni: »Der Begriff ›Unangebrachtheit‹ scheint mir angesichts der Enormität der Shoah absolut unangemessen.«

Es fällt auf, dass der Generalobere für Williamson den Titel eines katholischen Bischofs beansprucht. Zu diesem Punkt hüllt sich der Vatikan weiterhin in Schweigen. Fellay versichert jedenfalls, dass die Behauptungen des Holocaust-Leugners nicht die Haltung der Bruderschaft widerspiegeln. »Deshalb habe ich Bischof Williamson bis auf weiteres jedwede öffentliche Stellungnahme zu politischen oder historischen Fragen untersagt.«

Diesem Vexierspiel wird von jüdischer Seite entgegengehalten, dass es nicht darum gehe, einen einzelnen Holocaust-Leugner zum Schweigen zu bringen, sondern es müsse geklärt werden, ob die Piusbrüder, mit denen Benedikt XVI. eine Versöhnung anstrebt, die konziliaren Erklärungen zur Öffnung gegenüber dem Judentum mittrügen oder nicht. Es liegt am Papst, den Knoten zu lösen.

In seiner Ansprache bei der Generalaudienz am 28 Januar 2009 spricht sich Benedikt XVI. ohne Wenn und Aber gegen die Leugnung des Holocausts aus. Vor den Pilgern in der Aula Paolo VI. erinnert der Papst an seine wiederholten Reisen nach Auschwitz – als Kardinal wie als Papst – und gedenkt der »grausamen Ermordung von Millionen von Juden, die Opfer eines blinden rassischen und religiösen Hasses geworden sind«. Die Shoah, sagt er, sollte allen eine Mahnung gegen »das Vergessen, die Leugnung und den Reduktionismus« sein. Den jüdischen Brüdern spricht er erneut seine Zuneigung aus und sichert ihnen seine volle Solidarität zu. Aufrichtige Worte, die in israelischen Kreisen sofort erwidert werden. Der Botschafter Mordechay Lewy bekräftigt, der Papst sei in Israel stets willkommen. Der Sprecher des Großrabbinats reagiert zufrieden: »Ein großer Schritt nach vorn.« Dennoch verlangt er weitere Klärung.

Auch vor den Gläubigen spricht der Papst das Thema Aufhebung der Exkommunikation an und stellt seine Entscheidung als Geste der Barmherzigkeit dar. Zum ersten Mal berührt Benedikt XVI. hier den wunden Punkt, der innerhalb der katholischen Kirche große Unzufriedenheit und Bestürzung auslöst: die Frage, ob sich die Bruderschaft zu den Texten des Konzils bekennt. Und endlich fordert Benedikt XVI. die Piusbrüder auf, seine Autorität anzuerkennen.

Doch auch wenn er sein Prestige in die Waagschale wirft, übergeht der Papst den wichtigsten Aspekt der Krise, die innerhalb der Kirche wie international eine der schwersten ist. Benedikt XVI. lässt die Frage offen, ob Williamson nun Bischof der katholischen Kirche ist oder nicht. Die jüdische Seite lässt diesbezüglich nicht locker. Der Rabbiner Rosen hakt nach: Entweder entschuldigt sich Williamson oder der Vatikan soll erklären, er werde ihn als Bischof der katholischen Kirche nicht akzeptieren, solange er den Holocaust leugnet.

Der Januar neigt sich dem Ende zu, und im Vatikan tut man sich immer noch schwer, das Ausmaß der Krise zu begreifen. Manche spitzen sie sogar noch zu. Kardinalstaatssekretär Bertone beklagt die beißende Kritik jüdischer Kreise. »Es ist nicht rechtens und auch nicht gut, ständig das Handeln des Papstes zu beurteilen«, meint er. Er ahnt noch nicht, dass ihm noch viel schwierigere Zeiten bevorstehen.

Eine neue Welle der Polemik löst Kardinal Darío Castrillón Hoyos aus, der Präsident der Kommission Ecclesia Dei. Im Auftrag Ratzingers hat er persönlich die Verhandlungen geführt, die zur Rücknahme der Exkommunikation führten. Seine Aussage bringt die dramatische Desorganisation der Kurie ans Licht. »Wir haben immer mit diesem Mons. Fellay gesprochen«, sagt er, »und haben bis zuletzt absolut nichts von diesem Williamson gewusst … ich denke, niemand hatte davon Kenntnis.«[4] Castrillón fügt ein Detail hinzu: »Als wir Monsignore Fellay das unterzeichnete Dokument überreichten, wussten wir nichts von dem Interview, das war Tage vorher gewesen.« Und dann das Eingeständnis: »Zu dem Zeitpunkt war das Dokument bereits in den Händen der Betroffenen …«

Damit gibt er zu, wie ungeschickt die gesamte Angelegenheit gemanagt wurde. Nie zuvor war der sonst so raffiniert vorgehende Kurienapparat derart ins Stottern geraten. Die Rückblende ist erbarmungslos, die genaue Darstellung der Abläufe aufschlussreich. Castrillón Hoyos gibt nämlich zu, dass das vatikanische Dokument den Piusbrüdern vorab übergeben wurde, schon vor der offiziellen Verbreitung am 24. Januar 2009. Am 17. Januar ließ Castrillón Hoyos Monsignore Fellay nach Rom kommen, um den Piusbrüdern das Aufhebungsdekret zu übergeben: nicht nur vor der Veröffentlichung, sondern sogar vor dem Datum, zu dem Kardinal Re am 21. Januar offiziell seine Unterschrift darunter setzte.

Als die Skandallawine ins Rollen kommt, ist dem Heiligen Stuhl der Handlungsspielraum genommen. Denn schon am 19. Januar hat der *Spiegel* auf seiner Webseite Auszüge aus dem Interview mit Williamson veröffentlicht. Im schwedischen Fernsehen werden seine Äußerungen am 21. Januar ausgestrahlt. Kardinal Castrillón mag davon nichts gewusst haben, aber spätestens am 22. weiß es die ganze Welt. Schon am frühen Morgen finden die italienischen Leser in der Tageszeitung *Il Giornale* die Nachricht, der Vatikan schicke sich an, die Exkommunikation der Piusbischöfe aufzuheben. Andrea Tornielli, Vatikan-Experte der Zeitung, hat davon Wind bekommen und kommt mit der Veröffentlichung der Nachricht dem Heiligen Stuhl zuvor. Am 22. Januar um 9.13 Uhr gibt die italienische Nachrichtenagentur ANSA die Meldung heraus. Um 10.46 Uhr veröffentlicht die katholische Agentur ASCA umfangreiche Auszüge aus dem Interview, in dem Williamson die Judenvernichtung auf zwei- bis dreihunderttausend Opfer reduziert.

Nun fehlen noch 48 Stunden bis zur amtlichen Veröffentlichung des Dokuments, und während die öffentliche Meinung sich über einen Holocaust-Leugner erhitzt, der zum Führungspersonal der katholischen Kirche zugelassen wird, beschließt das Staatssekretariat, gar nichts zu beschließen.

Tornielli gelingt es, das Protokoll einer Besprechung einzusehen, die am Nachmittag des 22. Januar im Vatikan stattfand. Die Abfolge der Ereignisse spricht für sich.

Es ist fünf Uhr nachmittags, genau genommen 17.30 Uhr. Im Saal der ersten Loggia des Apostolischen Palastes, im Herzen des Regierungsapparats der Kurie, finden sich ein: Kardinalstaatssekretär Tarcisio Bertone, der das Treffen einberufen hat; der Präsident der Kommission Ecclesia Dei Kardinal Castrillón Hoyos; der Präfekt der Glaubenskongregation Kardinal William Levada; der Präfekt der Bischofskongegration Kardinal Giovanni Battista Re; der Präfekt der Kleruskongegration Kardinal Cláudio Hummes; der oberste Kirchenrechtsexperte und Präsident des Päpstlichen Rates für die Gesetzestexte Prälat Francesco Coccopalmerio sowie der zweite Mann im Staatssekretariat, der Monsignore Substitut Fernando Filoni.

Es sind noch 32,5 Stunden bis zur Ankündigung, dass Williamson und die anderen drei Piusbrüder vom Papst begnadigt werden. Staatssekretär Bertone »lenkt die Aufmerksamkeit auf die Situation, die entstehen wird, sobald am Samstag, dem 24. Januar um zwölf Uhr römischer Zeit der Erlass veröffentlicht wird, mit dem die Exkommunikation der vier von S. E. Mons. Lefebvre am 30. Juni 1988 geweihten Bischöfe zurückgenommen wird«.[5]

In seiner Formulierung verrät das Protokoll – Freud lässt grüßen – das Klima einer übereilten Amnestie, die den Piusbrüdern gewährt wird. Die bürokratischen Antennen des Vatikans reagieren stets fügsam auf die Impulse, die aus dem *Appartamento*, den päpstlichen Gemächern, kommen: dem Allerheiligsten, dem Machtzentrum der Universalkirche. Denn darin werden die vier Begnadigten als »vescovi«, als Bischöfe, bezeichnet und damit als offizielle Amtsträger der katholischen Kirche anerkannt. Und Marcel Lefebvre, den Johannes Paul II. wegen Auslösung eines Schismas exkommuniziert hatte, wird förmlich als »Seine Exzellenz Monsignore Lefebvre« tituliert.

Den anwesenden Kardinälen stellt Bertone zwei Fragen zur »wohlwollenden Geste des Pontifex Maximus«. Erstens, ob auch die Priester, Ordensleute und Gläubigen der Bruderschaft S. Pius X. in den Genuss der Aufhebung der Exkommunikation kommen sollen. Zweitens, ob der Erlass durch eine klärende Note begleitet werden soll, die eine rechtliche Erläuterung der Einschränkungen und Bedingungen der Aufhebung beinhaltet. Die Diskussion wird eröffnet. Als Erster spricht Kardinal Giovanni Battista Re, und dann meldet sich der Kirchenrechtsexperte Francesco Coccopalmerio, der ohne Zögern feststellt: »Die Absolution der Exkommunikation stellt die vier Bischöfe in volle Gemeinschaft mit der Kirche.« Die Priester und Diakone der Bruderschaft mögen einen ausdrücklichen Antrag auf Aussöhnung stellen.

Etwas vorsichtiger ist der Glaubenswächter Kardinal Levada. Er hebt hervor, dass die vier Pius-Bischöfe mehrfach Erklärungen abgegeben haben, die, bevor man die Absolution erteile, eine Klarstellung oder eine »öffentliche Richtigstellung« verlangen. Angesichts der zahlreichen Äußerungen der Piusbrüder, die gegen die Lehr- und Pastoralmeinung der katholischen Kirche vom Konzil an aufwärts verstoßen, habe man die Qual der Wahl. Doch weder der Staatssekretär noch die anderen Kardinäle zeigen Interesse daran, der Sache nachzugehen. In der Runde hebt keiner die Hand, um von den Lefebvre-Bischöfen öffentliche Richtigstellungen zu verlangen. Allen ist klar, welchen Weg der Papst vorgegeben hat: die Exkommunikation ohne Bedingungen aufzuheben, und anschließend könne man verhandeln. Kardinal Castrillón Hoyos macht sich zum Sprecher des päpstlichen Willens: »Der Dialog zu den noch offenen Fragen wird sich besser entwickeln können, wenn die Bischöfe sich innerhalb und nicht außerhalb der Kirchengemeinschaft fühlen.« Es sei nicht erforderlich, sagt er, alle Probleme vorab zu lösen. Benedikt XVI. habe ohnehin von einem »schrittweisen Vorgehen bei der Lösung der Fragestellungen« gesprochen. Hier knüpft Kardinal Re wieder an, um zu bekräftigen, dass die Aufhebung der Exkommunikation noch nicht die volle Gemeinschaft bedeute, sondern eine Geste sei, mit der man den Weg der Versöhnung fördern wolle.[6]

Keiner der Kardinäle erwähnt auch nur andeutungsweise den Williamson-Skandal, der über die Agenturmeldungen bereits publik ist. Der Staatssekretär, in dessen Büros die Meldungen aus der ganzen Welt zusammenlaufen, rührt das Thema nicht an. Castrillón Hoyos kümmert sich nicht um die aufsehenerregenden Nachrichten, obwohl sie einen direkt von ihm verhandelten Fall betreffen. Die Absicht, der Entscheidung des Papstes keine Hindernisse in den Weg zu stellen, äußert sich auch in der Entscheidung, keine erläuternde Note zu verfassen, »um die Lage nicht komplizierter zu gestalten«.

Benedikt XVI. hat sich gewünscht, dass man »so schnell wie möglich« zur vollen Versöhnung kommt, und die Kardinäle passen sich an. Falls einer zu dem Eklat eine Meinung hat, hütet er sich, diese zu äußern. Im Übrigen hatte der Papst ohnehin beschlossen, sich über die Bedingungen hinwegzusetzen, die ihm die Mehrheit des Kardinalskollegiums gestellt hatte, als er die Angelegenheit dort am 23. März 2006 vorlegte. Vor allem die Anerkennung des Zweiten Vatikanischen Konzils. Damit spielte der Papst seine Macht als absoluter Herrscher aus.

Aus dem Protokoll des kleinen Gipfeltreffens, das Kardinal Bertone nach dem Ausbruch der Krise im Vatikan einberief, ergibt sich, dass man der schismatischen Bewegung der Piusbrüder eine bedingungslose Aufhebung der Exkommunikation anbot. Es reichte ein allgemeines Schreiben von Fellay, in dem er behauptet, an »den Primat Petri und an seine Vorrechte zu glauben«.[7] Darüber hinaus vereinbaren die Kardinäle in ihrer Besprechung hinter verschlossenen Türen, dass die Gemeinschaft der Piusbrüder, obwohl sie formell nicht anerkannt ist, durch ihre Erwähnung im Aufhebungserlass im Wesentlichen als Verhandlungspartner akzeptiert ist. Damit wird ihre Pastoraltätigkeit, wenn auch nicht förmlich, so doch praktisch legitimiert, zumindest provisorisch.

Ein Detail dieser Besprechung entlarvt ein Merkmal der Ära Benedikts XVI. Der Verantwortliche für die Beziehungen zur Presse, Lombardi, nimmt nicht daran teil. Die Massenmedien tauchen auf dem Radarschirm der vatikanischen

Führungsriege gar nicht auf. Die Beziehungen zur internationalen Öffentlichkeit spielen keine Rolle. Die Welt wird einzig und allein als Auditorium betrachtet, auf das die päpstlichen Verlautbarungen herabrieseln. Auf der kleinen Gipfelbesprechung im Apostolischen Palast beschließen Kardinäle und Prälaten förmlich, dass es zur Entscheidung des Papstes kein Interview und nicht einmal – wie sonst üblich – eine Pressekonferenz geben wird. Dem Pressesprecher Lombardi sagt man: »Die Verlautbarung reicht.«

Nachher, als der Skandal schon an allen Ecken Schaden angerichtet hat, wird man im Vatikan hinter vorgehaltener Hand einräumen, es habe »Kommunikationsfehler« gegeben. Es war aber kein Fehler. Das Protokoll belegt, dass man an Kommunikation nicht interessiert war. Um 19.50 Uhr, das wird genau vermerkt, löst sich die Besprechungsrunde nach einem Gebet auf.

Ein weiterer Vorgang hinter den Kulissen beleuchtet die schlechte Arbeitsweise des Kurienapparats. Bereits im November 2008 hatte der Bischof von Stockholm, Anders Arborelius, dem Nuntius für die nordischen Länder, Erzbischof Emil Paul Tscherrig, von dem Fernsehinterview mit Williamson berichtet und vor dessen antisemitischen Äußerungen gewarnt. *Off the record* bestätigt der Nuntius Tscherrig, eine Mitteilung an den Vatikan geschickt zu haben, die wohl in den Mäandern des Staatssekretariats verloren ging oder unterschätzt wurde. Monate später bestätigt das erzbischöfliche Ordinariat von Stockholm dies in einer Mitteilung vom 21. September 2009, kurz vor einer weiteren Fernsehsendung zu dem Fall.

Dennoch behauptete Kardinal Castrillón Hoyos immer wieder, nichts erhalten zu haben. Allerdings ist im Vatikan noch Schlimmeres vorgekommen. Nachdem Williamson am 21. Januar im schwedischen Fernsehen die Existenz der Gaskammern geleugnet hatte, informierte Papstsprecher Lombardi sofort das Staatssekretariat und legt das sogar schriftlich nieder: »Ich wurde von den schwedischen Kollegen bei Radio Vatikan [von dem Interview] informiert. Als ich meine Vorgesetzten darüber informierte, … stellte ich fest, dass die Entscheidung zur Aufhebung der Exkommunikation schon getroffen worden war.«[8]

Am 22. und 23. Januar weiß man im Staatssekretariat bereits, was vorgefallen ist. Aber man verkennt den Ernst der Lage und bereitet auch keinen Alternativplan vor. Man macht einfach weiter, als wäre nichts geschehen. Trotz der Meldung der deutschen katholischen Nachrichtenagentur KNA vom 23. Januar, dass man bei der Regensburger Staatsanwaltschaft gegen Williamson ein Ermittlungsverfahren wegen Leugnung des Holocausts eröffnet hat. Trotz der Meldung auf der Webseite von Radio Vatikan.

Kardinal Bertone hätte die Autorität, um dem Papst den Rat zu geben, die Veröffentlichung des Erlasses noch so lange auszusetzen, bis Williamson seine umstrittenen Äußerungen zurücknimmt. Dass es dazu nicht kam, dafür war Bertone verantwortlich, oder beide. Monate später nahm Pater Lombardi Benedikt XVI. in Schutz: »Der Papst hat gesagt, dass er keine Kenntnis davon hatte, als er die Aufhebung der Exkommunikation genehmigte. Ich bin mir sicher, dass der Papst die Wahrheit sagt.«

Für sämtliche Vorarbeiten im Hinblick auf die Aufhebung der Exkommunikation trug hingegen Kardinal Castrillón Hoyos die alleinige Verantwortung. Es hätte nicht des Interviews des schwedischen Fernsehens bedurft, um auf ausreichende Belege für den Antisemitismus des Pius-Prälaten zu stoßen und sie dem Papst vorzulegen, denn im Vatikan ist Castrillón Hoyos als leidenschaftlicher Internetsurfer bekannt. Und paradoxerweise startet der Vatikan ausgerechnet am 23. Januar mit einer Pressekonferenz seinen eigenen YouTube-Kanal.

Das Netz quillt nur so über von Äußerungen des Prälaten, in denen er den Holocaust leugnet. Jahrzehntelang war Williamson in der Piusbruderschaft für die Priesterausbildung zuständig. Bevor er das Seminar in La Reja in Argentinien übernahm, führte er ein Institut in Winona in Kanada. Aus den monatlichen *Briefen an die Freunde und Wohltäter* geht sein militanter Antisemitismus hervor. In der Ausgabe vom Mai 2000 würdigte er die berüchtigten *Protokolle der Weisen von Zion*, die im 19. Jahrhundert von der Geheimpolizei des russischen Zaren fabriziert wurden, um eine angebliche jüdische Weltverschwörung zu propagieren. »Gott hat den Menschen die *Protokolle der Weisen von Zion* in die Hand gegeben«, so Williamson, »damit sie die Wahrheit erfahren, aber nur wenige wollen das.« Schon im November 1991 hatte er im selben Blatt die *Protokolle* erwähnt. Der Antisemitismus gehört zu den Grundkonstanten seiner Botschaft. »So wie die Anführer der [jüdischen] Priester und Ältesten Jesus auf den Tod hassten, aber für den Verrat einen Apostel benötigten, so können wir Juden, Freimaurer und Konsorten beschuldigen, die Zerstörung der Kirche zu betreiben, aber es braucht Männer aus dem Innern der Kirche, um wirklich Verrat und Zerstörung zu betreiben.«[9] In der Juni-Ausgabe kann man erneut lesen: »Zweitausend Jahre lang haben die Juden wiederholt versucht, die katholische Kirche zu schwächen und Christus der Christenheit zu nehmen.«

Ebenfalls im Internet könnte »Castrillón-Pasticcion« [Patzer], wie ihn Kardinal Re bei Ausbruch des Skandals irritiert betitelt, die antisemitischen Glanzstücke eines weiteren der vier begnadigten Bischöfe finden, Tissier de Mallerais. Der Lefebvre-Bischof behauptet, auch wenn die Kirche stets die Ermordung von Juden untersagt und verurteilt habe, hätten deren üble Eigenschaften sie doch den Völkern »verhasst« gemacht und sie zu den umtriebigsten Agenten der Ankunft des Antichrist werden lassen.

In Wirklichkeit hat Castrillón Hoyos schlicht unterlassen, was man im Vatikan gewöhnlich macht, wenn ein Bischof ernannt werden soll: Man bereitet ein Dossier über sein Wirken, seine Schriften und seine Reden vor. In diesem Fall wäre eine Vorabprüfung umso dringlicher gewesen, weil es schließlich um die Legitimierung unrechtmäßig geweihter und deshalb exkommunizierter Bischöfe in der katholischen Kirche ging. Absichtlich aus der gesamten Angelegenheit herausgehalten wurde auch die Kongegration für die Bischöfe, die von Rechts wegen eigentlich dafür zuständig ist. So erfuhr Kardinal Re erst im letzten Moment von dem Erlass, als Kardinalstaatssekretär Bertone ihm den »Wunsch« des Papstes mitteilte.

Castrillón, der sich auf die Anregungen beruft, die er über die Jahre von Benedikt XVI. erhalten hat, wird stets bestreiten, seine Pflichten verletzt zu haben. »Wir haben getan, was zu tun war.«[10] Noch Monate später bekräftigt der Kardinal starrsinnig: »Mit dem Problem eines Herren, der eine historische Tatsache leugnet, habe ich nichts zu tun.« Außerdem, präzisiert er, wusste der Papst genau, »was wir da taten«. Unter anderem auch deshalb, weil Ratzinger vor seiner Wahl an den Verhandlungen der Kommission Ecclesia Dei mit den Piusbrüdern teilgenommen hatte. Castrillón Hoyos fühlt sich unangreifbar: »Nach all den technischen, theologischen und juristischen Beratungen ist man zu dem gelangt, was der Heilige Vater, von dem wir glauben, dass er vom Heiligen Geist erleuchtet ist, verlangt hat.«[11]

Hatte der Vatikan gehofft, die Ansprache des Papstes am 28. Januar werde den Streit zum Erliegen bringen, so musste er sich eines Besseren belehren lassen. Kaum war die Wirkung der Papstrede verblasst, blieben noch drei Kernfragen übrig: keine Selbstkritik von Williamson; keine Distanzierung des Generaloberen Fellay von Williamson; keine Klärung des Vatikans in der Frage, ob der Prälat nun der Hierarchie der katholischen Kirche angehört oder nicht. Das Großrabbinat Israels droht mit dem Abbruch der Beziehungen zum Vatikan, setzt die Entscheidung aber im letzten Moment aus. Die französischen Bischöfe erinnern lautstark daran, dass das Konzil nicht zur Disposition stehe. In Belgien beschließt der Theologe und Ethikprofessor Jean-Pierre Wils, öffentlich aus der katholischen Kirche auszutreten. Sogar der belgische Premierminister meldet sich zu Wort und lässt über seinen Botschafter beim Heiligen Stuhl mitteilen, wie sehr die Regierung wegen der Positionen Williamsons »geschockt« ist. In Holland bezeichnet der Bischof von Rotterdam Adrianus van Luyn die päpstliche Entscheidung als verheerend.

In Deutschland beschuldigt ein von zahlreichen Gläubigen unterzeichneter Appell den Vatikan, sich mit Extremisten des Traditionalismus zu versöhnen und gleichzeitig die Verurteilungen von Reformtheologen bestehen zu lassen. Der Befreiungstheologe Leonardo Boff kommentiert: »Benedikt XVI. sucht den Schulterschluss mit dem konservativsten Teil der Kirche und riskiert ein Schisma der Befürworter des II. Vatikanischen Konzils.« Der Hauptvertreter der kritischen Theologen Hans Küng klagt an: »Der Papst lebt in seiner Welt, er hat sich von den Menschen entfernt … die Probleme der Gläubigen sieht er nicht mehr … er sieht nur noch die Welt des Vatikans.«[12] In der Schweiz unterzeichnen 200 Priester und Theologen ein Manifest, um das »äußerst regressive« Klima im Pontifikat Benedikts XVI. anzuprangern.

Vor allem in Deutschland schlägt die Entrüstung gegen den Vatikan scharfe Töne an. Im Hagel der Proteste distanziert sich der Distrikt Deutschland der Piusbruderschaft von Williamson, entschuldigt sich und tadelt die »Verharmlosung der Judenmorde des NS-Regimes«. Doch mittlerweile überlegen die jüdischen Gemeinden Deutschlands, die Beziehungen zur katholischen Kirche einzufrieren. Der Brief, den Williamson am 30. Januar an Kardinal Castrillón Hoyos schickt, macht das Ganze noch schlimmer. Im argentinischen Priesterseminar, in das er sich zurückgezogen hat, zeigt sich der Prälat verwundert über »den furchtbaren Medien-Sturm, der durch meine unbedachten Bemerkungen heraufbeschworen wurde« und spricht von »aufrichtigem Bedauern für das Leid und die Probleme, die ich Ihnen und dem Heiligen Vater bereitet habe«. Williamson vermeidet es wieder einmal, die Frage seiner Leugnung des Holocausts anzusprechen. Stattdessen flüchtet er sich in die rhetorische Nennung eines Bibelzitats aus dem Buch Jonas: »Werft mich ins Meer, dann wird es sich beruhigen. Ich weiß, dass dieser Sturm nur meinetwegen über euch gekommen ist.« Die Shoah wird in dem Schreiben gar nicht erwähnt. Der Bischof erklärt, für ihn seien allein »die Mensch gewordene Wahrheit und die Belange Ihrer einzig wahren Kirche« wichtig.

Vergeblich erinnert Papstsprecher Lombardi in einem Kommentar auf Radio Vatikan daran, dass der Papst jede Form der Leugnung des Holocausts verurteilt hat: »Wer die Tatsache der Shoah leugnet, weiß nichts vom Mysterium Gottes oder vom Kreuze Christi. Und das ist umso schlimmer, wenn es aus dem Mund eines Priesters oder eines Bischofs kommt.«[13] Der Bischof von San Marino, Luigi Negri, Mitglied von Comunione e Liberazione, lässt durchsickern, Williamson habe Krebs und werde bald sterben.[14] Ein Ablenkungsmanöver oder eine fromme Hoffnung. Es ist nicht Gevatter Tod, der die neue Krise zu lösen vermag, in die das Pontifikat gestürzt ist.

Tag um Tag wächst das Gefühl des Unbehagens, der Unzufriedenheit und sogar der Rebellion gegen die Kirchenführung. In Deutschland bricht das Bild von Ratzinger vor allem in katholischen Kreisen in sich zusammen. Der christdemokratische Präsident des Deutschen Bundestages Norbert Lammert kritisiert den Papst, auch der Jesuitennovize und frühere Generalsekretär der CDU Heiner Geißler tut es: »Man kann fast den Eindruck bekommen, ihm sei ein rechtsradikaler, antisemitischer katholischer Bischof lieber als eine evangelische Bischöfin.« Der ehemalige Präsident der Deutschen Bischofskonferenz Kardinal Karl Lehmann brandmarkt die Begnadigung der Lefebvre-Bischöfe als Desaster für die Überlebenden der Lager. Der Liberale Hans-Dietrich Genscher, deutscher Außenminister zur Zeit der Wiedervereinigung, spricht aus, was andere nicht auszusprechen wagen: »Die Polen können stolz sein auf Johannes Paul II., auf seinen Beitrag zum Glauben, zur Welt und zur Freiheit. Aber ich fange an zu zweifeln, ob wir stolz darauf sein können, einen deutschen Papst zu haben, zumindest diesen deutschen Papst.«

Nach Ratzingers Wahl zum Papst brachte die *Bild*-Zeitung die stolze Schlagzeile »Wir sind Papst!«. So, als würde Ratzinger stellvertretend für ganz Deutschland gekrönt und als könne Deutschland damit endlich aus dem langen Schatten des vom Nationalsozialismus ausgelösten Weltkriegs heraustreten. Nun spöttelt die linke Berliner *tageszeitung* zurück: »Wir sind peinlich!«, während der *Spiegel* einen Bericht lapidar unter die Überschrift stellt: »Ein deutscher Papst blamiert die katholische Kirche.«

Nach der autoritär durchgesetzten Gleichstellung der vorkonziliaren Messe mit dem Ritus Pauls VI., die mit der faktischen Anerkennung der reaktionärsten Widersacher des Konzils einherging, ist nun mit der Williamson-Krise der

Bann gebrochen. Der Riss zwischen Konservativen und Befürwortern des Konzils bricht wieder auf wie eine klaffende Wunde. Ratzinger wird als ein Papst wahrgenommen, der spaltet, der die Hand nach der Vergangenheit ausstreckt, hart gegen Reformer vorgeht und mit fanatischen Traditionalisten Nachsicht übt. Die Erbsünde des Mechanismus, der zu seiner Wahl geführt hat, taucht wieder auf. Ratzinger stand nicht für die breite Mehrheit der Katholiken und wird dies auch nie tun. Er mag als großer Theologe und wegen seines innigen Glaubens eine Faszination ausüben, aber als regierendes Kirchenoberhaupt treibt er einen Keil in die Masse der Gläubigen. Seine Entscheidungen spalten, und seine Kurie – so wie er sie gestaltet hat – ist nicht in der Lage, ihm beizustehen in den Stürmen, die er selbst ausgelöst hat.

Von Kardinal Kasper, der das Privileg genießt, seinen Landsmann Ratzinger zu duzen, stammt eine offene Anklage der Missstände in der Kirchenregierung. »Es sind sicher auch Fehler gemacht worden im Management der Kurie. Ich wünsche mir eine volle Klarstellung seitens des Papstes und des Vatikans«, lässt er über die Mikrophone von Radio Vatikan wissen.[15]

Überraschenderweise meldet sich auch die Kanzlerin Angela Merkel, Christdemokratin und Tochter eines protestantischen Pfarrers, zu Wort: »Es ist normalerweise nicht meine Aufgabe, innerkirchliche Entscheidungen zu bewerten«, sagt sie teutonisch korrekt. »Aber es geht in der aktuellen Debatte um die Leugnung des Holocausts und grundsätzliche Fragen des Umgangs mit dem Judentum. Wenn durch eine Entscheidung des Vatikans der Eindruck entsteht, dass der Holocaust geleugnet werden kann, darf dies nicht ohne Folgen im Raum bleiben.« Dabei handelt es sich nicht um einen Kommentar im kleinen Kreis. Die Kanzlerin spricht am 3. Februar 2009 auf einer internationalen Pressekonferenz anlässlich des Staatsbesuchs des kasachischen Präsidenten Nursultan Nazarbayev. Und die Schlussfolgerung, die sie zieht, ist eine direkte Attacke: »Diese Klarstellung vonseiten des Papstes und des Vatikans ist aus meiner Sicht noch nicht ausreichend erfolgt.«

Für den Heiligen Stuhl und den deutschen Papst ist das ein harter Schlag. Ein christdemokratischer deutscher Abgeordneter, der Benedikt XVI. in jenen Tagen besucht, berichtet, »im Vatikan ist man über die Diskussion in Deutschland geradezu entsetzt. Es herrscht der Eindruck, dass alle antikatholischen Ressentiments, die in Deutschland schlummern, jetzt an die Oberfläche kommen.«

Einmal mehr zieht man es im Apostolischen Palast vor, sich auszumalen, dass die Welt gegen den Papst ist. Verschwörungstheorien kursieren. In den Korridoren des Vatikans zirkuliert ein Dossier, mit dem man den Nachweis versucht, der Kirche feindlich gesonnene Gruppen hätten das ganze Manöver arrangiert, damit Williamsons Interview mit der Ankündigung der Aufhebung der Exkommunikation zeitlich zusammenfällt. Benedikt XVI. gibt zwar offen zu, es sei ein Fehler gewesen, die Sache nicht genauer studiert und vorbereitet zu haben, meint aber heute noch, dass »die Bereitschaft zur Aggression schon da war, die dann nur auf ihr Opfer gewartet hat«.[16]

Nach dem Einwurf Merkels wird Pater Lombardi beauftragt, auf der Stelle eine Antwort vorzubereiten. Der Vatikansprecher erstellt eine Liste aller päpstlichen Äußerungen zum Holocaust. Dazu hat Benedikt XVI. am 19. August 2005 in der Synagoge in Köln Stellung bezogen, am 28. Mai 2006 in Auschwitz, am 31. Mai 2006 bei der Generalaudienz, am 28. Januar 2009 wieder bei der Generalaudienz. Lombardi wiederholt: Benedikt XVI. hat bereits klargestellt, dass die Aufhebung der Exkommunikation »nichts mit einer Legitimierung von Haltungen zu tun hat, die den Holocaust verneinen, was er zudem gerade klar verurteilt hatte«.

Die Illusion, ein einziges Kommuniqué könne reichen, um den von der deutschen Kanzlerin vor internationalem Publikum geäußerten Vorbehalten entgegenzutreten, hält nur wenige Stunden an. Am 4. Februar, dem zehnten Tag eines Psychodramas, das ohne strategische Steuerung seinen Lauf genommen hat, gibt Kardinal Bertone endlich eine offizielle Note des Staatssekretariats heraus. Es ist das Eingeständnis, dass alle Kritik begründet war. Die Note erkennt an: 1. Die vier von der Exkommunikation gelösten Bischöfe »haben keine kanonische Funktion in der Kirche« und üben in ihr kein rechtmäßiges Amt aus; 2. Die Bruderschaft St. Pius X. genießt gegenwärtig keine kanonische Anerkennung in der katholischen Kirche; 3. Für eine »künftige Anerkennung der Bruderschaft St. Pius X. ist die volle Anerkennung des Zweiten Vatikanischen Konzils und des Lehramtes der Päpste Johannes XXIII., Paul VI., Johannes Paul I., Johannes Paul II. sowie Benedikt XVI. unerlässliche Bedingung«; 4. Die Ansichten von Bischof Williamson über die Shoah sind »absolut inakzeptabel und werden vom Heiligen Vater entschieden zurückgewiesen«.

Schließlich noch die wichtigste Klausel: »Um die Zulassung zu den bischöflichen Funktionen in der Kirche zu erhalten, muss sich Bischof Williamson absolut unmissverständlich und öffentlich von seinen Aussagen zur Shoah distanzieren.« Die Aufhebung der Exkommunikation, schließt die Note, ist lediglich eine Geste des Entgegenkommens, um einen Dialog zu eröffnen. Die Stellungnahmen des Holocaust-Leugners waren »dem Heiligen Vater zum Zeitpunkt der Aufhebung der Exkommunikation nicht bekannt«.

Für den Vatikan-Experten und begeisterten Ratzinger-Befürworter Sandro Magister ergibt die ganze Angelegenheit ein trostloses Bild. Die Bilanz zeige »die Einsamkeit Benedikts XVI., die Untauglichkeit der Kurie, den wirkungslos verpuffenden Aktionismus des Staatssekretariats«. Wenige Tage nach dem Vorfall wird die Rücknahme der Exkommunikation als ein »doppeltes Desaster« gewertet: eines der Regierung und eines der Kommunikation.[17]

Williamson wird seine Aussagen nie zurücknehmen. Er sagt, er wolle zunächst die historischen Beweise prüfen. Trotz eines Interviewverbots bekräftigt er dem *Spiegel* gegenüber seine Äußerungen und zitiert dabei den heiligen Paulus: »Die Juden sind geliebt um der Väter willen, aber unsere Gegner um des Evangeliums willen.«[18] Fellay deckt ihn noch ein paar Tage lang: »Man muss ihm die Zeit lassen, die Sache ernsthaft zu prüfen, damit er eine ehrliche und zutreffende Antwort geben kann.« Dann wird Williamson auf Druck des Vatikans aus der Leitung des Priesterseminars von La Reja entfernt. Argentinien weist ihn aus und gibt ihm zehn Tage, um seine Sachen zu packen.[19]

Ihren Höhepunkt erreicht die Farce des doppelten Spiels mit einem weiteren Schreiben an den Vatikan, in dem Williamson feststellt: »Der Heilige Vater und mein Oberer, Bischof Bernard Fellay, haben mich ersucht, die Bemerkungen ... neu zu überdenken ... es mir leid tut, diese Bemerkungen gemacht zu haben, und dass ich sie nicht gemacht hätte, wenn ich im Vorhinein um den ganzen Schaden und den Schmerz gewusst hätte, die diese verursachen würden, besonders der Kirche, aber ebenso den Überlebenden und den Verwandten der Opfer der Ungerechtigkeit unter dem Dritten Reich ... Ich bitte alle, die sich aufgrund meiner Worte aufrichtig entrüstet haben, vor Gott um Vergebung.«[20] Wieder einmal kommt die Shoah gar nicht erst vor.

Endlich legt sich der zwischen Vatikan und Judentum entfachte Sturm. Bei der Ankündigung seiner für Mai geplanten

Reise ins Heilige Land erklärt Benedikt XVI. am 12. Februar vor einer Delegation amerikanischer Juden ein weiteres Mal, »jede Verleugnung oder Schmälerung dieses schrecklichen Verbrechens ist untragbar und ganz und gar inakzeptabel«. Dies veranlasst den Rabbiner Rosen und den Präsidenten der Union der jüdischen Gemeinden Italiens Gattegna zu der Feststellung, die Angelegenheit sei erledigt.

Nicht erledigt hat sich allerdings der Riss, der sich innerhalb der katholischen Kirche aufgetan hat. Die Bischöfe Nordeuropas äußern offen ihren Unmut. Vor allem die Episkopate in Frankreich, der Schweiz und Deutschland verzeihen es Benedikt XVI. nicht, dass er sie nicht einbezogen und sie sogar völlig im Dunkeln gelassen hat über die geplante Aufhebung der Exkommunikation der vier Bischöfe einer Bewegung, die verbissen gegen das Konzil kämpft. Kardinal Robert Zollitsch, der Präsident der Deutschen Bischofskonferenz, reagierte scharf: »Sie müssen allen Beschlüssen des Konzils vollinhaltlich bedingungslos zustimmen.«

In Deutschland sind einer Umfrage der ARD zufolge nur 42 Prozent der Befragten mit dem Wirken des deutschen Papstes zufrieden. Gleich nach seiner Wahl im April 2005 hatten sich noch 63 Prozent für Benedikt XVI. ausgesprochen.[21] Beim Wahlvolk traf die unwirsche Forderung von Kanzlerin Merkel quer durch alle Lager auf Zustimmung. Die Christdemokraten stellen sich zu 75 Prozent dahinter, die Grünen zu 87, die Linke zu 72, Liberale und Sozialdemokraten zu 68 Prozent. Auch 65 Prozent der Katholiken halten es mit Merkel.[22]

Mehr noch als die Umfragen schmerzen die Kirchenaustritte, die seit 2007 ohnehin zunehmen. »Die Austrittswelle hat bereits eingesetzt«, teilt der Direktor der deutschen Programme von Radio Vatikan, Pater Eberhard von Gemmingen, auf dem Höhepunkt der Affäre mit.[23] Die Zahlen sprechen für sich: Im Jahr 2006 84000 Austritte; 2007 93000; 2008 121000. 2009 betragen die Kirchenaustritte, die sich auch auf das Einkommen der Kirche auswirken, 123681.[24] Der Statistik zufolge haben die Austritte aus der katholischen Kirche seit der Wahl Ratzingers zum Papst um 40 Prozent zugenommen.

Die Rebellion der Katholiken trifft Joseph Ratzinger hart. Er ist verletzt und verbittert. In diesem Gemütszustand setzt er sich an den Schreibtisch und verfasst das merkwürdigste Dokument seines Pontifikats. Die endgültige Fassung datiert vom 10. März 2009. Es handelt sich weder um eine Enzyklika noch um einen Erlass. Es ist ein Brief an die katholischen Bischöfe der ganzen Welt, in dem er seiner Verbitterung Ausdruck gibt. Die Aufhebung der Exkommunikation der vier Bischöfe, schreibt er, »hat innerhalb und außerhalb der katholischen Kirche aus vielfältigen Gründen zu einer Auseinandersetzung von einer Heftigkeit geführt, wie wir sie seit langem nicht mehr erlebt haben«.

So etwas hatte es bis dahin noch nicht gegeben. Die Geste des Papstes offenbart Empfindlichkeit, Größe, Aufrichtigkeit, aber auch wie hartnäckig er die eigenen Positionen verteidigt. Benedikt XVI. rückt nicht von seinem Vorhaben ab, die schismatischen Piusbrüder wieder in die Kirche zurückzuführen. »War und ist es wirklich verkehrt …«, fragt er sich, »die Versöhnung zu versuchen … sich um die Lösung von Verkrampfungen und Verengungen zu bemühen und dem Raum zu geben, was sich an Positivem findet und sich ins Ganze einfügen lässt?« Benedikt XVI. räumt ein, dass man im Laufe der Zeit von Vertretern dieser Gemeinschaft »viele Misstöne gehört hat – Hochmut und Besserwisserei, Fixierung in Einseitigkeiten hinein usw.« Aber der Kirche könne eine Gemeinschaft nicht ganz gleichgültig sein, in der es 491 Priester, 215 Seminaristen, sechs Seminare, 88 Schulen, zwei

Universitätsinstitute, 117 Brüder und 164 Schwestern und Tausende von Gläubigen gibt. Aber hat die Großkirche nicht den Auftrag, für die Einheit zu arbeiten, fährt er fort, und sollte sie nicht auch großmütig sein können?

Doch das Besondere an dem Brief ist nicht seine Rechtfertigung. Auch nicht der Kummer darüber, dass die Aufhebung der Exkommunikation überlagert wurde von dem Fall Williamson, so dass sie plötzlich als etwas ganz anderes erschien: als »Absage an die christlich-jüdische Versöhnung, als Rücknahme dessen, was das Konzil in dieser Sache zum Weg der Kirche erklärt hat«. Der Papst bedauert zutiefst, dass dies den Frieden zwischen Christen und Juden wie auch den Frieden in der Kirche für einen Augenblick gestört hat, und stellt erleichtert fest, dass die Atmosphäre der Freundschaft und des Vertrauens mit dem Judentum wiederhergestellt ist.

An dem Text fällt auf, wie überrascht der Papst von der Krise ist; wie sehr er sich über die sich überschlagenden Ereignisse und die Reaktionen wundert. Das Aufkommen des Falls Williamson nennt er eine »für mich nicht vorhersehbare Panne«. Das Bild, das man vom Vatikan im dritten Jahrtausend erhält, trägt surreale Züge. »Ich höre, dass aufmerksames Verfolgen der im Internet zugänglichen Nachrichten es ermöglicht hätte, rechtzeitig von dem Problem Kenntnis zu erhalten«, schreibt der Papst. Noch befremdlicher klingt in einer vom Web beherrschten Zeit seine Schlussfolgerung: »Ich lerne daraus, dass wir beim Heiligen Stuhl auf diese Nachrichtenquelle in Zukunft aufmerksamer achten müssen.«

Benedikt XVI. zeigt sich von den Ereignissen erschüttert. Verwunderung spricht aus seiner Feststellung, nach der Aufhebung der Exkommunikation »fühlten viele Bischöfe sich ratlos vor einem Ereignis, das unerwartet gekommen und kaum positiv in die Fragen und Aufgaben der Kirche von heute einzuordnen war«. Er ist erstaunt und verbittert, weil die Angelegenheit innerhalb der Kirche einen solchen Sturm ausgelöst hat. Beinahe entgeistert gesteht der Papst: »Dass die leise Gebärde einer hingehaltenen Hand zu einem großen Lärm und gerade so zum Gegenteil von Versöhnung geworden ist, müssen wir zur Kenntnis nehmen.«

Der Brief offenbart, dass Ratzinger sich persönlich verletzt fühlt. Streit und Zerrissenheit der Kirche werden nicht in ihren Motiven untersucht, sondern als Akt der Bosheit abgetan. Benedikt XVI. zeigt mit dem Finger auf »verschiedene Gruppierungen [, die] den Papst ganz offen beschuldigten, hinter das Konzil zurückgehen zu wollen: eine Lawine von Protesten setzte sich in Bewegung, deren Bitterkeit Verletzungen sichtbar machte, die über den Augenblick hinausreichen«. Dann das Eingeständnis: »Betrübt hat mich, dass auch Katholiken, die es eigentlich besser wissen konnten, mit sprungbereiter Feindseligkeit auf mich einschlagen zu müssen glaubten.«

Ohne die tieferen Ursachen der Spannungen anzusprechen, verschanzt sich Ratzinger lieber hinter der Verbitterung und lässt sich dazu hinreißen, die Piusbrüder fast als rituellen Sündenbock hinzustellen. »Manchmal hat man den Eindruck, dass unsere Gesellschaft wenigstens eine Gruppe benötigt, der gegenüber es keine Toleranz zu geben braucht, auf die man ruhig mit Hass losgehen darf. Und wer sie anzurühren wagte – in diesem Fall der Papst –, ging auch selber des Rechts auf Toleranz verlustig und durfte ohne Scheu und Zurückhaltung ebenfalls mit Hass bedacht werden.«

In Ratzingers Augen wird aus der Debatte, die deshalb so hart geführt wurde, weil das Ansehen des Zweiten Vatikanischen Konzils auf dem Spiel stand, ein wütender Bruderkampf. In diesem Zusammenhang zitiert er eine Mahnung des heiligen Paulus, der sich auf die christliche Gemeinschaft der Galater bezieht: »Wenn ihr einander beißt und zerreißt, dann gebt acht, dass ihr euch nicht gegenseitig umbringt.« Aber leider, ruft Benedikt XVI. aus, gibt es das »Beißen und Zerreißen« auch heute in der Kirche. Die Schuld dafür, so sein Urteil, liegt in einer »schlecht verstandenen Freiheit«.

Ein dramatischer Brief, dessen Größe in seiner absoluten Ehrlichkeit und in seiner Weigerung besteht, die Verantwortung für die Krise auf seine Mitarbeiter abzuwälzen. Gleichzeitig offenbart er aber auch eine tragische Führungsschwäche. Er verrät, wie weit der Papst vom tieferen Empfinden des zeitgenössischen Katholizismus entfernt ist und wie schwer es ihm fällt, den Puls der öffentlichen Meinung wahrzunehmen.

Alles, was geschehen ist, hätte vermieden werden können. Es war nicht unabdingbar, die Entscheidung ohne Konsultationen von oben her zu fällen. Es war kein Schicksal, dass die Männer, mit denen Ratzinger sich umgeben hat, beschlossen, der Öffentlichkeit keine Erklärungen zu geben. Zwischen der ersten Indiskretion bis zur Veröffentlichung des Erlasses vergingen 24 Stunden der Untätigkeit. Ratzinger geht in seinem Bekenntnisbrief nicht darauf ein. Und es fällt ihm auch nicht ein, die Frage zu beantworten, die alle sich stellen. Wo war der Papst in den entscheidenden Augenblicken?

Im Vatikan führt die Krise jedenfalls zu Veränderungen. Es wird klargestellt, dass die Bruderschaft Pius X. keine kanonische Anerkennung genießt, und die Kommission Ecclesia Dei wird der Kongregation für die Glaubenslehre unterstellt.

Am 26. Oktober 2009 vormittags um 9.30 Uhr kommen zwei Delegationen im alten Palazzo del Sant'Uffizio zusammen. Die Delegation des Vatikans wird von Monsignore Guido Pozzo, dem Sekretär der Kommission Ecclesia Dei, geleitet, die der Piusbrüder von Bischof Alfonso de Gallareta. Drei Stunden lang wird in einer herzlichen, respektvollen und konstruktiven Atmosphäre diskutiert. So berichtet es das Presseamt. Auf der Tagesordnung stehen: das Verständnis von Tradition, die Gottesdienstreform des Zweiten Vatikanischen Konzils sowie die »Interpretation des Konzils in Kontinuität der Tradition der katholischen Lehre«. Und weiter: die Einheit der Kirche, die Ökumene, das Verhältnis zwischen Christentum und den anderen nichtchristlichen Religionen und die Religionsfreiheit.

Die Gespräche werden das ganze Jahr 2010 über fortgesetzt und folgen einem minutiösen Protokoll. Vor jeder Sitzung legen die Piusbrüder eine Erklärung vor, in der sie ihre Auffassung zur betreffenden Frage darlegen, und formulieren Schwierigkeiten, »die aus der ihr widersprechenden Lehre des Zweiten Vatikanum entstehen.«[25] Während der Besprechung antworten die vatikanischen Theologen, dann wird die Diskussion eröffnet. Alles wird aufgenommen. Die Bruderschaft verfasst eine Zusammenfassung und die Schlussprotokolle werden dem Papst übermittelt.

Über die Verhandlungen hat sich der Vatikan immer in völliges Schweigen gehüllt. Der Delegationsleiter der Piusbrüder, de Gallareta, bezeichnet sie als »Diskussion über das II. Vatikanische Konzil und die nachkonziliare Kirchenlehre«. Für die Piusbruderschaft ist »das einzige Kriterium, das wir akzeptieren und das eine *conditio sine qua non* für diese Gespräche darstellt, die Kirchenlehre vor dem Vaticanum II, die ewige Kirchenlehre, die Tradition«.[26]

So ist die Kirche Benedikts XVI. in eine Verhandlung hineingerutscht, in der es nicht nur um grundlegende Konzilsdokumente geht, die bei Themen wie Religionsfreiheit, Ökumene und den Beziehungen zu den anderen Religionen ganz neue Wege eröffnet hatten. Faktisch wird das gesamte

Zweite Vatikanische Konzil auf den Prüfstand gestellt, um zu klären, ob es mit der Tradition in Einklang steht. Auf diese Art werden die Schlussfolgerungen des feierlichsten und wichtigsten Kirchenereignisses des 20. Jahrhunderts – drei Jahre Arbeit und Abstimmungen, an denen etwa 2450 Bischöfe aus der ganzen Welt beteiligt waren – zur Verhandlungsmasse zwischen sechs Personen. Von der Forderung, die Piusbrüder sollten sich zu den Grundsätzen des Konzils bekennen (wie es die Kardinäle in der Besprechung von 2006 verlangt hatten) geht man dazu über, das Konzil mit denjenigen zu prüfen, die schon immer dagegen waren.

Wie so häufig, wenn man solche Mechanismen in Gang setzt, führt jedes Zugeständnis zu noch größeren Ansprüchen der Gegenseite. So erinnert der Generaleobere der Piusbrüder Fellay den Vatikan im Herbst 2010 daran, dass die verschiedenen christlichen Konfessionen bis einschließlich Pius XII. als »falsche Religionen« bezeichnet wurden: »Wird man endlich wieder diese Begriffe zu verwenden wagen?«.[27] Kaum kündigt Benedikt XVI. seine Absicht an, sich im Oktober 2011 zu einem neuen interreligiösen Treffen nach Assisi zu begeben, protestiert Fellay lautstark: »Alle heidnischen Götter sind Dämonen und Assisi wird voller Dämonen sein.«

Trotz der ausdrücklichen Missbilligung des Vatikans weihte die Bruderschaft 2009 in der Schweiz und in Argentinien neue Priester. Es klingt fast wie Hohn, dass einer ihrer vier Bischöfe, Bernard Tissier de Mallerais, kaum von der Exkommunikation freigesprochen, ein Buch veröffentlichte, das die »merkwürdige Theologie Benedikts XVI.« aufs Korn nimmt. Darin kann man lesen, dass Joseph Ratzinger ein »Papst ist, der sich nicht um die Wahrheit der Fleischwerdung kümmert … das Mysterium der Erlösung kann er immer noch nicht annehmen«. Da er das konziliare Recht auf

Religionsfreiheit unterstützt, »fehlt es ihm am Glauben«. Im Vorwort erläutern die Herausgeber, »die Theologie Benedikts XVI. rückte in beeindruckender Weise von der katholischen Theologie ab. Das ist die Hauptursache für die derzeitige Krise der Kirche«.[28]

Auf Druck der Episkopate aus den Ländern, in denen die Piusbrüder besonders aktiv sind, sah sich die Kommission Ecclesia Dei im Mai 2011 endlich zu der Mitteilung veranlasst, Gläubige, die den vorkonziliaren Ritus feiern wollen, »dürfen nicht Gruppen unterstützen oder angehören, welche die Gültigkeit oder Erlaubtheit der heiligen Messe oder der Sakramente nach dem Ritus Pauls VI. bestreiten und/oder den Papst als Obersten Hirten der Universalkirche ablehnen«.

Auch 2011 nahmen die Piusbrüder erneut Priesterweihen ohne Legitimation vor. Und so auch im Jahre 2012. Am 14. September 2011 übermittelte Kardinal Levada den Piusbrüdern ein »letztes Angebot«. Ein neues ultimatives Angebot kam im Jahr 2012. Beide Male wurde der Text der katholischen Öffentlichkeit vorenthalten. Die Bruderschaft könnte zur »persönlichen Prälatur« mit einem eigenen Bischof erhoben werden. Von den Gegnern des Konzils wird keine ausdrückliche Anerkennung der Dokumente des Vaticanums II verlangt, vielmehr dürfen sie deren einzelne Ausprägungen einer »rechtmäßigen Diskussion« unterziehen. Ein allgemeines Bekenntnis zum Gehorsam gegenüber der Offenbarung, den Dogmen und der Lehre der Kirche soll ausreichen. Aber die intern zerstrittenen Piusbrüder feilschen weiter. Im Oktober 2012 erklärte der neue Präfekt der Glaubenskongregation, Erzbischof Gerhard Müller, im Norddeutschen Rundfunk, es gebe zurzeit keine Gespräche mehr mit der Piusbruderschaft.

Richard Williamson ist inzwischen vom Generalkapitel

der Piusbruderschaft suspendiert, führt aber weiterhin seinen Bischofstitel. Drei Jahre nach der ausgestreckten Hand Benedikts XVI. hat sich die Geschichte in eine Wirrnis von Ambiguitäten und Missgriffen aufgelöst.

KAPITEL VIII

Irrwege

Die Szene hat etwas Surreales. In einem Saal des Bischöflichen Ordinariats in Linz, vor dem Hintergrund eines weißen Kachelofens, der an Kaiser Franz Josephs Zeiten erinnert, heißt Bischof Ludwig Schwarz die Anwesenden herzlich willkommen. Er zeigt auf einen neben ihm sitzenden Geistlichen im schwarzen Clergyman und ruft aus: »Ein besonderer Willkommensgruß gilt dir, dem neu ernannten Weihbischof selber! Und ich danke Gott und freue mich aufrichtig darüber, dass Papst Benedikt XVI. den Pfarrer von Windischgarsten, Dr. Gerhard Maria Wagner, zum neuen Weihbischof von Linz ernannt hat.« Kurzer Applaus. Es ist der 2. Februar 2009.

Der Auserwählte ist ein Mann mit markanten Gesichtszügen, kräftigem Schädel, breiter Stirn, braunem Haar mit rötlichen Einsprengseln. Er rutscht auf seinem Stuhl hin und her, rückt sein Jackett zurecht, spielt mit den Fingern, fährt sich übers Gesicht und schiebt seine Notizen vor einem großen Glas Wasser hin und her. Als die Journalisten ihn nach seinem Wahlspruch als Bischof fragen, antwortet er gestikulierend. Das hat er sich vielleicht während seiner Studienjahre in Rom an der Päpstlichen Universität Gregoriana angewöhnt. Sein Bezugspunkt sei der Heilige aus Assisi. »Bitte passen Sie auf, was ich Ihnen sagen möchte, weil ich einfach in diesem Franz von Assisi eines spüre: Der hat sich damals auch wahnsinnig über die Kirche geärgert, aber er blieb drin und hat von innen her versucht zu reformieren. Ich bin Fußballer gewesen. Und ich habe es immer ›genossen‹, wenn von draußen jemand hereingebrüllt hat. Mitspielen, mitmachen. Franziskus blieb und hat von innen her versucht, tatsächlich eine Reform der Kirche voranzutreiben, die damals ebenso wichtig war. Mein Wahlspruch wird der sein, den ich bei meiner Primiz hatte, der stand schon auf meinem Primizbildchen: *Magnificat anima mea Dominum*, meine Seele preise die Größe des Herrn.«

Zwei Wochen später. Selber Saal, selber Kachelofen, selber Bischof. Nur Wagner fehlt. »Es gibt weder Sieger noch Verlierer«, erklärt Bischof Schwarz. »Ich sehe dies als Neuanfang. Ich respektiere Pfarrer Wagner, der eine mutige Entscheidung getroffen hat und mir wörtlich gesagt hat: Ich habe das nur für das Wohl der Diözese und im Interesse der Katholiken Österreichs getan, ich wollte die Kirche nicht spalten.«

Nach der Nominierung zum Weihbischof durch den Papst fällt Wagner wieder in den Status eines Pfarrers zurück. Mitten in der Krise um den Fall Williamson leistet sich der Vatikan einen weiteren Fehlgriff. Und es geschieht etwas Unerhörtes. Der Papst in Rom, der allmächtige Monarch der Institution Kirche, ist gezwungen, eine bereits ausgesprochene Nominierung zurückzunehmen und sich dem Widerstand der Bischöfe und der Gläubigen eines Landes zu beugen. Hinter den Kulissen haben seine Mitarbeiter Druck ausgeübt, um Wagner zu einem freiwilligen Verzicht zu veranlassen.

Die Nominierung erfolgte am 31. Januar 2009. Wagner ist 54 Jahre alt, er ist seit 1988 Pfarrer eines Bergdorfes in Oberösterreich und leitet ein Dekanat. Seine Weihe zum Bischof ist für den 22. März 2009 geplant. Die Nominierung löst allerdings in ganz Österreich Proteste aus. Bischof Schwarz erhält täglich Hunderte von E-Mails, Briefen und Telefonaten. Denn Wagner ist ein knallharter Konservativer.

Einige seiner bizarren Äußerungen kommen ans Licht. In dem von Jung und Alt geliebten Bestseller *Harry Potter* der Schriftstellerin Joanne K. Rowling sieht Wagner »Satanismus am Werk«. Das Fehlen des liebenden Gottes mache ihm Sorge, stattdessen seien beunruhigende »magische Kräfte« am Werk und vollbringen Wunder. Damit befindet er sich in vollem Einklang mit Ratzinger, der schon 2003 als Kardinal die Abenteuer des Zauberlehrlings als »subtile Verführungen« bezeichnet hatte, »die unmerklich und gerade dadurch tief wirken und das Christentum in der Seele zersetzen, ehe es überhaupt recht wachsen konnte«. Dieses Urteil ist in einem Brief des späteren Papstes an die deutsche Literaturkritikerin Gabriele Kuby enthalten, die ein Buch gegen die Fantasy-Serie geschrieben hat. »Es ist gut, dass Sie die Menschen in Sachen Harry Potter aufklären«, schreibt der Präfekt der Glaubenskongregation, wobei er sich mit der Veröffentlichung seiner Worte einverstanden erklärt.[1]

Alarmierender sind andere Äußerungen von Pfarrer Wagner. Den Tsunami, der am 26. Dezember 2004 Südostasien verwüstete, sieht er als Strafe Gottes für die Touristen aus dem Westen, die sich zu Weihnachten in Thailand amüsieren. Noch schlimmer ist, was ihm zum Hurrikan Katrina in den Sinn kommt, der 2005 New Orleans unter Wasser setzte und dabei den Tod von mehr als 1800 Menschen verursachte und Tausende obdachlos machte. Das sei Gottes Strafe für die ausschweifende Stadt, ein Hort »amoralischer Zustände«, geißelt Wagner in seinem Pfarrblatt. Die Überschwemmung habe »nicht nur alle Nachtclubs und Bordelle vernichtet, sondern auch alle fünf Abtreibungskliniken«. Ist die auffallende Häufung von Naturkatastrophen, fragt der Pfarrer, »nur eine Folge der Umweltverschmutzung durch den Menschen, oder mehr noch die Folge einer ›geistigen Umweltverschmutzung‹«? Jahre später äußert er gegenüber der Tageszeitung *Kurier* nach dem Erdbeben in Haiti: »Ob ein strafender Gott am Werk war, weiß ich nicht. Gott lässt sich nicht in seine Karten schauen. Aber es ist schon interessant, dass in Haiti 90 Prozent Anhänger von Voodoo-Kulten sind.«

Als seine Nominierung publik wird, reagieren die österreichischen Medien alarmiert. »Benedikt XVI. macht einen zum Bischof, der Katrina als göttliche Strafe bezeichnet hat«, ist der Tenor. Inzwischen kommt ans Licht, dass Wagner Homosexualität als eine Krankheit betrachtet, die man heilen könne. »Dafür gibt es genügend Beispiele, nur davon spricht man nicht.«[2] Die Proteste weiten sich aus, der Widerstand gegen seine Nominierung wächst. Maximilian Fürnsinn, der Propst des Stiftes Herzogenburg und Vorsitzende der Österreichischen Superiorenkonferenz der Männerorden, sieht eine neue Austrittswelle auf die Kirche zukommen und hält es für »nicht sehr sinnvoll, wenn Menschen in solche Ämter berufen werden, die wieder eine gewisse Spaltung erzeugen«.

Die österreichischen Katholiken haben mit dem Vatikan schlechte Erfahrungen gemacht. Im kollektiven Gedächtnis ist die üble Wachablösung haften geblieben, die Johannes Paul II. für Wien verfügt hatte, als Kardinal Franz König Ende 1985 in den Ruhestand ging. Der Papst wollte keinen weiteren Reformer im Amt und setzte als Erzbischof der österreichischen Hauptstadt den mittelmäßigen geistlichen Leiter der Laienbewegung Legio Mariae, den Benediktiner Hans Hermann Groër, ein. Sein Pluspunkt bestand darin, dass er nicht nur gemäßigt war, sondern ein glühender Konservativer. Wenige Jahre später, am 28. Juni 1988, beförderte Johannes Paul II. ihn zum Kardinal.

1995 aber wurde Kardinal Groër der sexuellen Belästigung und des Missbrauchs während seiner Zeit als Direktor des Aufbaugymnasiums Hollabrunn beschuldigt. Der ehemalige Schüler Josef Hartmann wagte den ersten Schritt, seine Mutter bestätigte seine Aussagen, dann wurde eine ganze Serie ähnlicher Fälle mit weiteren ehemaligen Schülern und auch mit Mönchen des Stifts Göttweig bekannt.

Die Lawine rollte nach einer Predigt Groërs im Wiener Stephansdom an. Wie so oft bei Kirchenmännern, die ein Doppelleben führen, verurteilte Groër in seinen Predigten unerbittlich sexuelle Unmoral. Für diesen Widerspruch gibt es tiefer liegende und komplizierte psychologische Gründe. An jenem Tag geißelte er gnadenlos und mit Abscheu homosexuelle Beziehungen. Wer homoerotische Beziehungen pflege, verkündete er, dem seien die Pforten des Himmelreichs verschlossen.

Der ehemalige Schüler Josef Hartmann beschloss, sein Schweigen zu brechen, und klagte Groër an. Am 26. März 1995 widmete die Zeitschrift *Profil* der Sache eine ausführliche Reportage. Die größte Entrüstung und der stärkste Druck auf die kirchliche Hierarchie, Groër seines Amtes zu entheben, kam im Übrigen nicht von kirchlichen Protestgruppen, die sich massiv mobilisierten, sondern aus Kreisen des gemäßigten und traditionalistischen österreichischen Katholizismus. Besonders die Romtreuen fühlten sich in ihrem Vertrauen in das Ansehen und die Autorität des Bischofsamts enttäuscht, an das sie felsenfest glaubten.

Groër gestand seine Schuld nie ein und weigerte sich beharrlich, Erklärungen zu geben. Er hüllte sich in tiefes Schweigen und schrieb erst drei Jahre später einen zwiespältigen Brief, in dem er Gott und die Menschen um Vergebung bat, »wenn ich Schuld auf mich geladen habe«.[3] Die österreichischen Bischöfe stellten sich zunächst hinter ihn und bestätigten ihn sogar als Vorsitzenden der Österreichischen Bischofskonferenz. Schließlich musste der Kardinal unter dem Druck der öffentlichen Meinung aber doch zurücktreten. Am 14. September 1995 – mit 75 Jahren alt genug, um in den Ruhestand zu gehen – verließ er die Erzdiözese Wien und zog sich in ein Kloster zurück. Der Vatikan, wo Johannes Paul II. herrschte, zeigte sich an der Wahrheitsfindung übehaupt nicht interessiert. Schon 1985 hatte der Benediktinermönch Udo Fischer Anzeige gegen Groër erstattet, doch der Heilige Stuhl war der Sache nicht nachgegangen.

An seiner Stelle setzte der Papst Christoph Schönborn als Erzbischof von Wien ein. Anfang 1998 kamen neue Enthüllungen über Groërs sexuelle Belästigungen ans Licht. Schönborn wollte nicht schweigen. Am 27. Februar teilten vier der fünf Bischöfe an der Spitze der österreichischen Kirche – darunter Schönborn und der Vorsitzende der Bischofskonferenz Johann Weber – mit, die »moralische Gewissheit« erlangt zu haben, dass die Vorwürfe gegen Groër »im Wesentlichen zutreffen«, und beanstandeten Groërs Verhalten, nicht »offen und unmissverständlich« seine Unschuld bekannt oder öffentlich um Vergebung gebeten zu haben.

Daraufhin war Papst Wojtyła gezwungen, ihn zum Verzicht auf alle Privilegien der Kardinalswürde aufzufordern. Groër verließ Österreich und zog sich nach Dresden zurück. Doch selbst dies war für Johannes Paul II. und seine Mitarbeiter im Vatikan noch kein Anlass, die Affäre auch nur andeutungsweise zu erwähnen.

Der Vatikan weigerte sich, Licht in die Verhaltensweise des Kardinals zu bringen, und hüllte sich in Schweigen. In einem Schreiben vom 14. Mai 1998 an einen ehemaligen Schüler, den Juristen Hermann Weisz, der von ihm wissen will, warum er zu den Beschuldigungen nie Stellung bezogen habe, gestand der zurückgetretene Kardinal, er sei »durch ein ›heiliges‹ *Silentium ›secretum‹* lange verpflichtet« gewesen und habe lediglich eine Erklärung verbreitet, die ihm vorgelegt worden sei. Die Feststellung verwies direkt auf den Vatikan, die einzige Instanz, die einen Kardinal zum Schweigen verpflichten kann.

Bis zuletzt verteidigte ihn allerdings der ultrakonservative Bischof von St. Pölten, Kurt Krenn, den Johannes Paul II. 2004 seines Amtes enthob, nachdem eine vatikanische Untersuchung nachgewiesen hatte, dass in seinem Diözesanseminar kinderpornographische Bilder in Umlauf waren. Auf dem Computer eines Seminaristen wurden 40000 Pornofotos entdeckt, darunter eine große Anzahl von Videos mit Bildern von Kindern. »Bubendummheiten«, kommentierte Krenn, der sich nicht weiter um Gerüchte kümmerte, die auch homosexuelle Beziehungen im Priesterseminar bezeugten.

Vor diesem Hintergrund vollzieht sich Anfang 2009 die Wagner-Affäre. Den aufoktroyierten Entscheidungen des Vatikans, mit denen man versucht, das Episkopat im konservativen Sinn umzugestalten, steht das katholische Österreich misstrauisch und gereizt entgegen. Schon im Fall Groër (der die Bewegung »Wir sind Kirche« mit dem Kirchenvolksbegehren für Reformen hatte entstehen lassen) waren 91 Prozent der praktizierenden Katholiken der Ansicht, der in Missbräuche verstrickte Kardinal schade der Kirche.

Wagner hat sich hinsichtlich seines privaten Verhaltens nichts vorzuwerfen, vielmehr ist es sein Gedankengut, das Proteste und Widerstand hervorruft. Man hält ihm sogar vor, nur männliche Ministranten zu haben.[4] Der Klerus und die Gläubigen von Linz entziehen ihm sofort das Vertrauen. »Es geht um die Entscheidung, ob wir eine offene Kirche bleiben oder uns darauf beschränken wollen, eine kleine Sekte zu sein«, erläutert der örtliche Pfarrer Arno Jungreithmair. Besonders stark ist der Widerstand unter den älteren Priestern, die die Zeit des Konzils noch miterlebt haben. Bei einer Dekanatsversammlung der Diözese Linz wird die Nominierung Wagners mit 31 gegen vier Stimmen abgelehnt. Unter den Gläubigen erwägen manche den Übertritt zu den Protestanten, andere drohen mit Kirchenaustritt. Die Bewegung »Wir sind Kirche« schlägt durch ihren Sprecher Hans Peter Hurka vor, die Zahlung der Kirchensteuer zu verweigern.

Verstärkt wird die Ablehnung der österreichischen Katholiken gegenüber der päpstlichen Entscheidung durch die Nachricht, Wagners Name sei gar nicht in dem Dreiervorschlag enthalten gewesen, den jeder Nuntius vor einer Bischofsnominierung an die Kongregation für die Bischöfe schickt. Es ist ein bewährtes Verfahren. Der päpstliche Botschafter führt im jeweiligen Land Sondierungsgespräche mit den Bischöfen und ausgewählten Vertretern des Klerus und der Laienverbände, um sich ein Bild von den Geistlichen zu machen, die aufgrund ihrer Eigenschaften und Fähigkeiten in die engere Wahl kommen. Schließlich fasst der Nuntius das Ergebnis seiner Erkundungen in einem Dreiervorschlag zusammen. Wagner befand sich nicht auf der Liste des Nuntius, und er war nicht einmal die Empfehlung des Linzer Bischofs. Vielmehr sorgt der Vatikan dafür, dass die »Wahl« auf ihn fällt.

Am 9. Februar begibt sich Kardinal Schönborn als Vorsitzender der Österreichischen Bischofskonferenz gemeinsam mit dem Vizevorsitzenden Egon Kapellari in den Vatikan, um Benedikt XVI. und Kardinal Re von der Bischofskongregation den massiven Widerstand der österreichischen Bischöfe und der katholischen Basis gegen Wagners Ernennung vorzutragen. Der Kardinal empfiehlt, die Unzufriedenheit des Kirchenvolkes nicht zu missachten, wo doch die Affäre Williamson die Beziehungen der Ortskirchen zum Vatikan ohnehin belaste und auch international zu erheblichen Verstimmungen führe.

Am 10. Februar findet der Salzburger Bischof Alois Kothgasser deutliche Worte: »Soll die katholische Kirche ›gesundgeschrumpft‹ werden gleichsam auf eine ›Sekte‹, oder soll die katholische Kirche Kirche Jesu Christi bleiben, die Raum für Vielfalt bietet, offen ist und Gesellschaft von innen her prägt?«[5] Tag um Tag wächst der Missmut gegen Vatikan und Papst. Der Landeshauptmann Oberösterreichs Josef Pühringer, ein Katholik und ehemaliger Religionslehrer, erklärt, in Rom herrsche von der Diözese ein Bild, das nicht der Realität entspricht. Ein anderer Christdemokrat, der ehemalige österreichische Vizekanzler und Obmann der ÖVP Erhard Busek, bezeichnet die Entscheidung des Papstes als eine »Ohrfeige« für die österreichische Kirche. Drei Namen seien vorgeschlagen worden, fügt er höhnisch hinzu, »der vierte wurde genommen«. Busek, Mitbegründer der reformorientierten katholischen »Laieninitiative«, bringt eine weitverbreitete Meinung zum Ausdruck: »Die Summe der Eindrücke aus Rom ist schrecklich.«[6]

Nun überschlagen sich die Ereignisse. Am Samstag, den 14. Februar, ruft Kardinal Schönborn für Montag eine Sondersitzung der österreichischen Bischöfe ein. Er weiß, dass ein Teil der Mitarbeiter Benedikts XVI. die Sache durchziehen und die Ernennung Wagners – koste es, was es wolle – durchsetzen will, um vorzuführen, dass kein Kardinal und kein Episkopat sich dem römischen Pontifex widersetzen kann. Schönborn weiß aber auch, dass das römische Diktat unhaltbar ist. Die Zukunft der Kirche in Österreich steht auf dem Spiel, wie er später gesteht. Deshalb strebt er eine kollektive Meinungsbekundung der österreichischen Bischöfe an. Es vergehen keine 24 Stunden, und der nominierte Weihbischof Gerhard Wagner teilt über die Presse seinen Verzicht auf das Amt mit. Formell ersucht er »den Heiligen Vater um Rücknahme meiner Ernennung«.

Am 16. Februar begründen Österreichs Bischöfe am Ende ihrer Sondersitzung ihren Standpunkt. In der gedämpften Sprache der Kirche geschrieben, stellt das Schlussdokument, das als Hirtenbrief an die Katholiken, die anderen Christen und die österreichischen Mitbürger verbreitet wird, eine Anklage gegen den Vatikan dar. Eine klare Herausforderung. Unter Verweis auf den Fall Wagner und den Skandal um Williamson wird klar festgestellt, beide Affären hätten »Sorge und Verärgerung in und außerhalb der Kirche hervorgerufen«. Mehr noch, durch beide Vorfälle (vor allem durch die Aufhebung der Exkommunikation der Piusbrüder) hätten die Gläubigen manche »Kritik, auch Spott und Ablehnung erfahren müssen, die zum Teil durch Fehler in der Kirche verursacht waren«.[7]

Die Bischöfe gehen in der Wagner-Affäre in die Offensive und erinnern an Probleme, Kontroversen und Konflikte, die mit den Bischofsernennungen in den achtziger Jahren einhergingen (gemeint ist der Fall Groër). Deshalb verlangen sie in diesem Bereich »höchste Sensibilität«. Mit einer für die innerkirchliche Kommunikation ungewöhnlichen Klarheit wird auch Benedikt XVI. direkt angesprochen. »Es steht außer Frage, dass dem Papst die freie Ernennung der Bischöfe zukommt«, heißt es in dem Text, der dann aber fortfährt: »Wir Bischöfe sind überzeugt, dass das im Kirchenrecht vorgesehene Verfahren zur Auswahl und zur Prüfung von Kandidaten sich bewährt, wenn dieses Verfahren auch wirklich eingehalten wird. Denn bevor der Heilige Vater die letzte Entscheidung trifft, muss es dafür verlässliche und umfassend geprüfte Grundlagen geben, auf die er sich stützen kann.«

Das ist eine ausdrückliche Kritik. Unter Leitung Schönborns, einem der Ratzinger am nächsten stehenden Kardinäle, der ihn auch gewählt hat, werfen die österreichischen Bischöfe dem Vatikan mangelnde Sensibilität und Nichteinhaltung der Verfahrensregeln vor. Der Vatikan habe den Bogen überspannt und die österreichische Kirche übergangen. Doch die Bischöfe wollen keinen Spielraum für Interpretationen lassen. In einer unmissverständlichen Sprache kündigen sie für die kommenden Jahre anstehende Ernennungen an und unterstreichen, die Gläubigen erwarteten mit Recht, dass »das Verfahren der Kandidatensuche, die Prüfung der Vorschläge und die letzte Entscheidung sorgfältig und mit pastoralem Gespür vorgenommen werden«. Und damit die Botschaft an Benedikt XVI. noch deutlicher wird, bekräftigen die österreichischen Bischöfe abschließend, die kluge und gewissenhafte Einhaltung der Verfahren könne »sicherstellen, dass Bischöfe nicht ›gegen‹, sondern ›für‹ eine Ortskirche ernannt werden«.[8]

Noch nie hatte es im Pontifikat Ratzingers offeneren Protest von Bischöfen eines Landes gegen die bürokratische Allmacht der Kurie bei der Auswahl der Bischöfe gegeben. Noch nie war Benedikt XVI. so direkt dafür kritisiert worden, dass er die oft auch von Johannes Paul II. praktizierte Politik verfolgte, den Ortskirchen einen konservativen Bischof aufzuzwängen, um Reformbestrebungen auszugleichen, wenn sie dem Vatikan als zu stark erschienen. Der Brief aus Wien berührt die heikle Frage der Ausübung der päpstlichen Macht als absolute Monarchie, ein Zustand, den Kardinal Ratzinger kurz vor seinem Amtsantritt zu verändern versprochen hatte, wenn auch schrittweise. Doch dieses Vorhaben nahm er erst gar nicht in Angriff. In der Wiener Erklärung fällt die Ankündigung auf, die Bischöfe werden die Einhaltung der Verfahrensregeln in enger Zusammenarbeit mit den zuständigen vatikanischen Stellen überwachen – »begleiten« ist der diplomatische Ausdruck, den sie wählen.

Der andere Teil ihres Briefes – im ersten Teil des Dokuments – betrifft das Problem der Piusbruderschaft. Die österreichischen Bischöfe verlangen von den Piusbrüdern »die vorbehaltlose Annahme des Zweiten Vatikanischen Konzils«. Auch hier scheint Kritik am Heiligen Stuhl durch: »Wir hoffen, dass es gelingen wird, die unzureichenden Kommunikationsabläufe auch im Vatikan zu verbessern, damit der weltweite Dienst des Papstes nicht Schaden erleidet.«[9]

Zwei Wochen später, am 2. März, gibt Benedikt XVI. den Rückzug offiziell bekannt. Anderthalb Zeilen im Bulletin des Presseamtes des Heiligen Stuhls reichen aus: »Der Heilige Vater hat Monsignore Gerhard Wagner davon entbunden, das Amt des Weihbischofs von Linz in Österreich anzunehmen.« Im Umkreis Papst Ratzingers ist man wütend über das Vorgehen Kardinal Schönborns. Noch Monate später ist ein enger Vertrauter Benedikts XVI. mit dem Ausspruch zu vernehmen: »Zuerst war er einverstanden, dann hat er seine Meinung geändert.« Die Irritation im Vatikan verstärkt sich, als ans Licht kommt, dass einer der vehementesten Gegner Wagners in Linz ganz unbekümmert mit einer Frau zusammenlebt und darauf hinweist, dass seine Gemeinde auf seiner Seite steht. Es handelt sich um Hochwürden Josef Friedl.

In Ratzingers Pontifikat folgen die Fehltritte stets derselben Dramaturgie und ziehen immer neue Fehler nach sich. Eine anfängliche Fehlentscheidung führt zu heftiger Polemik, die den Vatikan überrascht. Man versucht zunächst, den Protest zu ignorieren. Die Opposition innerhalb wie außerhalb der Kirche wird immer stärker und beschädigt das Ansehen des Papstes. Auf dem Höhepunkt des Medieneklats, wenn deutlich wird, dass der Vatikan weder die Ereignisse noch die Kommunikation im Griff hat, erfolgt der Rückzieher.

Für die Autorität des Heiligen Stuhls stellt die Affäre Wagner eine Blamage dar. Benedikt XVI. hätte sich nur daran erinnern müssen, was zwei Jahre vorher in Polen geschehen war.

»Ich, Grey-Stanisław, erkläre mich bereit, während meines Aufenthalts im Ausland mit dem Geheimdienst der Volksrepublik Polen zusammenzuarbeiten. Die Zusammenarbeit beruht auf der Übermittlung von Informationen aus der Bundesrepublik Deutschland und anderen feindlichen Ländern gemäß den Anweisungen der Geheimdienstzentrale. Die Dienste werden für die Durchführung der genannten Tätigkeit alle Mittel und den eventuell notwendigen Rechtsbeistand zur Verfügung stellen.« Datum und Unterschrift.

Es ist der 23. Februar 1978. Stanisław, Deckname »Grey«, ist Priester.

Es ist nicht einfach, sich in das erstickende Klima eines totalitären Staates hineinzuversetzen, wenn das Regime – wie in den siebziger Jahren in Polen – sich nicht auf den Einsatz von blutiger Gewalt gegen die Bevölkerung stützt, sondern auf die alles durchdringende Macht des Apparats, das allgegenwärtige Gefühl der Rechtlosigkeit, die ständige Erpressung durch die Bürokratie, die kleinen Schikanen der Willkür und die latente Drohung, der Terror der stalinistischen Zeit könne jederzeit wieder irgendwo aufbrechen.

In den sogenannten sozialistischen Ländern war der Klerus wie alle anderen Gesellschaftsschichten von der Geheimpolizei durchsetzt. Spitzel, Denunzianten und Informanten arbeiteten jahrzehntelang unter dem Schutz des Talars. Der polnische Historiker Jan Żaryn, der das Archiv des Instituts für Nationales Gedenken (IPN) durchforstete, errechnete anhand von Daten des Jahres 1977, dass 2600 Priester, 15 Prozent des polnischen Klerus, in der einen oder anderen

Form mit der politischen Polizei Kontakt und Zusammenarbeit pflegten. Die Zahlen beziehen sich auf unterschiedliche Fälle, reichen aber aus, um auf das Wirken von Kirchenvertretern in der Zeit des kommunistischen Regimes einen dunklen Schatten zu werfen.

Der Totalitarismus durchdrang das ganze Leben, es gab so gut wie keinen Bereich der Gesellschaft, der nicht von der Macht und ihren schmutzigsten Aspekten korrumpiert war. Dies führte dazu, dass viele Länder im Übergang von der Diktatur zur Demokratie mehr oder weniger offiziell einen »Pakt des Vergessens« schlossen und die Vergangenheit ruhen ließen, um die Zukunft aufzubauen. Es geschah in Spanien beim Übergang von der Franco-Ära zur Demokratie. Und es geschah auch in Polen nach der Wende 1989, als die Kommunistische Partei von der Bühne abtrat und zuließ, dass die Macht friedlich in die Hände des demokratischen Lagers überging. Selbst Italien hatte unter seinem Justizminister, dem KPI-Vorsitzenden Palmiro Togliatti, nach der Resistenza und der Ausrufung der Republik eine großzügige Amnestie für Faschisten erlassen.

Daran knüpft Benedikt XVI. an, als er im Mai 2006 nach Polen kommt. Bei einer Ansprache in der Kathedrale von Warschau betont er: »Wir glauben, dass die Kirche heilig ist, aber in ihr sind Menschen, die Sünder sind. Man muss es vermeiden, sich nur mit denen identifizieren zu wollen, die ohne Sünde sind.« Zu ihrem Heil sei Jesus gestorben, erklärte der Papst. Deshalb müsse man lernen, die christliche Buße aufrichtig zu leben. »Man muss sich aber auch vor der Anmaßung hüten, sich als Richter über die vergangenen Generationen aufspielen zu wollen, die zu anderen Zeiten und unter anderen Umständen gelebt haben. Es bedarf demütiger Aufrichtigkeit, um die Sünden der Vergangenheit nicht zu leugnen und dennoch falschen Anschuldigungen nicht stattzugeben, wenn wirkliche Beweise fehlen oder man die andersartigen Vorverständnisse von damals nicht kennt.«[10]

Eine realistische Einschätzung. Es führt jedoch in die Irre, wenn man, wie im Vatikan, wo in jenen Tagen eine neue Krise aufplatzt, den Kontext nicht berücksichtigt. Aus Gründen der Staatsräson zu vergessen ist statthaft, allerdings nur unter der Bedingung, dass die kompromittierten Personen in einer politisch neuen Epoche nicht als höchste politische oder geistliche Autoritäten auftreten.

Im Dezember 2006 lässt der Vatikan in Warschau all dies außer Acht. Das Amt des Erzbischofs von Warschau hatte einst Kardinal Stefan Wyszyński inne, der heroische Verteidiger der Kirche in den dunklen Jahren des stalinistischen Systems, später Józef Glemp, der Protagonist eines hartnäckigen Kampfes um die Freiheit mit Unterstützung Papst Wojtyłas. Und in dieses Amt beruft Benedikt XVI. nun einen ehemaligen Spitzel.

Am 6. Dezember bestimmt Ratzinger den Agenten Stanisław alias »Grey« zum neuen Erzbischof von Warschau. In der Pressemitteilung des Heiligen Stuhls wird er als »Seine Exzellenz Mons. Stanisław Wojciech Wielgus, bisher Bischof von Płock« vorgestellt. 1939 geboren, wurde er 1962 zum Priester geweiht. Nach einer Zeit als Pfarrvikar stieg er zum Professor für Philosophie an der Katholischen Universität Lublin auf, während der Sowjetära die einzige christliche Hochschule im riesigen Raum von Berlin bis Wladiwostok.

In den siebziger Jahren, einer Dekade relativer Liberalisierung unter dem polnischen KP-Generalsekretär und Technokraten Edward Gierek, war der Priester und Professor zu zwei Studienaufenthalten an der Ludwig-Maximilians-Universität München (1973–1975 und 1978). Seit 1989 war er dreimal hintereinander Rektor der Katholischen Universität Lublin. Johannes Paul II. ernannte ihn 1999 zum Bischof von

Płock. Bei seiner Nominierung zum Erzbischof von Warschau gehört Wielgus bereits zur bischöflichen Führungsspitze Polens und ist Co-Vorsitzender der bilateralen Kommission von Regierung und Kirche in Polen.

Was das vatikanische Bulletin verschweigt, ist, dass Wielgus nicht nur als Professor der Universität Lublin einen Vertrag mit dem Geheimdienst geschlossen hatte, sondern bereits als Student seit 1967 mit ihm in Kontakt stand. Diese Details sind dem Papst zum Zeitpunkt von Wielgus' Ernennung nicht bekannt. Und was ist mit der von dem Polen Józef Kowalczyk geleiteten Nuntiatur, was mit der Bischofskongregation, die das übliche Verfahren zur Ernennung eines Bischofs eingeleitet hatte? Hätten sie es wissen können? Im Internet sind zu der Zeit die Dokumente des Geheimdiensts und seiner Informanten schon verfügbar, die seit 1998 im Archiv des Instituts für Nationales Gedenken aufbewahrt werden. Zwei Dossiers lauten auf den Namen Stanisław Wielgus: IPN BU 001198/5835 und IPN BU 00612/2542. Allerdings gab es bei der Archivierung einen Übertragungsfehler: Welgus anstatt Wielgus.[11]

Am 20. Dezember lässt die Wochenzeitung der nationalistischen Rechten, die *Gazeta Polska*, den Fall auffliegen. Der Bischof, der die angesehenste Position der polnischen Kirche besetzen soll, so das Blatt, sei 20 Jahre lang ein ausgesprochen zynischer Informant der Geheimpolizei gewesen. Wielgus erwidert, der Geheimdienst habe ihn zwar angesprochen, er sei aber nie auf seine Angebote eingegangen und habe auch nie für ihn gearbeitet. Die Polnische Bischofskonferenz weist die Vorwürfe zurück und beklagt, es werde das »Recht einer Person auf ihren guten Ruf« missachtet. »Allein die Tatsache eines Gesprächs zwischen einem Priester und einem Geheimdienstagenten bezeugt noch keine unmoralische Kollaboration.«

In Warschau herrscht ein schlechtes politisches Klima. 2005 kamen die Zwillinge Kaczyński an die Macht. Lech, an einem Muttermal links auf der Nase zu erkennen, wurde Staatspräsident, Jarosław Regierungschef. Als europafeindliche, extrem chauvinistische Populisten mit stark fremdenfeindlichen Zügen vor allem gegenüber den deutschen und russischen Nachbarn war es ihnen gelungen, ihrer Partei »Recht und Gerechtigkeit« zum Sieg zu verhelfen.

Premierminister Jaroslaw Kaczyński befürwortet eine große *lustracja*, die Entfernung ehemaliger Kommunisten aus allen öffentlichen Ämtern. Mehr als eine Säuberung. Die *lustracja* der Kaczyńskis zielt auf das sogenannte »graue Netzwerk«, das sie als eine Art verbrecherischer Clique darstellen, die das Volk ausnimmt und aus ehemaligen Anhängern der Kommunistischen Partei, Mitgliedern der Geheimpolizei, liberalen Politikern, die sich mit den Kommunisten auf Kompromisse eingelassen haben, sowie korrupten Geschäftsleuten besteht. Die Agitation findet 2007 in einem Gesetz ihren Niederschlag, mit dem jeder Pole – bei Androhung der Entlassung aus dem Staatsdienst – gezwungen werden soll, innerhalb einer bestimmten Frist öffentlich zu erklären, nie mit Organen des kommunistischen Regimes zusammengearbeitet zu haben.

In diesem Klima klagt die *Gazeta Polska* all jene an, die wie Wielgus eine führende Funktion in der polnischen Kirche übernehmen sollen. Der Vatikan hat soeben die Krise in den Beziehungen zum Islam hinter sich gebracht, die von Ratzingers Rede in Regensburg ausgelöst worden war. Staatssekretär Kardinal Bertone, der am 15. September 2006 seinen Posten übernommen hat, müsste sich inzwischen im Klaren sein über die Bedeutung der Medien und die überraschende Entwicklung von Polemiken, die sich in Rundfunk, Fernsehen und Zeitungen ausbreiten. 24 Stunden nach dem

Vorstoß der *Gazeta Polska* und ohne dass die vatikanischen Behörden der Sache auf den Grund gegangen wären, erklärt das vatikanische Presseamt schroff: »Der Heilige Stuhl hat bei der Ernennung von Mons. Stanisław Wielgus zum neuen Warschauer Erzbischof alle Umstände seines Lebens, auch jene seiner Vergangenheit, berücksichtigt. Das bedeutet, dass der Heilige Vater S. E. Mons. Stanisław Wielgus sein volles Vertrauen entgegenbringt und ihm ganz bewusst das Amt des Hirten der Erzdiözese Warschau anvertraut hat.«

Die stolze Bekräftigung dessen, dass der Vatikan alles bedenkt und nie Fehler macht, hat einen tieferen Grund. Wielgus wurde von Benedikt XVI. ausgewählt. In dem vom Nuntius Kowalczyk nach Konsultationen innerhalb der polnischen Kirche vorgelegten Dreiervorschlag tauchte der Name Wielgus nicht auf. Empfohlen wurden dem Papst der Bischof von Lublin Józef Życiński, der Präsident der Bischofskonferenz Józef Michalik und der Bischof von Tarnów Wiktor Skworc. Życiński ist ein gemäßigter Reformer. Benedikt XVI. sortiert ihn aus.

Auf Wunsch des Papstes fällt die Wahl auf Wielgus, den Ratzinger in München kennengelernt hatte. »Er war kein herausragender Bischof«, meint später der Rektor des polnischen Päpstlichen Instituts für Kirchenstudien in Rom, Prälat Hieronim Fokciński.[12] Wielgus ist ein entschiedener Konservativer, der für seine akademische Tätigkeit bekannt ist, aber ebenso als Unterstützer von Radio Maryja, des in Polen für seine reaktionäre und antisemitische Einstellung berüchtigten Senders. Unter der Leitung von Tadeusz Rydzyk fördert Radio Maryja bei seinen drei Millionen Hörern einen vorkonziliaren Katholizismus und extremistischen Nationalismus, der vom althergebrachten katholischen polnischen Antisemitismus genährt wird.

Der Sender bekennt sich vorbehaltlos zur extremistischen

Rechten, die die Kaczyński-Zwillinge wählt, und hetzt gegen den Euro und die Europäische Union, gegen Russen, Deutsche und Homosexuelle, gegen Abtreibung, Scheidung, Sterbehilfe und die Evolutionstheorie. Von seinen Mikrophonen aus wettert Pater Rydzyk gegen die »Holocaust-AG«, beschuldigt die Juden – mit Argumentationen, die denen des Lefebvre-Bischofs Williamson erschreckend ähnlich sind –, aus der Shoah Profit gezogen zu haben, prangert das »jüdische Syndikat« an, das mit Entschädigungsforderungen für die Geschehnisse im Zweiten Weltkrieg Polen vor der Welt demütigen wolle. Rydzyk zufolge habe die jüdische Lobby versucht, polnischen Politikern im Tausch gegen die Unterstützung beim Beitritt Polens zur Nato Schmiergelder abzupressen. Die Virulenz von Radio Maryja veranlasste wenige Monate später den Nuntius Kowalczyk auf Anweisung des Vatikans zu einer Intervention bei der Polnischen Bischofskonferenz, damit diese die Leitung des Senders ermahne.[13]

Je näher die für den 7. Januar 2007 geplante Messe zu Wielgus' Amtseinführung in der Kathedrale von Warschau rückt, desto mehr spitzt sich die Situation zu. Angesichts zunehmender Beschuldigungen lässt der Prälat sich zu einem ersten Eingeständnis hinreißen: Er habe Kontakt zum Geheimdienst gehalten, um die für seine Auslandsreisen erforderlichen Visa zu bekommen. Er sei aber nie aktiv tätig gewesen. Der liberalen Tageszeitung *Gazeta Wyborcza* sagt Wielgus, die Anschuldigungen gegen ihn seien eine Inszenierung von Geheimdienstkreisen, die seine Ernennung sabotieren wollten. »Nicht alle schätzen meinen religiösen, sozialen und theologischen Ansatz.«[14]

Am 4. Januar veröffentlicht die Tageszeitung *Rzeczpospolita* das Verpflichtungsschreiben des Informanten Stanisław Wielgus alias »Grey« aus dem Jahr 1978. Es handelt sich um einen Mikrofilm, dessen Echtheit niemand in Zweifel ziehen kann. Die Bischofskonferenz teilt über ihren Sprecher Józef Kloch mit, die Kirchenleitung habe eine Untersuchung im Archiv des Instituts für Nationales Gedenken angeordnet und Wielgus einen Bericht übergeben, damit er »die Möglichkeit hat, sich zu verteidigen«. Der Historiker Andrzej Paczkowski, Mitglied des Wissenschaftlichen Beirats des Instituts, kommentiert: »Es steht außer Frage, dass Prälat Wielgus mit dem Geheimdienst, der Służba Bezpieczeństwa, zusammengearbeitet hat.«

Bekanntlich finden sich in den Listen der Geheimdienste auch die Namen von Personen, die von Agenten lediglich kontaktiert oder als Informanten ausgegeben wurden, um vor den Vorgesetzten zu glänzen. Nicht so im Fall Wielgus. »Er war aus bewusster Entscheidung Geheimdienstinformant ... mit welchen Folgen, wird noch zu klären sein«, fügt Paczkowski hinzu.[15] Während die Enthüllungen von *Rzeczpospolita* in Polen die Runde machen, veröffentlicht die *Gazeta Polska* auf ihrer Webseite 68 Seiten über Wielgus aus den Archiven der Geheimpolizei. Der Prälat führte verschiedene Decknamen. Außer »Grey« auch »Adam« und »Adam Wysocki« (ein ironischer Spitzname, denn es handelt sich um einen mehrfachen Ruderchampion).

Der 5. Januar ist ein chaotischer Tag. In Warschau bescheinigt die Historische Kommission der polnischen Bischöfe in einer Pressemitteilung, es gebe »zahlreiche bedeutende Dokumente, aus denen hervorgeht, dass Hochwürden Wielgus sich zur bewussten und vertraulichen Zusammenarbeit mit dem kommunistischen Geheimdienst bereit erklärt hat«. In Rom kündigt inzwischen Radio Vatikan – als wäre nichts geschehen – in seiner polnischen Ausgabe an, dass Bischof Wielgus »heute, am Freitag, dem 5. Januar, um 16 Uhr« die Erzdiözese Warschau kanonisch übernimmt. Die Messe zur Amtseinführung in der Kathedrale sei für den kommenden

Sonntag geplant. Vor den Mikrophonen von Radio Vatikan verteidigt sich Wielgus mit der Behauptung: »Ich habe keinen Geheimdienstauftrag erfüllt, ich habe mit meinen Worten oder meinem Handeln nie jemandem geschadet.«

Aus dem Staatssekretariat verlautet den ganzen Vormittag, Wielgus' Einsetzung werde ordnungsgemäß am Sonntag erfolgen, und der Vatikan habe mit seiner Mitteilung vom 21. Dezember alles Notwendige gesagt. Der altgediente amerikanisch-polnische Kurienkardinal Edmund Casimir Szoka äußert selbstsicher: »Der Heilige Stuhl hat sich nach angemessener Prüfung für Wielgus entschieden ... Ich kann nur mein vollstes Vertrauen in diese Wahl ausdrücken.«[16]

Während in Polen die Spannungen zunehmen, erweckt der Apostolische Palast den Eindruck einer Instanz, die vollkommen abstrakt abwägt, wie viel Schuld und wie viel Vergessenheit man Wielgus zugestehen kann. Die symbolische Dimension dessen, was auf dem Spiel steht, scheint völlig ausgeklammert. Der Katholizismus versteht sich seit jeher meisterhaft auf Symbolik. Und Polen war in der zweiten Hälfte des 20. Jahrhunderts die Ikone des kirchlichen Widerstands gegen den kommunistischen Totalitarismus. Die Kirche war Zuflucht der Unbeugsamen, sie hat von Anfang an Solidarność und die demokratische Bewegung inspiriert und beschützt. Mehr denn je war die schwarze Madonna von Częstochowa in den Jahren des Kommunismus die ›Königin‹ Polens.

Der Vatikan schickt sich an, den Stuhl des Erzbischofs von Warschau mit einem Prälaten zu besetzen, der vertraglich mit dem Geheimdienst verbunden war. Zur gleichen Zeit läuft das Seligsprechungsverfahren für den Solidarność-Priester Jerzy Popiełuszko, der 1984 von den Schergen desselben Geheimdienstes entführt und zu Tode geprügelt wurde, um ein Exempel für dissidente Priester zu statuieren.

Was in den Wochen seit Bekanntwerden der Vorwürfe im Dezember völlig fehlt, ist die Einsicht in die symbolische und historische Bedeutung der ganzen Angelegenheit. Es fehlt auch das offene Ohr für die Gesellschaft. Für Weihnachten wünscht sich der Krakauer Kardinal Stanisław Dziwicz, ehemals Privatsekretär von Johannes Paul II., in seinem Hirtenbrief, das Fest möge »nicht von menschlichen Schwächen getrübt« sein, die von der Presse an die große Glocke gehängt wurden, wodurch »Zweifel und Unsicherheit« gesät worden seien. Dziwicz hofft, die Ereignisse werden nicht zur Entfremdung von der Kirche führen.[17] Das hätte ein Alarmsignal sein müssen. Doch Fehlanzeige.

Enzo Bettiza, ein profunder Kenner der kommunistischen Regime, der lange Jahre aus Osteuropa für den *Corriere della Sera* berichtete, beschreibt in knappen, treffenden Sätzen die Situation: Der Heilige Stuhl sei sich der Gefahr gar nicht bewusst, die es bedeute, einen Primas an die Spitze der polnischen Kirche zu berufen, »der ehemals mit dem Geheimdienst der fremden Unterdrückungsmacht zusammengearbeitet hatte – einem Geheimdienst, der dem Moskauer KGB unterstand«.

Dabei hatte Ratzinger selbst am 25. Mai 2006 in der Warschauer Kathedrale »in Anerkennung und Dankbarkeit« derer gedacht, »die sich nicht von den Mächten der Finsternis überwältigen ließen, und wir lernen von ihnen den Mut zu Konsequenz und Beständigkeit in der Treue zum Evangelium Christi«.

Am Freitagmorgen, dem 5. Januar, geht der Vatikan immer noch davon aus, Wielgus könne am Sonntag feierlich seine erste Messe in der Kathedrale feiern. Doch am Nachmittag ändert sich das Klima schlagartig. Aus Warschau wird gemeldet, Wielgus habe ein Geständnisschreiben vorbereitet, das er am nächsten Morgen, am Dreikönigsfest, in allen Kirchen der Diözese verlesen lassen wolle. Der Bußakt eines Bischofs, der nicht einmal dem Papst die volle Wahrheit gesagt hat. »Ich stehe heute vor der Schwelle der Warschauer Kathedrale mit einer schweren Gewissensbürde«, schreibt der neue Erzbischof. »Ich hatte seinerzeit den Wunsch, für meine wissenschaftliche Spezialisierung wichtige Studien zu absolvieren, und geriet in diese Verstrickung [mit dem Geheimdienst], ohne die erforderliche Umsicht, Courage und Entschlossenheit zur Beendigung dieser Kontakte walten zu lassen. Ich gestehe Euch heute diesen vor Jahren begangenen Fehler ein, wie ich ihn zuvor schon dem Heiligen Vater eingestanden habe … Ich weiß nicht, ob die mir von der Historischen Kommission vorgelegten Dokumente die einzigen sind oder ob noch weitere auftauchen werden, erkläre aber heute aus tiefer Überzeugung, dass ich niemanden denunziert habe und bemüht war, niemandem Unrecht zu tun.«

Auf den drei Seiten seiner Selbsterniedrigung gibt Wielgus zu, der Kirche damals Unrecht getan zu haben. »Und ich habe der Kirche in den letzten Tagen während der hitzigen Medienkampagne erneut Unrecht getan, als ich die Tatsache dieser Zusammenarbeit geleugnet habe.« Er bittet um Vergebung, erkennt, die Glaubwürdigkeit von Kirchenvertretern beschädigt zu haben, die sich mit ihm solidarisch erklärt haben, ist aber noch der Ansicht, das Amt antreten zu können, das einst Kardinal Wyszyński innehatte. »Brüder und Schwestern. So komme ich denn zu Euch mit einem doppelten Gefühl. Dem Gefühl der Freude über meine Berufung zum bischöflichen Dienst in der Hauptstadt Warschau … Ich komme aber auch zu Euch im Bewusstsein des Schattens, der auf meine Amtseinführung fällt, durch die ich meinen Dienst in der Erzdiözese Warschau beginne … Wenn Ihr mich aufnehmt, worum ich Euch demutsvoll bitte, will ich als Bruder unter Euch sein, der einen und nicht trenne möchte.«[18]

Der Brief des Bischofs, der über Nachrichtenagenturen und das Internet verbreitet wird – ein »einmaliger Vorgang« laut Stefan Frankiewicz, dem ersten polnischen Botschafter beim Heiligen Stuhl – trifft den Vatikan völlig unvorbereitet. Wielgus hat seine Erklärung mit der Verpflichtung beendet, sich jeder Entscheidung des Papstes zu unterwerfen.

Anstatt die heikle Angelegenheit zu steuern, läuft der Vatikan den Ereignissen hinterher. Im Staatssekretariat ist man sogar verärgert, weil der frischgebackene Erzbischof allzu viel Schuld eingestanden habe. Die Bischofskongregation ist mit sich zufrieden. »Als Prälat Wielgus ernannt wurde, hatten wir keine Ahnung von seiner Zusammenarbeit mit dem Geheimdienst«, erklärte später Kardinal Re dem *Corriere della Sera*.

Im Übrigen lässt der Vatikan am 6. Januar über dieselbe Zeitung durchsickern, dass der Nuntius Kowalczyk rechtzeitig auf »Gerüchte über die Beziehungen Wielgus' zum Geheimdienst« hingewiesen und dass daraufhin die Kongregation den Prälaten um eine schriftliche Klärung gebeten habe. Unter Eid unterschrieb Wielgus folgende Erklärung: »Ich schwöre auf den dreieinigen Gott, dass ich während meiner Treffen und Gespräche mit den Vertretern der Polizei und des Geheimdienstes, die ich während meiner Auslandsreisen in den siebziger und achtziger Jahren hatte, mich nie gegen die Kirche gestellt und nie etwas Schlechtes gegen Geistliche und Laien gesagt oder getan habe.«[19]

Bis zuletzt scheint der Vatikan wider alle Vernunft zu hoffen, dass sich die Aufregung legt. Man spricht von »Befriedung«.[20] Am 20. Dezember hatte die *Gazeta Polska* den Stein ins Rollen gebracht, erst am 2. Januar fordert die Nuntiatur in Warschau beim Institut für Nationales Gedenken die Akte Wielgus an.[21]

Inzwischen laufen die Absagen politischer und kirchlicher

Persönlichkeiten zur Amtseinführungszeremonie in der Kathedrale ein. Regierungschef Jarosław Kaczyński kommt nicht, Staatspräsident Lech kommt nur, weil er muss. Der Danziger Bischof Tadeusz Gocłowski kündigt seine Abwesenheit an, Kardinal Dziwicz lässt wissen, er werde teilnehmen, da »ich eingeladen wurde«. Der katholische Historiker und ehemalige Außenminister Bronisław Geremek, der auch Berater des Solidarność-Anführers Lech Wałęsa und einer der Protagonisten der demokratischen Wende 1989 war, fasst die Situation lapidar zusammen: »In einem Land, in dem die Kirche immer ein moralischer und die nationale Tradition begründender Bezugspunkt gewesen ist, ruft dieser Fall Abscheu hervor. Er ist bestürzend. Nicht nur, weil Wielgus lange kollaboriert, sondern auch weil er bis zuletzt die Wahrheit geleugnet hat.«[22] Pater Adam Boniecki, ehemaliger Leiter der polnischen Ausgabe des *Osservatore Romano* und Chefredakteur der angesehenen katholischen Wochenzeitung *Tygodnik Powszechny*, in der auch Wojtyła schrieb, fügt hinzu: »Mit solch einem Auftakt Erzbischof von Warschau zu werden, ist furchtbar ... Die Gefahr ist, dass sein Aufstieg all jenen, die sich nicht auf Kompromisse einließen, nicht Informanten wurden und für ihren Mut bezahlten, signalisiert, ihre Entscheidung sei falsch, starrsinnig, nutzlos gewesen.«[23]

Die polnische Regierung nimmt die Sache in die Hand und setzt der Unentschlossenheit und der Desorientierung des Vatikans ein Ende, indem sie dem Staatssekretariat am Samstagnachmittag, dem 6. Januar, ein umfassendes 80-seitiges Dossier über Wielgus zukommen lässt. Per Telefax. Um dem Papst die Lektüre zu erleichtern, hat man es ins Deutsche übersetzen lassen. Jetzt, nach einer angespannten Besprechung im Apostolischen Palast im Beisein von Staatssekretär Bertone und des Präfekten der Kongregation für die Bischöfe Re, ordnet Benedikt XVI. den Rückzug an.

Für das katholische Polen ist es ein schwarzer Sonntag. Die Gläubigen sind gespalten. 34 Prozent der Polen sind bereit, die Sache ruhen zu lassen, 47 Prozent verlangen, dass der Bischof, der ein Spitzel war, sich zurückzieht. Die polnischen Bischöfe, die einzeln vom Heiligen Stuhl befragt wurden, haben sich mehrheitlich für seinen Rücktritt ausgesprochen. Als der Bischof am Sonntagnachmittag, dem 7. Januar, um 16 Uhr in der Johanneskathedrale eintrifft, »erlebt die Kirche in Polen ihre schwerste Krise«, wie die konservative Zeitung *Dziennik* schreibt. Bleich im Gesicht und den Tränen nahe steigt Stanisław Wielgus nicht zum Stuhl des Erzbischofs auf. Er bleibt im Halbkreis der Bischöfe neben dem Altar und tritt ans Mikrophon, um nur wenige Worte zu sagen: »Nach langer Überlegung und Einschätzung meiner Situation habe ich beschlossen, das Amt des Erzbischofs von Warschau niederzulegen.« In der Stille des Kirchenschiffs hört man das langsame Klatschen des Präsidenten Lech Kaczyński. »Bleib bei uns«, rufen die Sympathisanten von Radio Marjya. Vor der Kirche machen die Ultrakonservativen Radau und rufen: »Wir wollen Wielgus, wir wollen, dass *ein Pole* bleibt.« Aber auch die demokratischen Katholiken sind da, die das Gedenken an Solidarność hochhalten und Schilder tragen mit Aufschriften wie *Schande* und *Non possumus*.[24]

In der Kathedrale versucht Kardinal Józef Glemp die Sache zu einem würdigen Abschluss zu führen. »Wir wissen weder, welcher Druck auf ihn ausgeübt wurde«, sagt er, »noch welche Methoden verwendet wurden, um ihn zu zwingen, ein Dokument zu unterschreiben, das rechtlich keine Gültigkeit hat, da es unter Drohungen und Einschüchterungen entstanden ist.« Die kurze Ansprache des Kardinals endet mit einem Zeichen der Besorgnis: »Heute wurde über Wielgus das Urteil gesprochen. Aber was ist das für ein

Urteil, das sich auf Gerüchte und Indizien stützt, die zum x-tenmal aufgewärmt wurden? Solche Urteile wollen wir nicht!«

Eine halbe Stunde vor dem stornierten Gottesdienst hatte die Nuntiatur eine aus acht Zeilen bestehende Note verbreitet. Darin heißt es, Wielgus habe bei Benedikt XVI. seinen Rücktritt eingereicht »nach Canon 401 des Codex Iuris Canonici. Der Heilige Vater hat ihn angenommen.«

Vatikansprecher Lombardi ist etwas ausführlicher. »Das Verhalten von Monsignore Wielgus in den Jahren des kommunistischen Regimes in Polen hat sein Ansehen schwer beschädigt, auch bei den Gläubigen.« Deshalb erscheine sein Verzicht die angemessenste Lösung. Lombardi baut vor: »Man muss auch festhalten, dass dies nicht der erste und wahrscheinlich auch nicht der letzte Fall sein wird, in dem Persönlichkeiten der Kirche auf Grundlage der Geheimdienstunterlagen des früheren Regimes angeklagt werden.« Es handle sich um eine unübersehbare Fülle von Material, und man dürfe bei der Auswertung nicht vergessen, »dass es von Funktionären eines diktatorischen und erpresserischen Regimes angefertigt wurde«.[25]

24 Stunden nach Wielgus' Amtsverzicht tritt in Krakau der Rektor der Kathedrale, Janusz Bielański, zurück. Der Grund: wiederholte Anschuldigungen der Kollaboration mit dem kommunistischen Geheimdienst. Ende des Jahres veröffentlicht der Priester Isakowicz-Zaleski, der zu kommunistischen Zeiten Dissident war und in den achtziger Jahren von der Geheimpolizei gefoltert wurde, das Buch *Polnische Priester und die kommunistische Geheimpolizei*. Es enthält die dokumentierte Liste von 39 Priestern, die mit dem Geheimdienst zusammengearbeitet haben.

KAPITEL IX

Allein an der Spitze

Nach der Causa Williamson steht Benedikt vor einem Scherbenhaufen. Das Schreiben, das er im März 2009 an die Bischöfe schickt, markiert in seinem Pontifikat einen Punkt, an dem es kein Zurück mehr gibt. Es steht wie ein einsames Kreuz in einer verlorenen Einöde. Im vierten Jahr nach seiner Wahl durchlebt Ratzinger eine schwere Krise. Angeschlagen und isoliert, wird ihm klar, dass diese unselige Angelegenheit in katholischen Kreisen eine Aversion gegen die päpstliche Führung ausgelöst hat. Unter den Katholiken seiner Heimat entdeckt er eine »sprungbereite Feindseligkeit, die auf solche Dinge wartet, um dann zielsicher loszuschlagen«.[1]

Scharfsinnig erkennt Kardinal Camillo Ruini in den Polemiken den blankliegenden Nerv eines seit langem schwelenden Unbehagens der Katholiken an der kirchlichen Autorität. Im *Osservatore Romano* beklagt er »die Schwächung, bisweilen sogar den Verlust des Zugehörigkeitsgefühls zur Kirche«. Die Folge sei eine schwindende Bereitschaft, die Führung und die Unterweisungen durch die Kirche zu akzeptieren. Deshalb müsse man alles tun, um das Zugehörigkeitsgefühl zur Kirche zu stärken. Die Warnung des ehemaligen Vorsitzenden der Italienischen Bischofskonferenz offenbart Ratzingers Führungsschwäche. Für Kardinal Camillo Ruini ist das Handeln des Papstes begleitet von »Worten, Gesten oder Stillschweigen« mit zu viel negativem Beigeschmack.[2]

Tatsächlich stellt der Fall Williamson Ratzingers Amtsführung explizit in Frage und entblößt die Schwächen seiner Regierungsweise. Ratzinger muss die bittere Erfahrung machen, dass Pläne, von denen er sich viel versprach, Schiffbruch erleiden. Er bekommt zu spüren, dass gerade diejenigen in der Kurie, von denen er sich Unterstützung erwartet, unzulänglich sind, und muss ohnmächtig zusehen, wie sich der Aufstand über die Medien immer weiter ausbreitet. Umso mehr erbittert ihn die Erkenntnis, dass sein Kurs die katholische Christenheit spaltet.

Die Gesamtlage lässt wenig Raum für Hoffnung. Beobachter berichten von einer Kurie, die die Orientierung verloren hat, von einem Papst, der sich in seinem Palast verschanzt, während draußen ein Sturm tobt, den der *Osservatore Romano* als beispiellos in der jüngeren Vergangenheit bezeichnet.[3] Besonders erschreckend sind die Defizite im Management des Kurienapparats. Anzeichen dafür gab es schon seit geraumer Zeit. Doch der Widerstand einiger großer Episkopate – in Deutschland, Frankreich, Österreich, der Schweiz und Kanada – gegen die Entscheidung des Papstes, die Piusbrüder zu begnadigen, ohne ihnen zuvor ein Bekenntnis zu den Konzilsbeschlüssen abzuverlangen, ist Ausdruck eines generellen Unmuts.

Immer öfter sickern Informationen vorzeitig nach draußen, die Vatikanzeitung spricht von »betrüblichen« Vorfällen. Zweimal erscheinen Entscheidungen des Papstes noch vor der offiziellen Bekanntgabe durch das vatikanische Presseamt in den Medien und lösen einen Eklat aus. Durch Indiskretionen erfährt die Presse vorab von der Rücknahme der Exkommunikation der Piusbrüder und dem Brief des Papstes an die Bischöfe.

In einem Kommentar im *Osservatore Romano* verurteilt Chefredakteur Giovanni Maria Vian die »Manipulationen und Instrumentalisierungen« im Innern des Vatikans. Die Kurie sei »zu vorbildlichem Verhalten verpflichtet«[4] – quasi ein Peitschenhieb des offiziellen Presseorgans des Heiligen Stuhls gegen all jene im Apostolischen Palast, die sich dem Gebot zu Diskretion und Gehorsam nicht fügen. Doch die Ungereimtheiten und Fehler des Regierungsapparats beschränken sich nicht auf den Skandal um die Piusbrüder.

Schlagartig wird der Öffentlichkeit bewusst, dass Benedikt XVI. allein dasteht, allerdings nicht, weil irgendeine Gruppierung in der Kurie oder der Kirchenhierarchie gegen ihn arbeitet. Der Grund liegt vielmehr in seinem Regierungsstil: Er trifft die Entscheidungen im Alleingang, ohne sich beraten zu lassen und ohne Signale von außen aufzunehmen, am allerwenigsten jene aus den Medien, die er ohnehin mit Argwohn betrachtet.

Damals sagte ein altgedienter Kurienmitarbeiter im Vertrauen: »Ratzinger lebt seit über 20 Jahren als Präfekt der Glaubenskongregation im Vatikan, aber er kennt die Kurie überhaupt nicht. Als Kardinal lebte er zurückgezogen in seinem Büro des Heiligen Offiziums, als Pontifex verschließt er sich in seinem päpstlichen Arbeitszimmer. Er ist Theologe, kein Politiker. Die Hälfte des Tages beschäftigt er sich mit den Problemen der Kirche, die andere Hälfte mit seinen Forschungen über Jesus.« Diesem ungeschönten Porträt fügte er im Nachsatz hinzu: »Es ist nicht gesagt, dass ein großer Theologe den Puls der Wirklichkeit erspürt, wie sie tatsächlich ist.«

Gewiss, Papst Benedikt verfügt über einen Kreis absolut loyaler Mitarbeiter, allen voran Kardinalstaatssekretär Bertone. Aber Loyalität allein genügt nicht. Auf internationaler wie italienischer Bühne kommt es fast permanent zu Kurzschlüssen, als wären dem Vatikan die traditionelle Bedachtsamkeit und der Weitblick abhandengekommen, die den Päpsten stets halfen, Fehler zu vermeiden.

Neben den großen Krisen ereignen sich auch kleinere Zwischenfälle, die jedoch nicht weniger bitter sind.

Am 13. Mai 2007 eröffnet Ratzinger im brasilianischen Aparecida die fünfte Vollversammlung der lateinamerikanischen Bischöfe. In seiner Ansprache verkündet er, die Christianisierung des Kontinents habe für die Indianer Südamerikas bedeutet, »Christus kennenzulernen und anzunehmen, Christus, den unbekannten Gott, den ihre Vorfahren, ohne es zu wissen, in ihren reichen religiösen Traditionen suchten«: den Erlöser, nach dem sie sich im Stillen sehnten. Die Verkündigung des Evangeliums, fährt er fort, habe »zu keiner Zeit eine Entfremdung der präkolumbianischen Kulturen mit sich gebracht und war auch nicht die Auferlegung einer fremden Kultur«.[5]

Die völlige Ausblendung der blutigen Grausamkeit, mit der die spanischen *conquistadores* den Einheimischen den Glauben aufzwangen, führt sofort zu Protesten von indigenen Organisationen, von Theologen und politischen Führern wie dem venezolanischen Staatschef Hugo Chávez und Evo Morales, dem ersten Präsidenten Boliviens mit indianischen Wurzeln. Morales legt beim vatikanischen Nuntius in La Paz Beschwerde ein. Abel Barrera, Leiter des Menschenrechtszentrums Tlachinollan, der sich im mexikanischen Bundesstaat Guerrero für die Rechte der indigenen Bevölkerung einsetzt (und 2011 von Amnesty International mit einem Preis ausgezeichnet wurde), kommentiert: »Es ist eine ethnozentrische, rassistische und wenig respektvolle Sicht der Kulturen der indigenen Völker.«

Es protestiert die Konföderation der Kichwa-Völker Ecuadors, es protestiert die Koordinationsstelle indigener Völker des brasilianischen Amazonasgebiets, die an die Dezimierung der indianischen Völker unter dem Ansturm der Kolonialisierung erinnert. Auf katholischer Seite widerspricht die Theologin Cecilia Domevi dem idyllischen Bild, das der Papst gezeichnet hat, und erinnert an die bittere Wirklichkeit der Evangelisierung Lateinamerikas, die sich als »fragwürdige und gewaltsame Aufoktroyierung, als Clash der Kulturen vollzog«.

Niemand in den Büros des Vatikans, wo die Papstreden vorbereitet und übersetzt werden, macht Ratzinger darauf aufmerksam, dass bereits Johannes Paul II. mehrfach die »Übergriffe und das unsägliche Leid« der Eroberung angeprangert hatte. Zehn Tage später erfolgt auch diesmal die Richtigstellung. Bei einer Generalaudienz im Vatikan spricht Benedikt XVI. von den »nicht zu rechtfertigenden Verbrechen« der europäischen Eroberer, die die Fahne mit dem Kreuz schwenkten. »Die Erinnerung an eine glorreiche Vergangenheit darf die Schatten, die das Werk der Evangelisierung des lateinamerikanischen Kontinents begleiteten, nicht ignorieren. Es ist in der Tat nicht möglich, das Leid und die Ungerechtigkeiten zu vergessen, die von den Kolonisatoren den oft in ihren grundlegenden Menschenrechten mit Füßen getretenen indigenen Völkern zugefügt worden sind.«

Im November 2007 kommt es zum Eklat um einen Auftritt in der Universität La Sapienza. Renato Guarini, Rektor von Roms ältester Hochschule, lädt Benedikt XVI. ein, zur Eröffnung des akademischen Jahres am 17. Januar 2008 eine *lectio magistralis* zu halten. Die Einladung in dieser Form hat den Beigeschmack der Instrumentalisierung, denn 2008 soll an der Universität ein neuer Rektor gewählt werden. Später ändert man ungeschickt das Protokoll. Erst soll das akademische Jahr eröffnet werden, danach soll der Papst zu Wort kommen. In einem offenen Brief, dessen thematisches

Spektrum von der Verurteilung Galileo Galileis durch die Inquisition über Benedikts Regensburger Rede bis zu dessen Verteidigung der antidarwinistischen Theorie des »intelligenten Designs« reicht, verwahrt sich der Physiker Marcello Cini gegen das Ansinnen, ein religiöses Oberhaupt könne an einer weltlichen Universität der italienischen Republik eine *lectio magistralis* halten.[6]

Einen Monat später fordern 66 Dozenten, unter ihnen der neue Präsident des Nationalen Forschungsrates (CNR) Luciano Maiani, den Rektor auf, seine »unangemessene Initiative« fallen zu lassen. Dieser Appell, den weitere 700 Professoren und Wissenschaftler unterstützen, wird von Radio Vatikan als Zensurversuch bezeichnet. Im Nu springt der polemische Funke auf Kultur und Politik über. Der Genetikprofessor Bruno Dallapiccola bezeichnet den Aufruf gegen den Papstauftritt als Schande und fordert offene Türen in der Universität für jede Debatte. Ihm hält der Physiker Andrea Frova entgegen, niemand wolle »den Papst knebeln«, aber es sei einfach unsinnig, ihn zur Eröffnung des akademischen Jahres einzuladen.[7]

Es mobilisieren sich Studentengruppen, die Kundgebungen und Sit-ins ankündigen, an den Universitätsgebäuden werden Spruchbänder mit der Aufschrift *No-Papa* aufgehängt. Am 15. Januar, 48 Stunden vor dem Termin, eskaliert die Spannung und die Verwirrung. Am Vormittag besetzen die Studenten für mehrere Stunden das Rektorat. Für den 17. Januar wird ein bestimmter Ort für die Anti-Papst-Demo ausgehandelt, die katholischen Studenten kündigen ihrerseits eine Gebetswache an.

Während die Verantwortlichen im Vatikan mit den italienischen Behörden die Sicherheitsmaßnahmen abstimmen, bestätigt das Presseamt des Heiligen Stuhls gegen Mittag den geplanten Besuch. Um 13.14 Uhr berichtet der zweite Kanal des italienischen Fernsehens (TG 2) unter Berufung auf vatikanische Quellen, der Besuch werde möglicherweise abgesagt. Um 13.31 Uhr dementiert der Chefredakteur des *Osservatore Romano*, Giovanni Maria Vian: »Wirklich ein sonderbares Gerücht.« Er bestätigt den Termin. Um 17.13 Uhr lässt das vatikanische Presseamt verlauten, aufgrund der »bekannten Vorkommnisse« halte man es für angebracht, »von dem Besuch Abstand zu nehmen«. Benedikt XVI. werde seine Rede der Universität zukommen lassen.

Ministerpräsident Romano Prodi verurteilt alle, »die Spannungen verursacht haben«. Oppositionsführer Silvio Berlusconi kommentiert den Vorfall als »Verletzung, die die Universität und ganz Italien beschämt«.[8] Auch Staatspräsident Napolitano äußert sein Bedauern. Am nächsten Tag versucht Romano Prodi, Ministerpräsident der Mitte-links-Koalition, in einem langen Telefonat, Kardinal Bertone doch noch umzustimmen. Prodi garantiert einen absolut geordneten Verlauf des Papstbesuchs an der Universität, aber der Vatikan spielt lieber die Rolle des Beleidigten gegenüber einer Regierung, der man es ohnehin übelnimmt, dass sie die Legalisierung nichtehelicher Lebensgemeinschaften betreibt. Der Kardinalvikar der Diözese Rom, Camillo Ruini, ruft für den folgenden Sonntag zu einer großen Solidaritätskundgebung für das Kirchenoberhaupt auf, um gegen den »schweren undemokratischen Vorfall« zu protestieren.[9]

Ein medialer Coup, aber kein sehr glücklicher Schachzug. Die Mehrheit der Italiener gesteht dem Papst ohnehin uneingeschränkte Meinungsfreiheit zu, doch der Vatikan bemüht sich weder um eine alternative Lösung, noch besitzt man in der Kurie den Mut, am Papstbesuch festzuhalten. In Wahrheit hat man keine Bedenken wegen der Sicherheit des Papstes, sondern Angst vor Bildern des Protestes gegen Benedikt XVI. im Fernsehen. Deshalb macht der Heilige Stuhl einen Rückzieher. Letztlich aber bleibt der Eindruck haften, dass es in Rom einen Ort gibt, an dem Benedikt XVI. unerwünscht ist. Für das Image des Papstes kein Gewinn.

Dass der vatikanische Apparat regelmäßig ins Stocken gerät, ist eine Konstante von Benedikts Pontifikat. Das überrascht und schmerzt insbesondere seine geistlichen und weltlichen Mitarbeiter, die sich *ad maiorem gloriam* des Heiligen Stuhls engagieren. Es sind diese namenlosen Helfer, die fassungslos die Funktionsstörungen einer Organisation erleben, von der sie mit einem Anflug von Stolz stets geglaubt hatten, sie sei jeder Situation gewachsen.

Auch der Fall Boffo hinterlässt bei den italienischen Katholiken und den Mitarbeitern der Kurie einen bitteren Nachgeschmack. Am 28. August 2009 führt der bekannte Journalist Vittorio Feltri auf der Titelseite der Tageszeitung *Il Giornale* einen vernichtenden Angriff gegen den Chefredakteur von *Avvenire*, Dino Boffo. Die giftsprühende Schlagzeile lautet: »Sexaffäre um den Chefredakteur des *Avvenire*. Der Supermoralist wegen Belästigung verurteilt. Dino Boffo, der als Leiter der Tageszeitung der italienischen Bischöfe an der wütenden Pressekampagne gegen den Lebenswandel von Ministerpräsident Berlusconi beteiligt war, schüchterte die Ehefrau des Mannes ein, mit dem er eine Beziehung hatte.«[10]

Die Geschichte hat einen schmutzigen politischen Hintergrund. Berlusconis Hauszeitung *Il Giornale* (deren Verleger sein Bruder Paolo Berlusconi ist) sah den Augenblick gekommen, das Feuer auf den *Avvenire* zu eröffnen, als dort zwei Leitartikel anderer Journalisten und drei von Boffo selbst unterzeichnete Antworten auf Leserbriefe mit dem beschämenden Verhalten des Ministerpräsidenten hart ins Gericht gingen, vor allem hinsichtlich Berlusconis Beziehung zu der minderjährigen Noemi Letizia aus Portici.

Berlusconis Begründung, mit ihrem Vater verbinde ihn eine alte Freundschaft, hatte sich schnell als falsch erwiesen.

Man brauche einen »Präsidenten, der durch maßvolles Verhalten ein möglichst unverzerrtes Spiegelbild der Seele des Landes« abgebe, hieß es im Mai im *Avvenire*. Am 12. August legte Boffo noch einmal nach, als er Berlusconi Arroganz vorwarf und einen »gemäßigten Lebensstil« anmahnte. Die Attacke des *Giornale* war das Signal zu einer von Berlusconi selbst gebilligten Schlammschlacht. Am 28. August sagte der Vatikan ein Essen des Ministerpräsidenten mit Kardinal Bertone ab, das in der Erdbebenstadt L'Aquila anlässlich eines religiösen Festes für den Abend geplant war.

Unter dem Schlagwort »Methode Boffo« ging Feltris Angriff in die Annalen der politischen Berichterstattung Italiens ein, um den Rufmord eines politischen Gegners mit allen zur Verfügung stehenden Mitteln zu beschreiben. Er basierte auf zwei Elementen: 1. einem Strafbefehl gegen Boffo, der wegen telefonischer Belästigung einer Frau aus Terni nach Artikel 660 des italienischen Strafgesetzbuches zu einer Geldstrafe in Höhe von 516 Euro verurteilte wurde (datiert auf den 9. August 2004); die Telefonate wurden vom Handy des Chefredakteurs des *Avvenire* geführt; 2. einem sogenannten Vermerk, der angeblich aus einer Gerichts- oder Polizeiakte stammte, wonach Boffo wegen seiner sexuellen Gewohnheiten seit einiger Zeit unter »polizeilicher Beobachtung« stehe.

Nach nur 24 Stunden stand fest, dass der Vermerk eine plumpe Fälschung war. Das wurde Boffo von Innenminister Roberto Maroni persönlich bestätigt, der ihm zugleich versicherte, wie »abscheulich« er das Ganze finde. Aufgrund dieser Fälschung wurde Feltri im folgenden Jahr vom italienischen Berufsverband der Journalisten mit drei Monaten Schreibverbot bestraft.

Von Berlusconis Standpunkt aus funktionierte die Schmutzkampagne hervorragend. Verblüffend war jedoch das widersprüchliche Verhalten seitens der Kirche. Die Italienische Bischofskonferenz bekundete dem Chefredakteur des *Avvenire* ihre »volle und uneingeschränkte Solidarität«. Einen Tag später ließ der Vorsitzende Kardinal Bagnasco eine persönliche Erklärung folgen: »Der Angriff ... ist widerwärtig und sehr schwerwiegend. Deshalb spreche ich ihm erneut ... mein persönliches Vertrauen aus, das Vertrauen der italienischen Bischöfe und aller christlichen Gemeinschaften Italiens.« Am selben Tag erreichte Boffo ein Anruf von Kardinalstaatssekretär Bertone, der ihm sein Vertrauen bekundete.

Doch gerade als es schien, als machten der Heilige Stuhl und die Italienische Bischofskonferenz gemeinsam Front gegen die politische Attacke von Ministerpräsident Berlusconi, wendete sich das Blatt. Am 1. September telefonierte der Papst mit Bagnasco, bekundete ihm seine »Hochachtung, Dankbarkeit und Wertschätzung« und bat ihn um »Informationen und eine Einschätzung der aktuellen Situation«. Am 3. September erklärte Boffo in einem Brief an den Vorsitzenden der Italienischen Bischofskonferenz seinen Rücktritt als Chefredakteur. Er prangerte die schamlose Gewalt an, der er ausgesetzt war, und den »maßlosen, hinterhältigen und ungewöhnlich brutalen Angriff« Feltris.

Diese Wendung der Dinge verwirrte viele Prälaten. Spontan äußerte sich ein Bischof: »Entweder wissen die an der Spitze Dinge, von denen wir Provinzbischöfe keine Ahnung haben, oder alle Fronten wanken.« Erneut machte sich das Gefühl breit, es fehle ein Steuermann, der in der Lage ist, das Schiff sicher durch die Stürme zu lenken.[11]

Es ist in der Tat paradox, dass am 31. August, während die Attacke auf Boffo noch in vollem Gange war, im *Corriere della Sera* ein Interview mit Giovanni Maria Vian erschien, dem Chefredakteur des *Osservatore Romano*, der seelenruhig erklärte: »Über die Privatangelegenheiten Silvio Berlusconis haben wir keine Zeile geschrieben. Und dazu stehe ich, denn dafür gibt es gute Gründe.« Doch dies war nicht der einzige Seitenhieb. Das Interview enthielt auch eine Kritik an der Bischofszeitung *Avvenire*, deren Artikel die Einwanderungspolitik der Regierung Berlusconi kritisierten. Die Beziehungen zwischen der rechten und der linken Tiberseite, so Vian, seien exzellent.[12]

Kaum drei Wochen später, am 26. September, traf Benedikt XVI. vor seinem Abflug nach Prag in Ciampino mit Berlusconi zusammen. Der Ministerpräsident, soeben vom G 20-Gipfel in Pittsburgh zurückgekehrt, eilte demonstrativ zum Flughafen, um dem Papst die Ehre zu erweisen. »Ich freue mich, Sie wiederzusehen«, rief der Papst, als wäre nichts vorgefallen, und drückte ihm herzlich die Hand.

Boffo, demzufolge auch andere Personen Zugang zu seinem Handy hatten, trat nie vor die Presse, um das Urteil des Gerichts in Terni zu kommentieren. Er verzichtete darauf, Feltri wegen Verleumdung vor Gericht zu bringen, vielmehr traf er sich am 2. Februar 2010 in einem Restaurant in Mailand demonstrativ mit dem Chefredakteur des *Giornale*, um den Streit beizulegen. Die Begegnung war von dem Abgeordneten der Berlusconi-Partei PDL Renato Farina vermittelt worden, der wegen Zusammenarbeit mit dem Geheimdienst aus dem Journalistenverband ausgeschlossen worden war.[13] Boffos Anwälte haben dafür gesorgt, dass die Prozessakten des Gerichts von Terni bis heute unter Verschluss gehalten werden.

Der Soziologe Giuseppe De Rita, ein guter Kenner des katholischen Milieus in Italien, ist der Ansicht, die Kirchenhierarchie wollte »keinen Konflikt«. Deshalb habe sie den Angriff weggesteckt. Ein Mitarbeiter Kardinal Ruinis verriet mehr: »Die Hierarchie befürchtete eine gnadenlose antikirchliche Kampagne zu den Sexualdelikten.«

Im Dezember 2009 gab Feltri öffentlich zu, dass der sogenannte Aktenvermerk unbegründet war. Doch im Jahr darauf sorgte er erneut für Wirbel mit der Behauptung, das Dokument (das aus katholischen Kreisen stammte und schon seit einiger Zeit anonym unter den italienischen Bischöfen kursierte) sei ihm von Leuten aus dem Vatikan zugespielt worden. Wieder viel Staub aufgewirbelt, ohne jeden Beweis, und ein weiterer Schlag für den Heiligen Stuhl.

Im Jahr 2012 tauchte während des Vatileaks-Skandals überraschend ein Brief Boffos an den päpstlichen Privatsekretär Georg Gänswein auf. Darin beschuldigt der ehemalige Chefredakteur der Bischofszeitung *Avvenire* explizit den Chefredakteur des *Osservatore Romano*, Feltris diffamierenden Brief weitergeleitet und dessen Authentizität garantiert zu haben.[14] Vian reagierte nicht. Boffo, mittlerweile Leiter des Fernsehsenders TV 2000 (im Besitz der Italienischen Bischofskonferenz), dementierte nicht. Weder der Vatikan noch die Italienische Bischofskonferenz nahmen Stellung. Ein Schweigen, das angesichts der Verleumdung Boffos unfassbar ist und ein weiterer Beleg für die Unsicherheit im Management der Kirchenspitze.

Solange ein Papst im Amt ist, darf man vonseiten der Prälaten in verantwortlichen Positionen keine öffentliche Kritik an seiner Regierungsführung erwarten. Nur hinter den Kulissen erlauben es sich einige Vatikanvertreter, das Manko einer »geradlinigen Leitung des Kurienapparats« zu beklagen.

Ausgefeilt im Verlauf eines jahrhundertealten Prozesses und in der Zusammenarbeit von Menschen aus allen Kontinenten, ist die Zentralregierung der katholischen Kirche ein komplizierter Apparat, der von der starken Hand des Papstes, seinem Staatssekretär und manchmal seinen Privatsekretären geführt werden muss. In strengster Diskretion agierten in den vergangenen 60 Jahren sehr geschickte »politische« Sekretäre: Loris Capovilla unter Johannes XXIII., Pasquale Macchi unter Paul VI., »Don Stanislao« unter Johannes Paul II.

Der Mann, den sich Ratzinger in den letzten Jahren seiner Zeit als Kardinal zu seinem Sekretär wählte, wurde 1956 in einem Dorf im Schwarzwald geboren. Seit 1996 Mitarbeiter der Kongregation für die Glaubenslehre und Dozent für Kirchenrecht an der römischen Opus-Dei-Hochschule Santa Croce, gefällt es Georg Gänswein gar nicht, als graue Eminenz des Papstes wahrgenommen zu werden, als derjenige, der im Hintergrund die Fäden zieht. Das ist sein charakterlicher Vorzug. Aber diese Haltung birgt die Gefahr, dass Führungsschwächen zutage treten, wenn der oberste Steuermann sich allzu sehr in seiner professoralen Aura verschließt.

Hinweise darauf, dass auf der Kommandobrücke des Vatikans etwas nicht stimmt, gab es schon früh. Konnte man den Konflikt mit der islamischen Welt nach der Regensburger Rede des Papstes noch als Ausrutscher betrachten, änderte sich dieses Bild im Jahr 2007, als in Warschau ein Bischof (und ehemaliger Geheimdienstinformant) erst ernannt und dann hastig wieder abberufen wurde. Da erkannte die Öffentlichkeit, dass eine starke Führung fehlte.

Im englischen Sprachraum, wo die Medienberichte nicht von diplomatischer Höflichkeit eingeengt sind, äußerte man sich offen. In der *International Herald Tribune* schrieben die Korrespondenten Craig S. Smith und Ian Fisher zum peinlichen Fall Wielgus: »Die Kompetenzen Benedikts XVI. im Bereich der Glaubenslehre und der Theologie sind unbestritten, manche Kritiker sind jedoch der Ansicht, ihm fehle das politische Talent, um eine so riesige und komplizierte Organisation wie die katholische Kirche voll im Griff zu haben. Wie bei der Polemik nach seiner Rede [in Regensburg] … gibt es Stimmen, die sagen, der Papst werde von seinen Mitarbeitern im vatikanischen Apparat entweder nicht gut beraten oder neige dazu, wichtige Entscheidungen im Alleingang zu treffen.«[15]

Dieses Urteil wurde von der englischen katholischen Zeitschrift *Tablet* geteilt. Ihr Experte in Religionsfragen, Robert Mickens, schrieb, eine solche Amtsführung schade der Glaubwürdigkeit des Papstes. Und prophetisch fügte er hinzu: »Ich glaube, wir werden weitere solche Vorkommnisse erleben, wenn er [Benedikt XVI.] auch in Zukunft versucht, allein zu agieren.«

Doch dem Vatikan liegen selbstkritische Prüfungen fern, die übliche Reaktion besteht darin, das Gespenst einer Verschwörung an die Wand zu malen. Die weltweiten Angriffe nach der Regensburger Rede wurden den Medien in die Schuhe geschoben und einer Verschwörung islamischer Fundamentalisten angelastet. In der »Kondom-Krise« hielt man gleichfalls die Medien für schuldig und beklagte undurchsichtige Interessen von Pharmaunternehmen. Hinter den Enthüllungen über den antisemitischen Bischof Williamson vermutete man ein Komplott, ebenso hinter dem Skandal um Geheimdienst-Bischof Wielgus. Der Krakauer Kardinal Dziwisz sagte dazu: »Hinter dieser journalistischen Kampagne stecken mit Sicherheit eine Strategie und politische Absichten.« Doch der Kardinal räumte ein, dass er nicht wisse, wer die Fäden zieht.[16]

Und ein weiteres Phänomen sticht ins Auge. Nach spektakulären Fehlentscheidungen passiert in der Kurie gar nichts. Es erfolgt keine Reaktion. Niemand wird für den Fall Williamson zur Verantwortung gezogen. Nichts geschieht nach dem Fauxpas der Nominierung Gerhard Wagners zum Weihbischof von Linz. Nichts nach dem tragischen Missgriff von

Wielgus' Ernennung in Warschau. Adam Boniecki, Chefredakteur der Krakauer katholischen Wochenzeitung, sagte damals: »Ich weiß nicht, wer, aber irgendjemand hat Papst Benedikt falsch informiert. Es ist ein schwerwiegender Vorgang, und irgendjemand wird dafür büßen müssen, in Polen oder im Vatikan.«[17]

Aber es passiert absolut nichts. Am 8. Mai 2010 wird der Nuntius Józef Kowalczyk zum Erzbischof von Gniezno (Gnesen) und Primas von Polen ernannt. Den Verzicht auf eine Intervention kann man als Indiz für Ratzingers Taktgefühl deuten: Er möchte niemanden zum Sündenbock machen. Gleichzeitig gewinnen die Mitarbeiter des hochsensiblen kurialen Verwaltungsapparats den Eindruck, man könne alles laufen lassen, denn es bleibt ohne Konsequenzen.

Letztlich fehlt der päpstlichen Bürokratie ein klarer Kurs. Ein italienischer Bischof kommentiert inkognito, Ratzinger nehme großzügig alle Verantwortung auf sich, ohne seinen Mitarbeitern die Schuld zuzuweisen: »Aber bei diesem Führungsstil gibt es ein Problem. Ratzinger geht davon aus, wenn eine Linie als richtig erkannt sei, müsse man ihr folgen und damit basta. Die Konsequenzen seiner Marschroute berücksichtigt er nicht, und unterbewusst glaubt er auch nicht, dass seine Mitarbeiter in der Kurie ihm wirklich Ratschläge geben können.«

Benedikt XVI. studiert zwar aufmerksam alle Akten, die ihm vorgelegt werden, aber er arbeitet am liebsten still für sich allein, und es fehlt ihm auch an der Kenntnis der Verwaltungsabläufe, die es Päpsten wie Pius XII. und Paul VI. ermöglichten, jeden Vorgang detailliert zu verfolgen und dessen Ergebnis zu kontrollieren.

Ratzinger mangelt es – so hat er es eingerichtet – an einem Netzwerk von Beziehungen, die ihm eine Vielzahl von Inputs und Ansichten zuspielen könnten. Die Kontakte zu seinen Mitarbeitern beschränken sich in der Regel auf die sogenannten Tabellenaudienzen, die turnusmäßigen wöchentlichen Zusammenkünfte mit dem Staatssekretär (Montag), dem Substituten, der die Funktion eines Innenministers ausübt (Dienstag), dem Verantwortlichen für die vatikanische Außenpolitik (Mittwoch), erneut dem Staatssekretär (Donnerstag), dem Präfekten der Glaubenskongregation (Freitag) und dem Präfekten der Bischofskongregation (Samstag).

Mit den anderen Dikasterienleitern kommt er nur gelegentlich zusammen. Nur zweimal jährlich, im Frühjahr und im Herbst, findet eine Plenarsitzung der Präfekten der Kongregationen und der anderen zentralen Organe statt. Es ist, als würde das Staats- oder Regierungsoberhaupt einer Weltmacht sein Kabinett nur alle sechs Monate einberufen. Mit der Folge, dass mangels Austausch die Gelegenheit fehlt, für die Anliegen der Weltkirche eine gemeinsame Strategie zu entwickeln.

Ratzinger mangelt es auch am kontinuierlichen Austausch mit den Nuntien. Johannes Paul II. empfing jeden päpstlichen Botschafter alle zwei Jahre, um sich über die Weltlage auf den neuesten Stand bringen zu lassen. Benedikt XVI. empfängt sie in einer protokollarischen Audienz nur noch zu Beginn und Ende ihrer Mission. Wenn ein Nuntius bei einer Generalaudienz mit dem Papst sprechen möchte, findet er nur für wenige Minuten Gehör, ansonsten wird er an den Staatssekretär verwiesen.

Dem Papst fehlen auch aktuelle Informationen über das Alltagsleben in den Diözesen. Bei den ad-limina-Besuchen (wenn regelmäßig alle fünf Jahre die Bischöfe eines Landes nach Rom reisen) kommt das Kirchenoberhaupt nur mit Gruppen zusammen und nimmt sich aufgrund seines Alters nicht mehr die Zeit, wie sein Vorgänger mit jedem Bischof unter vier Augen zu sprechen.

Benedikt XVI. nutzt nicht einmal die Arbeitsessen, eine Gelegenheit, von denen Johannes Paul II. ausgiebig Gebrauch machte. »Man hat mich hier festgebunden«, sagte Wojtyła einmal zu Kardinal Francesco Marchisani und zeigte auf den Stuhl, auf dem er saß. Johannes Paul II. nutzte Frühstück, Mittagessen und Abendessen, um die Stimmung in Gesellschaft, Kirche und Weltöffentlichkeit zu sondieren. »Johannes Paul II. regierte durch Zuhören«, meint der Historiker Andrea Riccardi, führender Kopf der Gemeinschaft Sant'Egidio, und »er speiste nie allein«. Ratzinger ist das genaue Gegenteil. »Dieser Papst«, bemerkte ein Kurienkardinal, »ist ein Aktenmensch.«

Ratzinger führt ein Leben wie ein Einsiedler. Von morgens bis abends ist er in seiner Wohnung im Kreis der kleinen päpstlichen Familie, bestehend aus den beiden Privatsekretären und den vier Laienschwestern, die der Gemeinschaft Comunione e Liberazione angehören und sich um seine persönlichen Belange kümmern. Ein zurückgezogenes Leben, wenngleich nicht ohne menschliche Wärme. Abends schaut man sich gemeinsam mit Monsignore Gänswein eine DVD an, *Don Camillo und Peppone* zum Beispiel oder einen Film über die sudanesische Heilige Bakhita, die als Kind von Sklavenjägern nach Italien verkauft wurde, wo sie in den Orden der Canossianerinnen eintrat.[18] Ein Leben ganz im Zeichen des Denkens, aber ohne einen breitgestreuten Informationsfluss über das hinaus, was ihm durch die kirchlichen Kanäle oder aus Büchern zugänglich ist. Gemessen an den Herausforderungen einer globalisierten Welt hat Benedikt XVI. eng begrenzte Kontakte. Sicher, er erhält den Pressespiegel des Staatssekretariats und des vatikanischen Presseamts, aber er beschränkt sich auf diese bürokratischen Instrumente und auf die Begegnungen, zu denen er von Amts wegen verpflichtet ist.

Wojtyła nutzte als Informationskanal systematisch seinen Pressesprecher Navarro-Valls, einen gelernten Journalisten, der regelmäßig die päpstlichen Privatgemächer aufsuchte. Ratzinger hat eine komplett andere Beziehung zu seinem Pressesprecher. Von Anfang an verwies er ihn auf die obersten Instanzen des Staatssekretariats. Pater Lombardis Begegnungen mit dem Papst beschränken sich mit einigen Ausnahmen auf den Tag vor dem Besuch eines Staatsoberhaupts und auf ein Mittagessen nach einer Papstreise, um Bilanz zu ziehen. Vor jedem Flug ins Ausland schickt Lombardi dem Papst die fünf, sechs Fragen, die ihm später von den Journalisten gestellt werden und mit denen Benedikt XVI. stets einverstanden ist. Der Austausch des Presseamts mit dem päpstlichen Privatsekretär Gänswein läuft vor allem über E-Mails. Oft vergehen Wochen, in denen Lombardi den Papst nicht persönlich sieht.

All das ließ im Vatikan ein Klima entstehen, das man mit dem Satz »Bitte den Fahrer nicht stören« beschreiben könnte. Und das hat tiefgreifende Auswirkungen auf die Arbeitsweise der kirchlichen Zentralregierung. Denn im System der vatikanischen Macht – mit all ihren Attributen, Idiosynkrasien und Defiziten – ist der Papst der Dreh- und Angelpunkt. Der Apparat hängt vollständig von den Impulsen ab, die aus dem *Appartamento*, den päpstlichen Gemächern, kommen. Die Aktivitäten sämtlicher Behörden werden beherrscht von den wirklichen oder vermeintlichen Wünschen des päpstlichen »Geistes«, *la mente*, wie es im Jargon der Kurie heißt.

Infolgedessen hat sich ein Arbeitsstil durchgesetzt, bei dem Kritik tendenziell gar nicht vorkommt und niemand es wagt, Korrekturen vorzuschlagen. Ein Kardinal aus einem nordeuropäischen Land meint, Benedikt XVI. sei zwar »schüchtern, aber beharrlich in seinen Vorstellungen«. Somit ist es schwierig, ihn von etwas abzubringen. Kardinalstaatssekretär Tarcisio Bertone kann oder will all dem nicht entgegensteuern. In der Kurie galt er von Anfang an als Außenseiter, und an dieser Einschätzung hat sich bis heute nichts geändert. Ein großer Teil der kurialen Bürokratie erkennt ihn nicht als »einen der Ihren« an, denn Bertone, ehemals Ratzingers rechte Hand in der Glaubenskongregation, stammt nicht aus der päpstlichen Diplomatie und hat nicht die Laufbahn der Prälaten absolviert, die in einer der kurialen Behörden als »Minutanten« (Beamte der untersten Stufe) angefangen haben und dann immer weiter aufgestiegen sind und deswegen im Apparat ein Beziehungsnetzwerk geknüpft und in Nuntiaturen im Ausland Erfahrungen gesammelt haben. »Die jahrzehntelange Erfahrung in den kurialen Behörden ist durchaus nützlich«, sagen schmunzelnd alte Füchse im Kardinalskollegium und erklären gleichzeitig, sie wollen zum Staatssekretär keinen Kommentar abgeben. Andere fügen hinzu: »Für einen Papst ist es wichtig, in der Kurie Helfer zu haben.« In einem Milieu, wo jedes Wort und jedes Schweigen seine feinen Nuancen hat, klingt das wie ein Alarmsignal.

Ratzingers Wahl fiel auf Bertone, weil er in der Glaubenskongregation lange Jahre mit ihm zusammengearbeitet hatte, weil er sich mit ihm auf gleicher Wellenlänge fühlt, weil er loyal ist. In der Kurie wirft man dem Staatssekretär vor, manchmal allzu sehr zu improvisieren, zu viel zu reisen und den »Apparat« nicht genau genug im Auge zu behalten. Man attestiert ihm keine politische Finesse in der Regierungsführung. Der gravierendste Vorwurf jedoch lautet, dass er kein konkretes, wirklichkeitsnahes Gegengewicht zu der oft theoretischen Behandlung der Probleme bildet, wie sie für Benedikt XVI. typisch ist. Unter diesem Aspekt sehnen sich viele in der Kurie nach der starken Hand des ehemaligen Staatssekretärs Sodano und trauern der Ära Wojtyła nach, in der es »eine Linie, eine Sichtweise, Macherstolz und präzise Direktiven gab«.

Mit der Ernennung Bertones wurde jenes Gleichgewicht verfehlt, das der Heilige Stuhl während der Regierung Pius' X. erreicht hatte. Nach dem Tod Leos XIII. im Jahr 1903 gewählt, konzentrierte sich Pius X. vorrangig auf Glaubensfragen. Es fehlte ihm an politischer Erfahrung, aber er wählte sich den spanischen Kardinal Rafael Merry del Val zum Staatssekretär, einen versierten Diplomaten, der mehrere Sprachen beherrschte und dem Papst in all den elf Jahren seines Pontifikats effizient zur Seite stand.

Bertone, für seine Liebenswürdigkeit und Wärme durchaus geschätzt, wird mehr als nur ein Fehler angekreidet: angefangen mit der Tatsache, dass er das Dekret zur Aufhebung der Exkommunikation Williamsons nicht verhindert hat, als in den internationalen Medien bereits ein Sturm der Entrüstung entbrannt war. Zudem wird ihm angelastet, dass er nicht die Stimme erhoben hat, um Kardinal Tettamanzi, den Erzbischof von Mailand, zu verteidigen, der für die Integration der Einwanderer plädierte und dafür von der aggressiv fremdenfeindlichen Partei Lega Nord unter Beschuss genommen wurde. Die Zeitung *La Padania* hatte ihn als »Imam« tituliert,[19] und Minister Roberto Calderoli von der Lega Nord hatte erklärt: »Tettamanzi passt nicht zu dieser Diözese. Es ist, als würde man einen mafiosen Priester nach Sizilien schicken.« Wenige Tage später, bei einem Runden Tisch mit dem parlamentarischen Fraktionsvorsitzenden der Lega Nord, Roberto Cota, lobte der Staatssekretär sogar die »starke territoriale Verwurzelung« der Lega.[20]

Innerhalb und außerhalb des Apostolischen Palastes wird Bertones übermäßige Einmischung in die innenpolitischen Manöver Italiens sehr skeptisch gesehen. Unvergessen bleibt seine Teilnahme an einem Abendessen am 8. Juli 2010, zu dem der Journalist und Talkshowmoderator Bruno Vespa geladen hatte, vordergründig, um sein 50-jähriges Berufsjubiläum zu feiern. Mit der Einladung des Kardinals tat er aber eigentlich seinem wichtigsten Gast an jenem Abend einen Gefallen: Ministerpräsident Silvio Berlusconi wollte die Gelegenheit nutzen, um Pier Ferdinando Casini, den Führer der christdemokratischen Partei UDC, zu überreden, wieder in seine Regierung einzutreten. Dass der wichtigste Mitarbeiter des Papstes auf einer Gästeliste (unter anderem zusammen mit Berlusconis Staatssekretär Gianni Letta, Cesare Geronzi, dem Präsidenten des Versicherungskonzerns Assicurazioni Generali, und dem Banca d'Italia-Chef Mario Draghi) stand, um für ein offensichtliches politisches Tête-à-Tête den Rahmen abzugeben, sorgte in der Kurie für beträchtliche Verstimmung.

Bertones Aufgabe ist im Übrigen nicht leicht. Einerseits ist er vom Apparat der Kurie in gewisser Weise abgeschnitten, andererseits hat er keinen Einfluss auf die öfter wechselhafte Marschrichtung Benedikts XVI. Er ist damit beschäftigt, angerichteten Schaden wiedergutzumachen, und andererseits nicht in der Lage, die Gesamtstrategie des Pontifikats zu bestimmen. Der ständige Vorwurf, der ihm intern gemacht wird, lautet, dass es ihm nicht gelingt, die Krisen der päpstlichen Führung zu verhindern.

Die vertraulichen Berichte der amerikanischen Botschaft, die im Dezember 2010 von *Wikileaks* veröffentlicht wurden, enthalten Stimmen und Urteile, die beim Heiligen Stuhl akkreditierte US-Diplomaten in vatikanischen Kreisen zusammengetragen haben. Darunter sind negative Kommentare zum Unvermögen Ratzingers, eine moderne Kommunikationsstrategie zu entwickeln. In einer Depesche ist von »non spin city« die Rede, einer zur Kommunikation unfähigen Vatikanstadt, in einer anderen heißt es, die Kurie sei »italienzentriert, kryptisch und antiquiert«. Aber einige dieser Berichte beschäftigen sich auch explizit mit Bertone. Er wird als eine Persönlichkeit von »pastoralem Stil« charakterisiert, »die oft außerhalb Roms, in der Welt, unterwegs ist und sich mehr um Fragen der Spiritualität als um außenpolitische Belange und die Führung [der Kurie] kümmert«. Er wird als »yes-man«, als Jasager, beschrieben, ohne Englischkenntnisse und ohne diplomatische Erfahrung.[21]

Bertone reagiert humorvoll auf den Vorwurf, er gebe Benedikt XVI. immer recht: »Dieses etwas farbige Bild beschreibt gut meine Übereinstimmung mit dem pastoralen Wirken des Papstes.«[22] Besonders verärgert jedoch ist das Staatssekretariat über eine Depesche, in der die US-Diplomatin Julieta Valls Noyes Washington über die Opposition gegen Ratzingers rechte Hand informiert: »Nicht wenige fordern die Absetzung Kardinal Bertones.«[23] Der Pressesprecher des Vatikans bezeichnete die Veröffentlichung solcher geheimen Dokumente als einen »äußerst schwerwiegenden« Vorgang. Lombardi beeilte sich, darauf hinzuweisen, dass die Berichte »Ansichten und Meinungen ihrer Verfasser wiedergeben und nicht die des Heiligen Stuhls.« Die Reaktion war zu erwarten. Tatsache aber bleibt, dass in der Kurie zwischen 2009 und 2010 Stimmen kursierten, die einen Wechsel an der Spitze des Staatssekretariats forderten.

Am 18. April 2009, nach den verheerenden Polemiken zum Fall Wagner in Österreich, zum Fall Williamson und zum Kondom-Streit, trafen sich in der päpstlichen Sommerresidenz Castelgandolfo vier wichtige Kardinäle mit Benedikt XVI.: Schönborn aus Wien, Scola aus Venedig, Bagnasco, der derzeitige und Ruini, der ehemalige Vorsitzende der Italienischen Bischofskonferenz. In der Unterredung, bei der es offiziell um die Enzyklika *Caritas in veritate* ging, an der der Papst gerade arbeitete, wurde das Problem der kurialen Führung und der Rolle Bertones angesprochen, der auffälligerweise nicht an der Unterredung teilnahm.[24] Benedikt XVI. soll aber geantwortet haben: »Der Mann bleibt an seinem Platz, und basta!«

Ein Jahr später, im Dezember 2010, sind hinter den Mauern des Vatikans erneut kritische Stimmen über Bertones Rolle in Umlauf, außerdem kursieren Gerüchte, Benedikt XVI. zeige sich jetzt wieder aufgeschlossen für die Ratschläge Kardinal Ruinis und des ehemaligen Staatssekretärs Sodano. Dennoch spricht Benedikt XVI. in jenem Jahr dem Staatssekretär zweimal auf ungewöhnliche Art und Weise sein Vertrauen aus.

Am 21. Januar bestätigt er ihn in seinem Amt. In einem im *Osservatore Romano* veröffentlichten Brief spart der Papst nicht mit Lob: »Stets habe ich Ihren ›sensus fidei‹ bewundert, Ihre Kompetenz im Bereich der Glaubenslehre und des Kirchenrechts und Ihre ›humanitas‹, die uns sehr geholfen hat, in der Kongregation für die Glaubenslehre in einer wirklich familiären Atmosphäre zu leben, was immer mit großer und entschlossener Arbeitsdisziplin verbunden war.« Alle diese Eigenschaften, so der Papst weiter, »sind heute der Grund dafür, dass ich auch in Zukunft nicht auf Ihre wertvolle Mitarbeit verzichten möchte«.

Der Brief bezeugt das psychologische Bedürfnis Ratzingers, der in vorgerücktem Alter den Papstthron bestiegen hat, jemanden an seiner Seite zu haben, mit dem ihn ein enges Vertrauensverhältnis verbindet und der seine Anweisungen geflissentlich ausführt. So müssen die Äußerungen des Papstes zu dem »langen Weg« der Zusammenarbeit und das Lob von Bertones aufopferungsvoller Tätigkeit verstanden werden. Aufschlussreich ist die Wertschätzung der »sensiblen Arbeit, die Sie geleistet haben, um den Dialog mit Erzbischof Marcel Lefebvre zu ermöglichen«.

Sechs Monate später, mitten im Kreuzfeuer der Kritik um die Missbrauchsvorwürfe, drängt es Benedikt XVI., Bertones Rolle *urbi et orbi* zu bestätigen. Die Gelegenheit dafür bietet sich beim 50-jährigen Priesterjubiläum des Staatssekretärs. Hier signalisiert Benedikt ein zweites Mal, dass er keinesfalls auf Bertones Mitarbeit verzichten möchte. Ratzinger kenne durchaus die Defizite seines Staatssekretärs, heißt es im Vatikan, aber die Verbundenheit mit ihm sei einfach zu groß. »Wir möchten Dir ... Unsere Gedanken mitteilen, damit die Wertschätzung, die Wir Dir gegenüber hegen, noch deutlicher erkennbar werde«, schreibt der Papst in einem Brief, der am 30. Juni gleichfalls im *Osservatore Romano* veröffentlicht wird. In getragenem Ton wischt Ratzinger alle hinter vorgehaltener Hand geäußerte Kritik an dem Kardinal beiseite: »Vor nicht langer Zeit haben Wir Dich zu Unserem engen Mitarbeiter gemacht, indem Wir Dich zum Staatssekretär ernannten, mit dem Wir Unsere Entscheidungen und Aufgaben teilen. Ganz ohne Zweifel widmest Du Dich mit großem Engagement und Sachkenntnis der Mitarbeit an Unseren pastoralen Projekten auf der Ebene der Universalkirche.«

Trotzdem prangerte bereits 2009 eine auf den 9. Februar datierte Depesche der amerikanischen Botschaft beim Heiligen Stuhl die »Führungsschwäche« des Vatikans im Zusammenhang mit den »Kommunikationsdesastern« an. Der Papst, so heißt es darin, sollte die Aufgaben »denjenigen übertragen, die mehr davon verstehen oder über die Materie detaillierte Kenntnisse besitzen«. So sehen diplomatische Beobachter – nicht nur amerikanische – die Verbindung zwischen Bertones Rolle und Benedikts ultimativer Verantwortung. In einem absolutistischen Machtgefüge wie dem Heiligen Stuhl trägt letztlich der Papst die ganze Regierungsverantwortung. Er sucht sich die Personen aus, mit denen er sich umgibt, er bestimmt die Strategien und billigt die Maßnahmen zu ihrer Umsetzung.

Betritt man den Vatikan, um das Urteil der Kurienmitarbeiter über Ratzingers Regierungsstil zu erfahren, kommt man in eine Welt der feinen Nuancierungen und zarten Zwischentöne. Niemand äußert sich grob und ungeschliffen. In der vatikanischen Kurie geht es völlig anders zu als auf den Korridoren eines Parlaments oder eines Regierungsgebäudes. Das liegt vor allem daran, dass die Kurienmitarbeiter in aller Regel sehr viel gebildeter sind als das heutige politische Personal. Man spürt, dass sie lesen, nachdenken, Argumente abwägen und nach den richtigen Worten suchen. Eine *forma mentis*, wie sie sich in Jahrhunderten herausgebildet hat, rät zur Vorsicht in der Analyse und zur Zurückhaltung im Urteil.

Benedikt XVI. wird von seiner engsten Umgebung aufmerksam beobachtet, das kann gar nicht anders sein. Man attestiert ihm einen messerscharfen Verstand, einen bescheidenen Lebensstil, eine umfassende theologische Bildung, die Ablehnung von Vetternwirtschaft und Seilschaften. Manche erzählen mit Bewunderung davon, dass er bei seinem Abschied von München und seinem Eintritt in die Kurie die Pension ablehnte, die die Bundesregierung ehemaligen Erzbischöfen zahlt, und manch einer berichtet, dass Ratzinger als Professor Studenten in finanzieller Not unterstützt hat.

Seine persönlichen Qualitäten sind beeindruckend, aber auf der Regierungsebene, so sagen viele in der Kurie, sei es schwierig, an ihn heranzukommen. Einige behaupten sogar, als Kardinal habe Ratzinger viel intensiver zugehört, er habe im Team gearbeitet und »versucht, gemeinsam zu überlegen«. Es heißt, er gehe die Probleme ausschließlich unter theologischem Aspekt an. »Er nimmt keine Rücksicht auf die Diplomaten«, hört man oft empört. Die »Diplomaten«

bilden gewissermaßen das Rückgrat des Staatssekretariats. Sie haben gelernt, sich mit den Argumenten anderer auseinanderzusetzen, mit ihrer Geschichte und ihrer Kultur, ihren Moralvorstellungen und ihrer Weltanschauung. Sie sind es, heißt es in der Kurie, die »die Menschen kennen, die Dinge«. Daher die Forderung an den Papst, der das Oberhaupt von mehr als 1,1 Milliarden Katholiken ist, die Komplexität der Geschichte nicht aus dem Blick zu verlieren, »weil die theologische Sicht allein nicht ausreicht«.

Aber es ist keine Frage des Taktierens. Es geht um den Blick auf die Geschichte. Viele in der Kirche teilen nicht Ratzingers Ansicht (die schon Wojtyła vertrat), das 20. Jahrhundert sei nur von zerstörerischen und antichristlichen Ideologien geprägt gewesen. Und noch viel weniger teilen sie die Vorstellung, die vergangenen 400 Jahre seien Ausdruck eines antichristlichen Programms gewesen, wie es Johannes Paul II. formulierte. »Diese 400 Jahre«, widerspricht ein Bischof, der auch Historiker ist, »hat Gott zugelassen«. Zum Verhältnis von Naturwissenschaften und Glauben, einem Thema, das immer wieder zu Spannungen zwischen dem vatikanischen Lehramt und der modernen Gesellschaft führt, vertreten viele Kirchenmänner eine sehr viel differenziertere Ansicht. Die Autonomie der Naturwissenschaften nehmen sie durchaus ernst. Sie erkennen, dass die Naturwissenschaften nicht gewaltsam auf eine transzendente Sicht hin zurechtgebogen werden können oder dass man ihnen, im Gegenteil, einen Allmachtswahn unterstellen kann.

Ein langjähriger Kurienbischof sagte mir: »Der Heilige Vater sieht die Geschehnisse einzig und allein im Blick auf ihre religiöse Bedeutung, es fällt ihm schwer, die anderen ›Gründe‹ zu verstehen, die außerhalb des Glaubens liegen.« Die italienischen Päpste, hört man bisweilen mit kritischem Unterton gegen Ratzinger wie gegen Wojtyła, erkannten, dass in den Beziehungen zur Welt der theologische Ansatz allein nicht ausreicht.

Eine Hauptursache für die Schwierigkeiten der kirchlichen Zentralregierung liegt in der unzureichenden Diskussion über anstehende Entscheidungen. Gemessen an den Dimensionen der katholischen Weltgemeinschaft und dem globalen Rahmen, in dem der Heilige Stuhl agiert, findet eine Diskussion so gut wie gar nicht statt. Mehr als nur ein Kardinal hält es für dringend erforderlich, die »Bischöfe offen reden zu lassen und ihnen zuzuhören«. Ein altgedienter Kurienkardinal, dem Wesen nach alles andere als ein Rebell, sagte mir, wenn die Kirche nicht stagnieren wolle, müsse sie denen, die für sie tätig sind, die »Möglichkeit geben, zu sprechen und zu widersprechen und die positiven wie die negativen Seiten einer Sache darzulegen. Es darf niemanden geben, der sagt: ›Es muss so und so gemacht werden und basta‹. Wir brauchen Konsultationen«. Die Forderung nach Freiraum für unterschiedliche Ansichten und Optionen wird in vertraulichen Gesprächen immer wieder erhoben. »Hier redet nur der Papst, der Staatssekretär und der *Osservatore Romano*.« Ein weiterer Kritikpunkt ist das Klima einer exzessiven Verteidigung des Papstes. »Es gibt zu viele Bewunderer und zu viele, die nur wiederholen, was er gesagt hat.« Zu viele, die meinen, im heutigen Katholizismus gebe es nur eine einzige Theologie: die Theologie Ratzingers. Nur wenige in der Kurie haben den Mut, dem Papst andere Ansichten darzulegen. Doch das ist letztlich ein typisches Phänomen absolutistischer Macht.

Kurienmitarbeiter, die mehr als ein Pontifikat erlebt haben, beklagen das Fehlen einer organisierten Führung. »Macht man sich in Rom keine Gedanken mehr?«, fragte vor einigen Jahren ein bedeutender europäischer Kardinal. Papst Johannes Paul II. beschäftigte sich nicht mit dem kurialen Apparat, sondern richtete sein Augenmerk auf eine »prophetisch« geprägte geopolitische Strategie, die sich in seiner Beziehung zur Weltöffentlichkeit als ausgesprochen erfolgreich erwies. Das Mea culpa im Jahr 2000, die interreligiösen Begegnungen in Assisi, die Besuche in der Synagoge in Rom und in der Moschee von Damaskus, die Bekundung des besonderen Bandes zwischen den drei abrahamitischen Religionen und die Gegnerschaft des Papstes zum Irakkrieg 2003 haben in der katholischen Welt und auf der internationalen Bühne eindrucksvolle Zeichen gesetzt. Vor allem aber gelang es Johannes Paul II., aus dem römischen Papst als Akteur der christlichen Welt einen Fürsprecher der Menschenrechte und der Solidarität in einer globalisierten Welt zu machen und dem Amt des Kirchenoberhaupts eine internationale Dimension zu verleihen, die über alle religiösen, politischen und kulturellen Grenzen hinweg Anerkennung fand. In gewisser Hinsicht passte Wojtyła in kein Schema.

Für die Organisation der Macht und die Effizienz der Führung der Römischen Kurie gibt es bis heute im Wesentlichen zwei Modelle: das System Pius' XII., der an der Spitze einer streng hierarchischen und extrem funktionalen Organisation stand (in der der Papst auch das Heilige Offizium kontrollierte); und das System Pauls VI., der die Kurie neu organisierte und sie mit der Sorgfalt eines Ministerpräsidenten überwachte, welcher die Fäden aller Ministerien fest in der Hand hat. »Benedikt XVI.«, so das weitverbreitete Urteil, »folgt weder dem System Pauls VI. noch dem System Pius' XII.«

Ratzinger vermittelt den Eindruck eines einsamen Monarchen, der weder das Format eines geopolitischen Führers hat, noch Geschmack an dieser Rolle findet. »Er schreibt seine Bücher«, hört man immer wieder hinter vorgehaltener Hand. Ein ungnädiges Urteil, denn Benedikt XVI. widmet sich gewissenhaft dem Studium der Akten, die ihm vorgelegt werden. Doch in dieser Kritik spiegelt sich das Bild eines Teilzeitpapstes, der ständig von anderen Interessen abgelenkt ist. Ratzinger selbst gibt im Gespräch mit seinem Biographen Peter Seewald zu verstehen, dass er sich seiner zutiefst akademischen Prägung sehr wohl bewusst ist. »Wenn Gott schon einen Professor zum Papst machte …«, bekennt er und bekräftigt dadurch, dass sein eigentliches Charisma die Theologieprofessur sei.[25] Im Gespräch mit Seewald weist Benedikt jedoch die Vorstellung, er lebe abgekapselt in einer künstlichen Welt, entschieden zurück.

Während Krise auf Krise folgt, bleibt freilich das Problem der einsamen Entscheidungen Ratzingers ungelöst. Es genügt jetzt nicht mehr, auf Fehler in der medialen Kommunikation zu verweisen, die die Kirchenspitze und sogar der Papst selbst von Zeit zu Zeit einzuräumen bereit sind. Das sogenannte Kommunikationsdefizit verweist vielmehr auf einen Mangel an Führung. Wenn regieren bedeutet, die Probleme anzupacken und nach Lösungen zu suchen, die Entwicklung der Gemeinschaft, die man führt, durch gezielte Maßnahmen zu fördern, die Organisation, für die man verantwortlich ist, zu reformieren und auf die Herausforderungen der Zukunft vorzubereiten, dann lässt sich nicht leugnen, dass der Vatikan unter Benedikt XVI. alle Zeichen einer unsicheren strategischen Führung aufweist.

Der Historiker Giovanni Miccoli betont: »Es sieht so aus, als gebe es niemanden, der das Steuer der Regierung in der Hand hält. Der Papst schreibt Bücher, Dokumente und Reden, er konzentriert sich auf die Beziehung von Glauben und Vernunft. Das Staatsekretariat müsste die Zügel in der Hand halten, … doch man hat den Eindruck, das ist nicht der Fall und es gibt intern divergierende Ansichten.«[26] Und der katholische Soziologe Franco Garelli, Verfasser bedeutender

Untersuchungen im Auftrag der Italienischen Bischofskonferenz, meint: »Man spürt eine institutionelle Führungsschwäche. Häufig herrscht weniger der Konsens als höfische Ehrerbietung.« Für Garelli ist Ratzinger ein Mensch mit vielen Facetten: »Er ruft Bewunderung und Sorge hervor, er regiert mehr durch Verlautbarungen als im Geist der Kollegialität, er ist der Papst der reinen Lehre, der Beschwörung der Erinnerung und der Tradition. Indem er die Exklusivität des christlichen Glaubens betont, isoliert er jedoch gleichzeitig die Kirche, die er als alleinige Hüterin der Wahrheit begreift, statt als Brücke zu den anderen Religionen und den Nichtgläubigen.« In jedem Fall »ist er ein unpolitischer Papst«.[27]

Die Geschichte der Kirche kann man entweder aus metaphysischer Perspektive betrachten, oder man unterzieht die Institution Kirche einer sozialhistorischen Analyse. Einen dritten Weg gibt es nicht. Wählt man die sozialhistorische Methode, kann man die seit 2006 nicht mehr abreißende Krisenserie nicht als bloßen Zufall betrachten. Vielleicht muss man anfangen, sich zu fragen, ob das Modell der absolutistischen Monarchie, das aus dem Konzil von Trient vor 500 Jahren hervorging, heute noch funktionieren kann. Es war für eine katholische Kirche konzipiert, die im Wesentlichen eine europäische Kirche war, mit Diözesen in den überseeischen Kolonien als Anhängsel: eine katholische Gemeinschaft mit ein paar zig Millionen Gläubigen. Die Zahl der Priester und Ordensgeistlichen pro Einwohner lag sehr viel höher als heute. Auch die Macht und das Ansehen der Institution Kirche waren trotz der Glaubensspaltungen und der Religionskriege unvergleichlich höher als heute.

Unter diesen Voraussetzungen und in der Aufbruchsstimmung des tridentinischen Reformkonzils konnte der päpstliche Absolutismus funktionieren. Es ist illusorisch zu glauben, dass heute, da die Kirche auf allen fünf Kontinenten präsent ist und unter einer schweren Nachwuchskrise leidet, ein Einzelner und eine so kleine Regierung wie die Römische Kurie alles wissen, alles entscheiden und alles steuern könnten. Als Johannes Paul I. nach nur 33 Tagen im Amt starb, zeichnete der Karikaturist von *Le Monde*, Plantu, den Papst von der Last der Kuppel Michelangelos erdrückt. 2011 griff der Regisseur Nanni Moretti in seinem Film *Habemus Papam* diese Idee auf und ließ Michel Piccoli einen verwirrten Papst spielen, der »Ich schaffe es nicht« brüllt und sich weigert, auf die Loggia delle Benedizioni hinauszutreten.

Im Namen Christi eine Gemeinschaft von mehr als 1,1 Milliarden Katholiken zu führen, ist eine schwere Bürde. Eine Aufgabe, der auch die weitreichendsten monarchischen Machtbefugnisse nicht gewachsen sind. Theoretisch war sich Ratzinger von Anfang an bewusst, dass er die Kirche im dritten Jahrtausend nicht auf das absolutistische Modell gründen kann. »Eine Kirche von globalen Dimensionen kann in der heutigen Weltlage nicht auf monarchische Weise regiert werden«, sagte er fünf Monate vor seiner Wahl zum Papst.[28] In der Messe zu seiner Amtseinführung am 24. April 2005 gab er eine theologisch subtile Deutung der Macht, die sich hinter dem traditionellen Bild des die Herde führenden Hirten verbirgt. »Im alten Orient«, sagte er zu den Gläubigen auf dem Petersplatz, »war es üblich, dass die Könige sich als Hirten ihrer Völker bezeichneten. Dies war ein Bild ihrer Macht, ein zynisches Bild: Die Völker waren wie Schafe für sie, über die der Hirte nach Belieben verfügt. Doch der wahre Hirte aller Menschen, der lebendige Gott, ist selbst zum Lamm geworden, er hat sich auf die Seite der Lämmer, der Getretenen und Geschlachteten gestellt.«

Ein Jahr danach, im Vorfeld seiner Bayernreise, bekräftigt er gegenüber den deutschen Fernsehanstalten: »Wir wissen, dass der Papst kein absoluter Monarch ist, sondern sozusagen das Ganze verkörpern muss in dem gemeinsamen Hinhören auf Christus.« Zugleich kündigt er an, regelmäßig das Kardinalskollegium einberufen und dieses Instrument der Beratung entwickeln zu wollen, damit man »anstehende Probleme miteinander bespricht und nach Lösungen sucht«.[29]

Dies geschah nicht. In den folgenden sieben Jahren fanden lediglich vier Plenarversammlungen des Kardinalskollegiums statt: im März 2006, im November 2007, im November 2010 und im Februar 2012. In der ersten ging es vor allem um die Beziehung zu den Piusbrüdern und den Dialog mit dem Islam. Die Kardinäle reagierten begeistert auf den Vorschlag, wichtige Probleme gemeinsam zu erörtern. »Wir alle sind Ihnen sehr dankbar, dass Sie uns ... zusammengerufen haben, damit wir gemeinsam immer mehr so handeln können, wie es den großen pastoralen Herausforderungen der Stunde entspricht«, erklärte Kardinaldekan Angelo Sodano und dankte für die Achtung, die der Papst mit dieser Einladung dem Kardinalskollegium entgegenbrachte. Als Benedikt XVI. im Jahr 2009 die Exkommunikation der vier Lefebvre-Bischöfe widerrief, nahm er nicht die geringste Rücksicht auf die bekannte Forderung der Kardinäle, die Versöhnung mit der schismatischen Bewegung an deren uneingeschränkte Anerkennung des Zweiten Vatikanums zu knüpfen. Und er berief auch nicht das Konsistorium der Kardinäle ein, um darüber zu diskutieren.

Das zweite Konsistorium fand im November 2007 statt. Diesmal stand die Ökumene auf der Tagesordnung, doch die Debatte war reiner Selbstzweck. Benedikt XVI. hielt es in der Folge nicht für notwendig, den Übertritt einer großen Zahl anglikanischer Bischöfe, Priester und Gläubigen in die katholische Kirche den Kardinälen zur Begutachtung vorzulegen. Seine Entscheidung wurde am 20. Oktober 2009 von Kardinal William Levada bekanntgegeben. Den konvertierten Anglikanern wurde zugesichert, ihre Bindungen an ihre alten Bischöfe und den verheirateten Klerus sowie die eigenen liturgischen Traditionen beibehalten zu können. Am 4. November 2009 bestätigte Benedikt XVI. mit der Apostolischen Konstitution *Anglicanorum coetibus* die »Errichtung von Personalordinariaten für Anglikaner, die in die volle Gemeinschaft mit der katholischen Kirche eintreten«.

Auch die Entwicklung des Dialogs mit den orthodoxen Kirchen über den Primat des Bischofs von Rom in einer zukünftig wiedervereinigten christlichen Gemeinschaft trug der Papst nie dem Kardinalskollegium vor.

Nach zweijähriger Pause fand schließlich am 19. November 2010 die dritte Versammlung des Kardinalskollegiums statt: mit fünf Referaten und einer so dichtgedrängten Tagesordnung, dass die Sitzung eine Art Studientag wurde. Staatssekretär Bertone sprach über die Religionsfreiheit in der Welt, der Präfekt der Gottesdienstkongregation, Kardinal Antonio Cañizares, referierte über die Liturgie, der neu ernannte Kardinal Angelo Amato blickte auf zehn Jahre der Erklärung *Dominus Iesus* zurück (die im Jahr 2000 die Einzigartigkeit der katholischen Kirche bekräftigte). Kardinal William Levada, der Präfekt der Glaubenskongregation, machte zwei Mitteilungen: über die Maßnahmen gegen sexuellen Missbrauch und über die Apostolische Konstitution *Anglicanorum coetibus*.

Bei 150 Teilnehmern, einer auf drei Stunden am Vormittag und zwei Stunden am Nachmittag beschränkten Sitzungsdauer sowie einer sehr knapp bemessenen Redezeit war eine inhaltliche Diskussion mit konkreten Ergebnissen schlicht unmöglich. Bereits im Vorfeld hatte der vatikanische Pressesprecher Lombardi in einem Interview auf Radio Vatikan angekündigt, das Treffen werde »keine besonders vertiefte Auseinandersetzung« sein können. Am Ende der Sitzung meinte Kardinal Friedrich Wetter, der ehemalige Erzbischof von München, es sei »besser, wenn man sich bei diesen Konsistorien erst beraten könnte, bevor man das Wort ergreift«. Eine elegante Art und Weise, um auszudrücken, dass echte Konsultationen nur möglich sind, wenn diese Versammlungen vollkommen anders organisiert sind. Doch daraus wurde nie etwas. Offensichtlich hat Benedikt XVI. keine wirkliche Reform im Sinn. Auch die vierte Vollversammlung der Kardinäle am 17. Februar 2012 blieb Stückwerk. In den 27 Wortmeldungen (bei 133 anwesenden Kardinälen) wurde ein breites Themenspektrum aufgefächert: das Wachstum der christlichen Gemeinschaften in China, die Armut in Indien, der interreligiöse Dialog, die Bedeutung der Volksfrömmigkeit und die Bedrohung der Religion durch den Säkularismus.[30] Gerade war der Vatileaks-Skandal publik geworden, aber die aus der ganzen Welt angereisten Kardinäle wurden weder darüber informiert, noch konnten sie Fragen stellen. Es ist offenkundig, dass Benedikt XVI. das Kardinalskollegium nicht als Senat der Kirche zu nutzen beabsichtigt.

Die Frage der Kollegialität, also der stärkeren Beteiligung des Weltepiskopats an den Entscheidungen der kirchlichen Zentralregierung, ist seit Jahrzehnten offen. 1978, noch vor dem Konklave im August, bei dem Albino Luciani zum Papst gewählt wurde, hatte sich der einflussreiche Kardinal Giovanni Benelli, der Königsmacher Johannes Pauls I., in diesem Sinn geäußert und damit die Stimmung eines Großteils der Bischöfe und Kardinäle zum Ausdruck gebracht. Benelli, zuvor Substitut im Staatssekretariat und einer der engsten Mitarbeiter Pauls VI., schlug als Grundlage des neuen Pontifikats »die Kollegialität und den Ausbau der Bischofssynode« vor.[31]

35 Jahre später ist das Problem immer noch ungelöst. Im Umkreis Ratzingers heißt es im Allgemeinen, der Auftrag der Kirche lasse sich nicht durch technische Umbaumaßnahmen verwirklichen. Doch die komplexen Probleme, mit denen sich die katholische Kirche in der globalen Welt auseinanderzusetzen hat, erfordern eine Erweiterung des Kreises, in dem die Entscheidungen getroffen werden.

Von den beiden dafür verfügbaren Instrumenten wurde das Kardinalskollegium nicht genutzt, und die Bischofssynode, 1965 von Paul VI. als Beratungsgremium ins Leben gerufen, kommt nur alle drei Jahre zusammen, um ein vom Papst vorgegebenes Thema zu erörtern. Bis auf eine vom Papst selbst berufene Gruppe werden ihre Mitglieder von den Bischofskonferenzen gewählt.

Die Synode hat es nie geschafft, sich zum Instrument der Partizipation des Episkopats an den strategischen Entscheidungen der Universalkirche aufzuschwingen. Seit Jahrzehnten beklagen die Teilnehmer, das Gremium sei zu einem Debattierclub verkommen. Benedikt XVI. führte die Neuerung einer einstündigen »offenen Diskussion« am Ende jedes Sitzungstags ein, beschränkte die Dauer der Synode auf drei Wochen und genehmigte die Veröffentlichung der abgestimmten Vorschläge am Ende der Versammlung. Das war alles.

Acht Jahre nach der Wahl Benedikts XVI. hat sich am päpstlichen Absolutismus und am römischen Zentralismus nichts geändert. Mit negativen Auswirkungen. Immer, wenn die Päpste in den vergangenen 50 Jahren den Episkopat der Weltkirche ausgrenzten, um die Entwicklung neuer Lösungen zu blockieren, waren die im Vatikan getroffenen Entscheidungen durchweg umstritten. Paul VI. entzog dem Konzil die Möglichkeit, bei Themen wie Zölibat und Geburtenkontrolle mitzureden, und bekräftigte mit der Enzyklika *Humanae vitae* das Verbot von Verhütungsmitteln.

Von Anfang an umstritten, wurde die Enzyklika zu einem Fehlschlag planetarischen Ausmaßes.

1980 stimmte die große Mehrheit der Bischöfe auf der Synode zum Thema Familie dafür, die Praxis zu studieren, nach der in der orthodoxen Kirche die Ehen aufgelöst werden: faktisch eine graduelle Annäherung an das Problem der Annullierung katholischer Ehen, die es den Gläubigen ermöglichen würde, wieder zu heiraten, ohne – wie jetzt – vom Empfang der Kommunion ausgeschlossen zu werden.

Ohne Rücksicht auf dieses Votum bekräftigte Johannes Paul II. in dem Dokument *Familiaris consortio* die Unauflöslichkeit der katholischen Ehe. Er genehmigte nicht einmal die Veröffentlichung einer Studie der Glaubenskongregation unter Vorsitz von Kardinal Ratzinger, die zu negativen Schlussfolgerungen gelangte. Sehr viel später gab Kardinal Bertone, ehemals Sekretät der Glaubenskongregation, bekannt, dass bei den Orthodoxen bis zu 32 Gründe für die Genehmigung einer neuen Ehe anerkannt werden. »Das widerspricht dem Wort Jesu zur Unauflöslichkeit der Ehe«, fügte er hinzu. »Die katholische Kirche kann diesen Weg nicht gehen.«[32] Doch es wurde nie zugelassen, dass diese Schlussfolgerungen auf der Bischofssynode geprüft und diskutiert wurden. Auch die Bischofssynode zur Eucharistie im Oktober 2005 wurde so gelenkt, dass eine winzige Möglichkeit der Zulassung wiederverheirateter Geschiedener zur Kommunion – ein für praktizierende Katholiken schmerzliches Problem – verhindert wurde.

Letztlich kam es bei allen großen, dringend reformbedürftigen Themen zur Stagnation, vom Priestermangel über die Rolle der Frau in der Kirche und die Kollegialität bis zu Fragen der Sexualität, der Naturwissenschaften und der Bioethik. Hinter den Kulissen wünschen sich viele Kardinäle häufigere Konsistorien, »um das zur Sprache zu bringen, was in der Kirche über die Kirche gedacht wird, und denen zuzuhören, die anders denken«. Doch diese unterdrückten Stimmen, die sich nicht pauschal als progressiv oder konservativ etikettieren lassen, werden gar nicht erst publik.

Der 85-jährige Papst reist, er veröffentlicht Dokumente und hält seine Reden und Ansprachen. Sieht man jedoch von all diesen Tätigkeiten ab, so haben viele Gläubige den Eindruck, dass sich nichts bewegt. Gleichzeitig vertieft sich innerhalb der katholischen Gemeinschaft die Kluft zwischen zwei großen Lagern: auf der einen Seite die Gruppe jener, die sich hinter der Bekräftigung der »katholischen Identität« verschanzen, auf der anderen Seite jene, die erwarten, dass sich die Kirche den neuen Herausforderungen stellt – getreu dem alten Ausspruch »Ecclesia semper reformanda«, die Kirche reformiert sich ständig. Die Kirchenspitze verschließt die Augen vor der Realität einer gespaltenen katholischen Christenheit, die sich seit geraumer Zeit auf ein unterschwelliges Schisma zubewegt. Es wächst die Zahl der Katholiken, deren Ansichten in Sachen Glaube, Moral, Dogmen und Beziehung der Kirche zur heutigen Gesellschaft ganz unterschiedlich und von der päpstlichen Lehre weit entfernt sind.

Nach anfänglicher Zustimmung ist die Begeisterung für Papst Ratzinger merklich abgeflaut. Der Niedergang begann im dritten Jahr seines Pontifikats. Abgesehen von den Polemiken, die angesichts von Skandalen und Fehlentscheidungen immer wieder aufflammen, ist die Präsenz des Papstes auf der Bühne der Weltöffentlichkeit doch merklich schwächer geworden. Italien, wo die Zeitungen fast täglich über ihn berichten, muss als Sonderfall betrachtet werden. Die internationale Aufmerksamkeit beschränkt sich auf päpstliche Enzykliken oder auf wichtige Papstreisen. In Mexiko sind vor ein paar Jahren Anstecker mit dem Schriftzug

Juan Pablo, te extrañamos! (Johannes Paul, wir vermissen dich!) aufgetaucht. Eine arglose Art, die Distanz zum derzeitigen Pontifikat zu bekunden.

Das hohe spirituelle, theologische und intellektuelle Niveau Ratzingers wird nach wie vor wahrgenommen und beeindruckt die kulturellen Eliten. Auf der internationalen Bühne hingegen gilt er, anders als sein Vorgänger, vornehmlich als eine Autorität für die katholische Welt. Die weltweite Resonanz, die das Papsttum mit Wojtyła als Hüter der Menschenrechte und der Menschenwürde hervorrief, ist geschwunden. Obwohl Ratzinger diesen Themen gegenüber sehr feinfühlig ist und in seinen Positionen von seinem Vorgänger in keiner Weise abweicht.

Seine Sozialenzyklika *Caritas in veritate* vom 29. Juni 2009 zielt auf eine Umgestaltung des Kapitalismus, eine Ausrichtung der Wirtschaft auf das Gemeinwohl der gesamten Menschheit und die Verpflichtung zu einer Ethik der Verantwortung und sozialen Gerechtigkeit: somit eine Absage an den zügellosen Liberalismus und die Deregulierung, die für die weltweite Finanzkrise der letzten Jahre verantwortlich sind.

Das Dokument enthält zahlreiche hochaktuelle Ansätze, insbesondere wenn es betont, für den Aufbau einer »guten Gesellschaft« und einer ganzheitlichen Entwicklung des Menschen müsse die grassierende Arbeitslosigkeit und Unterbeschäftigung bekämpft und die Würde der menschlichen Arbeit wiederhergestellt werden. Arbeit müsse angemessen entlohnt werden, um eine Familie gründen und ernähren und die Kinder zur Schule schicken zu können. Zur Würde der Arbeit gehören nach dieser Enzyklika aber auch gewerkschaftliche Freiheiten, die »Menschenrechte der Arbeiter«, die in der Ersten wie in der Dritten Welt unabdingbar seien.[33]

Doch solche schriftlichen Erklärungen allein reichen nicht aus. Was zählt, ist die Wahrnehmung in der Öffentlichkeit. Der derzeitige Papst ist aus dem Scheinwerferlicht der internationalen Medien verschwunden. Seine Handlungen erscheinen oft sprunghaft: die Polemik gegen Mohammed und dann das Gebet in der Moschee; das Lob Pius' XII., die Unterschätzung der Causa Williamson und dann der Besuch in der römischen Synagoge im Januar 2010; die Vorbehalte gegen das gemeinsame Gebet der religiösen Führer beim Weltfriedenstag in Assisi und dann – aufgeschreckt durch antichristliche Ausschreitungen in mehreren Ländern – die plötzliche Entscheidung für ein interreligiöses Gipfeltreffen in der Stadt des heiligen Franziskus im Oktober 2011.

Vor allem die Ansichten des gegenwärtigen Papstes über das Verhältnis von Kirche und Gesellschaft geben zu vielen Fragen Anlass. Diese in ihren Glaubensformen so vielgestaltige, so säkularisierte Welt, die sich nicht auf das alte Schema »eine Religion, ein Volk, eine kirchliche Autorität« reduzieren lässt, zugleich aber in ihren religiösen Impulsen sehr lebendig ist, erscheint der Kirche Ratzingers als eine feindselige Fratze. Benedikt XVI. sieht in dem heutigen Weltgeschehen »vielfältige Unternehmungen, die darauf aus sind, die christlichen Wurzeln der abendländischen Kultur zu beseitigen«.

Bisweilen vergleicht er die derzeitige Situation ganz offen mit der des untergehenden Römischen Reichs. »Die Auflösung der tragenden Ordnungen des Rechts und der moralischen Grundhaltungen, die ihnen Kraft gaben, ließ die Dämme zerbrechen, die bisher das friedliche Miteinander der Menschen geschützt hatten … Es war keine Macht in Sicht, die dem hätte Einhalt gebieten können. Umso dringender war der Ruf nach Gottes eigener Macht: dass er komme und die Menschen gegen all diese Drohungen schütze.« Auch heute, betont der Papst, habe man den Eindruck, als lösten sich die rechtlichen und politischen Strukturen auf, so dass die Kräfte, die zu ihrer Verteidigung aufgeboten werden, zum Misserfolg verurteilt scheinen.[34]

2009 erreicht das öffentliche Interesse am Papst einen Tiefpunkt. Nach vatikanischen Statistiken nahmen in jenem Jahr 2,243 Millionen Gläubige an den öffentlichen Begegnungen mit Benedikt XVI. im Vatikan und in Castelgandolfo teil, mehr als eine Million weniger als in den ersten beiden Jahren seines Pontifikats.[35]

Ein weiterer Indikator für den Konsens ist traditionell die Kollekte des Peterspfennigs. Auch hier ist die Tendenz rückläufig. Von 100 Millionen Dollar im Jahr 2006 gingen die Spenden auf 82,5 Millionen im Jahr 2009 zurück. Im Jahr 2011 waren es 69,7 Millionen. In Italien lässt sich der Konsens mit der Kirche nicht zuletzt an den steuerlich absetzbaren Spenden für die Italienische Bischofskonferenz ablesen. Auch hier sind empfindliche Einbußen zu verzeichnen. Die Spenden für die Bischofskonferenz gingen gegenüber 2007 um mehr als zwei Millionen Euro zurück: von 17 auf 14,9 Millionen im Jahr 2009 und auf 12,7 Millionen im Jahr 2011.

Wie umstritten der derzeitige Papst ist, zeigt sich sogar an den Souvenirs. Die Karte mit dem Doppelbild Benedikts XVI. und Johannes Pauls II. erfreut sich einer größeren Nachfrage als die, auf der Ratzinger allein abgebildet ist. Es werden mehr Kalender mit dem Porträt Johannes Pauls II. gekauft als mit dem des derzeitigen Papstes. Der Soziologe Garelli meint dazu: »Wojtyłas Traditionalismus wurde durch emotionale Gesten abgemildert, Benedikt XVI. ist normativer, definitorischer, reservierter. Er spricht die Menschen emotional nicht an, jedenfalls nicht die Mehrheit.«

Zum Zeitpunkt seiner Wahl hatte Benedikt XVI. kein Programm für sein Pontifikat parat. In der Predigt während der

Messe zu seiner Amtseinführung sagte er explizit: »Ich brauche in dieser Stunde keine Art von Regierungsprogramm vorzulegen; ... andere Gelegenheiten werden folgen. Das eigentliche Regierungsprogramm aber ist, nicht meinen Willen zu tun, nicht meine Ideen durchzusetzen, sondern gemeinsam mit der ganzen Kirche auf Wort und Wille des Herrn zu lauschen und mich von ihm führen zu lassen, damit er selbst die Kirche führe in dieser Stunde unserer Geschichte.«

Ein Regierungsprogramm hat Ratzinger nie vorgelegt. Dass er im Laufe der Jahre den Akzent von der Eröffnung neuer Perspektiven immer mehr auf das Predigen verlagert hat, wiegt schwer. Johannes Paul II. hat seinen Plan im Laufe seines Pontifikats entwickelt. Paul VI. hatte es sich zur Aufgabe gemacht, das Zweite Vatikanische Konzil zum Abschluss zu bringen und durch die notwendigen Dokumente und Einrichtungen zu vervollständigen. Pius XII. hatte nach dem Zweiten Weltkrieg das klare Ziel, die »christliche Gesellschaft« umzugestalten und ihre Handlungsmöglichkeiten zu modernisieren. Benedikt XVI. ist letztlich ein Denker geblieben, er wurde nicht zum Macher.

Der Fluch des Kondoms

Im Flugzeug des Papstes mitzureisen ist eine ganz besondere Erfahrung. Nicht wegen der exotischen Ziele, auch nicht wegen so epochaler Ereignisse wie dem Untergang des Kommunismus oder aufsehenerregender Geschehnisse in Ländern der Dritten Welt.

Nach der Revolution Wojtyłas, die den römischen Papst in alle fünf Kontinente katapultierte, liegt das Spannende für einen Journalisten in der Chance, jener Gestalt nahezukommen, die für Millionen von Männern und Frauen die imperiale Aura eines obersten Führers hat, und sie zu Problemen der Welt und des Glaubens zu befragen. Mit dem Papst zu fliegen ist allerdings eine kostspielige Angelegenheit – sehr viel teurer als ein normaler Flug. Als ein Journalist höflich dagegen zu protestieren versuchte, erhielt er vom vatikanischen Presseamt die Antwort, dafür werde ihm schließlich das Privileg zuteil, den Papst im Flugzeug zu begleiten.

In den ersten Jahren seines Pontifikats, als Wojtyła rastlos und unermüdlich unterwegs war, wetteiferten die Fluggesellschaften miteinander, um die Passagiere mit VIP-Komfort zu verwöhnen. Heute geht es, zumindest für die Journalisten, bescheidener zu, eher wie bei einer Pilgerreise. Aber in den Zeiten, als die Fluggesellschaften noch immensen Aufwand betrieben, hatte jeder Flug etwas von einem Galaempfang. Die Speisenfolge des ersten Flugs Johannes Pauls II. lieferte den Anlass zu einer ironischen Zeichnung im Magazin *L'Espresso*. Es war jener Flug, der den Papst im Januar 1979 nach Mexiko führte, das im Begeisterungstaumel schwelgte. Gleichzeitig begrüßte der Staatspräsident dieses offiziell säkularen, ja antiklerikalen Landes den Papst bei seiner Ankunft nur mit »Señor«, wünschte ihm einen angenehmen Aufenthalt und verschwand dann diskret.

In der schnellen Bildfolge des Cartoons überfliegt ein winziges Flugzeug Meere und Berge mit Bildunterschriften wie: »Tee mit Zitrone ... ein Schwätzchen ... zwei Scheiben Lachs ... eine Scheibe Toastbrot ... Butter ... mexikanischer Roséwein ... ein Nickerchen ... ein Film ... ein Schwätzchen ... Antipasto mit Meeresfrüchten ... *carne asada* ... Fischfilet vom Golf ... polnischer Weißwein ... *muchinanga à la Veracruz* ... typisch polnisches Dessert ... Amaro nach Art des Hauses ... eine Zigarre ... ein Espresso ... den Gürtel lockern – eine päpstliche Reise!«[1]

Am 17. März 2009 um zehn Uhr morgens starten wir vom römischen Flughafen Leonardo da Vinci nach Yaoundé. Benedikt XVI. ist diese Reise nach Kamerun und Angola ein Herzensanliegen. Afrika ist der Kontinent, auf dem sich das Christentum in spannungsreicher Konkurrenz zum Islam rasend schnell ausbreitet. Der »Kontinent der Hoffnung«, wie Wojtyła ihn nannte, ist zugleich der Kontinent, der von den verheerendsten Übeln heimgesucht wird: Hunger, Desertifikation, Kindersterblichkeit und Krankheiten, darunter die schlimmste aller Seuchen, Aids.

Die Statistiken sind überdeutlich. Laut UNAIDS leben in Afrika zwar nur zwölf Prozent der Weltbevölkerung, aber von den weltweit 33 Millionen HIV-Infizierten sind 60 Prozent Afrikaner. Im Jahr vor der Reise des Papstes steckten sich weitere 2,7 Millionen Menschen mit dem Virus an, 67 Prozent von ihnen leben im subsaharischen Afrika. Frauen sind am meisten gefährdet. Drei von vier Bewohnerinnen der Region sind HIV-positiv. Zwei Millionen Kinder haben durch Aids ihre Eltern verloren.[2] Wie Johannes Paul II. hat auch Benedikt XVI. dem Thema Afrika eine Sondersynode der Bischöfe gewidmet.

Schon bald nach dem Start entsteht im vorderen Teil des Flugzeugs, der für die päpstliche Entourage reserviert ist, eine gewisse Unruhe. Der Papst sitzt dem Piloten am nächsten, Prälaten und Kardinäle einschließlich der Leibwächter befinden sich in der Mitte, die Journalisten im hinteren Teil des Flugzeugs. Wird es vorn lebendig, heißt das, der Papst wird gleich herauskommen. Ratzinger erscheint mit einem schüchternen Lächeln und grüßt in die Runde. Das Pressegespräch kann beginnen.

Wojtyła beherrschte solche Situationen souverän. Er stellte die Medien, die er im Grunde nicht besonders mochte, ganz in den Dienst seiner globalen Strategie.

Pius XII. hatte die Bedeutung des Rundfunks im 20. Jahrhundert erkannt und sich dieses Mediums mit wissenschaftlicher Akribie bedient, Johannes Paul II. spielte die Trumpfkarte der Auslandsreisen, deren Bilder das Fernsehen in die ganze Welt trug. Die Printmedien waren für Wojtyłas Strategie und für seinen Pressesprecher Navarro-Valls eigentlich nicht so wichtig.

Als während seiner ersten Reise am 25. Januar 1979 auf dem Flug nach Santo Domingo plötzlich der Vorhang zur Seite geschoben wurde, trat ein Star heraus, der die Bühne beherrschte. Der polnische Papst ließ den Blick gemächlich durch die Reihen der Rundfunk- und Fernsehjournalisten, Reporter, Fotografen, Kameraleute und Producer schweifen, dann ging er in aller Ruhe und vollkommen unbefangen von einem zum anderen, um sich die Fragen anzuhören. Er antwortete jedem einzelnen, egal, was er wissen wollte.

So hielt er es jahrelang, auf allen nachfolgenden Reisen. Er absolvierte eine Art Megapressekonferenz mit mindestens 25 Fragen aus einem breiten Themenspektrum.

Ratzinger hat es ganz anders gestaltet. Der Umgang mit der Presse ist für ihn anstrengend, eine reine Pflichtübung. So etwas liegt ihm nicht. Lieber äußert er sich in Form von Enzykliken und offiziellen Ansprachen. Jedenfalls hat er von Anfang an verlangt, das Gespräch mit den Journalisten im päpstlichen Flugzeug müsse sich auf fünf bis sechs Fragen beschränken, die ihm im Voraus übermittelt werden. Auch physisch mischt sich Benedikt XVI. nicht unter die Journalisten. Er bleibt neben dem Vorhang stehen, der den Bereich des kurialen Gefolges abtrennt, und erwartet die Fragen, ohne wie Wojtyła die beiden langen Korridore entlangzugehen und an jedem Platz innezuhalten.

Diese neue Praxis macht jegliche Spontaneität zunichte: Man schickt seine Fragen per E-Mail an den Pressesprecher, und am Tag vor der Reise erfährt man dann, ob man zu den Auserwählten gehört oder nicht. Das vatikanische Presseamt hat unterdessen die Fragen an den Papst übermittelt, der sie eingehend studiert.

Nur ein einziges Mal, während des Flugs nach Brasilien im Mai 2007, versuchte Pater Lombardi eine echte Pressekonferenz abzuhalten. Der Papst stand an seinem gewohnten Platz, und wer eine Frage stellen wollte, dem wurde ein langes Mikrophon gereicht. Eine einzige unbequeme Frage genügte, und die Neuerung wurde außer Kraft gesetzt. Es war die Zeit, als der Erzbischof von Mexiko-Stadt, Kardinal Norberto Rivera Carrera, all jenen Abgeordneten des Hauptstadt-Distrikts mit der Exkommunikation gedroht hatte, die die Einführung eines Abtreibungsgesetzes befürworteten. Das Thema hatte landesweit die Gemüter erhitzt. Nach der Abstimmung warnte Kardinal Riveras Pressesprecher die

Abgeordneten, die für das Gesetz votiert hatten, sie sollten sich »in keiner Kirche der Welt« mehr blicken lassen.

Ich fragte den Papst, ob er dies billige, zumal auch andere lateinamerikanische Länder solche Gesetze erwogen. Ein kurzer Moment der Verlegenheit. Kardinal Bertone schaut in die Luft. Ratzinger sagt, was er denkt: Ja. »Diese Exkommunikation ist keine Willkür, sie ist im Kirchenrecht vorgesehen.« Und er holt weiter aus. »Sie haben nichts Neues getan, nichts Willkürliches oder Überraschendes«, fährt er fort, »sie haben lediglich in einer öffentlichen Erklärung deutlich gemacht, dass das Töten eines unschuldigen Kindes mit dem Empfang des Leibes Christi nicht vereinbar ist.«[3]

Jeder der Interviewpartner hat seinen Part gespielt. Frage und Antwort. Doch das Staatssekretariat ist besorgt. Wenn der Papst den extremistischen Kurs des mexikanischen Episkopats teilt, noch dazu in einer so heiklen Frage, die die Beziehungen zwischen Staat und Kirche und die Autonomie der Abgeordneten berührt, könnten sich Polemiken entzünden, noch bevor Benedikt XVI. in São Paulo gelandet ist. Also wird eine Berichtigung nachgereicht. »Der Papst«, erklärt Pater Lombardi, als er später zu den Journalisten kommt, »wollte die mexikanischen Bischöfe unterstützen, mehr nicht. Sie haben im Übrigen keine kanonische Exkommunikation ausgesprochen, und das tut auch der Papst nicht. Wer die Abtreibung befürwortet, schließt sich vielmehr selbst vom Empfang der Eucharistie aus.«[4] Das entspricht nicht ganz der Ansicht des Papstes. Ratzinger ist von seinen »nicht verhandelbaren Prinzipien« fest überzeugt, eine Autonomie der kirchentreuen Abgeordneten schließt er explizit aus. In einem 2002 verfassten Dokument der Glaubenskongregation, das in den Medien den Beinamen »Lehrbuch für katholische Politiker« bekam, schreibt der damalige Kardinal, es sei »ein Irrtum, die richtige Autonomie, die sich die

Katholiken in der Politik zu eigen machen müssen, mit der Forderung nach einem Prinzip zu verwechseln, das von der Moral- und Soziallehre der Kirche absieht«.[5]

Jedenfalls ist es nach dem Brasilienflug aus mit freien Pressekonferenzen. Von nun an werden erneut nur vorab ausgewählte Fragen zugelassen.

Auf dem Flug nach Afrika wartet nun Benedikt auf die Fragen. Je mehr das Flugzeug der Alitalia an Höhe gewinnt, desto mehr verblassen die schmerzlichen Polemiken zur Causa Williamson. Die Reise bietet die Chance, ein neues Kapitel aufzuschlagen. Pressesprecher Lombardi ist mit seiner kurzen Einführung fertig: »Eure Heiligkeit, wir sind rund 70 und im Begriff, diese Reise mit Ihnen zusammen zu erleben. Wir bringen Ihnen unsere besten Wünsche zum Ausdruck und hoffen, dass wir Sie mit unserem Dienst begleiten können, damit auch viele andere Menschen an diesem Abenteuer teilhaben können.«

Die Ära Ratzinger sieht dieses Zeremoniell vor. »Wie immer«, fährt Lombardi fort, »sind wir Ihnen sehr dankbar für das Gespräch, das Sie uns jetzt gewähren. Wir haben es in den vergangenen Tagen mit einer Reihe von Fragen der Kollegen vorbereitet. Von den 30 Fragen, die wir erhielten, haben wir einige ausgewählt, die das Themenspektrum dieser Reise abdecken und im Interesse aller liegen könnten. Wir danken Ihnen für die Antworten, die Sie uns geben werden.«

Die erste Frage stellt der Vatikankorrespondent der Nachrichtensendung TG 2, Lucio Brunelli. Er fragt nach der »Einsamkeit« des Papstes. Benedikt XVI. weist dies zurück. Er sagt, über diesen »Mythos« seiner Einsamkeit müsse er lachen. »Ich fühle mich in keinster Weise einsam. Jeden Tag empfange ich in den Tabellenaudienzen meine engsten Mitarbeiter, angefangen vom Staatssekretär bis hin zur Glaubenskongregation etc. Dann sehe ich regelmäßig alle Leiter der Dikasterien, jeden Tag empfange ich Bischöfe zu ad-limina-Besuchen.« Der Papst zählt auf: Bischöfe aus Nigeria, Bischöfe aus Argentinien, Vollversammlungen der Gottesdienst- und der Kleruskongregation. Und dann gebe es »auch freundschaftliche Gespräche, ein Netz von Freundschaften. Der Jahrgang meiner Priesterweihe ist kürzlich für einen Tag aus Deutschland gekommen, um mit mir zu plaudern. … Also, die Einsamkeit ist kein Problem, ich bin wirklich von Freunden umgeben in einer hervorragenden Zusammenarbeit mit Bischöfen, Mitarbeitern, Laien, und ich bin dafür dankbar.«

Benedikt XVI. kommt zum Anlass seiner Reise. »Nach Afrika reise ich mit großer Freude: Ich liebe Afrika, ich habe schon seit meiner Zeit als Professor und bis heute viele afrikanische Freunde; ich liebe die Glaubensfreude, diesen freudigen Glauben, den man in Afrika antrifft. Sie wissen, dass der Auftrag des Herrn an den Nachfolger Petri lautet, die ›Brüder im Glauben zu stärken‹: das versuche ich zu tun. Aber ich bin sicher, dass ich selbst von den Brüdern im Glauben bestärkt zurückkommen werde, sozusagen ›angesteckt‹ von ihrem freudigen Glauben.«

Es folgen weitere Fragen. Der Amerikaner John Thavis vom *Catholic News Service* spricht die Wirtschaftskrise auf dem afrikanischen Kontinent an, die Französin Isabelle de Gaulmyn von *La Croix* jene Priester und Bischöfe, die ein schwelgerisches Leben führen, das mit der Botschaft des Evangeliums nicht im Einklang steht (eine geschickte Anspielung auf die Prälaten mit Kindern und einer oder mehreren Frauen, deren Existenz sie oft nicht einmal verheimlichen). Die Deutsche Christa Kramer spricht von den Sekten und den traditionellen Religionen. Die vorletzte Frage stellt Philippe Visseyrias von *France 2*: »Eure Heiligkeit, zu den vielen Übeln, die Afrika heimsuchen, gehört besonders auch die Verbreitung von Aids. Die Haltung der katholischen Kirche zur Frage der Bekämpfung dieses Übels wird oft als unrealistisch und wirkungslos betrachtet. Werden Sie das Thema während Ihrer Reise ansprechen? Könnten Sie bitte auf Französisch antworten?«

Benedikt XVI. antwortet auf Französisch und richtet damit seine afrikanische Mission zugrunde: »Man kann das Aidsproblem nicht nur mit Geld lösen. … Man kann es nicht mit der Verteilung von Kondomen bewältigen. Im Gegenteil, sie verschlimmern das Problem.« Kaum sind wir gelandet, geht Ratzingers Antwort, dass Kondome die Epidemie nur verschlimmern, um die Welt und ruft eine Welle der Empörung und des Protests hervor.

Es hagelt wütende Kritik. Vergessen sind die Anliegen der Afrikareise, in den Medien und den Regierungskanzleien wird nur noch Ratzingers Satz diskutiert, den man für eine Zumutung hält. Die Europäische Union führt die Revolte an. John Clancy, der Sprecher des Europäischen Amts für humanitäre Hilfe, erklärt: »Das Kondom ist eines der wichtigsten Instrumente im Kampf gegen Aids, und die EU-Kommission unterstützt dessen Verbreitung und korrekten Gebrauch.« Ratzinger wird vorgeworfen, sich wissenschaftlich nicht fundiert geäußert, ja die Öffentlichkeit in die Irre geführt zu haben. Die Position der EU ist unmissverständlich: »Nach Ansicht der Kommission«, betont Clancy, »gibt es klare wissenschaftliche Belege für die Schutzfunktion des Kondoms. Daher unterstützt sie aktiv dessen Gebrauch, vor allem in Afrika und in den Entwicklungsländern, wo Aids neben Malaria und Tuberkulose die vordringlichste Bedrohung darstellt.« Auch in Zukunft würden im Rahmen der mit EU-Geldern finanzierten Präventionsprogramme »Kondome verteilt und Erziehungskampagnen für deren korrekten Gebrauch durchgeführt« werden.

Auch Paris meldet sich zu Wort. »Solche Äußerungen«, erklärt der Sprecher des Außenministeriums, Éric Chevallier, »gefährden unserer Ansicht nach die staatliche Gesundheitspolitik und die Pflicht zum Schutz des menschlichen Lebens.« In Deutschland begehren zwei Frauen auf. Gesundheitsministerin Ulla Schmidt und Entwicklungshilfeministerin Heidemarie Wieczorek-Zeul sprechen von Unverantwortlichkeit. In Belgien erklärt die Ministerin Laurette Onkelinx, sie habe die päpstliche Äußerung konsterniert zur Kenntnis genommen: »Damit könnten Jahre der Prävention und Aufklärung zunichte gemacht und viele Menschenleben gefährdet werden.«

Am folgenden Tag hakt Frankreich erneut nach. Außenminister Bernard Kouchner wirft dem Papst »mangelndes Verständnis für die reale Situation in Afrika« vor. In Madrid sagt José Martínez Olmos, der spanische Generalsekretär für Gesundheit, Benedikt XVI. sei »sehr schlecht beraten« gewesen, und verlangt vom Vatikan eine Richtigstellung. Die Regierung Zapatero kündigt an, eine Million Kondome nach Afrika zu schicken.

Nicht weniger hart ist die Reaktion der internationalen Organisationen. Nach Ansicht von Michel Kazatchkine, dem Leiter des Globalen Aids-Fonds, sollte der Papst seine inakzeptablen Äußerungen zurücknehmen. In Genf betont das UNAIDS-Programm die Bedeutung des Kondoms für die Präventionsstrategien. Die NGO Médecins du Monde greift den Papst an, er stelle »Jahre der wissenschaftlichen Forschung in Frage«.

Einhelliger Protest also. Die Causa Williamson ist noch nicht vom Tisch, schon wird das Ansehen des Pontifikats erneut erschüttert. Wieder beschuldigt der *Osservatore Romano* die Medien der Manipulation: Man habe einen Satz der päpstlichen Erklärung aus dem Zusammenhang gerissen.

Aber die Fakten sprechen eine deutliche Sprache. Man muss bis ins 19. Jahrhundert zurückgehen, um auf weltpolitischer Ebene eine so einmütige Polemik gegen das Kirchenoberhaupt zu finden, eine so massive Infragestellung seiner Autorität in weltlichen Angelegenheiten, eine so geschlossene Widerstandsfront aus Regierungen, Medien und Wissenschaft.

Das Parlament eines katholischen Landes verurteilt den Papst in aller Form: Am 3. April 2009 stimmt die Abgeordnetenkammer Belgiens, eines Landes mit 75 Prozent katholischer Bevölkerung, für eine Protestnote gegen Benedikt XVI. Das Ergebnis des Votums nach vierstündiger Debatte könnte klarer nicht sein: 95 Abgeordnete stimmen für die Resolution, einschließlich der belgischen Christdemokraten; nur die extreme Rechte und die flämischen Nationalisten sind dagegen. Der christdemokratische Ministerpräsident Herman Van Rompuy kommentiert: »Es steht dem Papst nicht zu, die staatliche Gesundheitspolitik in Zweifel zu ziehen. Sie genießt einhellige Unterstützung und rettet jeden Tag Menschenleben.« In Italien ist die Reaktion der regierenden Mitte-rechts-Koalition – einmalig in Europa – ganz auf der Linie des Vatikans. Es entspricht der Strategie Berlusconis, seine Probleme mit der Justiz und seine Schwäche dadurch zu kaschieren, dass er sich systematisch auf die Seite der Kirchenspitze stellt. Außenminister Franco Frattini verbittet es sich, »die Äußerungen des Papstes zu kommentieren«.

Während Benedikt XVI. seine afrikanische Pilgerreise fortsetzt und Kamerun und Angola besucht, ebbt die Polemik nicht ab. In Frankreich steht seine ideologische Haltung unter Anklage: der Anspruch der Kirchenführung, in der Frage, was natürlich und widernatürlich, wissenschaftlich richtig und falsch sei, das letzte Wort zu sprechen. Hatte Paul VI.

in seiner historischen Rede vor den Vereinten Nationen am 4. Oktober 1965 die katholische Kirche als »Lehrerin der Menschlichkeit« dargestellt, so geht dieser Anspruch im vierten Jahr von Ratzingers Pontifikat mit der »Kondom-Krise« verloren.

Der Karikaturist von *Le Monde*, Plantu, bringt die Ereignisse mit einer herrlichen Zeichnung auf den Punkt. Im Meer der hochgereckten Arme von Schwarzafrikanern wogt das Schiff der Kirche. Am Bug steht ein bärtiger Jesus mit langer Mähne und im Strahlenkranz von lauter Herzchen. Er wirft Kondome in die Menge. Hinter ihm, in sich zusammengesunken, murmelt ein Ratzinger mit Ringen unter den Augen: »So ein Quatsch!« Und in seinem Rücken ruft der Lefebvre-Bischof Williamson mit erhobenem Zeigefinger: »Und dabei gibt es Aids gar nicht!«[6]

Ratzingers Beliebtheitswerte in Frankreich sinken auf ein Minimum. Laut einer Umfrage des *Parisien* haben 57 Prozent der Franzosen eine negative Meinung von Benedikt XVI. Sechs Monate zuvor, als der Papst in Paris war, standen ihm lediglich 32 Prozent kritisch gegenüber. Im *Journal du Dimanche* sprechen sich fast die Hälfte der französischen Katholiken für seinen Rücktritt aus. Tagelang hauen Regierungsvertreter in die Kerbe der Inkompetenz des Vatikans. Bernard Kouchner wettert, Benedikt XVI. zeige »das Gegenteil von Toleranz und Mitgefühl«. Die Staatssekretärin für Menschenrechte Rama Yade erklärt, sie sei »sprachlos«. Die Nobelpreisträgerin für Medizin Françoise Barré-Sinoussi und vier andere Naturwissenschaftler fordern den Papst auf, seine Position zum Wohl der Männer und Frauen in Afrika und der ganzen Welt zu überdenken. Jean-François Delfraissy von der staatlichen französischen Aids-Forschungsstelle ANRS betont: »Das Kondom spielt eine zentrale Rolle, um das Virus zu stoppen. Das ist eine erwiesene Tatsache.«

Unterdessen kommen aus dem Vatikan die ersten Einsprüche. Kardinal Bagnasco, der Vorsitzende der Italienischen Bischofskonferenz, beklagt, dass der Satz des Papstes entstellend wiedergegeben, der Papst »gekränkt und lächerlich gemacht« worden sei. Doch der französische Außenminister hält stand: »Wir wollten nicht polemisieren. Wir haben nur gesagt, dass die Äußerung des Papstes dramatische Auswirkungen auf die weltweite Gesundheitspolitik haben könnte.« Niemand habe behauptet, das Kondom sei die einzige Lösung, aber es ist ein hilfreiches Instrument zur Bekämpfung der Seuche. Dann folgt ein weiterer Seitenhieb gegen den Papst: »Alle anderen Äußerungen, zumal von jemandem, der einen so großen Einfluss hat, sind für die öffentliche Gesundheit kontraproduktiv.«

Die großen internationalen Medien teilen die Kritik. Die *New York Times* bedauert, dass sich der Papst ins Unrecht gesetzt hat. *Le Monde* fällt ein strengeres Urteil: »Zu sagen, dass [das Kondom] die Pandemie verschärft, ist schwerwiegend und unverantwortlich. … So weit ist Johannes Paul II. nie gegangen.« Nach Ansicht der französischen Tageszeitung verkennt der Papst die Realität, da die überwältigende Mehrheit der humanitären Organisationen, auch der katholischen, das Kondom als eine unverzichtbare Präventionsmaßnahme betrachtet. In der Zeitschrift *Le Monde des Religions* äußert der Soziologe Frédéric Lenoir seinen Unmut über die »Kluft zwischen den Äußerungen des Papstes und dem aktuellen Stand der alltäglichen Lebenspraxis in der Zivilgesellschaft«. Aber auch die Tageszeitung von Yaoundé, *Le Messager*, ergeht sich in respektlosem Spott: »Es ist ein offenes Geheimnis, dass in der katholischen Kirche Afrikas die Mehrheit der Priester und viele Prälaten in offenem Konkubinat leben und Kinder haben. Aids ist die Haupttodesursache bei Priestern.«

Wie schon im Fall Williamson erheben sich auch aus der katholischen Welt Stimmen gegen die Äußerung des Papstes. Sie sind der Beleg dafür, wie weit der Alltagskatholizismus, der den sozialen und naturwissenschaftlichen Wandel in Betracht ziehen muss, und das in seiner Doktrin verschanzte vatikanische Lehramt auseinanderklaffen. Für Millionen praktizierender Katholiken sind Pille und Kondom trotz des vatikanischen Diktats keine Sünde, und die Beichtväter hüten sich in aller Regel, hier auf eine Gewissensprüfung zu drängen. Vielmehr wird diese Schutzmaßnahme gegen die Übertragung von Aids pragmatisch als eine medizinische Vorsichtsmaßnahme betrachtet. Für die Missionare in der Dritten Welt ist die Verteufelung des Kondoms, die vom Vatikan so obsessiv betrieben wird, die geringste Sorge.

Es kann daher nicht verwundern, wenn die katholische Tageszeitung *La Croix*, die in Frankreich sehr verbreitet ist, erklärt: »Um nicht ein Übel auf das andere zu häufen, ist es notwendig, sich und andere zu schützen.« Auch an der Kirchenspitze wird Dissens laut. Der Hamburger Weihbischof Hans-Jochen Jaschke kommentiert trocken, wer Aids habe und sexuell aktiv sei, wer wechselnde Partnerschaften suche, müsse andere und sich selbst schützen. Das Kondom sei zwar kein Allheilmittel, aber auch kein Tabu. Der Sprecher der Französischen Bischofskonferenz Jean-Michel di Falco in Paris erklärt ausdrücklich, wer riskante Beziehungen habe, »muss auf jeden Fall ein Kondom benutzen. Andernfalls handelt er verantwortungslos, wenn nicht mörderisch«. Das ist das genaue Gegenteil der von Benedikt vertretenen Ansicht. Bischof di Falco geht noch weiter: »Ich meine«, fügt er hinzu, »dass sich der Papst zu diesem Thema nicht hätte äußern dürfen, das ist nicht seine Aufgabe.«[7]

Der Heilige Stuhl zeigt sich zunächst überrascht vom Sturm der Entrüstung, den der Papst entfacht hat. Betrachtet man seine Antwort im Flugzeug noch einmal genau, wird klar, dass seine Äußerung – einmal abgesehen von der Verunglimpfung der Schutzmaßnahme als in jedem Falle schlecht – unter didaktischem und religiösem Aspekt durchaus schlüssig ist. Dass Ratzinger als Papst zum ersten Mal überhaupt das Wort »Kondom« benutzte, zeigt, dass er zumindest keine Komplexe hat. Der Journalist konfrontierte den Papst mit dem Vorwurf, die Position der Kirche in der Aids-Bekämpfung sei oft unrealistisch und wirkungslos. »Ich würde das Gegenteil behaupten«, antwortete er. »Ich denke, dass gerade die katholische Kirche mit ihren Organisationen und Einrichtungen bei der Bekämpfung von Aids am wirksamsten und am meisten präsent ist. Ich denke an die Gemeinschaft Sant'Egidio, die im Kampf gegen Aids so viel tut – sichtbar und auch im Verborgenen –, ich denke an die Kamillianer, an viele andere Dinge, an all die Ordensschwestern, die sich um die Kranken kümmern.«

Und nach einer kurzen Pause fuhr er fort: »Man kann das Aidsproblem nicht nur mit Geld lösen, das zwar auch notwendig ist. Aber wenn die Seele nicht beteiligt ist, wenn die Afrikaner nicht mithelfen (indem sie eigene Verantwortung übernehmen), kann man es mit der Verteilung von Kondomen nicht bewältigen. Im Gegenteil, sie verschlimmern das Problem.«

Der letzte Satz ist ihm im Eifer des Gefechts herausgerutscht, aber er sorgt für Schlagzeilen in sämtlichen Nachrichtenagenturen, Zeitungen und Fernsehsendern, weil er die grundsätzliche und strikte Ablehnung dieses kleinen Gummis namens Kondom durch das vatikanische Lehramt zum Ausdruck bringt. Ratzinger hätte auf die Bemerkung auch verzichten können, aber er hat es nicht getan: sei es, weil er tatsächlich glaubte, Promiskuität und die trügerische Sicherheit, geschützt zu sein, erhöhten die Risiken der Pandemie, sei es, weil er als ehemaliger Professor der Versuchung nicht widerstehen konnte, das letzte Tüpfelchen aufs i zu setzen. Ein Jahr danach, im Vier-Augen-Gespräch mit seinem Biographen Peter Seewald, tritt ein Charakterzug Ratzingers zutage: Durch die Frage, räumt er ein, habe er sich herausgefordert gefühlt.

Die unbedachte Bemerkung gegenüber dem Journalisten jedenfalls verdrängt seinen positiven Ansatz völlig. »Die Lösung kann nur in einem zweifachen Bemühen gefunden werden: erstens in einer Humanisierung der Sexualität, das heißt in einer spirituellen und menschlichen Erneuerung, die auch den Umgang miteinander verändert; und zweitens in einer wahren Freundschaft auch und gerade zu den Leidenden, in der Bereitschaft, selbst auch Opfer zu bringen und Verzicht zu üben, um an der Seite der Leidenden zu sein. Das sind die Faktoren, die helfen und sichtbare Fortschritte bringen. Deshalb würde ich sagen, es geht um diese unsere doppelte Kraft, einmal den Menschen von innen her zu erneuern, ihm spirituelle und menschliche Kraft zu geben für ein rechtes Verhalten zu seinem eigenen Leib und dem des anderen, und dann diese Fähigkeit, mit den Leidenden zu leiden, in Situationen innerer Prüfung präsent zu bleiben. Mir scheint das die richtige Antwort zu sein, und die Kirche tut dies und leistet so einen sehr großen und wichtigen Beitrag. Danken wir all denen, die dies tun.«

Als der päpstliche Pressesprecher die desaströse Wirkung von Benedikts Bemerkung erkennt, versucht er sofort gegenzusteuern. Unter Hinweis auf die Resonanz des Gesagten betont Pater Lombardi am Tag danach in einer offiziellen Stellungnahme, Benedikt XVI. habe die Positionen der Kirche und die Grundlinien ihres Engagements im Kampf gegen Aids nur bekräftigt. Schwerpunkte seien »erstens die Erziehung zur persönlichen Verantwortung in der Sexualität und die Stärkung der grundlegenden Rolle von Ehe und Familie; zweitens die wissenschaftliche Forschung und der Einsatz wirksamer Methoden zur Behandlung von Aids sowie zahlreiche Initiativen und medizinische Einrichtungen, um diese Hilfsmaßnahmen möglichst vielen Kranken zur Verfügung zu stellen; drittens der menschliche und spirituelle Beistand für Aidskranke und alle Leidenden, die der Kirche schon immer ein Herzensanliegen waren.«

Mit dieser Stellungnahme versucht man, Boden zurückzugewinnen. Die katholische Kirche, so Lombardi, glaube nicht, dass »die Verteilung von Kondomen der beste, weitsichtigste und wirksamste Weg« sei, »um die Geißel Aids zu bekämpfen und Menschenleben zu schützen«.

Wie schon bei anderen Gelegenheiten gerät der Vatikan auch diesmal ins Schlingern. In seinem auf der ersten Seite platzierten Bericht vom 18. März übergeht der *Osservatore Romano* die Anstoß erregende Äußerung vollständig und beschränkt sich auf das Ratzinger-Zitat, Aids könne nicht mit Geld besiegt werden und »schon gar nicht mit der Verteilung von Kondomen«. Der Vatikan hingegen übt auf seiner Webseite Zensur und ersetzt »Kondom« durch das eher neutrale »Prophylaktikum«, nur um dann doch wieder auf »Kondom« zurückzukommen. Auf seiner Webseite bemüht sich der Vatikan besonders, den in den internationalen Medien kritisierten Satz geradezubiegen. Aus Ratzingers Bemerkung, die Verteilung von Kondomen »verschlimmert das Problem«, wird hier: »birgt die Gefahr, das Problem zu verschlimmern«.

Der *Osservatore Romano* beklagt im Übrigen zwar die angeblich verzerrende Wiedergabe der päpstlichen Äußerungen in den Medien, aber in einigen Artikeln wird die Verteufelung des Kondoms bloßgestellt, wenn auch ungewollt. Die Historikerin Lucetta Scaraffia schreibt, die Mission Benedikts XVI. liege in der Verkündigung der Wahrheit, doch dann nennt sie Zahlen, die die Schutzfunktion des Kondoms belegen. Die »perfekte« (also systematische und regelmäßige) Anwendung von Kondomen, schreibt sie, garantiere einen 96-prozentigen Schutz vor Ansteckung; allerdings werde das Kondom in Afrika meistens nicht so benutzt. Aber auch die »typische« Anwendung, wie es im Fachjargon heißt, also ein nicht regelmäßiger und unsachgemäßer Gebrauch, biete einen 87-prozentigen Schutz. »Nur 87 Prozent«, betont Scaraffia in der Vatikanzeitung und warnt, das Kondom gaukle Sicherheit nur vor. Aber jeder Leser muss zu dem Schluss kommen, dass ein Schutz von 87 Prozent mehr als genug ist, um den Gebrauch des Kondoms auf breiter Front zu empfehlen.[8]

Und während sich im Vatikan die übliche Medienschelte Bahn bricht, passiert es zum zweiten Mal, dass auf den Seiten des *Osservatore Romano* jemand aus praktischer Erfahrung heraus die offizielle vatikanische Position als unhaltbar entlarvt. Am 22. März konstatiert der Combonianer-Missionar Pater Daniele Giovanni Giusti, dass »das Kondom bei fokalisierten Epidemien und bei bestimmten Gruppen funktioniert hat: bei Prostituierten, Homosexuellen und Drogensüchtigen«.

Pater Giusti, der seit 30 Jahren in Uganda tätig ist, bezeichnet das sogenannte ABC-Programm (*Abstinence – Be faithful – Condom*; Enthaltsamkeit – Treue – Kondom) als die erfolgreichste Strategie. Entscheidend sei eine Änderung des Sexualverhaltens – in Uganda, wo die Infektionsrate von 15 Prozent im Jahr 1991 auf fünf Prozent im Jahr 2001 zurückgegangen ist, eine erfolgreiche Strategie. Die Erziehung, so argumentiert der Missionar und Arzt, sei der entscheidende Faktor. Den Leuten müsse erklärt werden, wo das Risiko liege, wie man es verringern oder sogar ausschalten könne.

»Sexuelle Enthaltsamkeit senkt das Risiko einer Übertragung von Aids durch Geschlechtsverkehr auf null. Das ist die erfolgreichste Strategie. Wenn die Botschaft überzeugend ist, ändern die jungen Leute ihr Sexualverhalten. Die Treue in sexuellen Beziehungen verringert das Risiko. Wenn beide Partner treu sind, sinkt es erheblich. Die Verwendung von Kondomen verringert zwar das Risiko, schaltet es aber nicht aus.«[9]

Diese aufgeklärte Einstellung teilen auch die internationalen Hilfsorganisationen, die das Kondom nie als Allheilmittel zur Ausrottung der Pandemie propagiert haben. Sie empfehlen es als eines der Instrumente zur Aids-Bekämpfung insbesondere bei Risikogruppen, ohne es irrational als ein »in jedem Fall zu meidendes Übel« abzustempeln.

Im Vatikan will man nicht wahrhaben, dass der weltweite Protest durch zwei Dinge angeheizt wird: die wissenschaftliche Unhaltbarkeit der kategorischen Ablehnung von Kondomen und die praktischen Erfahrungen der katholischen Missionare und freiwilligen Helfer vor Ort. In den Tagen nach der Rückkehr des Papstes aus Afrika greift die renommierte internationale Medizinzeitschrift *Lancet* Benedikt XVI. frontal an. »Es ist unklar, ob der Fehler des Papstes auf Unwissenheit beruhte oder ein kalkulierter Versuch der Manipulation wissenschaftlicher Beweise war, um die katholische Lehre zu verbreiten.« Denn das Kondom, so heißt es in *Lancet* weiter, »ist das einzige und wirksamste verfügbare Mittel, um die sexuelle Übertragung von HIV zu verhindern.« Wenn eine einflussreiche Persönlichkeit »eine wissenschaftlich falsche Aussage« mache, die verheerende Folgen für die Gesundheit von Millionen Menschen haben kann, sollte sie »ihre Aussage zurücknehmen oder richtigstellen«.[10]

Ein in Afrika tätiger katholischer Geistlicher vertraute mir an: »Ich würde es niemals öffentlich sagen, aber ich kenne viele Missionare und Schwestern, die Kondome verteilen.« Das Problem, fügte er hinzu, bestehe eher darin, den Leuten den richtigen Gebrauch beizubringen, denn »in vielen Dörfern weigern sich die Männer, es zu benutzen, und die Kinder spielen damit und machen Luftballons daraus.«[11] Kondome werden von katholischen Hilfsorganisationen in den südafrikanischen Diözesen Rustenburg und Durban verteilt. Zwei katholische Orden, die Jesuiten im Kongo und die Weißen Väter in Tansania, haben Kondome in ihr Programm zur Aids-Bekämpfung aufgenommen, ebenso die Bischofskonferenz des Tschad. Dieselbe Linie vertreten die Jesuiten in Sambia. Auch in Kenia verschließt man sich nicht vor der Wirklichkeit. Maria Martinelli und Mary Owens, Ordensschwestern aus Italien beziehungsweise Irland, sagen: »Wir wissen, dass das Kondom hilfreich ist.«[12]

Rom dagegen wählt die Medienschelte. Die eigentliche Afrikareise des Papstes sei kein Gegenstand der medialen Berichterstattung, beklagt der *Osservatore Romano*. Die Zeitungen und das Fernsehen würden »über die Maßnahmen zur Aids-Bekämpfung in rücksichtloser und propagandistischer Weise einseitig« berichten, ohne die zahlreichen Initiativen katholischer Hilfsorganisationen auch nur zu erwähnen. Die Vatikanzeitung spricht von Sensationsberichterstattung und Kritik »bis hin zur Beleidigung und Verzerrung der Tatsachen«.[13]

Ein altbekanntes Schema, dieser Vorwurf der entstellenden Wiedergabe der Sachverhalte, der Stimmungsmache und der mehr oder weniger versteckten Angriffe auf die Person des Papstes. Die Selbststilisierung als Opfer erfolgt in drei Stufen: 1. Der Vatikan gesteht einen Kommunikationsfehler ein; 2. Die Presse wird als böswillig attackiert; 3. Den Katholiken, die Kritik äußern, wird vorgeworfen, dem Papst in den Rücken zu fallen. Es ist die uralte Vorstellung, dass die

Spannungen zwischen Kirche und Gesellschaft dem Gegner anzulasten seien. Die einflussreiche Jesuitenzeitschrift *La Civiltà Cattolica*, deren Artikel vorab vom Staatssekretariat geprüft werden, schreibt, die Katholiken wüssten genau, »dass es in Italien und in Europa eine grundsätzliche Feindseligkeit gegenüber der Lehre der Kirche gibt, besonders im Bereich der Ethik. Die Presse, das Sprachrohr mächtiger Kräfte und Interessen, ist ein optimales Instrument zur Propagierung dieser Feindseligkeit«. Pater Giandomenico Muccis Artikel, der am 3. Mai 2009 an prominenter Stelle im *Osservatore Romano* abgedruckt wurde, sprach von »überzogener Kritik, Überdruss und Missbehagen« gegenüber dem Lehramt und der Person des Papstes. Mucci hegte keinen Zweifel an der Existenz einer breiten internationalen Kampagne, die darauf abzielt, die katholische Kirche und insbesondere Benedikt XVI. zu diskreditieren. Hinter diesen Äußerungen steckt immer die Verschwörungstheorie, die im Vatikan vorgetragen wird, wenn die päpstliche Führung mit der öffentlichen Meinung auf Kollisionskurs gerät.

Tatsächlich gibt es unter dem katholischen Episkopat schon seit Jahren Stimmen, die sich für ein Umdenken in dieser Sache aussprechen. Kardinal Dionigi Tettamanzi schrieb in seinem Buch *Nuova bioetica cristiana* (Neue christliche Bioethik) bereits im Jahr 2000, eine Frau, die von ihrem Mann zum Geschlechtsakt gezwungen werde, habe »das Recht, ihre Gesundheit zu schützen« und von ihrem HIV-kranken Mann zu verlangen, das Kondom zu benutzen.[14] Auch Kardinal Carlo Maria Martini erklärte öffentlich, es müsse alles getan werden, um Aids zu bekämpfen: »Der Gebrauch von Kondomen ist in bestimmten Situationen gewiss das kleinere Übel.«[15]

Noch entschiedener äußerte sich der Schweizer Kardinal George Cottier, der den offiziellen Titel des päpstlichen

Haustheologen trug. Bereits 2005 erklärte er, in einigen Gebieten Afrikas und Asiens, wo Drogen kursierten und »sexuelle Promiskuität und großes Elend« herrschten, könne »die Benutzung des Kondoms als legitim betrachtet werden«. Zur Begründung verwies der theologische Berater des Papstes darauf, dass in den sexuellen Beziehungen »nicht nur Leben weitergegeben wird, es besteht auch die Gefahr, den Tod zu übertragen. Und hier gilt das Gebot: Du sollst nicht töten«.[16]

Dieselbe Ansicht teilt der Sekretär der Spanischen Bischofskonferenz Juan Antonio Camino, der vom Vatikan gerüffelt wurde, als er Kondome als »ultima ratio« bezeichnete, da sie als Präventionsmaßnahme wichtig seien. Ähnlich äußerte sich der Brüsseler Kardinal Godfried Danneel: Sich durch Kondome vor einer tödlichen Ansteckung zu schützen, sei eine vorbeugende Maßnahme. Als Benedikt XVI. im Flugzeug auf die Frage antwortet, die er bereits kennt, weiß er natürlich um alle diese Äußerungen. Aber er möchte sie nicht unterstützen. Er möchte vielmehr die Position des absoluten Verbots bekräftigen, eine Linie, auf die sich schon Johannes Paul II. festgelegt hatte.

Die Polemiken um Benedikts Äußerungen zum Thema Aids überschatten seine Afrikareise. Er besucht den Kontinent im Vorfeld der Zweiten Sonderversammlung der Bischöfe für Afrika, die im Oktober 2009 in Rom stattfindet. Der Papst fordert die afrikanischen Katholiken auf, ihre Länder von Gewalt und Chaos zu befreien und auf der Grundlage der Menschenrechte eine moderne Demokratie aufzubauen. Er drängt sie zum Kampf für die Befreiung der Frauen aus Diskriminierung, Unterdrückung und sexueller Ausbeutung. Und er mahnt, den Hexenglauben zu bekämpfen, um den Tod von Kindern und alten Menschen zu verhindern.

In Luanda, wo am Abend seiner Ankunft die Gläubigen in einem Lichtermeer aus Kerzen durch die Stadt ziehen, ruft Benedikt XVI. dazu auf, Bürgerkriege, Hass und Vergeltungsakte zu beenden und im Zeichen der Versöhnung Frieden und Gerechtigkeit zu schaffen. Worte, mit denen er den Gläubigen aus dem Herzen spricht, besonders in Angola, wo zwischen 1975 und 2002 im Konflikt zwischen dem marxistischen Regime und Rebellen, die von Südafrika und anderen westlichen Ländern finanziert wurden, eine halbe Million Menschen starben und zahllose weitere verwundet und verstümmelt wurden. Der Appell des Papstes richtet sich an den gesamten Kontinent, der von Kriegen und Massakern in Ruanda, Burundi, Darfur, Eritrea, Somalia, Kongo, Nigeria, Tschad, Uganda, Sierra Leone, Liberia, Simbabwe und an der Elfenbeinküste heimgesucht wird.

Benedikt XVI. übermittelt Afrika eine edle Botschaft. Er fordert die Katholiken auf mitzuhelfen, den Kontinent von der Habgier der neuen Reichen zu befreien, die »die Armen zu Sklaven macht und den kommenden Generationen die Ressourcen nimmt, die sie brauchen«. Er geißelt die neuen Übel: Drogen, sexuelle Verantwortungslosigkeit, Abtreibung und Schwächung des Ehebunds.

Dennoch behält die Auseinandersetzung über das Kondom auf der internationalen Ebene die Oberhand.

Wie ein Zünder bringt sie den lange Jahre schwelenden Streit zwischen Kirche und moderner Gesellschaft über die intimsten Themen der menschlichen Existenz – Geburtenregelung, Schwangerschaftsabbruch und künstliche Befruchtung – zur Explosion. Seit Mitte des 20. Jahrhunderts nehmen Millionen von Gläubigen, Männer wie Frauen gleichermaßen, das Recht für sich in Anspruch, in diesem so persönlichen Bereich nach ihrem Gewissen zu entscheiden, ungeachtet der dogmatischen Gebote, die den Anspruch erheben, besser zu wissen, was »natürlich« und was »wider die Natur« sei.

Der Konflikt in der katholischen Welt hat seine Wurzeln im Jahr 1968, als Paul VI. in seiner Enzyklika *Humanae vitae* das Verbot der Pille verfügte, obwohl die vom Papst eingesetzte Kommission mehrheitlich zu dem Schluss gekommen war, dass in bestimmten Fällen Verhütungsmittel erlaubt seien. Angeheizt wurde der Konflikt durch die Legalisierung von Schwangerschaftsabbrüchen, die in immer mehr Ländern auch von der katholischen Wählerschaft mitgetragen wurde. Und er setzte sich Mitte der neunziger Jahre fort, als der Heilige Stuhl gegen ein Aktionsprogramm der UN-Konferenzen in Kairo 1993 und in Peking 1995 Front machte, das allen Frauen in Not einen gefahrlosen Schwangerschaftsabbruch in einer staatlichen Gesundheitseinrichtung ermöglichen sollte.

Dem kollektiven Gedächtnis tief eingeprägt blieb, dass Johannes Paul II. mehrfach behauptete, Abtreibung sei ein »neuer Holocaust«. Seine Verurteilung bosnischer Frauen, die während des Kriegs im ehemaligen Jugoslawien von serbischen Milizen vergewaltigt worden waren und abtrieben, löste eine Welle der Empörung aus. Der gnadenlose Kreuzzug Kardinal Alfonso López Trujillos (Vorsitzender des Päpstlichen Rats für die Familie 1990–2008) gegen das Kondom wurde innerhalb und außerhalb der katholischen Kirche mit Irritation aufgenommen, ebenso das strikte Verbot jeder Art künstlicher Befruchtung. Die einzige, in gewundenen Sätzen dargelegte Methode ist jene, die die Glaubenskongregation mit der Instruktion *Dignitatis personae* vom 8. September 2008 erlaubt hat. Eine surreale Formulierung: Laut Lehramt gehe es darum, »nicht den ehelichen Akt zu ersetzen, sondern ihn zu erleichtern und ihm zu helfen, sein natürliches Ziel zu erreichen«: Man dürfe sich nur eines »semen collection device« bedienen, eines durchlöcherten Kondoms (das die Fiktion des ehelichen Geschlechtsakts aufrechterhält), dem man dann das Sperma entnimmt. Pure Heuchelei, da kein katholisches Krankenhaus so etwas tut.

Mit den Protesten, die es nach Ratzingers Äußerung zum Kondom hagelt, entladen sich lange aufgestaute Spannungen und der Widerstand gegen einen autoritären Dogmatismus, dessen »Gesetz« den Menschen unterdrückt. Tatsächlich mussten die in Bosnien während des Krieges im ehemaligen Jugoslawien vergewaltigten Klosterschwestern die Kinder austragen. Die Neugeborenen wurden von den kirchlichen Behörden in Waisenhäuser gebracht.

Zu allem Überfluss erregte wenige Tage vor Benedikts Afrikareise ein Fall internationales Aufsehen, der auf erschreckende Weise deutlich machte, wie tief die Kluft zwischen doktrinärem Geist und konkreter Lebenswirklichkeit geworden ist.

Es ging um ein neunjähriges brasilianisches Mädchen, das zwei Jahre lang von dem 23-jährigen Freund ihrer Mutter vergewaltigt wurde. Carmen war unterernährt, 1,36 Meter groß und wog 33 Kilo. Nach der letzten Vergewaltigung wurde sie mit Zwillingen schwanger. Im vierten Monat bestand das Risiko einer Frühgeburt mit schwerer Blutung und Gebärmutterriss. In Brasilien ist Abtreibung gesetzlich verboten, kann jedoch in Grenzfällen vom Gericht zugelassen werden. Die Mutter und die Ärzte handelten nach ihrem Gewissen und entschieden sich für einen Schwangerschaftsabbruch.

Doch der Erzbischof von Olinda und Recife, José Cardoso Sobrinho, exkommunizierte unerbittlich die Mutter und die Ärzte. »Das Gesetz Gottes steht über jedem menschlichen Gesetz. Wenn ein von Menschen erlassenes Gesetz dem Gesetz Gottes widerspricht, hat dieses menschliche Gesetz keine Gültigkeit.« Gegenüber der Zeitung *Folha de S. Paulo* erklärte der Erzbischof, die Sorge der Mutter »rechtfertigt nicht die Auslöschung zweier anderer Menschenleben«.[17] Zur Schuld des Stiefvaters, der auch die geistig behinderte 14-jährige Schwester des Mädchens vergewaltigt hatte, sagte Sobrinho: »Ein schwerwiegendes Vergehen, aber nach kanonischem Recht erfolgt in einem solchen Fall nicht automatisch die Exkommunikation. Die Abtreibung ist sehr viel gravierender.« Die brasilianische Öffentlichkeit ging auf die Barrikaden. Präsident Lula erklärte: »Die medizinischen Gründe wiegen schwerer als die der Kirche. Die Ärzte haben das Leben des Mädchens gerettet. Als Christ und als Katholik bedaure ich zutiefst, dass ein Bischof der katholischen Kirche eine so konservative Haltung eingenommen hat.« Einer der Ärzte, der praktizierende Katholik Rivaldo Albuquerque, kommentierte fassungslos: »Ich bemitleide unseren Erzbischof, dass er keine Gnade kennt gegenüber einem unschuldigen Mädchen, das seit seinem sechsten Lebensjahr vergewaltigt wurde.«

Der Vatikan signalisierte Unterstützung für den Erzbischof und die von ihm verhängte Exkommunikation. Der Päpstliche Rat für die Familie erklärte, die Kirche müsse daran festhalten, das Leben vom Augenblick der Empfängnis an zu schützen, und bezeichnete die Ärzte als schwere Sünder, die eine »Entscheidung für den Tod« getroffen hätten. Auch Kardinal Re, der Präfekt der Bischofskongregation, stellte sich hinter Erzbischof Sobrinho: »Es ist ein beklagenswerter Fall, aber das eigentliche Problem ist, dass die Zwillinge unschuldig waren, sie hatten ein Recht zu leben und hätten nicht abgetrieben werden dürfen.« Die Exkommunikation gelte automatisch für jeden, der Abtreibungen vornehme und daran mitwirke.[18]

Unter den Katholiken erhob sich Widerspruch. Der Philosoph Giovanni Reale, ein Abtreibungsgegner, sagte: »Es handelt sich ganz klar um einen außergewöhnlichen Fall … Ich habe Schwierigkeiten, eine Kirche anzuerkennen, die exkommuniziert: Christus hätte vergeben.« In Frankreich protestierte mehr als ein Bischof gegen »die inakzeptable Grausamkeit der Exkommunikation«. Gérard Daucourt, Bischof von Nanterre, schrieb einen offenen Brief an den Erzbischof von Recife und an Kardinal Re: »In dieser Tragödie haben Sie leidgeprüften Menschen noch mehr Leid zugefügt und bei vielen Menschen in der Welt Schmerz und Empörung ausgelöst.«[19]

Zwei Tage vor dem Aufbruch Benedikts XVI. zu seiner Afrikareise schließlich intervenierte Erzbischof Rino Fisichella, der Leiter der Päpstlichen Akademie für das Leben, im *Osservatore Romano* und fand die richtigen Worte: »Carmen hätte zuallererst verteidigt, umarmt, getröstet werden müssen. Sie hätte spüren müssen, dass wir alle an ihrer Seite sind, wir alle, ohne Ausnahme. Statt gleich an Exkommunikation zu denken, war es nötig und vordringlich, ihr unschuldiges Leben zu retten und es wieder auf jene Ebene der Menschlichkeit zu heben, für die wir Kirchenmänner erprobte Verkünder sein sollten.« Dies sei nicht der Fall gewesen, räumte der Prälat ein. »Und leider wurde die Glaubwürdigkeit unserer Lehre beschädigt, die in den Augen vieler unsensibel, unverständlich und erbarmungslos« gewirkt habe.

Das waren die Begleitumstände, unter denen Benedikt XVI. nach Yaoundé aufbrach. Vor diesem Hintergrund fielen seine Äußerungen zum Gebrauch von Kondomen, die das Aidsproblem angeblich nur »verschlimmerten«.

Belgien beschränkte sich nicht auf Protest. Es unternahm offizielle Schritte. Nach der Verurteilung durch die Abgeordnetenkammer übergab am 15. April der belgische Botschafter die Resolution »gegen die inakzeptable Erklärung des Papstes« dem vatikanischen Außenminister Dominique Mamberti. Am 17. April bedauerte das vatikanische Staatssekretariat in einer Stellungnahme, dass eine Abgeordnetenversammlung den Papst aufgrund einer derart aus dem Zusammenhang gerissenen Äußerung kritisierte. Der Satz aus dem Interview sei von »einigen Gruppen mit dem klaren Ziel der Einschüchterung« benutzt worden, »um quasi zu verhindern«, dass sich der Papst zu Themen äußert, die für die Kirche bedeutsam sind. Der Vatikan sprach von »einer unerhörten Medienkampagne«.

Die Geschichte hat ein Nachspiel. Im November 2010 druckt der *Osservatore Romano* Auszüge aus dem Buch, in dem Peter Seewald den Papst interviewt. Darin räumte Benedikt XVI. überraschend und ohne Konsultationen mit irgendeinem kirchlichen Gremium ein, es gebe »begründete Einzelfälle«, die für das Kondom sprechen, »etwa wenn eine Prostituierte (»una prostituta«) ein Kondom verwendet, wo dies ein erster Schritt zu einer Moralisierung sein kann, ein erstes Stück Verantwortung, um wieder ein Bewusstsein dafür zu entwickeln, dass nicht alles gestattet ist und man nicht alles tun kann, was man will«.[20] Doch dann entdeckt man, dass im deutschsprachigen Original von *Licht der Welt* der Papst von »einem Prostituierten« sprach, also von einem Mann. Gleichsam als attestiere er »wilden« homosexuellen Beziehungen ein Höchstmaß an Verantwortungslosigkeit. In den nachfolgenden italienischen Ausgaben wurde dann der Fehler korrigiert.

Jedenfalls legt Ratzinger im Gespräch mit seinem Biographen einen seelsorgerischen Ansatz dar. Die Kirche, sagt er, sehe das Kondom nicht »als wirkliche und moralische Lösung« an. »Im einen oder anderen Fall kann es in der Absicht, die Ansteckungsgefahr zu verringern, jedoch ein erster Schritt sein auf dem Weg hin zu einer anders gelebten, menschlicheren Sexualität.«[21] Die Äußerung, die eine Öffnung zu bekunden scheint, löst bei den obersten Glaubenshütern Herzflimmern aus. Am 21. Dezember 2009 veröffentlicht die Kongregation für die Glaubenslehre im *Osservatore Romano* eine Erklärung, um zu verdeutlichen, dass es vollkommen willkürlich sei, aus den Worten des Papstes den Schluss zu ziehen, er legitimiere den Gebrauch des Kondoms, um unerwünschte Schwangerschaften zu verhindern. Wer ein Kondom verwendet, um das Risiko für das Leben einer anderen Person zu verringern, »möchte den Schaden begrenzen, der mit seinem falschen Verhalten verbunden ist«. Und schließlich: »Der Heilige Vater hat nicht gesagt, dass die Prostitution unter Verwendung eines Kondoms als legitimer Weg gewählt werden kann, weil dies das kleinere Übel sei.«

Damit schließt sich der Kreis. Drei Jahre vor Ausbruch der Polemiken hatte der Vorsitzende des Päpstlichen Rats für die Pastoral im Krankendienst, Kardinal Javier Lozano Barragán, dem Papst und der Glaubenskongregation ein 200-seitiges Dossier zur weltweiten Aidsepidemie übergeben: eine umfassende Studie zu sämtlichen wissenschaftlichen Standpunkten, von »sehr rigorosen und restriktiven bis hin zu offeneren und verständnisvolleren«. Als Kardinal Barragán die Journalisten darüber informierte, schickte er voraus: »Jeder eheliche Akt muss offen sein für das Leben«, und er fügte hinzu: »Wie meine alten Lehrer sagten: ›intelligenti pauca‹, Wer verstehen will, der versteht.«[22]

Das Dossier wurde nie veröffentlicht.

KAPITEL XI

Der Schrei der Unschuldigen

Die Lawine kommt Anfang Februar ins Rollen. Im Päpstlichen Rat für die Familie erinnert Benedikt XVI. daran, dass die Kirche all jene aus den eigenen Reihen verurteile, die die »Rechte von Minderjährigen« verletzt hätten. Seit über zwei Jahren kommt er immer wieder darauf zurück. Bereits 2008 bekundete er während des Gottesdienstes beim Weltjugendtag in der Kathedrale von Sydney, dass die »Verantwortlichen für diese Übeltaten vor Gericht gestellt werden müssen«.[1]

Für den 15. und 16. Februar 2010 plant der Papst ein Gipfeltreffen mit dem irischen Episkopat. Teilnehmen sollen 24 Bischöfe unter Leitung des Primas von Irland, Kardinal Seán Brady, die Präfekten der Kongregationen für die Glaubenslehre, für den Klerus, für die Institute des geweihten Lebens und für das Katholische Bildungswesen sowie der Präsident des Päpstlichen Rates für die Gesetzestexte, der Nuntius in Irland, außerdem Kardinalstaatsekretär Tarcisio Bertone, der Substitut Fernando Filoni sowie der vatikanische Außenminister Dominique Mamberti.

Über sexuellen Missbrauch in der katholischen Kirche Irlands spricht man schon seit langem. Benedikt XVI. kümmerte sich unmittelbar nach seiner Wahl um dieses Thema, als er die irischen Bischöfe zunächst im Oktober 2006 und dann nochmals im Dezember 2009 empfing. Mit ihnen teilte er die »Empörung, das Gefühl von Verrat und die Scham«, die so viele Gläubige angesichts der skandalösen Ereignisse empfanden.[2] Denn im Jahr 2009 war erdrückendes Beweismaterial ans Tageslicht gekommen.

Am 26. November war der *Murphy-Bericht* erschienen, eine 720 Seiten starke Akte, in der die Richterin Yvonne Murphy über sexuellen Missbrauch in der Erzdiözese Dublin im Zeitraum zwischen 1975 und 2004 berichtete. Hier werden etwa 320 Fälle aufgeführt, in die 46 Priester involviert waren. Einige dieser Missbrauchsfälle trugen sich in der Kathedrale selbst zu.

Die heftigsten Vorwürfe richten sich gegen das Verhalten der kirchlichen Hierarchie. Mindestens bis Mitte der neunziger Jahre, so schreibt die Richterin, war man darum bemüht, »die Sache zu verheimlichen, Skandale zu vermeiden, das Ansehen der Kirche zu wahren und ihr Vermögen zu schützen«. Unmissverständlich hieß es in der Gesamtbeurteilung: »Die Erzdiözese hat die eigenen, vom Kirchenrecht hergeleiteten Regeln missachtet und alles darangesetzt, die Anwendung des weltlichen Rechts zu verhindern.« Darüber hinaus wird beanstandet, dass Polizei und Staatsanwaltschaft ihre Aufgaben nicht erfüllt hätten, da sie zahlreiche Anzeigen als verjährt betrachtet und nicht verfolgt hätten. Ende 2009 waren bereits vier irische Bischöfe gezwungen zurückzutreten: Donald Murray aus Limerick, James Moriarty aus Kildare sowie Raymond Field und Eamonn Walsh, beide Weihbischöfe von Dublin.

Das Gipfeltreffen im Vatikan schließt mit dem ausdrücklichen Eingeständnis, dass die kirchlichen Behörden Irlands im Umgang mit den Missbrauchsfällen versagt hätten. Außerdem räumt man ein, dass das »Vertrauen in die Leitung der Kirche tief erschüttert« sei und die spirituelle und moralische Glaubwürdigkeit der Kirche wiederhergestellt werden müsse. Die Bischöfe geben zu Protokoll, neue Maßnahmen zum Schutz von Minderjährigen ergriffen zu haben, und Benedikt XVI. ermahnt sie, »ehrlich und mutig« zu handeln, da Pädophilie ein verabscheuungswürdiges Verbrechen sei und eine schwere Sünde, die Gott beleidige und die Würde des Menschen verletze.[3] Ein Brief des Papstes an die Gläubigen in Irland wird angekündigt.

Die Opferorganisationen reagieren enttäuscht. Tom Hayes von der Alliance Support Group kommentiert: »Das Dokument des Vatikans enthält keine Lösungen für die missbrauchten Personen.« Unter anderem war in dem Schreiben davon die Rede, »einige irische Priester und Geistliche« hätten sich des sexuellen Missbrauchs schuldig gemacht. Eine verharmlosende Formulierung, insbesondere im Hinblick auf die verheerenden Enthüllungen in einer weiteren, am 20. Mai 2009 veröffentlichten Akte.

Der *Ryan-Bericht* zu den von Geistlichen geleiteten Schulen war das Ergebnis neunjähriger Ermittlungen, in deren Verlauf mehr als tausend Zeugen befragt wurden. Der Bericht lässt keinen Zweifel daran, dass die Gewaltverbrechen keine Einzelfälle waren. Im Zusammenhang mit sexuellem Missbrauch und körperlichen Strafen berichtet die *Irish Times* von 800 Beschuldigten, die in einem Zeitraum von 35 Jahren in 200 religiösen Einrichtungen tätig gewesen seien: ein »irischer Höllenkreis«.

Laut *Ryan-Bericht* »wussten die kirchlichen Behörden«, dass sexuelle Gewalt in den religiösen Gemeinschaften von Männern seit langem ein anhaltendes Problem war. … Sie war weitverbreitet … von unsittlichen zärtlichen Berührungen bis hin zu Vergewaltigungen. Lange Zeit hindurch konnten die Täter ungestört in Schulen agieren.« Trotzdem behandelten die kirchlichen Autoritäten jeden Fall von sexueller Gewalt einzeln und im Geheimen, ohne zu versuchen, dem »systematischen Charakter« der Verbrechen nachzugehen. Im Bericht des Richters Sean Ryan wird festgehalten, dass keinerlei Maßnahmen eingeleitet wurden, um Kinder vor derartigen Übergriffen zu schützen. Die Schulleitungen schenkten den Kindern kein Gehör oder hielten die Vorwürfe für abwegig. »Bestenfalls wurden die Schuldigen abberufen, ohne jedoch den Schaden, den das Kind erlitten hatte, in irgendeiner Form wiedergutzumachen. Im schlimmsten Fall erhielt das Kind unter dem Vorwurf, sexuell verdorben zu sein, eine harte Strafe.«

In Paragraph 20 heißt es, die Leitlinie für die kirchlichen Behörden habe darin bestanden, die »Gefahr einer Veröffentlichung sowie die Konsequenzen für die Institution und die religiöse Gemeinschaft auf ein Minimum zu reduzieren«. Es wurde mit zweierlei Maß gemessen, und auch die rechtlichen Konsequenzen unterschieden sich: Waren die Beschuldigten weltlich, kam es meist zu einer Strafanzeige. »Wenn jedoch die Täter Mitglieder einer religiösen Gemeinschaft waren, wurde der Fall intern behandelt und der Polizei nicht angezeigt.« Einen anderen Aspekt der allgegenwärtigen Gewalt bildeten die körperlichen Strafen, die »das klare Ziel hatten, Angst und Demütigung [unter den Schülern] zu steigern«.

Weder der *Murphy-* noch der *Ryan-Bericht*, deren Ergebnisse die irische Staatspräsidentin Mary McAleese als »schrecklichen Verrat an der Liebe« bezeichnete, werden im *Osservatore Romano* und der italienischen Kirchenpresse angemessen behandelt und verbreitet. Allerdings ist – unabhängig von den konkreten Zahlen – diese Politik der Vertuschung und der systematischen Verharmlosung in der gesamten katholischen Welt zu finden. Diese Gewohnheit, alles totzuschweigen, förderte wieder und wieder jene Opferhaltung, derzufolge die Medien oder die Feinde des Glaubens Kirche und Papst in Misskredit bringen wollten.

Noch während sich der Fall Irland auf der päpstlichen Tagesordnung befindet, wird in Berlin der Missbrauchsskandal im renommierten jesuitischen Canisius-Kolleg bekannt. Hier war es der Rektor des Kollegs, Pater Klaus Mertes, persönlich, der auf eine vollständige Aufklärung der Vorfälle drängte, die sich in den siebziger und achtziger Jahren ereignet hatten. Anfang Januar 2010 bat er die ehemaligen Schüler in einem Brief darum, ihr Schweigen zu brechen. Innerhalb kurzer Zeit melden sich 115 ehemalige Schüler auch anderer Schulen, um über Vorfälle zu berichten, die zum Teil 50 Jahre zurücklagen.

Der Skandal um das angesehene Canisius-Kolleg schlägt in Deutschland hohe Wellen. Nicht zuletzt führt die Angelegenheit dazu, dass auch andere Fälle von Missbrauch bekannt werden, die sich im Internat Aloysianum des Erzbistums Paderborn und in weiteren Schulen in Hamburg, Hannover, Göttingen, Hildesheim, Frankfurt am Main sowie in Bayern zugetragen haben – denn der Sturm hat mittlerweile auch die Heimat des Papstes erfasst. Das Medienecho ist umso gewaltiger, als nun die kirchliche Umgebung betroffen ist, aus der Benedikt XVI. stammt. Jeder neue Fall bedeutet einen Schlag für ihn. Im Vatikan ist zu hören, wie groß sein Schmerz und die Scham über das sei, was die Kirche seines Heimatlandes besudelt.

Bald zeigte sich, wie systematisch die sexuellen Übergriffe verübt und unter den Teppich gekehrt worden waren. Die Rechtsanwältin Ursula Raue, von den Jesuiten beauftragt, die Vorfälle im Canisius-Kolleg mit den darin verwickelten zwölf Geistlichen aufzuklären, berichtet, es habe sich größtenteils um Berührungen im Genitalbereich und zudringliche Zärtlichkeiten gehandelt. Psychische Folgeschäden bei den Jugendlichen seien billigend in Kauf genommen worden. Tatsächlich belegen die Akten, dass man sich um das seelische Wohlbefinden der Schüler nicht im mindesten sorgte. Der Orden kümmerte sich um seine Mitglieder, nicht um die Opfer. Raue zufolge ist es in mindestens zwei Fällen – Peter R. und Wolfgang S. – erwiesen, dass die Schulleitung frühzeitig von den Straftaten wusste. Nichts davon jedoch hat man schriftlich festgehalten, und die beiden Patres wurden mehrfach an andere Schulen versetzt.[4]

Der Augsburger Bischof Walter Mixa hingegen behauptet, die »sexuelle Revolution« sei »nicht unschuldig« an den Pädophilie-Fällen in der Kirche. Anstelle eines klaren Verbots habe man die Legalisierung von sexuellen Beziehungen zwischen Erwachsenen und Minderjährigen vielfach geradezu propagiert. Davon hätten sich auch einige Priester beeinflussen lassen. Zwei Monate nach diesen Äußerungen sieht sich Mixa, der 2005 von Benedikt XVI. aufgrund seiner konservativen Positionen zum Bischof von Augsburg ernannt worden war, mit dem Vorwurf konfrontiert, in seiner Zeit als Pfarrer Gelder veruntreut und Minderjährige misshandelt zu haben. Als er am 22. April zurücktritt, sind in Ingolstadt bereits Ermittlungen eingeleitet worden, die auf dem Verdacht beruhen, Mixa habe sich als Bischof von Eichstätt des sexuellen Missbrauchs schuldig gemacht.

Die Liste der Schandtaten wird immer länger. Der Skandal zieht immer weitere Kreise. Im März räumt der Regensburger Bischof Gerhard Ludwig Müller in einem auf der Webseite des Bistums veröffentlichten *Brief an die Eltern* ein, dass es zwischen 1958 und 1973 wiederholt zu Übergriffen auf die Knaben des berühmten Domchors, die Domspatzen, gekommen sei. Bald sollten weitere Zeugnisse belegen, dass die Übergriffe bis ins Jahr 1992 zurückreichten. Der neue Skandal betrifft eine Institution, die von Georg Ratzinger, dem älteren Bruder des Papstes, geleitet wurde. Das Medienecho ist enorm, auch wenn die Fälle sexuellen Missbrauchs vor allem das Internat der Domspatzen betrifft. Benedikt XVI., so berichten alle, die ihm damals begegneten, ist verletzt. Hin- und hergerissen zwischen Mitleid für die Opfer und dem Wunsch, die Schuldigen zu bestrafen, erfüllen ihn »Trauer, Qual, Wut und Schmerz«.

Zwar zeigt es sich, dass der 86-jährige Georg Ratzinger mit den Missbrauchsfällen nichts zu tun hatte. Ihm werden nur ein paar Ohrfeigen und Wutausbrüche während der Chorproben zur Last gelegt – doch für den Heiligen Stuhl ist dies ein Alarmsignal. Kardinal Walter Kasper fordert, angesichts der schweren Verbrechen, die Priester und Ordensleute an unschuldigen Minderjährigen verübt hätten, müsse »in unserer Kirche aufgeräumt« werden. Für die Taten gebe es keine Rechtfertigung, für die Täter keine Toleranz. Kasper betont ausdrücklich, die Beschuldigten müssten der staatlichen Justiz überantwortet werden.[5] Dies fordert auch der Präfekt der Kongregation für den Klerus, der brasilianische Kardinal Cláudio Hummes. Die Verantwortlichen müssten vor staatlichen Gerichten zur Rechenschaft gezogen werden.

Der portugiesische Kardinal José Saraiva Martins hingegen kritisiert die »jakobinischen Auswüchse« und spricht von »einer Aufregung, die jeder realen Grundlage entbehrt«, wobei er sich auf den Fall des Papstbruders bezieht. Alles über einen Kamm zu scheren, so Saraiva Martins, beschädige das unverzichtbare Werk der kirchlichen Läuterung, das Benedikt XVI. so mutig begonnen habe. Damit repräsentieren Kasper und Saraiva Martins zwei Positionen, die das Verhalten der Kirche im gesamten Missbrauchsskandal prägen.

Der *Osservatore Romano* wünscht sich derweil »maximale Klarheit über die Missbrauchsfälle in Deutschland« und unterstreicht, dass »die Kirche mit Nachdruck daran arbeite aufzuklären, was in ihren Einrichtungen vorgefallen ist«.[6] Doch die Spannungen wachsen von Tag zu Tag. Zwei Ministerinnen aus dem Kabinett Merkel – Familienministerin Kristina Schröder und Bildungsministerin Annette Schavan – kündigen für den 23. April einen Krisengipfel an, einen Runden Tisch. Unterdessen spricht Justizministerin Leutheusser-Schnarrenberger von einer »Mauer des Schweigens« in der Kirchenführung. Zurückhaltender äußert sich Bundeskanzlerin Merkel, die der Kirche ein ernsthaftes Bemühen attestiert, das Problem zu lösen.

Am 9. März erklärt der päpstliche Pressesprecher Federico Lombardi auf Radio Vatikan, es entstehe »ein falscher Eindruck, wenn sich die Anschuldigungen nur gegen die Kirche richteten«. Zwar räumt er ein, die »in kirchlichen Einrichtungen und von kirchlichen Verantwortlichen begangenen Fehler [seien] zutiefst verwerflich, weil die Kirche eine besondere erzieherische und moralische Verantwortung hat.« Dennoch sei das Problem weitaus komplexer. Er weist darauf hin, dass die betroffenen Erziehungsanstalten die Problematik »unverzüglich und entschieden in Angriff genommen« hätten. »In gewisser Weise haben sie zur Offenlegung des Problems beigetragen, da sie die Opfer eingeladen haben, auch Fälle zur Sprache zu bringen, die bereits lange Zeit zurückliegen.«

Lombardi orientiert sich in seinen Äußerungen am Kurs Benedikts XVI., die Schuldigen zum einen weder zu decken noch sie straffrei davonkommen zu lassen, aber auch aufzuzeigen, dass die Pädophilie alle gesellschaftlichen Bereiche berühre. Den jüngsten, aus Österreich stammenden Erhebungen zufolge, so unterstreicht der Pressesprecher des Papstes, seien 17 Fälle in kirchlichen Kreisen registriert und 510 Fälle in anderen Teilen der Gesellschaft.

Der Hinweis auf die Zahlen wird mehr und mehr zur Trumpfkarte der Pflichtverteidiger der Institution Kirche. Allerdings geht man dabei keineswegs so vorsichtig und abwägend mit der Statistik um wie Lombardi. Zweifellos ist Kindesmissbrauch ein gesamtgesellschaftliches Phänomen. 60 Prozent der Fälle finden in der Familie statt. Außerdem sind alle Bereiche betroffen, insbesondere geschlossene Erziehungsanstalten. Für die Glaubwürdigkeit der katholischen Kirche ist es allerdings besonders verheerend, dass sie sich – im Unterschied zu einer öffentlichen oder privaten Schule oder einem Sportverein – der Welt stets als moralische Instanz präsentiert, die vom Gebot der Reinheit geradezu besessen ist und die Keuschheit als eine besondere Auszeichnung des römisch-katholischen Klerus betrachtet. Der eklatante Gegensatz zwischen dem Anspruch auf Heiligkeit und der trostlosen Wirklichkeit der Missbrauchsfälle erweist sich daher für die Kirche als Bumerang.

Über Missbrauch lässt sich nicht abstrakt reden. Man muss sich die Opfer anhören, um das Ausmaß der psychischen Folgeschäden genau erfassen zu können. Es genügt, nur eine Akte von Zeugenaussagen aufzuschlagen, und die entsetzliche Normalität des Missbrauchs wird deutlich. Ein Kabinett des Schreckens. »Eines Tages, nach der Messe, stellte sich der Priester mit erigiertem Penis vor den Ministranten hin und lenkte dessen Hände bis zum Orgasmus. … Der zwölfjährige Julian wurde drei Jahre lang von Pfarrer Scott missbraucht, der ihm gesagt hatte, er empfange die Firmung nur, wenn er an besonderen Beratungssitzungen teilnehme. … Ab dem Alter von fünf Jahren wurde X aus dem Bett geholt und zum Sofa des Priesters gebracht (der zu Gast bei den Eltern war), welcher ihn auf sich legte. … Die Kirche, in der ich vergewaltigt wurde, war dieselbe, in der die Priester die Beichte hörten, in der alle Kinder aus meiner Familie geheiratet haben, in der mehrere Enkel getauft worden sind und in der meine Eltern beerdigt wurden.«[7]

Die Taktik der Unaufrichtigkeit, des Schweigens und Verschleierns, wie sie die Untersuchungsberichte in mehreren Ländern belegen, findet ihre Bestätigung in den vatikanischen Dokumenten, die strengste Geheimhaltung in allen Verfahren fordern, in denen Priester in Missbrauchsfälle verwickelt waren.

In der zweiten Hälfte des 20. Jahrhunderts war das Vorgehen durch die Instruktion *Crimen sollicitationis* des Heiligen Offiziums geregelt, die 1962 unter dem Pontifikat Johannes XXIII. erlassen worden war. Sie betraf vor allem Kleriker, die den Beichtstuhl für ihre Verführungsabsichten benutzten. Was bei der Lektüre des Textes auffällt, ist das Nebeneinander einer totalen Verurteilung des als »unsäglich« definierten Verbrechens, der Androhung drakonischer Strafen (einschließlich der *suspensio a divinis* und der Entlassung aus dem Priesterstand) sowie einer obsessiven Pflicht zur Geheimhaltung, die konkret dazu führte, dass die Kirche in erster Linie auf das eigene Ansehen bedacht blieb. Auf dem Höhepunkt der Krise sah sich Benedikt XVI. schließlich gezwungen, diese Praxis öffentlich zu verurteilen.

In der Instruktion *Crimen sollicitationis* wurde dem Opfer einerseits mit der Exkommunikation gedroht, wenn dieses es »bewusst unterlässt«, den Urheber einer Verführung bei der Beichte[8] »binnen eines Monats« anzuzeigen, während die Ortsbischöfe angehalten waren, »die Angelegenheiten innerhalb kürzester Zeit vor die eigenen Gerichte zu bringen, zu verhandeln und zum Abschluss zu bringen«.[9] Auf der anderen Seite wurde angeordnet, die Fälle »mit größter Geheimhaltung« zu behandeln. Alle, die im Kirchengericht tätig oder sonst in das Verfahren verwickelt waren, sollten strengstes Stillschweigen wahren, das sogenannte »Geheimnis des Heiligen Offiziums«. Seine Verletzung hatte automatisch die Exkommunikation zur Folge, die allein der Papst wieder aufheben konnte.[10]

Derselbe Paragraph regelte noch dazu das Gebot eines »ewigen Schweigens«, das auch nach Beendigung des Prozesses, das heißt nach der Urteilsverkündung und der Verhängung der Strafen, wirksam blieb.

Auch »Kläger, Hinweisgeber und Zeugen« wurden durch einen Eid zum Schweigen verpflichtet.[11] Damit waren die Opfer jahrzehntelang den Verfahren oder, schlimmer noch, dem nicht erfolgten Eingreifen der kirchlichen Behörden ausgeliefert. Ihre Familien waren in den allermeisten Fällen praktizierende Katholiken, die angesichts dessen, was den eigenen Kindern zugestoßen war, stark verunsichert waren.

Die Widersprüchlichkeit der Normen und ihrer praktischen Anwendung zeigt sich bereits im Untertitel der vom Heiligen Offizium herausgegebenen Instruktion, folgt dem Haupttitel des Dokuments doch sogleich die Warnung: »Servanda diligenter in archivio secreto curiae pro norma interna, non publicanda nec ullis commentariis augenda.«[12] Das heißt, nicht nur die Instruktion selbst wurde im Geheimarchiv der Diözese aufbewahrt, sie durfte auch nicht veröffentlicht oder in irgendeiner Form kommentiert werden.

Unter dem Druck der skandalösen Vertuschungsmanöver in den Vereinigten Staaten beginnt Kardinal Ratzinger im Jahr 2001, einen strengeren Kurs einzuleiten. Er besteht darin, dass die Glaubenskongregation umgehend über eine Straftat in Kenntnis gesetzt werden und Informationen über die Sachlage erhalten soll. Die Verpflichtung zur Verschwiegenheit lässt er indes unangetastet. In dem von ihm unterzeichneten und von Johannes Paul II. gebilligten Schreiben *De delictis gravioribus* vom 18. Mai 2001 wird die Minderjährigkeit auf 18 Jahre angehoben. Um Anzeigen nicht ins Leere laufen zu lassen, legt er außerdem fest, dass die Verjährungsfrist mit dem Eintritt ins Erwachsenenalter beginnen soll. Ratzinger fordert die kirchlichen Behörden auf, die notwendigen Sanktionen zu nutzen. Dessen ungeachtet hält er daran fest: »Diese Angelegenheiten unterliegen dem päpstlichen Geheimnis [secretum pontificium].«

Die Erklärungen, mit denen der Vatikan in den turbulenten Tagen des Jahres 2010 darauf hinweist, es stehe jedem frei, Anzeige bei den staatlichen Behörden zu erstatten, stehen im Widerspruch zur systematischen Schweigepflicht, die alle »Gläubigen« bindet. Eine schwere psychologische Konditionierung. Nicht von ungefähr betont Pressesprecher Lombardi unaufhörlich, die von Kardinal Ratzinger 2001 herausgegebenen Normen verfolgen »in keiner Weise den Zweck, diese Verbrechen zu decken oder deren Deckung auch nur zu begünstigen, sondern haben im Gegenteil eine intensive Tätigkeit in Gang gesetzt, um diese Verbrechen im Rahmen des Kirchenrechts zu behandeln, zu beurteilen und angemessen zu ahnden«.[13]

Auch im März 2010 lassen die Spannungen keineswegs nach – im Gegenteil. In Wien befasst sich Kardinal Schönborn mit der gegenwärtigen Situation des Priesteramtes. Im Diözesanblatt *Thema Kirche* lädt er dazu ein, über die Priesterausbildung, die sexuelle Revolution im Kontext der '68er-Bewegung, die Persönlichkeitsentwicklung und das Thema Zölibat nachzudenken. Es genügt allerdings, das Thema Zölibat auch nur anzudeuten, um im Apostolischen Palast Irritationen auszulösen. Schönborn sieht sich gezwungen klarzustellen, dass er sich nie mit der Absicht getragen habe, den Zölibat in Frage zu stellen. Wenige Wochen später greift Kardinal Martini das Thema erneut auf und schlägt öffentlich vor, »das Zölibatsgebot als Lebensform zu überdenken«.

Am 12. März empfängt der Papst den Vorsitzenden der Deutschen Bischofskonferenz, Erzbischof Robert Zollitsch. 45 Minuten dauert das intensive Gespräch, in dessen Verlauf die Absicht des deutschen Episkopats erklärt wird, die 2002 herausgegebenen Leitlinien zu aktualisieren und zwingender zu gestalten, um dem Phänomen der Pädophilie innerhalb des Klerus Herr zu werden. In der Presse ist von 350 Fällen des Missbrauchs an Minderjährigen beziehungsweise von rabiaten Erziehungsmethoden die Rede. Die Zahl der Betroffenen unter ehemaligen Schülern katholischer Lehranstalten ist inzwischen auf 170 gestiegen.

Der Vorsitzende der Deutschen Bischofskonferenz, der sich mehrfach öffentlich bei den Opfern entschuldigt, gibt bekannt, dass man eine Telefonhotline für die Anzeige von Tätlichkeiten einrichten und eine landesweite Untersuchung in Gang setzen werde, die jede einzelne Diözese betrifft, »frei von falscher Rücksichtnahme«. Die Direktive lautet, die schuldigen Priester aus dem Dienst zu entfernen, die »juristische Strafverfolgung« der von Priestern begangenen Straftaten uneingeschränkt zu unterstützen und die Staatsanwaltschaft umgehend einzuschalten – es sei denn, das Opfer selbst wünsche dies nicht. Darüber hinaus wird ein Bischof bestimmt, der das Vorgehen deutschlandweit koordinieren soll. Benedikt XVI. billigt die Maßnahmen voll und ganz.

»Der Papst ist erschüttert«, erklärt Zollitsch nach der Audienz. Einige Stunden später kommen Meldungen aus München, die den Papst persönlich betreffen. In der *Süddeutschen Zeitung* wird von einem pädophilen Priester berichtet, den man aus Essen in die Diözese München versetzt hat, als Joseph Ratzinger dort Erzbischof war. Pfarrer H. habe unbescholten seinen Dienst in der Gemeinde verrichtet, bis er 1986 aufgrund des gleichen Verbrechens nochmals verurteilt worden sei. Doch nicht einmal dann sei er aus seinem Amt entfernt worden. In den darauffolgenden Tagen wird der Fall in allen Details rekonstruiert.

Joseph Ratzinger war von 1977 bis 1982 Erzbischof von München und Freising, bis ihn Johannes Paul II. nach Rom berief, um die Glaubenskongregation zu leiten. Am 15. Januar 1980 wurde auf Anfrage des Bistums Essen in einer von Ratzinger geleiteten Sitzung im erzbischöflichen Ordinariat München formell beschlossen, einen pädophilen Priester aufzunehmen. Das Sitzungsprotokoll wird auszugsweise im *Spiegel* veröffentlicht. Laut Sitzungsprotokoll kam die Rede unter Punkt 5 d auf Peter H., der »für einige Zeit um Wohnung und Unterkunft« in einer Münchner Pfarrgemeinde bitte. »Kaplan H. wird sich einer psychisch-therapeutischen Behandlung unterziehen«, heißt es darin. Und weiter: »Dem Gesuch wurde zugestimmt.« Kaplan Hullermann kam in der Gemeinde St. Johannes Evangelist in München unter.[14]

Die Anspielung auf eine Psychotherapie war eine Umschreibung für die Behandlung wegen pädophiler Neigungen. Durchaus explizit waren hingegen die Informationen, die die Diözese Essen durch Diakon Malangré mehrfach nach München weiterleitete: Er habe sich »Kindern unsittlich genähert«. Pater Hullermann gestand seinen Vorgesetzten schriftlich, sich gegenüber mindestens drei Minderjährigen unsittlich verhalten zu haben.« Ein elfjähriger Junge wurde zu Oralverkehr gezwungen. Dies ereignete sich in Essen und Bottrop.[15]

Das Krankheitsbild wurde durch den Psychotherapeuten Werner Huth aus Essen bestätigt. Er erinnerte das Erzbistum München und Freising daran, vor der Gefahr, die von Hullermann ausgehe, gewarnt und auf die von ihm formulierten Auflagen hingewiesen zu haben: »Erstens muss er sich von Kindern und Jugendlichen fernhalten, zweitens darf er keinen Alkohol trinken, drittens muss er sich einen Supervisor suchen, der ihn kontrolliert.«[16]

Unter diesen Voraussetzungen wird Hullermann in der von Ratzinger geleiteten Sitzung die Aufnahme in der Diözese München und Freising zugestanden. Erst nach der Therapie jedoch und ohne jedes seelsorgerische Amt. Kurze Zeit später kehrt Hullermann mit der Erlaubnis der Diözese in den aktiven Dienst in einer Münchener Gemeinde zurück.

Rund um Ratzinger tobt der Sturm. Der deutsche Papst ist aufgefordert, Antworten zu liefern, noch dazu klagt man ihn persönlich in seiner Heimat an. Am selben Tag, dem 12. März, lässt Pressesprecher Lombardi unter Hinweis auf Mitteilungen der Diözese München wissen, dass die Entscheidung 1980 von Generalvikar Gerhard Gruber getroffen worden sei und Kardinal Ratzinger nichts mit der Angelegenheit zu tun gehabt habe. Der Generalvikar, betont Lombardi, habe sich nicht an die »Anweisungen des damaligen Erzbischofs [gehalten], dem zufolge der Priester keinerlei seelsorgerische Tätigkeit ausüben durfte«. In München gibt der 81-jährige Gruber zu, einen gravierenden Fehler begangen zu haben, für den er die volle Verantwortung übernehme.[17] Damit nimmt er Ratzinger aus der Schusslinie.

Allein, die Dinge waren nicht so einfach. Auch im kirchlichen Bereich funktionierte die deutsche Bürokratie wie ein Uhrwerk. Gruber hatte an Erzbischof Ratzinger eine Mitteilung geschickt, in der er ihn über die Entscheidung informierte, Hullermann wieder mit einem seelsorgerischen Amt zu betrauen. Die Version, die das Erzbistum München und Freising verbreitete, lautet jedoch, Gruber habe allein entschieden und Ratzinger erst im Nachhinein ganz allgemein über eine Reihe von Personalentscheidungen in Kenntnis gesetzt, ohne konkreten Hinweis auf die Vorgeschichte des pädophilen Priesters.[18]

Einige Wochen später veröffentlicht die *New York Times* ein Memorandum Grubers an Ratzinger, und mit einem Mal heißt es, Papst Benedikt solle zurücktreten. Hatte Ratzinger das Dokument als Erzbischof gelesen? Oder hatte er es, wie man im Vatikan behauptete, nicht zur Kenntnis genommen?

War es vorstellbar, dass ein Mann mit einem so guten Gedächtnis und von so großer Genauigkeit nicht darauf geachtet hatte? Oder hatte er das Schreiben gar nicht erhalten? Diese Fragen sind bis heute unbeantwortet.

In den darauffolgenden Tagen vertraut der ehemalige Generalvikar Gruber Freunden an, er sei enorm unter Druck gesetzt worden, in aller Eile eine Erklärung über seine alleinige Verantwortung zu unterzeichnen, die ihm per Fax zugestellt worden war. Kaum hat sich die Meldung verbreitet, lässt Gruber ein Rundschreiben versenden, um den Druck herunterzuspielen. Doch seine Freunde bekräftigen, Gruber sei verbittert darüber, dass der Sprecher des Erzbistums behauptet, er habe »eigenmächtig gehandelt«.[19]

Ohne Erklärung bleibt die Tatsache, dass die Erzdiözese München und Freising Hullermann erst im Jahr 2010 aus dem Seelsorgedienst entfernte. Bis 1982 – dem Zeitpunkt, als Ratzinger nach Rom wechselte – sind keine weiteren Straftaten des Priesters bekannt. 1986 dann wurde er erneut wegen Kindesmissbrauchs verurteilt – zu 18 Monaten auf Bewährung und einer Geldstrafe in Höhe von 4.000 D-Mark. Damit ging das Verbot einher, bei seiner Arbeit mit Kindern in Berührung zu kommen. Trotzdem vertraute ihm das erzbischöfliche Ordinariat weiterhin seelsorgerische Aufgaben an. Es ist immer die gleiche Geschichte. In Bad Tölz, seinem letzten Wirkungsort, bevor er 2010 abberufen wurde, wusste Pater Rupert Frania, der die dortige Pfarrei leitet, von nichts. Er wäre froh gewesen, erklärte er, als man ihm von Hullermanns Abgang berichtete, wenn ihn jemand beizeiten informiert hätte. Er habe nicht einmal gewusst, dass dem Priester Bedingungen auferlegt worden waren. Auch dies ist immer die gleiche Geschichte.

Irland, Deutschland, Bayern … München. Weitere Fälle werden in Österreich und der Schweiz bekannt. Binnen weniger Wochen schwindet die lange Jahre hindurch hinter den Mauern des Vatikans gehegte Hoffnung, das Massenphänomen des sexuellen Missbrauchs betreffe nur weit entfernte Regionen: die Vereinigten Staaten, Kanada, Brasilien, Australien – vorzugsweise angelsächsische Länder, denen man allzu große Freizügigkeit und laxes Verhalten im Klerus und in den Ordensgemeinschaften vorwirft und meint, so von sich selbst ablenken zu können.

Nicht einmal die astronomischen Entschädigungssummen, die die amerikanischen Diözesen zahlen mussten (fast zwei Milliarden Dollar), ließen im Vatikan die Alarmglocken läuten. Man schrieb es der Habgier der amerikanischen Anwälte zu und dem besonderen Rechtssystem in den USA, das die Bischöfe als die »Arbeitgeber« der Priester betrachtet, weshalb sie auch die Verantwortung für den Schadenersatz zu tragen hätten. Jahrelang wurde das in der Kurie als ein »Übersee-Problem« abgetan. Doch plötzlich ist der Kurienapparat gezwungen, hinzunehmen, dass selbst der Heilige Stuhl, symbolisch gesprochen, auf der Anklagebank landen könnte. Die wiederholten Versuche einiger amerikanischer Anwälte, den Papst persönlich vor Gericht zu zerren, werden zum greifbaren Ausdruck des bis dahin Undenkbaren. Ein Schock.

Im Jahr 2010 bricht der Skandal um den sexuellen Missbrauch in Europa aus. Schwerwiegende Vorwürfe richten sich gegen Rom. Der Papst selbst gerät ins Visier der Öffentlichkeit, die Aufklärung über die unzureichend oder gar nicht gelösten Probleme verlangt und die Gründe für bestimmte Entscheidungen erfahren will. Mitte März kommen die Zentralbehörden der Kirche in Bedrängnis, müssen sie sich doch eines Angriffs erwehren, der in ihren Augen ohne Beispiel ist. Der vatikanische Pressesprecher Lombardi lässt keine Gelegenheit aus zu betonen, dass man am Kurs der

Transparenz und Strenge, wie ihn der Papst verfolge, festhalten werde. Er spricht aber auch von »einer gewissen Verbissenheit« gegenüber Benedikt XVI. und erklärt die Versuche für gescheitert, ihn persönlich in die Münchener Angelegenheit hineinzuziehen. Trotz des Sturms, so Lombardi weiter, sehe die Kirche den Weg, den sie »unter der sicheren und strengen Führung des Heiligen Vaters« zu beschreiten habe, deutlich vor sich. Die Begriffe Strenge und Kohärenz kehren in Lombardis Verlautbarungen häufig wieder, auch im Hinblick auf die Zeit, in der Ratzinger Präfekt der Glaubenskongregation gewesen war.[20]

Es vergeht kein Tag, an dem nicht jemand in Aktion tritt, um den Papst zu verteidigen. »Die von Benedikt XVI. verfügte Nulltoleranz-Strategie [gegenüber Missbrauch] ist keine Option, sondern eine moralische Verpflichtung. ... Den Papst und die Kirche mithineinzuziehen ist gleichfalls eine Gewalttätigkeit. ... Die moralische Autorität des Papstes und der Kirche zu attackieren ist eine tendenziöse Strategie, die der Gesellschaft dauerhaft schaden kann«, erklärt der Präsident der Päpstlichen Akademie für das Leben, Erzbischof Fisichella.[21]

Der *Osservatore Romano* hebt Benedikts »rigoroses Vorgehen gegen den Schmutz in der Kirche« hervor und versichert, dass keinerlei Zögerlichkeit in der Vorgehensweise toleriert werde. Die Pflichten lägen auf der Hand: das Verbrechen müsse verurteilt, der Schuldige entfernt, die Opfer angemessen entschädigt werden. Doch der Heilige Stuhl klagt weiter über ein »übertrieben negatives Bild«, das man von der katholischen Kirche verbreite.[22] Kardinalstaatssekretär Bertone kommentiert: »Die Gläubigen bringen der Kirche immer noch großes Vertrauen entgegen, nur dass jemand versucht, dieses Vertrauen zu unterminieren.« Bischof Gianfranco Girotti, zuvor Untersekretär der Kongregation für die Glaubenslehre und inzwischen Regent der Apostolischen Pönitentiarie, lässt sich zu einer wichtigen Einschätzung hinreißen: Die Absolution für den reuigen pädophilen Priester »entbinde diesen nicht davon, für seine Schuld vor Kirche und Staat zu bezahlen«. Der Beichtvater dürfe ihn allerdings nicht auffordern, sich zu stellen: »Wenn wir das täten, kämen sie nicht mehr zur Beichte.«[23] Da meldet sich Hans Küng mit einer scharfen Stellungnahme zu Wort. Benedikt XVI., so forderte er seinen ehemaligen Kollegen an der Tübinger Fakultät auf, solle ein Schuldbekenntnis ablegen. Außerdem solle er eine Diskussion über den Zusammenhang zwischen dem Pflichtzölibat und den daraus resultierenden psychosexuellen Problemen nicht weiter verhindern. Er dürfe den Unterschied zwischen »individuellen Missbrauchsfällen und den systemischen und deshalb oft gehäuften Fällen« in einer Institution wie der Kirche nicht unterschätzen. »Müsste nicht vor allem Papst Benedikt XVI. selbst sich seiner Verantwortung stellen, statt sich über eine Kampagne gegen seine Person zu beklagen?« Schließlich seien bei keinem anderen Menschen in der Kirche so viele Missbrauchsfälle »über den Schreibtisch gegangen wie gerade bei ihm«. 24 Jahre lang sei er Präfekt der Glaubenskongregation gewesen, und noch am 18. Mai 2001 habe er den Bischöfen der ganzen Welt zu verstehen gegeben, dass für Missbrauchsfälle die »strengste Geheimhaltung« gelte, deren Nichteinhaltung von der Kirche bestraft werde. »Und schließlich: Fünf Jahre Papst, ohne an der verhängnisvollen Praxis etwas zu ändern. Die Wahrhaftigkeit würde es verlangen, dass der Mann, der seit Jahrzehnten die Hauptverantwortung für die weltweite Vertuschung hatte. ... sein eigenes Mea culpa spricht.«[24]

Küngs Appell, der sowohl in Deutschland als auch in Italien veröffentlicht wird, schlägt wie ein Blitz im Apostolischen Palast ein. Wieder und wieder liest der Papst die Anklageschrift und fühlt sich persönlich getroffen. Er ist enttäuscht, verbittert. Er fühlt sich missverstanden. Seit er den Stuhl Petri bestiegen hat, genauer gesagt, seit den unmittelbar vorangegangenen Monaten hat er sich dezidiert gegen den sexuellen Missbrauch durch Priester engagiert.

Beim Kreuzweg 2005, wenige Tage vor dem Tod Johannes Pauls II., hatte er vor den Augen der ganzen Welt den »Schmutz in der Kirche« angeprangert. Im Dezember 2004 hatte er ein Verfahren gegen Marcial Maciel Degollado, den Gründer der Legionäre Christi, eröffnet, um dessen sexuellen Übergriffen nachzugehen. Im Januar 2005 sorgte er dafür, dass Maciel die Leitung der Bewegung abgab. Als Papst verpflichtete er Maciel durch eine Entscheidung der Glaubenskongregation vom 19. Mai 2006 zu einem »zurückgezogenen Leben in Gebet und Buße, unter Verzicht auf die Ausübung öffentlicher priesterlicher Dienste«. Aus diesem Anlass hieß es in einer Mitteilung des Presseamts des Heiligen Stuhls, dass man Maciel die Eröffnung eines formalen Prozesses nach kanonischem Recht nur wegen seines fortgeschrittenen Alters und seines schlechten Gesundheitszustands ersparen wolle. Daraufhin beauftragte der Papst fünf Prälaten damit, in 120 Gemeinden der Legionäre Christi auf allen fünf Kontinenten sorgfältige Untersuchungen durchzuführen. Die Visitationen dauerten acht Monate und wurden im März 2010 abgeschlossen.

Als sich Benedikt XVI. im Jahr 2008 auf eine Reise in die Vereinigten Staaten und nach Australien begab, erklärte er sich bereit, mit Opfern sexueller Übergriffe durch kirchliches Personal zusammenzutreffen. Während seines Flugs in die USA bekannte er gegenüber Journalisten offen, er sei beschämt (»I am ashamed«) über das Versagen der Priester, die sich des Missbrauchs schuldig gemacht hatten. Und er versprach: »Wir werden Pädophile rigoros vom Priesteramt ausschließen: Das ist absolut unvereinbar.« Wer schuldig sei, könne kein Priester sein. Bischöfe und Kirche würden sich dafür einsetzen, »den Opfern zu helfen, Beistand zu leisten und zu heilen«. Er sprach von einer strengen Auswahl in den Priesterseminaren und erklärte, »nur Personen, die in gesunder Verfassung« seien, dürften zum Priesteramt zugelassen werden, und »nur Personen mit einem zutiefst in Christus verwurzelten, sakramentalen Leben«. Die Auswahl müsse streng sein, da es wichtiger sei, gute Priester zu haben als viele.[25]

Im Juli wurde der Papst auf seinem Flug nach Sydney gefragt, ob er sich bei den Opfern entschuldigen werde. Er antwortete, Missbrauch sei »mit dem Priestertum unvereinbar«. Dann äußerte er sich über die Mängel, die sich in den vergangenen Jahrzehnten in der Seminarausbildung gezeigt hätten. »In den fünfziger, sechziger und siebziger Jahren hat sich der ethische Relativismus durchgesetzt, demzufolge es nichts Böses an sich gebe, sondern nur im Verhältnis zu anderem. So dachte man, dass einige Dinge, so auch die Pädophilie, in einem gewissen Maß gut sein könnten.« Dies entspreche nicht der katholischen Lehrmeinung, präzisierte der Papst: »Es gibt Dinge, die immer schlecht sind, und die Pädophilie ist immer schlecht.«

Erziehung zum priesterlichen Amt, Information und die Zusage, alles, was möglich ist, zu tun, um die Opfer »zu heilen und zu versöhnen«, besaß für den Papst oberste Priorität. Abschließend sagte er: »Ich denke, das ist der wesentliche Sinn des ›Sich-Entschuldigens‹. Ich denke, es kommt vor allem auf den Inhalt der Formulierung an, und ich denke, dass der Inhalt darin bestehen muss, zu erklären, wo die Mängel in unserem Verhalten lagen und was wir jetzt tun müssen, wie wir dem vorbeugen können, wie wir zur Genesung und Aussöhnung beitragen können.«[26]

Weitere Missbrauchsopfer traf der Papst im Laufe des Jahres 2010: im April auf Malta, im September in Großbritannien. In vatikanischen Kreisen spürte man deutlich, dass mit Ratzingers Pontifikat ein neues Kapitel aufgeschlagen werden sollte, das durch Transparenz und Strenge gegenüber der Pädophilie gekennzeichnet war.

Am 19. März 2010 erscheint der *Hirtenbrief an die Katholiken in Irland*. Es ist eines der wichtigsten Dokumente des Pontifikats. Ratzinger legt ein Schuldbekenntnis ab. Er gesteht die schweren Sünden der Kirche ein und nimmt in höchster Instanz die Verantwortung für die vom Klerus begangenen Schandtaten auf sich. »Im Namen der Kirche drücke ich offen Scham und Reue aus.«

Es ist ein mutiger Brief, ohne Beschönigungen. Zum ersten Mal bekennt sich ein Papst im Hinblick auf den jahrzehntelang praktizierten sexuellen Missbrauch zur Kollektivschuld der Institution Kirche. Er äußert ein Gefühl der »Bestürzung und des Verrats«. Der Text ist über Irland hinaus symbolisch an die Katholiken in aller Welt gerichtet.

Die Opfer seien von einer Mauer des Schweigens umgeben gewesen, bekennt Benedikt XVI., weil die »unangebrachte Sorge um den Ruf der Kirche und die Vermeidung von Skandalen« im Vordergrund gestanden habe. Auch »als Ihr den Mut gefunden habt«, spricht der Papst die Opfer an, »über das zu sprechen, was Euch zugestoßen ist. Diejenigen von Euch, die in Heimen und Internaten missbraucht wurden, müssen gefühlt haben, dass es kein Entkommen aus Eurem Leid gab.« Es handle sich, so wiederholt er mehrmals, um »Verbrechen«, und die erste Pflicht der Kirche in Irland sei es nun, diese »schweren Sünden gegen schutzlose Kinder« vor Gott und vor der Öffentlichkeit zuzugeben.

Im Zentrum des päpstlichen Schreibens stehen die Opfer: »Ihr habt schrecklich gelitten, und das tut mir aufrichtig leid.

Ich weiß, dass nichts das von Euch Erlittene ungeschehen machen kann. Euer Vertrauen wurde missbraucht und Eure Würde wurde verletzt.« Den Bischöfen aber wirft der Papst schwerwiegende Versäumnisse, Versagen in ihrer Führungsposition und gravierende Fehler in der Beurteilung und Behandlung der Anzeigen vor, zumal viele im Kirchenrecht seit langer Zeit festgelegte Normen nicht zur Anwendung gekommen sind. Nun sei es erforderlich, Rechenschaft über jeden einzelnen Fall abzulegen, »ohne etwas zu verheimlichen«. Den schuldig gewordenen Priestern aber weist Benedikt XVI. ausdrücklich den einzig möglichen Weg: die Verantwortung für die begangenen Taten zu übernehmen und »vor dem allmächtigen Gott und den zuständigen Gerichten« Rechenschaft abzulegen. »Stellt Euch den Forderungen der Rechtsprechung.« Die Bischöfe sollen die Gesetze des Kirchenrechts gegen den Missbrauch Minderjähriger in voller Härte anwenden und weiter mit den staatlichen Behörden »zusammenarbeiten«.

Ein ganzer Abschnitt des *Hirtenbriefs* ist den soziokulturellen Wurzeln des Missbrauchs gewidmet, die Ratzinger in der Säkularisierung des 20. Jahrhunderts zu sehen meint. Der Papst führt die Entfremdung von den Sakramenten und insbesondere von der Beichte an, die Vernachlässigung religiöser Praktiken wie des täglichen Gebets und der jährlichen Exerzitien sowie die Versuchung von Priestern und Ordensleuten, sich Denkweisen anzueignen, die typisch seien für die säkularisierte Gesellschaft. Schließlich erwähnte er auch die Tendenz, »Strafverfahren für kanonisch irreguläre Umstände zu vermeiden« und das Programm der Erneuerung des Zweiten Vatikanischen Konzils »zuweilen falsch gelesen« zu haben.

Dieser Abschnitt des Dokuments überzeugt am wenigsten, da er auf eine bessere Vergangenheit anzuspielen scheint und zugleich unter den Tisch fallen lässt, dass Missbrauch und Übergriffe durch den Klerus massiv in jenen Epochen auftraten, da das Christentum noch eine beherrschende Stellung innehatte. Kirchliche Dokumente von Priestern und Ordensleuten aus längst vergangenen Jahrhunderten weisen darauf hin, dass die Missstände beträchtlich waren: von den Anfängen der Apostolischen Visitationen im 19. Jahrhundert bis weit zurück in die Vergangenheit, ja bis zur Synode von Elvira im Jahr 305 in Spanien, wo die *stupratores puerorum*, die Knabenschänder, durch Canon 71 scharf verurteilt wurden. Ihnen wurde sogar die Kommunion auf dem Sterbebett verweigert.

Auch das systematische Vertuschen, das aus offiziellen Untersuchungen hervorgeht, scheint in dem päpstlichen Schreiben nicht hinlänglich dargelegt. Nicht von ungefähr bemängeln die irischen Opferverbände, dass jedes Eingeständnis der Mitverantwortung der vatikanischen Behörden fehle. Einige beklagen sich auch darüber, dass der Primas von Irland, Kardinal Brady, der sich durch sein Schweigen in einem Missbrauchsfall aus dem Jahr 1975 schuldig gemacht hatte, noch immer im Amt sei.

Ratzinger selbst weiß, dass seine Intervention nur ein erster Schritt war. »Niemand darf erwarten, dass sich diese schmerzliche Situation innerhalb kurzer Zeit beenden lässt«, erklärt er. Die Worte scheinen vor allem an die kirchlichen Kreise (und die Römische Kurie) gerichtet, die einer gründlichen, in die Tiefe gehenden Reinigung reserviert gegenüberstehen. Sie gelten auch jenen Katholiken, die ein unzufriedenes Murren vernehmen ließen, weil sie allzu gern mit dem Finger auf die böse Welt gezeigt hätten: die Missbrauchsfälle in den Familien, den Sextourismus in Thailand, die Pressewut.

Ratzingers Strategie lässt ein schrittweises Vorgehen erkennen. Er geht von Irland aus, regt jedoch zugleich die Kirche in anderen Ländern an, die Verbrechen aufzudecken und ihnen entgegenzutreten, gemäß den Vorschriften des *Hirtenbriefes*. Die Landesepiskopate sollen jeweils ihre eigenen Konzepte entwickeln, während die Glaubenskongregation ihre Anti-Missbrauchsregelung aktualisiert. In Irland wird unterdessen das Eintreffen Apostolischer Visitatoren angekündigt.

Gleichwohl wird auch der neue Kurs durch die Angst vor der Presse geprägt. Am Tag der Veröffentlichung des päpstlichen *Hirtenbriefs* steht Pressesprecher Lombardi kein Kardinal, kein Prälat während der Pressekonferenz zur Seite. Auch der Präfekt der Glaubenskongregation, Kardinal Levada, der sachlich zuständig ist, bleibt fern. Ratzingers Worte sollen die Gläubigen und die Weltöffentlichkeit erreichen, die Mitarbeiter des Papstes aber wollen unter allen Umständen verhindern, dass die Journalisten unangenehme Fragen stellen.

Dies erweist sich als Illusion. Ratzingers neue Strategie des Umgangs mit den Missbrauchsfällen ist widersprüchlich. Einerseits fordert man von den irischen Bischöfen, »nichts zu verheimlichen«, andererseits sträubt man sich, Klarheit darüber zu schaffen, was jahrzehntelang im Vatikan verschleiert worden ist.

Wenn die Spitze der katholischen Kirche gehofft hatte, dass mit dem *Hirtenbrief* aller Ballast der Vergangenheit abgeworfen war, so hat sie sich getäuscht. Kaum eine Woche war vergangen, als in der *New York Times* am 25. März eine vernichtende Meldung erschien. Als Präfekt der Glaubenskongregation hatte Kardinal Ratzinger den kirchenrechtlichen Prozess gegen einen Priester verhindert, der sich massenhafter Vergewaltigungen schuldig gemacht hatte. Es handelte sich um den Fall Murphy. Die Akte beinhaltete ein grauenerregendes Szenario: Zwischen 1950 und 1974 hatte der Priester aus der Diözese Milwaukee, der als Kaplan an die Gehörlosenschule St. John's tätig war, etwa 200 Jungen missbraucht. Im Büro, im Auto, in den Schlafräumen, bei Ausflügen. 1974 versetzte ihn Erzbischof William Cousins diskret – aus »gesundheitlichen Gründen« – in die Diözese Superior, wo seine Mutter lebte und wo er weitere 24 Jahre lang »frei und ungehindert« mit Kindern in den Gemeinden, in Schulen und – so steht es in den Akten – in einer Jugendhaftanstalt arbeitete.[27] In der ersten Phase der Geschichte sind kirchen- sowie zivilrechtliche Aspekte von Belang. Von 1974 bis 1995 wurde kein Verfahren gegen Lawrence Murphy eingeleitet – weder vonseiten der kirchlichen Behörden noch vonseiten der lokalen Staatsanwaltschaft. Als der Skandal ausbrach, erwiesen sich die Straftaten für das Gericht bereits als verjährt.

Eine zweite Phase betrifft allerdings direkt das Heilige Offizium. Angesichts der sich häufenden Anzeigen wurde Murphy auf Initiative der Kirchenbehörde von Milwaukee 1993 vier ausführlichen Befragungen unterzogen, an denen auch Psychotherapeuten teilnahmen. Das Krankheitsbild ließ keinen Zweifel zu: Murphy sei ein »typischer Pädophiler«. 1995 erfuhr der Bischof von Milwaukee, Rembert Weakland (der sich seinerseits in den folgenden Jahren zum Rücktritt gezwungen sah, da er Gelder der Diözese dafür benutzt hatte, einen ehemaligen homosexuellen Partner zum Schweigen zu bringen), dass einige der Missbrauchsfälle auch während der Beichte stattgefunden hatten. Daraufhin leitete er eine Untersuchung ein.

1996 wendet er sich an Kardinal Ratzinger, um zu fragen, wie er vorgehen solle, zumal die Geschehnisse bereits verjährt sind. Der Bischof will mit Hilfe des Urteils ein Exempel statuieren; sein Ziel ist es, Murphy aus dem Priesterstand zu entlassen. Zwei seiner Briefe an Ratzinger bleiben unbeantwortet. In der Zwischenzeit eröffnet Bischof Weakland auf Diözesanebene ein Verfahren gegen Murphy. Am 10. März 1997 schreibt der Bischof an Kardinal Gilberto Agustoni, den Präfekten des Obersten Gerichtshofs der Apostolischen Signatur.

Am 24. März 1997 empfiehlt Tarcisio Bertone, der damalige Sekretär der Glaubenskongregation, Weakland, einen kirchenrechtlichen Prozess wegen Verführung im Beichtstuhl anzustrengen. Zuständig für den Prozess ist das Bistum Superior. Die beiden involvierten amerikanischen Bischöfe, Rembert Weakland (Milwaukee) und Raphael Fliss (Superior) wollen dasselbe: einen Akt der Gerechtigkeit für die Opfer.

Doch am 12. Januar 1998 schreibt der schuldige Priester persönlich an Kardinal Ratzinger – und wird erhört. Murphy spricht von Reue, weist auf gravierende gesundheitliche Probleme hin und bittet den Kardinal: »Ich möchte einfach nur den Rest meines Lebens in der Würde meines Priesteramts verbringen.«

Von diesem Moment an beginnt die Glaubenskongregation, auf die Bremse zu treten. Am 6. April 1998 schreibt Bertone an Fliss, der Prozess könne zwar fortgesetzt werden, es sei aber angeraten, gemäß Artikel 1341 des Codex Iuris Canonici den »Gerichts- oder Verwaltungsweg zur Verhängung oder Feststellung von Strafen« nur dann zu beschreiten, wenn feststehe, dass »weder durch mitbrüderliche Ermahnung noch durch Verweis noch durch andere Wege des pastoralen Bemühens ein Ärgernis hinreichend behoben, die Gerechtigkeit wiederhergestellt und der Täter gebessert werden kann«.[28] Wer die Nuancen und Andeutungen der kurialen Amtssprache kennt, versteht die Anweisung: Die Entlassung soll aufgeschoben werden.

Fliss ist nicht einverstanden. Am 13. Mai antwortet er Bertone, die Tragweite des Skandals und das Leid, das der katholischen Gemeinschaft der St. John's School zugefügt worden sei, machten einen Prozess unumgänglich. In Anbetracht ihres widerspenstigen Verhaltens werden die Bischöfe Fliss und Weakland am 30. Mai in den Vatikan einbestellt und von Bertone und dem damaligen Untersekretär der Glaubenskongregation, Gianfranco Girotti, empfangen. Die Zusammenfassung des Protokolls, das vom offiziellen Presseorgan des italienischen Episkopats publik gemacht wird, verdeutlicht die Verzögerungstaktik. Den amerikanischen Bischöfen gegenüber drückt man »Zweifel über die Durchführbarkeit und Zweckmäßigkeit des kirchenrechtlichen Prozesses« aus, zumal die »Schwierigkeit bestehe, Fakten zu rekonstruieren, die 35 Jahre zurückliegen, insbesondere mit Blick auf die Straftat im Beichtstuhl«. Außerdem habe es seitdem keine weiteren Anzeigen gegeben. Die Anweisung, mit der die Sitzung beendet wird, ist das Gegenteil dessen, was die Glaubenskongregation ein Jahr zuvor angeordnet hat. Von einer Fortsetzung des Prozesses ist nun keine Rede mehr. Abgesehen von einer Einschränkung von Murphys seelsorgerischen Aktivitäten wird lediglich empfohlen, energisch dafür zu sorgen, dass er »Reue« zeige, zur Not auch mit der »Androhung« eines Ausschlusses aus dem Priesterstand.[29]

Der Widerspruch ist evident. Schließlich hat Murphy in seinem persönlichen Brief an Ratzinger ja bereits Reue gezeigt. Doch das ist nicht der Punkt. Die beiden amerikanischen Bischöfe wollen den Prozess. Aus den Akten der Glaubenskongregation – in der *New York Times* erschienen – geht hervor, dass Weakland während der Sitzung zu Protokoll geben lässt, Murphy zeige »keinerlei Reuegefühl«. Bertone schlägt stattdessen vor, dem pädophilen Priester eine »heilsame Warnung zu erteilen, um zu erkennen, ob er tatsächlich

Reue zeige«, und ihm, unter Aufsicht eines Seelsorgers, eine »Pause der Einkehr« aufzuerlegen.

Der *Osservatore Romano* reagiert mit außerordentlicher Härte. »Keinerlei Vertuschung«, so der Tenor. Die Rekonstruktion der *New York Times*, schreibt die Vatikanzeitung, verfolge »eindeutig und auf niederträchtige Weise die Absicht, Benedikt XVI. und dessen engste Mitarbeiter um jeden Preis in Misskredit zu bringen«.[30] Trotz des Sperrfeuers gegen die *New York Times*, das von kirchlichen wie nichtkirchlichen Kreisen in den USA geschürt wurde, lässt die schnelle Folge der Ereignisse kaum Spielraum für Interpretationen. Sonderbar ist freilich, dass Bertone in der Sitzung im Vatikan am 30. Mai 1998 (Prot. 111/96) – im Unterschied zu seinem Brief vom März 1997 – das Problem benennt, von Taubstummen »Beweise und Zeugenaussagen« zu erlangen, »ohne die Tatvorwürfe noch drastischer darzustellen«. Der Sekretär der Glaubenskongregation behauptet außerdem, dass nach 35 Jahren »keine hinreichenden Anhaltspunkte vorliegen, um ein kirchenrechtliches Verfahren aufzunehmen«.[31]

Die amerikanischen Bischöfe verstehen die Anweisung. Der Prozess wird ausgesetzt. In einem internen Dokument der Diözese Milwaukee heißt es entsprechend: »Es war klar, dass uns die Kongregation nicht dazu ermuntert, die formelle Versetzung in den Laienstand fortzusetzen.« Am 19. August teilt Weakland Bertone mit, die Anweisungen für eine »formelle Einstellung« des Gerichtsverfahrens gegen Murphy erteilt zu haben.

Am 13. Mai 1998 hatte Bischof Fliss an Bertone geschrieben: »Der Skandal und das Gefühl der Ungerechtigkeit, die die katholische Gemeinschaft der Taubstummen beherrschen, sind so groß, dass eine ordentliche gerichtliche Aufarbeitung dieser tragischen Situation erforderlich ist.« Dazu sollte es nicht kommen. Murphy stirbt am 21. August 1998 – als Priester.

In einem letzten Brief, den Weakland am 2. September an Bertone schickt, klagt er bitter, die Familie habe sich nicht an die Abmachung gehalten, sich auf eine unauffällige Begräbnisfeier mit geschlossenem Sarg in der Friedhofskapelle zu beschränken. »Sie taten das Gegenteil. … Sie luden Vertreter der Taubstummengemeinschaft ein, ließen den Sarg geöffnet und bahrten den Priester in vollem Ornat auf.«[32]

An demselben Tag, an dem in der *New York Times* die Enthüllungen erschienen, fand am Rand des Petersplatzes eine spontane Demonstration der Organisation SNAP statt, in der sich Opfer sexuellen Missbrauchs durch Geistliche in den USA zusammengeschlossen haben. Zwei Opfer und zwei Aktivisten von SNAP verteilten Flugblätter gegen Ratzinger. Es war nur ein Vorgeschmack auf die weitaus massiveren Proteste, die noch kommen sollten. In der italienischen Wochenzeitschrift *L'Espresso* wird eine Auflistung von 40 Missbrauchsfällen angekündigt: in Trentino-Südtirol, im Piemont, in der Lombardei, in Venetien, Kampanien, Apulien und im Molise, in Latium, Sardinien, Sizilien, Umbrien und Ligurien.

Gibt es einen Ratzinger eins und einen Ratzinger zwei? Ist es angebracht, in der Art und Weise, wie er die skandalösen Pädophilie-Fälle behandelte, zwischen einer Phase, die mehr oder weniger die achtziger und neunziger Jahre umfasst, und einer Folgephase zu unterscheiden, die sich durch eine Strategie der Strenge auszeichnet, wie sie zu Beginn des Pontifikats verkündet wurde?

Was fehlt, sind die vertraulichen Dokumente über die vielen getroffenen oder aufgeschobenen Entscheidungen der Glaubenskongregation aus der Zeit, als Ratzinger ihr Präfekt war. Es fehlt auch ein Beleg über den tatsächlichen Meinungsaustausch zwischen ihm, dem Sekretär der Kongregation Bertone und Untersekretär Girotti in mehreren Angelegenheiten. Im Falle des kriminellen Priesters Murphy beispielsweise geht aus dem Brief Bertones an Bischof Fliss vom 6. April 1998 hervor, dass der Sekretär der Glaubenskongregation den Bittbrief des pädophilen Priesters an Ratzinger zur Kenntnis genommen hatte. Nicht bekannt hingegen ist Ratzingers Bewertung der Sache.

Einen Anhaltspunkt, um zu verstehen, wie das Problem Ende des vergangenen Jahrhunderts in den Diözesen und in der vatikanischen Kurie im Allgemeinen – angegangen wurde, gibt eine Stellungnahme von Kardinal Kasper. »Die vorrangige Sorge gilt den Opfern, wir müssen einen neuen Kurs einschlagen und wachsamer sein: Wir brauchen eine Kultur der Aufmerksamkeit und des Mutes. Der Weg, den wir eingeschlagen haben, ist unumkehrbar, und das ist gut so. Man darf aber nicht davon ausgehen, dass das Bewusstsein, das wir heute haben, schon vor 30, 40 Jahren da war. ... Es hat ein Reifungsprozess des Bewusstseins stattgefunden, nicht nur in der Kirche.«[33] Bereits im Jahr 2002 hatte Bertone, damals Sekretär der Glaubenskongregation, bekannt, dass »in den Diözesen, vor allem in der Vergangenheit – aber auch heute kommt es gelegentlich vor –, die Gefahr der Unachtsamkeit, der mangelnden Aufmerksamkeit für den Ernst des Problems bestand«.[34]

Die Worte Kardinal Kaspers, die von Bertone bestätigt wurden, zeigen, dass man einen neuen Weg eingeschlagen hatte und fortan mutig und aufmerksam sein musste – was in der Vergangenheit offensichtlich selten der Fall gewesen war. Und sie bekunden eine »vorrangige Sorge« um die Opfer. Dieselben Themen sprach Benedikt XVI. auch in seinem *Hirtenbrief an die Katholiken in Irland* an, als er den Bischöfen eine »unangebrachte Sorge« um den Ruf der Kirche vorwarf. Dieses Phänomen betraf keineswegs nur Irland, sondern alle Länder, in denen die katholische Kirche präsent ist.

Im März 2010 hat ein von der katholischen Kirche in Deutschland eröffnetes Untersuchungsverfahren gezeigt, dass es in 19 von 27 Diözesen Fälle von Pädophilie gegeben hat. Der Trierer Bischof Stephan Ackermann, der von der Bischofskonferenz mit der Aufarbeitung des Kindermissbrauchs beauftragt wurde, erklärt: »Da, wo wirklich kein Aufklärungswille war und die Täter einfach nur versetzt wurden, müssen wir in einer ganzen Reihe von Fällen gestehen, dass vertuscht worden ist.« Der Primas von Belgien, André-Joseph Léonard, verspricht, nach dem Rücktritt des pädophilen Bischofs von Brügge ein neues Kapitel aufzuschlagen, »nach einer nicht allzu weit zurückliegenden Zeit, in der man in der Kirche und anderswo den Weg des Schweigens und der Vertuschung bevorzugte«.

Kardinal Ratzinger kennt diese für die achtziger und neunziger Jahre typische Atmosphäre bestens. Der Prozess der Bewusstwerdung, den Kardinal Kasper andeutet, trifft auch auf ihn zu. Und wenn er als Papst zugeben muss, über das Ausmaß des Phänomens schockiert zu sein, etwa während seines Flugs nach Großbritannien im September 2010 gegenüber Journalisten, sind seine hier geäußerten Worte symptomatisch: »Traurig ist auch, dass die Autorität der Kirche nicht wachsam genug war und nicht schnell und entschieden genug die notwendigen Maßnahmen ergriffen hat.«[35] Jahrzehntelang hatte man in der Kirche gelogen. Nicht von ungefähr fordert er daher auf derselben Reise, man müsse eine »absolute Aufrichtigkeit wiederfinden bzw. neu erlernen«.

Die skandalösen Enthüllungen in den Vereinigten Staaten und die Tatsache, dass sich die Missbrauchsfälle als Massenphänomen und traurige »Routine« erwiesen, öffneten vielen in der Kirche die Augen. Freilich nicht allen: Auch in der Ratzinger-Ära spürt man in der Römischen Kurie und in den Episkopaten unterschwellige Widerstände gegen eine ernsthafte Auseinandersetzung mit den Verbrechen der Vergangenheit und dem Netzwerk des Schweigens.

Im Zusammenhang mit dem von Kasper verwendeten Begriff der »Bewusstwerdung« fällt ein weiterer Aspekt ins Gewicht. Jahrzehntelang herrschte die Überzeugung, Missbrauch sei eine Art »Sündenfall«, der mit geistlichen Exerzitien und mit Hilfe einer Psychotherapie behoben werden könne. (Hier ist nicht die Rede von jenen Bischöfen, die pädophile Priester systematisch von einer Gemeinde in die nächste versetzten und damit eine Fortsetzung der Verbrechen erst ermöglichten.)

Es scheint für den Münchener Erzbischof Joseph Ratzinger durchaus normal gewesen zu sein, in seiner Diözese einen pädophilen Priester unterzubringen, den ihm ein anderer Bischof schickte. Damit der Übeltäter eine »Zeit der Heilung« durchlebte, ohne seelsorgerische Verantwortung und geschützt vor einem möglichen Skandal im Heimatbistum. Es scheint für die Kirchenhierarchie in jenen Jahren auch normal gewesen zu sein, davon auszugehen, eine gewisse Phase guter Führung genüge, um eine Wiedereingliederung des Schuldigen in die Gemeindeseelsorge zu rechtfertigen. Die Rechtsanwältin Marion Westpfahl, vom gegenwärtigen Erzbischof von München, Kardinal Reinhard Marx, damit beauftragt, die im Besitz der Diözese München befindlichen Dokumente zu prüfen, hat einen Brief aus dem Zeitraum zwischen 1977 und 1982 gefunden, in dem der damalige Erzbischof Ratzinger einen schuldigen Priester auffordert, endlich seine obligatorische Versetzung in eine andere Diözese anzunehmen.[36]

Die Studie zur Situation in München (sie umfasst 250 Seiten) ist noch immer nicht zugänglich. In einer sieben Seiten umfassenden Zusammenfassung, die bereits veröffentlicht wurde, ist von 365 Fällen von sexuellem Missbrauch aus den Jahren zwischen 1945 und 2009 die Rede. Nachdem Marion Westpfahl 13 000 Akten eingesehen hatte, wies sie darauf hin, dass in den vergangenen 60 Jahren »umfangreiche Aktenvernichtungsaktionen« in den Archiven stattgefunden hätten. Dabei sei auszuschließen, dass diese Aktenvernichtung aus Unachtsamkeit geschehen sei. Der zentrale Punkt ihres Untersuchungsergebnisses, so betonte die Anwältin am Sitz der Erzdiözese München-Freising, sei jedoch die »vollständige Nichtwahrnehmung der Opfer« durch das Ordinariat gewesen. »Es herrschte Desinteresse am Tatgeschehen und am Opferschicksal.«

Das ist der kirchliche Kontext, in den Ratzinger im ersten Teil seiner Laufbahn eingebunden war. Die Bistumsverwaltung funktionierte nach demselben Grundsatz, der auch das Verhalten ihrer Mitglieder bestimmte: Es ging um den »rücksichtslosen Schutz des eigenen Standes«, wie es Marion Westpfahl ausdrückte.[37] So war es jahrzehntelang in den katholischen Diözesen und in der Weltkirche.

Der von einigen Medien und von Kirchenvertretern eingeschlagene Verteidigungskurs, die Kongregation für die Glaubenslehre habe stets Strenge walten lassen und Kardinal Joseph Ratzinger sei über jede Kritik erhaben, ist daher nicht haltbar.

Dennoch hat es den Anschein, dass sich Ratzingers Verhalten mit der Zeit geändert hat, dass er reifer geworden ist. Allerdings deutet eine Äußerung des Kardinals aus dem Jahr 2002 in den Vereinigten Staaten noch auf eine deutliche Unterschätzung des Problems hin. Zwar gab er zu, dass »Priester auch Sünder« seien, vertrat jedoch zugleich die Überzeugung, dass man die Kirche diskreditieren wolle und das Beharren der amerikanischen Medien auf den Verfehlungen der Priester eine »gezielte Kampagne« darstelle, zumal der »prozentuale Anteil dieser Fälle von Missbrauch durch Priester nicht höher« sei als in »anderen Bereichen«, ja vielleicht »sogar niedriger«. Die Zahl, die der Präfekt der Glaubenskongregation nannte, lag bei weniger als einem Prozent.[38] Im selben Jahr vermeldete sein Stellvertreter in der Glaubenskongregation, Bertone, es gebe »tatsächlich begründete Verdachtsmomente, dass diese späten Anzeigen nur dazu dienen, Entschädigungen im Zivilverfahren zu kassieren«.[39]

Die typischen Merkmale des Pädophilen, die methodische Herangehensweise, sein vorsätzliches, bewusstes und planvolles Vorgehen – all dies entging der kirchlichen Hierarchie, die nichts unternahm, dem Problem auf den Grund zu gehen. Von wenigen Ausnahmen abgesehen, wollte sie auch von den schwerwiegenden Folgen des Phänomens nichts wissen – selbst dann nicht, als Wissenschaftler und Gelehrte im Vatikan Alarm schlugen. Im April 2003 organisierte der Psychiater und Theologe Manfred Lütz, Berater der Deutschen Bischofskonferenz, der Kongregation für den Klerus und anderer vatikanischer Behörden, einen internationalen Kongress zum Thema Missbrauch von Kindern und Jugendlichen durch den Klerus an der Päpstlichen Akademie für das Leben. Acht nichtkatholische Fachleute nahmen an der Tagung teil, die laut Radio Vatikan das Ziel verfolgte, »der katholischen Kirche das Handwerkszeug für den Umgang mit einem Phänomen zu geben, das ohne Zweifel große Ausmaße hat«.[40]

Lütz, dem jede Skandalisierung fernlag, sagte, in der Debatte sei man zu dem Schluss gekommen, dass man das Problem »weder unterschätzen noch banalisieren wolle«. Besondere Aufmerksamkeit gelte der systematischen Erfassung potentieller Täter sowie den Methoden, die den Schutz von Minderjährigen verbessern sollen. Der Kinderpsychiater Jörg Fegert sprach sich für ein einheitliches Vorgehen der katholischen Kirche in der ganzen Welt aus. Die Tagungsakten, die ein Jahr später in einem 220 Seiten umfassenden Band unter dem Titel *L'abuso sessuale nella Chiesa cattolica: prospettive legali e scientifiche* (Sexueller Missbrauch in der katholischen Kirche: gesetzliche und wissenschaftliche Perspektiven) erschienen, wurden an die Vorsitzenden aller Bischofskonferenzen verschickt. Sechs Jahre lang geschah nichts. Der Vatikan rührte keinen Finger.

Verblüffend ist der geschäftsmäßige Ton, den die Dokumente der Glaubenskongregation in den achtziger und neunziger Jahre anschlugen: ein aseptischer Ton ohne den Anflug einer Beunruhigung – selbst dann nicht, wenn der Präfekt selbst das Dokument unterzeichnete. Im April 2010 veröffentlichte die Nachrichtenagentur *Associated Press* die Geschichte der Korrespondenz zwischen dem Bischof von Oakland, John Cummins, und der Kongregation für die Glaubenslehre, deren Gegenstand die Laisierung des pädophilen Priesters Stephen Kiesle war.

Für die damalige Zeit hatte Bischof Cummins schnell und entschlossen reagiert. Im August 1978 wurde Kiesle in seiner Diözese wegen Unzucht und sexueller Belästigung von zwei Minderjährigen verhaftet und für drei Jahre unter Führungsaufsicht gestellt. Der Bischof suspendierte ihn vom Dienst und versetzte ihn in den Wartestand.

Im Juli 1981 schickte Bischof Cummins die Akte Kiesle an die Glaubenskongregation und befürwortete eine Versetzung des Schuldigen in den Laienstand (formal betrachtet war es ein Dispens, also eine Freistellung). Im November desselben Jahres forderte die Glaubenskongregation weitere Informationen an. Im Februar und im September 1982 machten Cummins und andere Würdenträger der Diözese Oakland noch einmal Druck bei der Kongregation. Im September 1983 begab sich Cummins schließlich selbst in den Vatikan, um das Verfahren zu beschleunigen. Vier Jahre lang geschah nichts.

Erst am 6. November 1985 antwortete Kardinal Ratzinger dem Bischof. Der Brief war in lateinischer Sprache verfasst. Zwar gab der Kardinal zu, dass »schwerwiegende Gründe« für eine Freistellung des schuldigen Priesters vorlägen, unterstrich aber zugleich (das lateinische *attamen* entspricht einem mit Nachdruck vorgebrachten Einspruch), dass es notwendig sei, das »Wohl der universalen Kirche« im Auge zu behalten, ebenso den »Schaden«, den eine Freistellung »der Gemeinschaft der Gläubigen zufügen würde«, insbesondere, da Kiesle erst 38 Jahre alt war.

Der Brief schloss mit dem Hinweis, dass die Angelegenheit einer weiteren, »sorgfältigeren« Prüfung durch die Glaubenskongregation unterzogen werde. Darüber hinaus wurde der Bischof angehalten, Kiesle die größtmögliche »väterliche Zuwendung« angedeihen zu lassen, stand der Kongregation für die Glaubenslehre doch »das Gemeinwohl vor Augen«.

In den 19 Zeilen zwischen der Grußformel für Bischof Cummins und der Unterschrift Ratzingers findet sich nicht ein Wort über die Opfer. Es geht ausschließlich um die Freistellung, das Wohl der Kirche und eine eventuelle Beunruhigung der Gläubigen.

Als Ratzingers Brief später für Aufsehen sorgte und polemische Reaktionen auslöste, erklärten die Kirchenrechtsexperten, ein Dispens sei ein Zugeständnis, das die Kirche einem Priester auf Antrag gewähre. Die Versetzung in den Laienstand hingegen – wie sie übrigens etwa im vieldiskutierten Fall von Giovanni Franzoni (des linksgerichteten Abtes der Basilika San Paolo fuori le Mura in Rom) in den siebziger

Jahren überaus schnell vollzogen wurde, nachdem er in die Kommunistische Partei eingetreten war – stellt eine Strafmaßnahme dar.

Genau aus diesem Grund verwundert es, dass in dem Brief an Bischof Cummins mit keiner Silbe von der Notwendigkeit die Rede ist, Kiesle aufgrund des von ihm begangenen sexuellen Missbrauchs aus der Kirche hinauszuwerfen, sondern dass es eher darum geht, ihn von seinen priesterlichen Pflichten zu entbinden. Tatsächlich hatte Johannes Paul II. wegen des nach dem Zweiten Vatikanum zunehmenden Priestermangels verfügt, die Dispens-Gesuche erst zu bearbeiten, wenn der Antragsteller das 40. Lebensjahr überschritten hatte. Als der pädophile Priester Kiesle 1987 sein 40. Lebensjahr erreicht hatte, wurde der Dispens dann auch mit bürokratischer Genauigkeit von der Glaubenskongregation erteilt.

Associated Press brachte auch den Fall des Priesters Michael Teta aus Tucson, Arizona, auf den Tisch. 1978 hatte er zwei Kinder im Alter von sieben und neun Jahren, die sich auf ihre Erstkommunion vorbereiteten, während der Beichte missbraucht. Als der zuständige Bischof Manuel Moreno von der Angelegenheit erfuhr, brachte er sie vor das Diözesangericht, das den Sachverhalt bestätigte. Der Bischof informierte daraufhin den Präfekten der Glaubenskongregation – mit der Absicht, eine Exkommunikation des Schuldigen zu erwirken, wobei er den »geradezu satanischen« Charakter herausstellte, den der Priester und Vergewaltiger in seinem Umgang mit Jugendlichen und Kindern gezeigt hatte.

Am 8. Juni 1992 reagierte Ratzinger und versicherte, sich um den Fall zu kümmern. Zwar entließ Bischof Moreno den Priester aus seinem Amt, doch es vergingen weitere fünf Jahre, bis sich der Vatikan äußerte. Am 28. April 1997 wandte sich Moreno erneut an Ratzinger. Er erinnerte den Präfekten daran, dass sich die Angelegenheit bereits seit 1990 hinziehe, und bat ihn, »mir in jeder erdenklichen Weise beizustehen, um das Verfahren voranzubringen«. Im Jahr 2004 wurde Teta in den Laienstand versetzt.

Papstsprecher Lombardi ließ verlauten, dass Teta ja bereits 1990 *a divinis* suspendiert worden sei. Da dieser jedoch Berufung eingelegt habe und 2001 die gesetzlichen Regelungen für Missbrauchsfälle reformiert worden seien, sei das Verfahren anhängig geblieben. Nach 2001 sei der Fall Teta »als einer der ersten« diskutiert worden, die Dokumentation sei jedoch so umfangreich gewesen, dass es erst 2004 zu einem Urteilsspruch kam.[41]

Doch die amerikanische Presse lässt nicht locker. Nach und nach deckt sie die Verantwortlichkeiten weiterer Personen auf, die zur Zentralregierung der Kirche gehörten oder gehört hatten. So berichtete etwa die *New York Times*, dass Kardinal Levada, den Ratzinger als seinen Nachfolger im Amt des Präfekten der Glaubenskongregation betrachtete, in seiner Zeit als Bischof von Portland dem pädophilen Priester Joseph Baccellieri ein neues Amt verschafft hatte. Darüber hinaus war ihm 1985 im Auftrag der Amerikanischen Bischofskonferenz eine umfangreiche Dokumentation über Missbrauchsfälle übergeben worden, die drei katholische Fachleute erstellt hatten. Sie wurde nie veröffentlicht.

Im *National Catholic Reporter* wurde eine auf das Jahr 1997 zurückgehende direkte Intervention des damaligen Präfekten der Kongregation für den Klerus, Kardinal Castrillón Hoyos, zum Schutz des pädophilen Priesters Robert Trupia veröffentlicht, der serienmäßig sexuellen Missbrauch betrieb. Der Kardinal empfahl dem Bischof von Tucson, Trupia zu versetzen und ihm Aufgaben außerhalb der Diözese zuzuteilen.

Das Osterfest, das Benedikt XVI. 2010 feiert, findet in aufgeheizter Stimmung statt. Wider Erwarten entschließt sich der Papst nach seinem unmissverständlichen *Hirtenbrief an die Katholiken in Irland*, die »Sünde des Missbrauchs« an keinem der drei Ostertage zu erwähnen – nicht einmal am Gründonnerstag, der traditionsgemäß dem priesterlichen Amt gewidmet ist. Sein Schweigen sorgt für Enttäuschung und Verstimmung in breiten Kreisen der katholischen Welt und in der Öffentlichkeit. Nicht einmal Kardinal Ruini, dem die Texte für den Karfreitags-Kreuzweg am Kolosseum anvertraut sind, spricht das Problem an. Im Gegenteil: Durch eine Reihe ungeschickter Äußerungen offenbart sich der Welt ein im Chaos versunkener Vatikan, wobei sich pflichtschuldige Verteidigung, Ratzingers Reformwille, die Suche nach externen Sündenböcken und der immer wiederkehrende Verschwörungswahn, die Idee, die Kirche sei von Feinden umzingelt, auf ungeschickte Weise mischen.

Am Palmsonntag, dem 28. März, preist Benedikt XVI. Jesus, der »uns ins Große führt, ins Reine, in die heilende Luft der Höhe … in das Leben gemäß der Wahrheit; in die Tapferkeit, die sich nicht vom Gerede der herrschenden Meinungen einschüchtern lässt«. Der Satz wird in Kurienkreisen als Zeichen dafür betrachtet, dass man entschlossen ist, der Belagerung durch die Medien zu trotzen. Am Karfreitag berichtet der Prediger des Päpstlichen Hauses, Raniero Cantalamessa, in seiner Homilie in der Petersbasilika in Anwesenheit Benedikts XVI., einen Brief von einem jüdischen Freund erhalten zu haben, den er im Wortlaut vorliest: »Widerwillig verfolge ich den brutalen und organisierten Angriff gegen die Kirche, den Papst und alle Gläubigen durch die ganze Welt. Die Benutzung von Stereotypen, der Übergang von der persönlichen Verantwortung und Schuld zur Kollektivschuld erinnern mich an die schändlichsten Aspekte des Antisemitismus.«

Es ist der erste Fehltritt. Viele weitere sollten folgen.

Am Ostersonntag begrüßt der Dekan des Kardinalskollegiums Sodano den Papst mit den Worten: »Mit euch ist das Volk Gottes, das sich durch Geschwätz nicht beeindrucken lässt.« 48 Stunden später entwirft Sodano im *Osservatore Romano* das Szenario einer Verfolgung von Kirche und Papsttum: »Hinter den ungerechtfertigten Angriffen auf den Papst verbirgt sich eine Sicht der Familie und des Lebens, die dem Evangelium widersprechen. Nun wird gegen die Kirche der Vorwurf der Pädophilie erhoben. Zuerst gab es den Kampf des Modernismus gegen Pius X., dann die Offensive gegen Pius XII. wegen seines Verhaltens im Zweiten Weltkrieg und schließlich gegen Paul VI. wegen der Enzyklika *Humanae vitae*.«

Bei seinem Besuch in Chile behauptet Kardinalstaatssekretär Bertone wenige Tage später, viele Psychiater und Psychologen hätten nachgewiesen, dass es keinen Zusammenhang zwischen Zölibat und Pädophilie gebe. »Viele andere« hingegen hätten »gezeigt«, und erst kürzlich sei es ihm bestätigt worden, »dass es einen Zusammenhang zwischen Homosexualität und Pädophilie« gebe. Der Kardinal ist kategorisch: »Das ist die Wahrheit, und hier liegt das Problem.«

Innerhalb von zehn Tagen manövriert sich der Heilige Stuhl ins Kreuzfeuer der Kritik, die von innen und von außen kam. Jüdische Organisationen protestierten gegen den Prediger Cantalamessa und seinen ungeschickten Verweis auf den Antisemitismus. Stephan Kramer, Generalsekretär des Zentralrats der Juden in Deutschland, ist empört. Er bezeichnet den Vergleich als eine »Frechheit« und verlangt eine Entschuldigung. Der Vorsitzende der jüdischen Gemeinden in Italien, Renzo Gattegna, prangert die abwegigen, besorgniserregenden historischen Analogien ebenfalls an. Papstsprecher Lombardi muss sich erneut einschalten, um klarzustellen, dass es »nicht der Linie des Heiligen Stuhls« entspreche, »die auf dem Pädophilie-Skandal beruhenden Angriffe auf den Papst mit dem Antisemitismus zu vergleichen«.

Gegen Sodano stellt sich auch der Ehrenvorsitzende der italienischen Rabbinervereinigung, Giuseppe Laras. Er wirft dem Kardinaldekan vor, der Kirche eine »unangebrachte und überzogene Schutzbehauptung« zu liefern, wenn er Benedikt XVI. mit Pius XII. verglich. Einige Wochen später kommt ein noch schärferer Angriff aus Wien. Er ist umso effektvoller, als er von einer hochangesehenen Persönlichkeit der Kirche ausgeht: Es ist Kardinal Schönborn, der Sodanos Wort vom »Geschwätz«, um das man sich nicht kümmern solle, als Beleidigung der Missbrauchsopfer brandmarkt.

Die Schwulenverbände erheben ihre Stimme gegen Bertone. »Die Gleichung Homosexualität-Pädophilie ist falsch, niederträchtig, unwissenschaftlich, unverantwortlich«, kontert Arcigay, der italienische Lesben- und Schwulenverband. Sogar die Vereinigung der katholischen Psychiater Italiens erhebt Protest: »Es gibt keinerlei Zusammenhang zwischen Pädophilie und Homosexualität.« Lombardi sieht sich gezwungen, Bertones Äußerungen zu dementieren. Es falle nicht in den Kompetenzbereich der kirchlichen Behörden, sich auf psychologisches oder medizinisches Terrain zu begeben, das stattdessen den »Studien von Fachleuten« zukommt.[42] Lombardi präzisiert, Bertone habe sich nur auf Missbrauchsfälle bezogen, die sich im kirchlichen Umfeld ereignet hätten.

Das Bild, das der Vatikan vermittelt, ist chaotisch. Anstatt effizient Teamarbeit zu leisten, um den päpstlichen Reformwillen konkret umzusetzten und die Öffentlichkeit zu überzeugen, scheint jeder nach eigenem Gutdünken zu handeln. Während Pressesprecher Lombardi in seinen Äußerungen eine Kirche auf dem Weg der Reinigung beschreibt und betont, Ratzingers Kurs sei von »Transparenz, Entschlossenheit und dem Willen« getragen, »reinen Tisch zu machen«, bringt die päpstliche Entourage Kardinal Sodano dazu, den Papst am Ostersonntag öffentlich zu verteidigen – mit dem Ergebnis, dass eine neue Presseschlacht entfacht wird. Tatsache ist, dass unter Ratzingers Mitarbeitern die Überzeugung herrscht, die Kritik der Medien am Papst sei ein zeitgenössisches Äquivalent zu Goebbels' massiven Verleumdungskampagnen gegen den katholischen Klerus im Dritten Reich.

Niemand koordiniert oder kontrolliert, was der Öffentlichkeit signalisiert wird. Cantalamessas Predigt zu den Angriffen auf den Papst, deren Anstifter er mit eingefleischten Antisemiten verglich, kursiert Stunden im Voraus im Vatikan und unter den Journalisten, doch niemandem im Staatssekretariat fällt der irritierende Vergleich auf. Bertone wiederum scheint sich mit seiner Bemerkung auf die Ergebnisse des *Jay-Berichts* zu beziehen, einer unabhängigen Studie zur Pädophilie innerhalb des Klerus, die der US-amerikanische Episkopat 2002 in Auftrag gegeben hatte und die 2004 erschienen war. Die Studie belegt, dass einige Sexualpraktiken bei Missbrauch durch Priester häufiger bei männlichen als bei weiblichen Minderjährigen vollzogen werden, fällt jedoch kein Urteil über Homosexualität. Auch deshalb, weil die Häufigkeit des Missbrauchs von Personen des gleichen Geschlechts wohl auf die äußeren Umstände zurückzuführen ist: Für männliche Vergewaltiger sei es leichter, Opfer desselben Geschlechts zu finden, ohne Verdacht zu erregen.

Eine im Mai 2011 veröffentlichte Aktualisierung des *Jay-Berichts* verzeichnet dann paradoxerweise einen Anstieg des Missbrauchs von Mädchen genau in dem Moment, als in den USA weibliche Messdiener eingeführt wurden. Die klinischen Daten jedenfalls, so heißt es in dem Bericht, unterstützen nicht die These, dass homosexuelle Priester eher dazu neigen, Minderjährige zu missbrauchen, als heterosexuelle.

Es war und blieb ein Ausrutscher.

Die vielen Fehltritte führen zu einer wachsenden Isolierung des Heiligen Stuhls in der Öffentlichkeit. Vier Fünftel der Amerikaner halten das Vorgehen Roms für falsch, ein Viertel der Deutschen denkt daran, aus der katholischen Kirche auszutreten, während Ratzingers Geburtshaus im bayerischen Marktl am Inn mit brutalen Schmierereien verunstaltet wird, die die wachsende Wut gegen die Institution Kirche widerspiegelten: *Fickt euch selbst.*

Dabei geht es nicht um Kommunikationspannen. Der Kirche fehlt es vielmehr an einer koordinierenden, geschlossen handelnden Führung, die den Pulsschlag der öffentlichen Meinung beständig aufzunehmen versteht, die internationale politische Situation im Blick hat und die Energien des Kurienapparats auf das vorrangige Ziel auszurichten vermag.

Die Tatsache, dass auf der Webseite des Vatikans urplötzlich eine *Verständnishilfe* zur Auslegung der Anti-Missbrauch-Regelungen des Jahres 2001 erscheint, verstärkt den Eindruck, dass hier Entscheidungen in letzter Minute getroffen werden: Redaktionsdatum und Unterschrift fehlen. Man erklärt, dass man in Sachen Gewaltverbrechen an Minderjährigen stets den rechtlichen Bestimmungen des Staates Geltung verschaffen soll. Bischöfe und Ordensobere hätten die Pflicht, Missbrauchsfälle den staatlichen Behörden zu melden, wenn das Gesetz dies vorsieht. Unabhängig von laufenden kirchenrechtlichen Verfahren obliege es dem Ortsbischof, die Minderjährigen umgehend unter seinen Schutz zu stellen. Mit Zustimmung der Kongregation für die Glaubenslehre könne der Bischof darüber hinaus einen beschleunigten Strafprozess einleiten. In schweren Fällen und bei Vorlage erdrückender Beweismittel könne die Glaubenskongregation die Angelegenheit sogar direkt dem Papst unterbreiten, der den Beschuldigten auch ohne Kirchengerichtsprozess in den Laienstand versetzen könne.

Mit der sogenannten *Verständnishilfe* werden die minderjährigen Missbrauchsopfer erstmals in einem rechtswirksamen vatikanischen Dokument erwähnt. Aus Unsichtbaren wurden auf einmal Subjekte. Der Ortsbischof habe die »Vollmacht«, die Kinder zu schützen, indem er in »jeglichem notwendigen Umfang« Maßnahmen ergreife, damit sie »nicht zu Schaden kommen«.[43]

Dem Text haftet jedoch eine gewisse Konsequenzlosigkeit an. So sind die Bischöfe nicht verpflichtet, ein Verbrechen automatisch der Polizei und der Staatsanwaltschaft anzuzeigen, sondern nur dann, wenn die Gesetze des jeweiligen Landes dies vorschreiben. Welche Weisungen aber gibt der Heilige Stuhl in anderen Fällen?

Der anspielungsreiche Titel *Verständnishilfe für die grundlegende Vorgangsweise der Kongregation für die Glaubenslehre bei Vorwürfen sexuellen Missbrauchs* scheint den Eindruck erwecken zu wollen, dass sich die Normen aus dem Jahr 2001, die aufgrund des Vorbehalts der »päpstlichen Geheimhaltung« vielfach kritisiert worden waren, von Anfang an durch jene Strenge auszeichnen, die schließlich 2010 verkündet wird. Dabei wurde die *Verständnishilfe* – anders als von Johannes Paul II. in seinem Motu Proprio *Sacramentorum sanctitatis tutela* angekündigt – im Jahr 2001 weder in einer Pressekonferenz an Journalisten weitergegeben noch vom *Osservatore Romano* veröffentlicht.

Daher ist die *Verständnishilfe* weniger ein Signal für Transparenz als vielmehr ein Versuch der Rückdatierung.

Obwohl Vatikansprecher Lombardi immer wieder betont, Benedikt XVI. sei im Begriff, »alles in seiner Macht Stehende« zu tun, um »den Anzeigen nachzugehen, die für den

Missbrauch Verantwortlichen der Justiz zu überstellen und wirksame Maßnahmen einzuleiten, um die jungen Menschen zu schützen«, erhebt die amerikanische Opfervereinigung SNAP eine Grundsatzforderung. Allein der Heilige Stuhl sei in der Lage gewesen, die pädophilen Priester in den Laienstand zu versetzen. Viele von ihnen hätten Kinder belästigt, nur wenige seien exkommuniziert worden: »Wir fordern den Papst auf, die Hunderte oder Tausende von Dokumenten in den vatikanischen Geheimarchiven zugänglich zu machen, die er persönlich in Rom bearbeitet hat.«[44]

KAPITEL XII

Die Mauer des Schweigens

Für Ratzingers Pontifikat wird das Jahr 2010 als »annus horribilis« in die Geschichte eingehen. Die Häufung von Bischofsrücktritten macht deutlich, dass die Amtskirche immer stärker unter Druck gerät, und wirft zugleich ein Licht auf die gängige Praxis der Vertuschung. Am 24. März sieht sich Bischof John Magee, früher Sekretär von Paul VI., Johannes Paul I., Johannes Paul II. und inzwischen Bischof von Cloyne, zum Rücktritt gezwungen. Am 7. April wird bekannt, dass der im Juni 2009 überraschend zurückgetretene Bischof von Trondheim sein Amt in Wahrheit aufgeben musste, weil er persönlich in einen Fall von Pädophilie verwickelt war. Ferner kommt heraus, dass sich Bischof Georg Müller in seiner Zeit als Priester an einem Chorknaben vergangen hatte. Am 22. April wird das Rücktrittsgesuch des Bischofs von Kildare, James Moriarty, offiziell angenommen. Am 23. April folgt die Ankündigung, dass Roger Vangheluwe, Bischof von Brügge in Belgien, sein Amt vorzeitig aufgeben wird, weil er sowohl vor wie nach seiner Ernennung zum Bischof unerlaubte Beziehungen zu einem Minderjährigen unterhalten hatte. Es war sein Neffe, wie sich später herausstellt.

Es sind hundert Tage, zwischen Februar und Mai, in denen die Weltkirche im Kreuzfeuer einer beispiellosen Kritik steht. Das Verhältnis des Heiligen Stuhls zu den Massenmedien nimmt eine neue Wende. Noch stärker als in den vergangenen Jahren drängt sich der Öffentlichkeit die Frage auf, wie es um das Durchsetzungsvermögen des Kirchenoberhauptes steht und ob sich das Vorgehen der Kirchenbürokratie einerseits, die Normen des Kirchenrechts und die prinzipiellen Aussagen des Papstes andererseits überhaupt unter einen Hut bringen lassen. Die souveräne Beherrschung der Medien – ein Kennzeichen der Ära Wojtyła – scheint unter Benedikt, unabhängig von seinen Absichten und Zielen, in ihr Gegenteil umzuschlagen. Jetzt ist es nicht mehr der Papst, der die öffentliche Diskussion bestimmt und den Medien die Tagesordnung vorgibt, sondern es sind die Massenmedien und die öffentliche Meinung, die die Kirchenführung einer kritischen Prüfung unterziehen. Die *New York Times* geht sogar so weit, einen Personalwechsel auf dem Stuhl Petri ins Gespräch zu bringen. In einem Leitartikel spricht sich Maureen Dowd sogar für eine Nonne als Papst, für eine Päpstin, aus. Denn die katholische Kirche könne sich nicht erholen, solange »der Heilige Hirte als schwarzes Schaf gilt«[1]. Der *Spiegel* wird noch deutlicher und spielt mit dem Titel »Der (Un)fehlbare« auf einen Rücktritt Ratzingers an. Nach fünf Jahren im Amt, schreibt das Magazin, sei »sein Projekt gescheitert«, Benedikt habe es sich mit Juden und Muslimen, mit vielen Katholiken und sogar mit den Deutschen verdorben, die bei seiner Wahl doch so stolz auf ihn gewesen seien.

Da ist es unerheblich, dass der geforderte Rücktritt wenig realistisch ist, denn das eigentlich Neue besteht in der veränderten Grundeinstellung der Gesellschaft zur Kirche. Der Wind hat sich gedreht. So sieht der amerikanische Kirchenhistoriker Gerald Fogarty in der Berichterstattung der *New York Times* über den Fall Murphy einen Beleg dafür, dass »in Amerika keine Führungskraft aus Politik oder Kirche glauben kann, sie stehe über dem Recht der Öffentlichkeit auf Information, nicht einmal der Papst«.[2]

Benedikt XVI. steht am Scheideweg. Eigentlich hatte er in seinem *Hirtenbrief an die Katholiken Irlands* ein hartes Vorgehen angekündigt: umfassende Aufklärung aller Missbrauchsfälle, volle Transparenz, Anhörung und Entschädigung der Opfer, Bestrafung der Schuldigen und deren Überstellung an staatliche Gerichte. Außerdem hatte er beklagt, dass die im Kirchenrecht vorgesehenen Strafen nicht verhängt wurden. Das Schweigen hatte er als eine »unangebrachte Sorge um den Ruf der Kirche« bezeichnet. Indem er von »Scham und Reue« sprach, hatte er sich zur Verantwortung der Kirchenhierarchie bekannt.

Jetzt steht er vor einer noch größeren Herausforderung. Für eine saubere, transparente Zukunft kann man nicht umhin, mit der Vergangenheit reinen Tisch zu machen. Das heißt, man muss das Räderwerk der Macht durchleuchten. Die Archive öffnen.

Die Ergebnisse der Untersuchung, die der Papst anordnet, um Licht in den Lebenswandel von Marcial Maciel Degollado, Gründer der Legionäre Christi, zu bringen, sind verheerend. Maciel führte ein Doppelleben, ja ein Dreifachleben. Jahrelang missbrauchte er mindestens 30 Knabenseminaristen, er konsumierte Drogen, unterhielt Beziehungen zu mehreren Frauen, von denen er auch Kinder hatte. Eines von ihnen soll ebenfalls von ihm missbraucht worden sein.

Am 25. März 2010 sieht sich das Generalat der Legionäre Christi auf päpstliche Anordnung gezwungen, sich in einer Presseerklärung »von den verwerflichen Taten unseres Gründers« zu distanzieren. Die Kongregation muss öffentlich eingestehen, dass Maciel verantwortlich ist für »Handlungen sexuellen Missbrauchs an Knabenseminaristen«, dass er »eine Tochter aus einer längeren und festen Beziehung zu einer

Frau hat« und sich »weiterer schwerwiegender Verfehlungen« schuldig gemacht hat. »Später«, so heißt es in der Stellungnahme weiter, »meldeten sich zwei weitere Personen, die behaupten, seine Kinder zu sein, zwei Brüder aus einer Beziehung zu einer anderen Frau.«

Am 1. Mai 2010 ergeht Ratzingers Urteil in Form einer offiziellen Erklärung des Heiligen Stuhls. Darin heißt es: »Das sehr schwerwiegende und objektiv unmoralische Verhalten von Pater Maciel, das durch unbestreitbare Zeugenaussagen belegt ist, äußert sich bisweilen in Gestalt von wirklichen Straftaten und offenbart ein gewissenloses Leben ohne echte religiöse Gesinnung.« Später fällt Benedikt XVI. ein noch härteres Urteil und spricht von einem »Leben, das … jenseits des Moralischen liegt, ein abenteuerliches, vertanes, verdrehtes Leben«.[3] Die Kongregation der Legionäre Christi wird unter kommissarische Verwaltung gestellt.

Doch die Affäre endet keineswegs mit einem Happy End im Namen der Gerechtigkeit. Im Gegenteil, die späte Verurteilung bringt eine jahrzehntelang systematisch betriebene Vertuschungspraxis ans Licht, und man fragt sich, welche Rolle Ratzinger in seiner 20-jährigen Tätigkeit als Präfekt der Glaubenskongregation dabei gespielt hat. In der Erklärung des Heiligen Stuhls findet sich dazu ein bemerkenswerter Satz: »Nicht selten hatten ein beklagenswertes Diskreditieren und Entfernen derer, die an seinem korrekten Lebenswandel zweifelten, und auch die irrige Auffassung, dem Guten nicht schaden zu wollen, das die Legionäre vollbrachten, um ihn herum einen Verteidigungsmechanismus geschaffen, der ihn über lange Zeit unangreifbar machte und folglich das Wissen um sein wahres Leben äußerst erschwerte.«[4] Eine derartige Schlussfolgerung erregt Empörung. War es tatsächlich unmöglich, die Wahrheit früher herauszufinden?

Die Affäre um Marcial Maciel Degollado hat exemplarischen Charakter. Der Mexikaner, Jahrgang 1920 wie Karol Wojtyła, wird nach zweimaligem Ausschluss aus einem Priesterseminar 1944 zum Priester geweiht. Schon 1941 gründet er einen Missionsorden, aus dem später die Legionäre Christi hervorgehen. Erste Anschuldigungen gegen ihn kursieren bereits Anfang der vierziger Jahre. 1945 wird er vom Vater eines Seminaristen angezeigt. 1948 erhält sein Orden die Anerkennung der Diözese. Ab 1950 gründet er ein großes Seminar in Rom, ein Noviziat in Salamanca und die Universität Anahuac in Mexiko City. Ebenfalls in Rom lässt er die Basilika Nostra Signora di Guadalupe bauen und gründet 1993 die Universität Regina Apostolorum. Langsam entwickeln sich die Legionäre Christi und die dazugehörige Laienbewegung Regnum Christi zu einem Machtfaktor in der nachkonziliaren Kirche. Da Maciel in Rom viele kirchliche Projekte finanziert, so berichten Jason Berry und Gerald Renner vom *National Catholic Reporter*, ist er bei den Vertretern der Hierarchie sehr beliebt. Zu seinem Imperium gehören 657 Priester, 2 500 Seminaristen, 50 000 Laienmitglieder in aller Welt, über 5 000 Gemeinschaften, 20 Seminare, neun Universitäten sowie mehr als 160 Bildungseinrichtungen in verschiedenen Ländern.

1954 schreibt der ehemalige Seminarist Federico Domínguez an die Diözese in Mexiko-Stadt und zeigt Maciel wegen Drogenkonsums, Missachtung der Gelübde und psychischer Manipulation von Seminaristen an. Die Antiviren des Heiligen Stuhls scheinen zu funktionieren. 1956 wird Maciel diskret aus der Leitung der Bewegung entfernt. Doch nach dem Tod Pius' XII. 1958 übernimmt er erneut das Kommando.

Ab den siebziger Jahren werden die Beschuldigungen immer eindringlicher. 1976 schreibt der ehemalige Präsident der Legionäre Christi in den USA, der Priester Juan Vaca, an

Maciel und wirft ihm vor, ihn 13 Jahre lang sexuell missbraucht zu haben. Zwei Jahre später wird dieser Brief von John McGann, dem Bischof von Rockville, zu dessen Diözese Vaca nun gehört, an den Vatikan weitergeleitet. 1989 schickt Vaca über die Nuntiatur in Washington einen Brief direkt an Johannes Paul II., in dem er Maciel beschuldigt, ihn »sexuell und psychisch missbraucht zu haben«. Die zuständigen Behörden im Vatikan entbinden daraufhin Vaca auf seinen Wunsch hin vom Priestergelübde. 1995 diktiert der Legionär Manuel Fernández, früher Rektor der Universität Anahuac, auf dem Sterbebett einen Bericht, der die Vorwürfe bestätigt, und bittet um Weiterleitung an den damaligen Präfekten der Glaubenskongregation, Kardinal Ratzinger.

1997 erhält das Heilige Offizium offiziell eine »notitia criminis«, die Kunde einer Straftat. Am 23. Februar, einem Sonntag, erscheint im *Hartford Courant* in Connecticut eine von acht namhaften ehemaligen Legionären unterzeichnete Anklage gegen Maciel. Einer von ihnen zieht seine Unterschrift später zurück. Zum ersten und einzigen Mal äußert sich Maciel öffentlich zu den Vorwürfen. Die Anschuldigungen »gegen mich«, schreibt er an den Chefredakteur Cliff Teutsch, »sind verleumderisch und falsch, sie entbehren jeder Grundlage«. Nichts dergleichen habe er je getan, insistiert Maciel in seiner schriftlichen Stellungnahme vom 28. Februar 1997, »nie habe ich mit ihnen derartige Handlungen vollzogen, nie habe ich mich ihnen auf diese Art genähert oder Anspielungen auf derartige Handlungen gemacht«. Der Fall geht durch die internationale Presse.

Am 17. Oktober 1998 fahren zwei der Ankläger, Arturo Jurado Guzmán und José Barba Martín, nach Rom. Sie treffen sich mit dem Untersekretär der Glaubenskongregation Gianfranco Girotti und beantragen formell die Eröffnung eines kirchenrechtlichen Verfahrens gegen Maciel. Begleitet werden sie von der auf Kirchenrecht spezialisierten Rechtsanwältin Martha Wegan, einer sehr seriösen Juristin, die dem Vatikan und Ratzinger gut bekannt ist. Dass sie empfangen wurden und ihre Anklage vortragen durften, erscheint den Missbrauchsopfern als gutes Zeichen. Doch am 24. Dezember 1999 schreibt Rechtsanwältin Wegan an ihre Mandanten: »Inzwischen sind 17 Monate vergangen, und alles, was mir als Ihrer Rechtsvertreterin dazu mitgeteilt wurde, ist, dass die Sache extrem heikel sei und dass es weitere ähnliche Strafanzeigen gibt.« Am 31. Juli 2000 trifft sich Barba Martín erneut mit Girotti im Vatikan. Es wird kein Verfahren eröffnet. Wegan teilt ihren Mandanten schriftlich mit, dass »die Sache im Augenblick ruht«.

In einem Kommentar zu dem Dokument *De delictis gravioribus* – das die Glaubenskongregation unter ihrem Präfekten Ratzinger 2001 herausgab, um alle anhängigen Missbrauchsverfahren an sich zu ziehen, vor allem die Straftaten, die während der Beichte mit anschließender Absolution begangen wurden – schreibt der langjährige Vatikankenner Sandro Magister im Jahr 2002: »Unterdessen blockiert der Vatikan seit zwei Jahren ein kirchenrechtliches Verfahren gegen einen sehr bekannten, einflussreichen Priester, der wegen besagter Vergehen mehrfach angezeigt wurde.«

In der Zwischenzeit wird Marcial Maciel, den Johannes Paul II. 1994 als »tüchtigen Führer der Jugend« bezeichnet hatte, im Vatikan mit Ehrenbezeigungen überhäuft. So verfasst der ehemalige Sekretär der Glaubenskongregation und nunmehrige Bischof von Genua und Kardinal, Bertone, ein Vorwort zur italienischen Ausgabe von Maciels Buch *Christus ist mein Leben*, in dem dieser sich im Gespräch mit Jesus Colina selbstbeweihräuchert. Maciels Äußerungen, so Bertone, »bezeugen die Offenheit eines Menschen, dessen Augen und Herz fest auf Jesus Christus gerichtet sind«. 2004 genehmigt Johannes Paul II. die Statuten der Legionäre Christi und überträgt ihnen das Zentrum Notre Dame in Jerusalem. Im November feiert Maciel mit allem Pomp und in Anwesenheit von Prälaten und Kardinälen in Rom sein 60-jähriges Priesterjubiläum. Die Feierlichkeiten in der Basilika Santa Maria Maggiore werden von dem amerikanischen Kardinal Bernard Law geleitet, der 2002 sein Bischofsamt in Boston aufgeben und die Vereinigten Staaten verlassen musste, weil er jahrelang die Täter gedeckt und von einer Gemeinde in die nächste versetzt hatte. Am eklatantesten war der Fall des Pfarrers John Geoghan, der von Law gedeckt wurde, obwohl ihm 130 Missbrauchsfälle in 30 Jahren zur Last gelegt wurden. (Am Ende wurde Geoghan zu einer Freiheitsstrafe verurteilt und 2003 in einem Gefängnis in Massachusetts von einem Mithäftling erwürgt.)

Am 30. November 2004 wird Maciel von Johannes Paul II. empfangen, der, da er selbst nicht sprechen kann, eine Rede mit den »besten Wünschen für ein Priesteramt voll der Gaben des Heiligen Geistes« verlesen lässt. Keine 48 Stunden später leitet der Präfekt der Glaubenskongregation ein kirchenrechtliches Verfahren gegen Maciel ein.

Die Tatsache, dass man im Vatikan 1998 in der Sache nichts unternahm und erst im Dezember 2004 entsprechende Ermittlungen einleitete, macht den eklatanten Fall von Vertuschung deutlich. Die Abrechnung erfolgt, als Ratzinger im schicksalsträchtigen Jahr 2010 ins Fadenkreuz der Medien gerät. Um die Belagerung zu durchbrechen, ergreift sein Freund und Schüler Kardinal Schönborn in Wien die Initiative. Bei einem »informellen Treffen« mit österreichischen Medienvertretern und in einem Interview mit dem ORF bezichtigt er den ehemaligen Staatsekretär Sodano nicht nur die Missbrauchsopfer in seiner Osterrede in Rom beleidigt zu haben, sondern wirft ihm außerdem vor, er habe vor 15

Jahren die Bildung einer Untersuchungskommission zu Pädophilievorwürfen gegen den ehemaligen Erzbischof von Wien, Kardinal Groër – der 1995 zurücktreten musste – verhindert und ihn durch sein Schweigen gedeckt.

Ratzinger, so Schönborn, habe sich 1995 dafür eingesetzt, im Fall Groër Ermittlungen aufzunehmen, doch er wurde von der »anderen Seite« gestoppt. Eine schwere Attacke eines Purpurträgers gegen den Dekan des Kardinalkollegiums, dazu noch in aller Öffentlichkeit, so etwas hatte man in Rom noch nie erlebt.

Sodano schweigt. Daraufhin kommt ein altes Interview von 2009 mit dem Pressesprecher des Wiener Erzbischofs Erich Leitenberger (damals Direktor der Agentur Kathpress) in Umlauf, in dem noch einmal nachgelegt wird. Es enthält Einzelheiten einer Mission von Schönborn und zwei weiteren österreichischen Bischöfen, die nach Rom gereist waren, um den Heiligen Stuhl über die Anschuldigungen gegen Groër zu unterrichten. »Im Vatikan erstatteten sie Kardinalstaatssekretär Sodano über die Sache Bericht. Als sie fertig waren, ... war Sodano stumm und weiß wie die Wand.«[5]

Bekanntermaßen wollte Schönborn den Fall Groër restlos aufklären, aber der Heilige Stuhl weigerte sich, einen kirchenrechtlichen Prozess gegen ihn anzustrengen.

Die Anspielung ist klar. So wie der Vatikan eine Untersuchung im Fall Groër verhindert hatte, so wurde Ratzinger daran gehindert, gegen Maciel vorzugehen. Zu diesem Zeitpunkt war Johannes Paul II. schon betagt und krank, er konzentrierte sich auf seine geopolitischen Projekte und war, was die alltägliche Regierungsarbeit angeht, auf Informationen angewiesen, die ihm seine Umgebung zutrug. Die internationalen Medien zeigen mit dem Finger auf seinen engsten Mitarbeiterstab: Staatssekretär Sodano, den Substituten Martínez Somalo und den päpstlichen Privatsekretär, Stanisław

Dziwisz. Von ihnen hängt es ab, Alarm zu schlagen oder das Problem herunterzuspielen.

Zu diesem Thema existiert eine unwiderlegbare Quelle. 2003 unternahm Maciels Privatsekretär, der Priester Rafael Moreno, einen Versuch, Johannes Paul II. und Kardinalstaatssekretär Sodano persönlich zu informieren. Er wurde jedoch nicht empfangen. Der Beweis dafür findet sich in den Papieren von Benedikts Sekretär Georg Gänswein, der Moreno am 19. Oktober 2011 im Vatikan empfing, von 9 bis 9.30 Uhr mit ihm sprach und (auf Deutsch) eine Notiz über die erhaltenen Informationen anfertigte.

Nur wenige Zeilen, aber sie sind höchst aufschlussreich. »Unterredung mit D. Rafael Moreno, Privatsekretär von M. M.« Gänswein gibt auch den Ort der Unterredung an: »bei mir«. Dann folgt eine Liste der behandelten Themen:

- war 18 Jahre lang Privatsekretär von M. M.; von diesem mißbraucht worden;
- hat belastendes Material vernichtet;
- hat JPII schon 2003 benachrichtigen wollen, dieser hat nicht zugehört; nicht geglaubt;
- wollte Card. Sodano informieren, dieser hat keine Audienz gewährt.[6]

Das schnell hingekritzelte JPII steht offensichtlich für Johannes Paul II. Folglich hat Wojtyła dem Priester Moreno kein Gehör geschenkt und ihm nicht glauben wollen, während Kardinal Sodano ihm einen Termin verweigert hat. Sicherlich hat Gänswein Benedikt XVI. noch andere Fakten übermittelt. Aber das Datum von Morenos gescheiterter Mission – 2003 – ist ein weiterer Beleg für die wiederholten Versuche, den Vatikan dazu zu bewegen, gegen die Straftaten Marcial Maciels einzuschreiten.

Ratzinger hatte, als er noch Kardinal war, eine besondere Beziehung zu Wojtyła und traf sich in seiner Eigenschaft als

Präfekt der Glaubenskongregation regelmäßig einmal wöchentlich mit ihm. Traute er sich nicht oder hielt er es für unmöglich, sich gegen Personen zu stellen, die es aus Gründen der »Kirchenräson« für notwendig hielten, über Maciel Stillschweigen zu bewahren? Die Frage ist bis heute ungeklärt.

Der Unterschied zwischen Vertuschen und aktiver Verfolgung von Straftaten wird in dem Augenblick deutlich, in dem der Präfekt der Glaubenskongregation beschließt, etwas zu unternehmen. Als sich der Gesundheitszustand Johannes Pauls II. plötzlich sehr verschlechtert, gibt Ratzinger – fast als fürchtete er, ein neuer Papst könnte erneut alles blockieren – den Befehl zu einer fast militärisch anmutenden Blitzaktion. Am 2. Dezember 2004 fordert die Kirchenrechtsspezialistin Martha Wegan ihre beiden Mandanten, die Ex-Legionäre Arturo Jurado Guzmán und José Barba Martín auf, ihren Antrag auf Eröffnung eines kanonischen Verfahrens gegen Maciel schriftlich zu bestätigen. Während Johannes Paul II. im Sterben liegt, fliegt der Chefankläger der Glaubenskongregation, Charles Scicluna, nach New York. Am 2. April, dem Todestag von Johannes Paul II., beginnt er mit den Verhören und befragt zunächst Juan Vaca, der schon 1978 einen Anklagebrief an den Vatikan geschickt hatte. Vom 4. bis 10. April führt Scicluna in Mexiko-Stadt zahlreiche Befragungen durch.[7] Noch bevor das Konklave beginnt, ist Scicluna wieder im Vatikan. Nicht einmal drei Wochen haben ihm gereicht, um stichhaltige Beweise in einem Verfahren zu sammeln, von dem es zuvor jahrelang geheißen hatte, es sei zu heikel.

Im Gespräch mit seinem Biographen behauptet Benedikt XVI., konkrete Anhaltspunkte hätten dem Heiligen Offizium erst ab dem Jahr 2000 vorgelegen.[8] Die Schnelligkeit, mit der Scicluna in wenigen Wochen eine reiche Ernte an Ermittlungsergebnissen einfährt, lässt darauf schließen, dass man spätestens 1998 zu ähnlichen Ergebnissen hätte kommen können.

Mexiko, wo sich Benedikt XVI. vom 23. bis 26. März 2012 aufhielt, war das einzige Land, wo sich der Papst nicht mit den Missbrauchsopfern von Marcial Maciel traf. Anders als in anderen Ländern war hier im Programm keine Begegnung mit Opfern vorgesehen, es wurde sogar explizit verneint. Daraufhin wandte sich Juan José Barba, der in den neunziger Jahren im Vatikan vergeblich Gerechtigkeit gefordert hatte, in der Presse mit einem offenem Brief an Ratzinger, um daran zu erinnern: »Am 17. Oktober des Jahres 1998 wurde bei Ihnen selbst, dem damaligen Präfekten der Glaubenskongregation« ein Antrag auf Eröffnung eines Ermittlungsverfahrens gestellt. »Nie haben wir eine Antwort bekommen auf unsere berechtigten Beschwerden, die wir nach kanonischem Recht formuliert hatten«[9], fügte Barba bitter hinzu. Laut Pressesprecher Lombardi waren es die mexikanischen Bischöfe, die kein Treffen mit Missbrauchsopfern vorgeschlagen hatten. Außerdem wurde die Anfrage der Opfer Marcial Maciels von Lombardi als aggressiv und wenig glaubwürdig hingestellt: »Es hieß, man wolle den Papst treffen, aber eigentlich wollte man ihm gar nicht richtig zuhören.«[10]

Die neuentfachte Diskussion über die Causa Maciel macht deutlich, dass Benedikt XVI. mit seinen Reformbestrebungen noch heute an eine Mauer stößt. Es stimmt nicht, dass ein Papst alles tun kann, was er will, weil er über absolute Macht verfügt. Zumindest ist es nicht so einfach. Als schwere Hypothek erweisen sich die jahrhundertealten, verkrusteten Kirchenstrukturen, die Macht der Tradition in der Regierungspraxis, die auf Rechtfertigung und Bewahrung gerichteten Denkmuster. Auch Johannes Paul II. hatte schwer zu kämpfen, um im Heiligen Jahr 2000 sein Mea culpa durchzusetzen. Dazu musste er erst weitverzweigte Widerstände überwinden, unter anderem die des Kardinals Ratzinger und anderer einflussreicher Mitglieder des Kardinalskollegiums. Mitunter musste Johannes Paul II., so der Historiker Andrea Riccardi, im wahrsten Sinn des Wortes mit der Faust auf den Tisch hauen.

Verantwortlich für diese Mauer, auf die Benedikt XVI. stößt, ist nicht allein die Beharrungskraft des Systems, sondern auch einflussreiche Persönlichkeiten, die in der Machthierarchie hohe Ämter bekleiden oder bekleidet haben und als sichtbare Vertreter der Autorität im Namen der Kirche handelten. Hinzu kommt das apologetische Verhältnis zur Vergangenheit, weshalb man seinen Vorgängern nicht ungestraft den Prozess machen kann.

In der heißen Phase des Jahres 2010 publiziert die französische Webseite *Golias*, bekannt für ihre ausgezeichneten Kontakte zu kirchlichen Insiderkreisen, einen Brief, den Kardinal Castrillón Hoyos am 8. September 2001 an den Bischof von Bayeux, Pierre Pican, geschrieben hatte. Das Datum ist wichtig, denn damals war Kardinal Castrillón Hoyos als Präfekt der Kleruskongregation für die Aufsicht über die Priester in der ganzen Welt zuständig. Noch wichtiger aber ist, dass im Mai 2001 gerade die von Ratzinger verfassten Leitlinien *De delictis gravioribus* herausgekommen sind, mit dem erklärten Ziel, dem sexuellen Missbrauch in der Kirche Einhalt zu gebieten. Castrillón Hoyos' Brief wurde im Nachhinein geschrieben.

In Frankreich hatte der Fall Pican großes Aufsehen erregt, weil sich der Bischof von Bayeux geweigert hatte, einen seiner Priester, René Bissey, der sich wiederholt an Kindern vergangen hatte, bei den staatlichen Behörden anzuzeigen, und dafür zu drei Monaten Gefängnis auf Bewährung verurteilt wurde. Castrillón Hoyos feierte den widerspenstigen

Bischof als wahren Märtyrer: »Er hat das Richtige getan. Ich freue mich, unter den Bischöfen einen Mitbruder zu haben, der vor den Augen der Geschichte und aller anderen Bischöfe lieber eine Gefängnisstrafe in Kauf nimmt als einen Priesterbruder zu verraten. Um alle Brüder im Bischofsamt in dieser heiklen Angelegenheit zu unterstützen, wird die Kongregation eine Kopie dieses Schreiben an alle Bischöfe in der Welt verschicken.«

Nur wenige Stunden nachdem die Episode in den internationalen Medien die Runde gemacht hat, beeilt sich der Pressesprecher des Vatikans Lombardi, sich im Namen von Ratzingers neuem Kurs davon zu distanzieren. »Dieser Brief ist ein Beweis dafür, wie richtig es war, sämtliche Missbrauchsfälle innerhalb des Klerus an die Glaubenskongregation zu übertragen, denn nur so ist eine rigorose und kohärente Überwachung der Fälle zu gewährleisten, wie es die vom Papst im Jahr 2001 approbierten Dokumente verlangen.« Trotz des zurückhaltenden Tons gilt Lombardis Stellungnahme als klare Absage an die vor und während der Amtszeit Johannes Pauls II. gängige Praxis.

Aber Castrillón Hoyos ist ein harter Knochen. In aller Gemütsruhe erklärt er zur selben Zeit gegenüber CNN, Pädophilie als Krankheit existiere nicht. »Wenn jemand einen Fehler macht – und oft war es nur ein minimaler Fehler –, und diese Person wird angezeigt und gesteht ihr Vergehen, dann verhängt der Bischof eine Strafe nach seinen rechtlichen Möglichkeiten. Entweder suspendiert er den Mann, oder er versetzt ihn in eine andere Gemeinde. Das ist eine Strafe, es ist nicht so, dass er ungeschoren davonkommt, das kann man doch nicht als Deckung bezeichnen!«

Die direkte Antwort auf Lombardi erfolgt nur wenige Tage später. Auf einer Konferenz im spanischen Murcia greift Castrillón Hoyos das Thema erneut auf und verkündet, er sei von Johannes Paul II. persönlich autorisiert worden, besagten Brief an den gesamten Weltepiskopat zu verschicken. Im Publikum, das begeistert applaudiert, sitzt auch der frühere Primas von Spanien, Kardinal Antonio Cañizares, ein großer Anhänger der Anti-Zapatero-Kundgebungen gegen die Legalisierung der gleichgeschlechtlichen Ehe und ein Jahr zuvor von Benedikt XVI. zum Präfekten der Kongregation für Gottesdienst und Sakramentenordnung berufen.[11]

Es ist eine Warnung, vor allem an die Adresse Benedikts. Die Vergangenheit ist tabu, und frühere Amtsträger der Kurie sind es erst recht, allein schon deshalb, weil das gesamte Umfeld von Johannes Paul II. sowie er selbst auf dieser Linie lagen. Wie sich später herausstellte, hatte Kardinal Sodano Castrillón Hoyos wissen lassen, dass er dessen Initiative unterstütze.[12]

Im Juni erhält auch der Wiener Kardinal Schönborn seine Lektion, weil er es gewagt hatte, die Rolle des damaligen Staatsekretärs Sodano in Frage zu stellen. Erteilt wird sie ihm vom Papst höchstpersönlich. Anlässlich einer Privataudienz im Vatikan wird Schönborn genötigt, öffentlich Selbstkritik zu üben. Er muss erklären, Sodanos Worte falsch verstanden zu haben, er muss sich entschuldigen und Benedikts Ermahnung akzeptieren, wonach allein dem Papst das Recht zusteht, das Wirken hoher kirchlicher Würdenträger zu kritisieren.

Nur wer sich mit den Ritualen und der formelhaften Sprache der Sowjetunion auskennt, kann sich alle Nuancen dieses Autodafés auf der Zunge zergehen lassen, das von der Pressestelle des Vatikans veröffentlicht wurde. Damit auch jeder versteht, druckt es der *Osservatore Romano* noch am selben Tag auf der ersten Seite ab. »Der Heilige Vater hat am heutigen Montag, dem 28. Juni, Kardinal Christoph Schönborn, Erzbischof von Wien und Vorsitzender der Österreichischen Bischofskonferenz, in Audienz empfangen. Dieser hatte darum gebeten, dem Heiligen Vater persönlich über die gegenwärtige Lage der Kirche in Österreich berichten zu dürfen. Insbesondere wollte Kardinal Christoph Schönborn den genauen Sinn seiner jüngsten Erklärungen zu einigen Aspekten der aktuellen kirchlichen Disziplin (das heißt Rechtsvorschrift) erläutern wie auch einige Beurteilungen zur Haltung des Staatssekretariats und insbesondere des damaligen Staatssekretärs von Papst Johannes Paul II. seligen Angedenkens in Bezug auf den verstorbenen Kardinal Hans Hermann Groër, 1986–1995 Erzbischof von Wien. Im Anschluss wurden die Kardinäle Angelo Sodano, Dekan des Kardinalskollegiums, und Tarcisio Bertone, Staatssekretär, zur Begegnung hinzugeladen. Im zweiten Teil der Audienz wurden einige weitverbreitete Missverständnisse geklärt und ausgeräumt, die zum Teil aus Aussagen von Kardinal Christoph Schönborn herrührten, welcher sein Bedauern darüber ausdrückt, wie diese interpretiert wurden. Im Besonderen wird daran erinnert, dass in der Kirche das Recht, Anschuldigungen gegenüber einem Kardinal zu erheben, allein dem Papst zusteht; andere Instanzen können nur eine beratende Funktion haben, dies immer mit dem nötigen Respekt gegenüber den Personen. Die Verwendung des Wortes ›Geschwätz‹ durch Kardinal Angelo Sodano wurde irrtümlich als Mangel an Respekt für die Opfer sexuellen Missbrauchs interpretiert, obwohl der Kardinal für sie doch dieselben Empfindungen des Mitgefühls und der Verurteilung des Bösen hegt, wie sie der Heilige Vater in diversen Stellungnahmen zum Ausdruck gebracht hat. In seinem persönlichen Grußwort an Papst Benedikt XVI. zu Beginn der Ostermesse hatte Kardinal Sodano dieses Wort verwendet, das wortwörtlich aus der Ansprache des Papstes vom Palmsonntag entnommen war und dort Bezug nahm auf den ›Mut sich nicht vom Geschwätz der vorherrschenden Meinungen einschüchtern zu lassen‹.«

Im Apostolischen Palast ist die Aufarbeitung der Vergangenheit damit beendet. Für eine Überprüfung der Vorgehensweise hoher kirchlicher Würdenträger in den Jahrzehnten, in denen es zu Missbräuchen kam, ist kein Platz. Die Zurechtweisung Schönborns wurde bewusst eingesetzt, um seine Enthüllung – nämlich dass »Johannes Paul II. durch Vertreter der Kurie davon überzeugt wurde, die Sache sei von den Medien aufgebauscht und eine Untersuchung werfe nur ein schlechtes Licht auf die Kirche« – zu unterdrücken. Die Parallelen zwischen dem Fall Groër und dem Fall Maciel sind beeindruckend.

Angesichts einer nicht abreißenden, eher noch anwachsenden Flut von Fragen über das tatsächliche Vorgehen der vatikanischen Instanzen und der Glaubenskongregation in den achtziger und neunziger Jahren verschieben sich ab April 2010 die Akzente. Ging es in der ersten Phase vornehmlich um eine Verurteilung der Missbräuche und den Schutz der Opfer, schiebt sich jetzt das Bild eines Papstes »unter Beschuss« in den Vordergrund.

Kardinal Antonio Rouco Varela, Vorsitzender der Spanischen Bischofskonferenz, spricht von einem »schwer beleidigten und angegriffenen« Papst. Der mexikanische Kardinal Norberto Rivera Carrera beklagt, der Papst sei das Ziel von »Diffamierungen und Lügenattacken«. Der peruanische Kardinal Juan Luis Cipriani zeichnet das Bild eines »von den Feinden der Kirche sichtlich malträtierten Kirchenoberhaupts«. In Santiago de Chile bezichtigt Kardinal Francisco Javier Errázuriz die Massenmedien, »den guten Namen des Papstes zu ruinieren«. Im *Avvenire*, der Zeitung des italienischen Episkopats, beklagen empörte Leser »die Absicht, die letzte Stimme der Moral zu eliminieren ... eine Pressekampagne voller Verachtung ... eine Scheinheiligkeit der Laizisten«. Der *Osservatore Romano* hat schon die Parole ausgegeben, gegen den Papst sei eine »unwürdige Diffamierung« im Gang. Kardinal Bertone betont, Benedikt XVI. sei »ein starker Papst, ein Papst des dritten Jahrtausends, hinter ihm steht die gesamte Kirche«. Der Bischof von Genua und Vorsitzende der Italienischen Bischofskonferenz, Kardinal Angelo Bagnasco, organisiert ein Solidaritätsgebet für Benedikt XVI. Anlässlich des fünften Jahrestages von Benedikts Wahl, ruft die Italienische Bischofskonferenz (CEI) dazu auf, sich hinter den Papst zu stellen, denn er sei das Symbol für die Einheit der Kirche. Mitte April ruft der Dachverband der 67 katholischen Organisationen Italiens zu einem Papsttag auf: Am Sonntag, dem 16. Mai, will man sich auf dem Petersplatz versammeln, um »zum Wohl der Kirche unsere Treue zum Heiligen Vater« zu bekunden.

Ratzinger, dem jede Form abgöttischer Papstverehrung fremd ist, scheint diese Kampagnen eher hinzunehmen als zu fordern. Im schlimmsten Mediengewitter ruft er zur Läuterung auf. »Jetzt, wo uns die Welt attackiert und uns unsere Sünden vorhält«, betont Benedikt bei einer Messe im Apostolischen Palast, »erkennen wir, wie wichtig es ist, Buße zu tun und zu erkennen, was an unserem Leben falsch ist.«[13] In Malta kommt er am 18. April mit acht Missbrauchsopfern zusammen. Tiefbewegt äußert er seine Scham und sein Bedauern. Wie einer der Teilnehmer berichtet, soll er Tränen in den Augen gehabt haben. »Alle haben wir geweint«, berichtet Lawrence Grech, einer der Betroffenen. Zugleich habe der Papst, so sein Pressesprecher Lombardi, den Missbrauchsopfern zugesagt, er werde »alles in seiner Macht Stehende tun, um die Vorwürfe aufzuklären und die Schuldigen zur Verantwortung zu ziehen«.

In einem Interview auf dem Flug nach Portugal erklärt er den Journalisten: »Die größte Verfolgung der Kirche kommt nicht von den äußeren Feinden, sondern erwächst aus der Sünde in der Kirche. Und darum ist es für die Kirche zutiefst notwendig, dass sie neu lernt, Buße zu tun, die Reinigung anzunehmen; dass sie einerseits zu vergeben lernt, aber auch die Notwendigkeit der Gerechtigkeit sieht.«[14]

Doch in Wirklichkeit gibt es in der Kirche starke Widerstände gegen jede Form von Transparenz. Zu viel steht auf dem Spiel, denn Transparenz zu schaffen bedeutet, dass die Kirche ihr Verhältnis zur Gesellschaft grundlegend verändern muss. Die Rechtsprechung in Fällen von sexuellem Missbrauch durch Kleriker an ordentliche Gerichten zu übergeben, bedeutet im Grunde, dass man die Konzeption der Kirche als perfekter Gesellschaft aufgeben und den privilegierten Rechtsstatus abschaffen muss, den sich die Amtskirche seit Kaiser Konstantin aufgebaut hat, als das Christentum zur Staatsreligion wurde.

So eine radikale Verhaltensänderung kommt einer kopernikanischen Wende gleich. Doch allein die Vorstellung, die staatliche Justiz könne sich zum Richter über die Kohärenz der Kirche aufschwingen, ist für viele Kirchenleute einfach inakzeptabel. Daher erklärt sich auch die Beliebtheit von Verschwörungstheorien, die finsteren Mächten die Absicht unterstellen, dem Klerus seine Legitimation entziehen zu wollen.

Kaum sind die Skandale publik geworden, diagnostiziert der katholische Soziologe Massimo Introvigne in der Bischofszeitung *Avvenire* eine künstlich geschürte »moralische Panik«. Dabei handelt es sich, so seine These, um »gesellschaftlich konstruierte Probleme, die sowohl von den Medien wie von der Politik systematisch aufgebauscht werden … Oft wird deren Verbreitung maßlos übertrieben. Abenteuerliche Statistiken, die keiner wissenschaftlichen Überprüfung standhalten, werden von einem Medium zum nächsten weitergereicht und können so anhaltende Medienkampagnen auslösen.«

Grundgedanke dieser Analyse ist die These, dass Fälle sogenannter moralischer Panik zwar auf objektiven Sachverhalten und realen Problemen beruhen, dann aber von zweifelhaften Personen, deren »Absichten oft undurchsichtig bleiben«[15], statistisch und medial aufgebauscht oder gar »kreiert und gepusht« werden. So konnte man im April 2010 auf der Homepage der religiösen Nachrichtenagentur *Asia News* absolut abenteuerliche Theorien lesen. »Die Hetzkampagne gegen Benedikt XVI. unter Federführung der *New York Times* dient dazu, im Hinblick auf einen möglichen Krieg gegen den Iran und den Zusammenbruch der amerikanischen Staatsfinanzen sowie des Goldmarktes seine moralische Autorität und die der katholischen Kirche zu untergraben.« Nach dieser wilden Spekulation war der Papst der Einzige, der seine Stimme gegen einen neuen Krieg im Nahen Osten erheben konnte, welcher angeblich nur angezettelt werde, um vom ökonomischen Bankrott der Vereinigten Staaten abzulenken. Daher die Notwendigkeit, seine Autorität »um jeden Preis«[16] zu untergraben.

Vor diesem Hintergrund werden am 16. Mai die Jubelfeiern zum Papsttag abgehalten. Von verschiedenen Organisationen mobilisiert, versammeln sich 150 000 Gläubige auf dem Petersplatz und rufen »Hoch lebe Benedikt XVI.« Während Kardinal Schönborn für die Missbrauchsopfer im Wiener Stephansdom eine Bußmesse zelebriert, wird in Rom der Papst zum Opfer stilisiert und mit ihm die Kirche. Im lauten Jubel der Gläubigen gehen die Worte des Kardinals Bagnasco fast unter: »Herr, erhöre die Rufe der Leidgeplagten, damit sie Gerechtigkeit und Trost finden.« Abzulesen ist der nachdrücklich apologetische Tenor der gesamten Veranstaltung auch in den Äußerungen von Salvatore Martinez, Leiter der neupfingstlichen Bewegung Rinnovamento nello Spirito und Mitinitiator der Veranstaltung: »Der Glaube kennt auch den Rückfall in die Sünde, aber die Kirche lebt, die Kirche steht fest auf ihren Füßen.« Am Ende droht selbst Benedikts Appell, »das geistige Übel« zu erkennen, das bisweilen leider auch die Mitglieder der Kirche ansteckt«, im apologetischen Geschrei der Massendemonstration unterzugehen.

Doch all diesen Schachzügen gelingt es nicht, die Öffentlichkeit zu überzeugen. Laut einer Umfrage aus dem Jahre 2010 sind 62 Prozent der Italiener der Meinung, dass »die Kirche versucht hat, eindeutige Fälle von Pädophilie herunterzuspielen oder totzuschweigen«.[17] Weder *Osservatore Romano* noch *Avvenire* haben jemals das lebendige Zeugnis eines Missbrauchsopfers abgedruckt. Folglich bricht der Anteil derjenigen, die Vertrauen in die Kirche haben, von über 60 Prozent Anfang 2000 auf knapp 47 Prozent ein. In einer Umfrage des demoskopischen Instituts Demos & Pi geben nur noch 46,6 Prozent der Befragten an, Vertrauen zu Benedikt XVI. zu haben. Ein klarer Rückgang im Verhältnis zu 2009, als der Anteil der Pro-Ratzinger-Befragten immerhin noch 53 Prozent betrug.[18]

Paradoxerweise prallt in der italienischen Kirche, die doch direkt dem Papst untersteht, das Verlangen nach Klarheit gegen eine Gummiwand. Zwar will man sich in der Kirchenleitung an Benedikts Richtlinien halten, fürchtet jedoch, damit die Büchse der Pandora zu öffnen. Weitverbreitet ist die Angst, alles, was in der Vergangenheit verschwiegen und vertuscht wurde, könne nun ans Licht kommen. Anstatt sich als das Land der Päpste an die Spitze der Erneuerungsbewegung zu setzen, reiht sich Italien aus lauter Vorsicht bei der Nachhut ein.

Dabei müsste ein Fall wie der von Don Lelio Cantini aus Florenz eigentlich genügen, um im ganzen Land Ermittlungen einzuleiten und das Problem der Entschädigung in Angriff zu nehmen. 20 Mädchen berichten von sexuellen Übergriffen durch Cantini in der Pfarrei S. Maria Regina della Pace, wo der Priester in den siebziger Jahren ein System der mystischen Manipulierung etabliert hatte, auch mit Hilfe der angeblich mit seherischen Fähigkeiten gesegneten Katechetin Rosanna Saveri. Eines der Mädchen aus der Pfarrei wurde 15 Jahre lang missbraucht, zum ersten Mal im Alter von elf Jahren. Schon 1995 hatte sich eine Frau aus der Gemeinde an den damaligen Erzbischof Silvano Piovanelli gewandt und ihm von den erlittenen Missbräuchen berichtet. Daraufhin erhielt Cantini einen »scharfen Tadel«. 2004 wandten sich einige der Opfer an den Weihbischof Claudio Maniago (selbst ehemaliger Zögling von Don Cantini aus der Gruppe der Jugendlichen, die Priester werden wollten). Wieder geschah nichts. Daraufhin schickten sie eine Bittschrift an die Kurie in Florenz. 2005 wurde Cantini versetzt, aber den Opfern wurde keine Gerechtigkeit zuteil. 2006 schrieben sie an Benedikt XVI. Als Antwort erhielten sie ein Schreiben von Kardinalvikar Ruini, der ihnen mitteilte, Cantini sei bereits versetzt, das könne »den Gläubigen ihren Frieden zurückgeben«. Erst auf Drängen einer Florentiner Priestergruppe teilte der neue Erzbischof von Florenz, Kardinal Ennio Antonelli, den Betroffenen im Januar 2007 mit, die Glaubenskongregation habe ein Verwaltungsverfahren gegen Cantini durchgeführt und ihm für fünf Jahre das Recht entzogen, die Messe zu lesen und die Beichte abzunehmen. Dabei habe man »auf das fortgeschrittene Alter und den schlechten Gesundheitszustand des 84-Jährigen« Rücksicht genommen. An die Opfer richtete der Kardinal den Appell, »die traurige Angelegenheit im Sinne des Glaubens zu verarbeiten«.[19] Am

12. Oktober 2008 wurde Cantini endlich in den Laienstand zurückversetzt, auf Entscheidung Benedikts XVI.

Dabei ist die italienische Kirche nicht irgendeine abgelegene Provinz des katholischen Imperiums. In Italien ist der Papst offiziell der Primas. Er ernennt den Vorsitzenden der Italienischen Bischofskonferenz, im Unterschied zu anderen Ländern, wo er von den Bischöfen gewählt wird. Der Vorsitzende der Italienischen Bischofskonferenz untersteht direkt dem Papst. Seine Reden werden vorab dem Staatssekretariat vorgelegt, und vor der alljährlich im Mai stattfindenden Generalversammlung gehen der vorsitzende Kardinal und der Papst gemeinsam die Tagesordnung durch. Was die Italienische Bischofskonferenz staats- und kirchenpolitisch beschließt oder nicht beschließt, fällt direkt unter die Verantwortung der Päpste.

»Bislang scheint das Phänomen [in Italien] keine dramatischen Ausmaße erreicht zu haben. Was mir eher Sorgen macht, ist eine bestimmte, noch immer weitverbreitete Kultur des Schweigens.« Die spitze Bemerkung stammt aus einem Interview mit dem Chefankläger des Heiligen Offiziums, dem Malteser Charles Scicluna, das am 13. März 2010 im *Avvenire* abgedruckt wurde. Auch wenn er anschließend nicht mit Lob spart für das hervorragende fachlich-juristische Beratungsangebot, das die Bischofskonferenz allen Bischöfen zur Verfügung stellt, die mit Missbrauchsfällen zu tun haben, und erfreut ein wachsendes Engagement der Bischöfe auf diesem Gebiet konstatiert, so ändert das doch nichts an seiner Warnung, die dort schwarz auf weiß zu lesen ist.

Es gibt starke Widerstände dagegen, die Archive zu öffnen und restlos aufzuklären, was alles geschehen ist.

Ein guter Beleg dafür ist der Fall Gelmini. Nach einem bewegten Leben – Verhaftung wegen Ausstellung ungedeckter Schecks, unberechtigte Führung des Monsignore-Titels, vierjährige Gefängnisstrafe wegen betrügerischen Bankrotts – gründete Don Piero Gelmini 1979 in Amelia (Umbrien) ein Zentrum für Drogenabhängige, aus der viele andere Wohltätigkeits- und Bildungsinitiativen, außer in Italien auch in Spanien, Thailand, Kanada, Bolivien, Costa Rica, Frankreich, der Schweiz, Slowenien, Brasilien und den Vereinigten Staaten, hervorgingen.

Obwohl eigentlich nur ein einfacher Priester, lässt sich Gelmini 1988 von der griechisch-melchitischen (katholischen) Kirche den Titel eines Exarchen verleihen und schließt aufgrund seiner streng prohibitionistischen Position Freundschaft mit einflussreichen Vertretern des politischen Mitte-rechts-Lagers. Als Werbeträger für den Anti-Drogen-Kampf beteiligt er sich 2000 an einer politisch-kulturellen Initiative der rechten Partei Alleanza Nazionale, schließt Freundschaft mit Silvio Berlusconi, von dem er 2005 anlässlich seines 80. Geburtstags einen Scheck über fünf Millionen Euro erhält.

Im Jahr 2003 tauchen erste Missbrauchsvorwürfe gegen ihn auf. Bei Don Antonio Mazzi, der ebenfalls im Anti-Drogen-Kampf aktiv ist und häufig im Fernsehen auftritt, meldet sich ein ehemaliger Bewohner der Einrichtung in Amelia und berichtet von sexuellen Belästigungen durch Gelmini. Als weitere Anzeigen folgen, eröffnet die Staatsanwaltschaft Terni am 3. August 2007 ein Ermittlungsverfahren gegen Gelmini.

Auf kirchlicher Ebene rührt sich zu diesem Zeitpunkt überhaupt nichts. Keine Ermittlungen, kein Verfahren vor einem Diözesangericht. Auch die Bischofskonferenz unternimmt nichts, obwohl Gelmini doch eine landesweit bekannte Persönlichkeit ist. Auch die Glaubenskongregation nimmt sich des Falls nicht an.

Don Gelmini ist ein mächtiger Mann, der mit den Medien umzugehen versteht. Fest steht, dass die lokalen Kirchenbehörden und der Heilige Stuhl beschließen, nichts zu unternehmen, um Schuld oder Unschuld des Geistlichen festzustellen. Im Gegenteil, auf Druck des Vatikans beantragt Gelmini seine Rückversetzung in den Laienstand, und am 1. März 2008 wird bekanntgegeben, dass Benedikt XVI. sein Gesuch umgehend angenommen hat. Für die Kirche ist Gelmini von da an nur noch ein einfacher Staatsbürger, die Kirchenbehörden schütteln ihn einfach ab. Und vermeiden dadurch jegliche Verantwortung für seine Vergangenheit und seine Zukunft.

Die mangelnde Bereitschaft der Italienischen Bischofskonferenz, sich aktiv für eine umfassende Aufklärung einzusetzen, ist nicht neu. Schon bei einer Pressekonferenz im Mai 2002 – als vieles noch frisch in Erinnerung war: die Skandale in den USA und die harte Linie der amerikanischen Bischöfe; ein Missbrauchsfall in Monreale (Palermo), bei dem der Bischof tatenlos zusah; das Schreiben *De delictis gravioribus* von Kardinal Ratzinger in seiner Eigenschaft als Präfekt der Glaubenskongregation – verkündete der Sekretär der Bischofskonferenz Giuseppe Betori kurz: »Es ist nicht unsere Aufgabe zu kontrollieren, was der Bischof einer Diözese tut oder ob er sich an den Heiligen Stuhl wendet. Die Bischofskonferenz ist keine Aufsichtsbehörde, sie ist keine Superkonferenz, die ihre Mitglieder kontrolliert, denn dafür, wie er mit dem Problem umgeht, ist jeder einzelne Bischof selbst verantwortlich.« Außerdem sei es »nicht die Aufgabe der Bischofskonferenz, das Problem landesweit zu überwachen«. Das werde man auf keinen Fall tun, denn in der italienischen Kirche betreffe das Phänomen Pädophilie »eine so verschwindend kleine Minderheit, dass sie nicht mehr Aufmerksamkeit verdient als in anderen sozialen Gruppen.«

Mit diesen Worten liegt Betori wie immer genau auf der Linie, die der damalige Vorsitzende der Bischofskonferenz, Kardinal Ruini, vorgegeben hatte. Und Betori geht noch weiter ins Detail: »Der Ständige Rat der Bischofskonferenz hat sich nie mit Fällen von Pädophilie beschäftigt, uns liegt auch keine entsprechende Liste vor, wir haben weder eklatante Fälle noch ein entsprechendes Überwachungsverfahren.«[20]

Im selben Jahr bezeichnete der Sekretär der Glaubenskongregation Bertone die Vorstellung als abwegig, ein Bischof könnte einen Priester seiner Diözese bei der Staatsanwaltschaft anzeigen, wenn er von dessen pädophilen Aktivitäten erfahre. Bertone vertrat die Ansicht, wenn sich ein Priester seinem Bischof nicht mehr offen anvertrauen könne, »weil er eine Anzeige fürchten muss, … ist es mit der Gewissensfreiheit vorbei«.[21]

Dennoch ist man sich auch in katholischen Kreisen durchaus bewusst, dass das Problem der *omertà*, des Schweigens, Verschweigens und Totschweigens, weiter besteht. Benedikts neue Strategie unterstützt die katholische Historikerin Lucetta Scaraffia im März 2010 im *Osservatore Romano* mit der These, eine stärkere Partizipation von Frauen auf der »Entscheidungsebene« und im Weltbild der Kirche hätte »womöglich dazu beigetragen, den Mantel des männlichen Schweigens zu zerreißen, der in der Vergangenheit oft die Anzeige der Missetaten verhindert hat«. Hätte es in den Führungsgremien mehr Frauen gegeben (Ordensschwestern wie Laien), hätten sie – aufgrund ihrer natürlichen Neigung, minderjährige Missbrauchsopfer in Schutz zu nehmen – vielleicht »den schweren Schaden, der durch dieses schuldhafte Verhalten der Kirche zugefügt wurde«,[22] abwenden können.

Das Interview mit Scicluna im *Avvenire* ist nicht nur wegen des Hinweises auf die in Italien allgegenwärtige Kultur des Schweigens interessant, sondern auch, weil hier ein Vertreter der Glaubenskongregation auf dem Höhepunkt der Krise zum ersten Mal Zahlen über laufende Verfahren nennt. Zwischen 2001 und 2010, so Scicluna, erhielt die Kongregation 3000 Anzeigen gegen Geistliche wegen sexuellen Missbrauchs. Die eingegangenen Meldungen betreffen Vorfälle aus den letzten 50 Jahren. Zehn Prozent der angezeigten Fälle entfallen auf Kinder vor der Pubertät, 60 Prozent auf männliche und 30 Prozent auf weibliche Jugendliche.

Der Prälat führt weiter aus: »In einem Zeitraum von neun Jahren gab es also 300 Fälle von Priestern, die der Pädophilie im strengen Sinn des Wortes beschuldigt werden. Das sind – um Himmels willen! – immer noch zu viele. Aber man sollte doch anerkennen, dass das Phänomen nicht so verbreitet ist, wie einige glauben machen wollen.« Keine besonders stichhaltige Argumentation, denn die Sache wird nicht weniger abstoßend, wenn im Beichtstuhl oder in der Sakristei kein Kind, sondern ein 15-jähriger Junge oder ein 14-jähriges Mädchen missbraucht wurde.

Aus den vorgelegten Zahlen geht hervor, dass nur gegen 20 Prozent der Beschuldigten (nicht alle waren tatsächlich schuldig) ein kirchenrechtliches Straf- oder Verwaltungsverfahren eingeleitet wurde. Weitere zehn Prozent – dabei handelte es sich um »besonders schwere Fälle mit erdrückender Beweislast« – wurden auf Anordnung des Papstes aus dem Priesteramt entlassen. Zugleich jedoch blieben 60 Prozent der Schuldigen »vor allem aufgrund ihres fortgeschrittenen Alters« weiterhin im Amt, allerdings mit der Auflage, keine Messe mehr zu lesen und keine Beichte mehr abzunehmen, sondern »ein zurückgezogenes Leben im Gebet« zu führen. Die restlichen zehn Prozent baten von sich aus um Dispens und ihrem Gesuch »wurde umgehend stattgegeben«.[23]

Mit diesem Interview schlägt Scicluna eine Bresche in die Mauer des Schweigens, sie bekommt Risse und beginnt zu bröckeln. Schon am 18. Februar hatte Don Fortunato Di Noto, sizilianischer Gemeindepfarrer und Gründer des Vereins Meter zur Bekämpfung von Pädophilie und Kinderpornographie im Internet, in einer Sendung auf Radio Vatikan die Zahl der Missbrauchsfälle in Italien in den letzten zehn Jahren auf etwa 80 beziffert. Am 25. Mai gibt der Sekretär der Italienischen Bischofskonferenz, Bischof Mariano Crociata, bekannt, dass im vergangenen Jahrzehnt etwa hundert kirchenrechtliche Verfahren durchgeführt wurden. Tatsächlich jedoch, so die Psychologin Vania Lucia Gaito, eine der besten Expertinnen auf diesem Gebiet in Italien, habe sich schon allein die Zahl der Fälle, die durch die Presse gingen, fast auf das Doppelte belaufen: mindestens 180.

Auf der Generalversammlung der italienischen Bischöfe übt ihr Vorsitzender, Kardinal Bagnasco, Selbstkritik: »Wir hätten nicht zögern dürfen anzuerkennen, dass sexueller Missbrauch bei den Betroffen tiefe Wunden hinterlässt. Dann hätten wir auch besser verstanden, dass jede Verharmlosung des Erlittenen noch viel größeres Leid und schwere psychische Störungen verursacht.« Und er verspricht Besserung: »Wir werden es nicht an Aufmerksamkeit, Aufklärung und geeigneten Maßnahmen fehlen lassen und keine Hinweise oder Zweifel mehr ignorieren.« Wer sich an Minderjährigen vergreift, müsse »nicht nur vor Gericht gestellt werden, sondern braucht auch Zuwendung und Gnade«.[24]

Doch auf die Bitte der Journalisten um genauere Angaben zu den hundert Missbrauchsfällen verweigert die Leitung der Italienischen Bischofskonferenz jede Auskunft. Die schriftlichen Anfragen lauten: »Wie viele Priester und Ordensleute wurden in den letzten 20 Jahren in Italien wegen sexuellen Missbrauchs verhaftet? Wie viele Priester und Ordensleute wurden wegen sexuellen Missbrauchs verurteilt, wie viele von ihnen waren deshalb im Gefängnis? Wie viele Priester und Ordensleute sind derzeit im Gefängnis? Wie viele Verurteilungen bzw. einvernehmliche Regelungen gab es? Wie viele wurden wegen sexuellen Missbrauchs von ihrem Priesteramt entbunden? Wie viele sind zurzeit wegen derartiger Vergehen suspendiert? Wie viele Fälle wurden gemäß den Richtlinien von 2001 und 2003 an den Heiligen Stuhl verwiesen? Sind von Diözesen oder religiösen Orden Entschädigungszahlungen an Opfer geleistet worden?«

Auf der abschließenden Pressekonferenz der CEI erklärt Kardinal Bagnasco, er sei »nicht in der Lage«, diese Fragen zu beantworten. Und auch auf den Sitzungen des Ständigen Rats der Bischofskonferenz nach der Sommerpause werde es darauf keine Antworten geben.

Angesichts des völligen Mangels an operativen Strukturen der Italienischen Bischofskonferenz und Bagnascos wiederholter Beteuerung, er sei »Tag und Nacht« bereit, Missbrauchsopfer zu empfangen, platzt einer katholischen Journalistin der Zeitschrift *Jesus* der Kragen: »Meinen Sie wirklich, ein Opfer würde in der Zentrale anrufen, um zu sagen: ›Ich bin missbraucht worden‹ …?«

Während täglich neue Missbrauchsfälle ans Licht kommen und die Bischöfe in anderen europäischen Ländern fieberhaft an entsprechenden Verhaltensstrategien arbeiten, rührt man bei der Italienischen Bischofskonferenz im Mai 2010 keinen Finger. Die offizielle Position lautet, die Richtlinien des Heiligen Stuhls seien ausreichend. Ansonsten, so betont Bagnasco, »ist der natürliche Ansprechpartner für alle Diözesen der Bischof, an den man sich mit jedem Anliegen wenden kann«. Die Einrichtung einer Sonderkommission schließt Bagnasco aus.[25] Man halte es auch nicht für opportun, besondere Richtlinien (wie zum Beispiel in Deutschland) auszuarbeiten.[26]

Auch bezüglich eines Arbeitskreises aus Bischöfen und Experten, der Presseangaben zufolge schon seit Wochen geplant ist,[27] hüllt man sich in Schweigen. Kein Wort auch über das von Scicluna angesprochene juristische Beratungsteam für Bischöfe, die in ihren Diözesen Probleme haben.

Zwölf Monate später jedoch, wie zum neuerlichen Beweis mangelnder Transparenz gegenüber der Presse und Öffentlichkeit, bestätigt Bagnasco auf der Bischofsversammlung plötzlich, dass »auf Anordnung des Präsidiums der Bischofskonferenz eine interdisziplinäre Expertengruppe seit über einem Jahr daran arbeitet, die Vorgaben der Glaubenskongregation auf die besonderen Verhältnisse in unserem Land zu ›übertragen‹«.[28]

Dabei hatte Benedikt XVI. das äußerst konkrete Aktionsprogramm der deutschen Bischöfe eigentlich schon als Modell vorgegeben. Kaum war der Skandal öffentlich geworden, präzisierte der päpstliche Pressesprecher Lombardi: »Der Heilige Vater ermutigte die deutschen Bischöfe in ihrer Vorgehensweise, die – auch wenn sie auf die spezifischen Bedingungen in ihrem Land abgestimmt ist – durchaus als sinnvolles und anregendes Leitbild für andere Bischofskonferenzen gelten kann, die sich vor ähnliche Probleme gestellt sehen.«[29]

Dennoch drängt Benedikt XVI. seine eigene Kirchenprovinz nicht zu sofortigem Handeln. Scheinbar ist die »italienische Struktur« in Kurie und Episkopat mächtiger als seine Absichten. Auch der Vorschlag von Don Di Noto, in jeder Diözese einen »Bischofsvikar für Kinder« einzusetzten, fällt ins Leere.

Die Untätigkeit der CEI steht in scharfem Kontrast zu allem, was andernorts unternommen wird. Im selben Monat, als die Italienische Bischofskonferenz zusammentritt, geben die niederländischen Bischöfe die Einrichtung einer »unabhängigen Kommission zur Aufklärung aller sexuellen Missbrauchsfälle in den Niederlanden von 1945 bis heute« bekannt. Mit der Leitung betraut man einen Protestanten, den früheren Minister und ehemaligen Bürgermeister von Den Haag, Wim Deetman. Nach 18 Monaten soll die Kommission einen Bericht vorlegen. Obwohl die Nachricht durch die Nachrichtenagentur *Sir* der italienischen Bischöfe verbreitet wird, nimmt sich die Führung des italienischen Episkopats daran kein Beispiel.

In Deutschland hatte die Bischofskonferenz bereits im Jahr 2002 Leitlinien entwickelt, die im August 2010 auf den neuesten Stand gebracht wurden. Danach ernennt jeder Diözesanbischof einen Referenten, der alle Missbrauchsvorwürfe prüft und für den Kontakt zu den staatlichen Strafverfolgungsbehörden zuständig ist. Verurteilten Priestern werden keine Aufgaben in der Kinder- und Jugendarbeit mehr zugewiesen. Alle Vergehen werden der Staatsanwaltschaft gemeldet, außer wenn das Opfer dies ausdrücklich ablehnt, diese Ablehnung juristisch zulässig ist und keine weiteren Personen betroffen sind. In den Leitlinien ist festgelegt, dass kirchenrechtliche Verfahren keinen Vorrang vor der staatlichen Strafverfolgung haben und diese nicht behindern dürfen. Außerdem ernennt die Bischofskonferenz den Bischof von Trier, Stephan Ackermann, zum nationalen Missbrauchsbeauftragten, der für alle Fragen im Zusammenhang mit Fällen sexuellen Missbrauchs Minderjähriger in kirchlichen Einrichtungen zuständig ist.[30]

In Belgien setzten die Bischöfe im Jahr 2000 eine Kommission unter Leitung des Kinderpsychiaters Peter Adriaenssens ein. Im September 2010 stellte sie einen 200-seitigen Bericht zu 475 Anzeigen ins Netz, die zwischen Januar und Juni 2010 bei der Kommission eingegangen waren. Die angezeigten Missbrauchsvorfälle ereigneten sich in einem Zeitraum zwischen Anfang der fünfziger und Ende der achtziger Jahre und wurden von Geistlichen, Religionslehrern und Mitarbeitern von Jugendorganisationen begangen. Ebenfalls betroffen sind sämtliche 29 religiöse Orden Belgiens. Der Bericht enthält auch 124 anonymisierte Zeugenberichte von Opfern. Die Mehrheit war bei den Übergriffen etwa zwölf Jahre alt. »Ein Opfer war erst zwei, fünf waren vier, acht fünf und zehn sieben Jahre alt. Mindestens 13 Missbrauchsopfer haben sich selbst das Leben genommen.[31]

Zu den Zahlen der Adriaenssens-Kommission kommen noch jene 103 Anzeigen hinzu, die direkt bei der Staatsanwaltschaft eingingen, sowie 427 Fälle, die zwischen 1992 und 2010 bei der Organisation »Menschenrechte in der Kirche« gemeldet wurden. Deren Gründer, der ehemalige Priester Rik Devillé, betont immer wieder, er habe die Kirchenleitung, einschließlich des damaligen Primus von Belgien, Kardinal Godfried Danneels, über Jahre hinweg immer wieder darauf hingewiesen.

In Österreich beauftragte Kardinal Christoph Schönborn am 29. März 2010 die Christdemokratin Waltraud Klasnic, ehemals Landeshauptmann der Steiermark, mit der Bildung einer unabhängigen Untersuchungskommission, in der kein einziger Kirchenmann mitarbeitete. Die Kommission sollte auch die Entschädigungen für die Opfer festlegen.

In Irland ist seit 2006 eine Kinderschutzorganisation tätig, der »National Board for Safeguarding Children in the Catholic Church«, der von der Bischofskonferenz und der irischen Missionsunion gegründet wurde und inzwischen drei Berichte vorgelegt hat.

In der Kirche von England und Wales hat Kardinal Murphy-O'Connor 2006 die Cumberlege-Kommission eingerichtet, die einen Maßnahmenkatalog zur Missbrauchsbekämpfung erarbeitete. Außerdem ist das Katholische Büro zum Schutz von Kindern und gefährdeten Jugendlichen (Copca) aktiv, das jedes Jahr einen Bericht herausgibt. In mehr als 2500 Gemeinden gibt es Referenten und ehrenamtliche Aktivisten für Kinderschutz (darunter viele Frauen), die Überwachungsaufgaben wahrnehmen und alle Bewerber für kirchliche Arbeitsplätze überprüfen.

Leitlinien der Bischofskonferenzen existieren auch in Schottland, den USA, Kanada, Brasilien, Chile, der Schweiz, Frankreich, Slowenien, Malta, Neuseeland, Australien und den Philippinen.

Im stürmischen Jahr 2010 zeichnet sich die Kirche Italiens durch Untätigkeit aus. Vor den Augen des Papstes ergreift die Bischofskonferenz keinerlei Initiative, um das Problem anzupacken und die Öffentlichkeit über das Ausmaß der sexuellen Gewalt zu informieren. Es gibt heute noch keine Hotline, an die sich Missbrauchsopfer wenden können, keinen nationalen Missbrauchsbeauftragten, der einen Bericht zusammenstellt, keine Untersuchungskommission.

Eine rühmliche Ausnahme war der Bischof der Diözese Bozen-Brixen, Karl Golser. Sobald die ersten Skandale öffentlich wurden, ernannte er seinen Generalvikar Josef Matzneller zum »Beauftragten der Diözese für mutmaßliche Missbrauchsfälle« und gab eine E-Mail-Adresse heraus, an die man sich wenden konnte (molestie@bz-bx.net). Am 30. März 2010, zehn Tage nach Veröffentlichung von Benedikts *Hirtenbrief an die Katholiken Irlands* ernannte er den Südtiroler Juristen Werner Palla zum unabhängigen Ansprechpartner bei Missbrauchsvorwürfen und stellte ihm einen Beirat aus Fachleuten – Psychologen, Psychotherapeuten, Juristen – zur Seite. »Meine Gläubigen sehen das österreichische Fernsehen«, sagte er schmunzelnd zu mir.

Nicht einmal vier Monate später rollte in dem Bistum der erste Kopf. Der Priester Alois Kranebitter, 74, musste seine Gemeinde verlassen, weil er sich 20 Jahre zuvor des Missbrauchs schuldig gemacht hatte. Bischof Golser und sein Generalvikar Matzneller hörten die Opfer und den Beschuldigten aufmerksam an und trafen sofort eine Entscheidung: Kranebitter durfte keine Messe mehr lesen und musste sich von Minderjährigen fernhalten. »Ich will die Missbrauchsvorwürfe restlos aufklären, und deshalb darf es keine falsche Rücksicht geben. Diese Klärung sind wir den Opfern schuldig«, sagte Golser.

Ein Jahr nach Einsetzung des Beauftragten wurde auf einer Pressekonferenz folgende Bilanz vorgelegt: 32 Anzeigen, davon sieben gegen Priester aus anderen Diözesen. Von den 25 Fällen aus der Diözese Brixen-Bozen betrafen 13 männliche und zwölf weibliche Opfer. In sieben Fälle wurden die Ermittlungen eingestellt, weil die Betroffenen sich zurückzogen. Zwei Fälle wurden noch untersucht. In 14 Fällen fand man eine Regelung »zur Zufriedenheit der Opfer«. In zwei Fällen waren die Opfer mit der vorgeschlagenen Regelung nicht einverstanden. Sämtliche Vorfälle, so Werner Palla, lagen mindestens 20 Jahre zurück und hätten in einem Zivilprozess als verjährt gegolten.[32]

Damit ist der Beweis erbracht, dass rasches Handeln möglich ist, wenn die Kirchenhierarchie dahintersteht. Vorausgesetzt, das Bistum Bozen-Brixen ist keine Hochburg des sexuellen Missbrauchs, dann ergibt eine simple Hochrechnung für die gut 200 italienischen Bistümer eine mutmaßliche Zahl von 5 000 Missbrauchsfällen, die bei umfassenden Ermittlungen aufgedeckt werden könnten. Aber die italienische Kirche reagiert nicht, mit stillschweigendem Einverständnis des Vatikans. Noch auffälliger wirkt ihre Tatenlosigkeit angesichts weitreichender Entscheidungen der deutschen Bischöfe im Sommer 2011: Die Bischöfe gewährten dem Kriminologischen Forschungsinstitut Niedersachsen (KFN) Zugriff auf sämtliche Personalakten der 27 Diözesen aus den vergangenen zehn Jahre. Unter Aufsicht eines KFN-Teams, bestehend aus pensionierten Staatsanwälten und Richtern, sollen die Akten auf Hinweise zu sexuellen Übergriffen durchsucht werden.

Welchen Unterschied es macht, ob Episkopat oder Diözese einen Missbrauchsbeauftragten haben oder nicht, wird an der Geschichte von Don Ruggero Conti aus der Provinz Rom deutlich. Im Frühjahr 2007 erschien der Priester Claudio Peno Brichetto, Contis Mitarbeiter in der zur römischen Vorortdiözese Porto-Santa Rufina gehörenden Pfarrei Selva Candida, bei der Kinderschutzorganisation Caramella Buona und berichtete, er sei über das Verhalten von Pfarrer Ruggero Conti beunruhigt. Daraufhin fuhren Mitarbeiter der Organisation nach Selva Candida, um mit Eltern und Bekannten der mutmaßlichen Opfer zu sprechen. Als sich der Verdacht gegen den Pfarrer erhärtete, versuchten der Vorsitzende von Caramella Buona, Roberto Mirabile, und eine Mitarbeiterin, Kontakt zu Kirchenvertretern aufzunehmen, um diese zu entsprechenden Maßnahmen zu bewegen. Mirabile traf sich nicht nur mit dem Pressesprecher der Italienischen Bischofskonferenz und des Vatikans. »Ich habe mit dem päpstlichen Vikar für die Vatikanstadt, Kardinal Angelo Comastri, gesprochen«, so Mirabile, »und mit dem Untersekretär der CEI, Mauro Rivella.« Am 18. Juli 2007 wurde Mirabile bei der Glaubenskongregation vorstellig, um zu sehen, ob man dort etwas tun könne, um gegen Don Conti vorzugehen. Er sprach mit Scicluna, der sich die Unterlagen anschaute und kurz hinausging, um, wie sich Mirabile erinnert, zu überprüfen, ob es im Archiv bereits eine Akte über Don Conti gab. Es gab keine. Auf CNN erzählte Scicluna später allerdings eine andere Version. »Bei ›Caramella Buona‹ hatten sie sämtliche Informationen. Aber sie wollten sie nicht herausgeben, das geht eindeutig zu ihren Lasten. Am Ende der Unterredung ließen sie keine einzige konkrete Information da, bei der ich hätte ansetzen können. Ich hatte nichts in der Hand, was ich dem Bischof hätte berichten können.« Zum Schluss riet der Prälat der Organisation, wenn sie wolle, könne sie sich ja an die Polizei wenden.

Im Frühjahr 2008 wandte sich der Vorsitzende von Caramella Buona an Mauro Parmeggiani, den Sekretär des damaligen Kardinalvikars der Diözese Rom, Ruini. Alle waren höflich, aber keiner schien zuständig zu sein. Unterdessen tauchten an den Kirchenmauern in Selva Candida die ersten Parolen gegen den »pädophilen« Pfarrer auf.

Auf kirchlicher Ebene geschah nichts. Conti blieb Pfarrer. Offensichtlich lief Mirabiles fieberhafte Suche nach einem Ansprechpartner deshalb ins Leere, weil es keine offiziell zuständige Anlaufstelle für Missbrauchsfälle gab. Was fehlte, war eine klare Zuständigkeit, wie sie in anderen Ländern bereits existierte. Am 30. Juni 2008 wurde Conti festgenommen. »Nach dem Bericht der Carabinieri«, so Mirabile, »soll sich der Priester bis wenige Monate zuvor weiterhin an Kindern vergangen haben.« Am 3. März 2011 wurde Conti wegen Kindesmissbrauchs in sieben Fällen in erster Instanz zu 15 Jahren Gefängnis verurteilt.

Bis zum Tag der Verhaftung rührte sein Bischof, Gino Reali, keinen Finger und leitete trotz wiederholter Hinweise auf das anormale Verhalten des Pfarrers keine Untersuchung ein.

Da es auf nationaler Ebene keine einheitliche, von der Bischofskonferenz vorgegebene Vorgehensweise zur Aufklärung und Behandlung von sexuellem Missbrauch in der Kirche gab, bleibt alles dem Zufall überlassen, dem Ermessen des einzelnen Bischofs. Als 2009 im Bistum Florenz, das noch unter den Folgen des Falles Cantini litt, ein neuer Fall virulent wurde, sorgte der neue Erzbischof Giuseppe Betori für Transparenz: Sobald das kirchenrechtliche Verfahren gegen Don Roberto Berti, ehemals Pfarrer in Ginestra Fiorentina und San Mauro in Signa, abgeschlossen war, verurteilte der Erzbischof Berti zu acht Jahren »Zwangsaufenthalt unter Aufsicht in einer Einrichtung außerhalb des Bistums Florenz, damit er sich dort einer geistigen Läuterung und einer Psychotherapie unterzieht … [für diesen Zeitraum bleibt der schuldige Priester] von allen seelsorgerischen Tätigkeiten ausgeschlossen«. Auf Anweisung des Bischofs wurde dieses Urteil in der Kirche von Ginestra Fiorentina am Schwarzen Brett ausgehängt.[33]

Ein anderes Beispiel kommt aus Sestri Ponente in Liguren: Kaum war der Pfarrer Don Riccardo Seppia am 13. Mai 2001 wegen Weitergabe von Drogen und mutmaßlichen Missbrauchs Minderjähriger verhaftet, begab sich Kardinal Bagnasco umgehend in die Kirche Spirito Santo, um dort eine Messe zu lesen, sein »volles Vertrauen in die Arbeit der Justiz« zum Ausdruck zu bringen und »den mutmaßlichen Opfern sein brüderliches Mitgefühl« zu versichern. Er entband den Priester von allen pastoralen Aufgaben, weder durfte er die Sakramente spenden, noch die Beichte abnehmen.[34]

Italien bleibt vorerst weiterhin ein hoffnungsloser Fall. Die Leitlinien gegen sexuelle Gewalt des Klerus, wie sie im Mai 2012 endlich von der Italienischen Bischofskonferenz veröffentlicht wurden, enthalten keine Aufforderung an die Bischöfe, die Schuldigen zu melden, und richten auch keine handlungsfähigen Strukturen ein. In Italien wird die Kirche immer erst dann aktiv, wenn Polizei und Justiz schon eingegriffen haben. In einem Interview erklärte der Mailänder Staatsanwalt Pietro Forno, Leiter des Teams zur Verfolgung von sexuellem Missbrauch, zwar hätten die Kirchenbehörden die staatlichen Ermittlungen nie behindert, aber »in all den Jahren, die ich mich nun mit diesem Thema befasse, ist von ihnen nie, und ich betone nie, eine einzige Anzeige gekommen, weder von Bischöfen noch von einzelnen Priestern, und das ist schon ein bisschen merkwürdig«.[35]

Berühmt-berüchtigt ist die Bemerkung des verstorbenen Bischofs von Como, Alessandro Maggiolini. Als man ihn 2008 fragte, warum er nie Ermittlungen gegen Don Mauro Stefanoni eingeleitet habe, einen Pfarrer, der wegen Gewalt gegen einen geistig behinderten Minderjährigen vor Gericht gestellt und zu acht Jahren Gefängnis verurteilt wurde, gab er zur Antwort: »Ich bin doch kein 007.«

Im Sommer 2010 griff die Glaubenskongregation schließlich zu außerodentlichen Massnahmen. In einem vom Papst persönlich genehmigten und am 15. Juli veröffentlichten Brief erließ Kardinal Levada strengere Normen und beschleunigte die Verfahren zur Bekämpfung der Pädophilie in der Kirche. Die Verjährungsfrist wurde auf 20 Jahre ab Volljährigkeit des Opfers verlängert. Um langwierige Prozesse zu vermeiden, wurde die Möglichkeit einer Bestrafung per Dekret eingeführt. Schwerwiegende Fälle müssen direkt dem Papst vorgelegt und von ihm entschieden werden. Als Straftat gilt jetzt auch der Missbrauch von geistig Behinderten, unabhängig vom Alter. Es ist ausdrücklich vorgesehen, dass mit Genehmigung des Papstes auch Kardinäle, Patriarchen und Bischöfe verurteilt werden können. Der Wunsch nach einer Reinigung der katholischen Kirche, von dem Benedikt XVI. beseelt ist, äußerte sich auch in der Formulierung eines neuen »Vergehens«, dem Besitz von kinderpornographischem Material.[36]

Eine wichtige Neuerung betrifft die Zusammensetzung der für Missbrauchsfälle zuständigen Kirchengerichte in den Diözesen. Durften die Gerichte in der Vergangenheit nur mit Geistlichen oder ausgebildeten Kirchenjuristen besetzt werden, so dürfen nun auch einfache Gläubige teilnehmen: Männer und vor allem auch Frauen. Bestehen bleibt allerdings das »päpstliche Amtsgeheimnis«. Wer das Amtsgeheimnis verletzt, dem droht die Strafe der Exkommunikation. Diese Vorschrift wäre nachvollziehbar, bliebe sie auf das Ermittlungsverfahren beschränkt, doch – in dieser Allgemeinheit – hat sie in der Vergangenheit stets die Undurchsichtigkeit der Verfahren befördert und führt noch heute dazu, dass man bei bestimmten Prozessen nie erfährt, was aus ihnen geworden ist, ob sie womöglich nie begonnen wurden oder irgendwann im Sand verlaufen sind.

Aber auch dieses Jahr verging nicht ohne einen neuen Fauxpas des Vatikans. Im Juni 2010 wurde plötzlich der frühere Bischof von Posen, Julius Paetz, »begnadigt«, der 2002 zurücktreten musste, weil er erotische Beziehungen zu seinen erwachsenen Seminaristen unterhalten hatte. Von der Kongregation für die Bischöfe erhielt er nun die Erlaubnis, in seinem alten Bistum, aus dem er strafversetzt worden war, wieder sämtliche Funktionen eines Bischof wahrzunehmen: Beichte, Firmung, Spendung sämtlicher Sakramente, Priesterweihe, Prozessionen, Einweihung von Kirchen und die Feier von Hochämtern. Im Vatikan kam niemand auf die Idee, dass der Zeitpunkt angesichts der zahllosen Missbrauchsskandale womöglich absolut unpassend war. Nach zwei Tagen erbitterter Auseinandersetzungen mit dem neuen Bischof von Posen, Stanisław Gadecki, der sich so empörte, dass er mit Rücktritt drohte, machte der Vatikan schließlich einen Rückzieher. »Die im Jahr 2002 erlassenen Maßregelungen des polnischen Erzbischofs gelten unverändert fort«, erklärte Lombardi.[37]

Im August kam es zu Spannungen zwischen dem Vatikan und dem Erzbischof von Dublin, Diarmuid Martin, weil Benedikt XVI. beschlossen hatte, die Rücktrittsgesuche der beiden Weihbischöfe Eamonn Walch und Raymond Field abzulehnen, die sich ein Jahr zuvor nach dem Skandal im

Gefolge des *Murphy-Berichts* zurückgezogen hatten. Der Papst hielt sie für unschuldig, Erzbischof Martin reagierte darauf mit der Mitteilung an die Gläubigen seiner Diözese, dass die beiden Bischöfe mit eingeschränkten Aufgaben betraut werden.[38]

Im Frühjahr 2011, ein Jahr nach dem weltweiten Sturm der Entrüstung über Missbrauchsfälle in der Kirche, entschloss sich Benedikt XVI., die Bischofskonferenzen in allen Ländern mit der Ausarbeitung von Leitlinien zur Bekämpfung des sexuellen Missbrauchs zu beauftragen. In einem Rundschreiben der Glaubenskongregation vom 3. Mai forderte er alle Episkopate auf, innerhalb eines Jahres ein einschlägiges Dokument zu verfassen.[39] Damit gab er faktisch der deutsch-amerikanischen Vorgehensweise den Vorzug vor der italienischen Praxis, alles den einzelnen Bischöfen zu überlassen. Der Präfekt der Glaubenskongregation, Kardinal William Levada, bat die nationalen Episkopate um »eine angemessene Antwort«. Als vorrangiges Ziel formulierte der Rundbrief die Bereitschaft, die Opfer anzuhören und ihnen beizustehen. Zu diesem Zweck könne es sich auch als notwendig erweisen, einen Missbrauchsbeauftragten zu ernennen. Im Umgang mit eingehenden Anzeigen sollten die Bischöfe »jeden erdenklichen Einsatz« zeigen sowie bei der Auswahl zukünftiger Priester besondere Aufmerksamkeit walten lassen, wobei insbesondere die Gründe für häufige Seminarwechsel eingehend zu untersuchen sind. Verdächtige sollten sofort suspendiert und von jedem Kontakt mit Kindern und Jugendlichen ferngehalten werden.

Als vorbildlich wurden auch Präventionsprogramme erwähnt, die in einigen Ländern Eltern, Lehrer und Priester dafür sensibilisieren sollen, die Anzeichen von Missbrauch zu erkennen.[40]

Hinsichtlich der Zusammenarbeit mit den staatlichen Behörden blieb jedoch auch dieses Rundschreiben eher zweideutig. »Insbesondere sind die staatlichen Rechtsvorschriften bezüglich einer Anzeigepflicht für solche Verbrechen immer zu beachten, freilich ohne das *forum internum* des Bußsakraments zu verletzen.« Das gilt für den Klerus wie für Laien, die in kirchlichen Einrichtungen tätig sind: in Schulen, Internaten, Kindergärten usw. Der Rundbrief beinhaltet die klare Aussage, dass sexueller Missbrauch Minderjähriger nicht nur nach kanonischem Recht eine »Straftat« ist, sondern auch ein »Verbrechen« darstellt, das staatlicherseits verfolgt wird. Ebenso deutlich werden die Bischöfe aufgefordert, alle Priester daran zu erinnern, dass sie, wenn sie in Missbrauchsfälle verwickelt sind, sich vor der Justiz zu »verantworten« haben.

Allerdings gilt dieser strikte Hinweis nur für solche Länder, in denen die Bischöfe gesetzlich verpflichtet sind, Anzeige zu erstatten. Ein Jahr nach Ausbruch der Krise und angesichts zahlloser Berichte, die das weitverzweigte Netz des Schweigens belegen, kann sich Benedikt XVI. immer noch nicht dazu durchringen, den Kirchenbehörden in aller Welt die klare Anweisung zu geben, jeden Täter aus dem Klerus bei der Polizei anzuzeigen.

In seinem *Hirtenbrief an die Katholiken Irlands* hatte er sich noch eindeutig geäußert: Schuldige Priester müssen sich vor den zuständigen Gerichten verantworten. Auf seiner Reise nach Fatima hatte er erklärt: »Vergebung ersetzt nicht die Gerechtigkeit.«[41] In seiner Predigt in der Heilig-Blut-Kathedrale in London hatte er an die »unschuldigen Opfern dieser unbeschreiblichen Verbrechen« erinnert und ihr unendliches Leid ausdrücklich mit dem der Märtyrer verglichen.[42] Doch als es darum geht, verbindliche Vorschriften für die Weltkirche zu erlassen, hält Benedikt XVI. plötzlich inne.

Er verlangt nicht, dass in allen Ländern Untersuchungen eingeleitet werden, er setzt den Vorschlag der angelsächsischen Bischöfe zur Einrichtung eines internationalen Kontrollzentrums nicht um, er ordnet nicht an, dass auf jeden Fall die staatlichen Behörden eingeschaltet werden müssen. Nach dem großen Sturm – während in Deutschland der Bischof von Fulda mahnend darauf hinweist, dass es Jahrzehnte dauern wird, bis die Kirche das verlorene Vertrauen zurückgewinnt – bleibt Benedikt XVI. zögerlich. Wie weit die Fälle öffentlich gemacht werden müssen, hält er für »eine eigene Frage, die auch in verschiedenen Bewusstseinsphasen der Öffentlichkeit unterschiedlich beantwortet wird«.[43]

Es ist, als habe man im Vatikan trotz wiederholter Skandale noch immer nicht richtig verstanden, dass eine radikale Wende nötig ist. Im Juli 2011, nach Erscheinen des *Cloyne-Berichts*, wirft der irische Premierminister Enda Kenny dem Vatikan in aller Schärfe vor, er habe in der Vergangenheit die Bestrafung der Schuldigen behindert und »Vergewaltigung und Quälerei von Kindern verharmlost«. Angesichts dieser Vorwürfe und der Ankündigung, die historischen Beziehungen zwischen Irland und dem Heiligen Stuhl »werden nie mehr so sein können wie zuvor«, sieht sich der Vatikan gezwungen, seinen Botschafter aus Irland abzuberufen. Am 13. September 2011 reicht das amerikanische Netzwerk Survivors Network of those Abused by Priests (SNAP) beim Internationalen Strafgerichtshof in Den Haag eine Klage gegen den Papst und den Vatikan wegen des systematischen sexuellen Missbrauchs von Kindern und Jugendlichen ein.

Der Amerikaner Bernie McDaid gehörte zu den fünf Missbrauchsopfern, die der Bostoner Kardinal Sean O'Malley 2008 für eine Begegnung mit dem Papst ausgesucht hatte. Am Sonntag, dem 31. Oktober 2010, traf er sich mit Vertretern von Missbrauchsopfern aus 13 Ländern vor der Engelsburg.

Mit seinem Landsmann Gary Bergeron und der Italo-Niederländerin Paola Leerschool führte er eine Demonstration an, die den Vatikan scharf angriff und die Vereinten Nationen aufforderte, die Vergewaltigung von Minderjährigen zum »Verbrechen gegen die Menschlichkeit« zu erklären. Nachdem sie im Vatikan einen Brief an den Papst übergeben hatten, kam eine Abordnung der Demonstranten mit Pressesprecher Lombardi zusammen, der ihnen eine Liste aller Maßnahmen aushändigte, die die Kirche inzwischen eingeleitet hatte.

Bernie McDaid erinnert sich noch gut an das Treffen mit Benedikt XVI. in Washington, wo dem Papst ein Heft mit den Namen von tausend Missbrauchsopfern überreicht wurde. »Wir waren in der Kapelle der Nuntiatur. Benedikt XVI. ergriff das Wort und äußerte sein Bedauern über das Vorgefallene. Da ging ich zu ihm und legte ihm die Hand auf die Brust, direkt aufs Herz. Dabei sah ich ihm in die Augen und sagte: ›Die Herde der Gläubigen ist von einem Krebsgeschwür befallen, unternehmen Sie etwas!‹ Mit gesenktem Kopf murmelte der Papst: ›Ja, ja.‹ Aber gesagt hat er nichts. Wir wollten einen Dialog mit ihm, aber er hat nicht mit uns gesprochen. Es gab nur ein gemeinsames Gebet, eine Art Meditation.«

Wie viele andere Vertreter von Organisationen von Missbrauchsopfern in verschiedenen Ländern ist auch Bernie McDaid nicht zufrieden mit dem, was der Vatikan unternimmt, um das Übel des Missbrauchs in der Kirche zu bekämpfen. »Ich habe begriffen, dass es der Kirche nur darum geht, alles im Sand verlaufen zu lassen. Die katholische Kirche ist eine Weltorganisation. Wenn sie nur wollten, könnten sie alles durchsieben, Gemeinde um Gemeinde, Diözese um Diözese, um herauszufinden, was wirklich passiert ist. Das hätten sie längst tun sollen.«

KAPITEL XIII

Verrat im Palast

Der päpstliche Kammerdiener Paolo Gabriele wird am 23. Mai 2012 von der vatikanischen Gendarmerie festgenommen. Die Aktion leitet Kommandant Domenico Giani, ehemaliger Mitarbeiter der italienischen Geheimdienste. Während die Kirche den Marienmonat Mai feiert, erfahren die Katholiken, dass es im innersten Kern des Apostolischen Palastes einen Verräter gibt. Gabriele wird vorgeworfen, streng vertrauliche Dokumente aus dem Privatsekretariat des Papstes der Öffentlichkeit zugespielt und damit dem Heiligen Stuhl und dessen Oberhaupt schweren Schaden zugefügt zu haben. In den folgenden Tagen stellen die Gendarmen 82 Kartons mit Dokumenten, kopiertem Internetmaterial und Zeitungsausschnitten sicher.

Von Prälat Gänswein zur Rechenschaft gezogen, bekundet Gabriele emotionslos, man habe »einen Sündenbock gefunden«.[1]

Gabriele ist es, der im Papamobil mit Benedikt XVI. durch die Menge der Gläubigen auf dem Petersplatz fährt, er hält den Schirm über den Papst, wenn es regnet, er schenkt ihm beim Essen die Aranciata ein. Tag für Tag lebt er in enger Gemeinschaft mit dem Oberhaupt der katholischen Kirche. Nicht einmal in der schlimmsten Phase des Kalten Kriegs, als CIA und KGB verbissen darum kämpften, ihre Spione in den Vatikan einzuschleusen, verriet jemand aus dem engsten

Umfeld des Papstes interne Geheimnisse. Der Papst ist »betrübt und betroffen«.[2]

Verheiratet und Vater von drei Kindern, gilt der Kammerdiener als rechtschaffen, schlicht und fleißig, ein frommer Mann, der viel betet. Er schrubbt zunächst die Fußböden im Apostolischen Palast, schafft es aber dann allmählich bis in den Kreis der »päpstlichen Familie«. Hinter den vatikanischen Mauern wohnt er im selben Gebäude wie Emanuela Orlandi, die Tochter eines Vatikanangestellten, die 1983 auf mysteriöse Weise entführt wurde und seither spurlos verschwunden ist. Die Ermittlungen der Gendarmerie und die systematische Vernehmung von Kurienvertretern durch eine vom Papst eingesetzte Untersuchungskommission (mit den Kardinälen Julián Herranz, Josef Tomko und Salvatore De Giorgi) führen zur Enttarnung des Kammerdieners.

In seiner Wohnung im Vatikan und in seinem Quartier in der päpstlichen Sommerresidenz Castelgandolfo findet die Gendarmerie neben der großen Anzahl geheimer Dokumente auch ein (angebliches) Goldklümpchen, das man Benedikt XVI. während einer Lateinamerika-Reise geschenkt hatte; einen Scheck im Wert von 100.000 Dollar, ausgestellt auf den Namen des Papstes und diesem während seiner Kuba-Reise im März 2012 übergeben, sowie eine wertvolle Ausgabe von Vergils *Aeneis* aus dem Jahr 1581 in italienischer Sprache.

Am 25. Mai wird der Kammerdiener von dem vatikanischen Staatsanwalt Nicola Picardi, dem *promotore di giustizia*, verhört. Gabriele schweigt, aber nicht lange. In einer vier mal vier Meter großen Arrestzelle der Schweizergarde – im Vatikan gibt es keine Gefängnisse mehr – beginnt er schon bald mit den Ermittlern zusammenzuarbeiten. Während des Prozesses, im Oktober, wird sich seine Anwältin vor Gericht beschweren, der Kammerdiener sei mehr als zwei Wochen lang gezwungen gewesen, auch nachts mit eingeschaltetem

Licht zu schlafen. Die Zelle sei so klein gewesen, dass er »nicht einmal die Arme ausstrecken« konnte, fügt der Kammerdiener hinzu, obwohl die Gendarmerie erwidert, er sei entsprechend den internationalen Normen behandelt worden.

Dem Untersuchungsrichter gegenüber erklärt Gabriele, er habe Benedikt XVI. nie schaden wollen, jedoch den Eindruck gehabt, dass »der Heilige Vater über einige Angelegenheiten nicht oder nur unzureichend informiert war«.

Das Jahr 2012 hatten sich die Prälaten im Vatikan eigentlich als eine Verschnaufpause in einem krisenreichen Pontifikat vorgestellt. Stattdessen wurde die Kurie zum Schauplatz der schwersten Krise der jüngeren Kirchengeschichte. Eine Flut streng vertraulicher Dokumente überschwemmt die Medien, es ist, als habe man in ein Wespennest gestochen. Machtkämpfe der Kardinäle, Korruption, hässliche Seitenhiebe im Vorfeld der Nachfolge in der Erzdiözese Mailand, Prophezeiungen über einen baldigen Tod des Papstes und undurchsichtige Manöver in der Vatikanbank kommen plötzlich an die Öffentlichkeit. Die Enthüllungen irritieren und befremden die katholische Welt. Die Polemiken rütteln immer wieder an der Stellung von Staatssekretär Tarcisio Bertone, der rechten Hand des Papstes, und erschüttern letztlich die Führungsautorität des Kirchenoberhaupts. Die Dokumente, die unter dem Schlagwort Vatileaks kursieren, enthalten sogar Voraussagen über Benedikts Nachfolge.

Es ist ein ruhiger Tag Ende August 2011, ein Großteil der Kurie ist noch in den Sommerferien, als ein gegen Kardinal Bertone gerichteter anonymer Brief in der Presse die Runde macht. »Grandi funerali a corte«, Große Begräbnisse am Hof, lautet die Drohung eines unbekannten Prälaten. Das Zitat stammt vom heiligen Don Bosco aus dem 19. Jahrhundert, dem Gründer des Salesianer-Ordens, dem auch Bertone angehört. Er prophezeite Viktor Emanuel II., dem König von Piemont, schweres Unheil, sollte er das geplante Gesetz zur Abschaffung der religiösen Orden und zur Verstaatlichung von deren Gütern nicht blockieren. Kurz nacheinander starben damals die Königinmutter Maria Theresia, Viktor Emanuels Gattin Maria Adelaide und der Bruder des Königs, Herzog Ferdinand.

Für Vatikaninsider ist die Anspielung klar. Der Unbekannte, von den Medien prompt als »corvo«, Rabe, tituliert, wirft Kardinal Bertone vor, Erzbischof Carlo Maria Viganò, den Generalsekretär des Governatorats des Vatikanstaats, zu Unrecht gestürzt zu haben.[4] Der trotz seiner 70 Jahre noch recht energische Viganò entstammt einer lombardischen Unternehmerfamilie. Er war Nuntius und hoher Beamter im Staatssekretariat und erst am 9. Juli 2009 auf seinen Posten berufen worden. Sein Vorhaben, unter strengen Sparkriterien eine effiziente vatikanische Verwaltung aufzubauen, stößt jedoch schon bald auf heftigen Widerstand. Bertone versagt ihm nicht nur seine Unterstützung, er macht ihn sogar für die Spannungen innerhalb der vatikanischen Bürokratie verantwortlich und entlässt ihn am 2. Juli 2011 aus dem Amt. Viganò wird als Nuntius nach Washington abgeschoben.

Das anonyme Schreiben wird im Staatssekretariat als »grotesk« abgetan, Kardinal Bertone übergibt es dem Kommandanten der Gendarmerie und misst ihm weiter keine Bedeutung zu. Die Aufmerksamkeit der Kurie konzentriert sich auf das bevorstehende Konsistorium zur Ernennung der neuen Kardinäle. Die Zeremonie vom 18. Februar 2012, bei der Benedikt XVI. 22 neue Kardinäle ernennt (vier von ihnen können mit über 80 Jahren nicht am nächsten Konklave teilnehmen), erscheint als ein geschickter Schachzug des Staatssekretariats. Von den 18 neuen Kardinälen, die als Wahlberechtigte eines Tages aufgerufen sein werden, Benedikts Nachfolger zu wählen, sind sieben Italiener und acht

Mitglieder der Kurie. Bei nur einem chinesischen und einem indischen Kardinal ist das Übergewicht der Kardinäle aus dem »weißen« euroamerikanischen Raum erdrückend. Kein einziger neuer afrikanischer Kardinal wird ernannt, obwohl der schwarze Kontinent den schnellsten Zuwachs an katholischen Gläubigen verzeichnet. Damit erscheinen die Proportionen eines künftigen Konklaves verzerrt. Auf die Italiener werden 30 Vertreter entfallen, ein Viertel aller Kardinäle, als könne Italien 300 Millionen Katholiken aufweisen. Auf Europa entfällt, andererseits, erneut eine sichere Mehrheit: mit 67 von 120 Kardinälen.[5]

Eine Gruppe von Italienern an den Schaltstellen des vatikanischen Regierungsapparats, die eng mit dem Staatssekretariat verbunden sind, erhält das rote Kardinalsbirett: Giuseppe Bertello, Governator des Vatikanstaates, Domenico Calcagno, Präsident der Güterverwaltung des Apostolischen Stuhls (APSA), Giuseppe Versaldi, Präsident der Präfektur für wirtschaftliche Angelegenheiten. Auch Fernando Filoni, Präfekt der Kongregation für die Evangelisierung der Völker, Francesco Coccopalmerio, Vorsitzender des Päpstlichen Rates für die Auslegung der Gesetzestexte des Heiligen Stuhls, sowie Antonio Maria Veglio, Vorsitzender des Päpstlichen Rates für die Migranten, sind Italiener.

Die Feierlichkeiten anlässlich der Ernennungen werden jedoch von einem Sturm aus heiterem Himmel überschattet, der die Kurie erschüttert und die Kardinäle aus allen fünf Kontinenten in Unruhe versetzt. Diesmal handelt es sich nicht um anonyme Briefe, um Geschwätz hinter vorgehaltener Hand. Der Konflikt zwischen Erzbischof Carlo Maria Viganò und Kardinal Bertone gelangt an die Öffentlichkeit, auch der Papst wird in den Streit miteinbezogen. Die Dokumente sind echt, muss das Presseamt des Heiligen Stuhl zugeben.

In der Sendung »Gli Intoccabili« des Fernsehsenders La 7 präsentiert der Journalist Gianluigi Nuzzi einen Brief Viganòs an den Papst, mit dem er gegen seine Entlassung protestiert. Diese könnte »bei denen, die fest glaubten, man könne die zahlreichen Praktiken der Korruption und des Amtsmissbrauchs abstellen, die sich in der Führung der verschiedenen Verwaltungen eingenistet haben, tiefe Verunsicherung und Bedrückung« auslösen.[6] Der ehemalige Vizegeneralsekretär des Governatorats, Bischof Giorgio Corbellini, bestätigt in der Fernsehsendung, dass sich Viganò »insbesondere für mehr Transparenz bei der Vergabe von Bauaufträgen eingesetzt« habe. Nuzzi, der bereits das Buch *Vatikan AG* über die Skandale der Vatikanbank veröffentlicht hatte, war von einem Informanten aus der Kurie heraus kontaktiert worden. Der hatte ihm die geheimen Dokumente übergeben.

Es ist Januar, die Vatileaks-Lawine rollt an. Die Tageszeitung *Il Fatto Quotidiano* veröffentlicht einen Brief Viganòs an das Staatssekretariat, in dem der Erzbischof handfeste Vorwürfe erhebt: Fälschung von Rechnungen und ein »Fehlbetrag von mindestens 70.000 Euro«, den er einem Prälaten der Kurie zur Last legt; Betrügereien, bei denen der *Osservatore Romano* um 97.000 Euro und die Güterverwaltung des Apostolischen Stuhls (APSA) um 85.000 Euro geprellt worden seien. Und weiter: Der Direktor der Päpstlichen Villen habe einen Diebstahl im Jahr 2011 verschwiegen und weder seinen Vorgesetzten noch der Gendarmerie gemeldet. Und ein Verwaltungsdirektor der Vatikanischen Museen sei im Besitz einer Kreditkarte, mit der er monatlich bis zu 2.500 Euro zulasten der Sri Group abheben könne, einer Consultingfirma, die mit dem Vatikan Geschäftsbeziehungen unterhält.[7]

Viganò nennt Vor- und Zunamen, und er ruft Zeugen auf. Die Effizienz seines Managements ist erwiesen. 2009, im Jahr seines Amtsantritts, schloss die Bilanz des Governatorats mit einem Minus von fast acht Millionen Euro. 2010 verzeichnete die Abschlussrechnung einen Überschuss von 21 Millionen Euro.[8] Unter seiner Leitung sanken die Kosten für die Weihnachtskrippe auf dem Petersplatz von 550.000 Euro im Jahr 2009 auf 300.000 Euro im folgenden Jahr.

Aber für Viganò ist die Schlacht verloren. Die Audienz, die ihm der Papst gewährt, bleibt ergebnislos, ebenso ein Memorandum, in dem er darauf hinweist, dass seine Entlassung »das Vertrauen in die Person des Heiligen Vaters erschüttern« könnte, dem es »so sehr am Herzen liegt, dass in der Kirche und in Seinem Haus im Vatikan für Ordnung und Sauberkeit gesorgt wird«.[9] In letzter Minute bittet Viganò Bertone, die Vorwürfe gegen ihn von einem unabhängigen Gremium untersuchen zu lassen, dem Obersten Gericht der Apostolischen Signatur. Weder Benedikt XVI. noch das Staatssekretariat erhören ihn. Eine vom Staatssekretariat eingesetzte interne Untersuchungskommission wird ihre Ergebnisse nie veröffentlichen. Über die Vergabe von Aufträgen zu überhöhten Preisen, die betrügerischen Machenschaften und die Fehlsummen senkt sich der Mantel des Schweigens. Wer sich vom deutschen Papst deutsche Gründlichkeit erwartet hatte, sieht sich enttäuscht.

Fassungslos sind auch die beim Heiligen Stuhl akkreditierten Diplomaten. Eine Verlautbarung des vatikanischen Pressesprechers Pater Lombardi nach Nuzzis Auftritt bei La 7 lässt Viganò Gerechtigkeit widerfahren: »Dass der Papst Mons. Viganò die Aufgabe eines Nuntius in den Vereinigten Staaten übertragen hat«, sagt er, sei »der untrügliche Beweis für die Achtung und das Vertrauen, das er ihm entgegenbringt.«[10] Am 4. Februar 2012 erscheint dagegen eine von den Kardinälen Giovanni Lajolo und Giuseppe Bertello im Namen der Präsidentschaft des Governatorats unterzeichnete Erklärung. Darin heißt es, die in Viganòs Briefen enthaltenen Behauptungen seien »das Ergebnis falscher Bewertungen und basieren auf Befürchtungen, die durch keine Beweise untermauert sind. Vielmehr widersprechen ihnen die als Zeugen genannten wichtigsten Personen ganz offen«. Der Bilanzüberschuss sei das Verdienst des Finanzmanagements der APSA sowie der »hervorragenden Ergebnisse der Vatikanischen Museen«. Bei der Auftragsvergabe, so heißt es in dem Kommuniqué weiter, gebe es keine Unregelmäßigkeiten.[11] Aber warum schickt der Papst mit Viganò einen Nuntius nach Washington, auf dessen Bewertungen man sich anscheinend nicht verlassen kann? Diese Frage bleibt unbeantwortet.

Sechs Tage später erfahren die katholischen Gläubigen geschockt von der Existenz eines Memorandums Kardinal Castrillón Hoyos' an den päpstlichen Privatsekretär Gänswein, in dem von einem Anschlag auf Benedikt XVI. die Rede ist. Vom wem das Dokument stammt, liegt im Dunkeln. Es ist in ausgezeichnetem Deutsch abgefasst, was auf eine Herkunft aus erzkatholischen, den Piusbrüdern nahestehenden Kreisen hindeutet (mit denen Castrillón Hoyos seit Jahren in Kontakt steht) und basiert auf der Manipulation von angeblichen Äußerungen des Kardinals von Palermo, Paolo Romeo, während einer China-Reise. Aus dem Satz, der deutsche Papst habe nur noch zwölf Monate zu leben, wird die Ankündigung von einem »ernstzunehmenden Mordkomplott« gegen den Heiligen Vater.[12] Einmal abgesehen von dem schauerlichen, bisweilen grotesk lächerlichen Ton enthält das Dokument jedoch eine vergiftete Botschaft: dem Pontifikat sei keine lange Dauer beschieden, es gebe einen Konflikt zwischen Benedikt XVI. und dem Staatssekretariat, und – last, but not least – das Kirchenoberhaupt sei bereits mit der Frage seiner eigenen Nachfolge befasst und favorisiere einen italienischen Kardinal, Angelo Scola, den Erzbischof von Mailand. Kurze Zeit später wird ein vertraulicher Brief des geistlichen Leiters der Bewegung Comunione e Liberazione, Julián Carrón, bekannt, in dem es heißt, unter den Kardinälen Martini und Tettamanzi sei es in Mailand zu einem Bruch mit der christlichen Tradition gekommen; die theologische Unterweisung weiche vielfach von der Tradition und vom römischen Lehramt ab.[13]

In einer von der Flut der Enthüllungen aufgeschreckten Kurie leitet das Staatssekretariat eine erste Untersuchung ein. Im *Osservatore Romano* prangert Chefredakteur Giovanni Maria Vian »unverantwortliches und unwürdiges Verhalten« an und spricht von einem Papst, der »vor den Wölfen nicht zurückweicht«.[14] Aber in der katholischen Welt erheben sich kritische Stimmen, die zu einem gründlicheren Nachdenken über die Vatileaks-Affäre auffordern. Nach Ansicht von Vittorio Messori, Autor von Gesprächen mit Johannes Paul II. und Kardinal Ratzinger, die in Buchform veröffentlicht wurden, gerät der vatikanische Apparat »beunruhigend oft« ins Stocken, »aufgrund von missverständlichen oder fahrigen Entscheidungen oder wegen diplomatischer Patzer«. Im Vatikan, so Messori, führe ein barocker Apparat zu »Fehlern und Ausrutschern«. Die Historikerin Lucetta Scaraffia, Kommentatorin des *Osservatore Romano*, spricht von »schweren Hypotheken einer viel zu oft undurchsichtigen Gegenwart und Vergangenheit«.

Am 22. Februar tritt der Informant von Vatileaks (der sich nach seiner Festnahme als Paolo Gabriele entpuppt) mit unkenntlich gemachtem Gesicht im italienischen Fernsehen auf. Er behauptet, die Weitergabe von Dokumenten sei »Ausdruck der Wut« und des Protests gegen ein Klima »der *omertà*, des Schweigens, um die Wahrheit unter Verschluss zu halten«. Der Mann mit der verzerrten Stimme spielt auf den mysteriösen Tod des Gefreiten Cédric Tornay von der Schweizergarde, seines Kommandanten Alois Estermann und dessen Frau Gladys Romero im Mai 1998 an. Der Vatikan, so der »Rabe«, sei eine Welt, »wo man hingehen, ein Blutbad anrichten und unbehelligt wieder verschwinden kann. Und 24 Stunden später kann niemand den Mund aufmachen zu dem, was passiert ist«.[15] Eine schwerwiegende Behauptung: Nach einer sehr lückenhaften Untersuchung des Vorfalls teilten die vatikanischen Behörden mit, der 23-jährige Tornay sei ausgerastet, weil er nicht befördert wurde, und habe in einem Anfall von Wahnsinn zuerst das Ehepaar ermordet und dann sich selbst getötet.

Zur selben Zeit, als Viganò torpediert wird, kommt es zu einer Machtprobe zwischen dem Staatssekretär und Kardinal Tettamanzi, damals noch Erzbischof von Mailand, um ihm die Präsidentschaft des Istituto Toniolo wegzunehmen. Das Toniolo hat die Kontrolle über die Katholische Universität Mailand und die Poliklinik Gemelli in Rom, wo Johannes Paul II. häufig in Behandlung war: zwei Kronjuwelen des italienischen Katholizismus. Per Fax fordert Bertone den Kardinal auf, von der Leitung des Istituto Toniolo zurückzutreten, dies sei der allerhöchste Befehl des Heiligen Vaters.[16] Gemessen an der üblichen vatikanischen Praxis ist Kardinal Tettamanzis Reaktion unerhört. Er wendet sich mit einem Brief direkt an den Papst: »Ich hege schwere Zweifel an dem zuletzt [vom Staatssekretär] erhaltenen Schreiben und an dem, was Ihnen unmittelbar zugeschrieben wird«, heißt es darin. Gezeichnet: »Mit Hochachtung und großer Zuneigung im Herrn, Ihr † Dionigi Tettamanzi.«[17] Der Papst entscheidet sich dafür, den Kardinal auf seinem Posten zu belassen, und desavouiert Bertone.

Für das Machtgefüge innerhalb des Apostolischen Palastes bedeutet die Vatileaks-Affäre einen qualitativen Sprung.

Das Novum besteht in der Säkularisierung und Modernisierung der vatikaninternen Machtkämpfe. Die Auseinandersetzungen werden nicht mehr mit anonymen Briefen ausgetragen, mit Klatschgeschichten über geheime Liebschaften mit Frauen oder homosexuelle Beziehungen. Das Terrain ist jetzt die mediale Weltöffentlichkeit. Es sind nicht investigative Journalisten, die das Material aufspüren, es sind die Akteure im Vatikan selbst, die die Journalisten mit gezielten Informationen füttern und dadurch faktisch für sich einspannen. Ihr Ziel ist es, die Öffentlichkeit zu sensibilisieren und damit Druck ausüben, um einen Führungswechsel in der Kurie zu erzwingen. Der Zeitpunkt, zu dem die Dokumente in der Zeitung *Il Fatto Quotidiano* und die Vielzahl an Briefen lanciert werden, die Gianluigi Nuzzi später in einem Buch veröffentlicht,[18] ist nicht zufällig gewählt. Das Timing scheint einer genauen Regie zu folgen.

Tag für Tag lebt der Apostolische Palast in Angst vor neuen unangenehmen Enthüllungen. Die Zahl der Dissidenten ist unbekannt, ihre Identität bleibt im Dunkeln. Der »Rabe« spricht mal von 20 Personen, mal lässt er die Sache im Unklaren. Dennoch ist offenkundig, dass die Vatileaks-Revolte ihren tieferen Grund in einem Klima des Dissens und der Unzufriedenheit mit der Machtausübung des Staatssekretärs hat. In seiner Aussage vor dem Untersuchungsrichter verweist Gabriele auf Skandale und Korruption, auf ungelöste Rätsel und Gegebenheiten, »die ein diffuses Unbehagen ausgelöst haben«.[19]

Der jüngste Schachzug Bertones, der in der Kurie große Verärgerung hervorrief, ist eine Regelung, die es den Leitern der Dikasterien (der Ministerien der päpstlichen Regierung) untersagt, sich direkt an den Papst zu wenden, um Sonderbefugnisse zu erhalten. Hohe Kardinäle sind nunmehr gezwungen, »ihre Bitte schriftlich an das Staatssekretariat zu richten«. Auch die Antwort erteilt das Staatssekretariat.[20] Doch dieser Konzentration in den Händen Bertones entspricht kein Zuwachs an Effizienz.

Die Rebellen sind sich des stillschweigenden Einverständnisses wichtiger Persönlichkeiten sicher, die sich nicht exponieren wollen. Im Beschluss zur Eröffnung des Hauptverfahrens gegen Paolo Gabriele ist von der Neigung des Kammerdieners die Rede, nicht nur zu Mitarbeitern des Apostolischen Palastes, sondern auch zu »teils hochrangigen Prälaten der Vatikanstadt« vertrauliche Beziehungen zu knüpfen.[21] Auch wenn der päpstliche Pressesprecher Lombardi betont, »unter den Beschuldigten oder Verdächtigen sei kein Kardinal«.[22] Im Wirbel der Dokumente, die aus den dicken Mauern des Vatikans herausfinden, sind aber nicht die Konturen des klassischen Kräftemessens zwischen Fortschrittlichen und Konservativen zu erkennen. Dem Anti-Bertone-Lager gehören im Gegenteil Prälaten an, die ganz auf der Linie Ratzingers liegen. Über Bertones Ablösung als Staatssekretär wird in den Korridoren des Vatikans offen geredet. Als möglicher Nachfolger gilt Kardinal Mauro Piacenza, Präfekt der Kongregation für den Klerus, der ganz im Einklang mit Benedikt XVI. die Idee ablehnt, das »Zweite Vatikanische Konzil [sei] ein ›Neuanfang‹ der Kirche« gewesen.[23] Auch ein anderer linientreuer Kardinal, Ferdinando Filoni, Präfekt der Kongregation für die Evangelisierung der Völker, wird zu den Kandidaten gezählt.

Die Unzufriedenheit mit dem Führungsstil des Staatssekretärs ist nicht neu, und die Proteste sind sogar bis zum Papst vorgedrungen. Schon 2009 schickte Prälat Paolo Sardi, ein erfahrener Mitarbeiter des Staatssekretariats, einen von Vatileaks veröffentlichten Brief an den Papst. »Heiliger Vater«, heißt es darin, »seit einiger Zeit werden von verschiedenen Seiten in der Kirche, auch auf Initiative von Personen, die ihr in großer Loyalität verbunden sind, kritische Stimmen über die mangelnde Koordination und das Durcheinander laut, das in ihrem Zentrum herrscht.« Der Prälat, den Benedikt XVI. 2010 in den Kardinalsstand erhebt, teilt diese Kritik: »Das berührt mich schmerzlich, aber ich muss aus meinem bescheidenen Blickwinkel zur Kenntnis nehmen, dass diese Kritik nicht unbegründet ist.«[24] Der ehemalige Vizedirektor des *Osservatore Romano*, Gian Franco Svidercoschi, spricht offen von einer »Führungskrise«. Es gebe, sagt er, durchaus Prälaten, die illoyales Verhalten zeigten, das Grundproblem sei jedoch ein anderes: »Ein Theologe auf dem Papstthron bräuchte ein Staatssekretariat, das sehr viel aufmerksamer ist. Diese so grundlegende Einrichtung der Kirche müsste das Gegengewicht zu einem Papst bilden, der im kirchlichen Leben nicht so präsent ist.«[25]

Die vielen Konflikte, die durch Vatileaks ans Licht gekommen sind, bekunden den Verlust jenes besonderen Stils, der jahrhundertelang das Geheimnis der Regierungskunst des Heiligen Stuhls ausmachte: Besonnenheit und diplomatisches Fingerspitzengefühl. Die in den vertraulichen Papieren dokumentierten gravierenden Vorfälle zeugen von Machtkämpfen und Gerangel um die Führung der Finanzen – Konflikte, die ziemlich rüde ausgetragen werden und stets mit Beteiligung des Staatssekretariats. Dies zeigen nicht zuletzt die Manöver, die mit der Vatikanbank verbunden sind.

Seit Jahren sorgt unter den Regierungsorganen des Heiligen Stuhls die Vatikanbank IOR (Istituto per le Opere di Religione, Institut für die Werke der Religion) immer wieder für große Skandale. Satzungsgemäß besteht ihre einzige Aufgabe in der Verwahrung und Verwaltung der beweglichen und unbeweglichen Güter, die »für Werke der Religion und der Barmherzigkeit bestimmt sind«. Die Liste derer, die ein Girokonto bei der Bank eröffnen können, ist strikt begrenzt.

Dem IOR-Direktor Paolo Cipriani zufolge sind nur Einrichtungen des Heiligen Stuhls, Nuntiaturen, Stiftungen des kirchlichen Rechts, religiöse Orden, Klöster, Diözesen und Bischofskonferenzen, Pfarreien, Priesterseminare, Kollegien, autorisierte Priester und Ordensleute, Botschaften beim Heiligen Stuhl sowie die päpstliche Familie dazu berechtigt.[26] Die Wirklichkeit sah über Jahrzehnte hinweg völlig anders aus. Den absoluten Tiefpunkt bildeten die achtziger Jahre des vorigen Jahrhunderts, als das IOR in den Zwei-Billionen-Lire-Zusammenbruch des Banco Ambrosiano verwickelt war. Die riskanten Geschäftsbeziehungen des IOR-Präsidenten, Erzbischof Paul Marcinkus, zum Bankier Roberto Calvi (der am 18. Juni 1982 unter der Black Friars Bridge in London erhängt aufgefunden wurde) kosteten die Vatikanbank 250 Millionen Dollar, die sie an die internationalen Gläubigerbanken des Banco Ambrosiano bezahlte.[27] Dem Haftbefehl der italienischen Justiz 1987 konnte sich Marcinkus nur dank der strafrechtlichen Immunität des Heiligen Stuhls entziehen. In den nachfolgenden Jahrzehnten wurde das IOR dazu benutzt, Schmiergelder an italienische Regierungsparteien weiterzuleiten und »massive Geldwäscheoperationen« zugunsten der Mafia durchzuführen.[28] Noch im Jahr 2012 meldete die italienische Zentralbank zehn verdächtige Fälle von Geldsummen illegaler Herkunft, die auf Girokonten einfacher Priester und Nonnen eingezahlt wurden.[29] Nummernkonten, bei denen die Identität des Bankkunden nicht bekannt ist, und »externe« Kontoinhaber, die eigentlich gar keine Berechtigung zur Führung eines Bankkontos beim IOR hätten, waren schon immer die wunden Punkte der Vatikanbank.

Angesichts dieser unseligen Vorgeschichte wurde der Entschluss Benedikts XVI. zur vollständigen Transparenz als die entscheidende Wende begrüßt. Am 30. Dezember 2010 erließ der Papst ein vatikanisches Gesetz zur »Prävention und Bekämpfung der Geldwäsche von Einkünften aus kriminellen Aktivitäten und der Terrorfinanzierung«.[30] Gleichzeitig setzte er die Autorità di Informazione Finanziaria (AIF) als Aufsichtsbehörde für das Finanzwesen ein: mit dem Auftrag, »in voller Autonomie und Unabhängigkeit«[31] gegenüber allen vatikanischen Einrichtungen verfahren zu können und, mit direktem Zugriff auf die Finanz- und Verwaltungsarchive der verschiedenen Behörden, ein unbeschränktes Kontrollrecht auszuüben.

Die Richtlinien sind streng. »Jedes Subjekt, sei es eine natürliche oder juristische Person, jede juristische Einrichtung und jedes juristische Organ [im Vatikan] … ist gehalten, der Pflicht zur angemessenen Überprüfung, Erfassung der geschäftlichen Beziehungen und Transaktionen, Aufbewahrung der Informationen« aller Finanzaktivitäten nachzukommen.[32] Geldwäsche wird mit vier bis zwölf Jahren Haft bestraft. Jeder Mitarbeiter im Vatikan ist von der »Geheimhaltungspflicht« seiner Behörde entbunden, wenn er »in gutem Glauben« verdächtige Operationen melden möchte.

Mit diesem strengen Reglement wollte man die Aufnahme in die Weiße Liste des Expertenausschusses des Europarats Moneyval erreichen, der die Mitgliedstaaten hinsichtlich der Legalität ihrer Finanzoperationen bewertet. Am 19. Januar 2011 ernennt der Papst Kardinal Attilio Nicora, den Präsidenten der Güterverwaltung des Apostolischen Stuhls, zum Vorsitzenden der vatikaninternen Finanzaufsichtsbehörde AIF. Der ausgewiesene Wirtschaftsfachmann hatte das 1984 mit Italien unterzeichnete neue Konkordat ausgehandelt und maßgeblich zur Umsetzung der Acht-Promille-Regelung der katholischen Kirchensteuer in Italien beigetragen.[33] Ein paar Monate später gerät die Reformoffensive ins Stocken. Auf Veranlassung von Kardinal Bertone verfasst der

Präsident des Gerichts des Vatikanstaates, der bekannte katholische Jurist Professor Giuseppe Dalla Torre, ein Schreiben, das die rückwirkende Anwendung des neuen, vom Papst erlassenen Gesetzes auf Fälle vor Einführung des neuen Gesetzes ausschließt. »Eine allgemeine Regel besagt«, so der Jurist, »dass es sich nur auf künftige Sachverhalte und Rechtsverhältnisse bezieht.«[34] Am 25. Januar 2012 beschränkt ein vom Staatssekretär angeregtes Dekret die Kompetenzen der vatikanischen Finanzaufsichtsbehörde. Ihre Kontrollaufgaben – die große Neuerung des von Benedikt XVI. erlassenen Gesetzes 127 – werden einer speziellen Genehmigung *(nulla osta)* des Staatssekretariats unterworfen und harren der Festlegungen einer noch zu erlassenden Verfahrensordnung der Päpstlichen Kommission des Governatorats für den Vatikanstaat. Weiterhin wird die Bilanz der Vatikanbank nicht veröffentlicht, und bis heute fehlt der Nachweis, dass die Nummernkonten und »externen« Girokonten tatsächlich abgeschafft wurden.

Vatileaks enthüllt den dramatischen Kampf, den Kardinal Nicora und der IOR-Präsident Ettore Gotti Tedeschi (ein dem Opus Dei nahestehender Wirtschaftsexperte und persönlicher Freund Benedikts XVI.) zur Umsetzung einer Politik der Transparenz führten. Die neuen Vorschriften, moniert Kardinal Nicora in einem vertraulichen Brief an den Staatssekretär, verändern das 2010 geschaffene System zur Bekämpfung von Geldwäsche, das mit den EU-Behörden abgesprochen war; es fehle ihnen an Stringenz, was eine »umfassende Minderung von Kompetenzen und Aufgaben« der Behörde für Finanzinformation zur Folge habe. Auf dem Spiel stehe das Ansehen des Heiligen Stuhls, schreibt Nicora, die Änderung »könnte, wenn auch fälschlicherweise, von Außenstehenden als ein ›Rückschritt‹ auf dem eingeschlagenen Weg angesehen werden«.[35]

Nicora findet kein Gehör. Sein Verbündeter, der IOR-Präsident Gotti Tedeschi, stößt auf den Widerstand des IOR-Generaldirektors Paolo Cipriani. Er erhält keine Auskünfte über die »externen« Girokonten. Seine Absicht, die Konten des IOR nach den vom internationalen Wirtschaftsprüfungsunternehmen Deloitte aufgestellten Regeln zu führen, wird vom Aufsichtsrat der Vatikanbank boykottiert (wo sich ihm der Vizepräsident Ronaldo Hermann Schmitz, ehemals Vorstandsmitglied der Deutschen Bank, und Carl Anderson, Supreme Knight der Kolumbusritter, entgegenstellen). Die Beratungskosten seien zu hoch, lautet die seltsame Begründung. Mitte Februar 2012 sperrt die Bank J. P. Morgan das auf das IOR ausgestellte Konto Nr. 1365 (auf das seit 2009 rund eine Milliarde Euro eingezahlt worden sein sollen), weil es keine zufriedenstellende Auskunft über die Herkunft der Summen erhalten hat.[36] Als Bertone um eine Erklärung bittet, stellt sich Gotti Tedeschi hinter die Forderung von J. P. Morgan nach Aufklärung.

Das Schicksal des Präsidenten der Vatikanbank ist besiegelt. Ein für die IOR-Mitarbeiter zuständiger Arzt, der Psychiater Pietro Lasalvia, nutzt einen Weihnachtsempfang 2011 im Vatikan, um an Gotti Tedeschi heranzutreten, ihn zu beobachten und ohne sein Wissen und unter Missachtung jeglichen Berufsethos ein psychiatrisches Profil von ihm zu erstellen. Darin wird der Präsident der Vatikanbank als eine Persönlichkeit mit »Zügen von Egozentrik, Narzissmus und teilweisen Realitätsverlust« beschrieben und »eine psychopathologische Störung« diagnostiziert, die als »soziale Passivität« bekannt sei. Das Gutachten ist an die Generaldirektion des IOR adressiert und landet auf dem Schreibtisch des Staatssekretärs.[37]

Am 24. Mai 2012 spricht der Aufsichtsrat des IOR seinem Präsidenten das Misstrauen aus. Gotti Tedeschis moralische

Vernichtung wird auf eine Art und Weise bewerkstelligt, wie sie das weltweite Bankwesen nie gesehen hat. In seiner Funktion als Sekretär des Aufsichtsrats verfasst Carl Anderson ein Schreiben, in dem er Gotti Tedeschis Entlassung in neun Punkten begründet, unter anderem mit der Unfähigkeit, »seinen grundlegenden Aufgaben [als Präsident] nachzukommen«. Er zeige »mangelnde Bedachtsamkeit und Genauigkeit in seinen Äußerungen über das Institut« und bleibe »den Aufsichtsratssitzungen fern«; er könne »nicht erklären, warum Unterlagen im Besitz des Präsidenten in Umlauf kamen«, und zeige ein »zunehmend wankelmütiges Verhalten«.[38]

In den nachfolgenden Tagen wird Gotti Tedeschi Freunden anvertrauen, er fürchte um sein Leben und habe daher ein zehnseitiges Memorandum mit 50 Anlagen für den päpstlichen Sekretär Gänswein verfasst und drei vertrauenswürdigen Personen übergeben, falls ihm etwas zustoße. »Alles begann, als ich um Auskunft über die Konten bat, die nicht auf die Namen von Prälaten lauten«, erklärt er zwei Wochen später.[39] Es sei das Staatssekretariat gewesen, wird er später bekräftigen, das die Normen zur Bekämpfung von Geldwäsche im vatikanischen Gesetz 127 ändern wollte.[40]

In den päpstlichen Gemächern nimmt man diese Entwicklungen mit Unmut zur Kenntnis. Die engsten Mitarbeiter des Papstes möchten das Ansehen Benedikts XVI. als moralische Instanz schützen, und es weckt alte Irritationen, wenn der Vatikan erneut in einen Strudel der Polemiken über mangelnde Transparenz des IOR gerät. Der Papst selbst reagiert ungehalten. Erneut ist Kardinal Bertone involviert, und hinter den Kulissen wächst der Druck, ihn abzulösen.

Nur wenige Kardinäle haben den Mut, sich zum Thema Staatskrise im Vatikan öffentlich zu äußern. In Berlin nennt es Kardinal Rainer Maria Woelki »ärgerlich, wenn im Raum der Kirche eine Bank schlecht agiert oder sogar Geldwäsche passiert und finanzielle Unregelmäßigkeiten geschehen. Das darf bei uns keinen Ort haben.« Woelki sieht nur eine Lösung: »Wir können nur einen Prozess der Selbstreinigung beginnen.«[41] In Paris kritisiert Kardinal André Vingt-Trois in einem Interview mit Radio Notre Dame die Unzulänglichkeiten der Kurie: »Jedes Dikasterium agiert auf eigene Faust, und die Kommunikation zwischen den verschiedenen Dikasterien verläuft manchmal schleppend oder existiert gar nicht.« Das Schicksal des Staatssekretärs kommentiert Vingt-Trois mit den Worten: »Kardinal Bertone ist 78 Jahre alt, und man benötigt keine geheimen Enthüllungen, um zu wissen, dass sein Abschied aus dem Staatssekretariat absehbar ist.«[42]

»Die Kirche mag Geld verlieren, aber sie darf nicht sich selbst verlieren. Das, was geschehen ist, kann uns dem Evangelium näherbringen und die Kirche lehren, nicht auf die Schätze dieser Welt zu setzen«, fügt Kardinal Carlo Maria Martini hinzu.[43]

In Italien, wo die Macht des Papstes am deutlichsten zu spüren ist, flüchten sich kirchliche Kreise in die allgemeine Feststellung, in der Kirche »gibt es Heilige und Sünder … auch Judas war ein Verräter«. Der Jesuitenpater Bartolomeo Sorge, ehemaliger Chefredakteur der einflussreichen Kirchenzeitschrift *La Civiltà Cattolica*, bricht das Schweigen: »Wir können die Unmoral derer anprangern, die Geheimnisse verraten haben. Aber wir sollten uns vor allem bestimmter Dinge schämen, die geschehen sind, und öffentlich um Verzeihung bitten … Wir erkennen, dass es in der Römischen Kurie Dinge gibt, die es nicht geben dürfte. Die Anstoß erregen und die Glaubwürdigkeit der Kirche beschädigen.«

Der Vatileaks-Sturm erschüttert auch die Figur des Kirchenoberhaupts. Hier und da werden Stimmen laut, die einen Rücktritt des Papstes fordern. Benedikt XVI. wird vorgeworfen, er sei monatelang untätig geblieben und habe erst spät (erst am 31. März 2012) eine Untersuchungskommission der Kardinäle eingesetzt, deren Ergebnisse dann nicht veröffentlicht wurden; er habe die Absetzung Viganòs und Gotti Tedeschis zugelassen und schaffe es nicht, sich von Kardinal Bertone zu trennen.

Und wieder einmal kursiert leise der Vorwurf, Benedikt widme sich zu sehr seinen Studien. Tatsächlich ist er mit dem letzten Schliff seines dritten Jesus-Buches beschäftigt, das im November 2012 erscheinen soll.

Nach der Verhaftung seines Kammerdieners Paolo Gabriele gibt Benedikt XVI. öffentlich zu, die Ereignisse jener Tage »haben mein Herz mit Traurigkeit erfüllt«.[44] Im gleichen Atemzug spricht er jedoch seinen engsten Mitarbeitern erneut »mein Vertrauen und meine Ermutigung« aus. Ein paar Wochen später schickt er einen offiziellen Brief an Kardinal Bertone, in dem er ihm herzlich dankt für seine »diskrete Nähe und … die hilfreichen Ratschläge«, besonders in den letzten Monaten, wie er hinzufügt. Benedikt XVI. betrachtet die Kritik an seinem Staatssekretär als ungerecht und möchte ihm daher, wie schon im stürmischen Jahr 2010, erneut öffentlich sein »persönliches Vertrauen bekunden«.[45] Nach Ansicht des Papstes haben die Medien »unhaltbare Unterstellungen« verbreitet und »ein Bild vom Heiligen Stuhl vermittelt, das nicht der Wirklichkeit entspricht«.[46] Presse und Fernsehen werden von den kirchlichen Würdenträgern immer zuerst beschuldigt, wenn ein Skandal entfacht ist. Während seines Flugs in den Libanon im September 2012 war es keinem Journalisten gestattet, sich mit einer Frage zu Vatileaks an Benedikt XVI. zu wenden. Alle Fragen von Medienvertretern werden ausschließlich von Pater Lombardi vorgetragen.

Der Prozess gegen Paolo Gabriele beginnt im Vatikan Ende September, wenige Tage vor der Bischofssynode für die Neuevangelisierung und den Feierlichkeiten zum 50. Jahrestag des Zweiten Vatikanischen Konzils. Wegen Begünstigung angeklagt ist auch ein Informatiker des Staatssekretariats, Claudio Sciarpelletti, der im Mai festgenommen und nach 24 Stunden wieder auf freien Fuß gesetzt wurde. Der Kammerdiener verbrachte fast zwei Monate in Haft. Vor seiner Versetzung in den Hausarrest, am 21. Juli, schrieb er einen Brief an den Papst, in dem er sich schuldig bekannte und um Vergebung bat. Während seiner Haft sagte Gabriele, er sei von einer Mission erfüllt gewesen. Er habe »überall in der Kirche Böses und Korruption« gesehen und sei überzeugt gewesen, »dass ein heilsamer, auch medialer Schock die Kirche auf den richtigen Weg zurückführen könne«. Sich selbst bezeichnete er als »V-Mann des Heiligen Geistes«.[47] Der Beschluss zur Eröffnung des Hauptverfahrens wegen schweren Diebstahls wirft von Anfang an Fragen zur eigenartigen Behandlung der Affäre auf. Gabriele sagt, er selbst habe Verbindung zu dem Journalisten Nuzzi aufgenommen, sich mehrfach mit ihm getroffen und ihm Fotokopien der vertraulichen Papiere übergeben. Allerdings stammen nicht alle Dokumente vom Schreibtisch des päpstlichen Sekretärs Gänswein. Der Gerichtsbeschluss nennt – und das ist wahrhaft unfasslich – nicht die verhörten Zeugen mit Namen, sondern bezeichnet sie nur mit Buchstaben des Alphabets: A. … B. … H. … M.

Gabriele, heißt es darin, habe von X. ein »Kuvert« erhalten. Nach Aussage seines Komplizen Sciarpelletti hat der Kammerdiener versucht, »mit W. in Kontakt zu treten und über ihn Y. kennenzulernen.[48] Ein anderes Mal habe Sciarpelletti dem Kammerdiener einen Umschlag mit dem Stempel *Segreteria di Stato – Ufficio Informazioni e Documentazioni* (Staatssekretariat – Informations- und Dokumentationsbüro) mit vertraulichen Papieren von W. gegeben.

In der Geschichte spielt auch ein Beichtvater Gabrieles eine mysteriöse Rolle. Er wird er mit dem Buchstaben B. bezeichnet. Im Verhör während des Untersuchungsverfahrens teilt der Kammerdiener mit, er habe ihn über sein Handeln informiert und ihm Fotokopien des an Nuzzi gelieferten Materials übergeben. Nach seiner Aussage wurde er von seinem Beichtvater ermutigt, bis zuletzt seine Verantwortung zu bestreiten und nur dem Papst die Wahrheit zu sagen. Hochwürden B. behauptet bei der Vernehmung vor dem Untersuchungsrichter, er habe von dem Angeklagten »eine Sammlung von Dokumenten« – von wichtigen Dokumenten aus dem Besitz des Heiligen Stuhls – erhalten, »die in einer DIN-A4-großen und sechs, sieben Zentimeter hohen Schachtel mit dem päpstlichen Wappen lagen«.[49] B. fügt hinzu: »Ich habe die Dokumente aus zwei Gründen vernichtet: weil ich ihre Bedeutung erkannte und weil vor ein paar Monaten bei mir eingebrochen wurde«.[50]

Noch verwickelter wird die ganze Geschichte im Juni 2012 mit der Nachricht der Tageszeitung *La Repubblica*, derzufolge ein namentlich nicht genannter Informatiker, der für das Sicherheitssystem der Computerzentrale des Kirchenstaats verantwortlich war, überraschend seinen Posten im Vatikan verlassen hat. Der ehemalige Computerhacker, 36 Jahre alt, war als Experte für »innere Sicherheit« auf der Basis eines Beratervertrags vom Vatikan unter Vertrag genommen worden. Er beendete seine Zusammenarbeit mit der vatikanischen Verwaltung ohne irgendeine Erklärung.[51]

Glattrasiert, mit perfektem Haarschnitt, grauem Anzug, weißem Hemd und graublauer Krawatte kommt Paolo Gabriele am 29. September in den Gerichtssaal, sechs Minuten vor Erscheinen der Richter. Zwei Gendarmen haben ihn ins Gerichtsgebäude hinter der imposanten Apsis des Petersdoms geführt. Um 9.30 Uhr betreten die Richter Giuseppe Dalla Torre, Präsident des vatikanischen Gerichts, Paolo Papanti-Pellettier und Venerando Marano den Saal. Der Kammerdiener nimmt auf der Anklagebank Platz, die Hände nervös zusammengepresst. Blass im Gesicht, mit Ringen unter den Augen, die meiste Zeit mit einem Blick ins Leere.

Nur acht per Los ausgewählte Journalisten haben die Erlaubnis erhalten, an der Verhandlung teilzunehmen. Handys, Fotoapparate und Aufnahmegeräte sind verboten. Sogar die Kugelschreiber nimmt man ihnen weg, es könnten ja Aufnahmegeräte darin versteckt sein. Die Gendarmerie gibt ihnen andere Stifte.

Der Gerichtssaal ist klein, 10 mal 15 Meter, anwesend sind weniger als 30 Personen, hauptsächlich Gendarmen, kein Angehöriger des Angeklagten. Überraschenderweise fehlt der Informatiker Claudio Sciarpelletti, »aufgrund von unvorhergesehenen Vorkommnissen infolge der Aufregung«, wie sein Anwalt erklärt. Das Gericht verlangt kein medizinisches Attest. Der Richter Giuseppe Dalla Torre plant ein Schnellverfahren, das noch vor Beginn der Bischofssynode am 7. Oktober beendet sein soll. Bereits am Ende des ersten Tages zeigt sich Dalla Torre zuversichtlich, dass vier Verhandlungstage »ausreichen« werden.

Die Sitzung endet um 11.45 Uhr. Eine Stunde und 20 Minuten lang hat sich das Gericht zur Beratung zurückgezogen. Dies ist der Moment, in dem die Weichen für den Prozess gestellt werden. Das Verfahren gegen Sciarpelletti wird abgekoppelt, mit der Folge, dass der einzige offiziell bestätigte Komplize, in dessen Büro die Kuverts von und an Gabriele übergeben wurden, von der Bildfläche verschwindet. Auf diese Weise verhindert man auch, dass Monsignore Carlo Maria Polvani auf der Zeugenbank erscheint, der Leiter des Dokumentationszentrums des Staatssekretariats. Polvani ist der Neffe von Erzbischof Carlo Maria Viganò, dem ehemaligen Generalsekretär des Governatorats, der als Nuntius nach Washington abgeschoben wurde, nachdem er die Korruption bei der Auftragsvergabe des Vatikans angeprangert hatte. Der Prozess gegen Sciarpelletti wird auf den 5. November 2012 verschoben.

Dalla Torre lehnt auch den Antrag der Verteidigung ab, die Ergebnisse der Kardinals-Untersuchungskommission zur Vatileaks-Affäre für die Beweiserhebung zuzulassen. »Die Kommission«, erklärt er, »wurde nach kirchenrechtlichen Bestimmungen gebildet, ist direkt dem Papst verantwortlich und für das vatikanische Strafrecht nicht relevant.« Es ist die erste, aber nicht die einzige seltsame Entscheidung des Gerichts. Auch ein Organ des kanonischen Rechts wie etwa die Inspektoren (die Apostolischen Visitatoren), die der Papst zur Überprüfung einer Diözese entsendet, kann schwere Straftaten aufdecken, und es lässt sich schwerlich behaupten, das sei irrelevant. Jedenfalls wird auf diese Weise der Gerichtsverhandlung wichtiges Material über Hintergründe und Zusammenhänge in der Vatileaks-Affäre vorenthalten.

Im Verlauf der Verhandlung am 2. und 3. Oktober kommen wichtige Fakten ans Licht. Paolo Gabriele, dem auch die Erledigung der päpstlichen Korrespondenz in unbedeutenden Angelegenheiten übertragen war, hatte einen Schreibtisch und einen Computer im Arbeitszimmer der beiden päpstlichen Privatsekretäre Georg Gänswein und Alfred Xuereb aus Malta, und er konnte während der Bürozeiten ungestört und praktisch vor deren Augen die vertraulichen Dokumente fotokopieren.

Aus den Zeugenaussagen geht hervor, dass der Kammerdiener mehr als tausend vertrauliche Dokumente zusammengetragen hat, darunter Briefe von Politikern und Briefe von Kardinälen mit »Vorschlägen oder der Bitte um einen Rat«, die direkt an Benedikt XVI. gerichtet waren und die der Papst mit dem handschriftlichen Vermerk »zu vernichten« versehen hatte. Weiterhin Dokumente »über das Familienleben des Papstes«[52] und seine Gesundheit wie auch Material aus dem Staatssekretariat, aus den vatikanischen Kongregationen und den Päpstlichen Räten, darunter verschlüsselte Nachrichten – ein Risiko für die Sicherheit der von der vatikanischen Diplomatie verwendeten Geheimcodes. In der Verhandlung vom 2. Oktober, bei der er den Kammerdiener, der bei seinem Eintreten aufgestanden ist, keines Blickes würdigt, erscheint Gänswein auf der Zeugenbank. »Ich habe Dokumente aus dem Jahr 2006, 2007 und 2008 in Kopie und im Original gesehen«, sagt der päpstliche Sekretär aus, indem er auf das bei Gabriele beschlagnahmte Material verweist. 2006 ist das Jahr, in dem der Kammerdiener sein Dienst bei Benedikt XVI. angetreten hat. Richter Dalla Torre fragt nicht nach.

Die Aussage des Gendarmen Luca Cintia am 3. Oktober wirft ein ganz neues Licht auf Paolo Gabrieles Interessen. In seinem Besitz wurden eine Menge Unterlagen zur Freimaurerei, zur Esoterik, zu östlichen Religionen und zu den berüchtigten Organisationen P 3 und P 4 entdeckt, die in Italien aufgrund der wirtschaftlichen Verflechtungen von Politik und Geschäftsmännern unter Verletzung von Rechtsnormen bekannt sind. Es kommt heraus, dass Gabriele regelrechte Dossiers zu so eklatanten Angelegenheiten wie dem Fall Emanuela Orlandi, dem Fall Calvi und dem Fall Boffo angelegt hatte.[53] Richter Dalla Torre fragt nicht nach. Überraschenderweise kommt ans Licht, dass der Schatten des Papstes, freundschaftlich »Paoletto« genannt, sich stark für die Arbeitsweise der Gendarmerie interessiert und zu Hause Handbücher über Spionage, Abhörmethoden und Beschattungstechniken hat.[54] Richter Dalla Torre fragt nicht nach. Den Journalisten, denen ihre privilegierten Kollegen aus dem Gerichtssaal Bericht erstatten, kommt es vor, als hörten sie Bertolt Brechts Goethe-Parodie »Liturgie vom Hauch«: *Darauf schwiegen die Vöglein im Walde / Über allen Wipfeln ist Ruh / In allen Gipfeln spürest du / Kaum einen Hauch.*

Man merkt, es ist ein politischer Prozess. Die Staatsräson verlangt, dass man der ganzen Sache nicht zu sehr auf den Grund geht. In der Gerichtsverhandlung fallen hochkarätige Namen: die der Kardinäle Paolo Sardi und Angelo Comastri, der Name des Bischofs Francesco Cavina, ehemals im Staatssekretariat tätig, und der langjährigen engen Mitarbeiterin des Papstes, Ingrid Stampa. In die trockene Gerichtssprache fließen poetische Wendungen ein. Der Kammerdiener fühlte sich vom Umfeld »angeregt«. Im Beschluss zur Eröffnung des Hauptverfahrens liest man folgende Erklärung Gabrieles: »Ich wurde durch die äußeren Umstände angeregt [zu handeln], insbesondere durch die Situation eines Staates, in dem Bedingungen herrschten, die einen Skandal für den Glauben darstellten, eine Reihe ungelöster Rätsel befeuern und ein weitverbreitetes Missbehagen zur Folge hatten.«[55]

Diese »Anregungen aus dem Umfeld« bekommen jetzt ein Gesicht, Namen und Zunamen. Gabriele bezeichnet Kardinal Sardi, bis 2009 Leiter des Büros, in dem die Papstreden vorbereitet werden, als seinen »geistlichen Führer«, um dann hinzuzufügen, dass er es nicht mehr ist. Sardi war es, der ihn für den Posten des Kammerdieners empfohlen hat. Es sind bedeutende Namen, Personen, die sehr loyal zum Kirchenoberhaupt stehen und mit Sicherheit keine konkreten Initiativen ergriffen haben, auch wenn Gabriele sie als seine geistigen Bezugspunkte empfand. Die Musikprofessorin Ingrid Stampa, Kardinal Ratzingers ehemalige Haushälterin und seine enge Mitarbeiterin, auch nachdem er Papst geworden war, besuchte häufig Gabrieles Frau, da sie im Vatikan im selben Gebäude wohnen.[56] Ingrid Stampa, deren Loyalität gegenüber Benedikt XVI. niemand anzweifeln kann, bestreitet natürlich wie die anderen, in dieser Affäre eine Rolle zu spielen. Ihr Urteil über den Kammerdiener ist dennoch interessant: »einer, der sehr genau überlegt und beobachtet. Der die Dinge bewertet.«[57] In der Affäre – wenn auch nicht im Prozess selbst – taucht kurz auch der ehemalige Sekretär Kardinal Ratzingers auf, Prälat Josef Clemens, der von Benedikt XVI. regelmäßig zum Abendessen eingeladen wurde, oft zusammen mit Ingrid Stampa. Mitten im Vatileaks-Skandal setzt der Papst mit einem Brief an Clemens diesen Treffen ein abruptes Ende.[58]

Im Verlauf des Prozesses wird deutlich, dass Richter Dalla Torre sichtlich kein Interesse daran hat, die Atmosphäre des Unbehagens und des Dissens – das Umfeld, in dem der Kammerdiener den Entschluss und den Mut zu handeln fasste – genauer zu durchleuchten. Es genügt ihm, dass Gabriele bezüglich der ihm zur Last gelegten Tat erklärt: »Ich versichere, dass ich keine Komplizen hatte.«

Dalla Torre beschränkt sich grundsätzlich auf den Tatbestand des Diebstahls. Jedes Mal, wenn es während des Verfahrens ins Detail zu gehen droht, unterbricht er. Staatsanwalt Nicola Picardi möchte mehr über Gabrieles Kontakte zu den Kardinälen wissen. Dalla Torre: »Das führt vom Thema weg.« Picardi möchte wissen, ob der Kammerdiener mit bestimmten Personen in Kontakt stand oder ihnen Dokumente übergab. Dalla Torre: »Wir müssen bei der Sache bleiben.« Gabriele sagt: »Als ich bei Tisch servierte, fiel mir auf, dass der Papst zu Dingen Fragen stellte, über die er hätte informiert sein müssen.« Gerichtspräsident Dalla Torre wirft ein: »Das muss nicht ins Protokoll.« Die Verteidigerin Cristiana Arru fragt: »Sie glaubten, dass der Papst nicht angemessen informiert wurde. Können Sie ein Beispiel geben?« Gabriele: »Selbstverständlich …« Dalla Torre unterbricht sie: »Das gehört nicht hierher. Sprechen wir über den Sachverhalt.«

Noch mehr Namen tauchen auf. Schließlich wird bekannt, dass der Beichtvater des Kammerdieners Giovanni Luzi heißt. Hat er wirklich die Dokumente vernichtet, die ihm der Kammerdiener anvertraut hat? Die Frage bleibt offen. Und man erfährt die Namen weiterer Personen, die mit Gabriele in Kontakt standen: Vincenzo Mauriello, Angestellter im Staatssekretariat, und Lucio Catano von der Associazione dei Santi Pietro e Paolo, ein freiwilliger Helfer im Petersdom. Das Gericht übergeht das alles. Auch Gabrieles Bemerkung, dass es »einfach ist, jemanden mit einer so enormen Macht [wie den Papst] zu manipulieren«, gibt in der Verhandlung keinen Anlass zu weiteren Fragen.

Eine unsichtbare Regie scheint die Verhandlung auf ein vorausbestimmtes Ziel hinzulenken. Am Samstag, dem 6. Oktober, geht der Prozess zu Ende. Staatsanwalt Picardi versichert: »Die Beweiserhebung hat keinen Beleg für irgendeine Mittäterschaft oder Komplizenschaft mit Paolo Gabriele« erbracht. Gabriele wiederum beteuert, er habe ganz allein gehandelt, er habe für die Übergabe der Dokumente an Nuzzi kein Geld bekommen, und bekräftigt feierlich: »Ich spüre in mir die tiefe Überzeugung, ausschließlich aus Liebe … zur Kirche Christi und ihrem sichtbaren Oberhaupt gehandelt zu haben. Wenn ich es wiederholen muss, ich fühle mich nicht als Dieb.«

Die Anklage fordert drei Jahre Haft. »Im Namen Seiner Heiligkeit Benedikts XVI., des glorreich Regierenden … und nach Anrufung der Heiligen Dreifaltigkeit« reduziert das Gericht die Strafe auf 18 Monate unter Berücksichtigung von Gabrieles bisherigem Dienst und »der – obgleich irrigen – subjektiven Überzeugung, die der Angeklagte als Motiv seines Verhaltens angegeben hat«. Gabrieles Verteidigerin Cristiana Arru nennt das Urteil »gut und ausgewogen«. Sie wird keine Berufung einlegen. Papstsprecher Lombardi unterstreicht die »volle Unabhängigkeit der vatikanischen Justiz« und erklärt, die Behörden des Staatssekretariats hätten »sich in keiner Weise eingemischt oder Druck ausgeübt, der den Prozessverlauf hätte beeinflussen können«. Paolo Gabriele kehrt in den Hausarrest zurück, Lombardi prophezeit eine Begnadigung durch den Papst. »Das ist eine konkrete Möglichkeit.«

Das Urteil lässt vieles im Dunkeln. In Rom glaubt niemand, dass der Kammerdiener in der Lage war, eine so komplizierte mediale Guerillaoperation allein durchzuführen. Und auch nicht, dass am Beginn der ganzen Geschichte kleine Eifersüchteleien unter Klerikern standen, wie sie im Vatikan so häufig sind. In den Prozessakten findet sich ein von Professor Tonino Cantelmi erstelltes psychologisches Gutachten, das dem Kammerdiener »eine fragile und labile Identität und Beeinflussbarkeit« bescheinigt.

Gabriele hatte ursprünglich zwei Verteidiger, aber einer von ihnen, Carlo Fusco, legte kurz vor Prozessbeginn wegen Divergenzen über die Verteidigungsstrategie sein Amt nieder. »Ich fragte Gabriele: Hast du mir wirklich alles gesagt? Und er erwiderte, ja …« Eine bekannte kirchenfreundliche Webseite, das Blog der Freunde Papst Ratzingers, betont die zahlreichen Widersprüche, in die sich der Kammerdiener verstrickte und die das Gericht nicht zur Kenntnis nahm. Gabriele behauptete, er habe den Journalisten Nuzzi per E-Mail kontaktiert, der Journalist jedoch schrieb, er sei von einem gemeinsamen Bekannten angesprochen worden. Der Kammerdiener versicherte, er sei aktiv geworden, weil ihn der Fall Viganò »bestürzt« gemacht habe, er fing jedoch bereits im Jahr 2006 an, Dokumente zu sammeln. »Und hier erweisen sich alle phantasiereichen Rekonstruktionen als unhaltbar, die in Gabriele den romantischen Helden ohne Furcht und Tadel sehen wollen, dem es einzig und allein darum ging, dem Papst bei seinem Werk der Reinigung zu helfen.«[59]

Nach dem Ende des Prozesses entdeckten die vatikanischen Behörden, dass Gabriele mit seinem Handy zahlreiche vom Papst nicht autorisierte Film- und Fotoaufnahmen gemacht hatte. Auch das Material auf den verschiedenen USB-Sticks und Laptops, einem iPad, einem PC, mehreren CDs und Speicherkarten muss erst noch ausgewertet werden.[60]

Die Geschichte ist keineswegs zu Ende. Der erzkatholische Vatikan-Experte Sandro Magister kommt zu dem Schluss: »Die Verurteilung Gabrieles wegen Diebstahls von Dokumenten behebt keineswegs die Zerrüttung, in der sich die Zentralregierung der katholischen Kirche befindet.«

In die Weiße Liste der Staaten, die die Kriterien der Transparenz und Vertrauenswürdigkeit bezüglich Geldwäsche erfüllen, wurde der Vatikan bisher noch nicht aufgenommen. Neben ein paar Höflichkeitsfloskeln zum guten Willen der vatikanischen Behörden kritisiert der *Moneyval-Bericht* vom Sommer 2012 »mangelnde Klarheit« hinsichtlich der Unabhängigkeit der von Benedikt XVI. eingerichteten Finanzaufsichtsbehörde AIF und empfiehlt nachdrücklich, »das Institut für die Werke der Religion in naher Zukunft von einer unabhängigen Aufsichtsinstanz kontrollieren zu lassen«.[61] 2013 soll der Vatikan erneut einer Prüfung unterzogen werden.

KAPITEL XIV

Der Prediger und die Wüste

Europa ist Ratzingers großer Kummer. Ihn quält der Gedanke an die Zukunft Europas und das Schicksal des europäischen Christentums. Schließlich war dieses Europa Hort und Grundpfeiler des Katholizismus, pulsierendes Herz der Heiligen Römischen Kirche, seit der Apostel Petrus – der Quo-vadis-Legende nach – beschloss, sich der Verfolgung durch Nero nicht zu entziehen, sondern die Kreuzigung mit dem Kopf nach unten auf sich zu nehmen.

Europa ist Rom, selbstverkündete Hauptstadt der Christenheit. In Europa erlebten die christliche Theologie, Kunst und Kultur ihre Blüte. Hier fanden die Auseinandersetzungen zwischen den christlichen Glaubensgemeinschaften statt, von denen unsere Zeit noch immer geprägt ist. Der Protestantismus der Reformation. Der Anglikanismus. Die orthodoxe Gemeinschaft, deren Bollwerk nach dem Fall von Byzanz das Patriarchat von ganz Russland wurde.

Und ausgerechnet in diesem Europa leeren sich die Kirchen dramatisch, sinkt die Zahl der Priester katastrophal, schrumpft die Zahl der Gläubigen, nehmen immer weniger Menschen an den Sakramenten teil. Schon in seiner Zeit als Kardinal fand es Ratzinger alarmierend, dass die Christen aller Konfessionen in einer traditionsreichen Stadt wie Magdeburg heute nur noch drei Prozent der Bevölkerung ausmachen.

»Hier gibt es einen merkwürdigen und nur als pathologisch zu bezeichnenden Selbsthass des Abendlandes«, diagnostizierte er schon, bevor er Papst wurde, in einer *lectio magistrali*, vor dem italienischen Senat am 13. Mai 2004. Europa sehe in der eigenen Geschichte immer nur das Grausame und Zerstörerische. Das Heilige der anderen werde respektiert, aber im eigenen Haus gelte Gott als »Fremder«. Als Papst kommt er immer wieder auf dieses Thema zurück. Er sieht Europa in den Fängen »einer einzigartigen Form von Abtrünnigkeit«, die zu einer fortschreitenden Entfremdung von sich selbst und vor allem von Gott führe. Ein Europa, das die Existenz absoluter universeller Werte negiere, werde schließlich an der eigenen Identität zweifeln, zu deren Formung das Christentum beigetragen hat.[1]

Benedikt XVI. bereist die ganze Welt. Er fährt nach Nordamerika, Afrika, Lateinamerika, Australien, ins Heilige Land, aber seine größte Sorge gilt Europa und dem Schicksal der Kirche auf dem alten Kontinent. Die europäische Kultur, so der Papst, sei im Begriff, ihre christlichen Wurzeln zu vergessen und damit ihr einzigartiges und unschätzbares Erbe zu verspielen. Nur aufgrund seiner christlichen Wurzeln, so betont er immer wieder, war es Europa möglich, zu verstehen, was Freiheit, Verantwortung und Ethik sind, eben die Werte, die seine Gesetze und Institutionen prägen. Ratzinger warnt davor, die christlichen Symbole aus dem öffentlichen Raum zu entfernen, und fordert die Eltern auf, ihren Kindern keine Namen zu geben, die nicht christlicher Tradition entspringen. In seinem Fahrwasser beklagt Staatssekretär Bertone, dass sich in Europa eine »verheerende radikal antichristliche Haltung« eingeschlichen hat.[2]

Um sich herum sieht Papst Benedikt XVI. das Gespenst einer Säkularisierung, die dazu drängt, von Gott und seinem Plan abzusehen. Er fürchtet den Zerfall einer Gesellschaft, die allein von egoistischen Interessen geleitet wird.[3] Verbittert stellt er fest, dass nach dem Ende der totalitären Ideologien eine Zeit angebrochen ist, in der es nur noch um materiellen Fortschritt geht. Die Aussicht auf eine moralisch finstere Zeit erschreckt ihn. Der katholische Schriftsteller Vittorio Messori, der ihn 1985 für sein Buch *Zur Lage des Glaubens* interviewte und sich ab und zu mit ihm unterhält, sagt im Vertrauen: »Benedikt XVI. wiederholt immer wieder, dass der Glaube erlischt wie eine Kerze, die keine Nahrung mehr findet.«[4]

Ratzinger sieht die europäische Gesellschaft ohne Orientierung und fragt alarmiert: »Wohin sollen wir gehen? Was sind die Werte, an die wir uns halten können? Die Werte, nach denen wir erziehen dürfen, ohne den jungen Menschen aufzuerlegen, was vielleicht nicht standhält und nicht auferlegt werden darf?« Doch dann mildert er die düsteren Aussichten, die er anlässlich der Ostervirgil gezeichnet hatte, mit dem Hinweis ab: »Wie viel Mitleid muss er [Jesus] auch mit unserer Zeit empfinden – ob all des großen Geredes, in dem sich doch eine große Orientierungslosigkeit verbirgt«.[5]

Beim Weihnachtsempfang 2010 für das Kardinalskollegium und die Römische Kurie lässt er seinem Pessimismus freien Lauf und zieht Parallelen zur Zeit des untergehenden Römischen Reiches. Mahnend spricht er von der Auflösung der grundlegenden Rechts- und Moralvorstellungen, von einem Dammbruch im menschlichen Miteinander, von wachsender allgemeiner Verunsicherung und unaufhaltsamem Zerfall. Umso eindringlicher, erinnert er, erklang damals der Ruf nach Gott, damit er komme, um all dem Einhalt zu gebieten und die Menschheit vor dem Untergang zu bewahren. »Auch heute haben wir vielfältigen Anlass, in dieses adventliche Beten der Kirche einzustimmen …« Denn die moderne Welt, davon ist der Papst überzeugt, ist in Bedrängnis, weil der moralische Konsens zerfällt und damit auch die auf ihm beruhenden rechtlichen und politischen Strukturen.«[6]

Im Jahr 2010 beschließt Benedikt XVI. die Gründung des Päpstlichen Rates zur Förderung der Neuevangelisierung und beruft an dessen Spitze Bischof Rino Fisichella, damals »Kaplan« des italienischen Abgeordnetenhauses und stets an vorderster Front im Kampf gegen gesetzliche Neuregelungen, die in anderen Ländern längst gang und gäbe sind: Einführung der Patientenverfügung, rechtliche Anerkennung von faktischen Lebensgemeinschaften und homosexuellen Paaren.[7] Trotz seiner ursprünglichen Absicht, die Kurie zu verschlanken, trägt der Papst so am Ende dazu bei, den Apparat noch weiter aufzublähen. Tatsächlich wird mit dem Rat eine neue Zentralbehörde geschaffen, die den nationalen Bischofskonferenzen und den Kontinentalsynoden teilweise übergeordnet ist und so dem bestehenden römischen Zentralismus weiter Vorschub leistet. Was eigentlich als allgemeines Ziel der gesamten Kirche gedacht war – nämlich die Neubelebung des Glaubens in der modernen Gesellschaft – schrumpft auf die Aufgabe einer Fachabteilung zusammen.

Ratzingers Entscheidung ist Ausdruck seiner tiefen Besorgnis. Nach seiner Vorstellung soll die neue Einrichtung vor allem in bereits christianisierten Ländern tätig werden, in denen »eine Verfinsterung des Sinnes für Gott« droht. Das betrifft vor allem die Länder der Ersten Welt, wo das kirchliche Gefüge schon so weit geschwächt ist, dass der Glaube nur noch von kleinen Gemeinschaften hochgehalten wird, die in fast vollständig entchristlichten Gebieten ausharren. Diese Gebiete, so der Papst, scheinen »gegenüber vielen Aspekten der christlichen Botschaft besonders unempfänglich zu sein«[8]. Um sich herum sieht Benedikt eine große Leere. Seit dem Zweiten Vatikanischen Konzil, sagte er auf der Eröffnungsfeier zum »Jahr des Glaubens« am 11. Oktober

2012, habe sich in der Gesellschaft ein Prozess der »geistigen Verwüstung« vollzogen.

Voraussetzung für einen lebendigen Glauben ist jedoch, wie Ratzinger bei einem Treffen mit dem Klerus in Brixen betont, das Christentum in seiner Schönheit zu erleben und dabei im »Atemraum des Heiligen Geistes« zu bleiben. »Die Redlichkeit, die Freudigkeit, die Bereitschaft den andern anzuhören, die Fähigkeit zu verzeihen, die Großzügigkeit, die Güte, die Herzlichkeit miteinander, diese menschlichen Tugenden sind Ausweis dessen, dass der Glaube wirklich da ist, dass wir wirklich mit Christus sind.« Sich um den Nächsten zu kümmern, gemeinsames Beten, tätige Hilfe für Menschen, die in Not sind, anderen Mut zu geben, in entsprechende Initiativen einzutreten – diese menschlichen Grundeigenschaften sind der beste Lebensweg eines Seelsorgers: Gerade ›indem wir für den anderen da sind‹, betont Ratzinger, »sind wir am besten für uns selbst da, und das ist die beste Methode, auch den Beruf (des Priesters) richtig und gut zu tun«.[9]

Die Sehnsucht nach einem freudig gelebten Glauben wird im Gespräch mit seinem Biographen Seewald wach. Noch Jahrzehnte später schwärmt er von den glücklichen Zeiten als junger Priester und Professor, als er »viel Freude« fand im gemeinsam praktizierten Glauben und in der Arbeit mit Kindern, mit der Jugend und später mit den Studenten. Aber auch die Erinnerung an die Gespenster der ’68er-Bewegung kommt zurück, an eine Zeit, in der es nötig war, religionsfeindlichen Bestrebungen die Stirn zu bieten. In Benedikts Augen ist die Kirche heute mehr denn je von mächtigen Feinden umringt: zerstörerischen Kräften, die sie bekämpfen, bedrohen und versuchen, sie zu Fehlern zu verleiten. Seine größte Enttäuschung als Papst, so gibt er unumwunden zu, sei diese »Unlust« an der Kirche vor allem in der westlichen Welt; es deprimiert ihn, mit ansehen zu müssen, wie sich die

Säkularität ausbreitet, die Menschen immer mehr vom Glauben wegführt und in Opposition zur Kirche bringt.

Ratzinger weiß sehr wohl, und er sagt es auch, dass die Moderne nicht nur negativ ist, sonst hätte sie sich gar nicht entfalten können. Aber was ihn belastet, sind jene »Ismen«, die er überall erkennt. Relativismus, Materialismus, Synkretismus, Nihilismus, Konsumismus, Atheismus, Individualismus, Agnostizimus, Laizismus, Säkularismus. »Wir leben in einem kulturellen Umfeld, das von der hedonistischen und relativistischen Mentalität geprägt ist, die dazu neigt, Gott aus dem Horizont des Lebens zu entfernen, … und die nicht dabei hilft, Gutes von Bösem zu unterscheiden und ein rechtes Sündenbewusstsein heranreifen zu lassen«.[10] Der intellektuelle und moralische Relativismus, skandiert er auf seiner Pilgerreise nach Großbritannien im September 2010, droht, die Grundlagen der heutigen Gesellschaft zu schwächen. Umso schlimmer sei es, dass er sich auch in die Kirche einschleicht. Den anderen großen Feind sieht er im Laizismus, weil er »die Religion oft auf hinterlistige Weise an den Rand drängt, um sie in die Privatsphäre zu verbannen«.[11] Bei einem Angelusgebet vergleicht er den heutigen Nihilismus mit dem Nationalsozialismus und löst damit empörte Reaktionen aus. »Die Konzentrationslager der Nationalsozialisten müssen wie jedes Vernichtungslager als extreme Symbole des Bösen angesehen werden, der Hölle, die sich auf Erden auftut, wenn der Mensch Gott vergisst, sich an seine Stelle setzt und sich das Recht anmaßt, über das zu entscheiden, was gut und was böse ist, das Recht, Leben oder Tod zu bringen.«[12] Für Ratzinger ist der Nihilismus ein allgegenwärtiges, wenn auch nicht immer klar zu erkennendes Phänomen.

Für die jüngeren Generationen klingen solche Begriffe fremd und abstrakt. Während in einer Eurostat-Umfrage aus dem Jahr 2005, als Ratzinger zum Papst gewählt wurde, nur noch 52 Prozent der EU-Bürger angaben, an Gott zu glauben (bei 18 Prozent Atheisten), werden die christlichen Glaubensgrundsätzen (nämlich Gott als Person, die Dreieinigkeit, Christus als Sohn Gottes, das Jüngste Gericht, das Leben nach dem Tod und die Auferstehung des Leibes) unter der Jugend nur noch von einer Minderheit geteilt. Nicht etwa weil besonders antichristliche Einstellungen die Oberhand gewonnen haben (bei allen Unterschieden zwischen einzelnen Ländern), sondern weil sich das Glaubensverständnis immer stärker individualisiert und ein Bekenntnis zum katholischen, evangelischen oder anglikanischen Glauben kaum noch Auswirkungen auf den persönlichen Lebensstil hat.

Als Benedikt XVI. im Juli 2006 zum Weltfamilientreffen ins spanische Valencia reist, empfängt ihn die einheimische Presse mit der Meldung, dass in Spanien über die Hälfte der jungen Leute nicht mehr an Gott glaubt. Zapatero hat damit nichts zu tun. Dass es immer mehr Nichtgläubige gibt und jeder sich selbst zurechtlegt, was er glaubt, das ist kein neues Phänomen und geht auf Entwicklungen zurück, die vor Jahrzehnten eingesetzt haben.

Schon in den neunziger Jahren ergab eine Umfrage in Frankreich, dass 53 Prozent der jungen Leute zwischen 18 und 24 Jahren sich zwar noch als katholisch bezeichneten, aber weitgehend heterodoxen Glaubensüberzeugungen anhingen. So glaubten nur 28 Prozent an Christus als Sohn Gottes, noch weniger – nämlich 18 Prozent – glaubten an seine Auferstehung, und ein verschwindend geringer Anteil, nämlich acht Prozent, an die Gegenwärtigkeit Christi in der Eucharistie. Auf die Frage nach dem Ursprung der Welt gaben 24 Prozent den Big Bang an, während nur 21 Prozent an die Erschaffung der Welt durch Gott glaubten. Für diese Generation hat sich die Ethik von der religiösen Sphäre gelöst. »Die Religionen sind abgeschrieben«, bestätigte schon damals Jacques Sutter vom Nationalen Zentrum für Sozialwissenschaften in Paris.

Im gleichen Jahrzehnt war die Entchristianisierung bei jungen Erwachsenen in Großbritannien noch weiter fortgeschritten. Nur noch 30 Prozent glaubten an einen persönlichen Gott, wie es der Gott der Christen ist.

In Italien zeichnet die einschlägige Forschung ein alarmierendes Bild. Zwar sagen alle Italiener, dass sie katholisch sind, aber bei genauerem Nachfragen wird die Distanz zur katholischen Glaubenslehre überdeutlich. Eine Umfrage unter 18- bis 29-Jährigen, die 2009 von einem norditalienischem Forschungsinstitut für Gesellschaft und Religion (Osservatorio Socio-Religioso Triveneto) unter Leitung von Alessandro Castegnaro durchgeführt und vom damaligen Bischof von Triest, Eugenio Ravignani, vorgestellt wurde, kommt zu überraschenden Ergebnissen.

Bei der Untersuchung drei unterschiedlicher Stadttypen – Pordenone mit fester katholischer Tradition; Venedig als kosmopolitische Stadt; Triest mit starker historischer Bindung an Österreich und Mitteleuropa – stellte sich heraus, dass der christliche Gott aus dem Katechismus klar in der Minderheit ist. An den persönlichen Gott der Bibel glauben in Triest nur 38 Prozent der jungen Leute, in Venedig sind es 43 und in Pordenone 46 Prozent. Kaum oder gar nicht überzeugt von dem Glaubenssatz über Jesus als Sohn Gottes sind in Triest 41, in Venedig 33 und in Pordenone 24 Prozent. Die sehr Überzeugten machen in Triest und Venedig ein Drittel, in Pordenone hingegen 46 Prozent der Befragten aus. Die Unsicheren bewegen sich irgendwo dazwischen.

Bei der Italienischen Bischofskonferenz weiß man, dass dieser Querschnitt mehr oder weniger ausgeprägt für die gesamte Halbinsel gilt. Denn der Prozess der Individualisierung des Glaubens, der in Europa bereits weit fortgeschritten ist, hat sich auch in Italien eindeutig durchgesetzt. Wer will, weiß das, auch im Vatikan. Es ist kein Geheimnis, dass der Gott, zu dem die junge Generation betet, oft sehr subjektive Züge trägt. Religiöse Mischformen sind beliebt und viele junge Menschen der Überzeugung, dass verschiedene Religionen nur verschiedene Weg zu ein und demselben Gott sind. Es gibt eine wachsende Tendenz zu einer leichten, »verflüssigten« Religiosität, die man aufsucht oder wieder verlässt wie eine Party.

Das belegt auch eine Umfrage der katholischen Tageszeitung *La Croix* aus Frankreich, bei der 2010 die fünf wichtigsten westlichen Länder Europas untersucht wurden: Frankreich, Deutschland, Großbritannien, Italien und Spanien. Das von Isabelle de Gaulmyn erläuterte Ergebnis ist interessant. Für 61 Prozent der Befragten sind »Botschaft und christliche Werte durchaus noch aktuell«. Das Problem ist nur, dass bei der überwiegenden Mehrheit jeder selbst entscheidet, was er an der Botschaft des Evangeliums für wichtig hält. In den letzten Jahrzehnten hat die Unabhängigkeit von der Amtskirche stark zugenommen. Wenn die Kirche sich zu wichtigen gesellschaftlichen Fragen äußert, hört man ihr aufmerksam zu, aber in allen privaten Belangen entscheidet das subjektive Gewissen ganz autonom: dann, wenn es um Entscheidungen über Leben, Tod, Sexualität, zwischenmenschliche Beziehungen geht.

In mancher Hinsicht ist sich Benedikt XVI. dieses Problems durchaus bewusst. Schon jetzt stellen die Nichtgetauften in Ostdeutschland die Mehrheit. Auf seiner Reise nach Großbritannien erklärt er bei einem großen Abendgebet im Londoner Hyde Park am 18. September 2010: »Keiner, der unsere Welt von heute realistisch betrachtet, sollte meinen, dass Christen so weiterleben könnten wie bisher, indem sie die ernste Krise des Glaubens, die unsere Gesellschaft erfasst hat, ignorieren oder einfach hoffen, dass das im Laufe der christlichen Jahrhunderte übermittelte Erbe christlicher Werte weiterhin die Zukunft unserer Gesellschaft beeinflussen und formen wird.«[13]

Ratzinger ist überzeugt, dass die Zukunft dem Entscheidungschristentum gehört, einem Christentum, das auf persönlichen Entscheidungen beruht. Jeder, der sich Christ nennt, muss dazu bereit sein, in allen gesellschaftlichen Bereichen für die christlichen Prinzipien und Ideale einzutreten. Gläubig zu sein, bedeutet für Ratzinger, glaubwürdig zu sein. Deshalb erinnert er die Gläubigen bei seiner Predigt in der Kathedrale von Stará Boleslav in Tschechien: »Es reicht nicht, einen guten und ehrlichen Eindruck zu machen; man muss es wirklich sein.«[14]

Das Gebiet des alten böhmischen Reichs im Herzen Europas ist inzwischen sehr stark säkularisiert und fast zu einem extremen Fall von Entchristianisierung geworden. Vor dem Zweiten Weltkrieg und der kommunistischen Herrschaft stellten die Katholiken 80 Prozent der Bevölkerung, nun ist ihr Anteil auf 30 Prozent gesunken und nur fünf Prozent gehen regelmäßig zur Messe. In einer solchen Situation, davon ist Benedikt zutiefst überzeugt, müssen die Christen sich wie eine aktive Minderheit verhalten. Im Gespräch mit Journalisten auf dem Flug nach Prag kommt er explizit darauf zu sprechen: »Normalerweise sind es die kreativen Minderheiten, die entscheidend sind für die Zukunft, und in diesem Sinn muss sich die katholische Kirche als kreative Minderheit verstehen«, die ein Erbe an lebendigen, aktuellen Werten besitzt. Dieses Erbe muss die Kirche »aktualisieren und in die politische Debatte einbringen«. Katholiken können sich nicht damit zufriedengeben, den Glauben zu haben, sondern müssen stets auf der Suche nach Gott sein, um im

Dialog mit den Nichtgläubigen »Gott in tieferer Weise wieder neu kennenzulernen«.[15]

Wenn das das Ziel ist, denkt Ratzinger, dann müssen sich Religiosität und Sprache regenerieren, archaische und mythologische Formen hinter sich lassen. Man muss sich darum bemühen, neue Ausdrucks- und Verstehensformen zu finden. Das gibt Benedikt XVI. auch unumwunden zu und nennt sogar konkrete Beispiele: Der Mensch von heute begreift nicht mehr so ohne weiteres, dass das Blut Christi am Kreuz Sühne für seine Sünden ist. Das sind althergebrachte Formeln, die historisch ihre Größe und Wahrheit besitzen, die aber in unserem ganzen Denkgefüge und unserem Weltbild keinen Ort mehr haben, die »übersetzt« und neu begriffen werden müssen. Eine neue Evangelisierung müsse daher das eine Evangelium in seiner großen, bleibenden Rationalität und in seiner die Rationalität übersteigenden Macht verkünden.[16] Man muss natürlich immer fragen, so Ratzinger, welche Dinge, auch wenn sie einmal als wesentlich christlich galten, in Wirklichkeit nur Ausdruck einer bestimmten Epoche waren. Was also ist das wirklich Wesentliche? »Das heißt, wir müssen immer wieder auf das Evangelium und die Worte des Glaubens zurückgehen, um zu sehen: erstens, was gehört dazu?; zweitens, was ändert sich rechtmäßig im Wandel der Zeiten?; und drittens, was gehört nicht dazu? Der maßgebliche Punkt ist letztendlich also immer, die richtige Unterscheidung zu finden.«[17]

Ratzinger entgeht nicht, dass sich die Lebenseinstellung der jungen Generation grundlegend verändert hat. Festgefügte Vorstellungen von Arbeit, Liebe und Religion, wie es sie in früheren Zeiten einmal gab, existieren nicht mehr. »So wird auch für den einzelnen der Glaube schwieriger; die Beliebigkeit an Lebensentwürfen und Lebensgestaltungen nimmt zu«.[18] Übrigens scheint auch der Religionsunterricht spurlos an den Schülern vorbeizugehen, obwohl sie doch 9 bis 13 Jahre lang daran teilnehmen. »Unverständlich«, kommentiert der Pontifex beinah ratlos.

Mitunter scheint sich Papst Benedikt in dem Wunsch, die Tradition der Kirche zu wahren, auf einsame Wege zu verirren. Etwa wenn er sich zu einer theologisch-philosophischen Erörterung des Messopfers hinreißen lässt, die für die Mehrheit der mehr oder weniger Gläubigen kaum verständlich ist, geschweige denn für junge Leute.

Plötzlich soll die seit den siebziger Jahren bei der Wandlung gesprochene Gebetsformel, »Das ist mein Leib … Das ist der Kelch meines Blutes, das für euch und für alle vergossen wird zur Vergebung der Sünden«, wieder anders heißen. Und zwar: »… der Kelch meines Blutes, das für euch und für viele vergossen wird …« In der Heiligen Schrift, mahnt der Papst unter Berufung auf die Evangelisten Markus und Matthäus, spricht man im Abendmahlsbericht nicht von »allen« sondern von »vielen … pro multis«. Die andere, in der Nachkonzilszeit übernommene Formel sei eine »Interpretation«. Deswegen müsse man in der Messe zu den alten Wandlungsworten zurückkehren. Das Gotteswort, unterstreicht Benedikt XVI., müsse in der Kirche der Überlieferung getreu gelesen werden. Was der Papst schreibt, ist keine akademische Reflexion, sondern eine Anweisung aus dem Brief an die deutschen Bischöfe vom 14. April 2012. Obwohl sich die Auslegung Benedikts XVI. auf den griechischen Text der Evangelien stützt und vollkommen exakt ist, entgeht der großen Masse der Gläubigen, der Priester und der Bischöfe die Dringlichkeit und Relevanz dieser Formulierung. Denn seit 2000 Jahren ist in den Köpfen und Herzen der Gläubigen, aber auch bei all jenen, die dem Christentum mit Aufmerksamkeit und Achtung begegnen, der Grundbegriff verankert, dass Jesus zum Heil »aller« am Kreuz gestorben ist.

Ein paar Wochen hielten die Auseinandersetzungen über die päpstliche Direktive an. Dann geriet die Sache in Vergessenheit. Auch in der Basilika San Giovanni in Laterano, dem Sitz des Bischofs von Rom, kann man das Wandlungsgebet in seiner seit einem halben Jahrhundert unveränderten Form hören. Selbst ein ausgesprochener Anhänger Ratzingers wie Kardinal Scola, der Erzbischof von Mailand, hat während der Totenmesse für Kardinal Martini feierlich am Altar verkündigt: »Nehmet und trinket alle daraus: Das ist der Kelch des neuen und ewigen Bundes, mein Blut, das für euch alle vergossen wird ... Tut dies zu meinem Gedächtnis.«[19]

Während er Gläubige und Kirchenspitze zu einem großen existentiellen Kulturkampf aufruft und sie auffordert, der vielgestaltigen modernen Gesellschaft, in der die Mehrheit nicht gläubig ist, ein christliches Gesicht zu verleihen, münden seine Ausführungen am Schluss doch häufig in einen Ruf nach dem starken Arm der weltlichen Staatsgewalt. Dort, wo der moralische und kulturelle Einfluss und die Überzeugungskraft der Kirche nicht ausreichen, um den nötigen Massenkonsens, insbesondere unter jungen Leuten, herzustellen, verwandelt sich die Amtskirche oft in eine politische Lobby. Italien ist dafür ein eklatantes Beispiel.

Dabei war kaum ein größerer Unterschied vorstellbar als zwischen dem nordeuropäischen Background des Pontifex, seinem Sinn für öffentliche Ethik, die ihm als Deutschem eigen ist, und einem Ministerpräsidenten wie Berlusconi, der als Unternehmer zahllose gerichtlich festgestellte, wenn auch verjährte Straftaten begangen hat, in seinem Amtssitz Escort-Damen als »Endverbraucher« empfängt, ungeklärte Beziehungen zu minderjährigen Frauen unterhält, die Staatspolizei belügt, es nicht für erforderlich hält, Nachforschungen anzustellen, wenn bei staatlichen Vorhaben Millionen von Euro verschleudert werden, oder einen Minister zu entlassen, der sich beim Kauf einer Immobilie 90.000 Euro, von denen er offiziell »nichts gewusst« haben will, von einem Unternehmer schenken lässt.

Und dennoch wurde das Staatssekretariat des Vatikans nicht müde, der Regierung Jahr für Jahr seine Unterstützung zuzusichern. Das änderte sich erst im Herbst 2011, als Berlusconi im Grunde isoliert dastand und in Europa jeglichen Kredit verspielt hatte. Noch im Dezember 2010 konnte sich der Ministerpräsident kurz vor einer wichtigen Vertrauensabstimmung im Parlament ungeniert an Kardinal Bertone und neun andere frisch ernannte Kardinäle wenden, um unverfroren zu proklamieren: »Von meiner Seite hat der Vatikan nichts zu befürchten.« So als wolle er dafür eine offizielle Gegenleistung einfordern. Die dann auch prompt kam. Wir sind der Regierung, so Bertone bei einem Trinkspruch in der italienischen Botschaft beim Vatikan, »zu Dank verpflichtet, weil sie im Rahmen befriedeter Beziehungen stets die Interessen der Kirche berücksichtigt hat«.[20]

Das Motiv für dieses krasse Paradox, für europäische wie nordamerikanische Führungspolitiker gleich welcher Couleur unvorstellbar, ist in der Staatsräson des Vatikans zu suchen. Denn die Mitte-rechts-Regierung garantiert die Finanzierung katholischer Schulen, sorgt dafür, dass die Steuerprivilegien der Kirche erhalten bleiben, und verhindert die Verabschiedung von Gesetzen über faktische Lebensgemeinschaften, homosexuelle Partnerschaften, Patientenverfügung und Präimplantationsdiagnostik.

Grundlegend für die Politik des Heiligen Stuhls ist Ratzingers Doktrin von den sogenannten »nicht verhandelbaren« Prinzipien. Obwohl die Kirche sich ausdrücklich nicht als politisches Subjekt versteht, was Benedikt XVI. systematisch wiederholt, reklamiert sie doch für sich das Recht, zum Schutz dieser Prinzipien zu intervenieren. In einer Rede vor den Europaparlamentariern der Europäischen Volkspartei hat Ratzinger sie detailliert aufgelistet: »Schutz des Lebens in all seinen Phasen, vom Moment der Empfängnis bis zum natürlichen Tod des Menschen; Anerkennung und Förderung der natürlichen Struktur der Familie als einer auf der Ehe gegründeten Einheit von Mann und Frau; ... Verteidigung des Rechts der Eltern, ihre Kinder zu erziehen«.[21]

Im Namen dieser Prinzipien mischt sich die Kirche in die politische Debatte der einzelnen Staaten ein – dort, wo die Machtverhältnisse es erlauben – und versucht überall dort, wo es bisher keine gesetzliche Regelung gab, die Liberalisierung der Abtreibung zu verhindern oder die staatliche Finanzierung von Schwangerschaftsabbrüchen, wie sie in Obamas Reformplänen für das Gesundheitswesen in den USA vorgesehen war. In Italien ist der Druck besonders stark, vor allem seit Kardinalstaatssekretär Bertone unter Umgehung der Italienischen Bischofskonferenz die Zuständigkeit für die Beziehungen zu den staatlichen italienischen Behörden an sich gezogen hat.[22]

Begründet wird die Ablehnung der Gesetze zur Gleichstellung von faktischen Lebensgemeinschaften und homosexuellen Partnerschaften mit dem Argument, dadurch würde man die Familie »destabilisieren«. Noch in seiner Zeit als Präfekt der Glaubenskongregation hatte Ratzinger von Johannes Paul II. die Erlaubnis zur Abfassung einer *Lehrmäßigen Note* zum Verhalten von Katholiken in der Politik erhalten. Auf 18 Seiten wird darin nicht nur lang und breit vor Indifferenz, religiösem Relativismus, Libertinismus und Individualismus gewarnt, die angeblich in jedem Parlament lauern, sondern darüber hinaus wird katholischen Politikern rundheraus jedes Recht auf eigenständiges Handeln in Abweichung von den sozialen und moralischen Lehren der Kirche abgesprochen. Es ist »keinem Gläubigen gestattet, sich auf das Prinzip des Pluralismus und der Autonomie der Laien in der Politik zu berufen, um Lösungen zu begünstigen, die den Schutz der grundlegenden ethischen Forderungen für das Gemeinwohl der Gesellschaft kompromittieren oder schwächen«. Daher rührt auch das Verbot, sich politischen Kräften anzuschließen, die im Widerspruch zur Kirchenlehre stehen: »In diesem Zusammenhang muss hinzugefügt werden, dass das gut gebildete christliche Gewissen niemandem gestattet, mit der eigenen Stimme die Umsetzung eines politischen Programms zu unterstützen, in dem die grundlegenden Inhalte des Glaubens und der Moral durch alternative oder diesen Inhalten widersprechende Vorschläge umgestoßen werden«.[23]

Obwohl sich katholische Politiker in weiten Teilen der Welt nicht an diese Vorschrift gebunden fühlen, hält Ratzinger weiterhin an dieser Auffassung des Verhältnisses von Glaube und Politik in einem demokratischen Staat fest. 2011 hat er es noch einmal bestätigt. In der politischen Sphäre genießen die Gläubigen »eine größere Handlungsfreiheit«, doch jeder Katholik ist »aufgerufen, mit geläutertem Gewissen und großzügigem Herzen zu handeln, um jene Werte zu fördern, die ich wiederholt als ›nicht verhandelbar‹ bezeichnet habe«.[24]

Von den Vorstellungen der Bürger in Europa ist diese Position meilenweit entfernt. Einschlägige Umfragen in Italien sprechen eine deutliche Sprache. Bei einer Ipsos-Umfrage unter praktizierenden Katholiken aus dem Jahr 2007 waren 74 Prozent der Meinung, bei »ethisch sensiblen« Themen solle man zwar hören, was die Kirche sagt, dann aber »entscheidet jeder nach seinem Gewissen.« Ein Jahr später, unmittelbar vor den Parlamentswahlen 2008, bestätigte eine Umfrage des SWG-Instituts die Ansicht, die »Kirche dürfe in keiner Weise versuchen, auf die staatlichen Gesetze Einfluss zu nehmen«. Dieser Aussage stimmten 68 Prozent der praktizierenden Katholiken zu und 82 Prozent der gelegentlichen Kirchgänger.[25]

Aber wenn man katholische Politiker zum Transmissionsriemen der Kirchenlehre macht, fördert das nicht gerade den »fruchtbaren Dialog« zwischen Politik, Religion, Ökonomie und Ethik, den Benedikt XVI. sich als Grundlage für Europa vorstellt. Allerdings steht die Mauer aus Verboten auf schwachen Füßen, und seit seinem Amtsantritt als Papst ist davon jedes Jahr ein Stückchen abgebröckelt. Auch die *Lehrmäßige Note*, die er noch als Kardinal verfasst hatte, konnte nicht verhindern, dass selbst Abgeordnete in erzkatholischen Ländern für Gesetze stimmten, die von der Kirche abgelehnt werden. So legalisierte der Bundesdistrikt Mexiko-Stadt im April 2007 die Abtreibung und führte 2009 die Homoehe ein. In Portugal wurde im Mai 2010 das Gesetz über die Homoehe ratifiziert, zwei Jahre später dasselbe in Argentinien. In Malta wurde nach einer erfolgreichen Volksabstimmung am 29. Mai 2011 die Scheidung eingeführt, obwohl Benedikt XVI. noch ein Jahr zuvor die jungen Malteser bei seinem Besuch ermuntert hatte, stolz darauf zu sein, dass es in ihrem Land keine Scheidung gebe. Am 24. Juni 2011 brachte der demokratische Gouverneur Andrew Cuomo, italo-amerikanischer Katholik, im Staat New York das Gesetz über die Einführung der Homoehe durch, gegen den erbitterten Widerstand des Vorsitzenden der Amerikanischen Bischofskonferenz, Erzbischof Timothy Michael Dolan.

Die Entwürfe für die Ansprachen des Papstes schreibt ein Team im Staatsekretariat. Bisweilen nach Vorgaben des Papstes, zumeist jedoch auf der Grundlage von speziellen Dossiers zu seinen Reisezielen, den anzusprechenden Problemen, dem Anlass der Ansprache, den Gesprächspartnern. Dann kommt der Entwurf zum Papst, der korrigiert, ergänzt, weitere Ausführung anfordert oder Passagen, die ihm nicht gefallen, eigenhändig umformuliert. Große Reden, denen er selbst eine Schlüsselrolle zuweist, schreibt Benedikt XVI. selbst, auf Deutsch und mit dem Füllhalter, denn er hat nie gelernt, mit dem Computer umzugehen. Manchmal benutzt er auch ein Diktiergerät.

Zu den herausragenden Auftritten seiner Amtszeit zählen neben seiner Weihnachtsansprache an die Römische Kurie von 2005 die Regensburger Rede, die Ansprachen in Paris, Prag, London und Berlin. Dabei handelt es sich um ausführliche Exkurse, in denen Benedikt XVI. seine Ansichten zur Rolle des Glaubens, zur Bedeutung des Christentums für die Entwicklung der westlichen Zivilisation und dessen Stellung in der modernen Gesellschaft darlegt.

Ratzingers Regensburger Vorlesung kann man – abgesehen von der Attacke auf Mohammed, die sich als schwerer politischer Fehler entpuppen sollte – als programmatisch bezeichnen, weil er darin das Hauptanliegen seines Pontifikats erläutert: Er will zeigen – man könnte auch sagen, den skeptischen Eliten der modernen Welt vermitteln –, dass Glaube und Vernunft eine untrennbare Einheit bilden. Der Glaube, so Ratzinger, steht nicht der Vernunft entgegen. Der Glaube ist vernünftig. Gläubig sein ist ein vernunftgemäßes Verhalten: »Nicht vernunftgemäß zu handeln ist dem Wesen Gottes zuwider.«[26]

An seiner alten Universität beschreibt Ratzinger die epochale Begegnung von biblischem Glauben und griechischer Philosophie als einen »nicht nur religionsgeschichtlich, sondern weltgeschichtlich entscheidenden Vorgang«[27], der uns auch heute in die Pflicht nimmt: »Diese Begegnung, zu der dann noch das Erbe Roms hinzutritt, hat Europa geschaffen und bleibt die Grundlage dessen, was man mit Recht Europa nennen kann.«

Zu Beginn seiner Rede ist Ratzinger darauf bedacht zu zeigen, warum jede Glaubensverbreitung durch Gewalt, wie sie der religiöse Fundamentalismus unter Missachtung der Glaubensfreiheit des Einzelnen propagiert, widersinnig ist, folglich auch im Widerspruch zum Wesen Gottes steht. Sodann konzentriert er sich auf die Widerlegung der These von der Unvereinbarkeit von Wissenschaft und Glauben. Nach Ratzingers Auffassung dürfen wissenschaftliche Vernunft und die Fragen nach Gott und dem Menschen, wie sie von der Religion und der Ethik gestellt werden, nicht getrennt werden, weil sie zusammengehören. Denn wenn man die eigentlich menschlichen Fragen, die nach unserem Woher und Wohin, die Fragen der Religion und des Ethos ins rein Subjektive des Einzelnen verlegt, verlieren sie ihre gemeinschaftsbildende Kraft. »Dieser Zustand ist für die Menschheit gefährlich: Wir sehen es an den uns bedrohenden Pathologien der Religion und der Vernunft, die notwendig ausbrechen müssen, wo die Vernunft so verengt wird, dass ihr die Fragen der Religion und des Ethos nicht mehr zugehören.«[28]

So kommt die Vorlesung, die einem Mann der Realpolitik wie dem früheren amerikanischen Staatssekretär Henry Kissinger sehr gefiel,[29] noch einmal in Schwung und endet mit einem leidenschaftlichen Appell für eine gleichberechtigte Beteiligung der Theologie – als »Frage nach der Vernunft des Glaubens« – am Dialog der Wissenschaft. Die Vernunft müsse ihre selbstverfügte Beschränkung auf das im Experiment Überprüfbare überwinden und sich erneut den Fragen jenseits der wissenschaftlichen Forschungsmethode öffnen. Nur so werde ein echter Dialog der Kulturen und Religionen möglich, dessen wir so dringend bedürften.

Tatsächlich stünden wir vor einer Kluft zwischen der westlichen Welt und den anderen Kulturen. In der westlichen Welt herrsche weithin die Meinung, allein die positivistische Vernunft und die ihr zugehörigen Formen der Philosophie seien universal. »Aber von den tief religiösen Kulturen der Welt wird gerade dieser Ausschluss des Göttlichen aus der Universalität der Vernunft als Verstoß gegen ihre innersten Überzeugungen angesehen.« Eine Vernunft, die dem Göttlichen gegenüber taub sei und Religion in den Bereich der Subkulturen abdränge, sei zu einem Dialog der Kulturen unfähig.

Ratzinger spricht sich für ein Bündnis zwischen Glauben und moderner wissenschaftlicher Vernunft aus. Die Vernunft müsse »die Korrespondenz zwischen unserem Geist und den in der Natur waltenden rationalen Strukturen« ganz einfach als Gegebenheit annehmen, auf der ihr methodischer Weg beruht. Aber die Frage, warum dies so ist, bleibt doch bestehen und muss von der Naturwissenschaft weitergegeben werden an andere Dimensionen des Denkens – an Philosophie und Theologie. Für die Philosophie und in anderer Weise für die Theologie ist das Hören auf die großen Erfahrungen und Einsichten der religiösen Traditionen der Menschheit, besonders aber des christlichen Glaubens, eine Erkenntnisquelle. Das zu verweigern, wäre eine unzulässige Verengung unseres Lebens. Auf diese Weise würde der Mensch, hier zitiert Ratzinger Sokrates, »der Wahrheit des Seienden verlustig gehen und einen sehr großen Schaden erleiden«.[30]

Keine leichte Kost, sondern hochkomplexe Überlegungen, die er da den Zuhörern und damit indirekt der Weltöffentlichkeit vorlegt, aber das ist die Gedankenwelt, in der Ratzinger sich bewegt. Daher ist es auch kein Zufall, wenn er mit leichter Selbstironie zu seinem Biographen Seewald sagt: »Ich denke, Gott wollte, wenn er schon einen Professor zum Papst machte, dass eben dieses Moment der Nachdenklichkeit und gerade das Ringen um die Einheit von Glaube und Vernunft in den Vordergrund komme.«[31]

Mit derartigen Exkursen, bei denen er sich als Mann der Wissenschaft in seinem Element fühlt, gelingt es Ratzinger immer wieder, die intellektuellen Eliten zu begeistern. So auch im Jahr 2008 in Paris, als er im gotischen Gewölbe des Collège des Bernardins ein grandioses Gemälde der westlichen Kultur seit dem mittelalterlichen Mönchtum entwirft. Gleich zu Beginn verwirft er dabei die These der Historiker, die Mönche hätten sich in ihren Klöstern eingeschlossen, um die Kulturschätze der antiken Welt zu retten. Nein, sagt er, »man muss ganz nüchtern sagen, dass es nicht ihre Absicht war, Kultur zu schaffen oder auch eine vergangene Kultur zu erhalten«. Ihr Antrieb war ein anderer, sie waren auf der Suche nach Gott. »Sie wollten aus dem Unwesentlichen zum Wesentlichen, zum allein wirklich Wichtigen und Verlässlichen kommen.«[32]

Doch gerade als er scheinbar im Begriff ist, das historisch Zufällige von der Sphäre der ewigen Wahrheiten zu trennen, beginnt Ratzinger mit einer Beschreibung der Annäherung des Göttlichen an das Menschliche. Dieser Gott, den die Mönche suchten, hatte gesprochen. Der Weg zu ihm war sein Wort, das in den Büchern der Heiligen Schriften enthalten war. Deshalb impliziert die Suche nach Gott eine Kultur des Wortes, der Gelehrsamkeit, der Bildung, die Liebe zum Wort, um in das Geheimnis der Sprache Gottes einzudringen. Und seit der biblischen Antike verlangt das Gebet nach Gesang, Psalmen, Musik. Und der Gesang musste gut sein, denn wer schlecht singt, stürzt in die »Zone der Unähnlichkeit«, verliert »die Ähnlichkeit mit Gott«, gerät in eine Distanz zu Gott, in der er diesen nicht mehr widerspiegelt und so nicht nur Gott, sondern sich selbst, dem wahren Menschsein unähnlich wird. »Aus diesem inneren Anspruch des

Redens mit Gott und des Singens von Gott mit den von ihm selbst geschenkten Worten ist die große abendländische Musik entstanden.« Dabei ging es nicht um private Kreativität, sondern um eine gemeinsame Anstrengung, die inneren Gesetze der Musik, die vom Schöpfer in die Welt gelegten Wesensformen der Musik zu erkennen.

In diesem altehrwürdigen Pariser Kloster spricht Ratzinger vor 600 geladenen Gästen, der politisch-kulturellen Elite des laizistischen Frankreich. Im Publikum sitzen zwei frühere Präsidenten der Republik, Jacques Chirac und Valéry Giscard d'Estaing, der katholische Staatsmann, der Papst Johannes Paul II. seinerzeit erklärt hatte, dass man in einem säkularisierten Land auch ein Abtreibungsgesetz respektieren müsse und dass in den Ländern der Europäischen Union keine Einigkeit darüber herrsche, einen Passus über die »christlichen Wurzeln« in die Europäische Verfassung aufzunehmen. Vom hellen Grau des langgezogenen, durch Säulen gestaffelten Schiffs sticht Benedikts Erscheinung ab wie ein weißer Fleck. Weißes Scheitelkäppchen, weißes Gewand, schneeweißes Haar, blasses, edel geformtes Gesicht. Ab und zu glitzert es, fast unmerklich, Reflexe von dem goldenen Brillengestell und dem Kettchen mit dem goldenen Kreuz auf der Brust. Wie immer spricht er mit ruhiger Stimme, artikuliert die Worte deutlich. Seine Rede hat einen musikalischen Aufbau. Das Andante geht ins Largo über, um schließlich ins Solenne zu münden. Man glaubt zu hören, was die frühen christlichen Autoren als »Apologie« bezeichneten. An diesem Sonntag, dem 12. September 2008, dem ersten Tag seines Aufenthalts in diesem laizistischen Frankreich voller skeptischen und rationalistischen Esprits, hält der Papst keine Vorlesung, sondern geleitet sein Publikum durch die christlich-europäischen Landschaften der Kultur.

Schon in der Bibel, so Ratzinger, kommt das »Wort Gottes

nur durch Menschenwort und Menschenwörter hindurch zu uns«. Es braucht also eine Auslegung, man muss die verschiedenen Sinndimensionen und die historische Vielfalt unterscheiden. Deshalb ist das Christentum keine Buchreligion im klassischen Sinn. In den Wörtern vernimmt das Christentum das Wort, den Logos selbst, der sich durch die Menschheitsgeschichte ausbreitet (im griechischen Wort *logos*, das sollte man nie vergessen, verschmelzen die Begriffe Wort und Vernunft). Die Auslegung der Bibel ist eine immer neue Herausforderung an jede Generation. Dabei schließt sie von ihrem Wesen her all das aus, was man heute Fundamentalismus nennt. Denn das Wort Gottes selbst ist nie einfach schon in der reinen Wörtlichkeit des Textes da. Zu ihm zu gelangen, verlangt eine Transzendierung.

Um zum Geist zu gelangen, sagt Ratzinger, muss man den Buchstaben überschreiten. Wie schon der heilige Paulus sagte: »Der Buchstabe tötet, der Geist aber macht lebendig.« Und weiter: »Wo der Geist … da ist Freiheit«. Aber der befreiende Geist ist nicht einfach die eigene Ansicht des Auslegers. Der Geist ist Christus, der den Weg zeigt. Mit dem Wort von Geist und Freiheit ist ein weiter Horizont eröffnet, aber zugleich der Willkür der Subjektivität eine klare Grenze gesetzt, die den Einzelnen wie die Gemeinschaft klar in die Pflicht nimmt und eine neue, »höhere Bindung als die des Buchstabens, nämlich die Bindung von Einsicht und Liebe erschafft«. Und damit gelangt Ratzinger zu seinem Lieblingsthema: der Dreieinigkeit von Glaube, Vernunft, Liebe. Sie macht für ihn das Christentum aus. In dieser Konstellation sieht er eine Spannung von Bindung und Freiheit, die »die abendländische Kultur zutiefst geprägt« hat. Die neue Generation Europas steht heute vor einer doppelten Herausforderung: den möglichen Rückfall in subjektive Willkür einerseits und in fundamentalistischen Fanatismus andererseits. »Es wäre ein Verhängnis, wenn die europäische Kultur von heute Freiheit nur noch als Bindungslosigkeit auffassen könnte und damit unvermeidlich dem Fanatismus und der Willkür in die Hand spielen würde.«

Dann kehrt Benedikt XVI. erneut zum Mönchtum zurück und behandelt als zweites wichtiges Element die Arbeit. In der griechisch-römischen Welt wurde die körperliche Arbeit verachtet, ganz im Gegensatz zur jüdischen Tradition, wo alle großen Rabbiner (einschließlich des Apostels Paulus) zugleich auch einen handwerklichen Beruf ausübten. Arbeiten bedeutet, am weltschöpferischen Handeln Gottes teilzuhaben. Zum Mönchtum gehört außer der Kultur des Wortes auch eine Kultur der Arbeit, ohne die das Werden Europas, sein Ethos und seine Weltgestaltung nicht zu denken sind. Allerdings muss der Mensch, so Ratzinger mahnend, seine Arbeit als ein Mit-Arbeiten mit dem Schöpfer verstehen und von diesem Mit her sein Maß nehmen. Das ist ein weiteres Thema, das dem Papst am Herzen liegt. »Wo dieses Maß fehlt und der Mensch sich selber zum gottartigen Schöpfer erhebt, kann Weltgestaltung schnell zur Weltzerstörung werden.«

Und damit kommt Joseph Ratzinger zum dritten Akt seiner Rede. Man kann Gott suchen, weil diese Suche möglich gemacht wurde. Denn es ist Gott selbst, der sich im Wort auf den Weg zu den Menschen begeben hat, und daher können die Menschen auf diesem Weg zu Gott kommen. In der Tat haben die ersten Christen ihre missionarische Verkündigung nicht als Propaganda aufgefasst, sondern als eine innere Notwendigkeit, die aus dem Wesen ihres Glaubens folgte: Der Gott, an den sie glaubten, war der Gott aller, der eine, wirkliche Gott, der sich in der Geschichte Israels und schließlich in seinem Sohn gezeigt und damit die Antwort gegeben hatte, die alle betraf und auf die alle Menschen im Innersten warten. In der Verkündigung begegnen sich die Universalität Gottes und die Universalität der auf ihn hin offenen Vernunft.

So erklärt sich das Auftreten des Apostels Paulus, der auf dem Areopag in Athen vor dem Altar des Unbekannten Gottes ausruft: »Was ihr verehrt, ohne es zu kennen, das verkünde ich euch.« Paulus, unterstreicht der Papst, verkündet keine unbekannten Götter. Er verkündet Den, den die Menschen nicht kennen und doch kennen – den Unbekannt-Bekannten. »Das Tiefste menschlichen Denkens und Empfindens weiß irgendwie, dass es Ihn geben muss. Dass am Anfang aller Dinge nicht die Unvernunft, sondern die schöpferische Vernunft stehen muss; nicht der blinde Zufall, sondern die Freiheit.« Trotzdem bleibe dieses Wissen unwirklich, wenn das Christentum nicht verkünden könnte, dass dieser Gott sich gezeigt hat. Das Herz der christlichen Verkündigung besteht in einem Faktum. Gott hat sich gezeigt. Poetisch spricht Benedikt XVI. von der »Gegenwart der ewigen Vernunft in unserem Fleisch«. Das Faktum ist vernünftig. Freilich bedarf es immer der Demut der Vernunft, um es annehmen zu können.

Damit ist das große Gemälde vollendet. Ratzinger sieht zu den Zuhörern auf und konstatiert: Für viele ist Gott heute wirklich zum großen Unbekannten geworden. Aber die gegenwärtige Abwesenheit Gottes wird im Stillen von der Frage nach ihm bedrängt. Eine bloß positivistische Kultur, die die Frage nach Gott als unwissenschaftlich abtut, wäre die Kapitulation der Vernunft.

Ganz Paris ist fasziniert. In den Hallen des Collège des Bernardins entdeckt Frankreich, was der Schriftsteller und Religionsexperte Henri Tincq schon vor Benedikts Ankunft vorhergesagt hatte: eine Persönlichkeit, ganz auf das Wesen des Christentums konzentriert, einen Doktor des Glaubens jenseits alter Stereotype, einen »intellektuellen Papst, der frei ist, von einer erschütternden Freiheit«.[33]

Auch seine Reise nach Großbritannien vom 16. bis 19. September 2010 wird, den zahlreichen Protestankündigungen im Vorfeld zum Trotz, ein Erfolg, und es gelingt Ratzinger, den Respekt der Eliten und der Medien zu erobern. In London brodelt es schon seit Monaten. Militante Atheisten wie Richard Dawkins und Christopher Hitchens fordern, Benedikt aufgrund der Pädophilie-Skandale wegen »Verbrechen gegen die Menschlichkeit« zu verhaften. Scharfe Kritik kommt von militanten Homosexuellen unter der Führung von Peter Tatchell. Starke Ressentiments hegen auch all jene, die es noch nicht verwunden haben, dass sich der Vatikan die konservativen, zum Katholizismus konvertierten Anglikaner einverleibt hat. In einem offenen Brief bezeichnen Ken Follett und weitere 50 Schriftsteller, Wissenschaftler, Schauspieler und Intellektuelle den päpstlichen Staatsbesuch als »Maskerade«. Protest kommt auch von den Organisationen der Missbrauchsopfer. Speziell für den Papst hat Margaret Kennedy von der Organisation MACSAS das *Testament der Überlebenden* zusammengestellt, ein dickes Buch mit 30 detaillierten Missbrauchsberichten. Frau Kennedy wirft Benedikt vor, dass er sich die Missbrauchsopfer, mit denen er sich trifft, stets »selbst aussucht« und nie mit den Organisationen spricht, die diese vertreten. Gleichzeitig wird bekannt, dass in Großbritannien nur 8 von 22 Tätern in den Laienstand zurückversetzt wurden. Die anderen sind immer noch im Kirchendienst, wenn auch zu einem zurückgezogenen Leben genötigt.

Für zusätzlichen Wirbel sorgte die Ankündigung der Bischofskonferenz, bei den Papstmessen einen Teilnahmebeitrag von 25 Pfund zu erheben (um die Kosten für Transport, Organisation, Sicherheits- und Sanitätsdienste zu decken).

Was den Zulauf merklich sinken ließ, zumal in einem Land, in dem Katholiken weniger als neun Prozent der Bevölkerung stellen und noch weniger zur Messe gehen.

Schon vor der Landung des Papstes liegt in den Buchhandlungen das letzte Buch von Stephen Hawking, *The Grand Design*, in dem der atheistische Wissenschaftler – Mitglied der Päpstlichen Akademie der Wissenschaften – die Theorie von einer Beteiligung Gottes an der Entstehung des Universums endgültig für unsinnig erklärt.

Am 18. September, als Benedikt XVI. sich bereits in London aufhält, zieht eine lautstarke Demonstration mit der Parole »Verhaftet den Papst!« vom Hyde Park durch die Londoner City. Unter den Transparenten sticht eins besonders ins Auge: *Er ist nicht der Messias, sondern ein Schlingel.* Der geadelte Schauspieler Ian McKellen trägt ein T-Shirt mit dem Aufdruck: *Manche sind homosexuell, findet euch damit ab.*

Dennoch gelingt es Benedikt XVI. in Westminster Hall, wo er am 17. September mit mittelalterlichem Pomp empfangen wird, durch die Eleganz seiner Gedankenführung zu überzeugen. Als Thema wählt er das Verhältnis zwischen der britischen Demokratietradition und der katholischen Soziallehre, die die Würde des Einzelnen verteidigt und die weltliche Obrigkeit verpflichtet, dem Gemeinwohl zu dienen. Der Papst-Theologe fragt: An welche Autorität muss man sich wenden, um moralische Konflikte zu lösen? Wo finden wir die ethische Grundlage für politische Entscheidungen? Da der gesellschaftliche Konsens dazu nicht reicht, fordert Benedikt XVI. gemäß der katholischen Soziallehre eine Rückbesinnung auf die objektiven Normen für rechtes Handeln, wie sie im Naturrecht enthalten sind. Diese Normen sind der Vernunft zugänglich. Demnach besteht die Rolle der Religion nicht darin, konkrete politische Lösungen vorzuschlagen, als vielmehr bei der Suche nach »objektiven moralischen

Prinzipien« zu helfen, die die Vernunft anwenden muss. Bisweilen, so räumt er ein, treffe diese »korrigierende« Rolle der Religion auf Ablehnung, insbesondere wenn die Religion, was leider vorkomme, »entstellte Formen« wie Sektierertum und Fundamentalismus annehme.

Aber diese Verzerrungen der Religion, so Ratzinger, treten ihrerseits immer dann auf, wenn »der reinigenden und strukturierenden Rolle der Vernunft im Bereich der Religion« zu wenig Aufmerksamkeit geschenkt wird. »Darum«, so der erste römische Papst, der im britischen Parlament spricht, diesem Bollwerk des antipapistischen Anglikanismus, »würde ich sagen, dass die Welt der Vernunft und die Welt des Glaubens – die Welt der säkularen Rationalität und die Welt religiöser Gläubigkeit – einander brauchen und keine Angst davor haben sollten, zum Wohl unserer Zivilisation in einen tiefen und andauernden Dialog zu treten«.

Erneut plädiert Ratzinger, wie schon in seiner Zeit als Präfekt der Glaubenskongregation, als er sich öffentlich mit agnostischen Philosophen auseinandersetzte, für ein Bündnis von Religion und Vernunft im Namen einer wechselseitigen Reinigung. »Die Religion ist für die Gesetzgeber nicht ein Problem, das gelöst werden muss, sondern ein äußerst wichtiger Gesprächspartner im nationalen Diskurs.«[34] Deswegen wäre es verhängnisvoll, das Christentum an den Rand zu drängen. Das äußere sich etwa in Forderungen, christliche Feste wie Weihnachten nicht mehr öffentlich zu begehen, weil man damit Angehörige anderer Religionen auf irgendeine Weise verletzen könnte. Oder in dem Anspruch, Christen, die ein öffentliches Amt ausüben, müssten gegebenenfalls gegen ihr Gewissen handeln.

Am Ende des Besuchs kommentiert Richard Owen von der *Times*: »Papst Benedikt ist als freundlicher, bescheidener Mann aufgetreten, der stets höflich spricht. Er hat grundlegende Überlegungen dargeboten, ohne je laute Töne anzuschlagen.« Durch seine Auftritte als intellektueller Prediger gelingt es Joseph Ratzinger fast immer, die Klischees auszuräumen, die über ihn kursieren.

In Berlin, wo er am 22. September 2011 im Bundestag vor Bundespräsident Wulff und Bundeskanzlerin Angela Merkel spricht, hält er eine engagierte Rede über die Grundlagen der Politik und das Verhältnis von Recht, Gerechtigkeit und Wahrheit. Zur europäischen Identität gehöre der innere Zusammenhang zwischen der Verantwortung des Menschen vor Gott und der Anerkenntnis der unantastbaren Würde des Menschen, eines jeden Menschen.

Letzter Maßstab für die Arbeit des Politikers, so Ratzinger, darf nicht der Erfolg und schon gar nicht materieller Gewinn sein, sondern das Bemühen um Gerechtigkeit als Grundvoraussetzung für Frieden. Natürlich müsse ein Politiker den Erfolg suchen, der ihm überhaupt erst die Möglichkeit politischer Gestaltung eröffne. Aber der Erfolg ist »dem Maßstab der Gerechtigkeit, dem Willen zum Recht und dem Verstehen für das Recht untergeordnet«. Wehe, wenn die Macht sich vom Recht trennt. Dazu habe Augustinus schon gesagt: »Nimm das Recht weg – was ist dann ein Staat noch anderes als eine große Räuberbande.« Unter der gläsernen Kuppel des Reichstags, dem Mahnmal zum Gedenken an den schrecklichen 27. Februar 1933, als die Nationalsozialisten den Reichstag in Brand steckten und die Abschaffung der demokratischen Rechte in Deutschland begann, erinnert der Papst die Zuhörer daran: »Wir Deutsche wissen es aus eigener Erfahrung, dass diese Worte kein leeres Schreckgespenst sind. Wir haben erlebt, dass Macht von Recht getrennt wurde, dass Macht gegen Recht stand, das Recht zertreten hat und dass der Staat zum Instrument der Rechtszerstörung wurde – zu einer sehr gut organisierten Räuberbande, die die ganze Welt bedrohen und an den Rand des Abgrunds treiben konnte.«

Nun stelle sich in der Demokratie allerdings die Frage: Kann die Mehrheit ein hinreichendes Kriterium sein? Um diese Frage zu beantworten, müsse der Mensch eine allgemeine anthropologische Maxime beachten: die Achtung der Natur und der Vernunft, die Achtung des Naturrechts. Dann ruft Ratzinger, unter Verweis auf die ökologische Bewegung der siebziger Jahre, seine Zuhörer dazu auf, nicht in einem materialistischen Positivismus zu verharren. »Jungen Menschen war bewusst geworden, dass irgendetwas in unserem Umgang mit der Natur nicht stimmt. Dass Materie nicht nur Material für unser Machen ist, sondern dass die Erde selbst ihre Würde in sich trägt und wir ihrer Weisung folgen müssen.« Letztendlich dient der Verweis auf die Grünen dem Papst als Überleitung zu einem seiner Lieblingskonzepte: Auch der Mensch hat eine Natur, die er achten muss und die er nicht beliebig manipulieren kann. Der Mensch ist nicht nur sich selbst machende Freiheit. Der Mensch macht sich nicht selbst. »Er ist Geist und Wille, aber er ist auch Natur, und sein Wille ist dann recht, wenn er auf die Natur hört, sie achtet und sich annimmt als der, der er ist und der sich nicht selbst gemacht hat. Gerade so und nur so vollzieht sich wahre menschliche Freiheit.« Darauf müssten auch die heutigen Gesetzgeber Rücksicht nehmen.[35]

Auch zwei Jahre zuvor war es ihm in Prag gelungen, ein hochkarätiges Publikum aus politischen Amtsträgern und Diplomaten, darunter auch der große Dissident und erste Präsident der tschechoslowakischen Republik nach 1989, Václav Havel, durch seine Rede in den Bann zu schlagen. Sein nüchterner, aber zugleich leidenschaftlicher Stil nahm jeden gefangen. Damals sprach er über das Verhältnis von Freiheit und Wahrheit.

Alle Bereiche der Gesellschaft, ob Religion, Politik oder Kultur, müssen sich, so seine These, auf ihre Weise dafür verantwortlich fühlen, »die Aufnahmebereitschaft für die Wahrheit und das Gute« zu wecken. Gemeinsam müssen wir das Ringen um die Freiheit und die Suche nach der Wahrheit in Angriff nehmen. Denn Europa, so ruft er dem Publikum im prächtigen Spanischen Salon zu, ist mehr als ein Kontinent. Es ist ein Zuhause! Unter ausdrücklicher Anerkennung der Trennung von Politik und Religion betont er zugleich die »unersetzliche Rolle des Christentums für die Bildung des Gewissens einer jeden Generation« wie auch seine Rolle für die Förderung eines grundlegenden ethischen Konsenses im Dienste des europäischen Projekts. Europa muss an seinem kulturellen Erbe festhalten, das geprägt ist durch eine »Vision von Mensch und Gesellschaft, die auf Gottes Gegenwart unter uns achtet«.

Die Vernunft endet nicht mit dem, was die Augen sehen, fühlt sich vielmehr hingezogen zu dem, was jenseits liegt, »zu dem, nach dem wir zutiefst verlangen«. Ratzinger nennt das den »Geist der Schöpfung«. Dieser Geist gibt Orientierung für die Suche nach Gerechtigkeit, Freiheit und Wahrheit. Das gilt insbesondere, nachdem die Geschichte im Übermaß gezeigt hat, wie die Wahrheit im Dienste von falschen Ideologien, Unterdrückung und Ungerechtigkeit hintergangen und manipuliert werden kann. Denn was ist letztendlich unmenschlicher und destruktiver als der »Zynismus, der die Größe unserer Suche nach Wahrheit leugnen würde, und der Relativismus, der gerade die Werte aushöhlt, die den Aufbau einer vereinten und brüderlichen Welt inspirieren?«[36]

Anlässlich seiner Reise in die Tschechische Republik, wo er die Gläubigen dazu ermuntert, als »kreative Minderheit« die Zukunft zu gestalten, greift Benedikt XVI. ein Thema wieder auf, das ihn zuletzt intensiv beschäftigt hatte. Im Interview mit der Presse auf dem Flug nach Prag lanciert er die Idee zu einem großen geistigen, moralischen und menschlichen Dialog. Gläubige und Agnostiker, sagt er, müssen eine lebendige Debatte beginnen. Jeder brauche den anderen: Der Agnostiker kann sich nicht damit zufrieden geben, nicht zu wissen, ob Gott existiert oder nicht, sondern er muss auf der Suche sein und das große Erbe des Glaubens hören; der Christ kann nicht damit zufrieden sein, den Glauben zu haben, sondern er muss seine Suche nach Gott im Dialog mit den anderen vertiefen.

Schon beim Weihnachtsempfang für die Römische Kurie im folgenden Dezember betont der Papst erneut, die Kirche müsse den Dialog mit Agnostikern und Atheisten zu ihrer Herzenssache machen, ohne sich erschrecken zu lassen. Natürlich, räumt der Pontifex ein, wollen sie ihre Freiheit des Denkens und des Wollens nicht preisgeben und sich nicht als Objekt von Mission sehen. Aber die Frage nach Gott bleibe doch auch für sie gegenwärtig. Als ersten Schritt einer neuen Evangelisierung müsse man versuchen, diese Suche wachzuhalten; sich darum bemühen, dass der Mensch die Gottesfrage als wesentliche Frage seiner Existenz nicht beiseiteschiebe.

So wie es im Tempel von Jerusalem einen sogenannten »Vorhof der Völker« gegeben habe, wo alle Nicht-Juden zu dem einen Gott beten konnten, auch wenn sie zum eigentlichen Gottesdienst nicht zugelassen waren, so müsse die Kirche heute auch so einen Raum schaffen, wo Menschen irgendwie Kontakt mit Gott aufnehmen können, ohne ihn zu kennen und ehe sie den Zugang zum Glauben gefunden haben: »Zum Dialog der Religionen muss heute vor allem auch das Gespräch mit denen hinzutreten, denen die Religionen fremd sind, denen Gott unbekannt ist.«[37]

Die konkrete Umsetzung des Vorhabens übernimmt Kardinal Gianfranco Ravasi, Präsident des Päpstlichen Rates für die Kultur. Gemeinsam mit der UNESCO, der Sorbonne und dem Institut de France organisierte er unter dem Titel »Vorhof der Völker« einen ersten großen internationalen Kongress von Experten und Kulturschaffenden aller philosophischen und religiösen Richtungen, der im März 2011 in Paris stattfand. Symbolträchtig das Thema an der Sorbonne: »Religion, Licht der Vernunft«. Bei der UNESCO diskutierte man über die Rolle der Kultur, die Rolle der Frau in der modernen Gesellschaft sowie über die Sinnsuche in einer säkularisierten, aber zugleich religiösen Welt. Im Institut de France debattierte man über Ökonomie, Recht und Kunst. Seitdem sind auf dem Reiseplan Kardinal Ravasis weitere Veranstaltungen dieser Art in Schweden, den USA, Albanien, Spanien und in mehreren Städten Italiens hinzugekommen.

Ziel dieser Initiative, erklärt Ravasi, sind weder Bekehrung noch Evangelisierung. Es geht um einen Austausch über die großen Fragen der Welt: »die Fragen nach dem Sinn des Lebens, nach dem Jenseits, nach dem Tod. Und nach der Kategorie der Wahrheit.« Dabei sollen alle Positionen paritätisch zu Wort kommen. »Religiöse und ideologische Systeme sind Interpretationen der Wirklichkeit und des Kosmos, und es ist gut, wenn sie sich austauschen. Gläubige wie Atheisten sind Träger einer Botschaft, die ›performativ‹ ist, weil sie die Existenz betrifft.« Aufgrund der Teilnahme bekannter Agnostiker wie der Semiologin und Psychoanalytikerin Julia Kristeva und des Genetikers Axel Kahn war Ravasi mit der Veranstaltung sehr zufrieden und unterstrich noch einmal: »Wir müssen anerkennen, dass es verschiedene Sichtweisen der Wirklichkeit gibt und dass Nichtgläubige Fragen an uns richten, denen wir nicht ausweichen dürfen.«

Es stellt sich allerdings die Frage, wie viel von dieser neuen Offenheit letztendlich übrig bleibt und ob sie wirklich dazu beitragen kann, dass der Heiligen Stuhl eine neue überzeugende Haltung zur modernen, pluralistischen Gesellschaft entwickelt. Der austro-amerikanische Religionssoziologe Peter Berger hat dazu zutreffend angemerkt, es bestehe die Gefahr, dass die Kirche sich den »anderen gegenüber entgegenkommend« zeigt, weil sie meint, sie allein sei im Besitz der vollen Wahrheit und alle »anderen« folglich in weit geringerem Ausmaß.

Allein die Bezeichnung »Vorhof der Völker«, so Berger, mache, unabhängig von den Absichten des Papstes, diesen Unterschied sofort deutlich. Denn im Tempel von Jerusalem war das ein Außenraum für all jene, die keinen Zutritt hatten zu den für Juden reservierten Räumen, geschweige denn zum Raum des Hohepriesters. »Mit anderen Worten, er war das räumliche Symbol für einen untergeordneten Status. Ich habe zwar überhaupt keinen Zweifel daran, was Benedikt mit dieser Metapher beabsichtigte, es ging ihm wirklich um einen Raum des friedlichen Dialogs. Trotzdem könnte das bei nichtkatholischen Teilnehmern ein Gefühl der Minderwertigkeit auslösen«.[38]

Schon seit Jahren warnt der Mönch Enzo Bianchi, einer der aufgeklärtesten Theologen in Italien, es sei untragbar, wenn Gläubige sich hinter einer arroganten Position verschanzen und die Gesellschaft als »krank und ohne Werte« bezeichnen. Es gehe nicht, betont er, den »anderen« die Rolle als Träger ethischer Werte abzusprechen. »Wer die Vielfalt der Werte ignoriert, die es ja auch in einer nichtchristlichen Gesellschaft gibt, dem steht nach dem Evangelium kein Platz in der Geschichte zu.«[39]

Bei dem großen ökumenischen Treffen in Assisi im Oktober 2011 (dem die Würdenträger der israelischen Großrabbinate sowie des Großscheichs von Al-Azhar fernblieben) schafft Benedikt XVI. das gemeinsame Beten ab, lädt aber auch Vertreter der Nichtglaubenden ein. Julia Kristeva, die vor den Vertretern aller Weltreligionen das Wort ergreift, bringt in ihrem Beitrag die geistige Spannung eines agnostischen Humanismus deutlich zum Ausdruck. Der Mensch als abstrakter Begriff existiere nicht, so die Psychoanalytikerin. Nach Shoah und Gulag habe der Humanismus die Pflicht, Männer und Frauen daran zu erinnern, dass sie nur durch ein kontinuierliches Infragestellen ihrer persönlichen, historischen und sozialen Situation über Gesellschaft und Geschichte entscheiden können.

Man müsse die historisch entstandenen Moralsysteme erneut zur Hand nehmen: die Bibel, die Evangelien, den Koran, den Rigveda, das Tao – das sei nötig und positiv. Ohne sie zu schwächen, aber um sie zu problematisieren, und sie angesichts neuer Singularitäten zu erneuern. »Wir müssen auf die Fähigkeit von Männern und Frauen setzen, gemeinsam zu glauben und zu erkennen«, so Kristeva.[40]

Eine permanente Hinterfragung, denn »Wir sind die Geschichte …«, lautet die Antwort des säkularisierten Humanismus auf Benedikts Angebot zum Dialog.

Durch den Vorschlag, die Beziehungen zu den Nichtgläubigen zu intensivieren, berührt die Kirche Ratzingers das große Thema des ethischen Pluralismus. Eine Frage, die es nicht erlaubt, irgendeinem Teilnehmer von vornherein eine »Überlegenheit« zuzusprechen.

Wenn den Nichtgläubigen oder den Andersgläubigen nicht die Würde einer Ethik zugesprochen wird, die sich aus anderer Sicht den großen Themen der menschlichen Existenz nähert, dann ist es schwierig, einen gleichberechtigten Dialog zu führen. Bisher jedenfalls hat das Pontifikat Benedikts XVI. noch nicht erkennen lassen, dass es gewillt wäre, die Wirklichkeit des ethischen Pluralismus anzuerkennen. Im Namen der Rationalität beruft sich der Papst auf das Naturrecht als allen Menschen zugängliche Norm, aber die einzig authentische Auslegung bleibt aus seiner Sicht bei der römisch-katholischen Kirche, und das wird natürlich von anderen philosophischen Strömungen, Konfessionen und Religionen nicht akzeptiert.

In einem Schreiben vom Oktober 2005 an den damaligen Senatspräsidenten Marcello Pera hat Benedikt XVI. die These aufgestellt, dass die »menschlichen Grundrechte nicht vom Gesetzgeber geschaffen werden, sondern in der menschlichen Natur eingeschrieben sind und deshalb letztlich auf den Schöpfer zurückgehen«[41]. Mit dieser Formulierung wird ein gleichberechtigter Dialog mit Atheisten und Agnostikern ein gewagtes, wenn nicht unmögliches Unterfangen. Aber auch für religiöse Menschen stellt sich die Frage, wer in letzter Instanz für die Interpretation des göttlichen Plans zuständig ist. Ruft man das Göttliche in den Institutionen der modernen pluralistischen Gesellschaft an, stellt sich sofort die Frage nach dem »wahren« Gott. Eine unmögliche Frage. Denn niemand kann entscheiden. Die Christen, aber welche? Katholiken, Orthodoxe, Protestanten oder Neu-Evangelisten? Die Juden? Die Muslime? Die Anhänger anderer antiker Religionen wie des Hinduismus oder des Zoroastrismus? Und welcher Platz bleibt den Buddhisten?

In der Allgemeinen Erklärung der Menschenrechte, die am 10. Dezember 1948 von den Vereinten Nationen verabschiedet wurde, gibt es keinen Gottesbezug. Ihre ethischen Inhalte sind rein weltlich bestimmt. Ein Zeichen des historischen Fortschritts, hinter den es kein Zurück gibt.

KAPITEL XV

Eine ungewisse Zukunft

»Wer brillant denken kann, kann auch brillant umdenken.« Mit diesen Worten begrüßte Wolfgang Beinert, Ratzingers Schüler und Nachfolger auf dem Lehrstuhl für Dogmatik an der Universität Regensburg, Ratzingers Wahl zum Papst. Fünf Jahre später fügte er in einem *Spiegel*-Interview hinzu: »Er kann umdenken. Er muss es aber nicht.«[1] Inzwischen hat sich der scharfsinnige Analytiker, der unnachgiebige Hüter der Kirchenlehre und leidenschaftliche Prediger Joseph Ratzinger als schwache Führungsfigur erwiesen. Die Kunst des Regierens ist nicht seine Sache, interne Probleme der Kirche nimmt er zögerlich in Angriff, und theologische Fragen interessieren ihn mehr als geopolitische.

Beinert, der ihn gut kennt und regelmäßig an den sommerlichen Treffen von Ratzingers Schülerkreis teilnimmt, räumt unumwunden ein, dass Benedikt XVI. als Wissenschaftler nicht zu schnellen Entscheidungen neigt. Der Papst, so Beinert, denke intensiv über Probleme nach, die die Katholiken bewegen – Ökumene, Zölibat und Sexualmoral –, aber »er hat eine im Wesentlichen konservative Persönlichkeitsstruktur«. Er sei zwar kein Fundamentalist, aber »er wird sehr vorsichtig vorgehen. … Er wird also versuchen, die Dinge zu bewahren, solange es geht.«[2]

Der Stillstand ist für jeden sofort spürbar, der mit der Römischen Kurie zu tun hat. Die beiden großen Reformen seiner Amtszeit – die Verschärfung der Kirchengesetze zum sexuellen Missbrauch und die teilweise Anpassung der Vatikanbank IOR an die Standards des internationalen Finanzsystems zur Bekämpfung von Geldwäsche – wurden ihm von außen aufgezwungen. Im Fall der Vatikanbank durch die Entscheidung der Staatsanwaltschaft Rom vom 21. September 2010, 21 Millionen Euro auf IOR-Konten bei der Banca di Credito Artigiano und bei der Banca del Fucino zeitweise zu beschlagnahmen (wegen Verstoßes gegen das Geldwäschegesetz).

Dagegen steht die einzige Innovation, die er selbst initiiert und aktiv betrieben hat – die Gleichstellung der tridentinischen Messe mit dem Ritus Pauls VI. und die Rücknahme der Exkommunikation der Lefebvre-Bischöfe – ganz im Zeichen des Rückschritts, wurde von den Bischöfen mit Unbehagen aufgenommen und stieß bei den Gläubigen auf Unverständnis.

Selbst Deutschland hat sich von ihm abgewandt. Schon 2010 hielt nur noch ein Drittel aller Deutschen seine Führung für gut, und sogar unter den Katholiken gaben ihm 45 Prozent eine schlechte Note.[3] Kurz vor seiner dritten Deutschlandreise im September 2011 hielten laut einer Forsa-Umfrage 86 Prozent der Deutschen Ratzingers Besuch »für eher unwichtig oder überhaupt nicht wichtig«.

Nach fast fünf Jahren im Amt, in denen eine Krise die nächste jagte, war sein Image derart ramponiert, dass man im Vatikan beschloss, es mit einer PR-Offensive zu versuchen. Kurz vor Weihnachten 2010 erschien *Licht der Welt*, ein langes Interview mit Benedikt XVI., das ihn selbstsicher, offen und gesprächsbereit zeigen sollte. Seit 2006 hatte sein Biograph Peter Seewald darauf gewartet, ihn erneut interviewen zu dürfen. Die Genehmigung des Vatikans kam genau in dem Augenblick, als die Kommunikationskrise zwischen

Papst und Öffentlichkeit ihren Höhepunkt erreichte. Denn wie sehr man sich auch bemüht, es zu verbergen, weiß man an der Kirchenspitze doch genau, dass die katholische Welt in ihrem Urteil über den Papst zutiefst gespalten ist, während das Interesse der Weltöffentlichkeit merklich nachgelassen hat.

Es ist schon einmalig, wie sich der *Osservatore Romano* in seinem Leitartikel zum fünften Jahrestag von Ratzingers Wahl um eine offizielle Verteidigung des Papstes bemühte, dabei die Krise aber gerade dadurch offenbarte, dass er sie leugnete. In ihrem Artikel räumte die Historikerin Lucetta Scaraffia zwar ein, dass die Medien den Papst als »schwach und von allen Seiten attackiert« hinstellen, als »betagten Theologen, der die heutige Welt nicht mehr versteht«. Für ihn jedoch, so Scaraffia, sei es unwichtig, »wie viele Gläubige ihm auf dem Petersplatz zujubeln und wie viele Fernsehsender seine Worte mitschneiden«. Denn Benedikt XVI. sei es gleichgültig, wie seine Auftritte von den Medien rezipiert würden. »Sein vorrangiges Anliegen ist es, die Kirche auf den rechten Weg zu bringen, auf den Weg einer anhaltenden spirituellen Läuterung.«

Kurzum, Benedikt XVI. interessiere sich »nur dafür, ein guter Papst zu sein, also für die geistliche Führung der Katholiken. Und das ist es, was der Welt und den Mächtigen aus Politik und Medien so sehr missfällt.« Aber gerade diese Mächtigen, so die bizarre Schlussfolgerung, seien für den Papst »irrelevant«, für ihn zähle allein das Nachdenken über die Worte Jesu und deren Auslegung.[4] Unfreiwillig, aber sehr erhellend wird damit beschrieben, wie fremd Ratzinger jeder Form der Kommunikation gegenübersteht.

Offenbar ist selbst seinen Verteidigern im Grunde bewusst, dass dieser Papst Unbehagen und Widerspruch hervorruft. Ein Veteran der Kurie wie der ehemalige Sekretär des Rates für Gerechtigkeit und Frieden und derzeitige Bischof von Triest, Giampaolo Crepaldi, beklagt, dass die Kritik am Papst nicht nur aus antiklerikalen Kreisen kommt. Besonders beklemmend findet er, dass »es Männer der Kirche sind, die dem Papst vermeintliche Fehler ankreiden und ihm die Gefolgschaft verweigern, seien es nun Theologen, Priester oder Laien«. Obwohl er sich auf die Seite des Papstes stellt, muss allerdings auch Crepaldi eingestehen: »Das Phänomen ist deshalb gravierend, weil es so weitverbreitet ist.« Die Kluft zwischen den Gläubigen, die auf den Papst hören, und denen, die ihm nicht folgen, werde »überall sichtbar«, in den Diözesanzeitungen, in den religionswissenschaftlichen Instituten, und so entstünden zwei Richtungen der Seelsorge, die gar nicht mehr miteinander kommunizieren. »Als wären sie Ausdruck zwei verschiedener Kirchen.«[5]

Ähnlich sieht es, aufseiten des Reformkatholizismus, der Historiker Alberto Melloni, wenn er ernüchtert feststellt, was in diesen Jahren passiert ist: mit Ratzinger sei die Kirche »angeschlagener und weniger geschlossen, und es herrscht ein Gefühl der Verunsicherung«.[6]

Wie isoliert Ratzinger tatsächlich ist, lässt sich sogar an dem Porträt ablesen, das sein Privatsekretär Georg Gänswein von ihm zeichnet. »Johannes Paul II. war der Papst der großen, unmittelbar ansprechenden Bilder; Benedikt XVI. ist der Papst des Wortes … er ist mehr Theologe als ein Mann der großen Gesten. Einer, der von Gott ›spricht‹.«[7]

Nicht einmal bei den jährlichen Treffen mit seinem Schülerkreis nutzt der Theologe Ratzinger die ungezwungene Atmosphäre zu einem freien Gedankenaustausch über die heiklen Fragen der Kirchenführung. Beim Septembertreffen in Castelgandolfo wird, so sein ehemaliger Schüler Prof. Beinert, über innerkirchliche Probleme nicht gesprochen. »Da werden wissenschaftliche Themen nach der Art und Weise eines Universitätsseminars behandelt«, und es mache Ratzinger glücklich, wenn er wieder als Professor auftreten könne. »Es ist für ihn sehr wichtig, einmal im Jahr seiner Erstberufung als Wissenschaftler folgen zu können und die Bürde der Kirchenleitung wenigstens kurz beiseitelegen zu dürfen.« Letztlich lebe Benedikt XVI. »immer von gefilterter Luft«.[8]

Nur sechs Tage, Montag bis Samstag der letzten Juliwoche 2010, wurden Peter Seewald zugestanden, um Benedikt XVI. zu interviewen und eine Bilanz seiner Vorstellungen und des aktuellen Zustands der Kirche zu ziehen. Das Ergebnis ist ein ehrliches Porträt, das Ratzingers Persönlichkeit in seiner ganzen Komplexität wie in ihren Schwächen zeigt. Aber auch die Stagnation seiner Amtszeit. Zölibat, Frauenordination, Empfängnisverhütung, Kommunion für wiederverheiratete Geschiedene, Homosexualität: Nichts bewegt sich. Der Interviewer spricht von »Reformstau«.

Zu den schmerzhaftesten Einschränkungen gehört für zahllose Katholiken weiterhin das von Johannes Paul II. bestätigte Verbot, die Kommunion an geschiedene und wiederverheiratete Gläubige auszuteilen. In seiner Zeit als Präfekt der Glaubenskongregation hatte Ratzinger die Möglichkeit erwogen, die Annullierung kirchlicher Trauungen an die nationalen Episkopate zu delegieren. Auch gab es Überlegungen, die Gültigkeit einer Ehe zu überdenken, wenn sie von Menschen geschlossen wurde, die »nicht wirklich gläubig waren, und es aus Tradition taten«.

Im Sommer 2005, kurz nach seiner Wahl, sagte Benedikt zum Klerus der Diözese Aosta: »Das ist ein sehr schwieriges Problem, das noch vertieft werden muss.«[9] Zwei Jahre später, in seinem Urlaub in Cadore, rät er auf erneute Nachfrage der Priester aus der Diözese Belluno und Treviso zu einer guten Vorbereitung und einer ständigen Begleitung der Eheleute, wenigstens in den ersten zehn Jahren. Um dann zu dem Schluss zu kommen, dass »eine neue Bindung … die volle Gemeinschaft in den Sakramenten der Kirche nicht zulässt« und es folglich Aufgabe des Priesters ist, die Gläubigen zu lehren, »mit diesem Leiden zu leben«.[10] Fünf Jahre nach seiner Wahl schließlich wiederholt Ratzinger im Gespräch mit Seewald, über die Frage der Gültigkeit von Ehen müsse man »intensiver nachdenken«.

Am 16. Juni 2009 ruft Benedikt VXI. ein Jahr der Priester aus, um die Mission des Klerus wieder ins Bewusstsein zu rücken. Als Vorbild empfiehlt er allen Priestern der Welt den heiligen Pfarrer von Ars, Johannes Maria Vianney. Unter Verweis auf Vianneys Hingabe an die Seelsorge, sein eifriges Beten, seine Bußfertigkeit, seine Armut ruft er zur inneren Erneuerung des Klerus »für ein noch stärkeres und wirksameres Zeugnis für das Evangelium in der Welt von heute« auf. Durch den Verweis auf Vianneys unermüdliches Wirken erinnert Benedikt XVI. daran, dass sich die heutige Welt nur durch tatkräftiges Leben und Handeln erobern lässt. »Ich selbst trage noch die Erinnerung an den ersten Pfarrer im Herzen, an dessen Seite ich meinen Dienst als junger Priester ausübte: Er hinterließ mir das Beispiel einer rückhaltlosen Hingabe an seine seelsorgliche Aufgabe bis zu seinem Tod, der ihn ereilte, als er einem Schwerkranken das Sakrament der Wegzehrung brachte.«

Trotzdem organisiert der Vatikan in diesem Priesterjahr keine einzige Veranstaltung zur Analyse und Reflexion über die aktuelle Lage der Priester, über ihre Rolle in einer Gesellschaft, die sich seit Vianneys Wirken im 19. Jahrhundert grundlegend verändert hat. Der Papst beruft keine Tagung ein, um den dramatischen Priestermangel zu erörtern, der sich sowohl in den westlichen Gesellschaften bemerkbar macht, wo immer mehr Gemeinden von Laien geführt werden, als auch in der Dritten Welt, wo viele Gläubige monatelang warten müssen, um beichten oder im Rahmen einer Messe die Kommunion empfangen zu können.

Im Apostolischen Palast gibt es manche, die sich angesichts einer leichten Zunahme der Ordinationen in den letzten Jahren Illusionen machen. Zwischen 2005 und 2010 stieg die Zahl der Geistlichen in Diözesen und Orden insgesamt von 406 411 auf 412 236. Die Zahl der Priesteramtskandidaten in den verschiedenen Einrichtungen nahm um ca. 15 000 zu (während 5 000 wieder austraten). Die größte Zunahme der Berufungen ist in Afrika und Asien zu verzeichnen, wo das Priesteramt noch mit einem sozialen Aufstieg verbunden ist. In Nordamerika ging die Zahl der Priester um ca. 3 500 zurück, in Europa im untersuchten Zeitraum sogar um über 8 000. In der Alten Welt sank die Zahl der Neuordinierten um 250.

Rechnet man Ordinationen gegen Austritte und Todesfälle insgesamt auf, dann ist der Klerus in den Diözesen – das heißt die Zahl der Priester, die direkt den Ortsbischöfen unterstehen – weltweit gerade einmal um 0,49 Prozent gewachsen.[11] Gleichzeitig stieg die Zahl der katholisch Getauften in den drei Jahren zwischen 2008 und 2010 weltweit um 30 Millionen. Diese Zahlen zeigen überdeutlich die wachsende Diskrepanz zwischen Gläubigen und Klerus.[12]

Hinter diesen Zahlen steht eine Realität, die sich im Westen in einer schwindenden Präsenz des Klerus in der Fläche äußert und in einer wachsenden Zahl von Gemeinden, die keinen Pfarrer mehr haben und entweder von ausländischen Priestern oder von Ordensschwestern oder Laien betreut werden.

In Italien, dem Land des Papstes, schlägt diese Krise voll durch. Zwischen 2004 und 2010 ging die Zahl der Priester um ca. 3 500 zurück. Da es die Bischofskonferenz vermeiden möchte, die seelsorgerische Leitung einer Gemeinde einem einfachen Gläubigen – einem Mann oder einer Frau, wie man es in Nordeuropa macht – anzuvertrauen, verschleiert man das Problem durch Schaffung von »Seelsorgeeinheiten«, in denen ein einziger Pfarrer mehrere Pfarreien übernehmen muss. Aber in den nächsten 25 Jahren wird die italienische Kirche ein Drittel der aktuell 32000 Priester verlieren, wie vor einigen Jahren der ehemalige Sekretär der Italienischen Bischofskonferenz, Giuseppe Betori, eingestand.[13] Bereits 2003 belief sich der Anteil ausländischer Priester in vier Regionen Italiens – Abruzzen, Molise, Toskana und Umbrien – auf über zehn Prozent. In Latium kommt inzwischen ein Fünftel der Priester im Seelsorgedienst aus dem Ausland.[14]

Man hat das Problem ausufern lassen, obwohl die Bischofssynode zur Eucharistie schon 2005 »ihren Schmerz über den akuten Priestermangel in einigen Teilen der Welt« zum Ausdruck brachte und erkannte, dass vielen Gläubigen »häufig für eine nicht kurze Zeit« systematisch die Teilhabe am wichtigsten Sakraments vorenthalten wird.[15] Alarmierend sind vor allem die Verhältnisse in der Dritten Welt, wo die Gläubigen oft viele Monate auf einen Priester warten müssen.

Trotz dieser verheerenden Zustände gestattet Benedikt XVI. keine Diskussion der seit Jahrzehnten im Raum stehenden Möglichkeit, sogenannte *viri probati*, das heißt in Kirche, Gesellschaft und Ehe bewährte Männer, zur Priesterweihe zuzulassen. Angesichts dieses ernsten Problems flüchten sich viele Prälaten in die »Vorsehung«, doch die Aufrichtigen unter ihnen gestehen ein, was uns ein europäischer Kardinal anvertraute: »Ich mache mir große Sorgen. Jeden Abend bitte ich Gott um mehr Berufungen, aber ich weiß wirklich nicht, wie das Problem zu lösen ist.« Das Schlimmste aber, nach Meinung vieler Geistlicher jedenfalls, sei, dass

»man kein Problem lösen kann, dessen Existenz man nicht anerkennt«.

Auch hinsichtlich der Notwendigkeit, die Rolle der Frauen in der Kirche gebührend anzuerkennen, hat sich die Kirche in den fast 3000 Tagen der Ratzingerschen Amtszeit keinen Millimeter bewegt. Äußerungen des Papstes vor dem römischen Klerus, wonach »die Frage berechtigt ist, ob man nicht auch im Dienstamt … den Frauen mehr Raum, mehr Positionen mit größerer Verantwortung anbieten könnte«,[16] sind folgenlos geblieben.

Dabei geht es nicht um das Thema Frauen im Priesteramt, was Benedikt XVI. ohnehin ebenso kategorisch ablehnt wie vor ihm Johannes Paul II. Inzwischen zählt »der Versuch, eine Frau zu ordinieren«, sogar zu den schwersten kirchenrechtlichen Straftaten überhaupt. So jedenfalls steht es im Dokument der Glaubenskongregation zur Verschärfung des Vorgehens gegen sexuellen Missbrauch, das von Kardinal William Levada am 15. Juli 2010 veröffentlicht wurde.

Von weiblichen Diakonen ganz zu schweigen. Auch der Einsatz von Frauen im Vatikan macht keine Fortschritte. Nur zwei Frauen haben es zu einem Führungsposten in der Römischen Kurie gebracht: Schwester Nicoletta Vittoria Spezzati ist Untersekretärin der Kongregation für die Institute geweihten Lebens, Flaminia Giovannelli Untersekretärin beim Rat für Gerechtigkeit und Frieden. Im Staatssekretariat gibt es keine Abteilungsleiterin und unter den Minutanten (den niedrigeren Dienstgraden) nur eine einzige Nonne. In der Abteilung für Außenpolitik, der sogenannten Sektion für die Beziehungen zu den Staaten, sieht es genauso aus: eine einzige Frau – in untergeordneter Position. Geradezu bemerkenswert ist jedoch, dass man in der Glaubenskongregation offenbar keine einzige Frau für fähig hält, als »Konsultor« tätig zu sein, um die katholische Glaubenslehre für das 21. Jahrhundert mitzugestalten. Auch in der Kommission, die über die Gültigkeit von Ehen entscheidet, sucht man vergeblich nach einer Frau. In der internationalen theologischen Kommission sind von 29 Mitgliedern nur zwei Frauen.[17]

Doch inzwischen beginnt die mangelnde Einbindung der Frauen in die kirchlichen Entscheidungsstrukturen schwerwiegende Folgen zu zeitigen. Bei den Ordensschwestern beispielsweise, die weltweit auf sämtlichen Ebenen kirchlicher Einrichtungen präsent sind und das wahre Fußvolk der Kirche stellen. Sie versorgen die Prälaten, machen subalterne Verwaltungsjobs, betreiben und leiten Schulen, Krankenhäuser, soziale Einrichtungen. Ihre Reihen beginnen sich zu lichten. Nach Angaben des Statistischen Jahrbuchs des Vatikans ging die Zahl der Ordensschwestern zwischen 2004 und 2010 trotz leichter Zunahmen in Afrika und Asien weltweit von 767 459 auf 721 935 zurück. Über 45 000 kirchlich engagierte Frauen weniger. Ein Aderlass. Die stärksten Verluste gab es in Nordamerika: rund 16 000. In Südamerika: über 7000. Doch Spitzenreiter ist Europa, wo die Zahl der Ordensfrauen von 329 898 auf 286 042 gesunken ist: ein Verlust von mehr als 43 000 Frauen.[18]

»Wir wollen in der Verkündigung mitarbeiten, nicht eure Wäsche waschen!«, rief eine ungenannte Nonne auf der Synode der afrikanischen Bischöfe, die vom 4. bis 25. Oktober 2009 im Vatikan stattfand. Der Appell wurde aufgegriffen. In ihren abschließenden Vorschlägen an den Papst empfahlen die Bischöfe »eine umfassendere Einbeziehung von Frauen in Kirchenstrukturen und kirchliche Entscheidungsprozesse«.[19] Es ist das Problem des mangelnden Mitspracherechts, an dem sämtliche Beteuerungen über die wichtige Rolle der Frauen in der Kirche seit Jahrzehnten immer wieder scheitern. Daran hat auch Benedikt XVI. nichts geändert.

Ganz im Gegenteil. In Rom hat man sich mit dem größten, dynamischsten und sozial aktivsten Dachverband der US-amerikanischen Frauenorden angelegt, der Leadership Conference of Women Religious (LCWR). Im April 2012 leitete die Glaubenskongregation ein Ermittlungsverfahren gegen die Schwestern ein, ernannte Erzbischof Peter Sartain zum päpstlichen Bevollmächtigten und schickte ihn der LCWR als kommissarischen Verwalter ins Haus.

In einem Papier der Glaubenskongregation werden den Schwestern der LCWR »schwerwiegende doktrinelle Probleme attestiert.« Außerdem wird ihnen vorgeworfen, sie hätten sich von den Pflichten ihres Ordensgelübdes abgewandt und auch von einem »beständigen und lebendigen Bewusstsein von Kirche«.

Manche Schwestern in der LCWR, so der Vorwurf aus Rom, gäben Erklärungen mit schweren theologischen Fehlern ab, ergriffen Positionen, die der kirchliche Lehre über Sexualmoral widersprechen oder radikal feministische Thesen enthalten, vor allem über das Patriarchat in der Kirche, »mit der Gefahr, den Glauben an Jesus und seinen liebevollen Vater zu verzerren, der seinen Sohn zum Heil der Welt geschickt hat«.[20] Wenige Wochen später kritisierte die Leitung der LCWR die Maßnahmen als völlig überzogen und bezeichnete die Beurteilung durch die Glaubenskongregation als »Ergebnis eines nicht korrekten Vorgehens, dem jede Transparenz fehlt«. Dadurch werde die weitere Tätigkeit der Organisation grundlegend gefährdet.

Die laufenden Verhandlungen haben noch nicht zu einer Aussöhnung geführt.

Ratzingers Pontifikat brachte auch keine neue Generation profilierter Bischöfe hervor, wie es in anderen »Reformepochen« der Kirche der Fall war. Nach markanten, eigenwilligen Gestalten vom Schlag des Mannes, der 2005 den Stuhl

Petri bestieg, sucht man vergebens. Dabei ist das Anforderungsprofil für einen idealen Bischof, das er im Gespräch mit seinem Biographen Seewald skizziert, geradezu anspruchsvoll: Er muss mutig sein, intellektuelle, professionelle und menschliche Qualitäten haben, in seinen Überzeugungen gefestigt sein, er muss die Gläubigen im Klima einer familiären Gemeinschaft führen und anleiten können. Er darf sich nicht dem Diktat der Meinungen beugen. Dann aber gesteht Benedikt XVI. ein, dass er selbst ängstlicher geworden ist und vorsichtiger in seinen Entscheidungen.

Betrachtet man bestimmte Missgriffe oder aus dem Rahmen fallende Nominierungen der letzten Jahre, hat man den Eindruck, dass sich eine Tendenz verfestigt, die sich schon unter Wojtyła abzeichnete: Die Wahl fällt zumeist auf »vertrauenswürdige« Personen. Mit Ausnahmen natürlich. (Schließlich weiß man aus der Kirchengeschichte, dass sich mancher, der unter einem bestimmten Papst ein Schattendasein führte, später, als das Klima freier wurde, überraschend entwickelte. So nahmen am Zweiten Vatikanischen Konzil mehrheitlich Bischöfe teil, die zum großen Teil von Pius XII. ernannt worden waren.)

Schon in der Messe zu seiner Amtseinführung am 24. April 2005 hatte Benedikt XVI. eingeräumt, er habe kein konkretes Regierungsprogramm. Und seither hat Ratzinger ein solches Programm weder entwickelt noch vorgelegt. Einige Anhaltspunkte hatte Benedikt XVI. jedoch schon in seiner ersten Predigt in der Sixtinischen Kapelle zum Abschluss des Konklaves am 20. April 2005 genannt und ein feierliches Versprechen abgelegt. Dabei sprach er von sich in der dritten Person und erklärte, der jetzige Nachfolger Petri übernehme ganz bewusst »als vorrangige Verpflichtung die Aufgabe, mit allen Kräften an der Wiederherstellung der vollen und sichtbaren Einheit aller Jünger Christi zu arbeiten«. Und um es nicht bei einer Absichtserklärung zu belassen, fügte er hinzu: »Das ist sein Bestreben, das ist seine dringende Pflicht.« Er sei sich dessen bewusst, dass dafür die Bekundung aufrichtiger Gefühle nicht ausreiche, sondern dass es »konkreter Gesten bedarf«, um auf dem Weg der Ökumene fortzuschreiten.[21] Auf Italienisch, der Sprache, in der er seine Rede hielt, klang es sogar noch stärker. Sein Bestreben in der Ökumene konkret zu sein, bezeichnete der Papst als seinen »Ehrgeiz«. Gleichwohl blieb auch das Anliegen der Ökumene letztlich im Reformstau stecken. Benedikts Beziehungen zu einigen Vertretern der protestantischen Kirche Deutschlands sind sehr herzlich. Im Januar 2011 ernannte er den Schweizer Werner Arber, Protestant und Nobelpreisträger für Medizin, zum Präsidenten der Päpstlichen Akademie der Wissenschaften. Es war das erste Mal in der 400-jährigen Geschichte der Akademie, dass die Leitung einem Nichtkatholiken übertragen wurde.

Bei seinem Besuch der evangelisch-lutherischen Gemeinde in Rom rührte er die Zuhörer, als er beklagte: »Dass wir in der Feier der heiligen Eucharistie nicht den gleichen Kelch trinken können, nicht am gleichen Altar stehen, muss uns mit der Trauer erfüllen, dass wir Schuld auf uns laden, dass wir das Zeugnis verdunkeln; es muss uns innerlich unruhig machen, auf dem Weg zu mehr Einheit zu sein in dem Wissen, dass zuletzt nur er sie schenken kann.«[22]

Doch mit den Lutheranern kann es eigentlich keine Fortschritte geben, weil sie in dem 2000 von Kardinal Ratzinger veranlassten und von ihm selbst verfassten Dokument *Dominus Iesus* nicht einmal als Kirche anerkannt werden. Bei seinem Besuch des Augustinerklosters in Erfurt im Jahre 2011 würdigte Benedikt XVI. Martin Luther zwar als »leidenschaftlichen Gottsucher«, verweigerte aber den Vertretern des Rats der Evangelischen Kirche in Deutschland jeglichen

Fortschritt in Richtung eines gemeinsamen Abendmahls. Auch der Dialog mit den Anglikanern ist, trotz unverminderter Höflichkeit in den offiziellen Beziehungen, ins Stocken geraten seit Benedikts Beschluss, ausgerechnet jene Gruppe Konservativer der anglikanischen Kirche aufzunehmen, die sich vom Primas von Canterbury lossagten, weil sie von den Themen, die in der anglikanischen Gemeinschaft heiß diskutiert werden, nichts wissen wollen: die Akzeptanz der Homosexualität (auch im Klerus) und das Priesteramt von Frauen.

Es gab einen Gesprächspartner, bei dem Benedikt XVI. sein Versprechen hätte unter Beweis stellen können, »alles in seiner Macht Stehende zu tun, um das Hauptanliegen der Ökumene zu fördern«[23]: die orthodoxe Kirche. Im ökumenischen Dialog gilt sie für Rom seit Jahrzehnten als privilegierte Partnerin, weil beide Kirchen sich auf apostolische Wurzeln beziehen und in Glaubens- und Sakramentsfragen dasselbe Erbe teilen.

Eine gute Gelegenheit bot sich gleich im ersten Jahr nach seiner Wahl. Zum ersten Mal seit der Jahrhundertwende trat 2006 in Belgrad wieder die Internationale Kommission für den Theologischen Dialog zwischen der katholischen Kirche und den orthodoxen Kirchen zusammen, gefolgt von einem neuen Treffen 2007 in Ravenna.

In der historischen Stadt, die Rom und Byzanz verbindet, wird die katholische Delegation von Kardinal Walter Kasper geleitet, dem Vorsitzenden des Rats zur Förderung der Einheit der Christen. Gesprächspartner auf orthodoxer Seite ist der Vertreter des Ökumenischen Patriarchen von Konstantinopel, der Metropolit Joannis Zizioulas. Am 14. Oktober 2007 unterzeichnen beide Seiten ein Arbeitspapier, das im Licht eines 1 000-jährigen Konflikts eine historische Wende darstellt. Darin wird der Bischof von Rom als »*protos* unter den Patriarchen« und Rom als »erster Sitz« bezeichnet, und es wird anerkannt, dass die Römische Kirche den anderen »in Liebe vorsteht«. Schwarz auf weiß erkennt ein gemeinsames katholisch-orthodoxes Dokument den Primat des römischen Papstes an und eröffnet so die Perspektive einer Wiedervereinigung der seit dem Schisma im Jahr 1054 getrennten Kirchen.

Der Text mit 46 Paragraphen ist eine Art Roadmap, wobei noch vieles zu vertiefen bleibt, aber die Richtung ist klar. Die orthodoxe Seite hält an der Methode und der Praxis der »Konziliarität« fest. Aus Sicht der Orthodoxen kann der Primat des Bischofs von Rom – dessen Inhalte noch zu klären sind – nur »zusammen« mit den christlichen Bischöfen ausgeübt werden. Nach diesem Dokument müssen die Bischöfe nicht nur durch den Glauben miteinander verbunden sein, sondern sie haben auch »teil an derselben Verantwortung und an demselben Dienst für die Kirche«. Konzile sind der »hauptsächliche Weg, auf welchem Communio unter Bischöfen ausgeübt wird«. Im folgenden Jahr erörtert das katholisch-orthodoxe Koordinationskomitee auf Kreta die notwendigen Voraussetzungen für die Einberufung eines ökumenischen Konzils. Grundbedingung, so heißt es im Abschlussdokument, ist die »Zustimmung« der Ortskirchen und das »Einvernehmen« der Patriarchen der Ostkirchen. Die Rolle des römischen Papstes wird als mit dem Konzil »zusammenarbeitend« definiert. Im Griechischen gehen alle drei Begriffe auf die Wurzel »sym« (zusammen) zurück: *sym-phonia* (Zusammenklang, also Übereinstimmung), *sym-phronountes* (gemeinsam beratend), *syn-ergos* (zusammenarbeitend).[24]

Das *Dokument von Ravenna* hebt hervor, dass der Primat des Papstes durch eine echte Zusammenarbeit mit den Ortskirchen ausgeglichen werden muss, wenn die katholische Kirche auf dem Weg zur Wiedervereinigung mit den anderen christlichen Kirchen voranschreiten will. Die Orthodoxen sprechen diesbezüglich von »Synodalität«. Dafür müsste der Papst zu einer wirklichen Reform seiner Rolle bereit sein. Diesen Weg hatte Johannes Paul II. 1995 in seiner Enzyklika *Ut unum sint* gewiesen.

Aber Ratzinger hat nicht den Mut, diesen Weg einzuschlagen. In einem privaten Brief gratuliert Benedikt XVI Kardinal Kasper zur erfolgreichen Durchführung seiner Aufgabe, aber öffentlich nahm er zu den Ergebnissen nicht Stellung. Während der Papstsprecher Lombardi das *Dokument von Ravenna* als einen »ersten wichtigen Schritt«[25] bezeichnete, übernahm es der Sekretär der Glaubenskongregation Angelo Amato, das Ganze wieder zu entwerten. Der Text sei »provisorisch« und viel zu nah an den ekklesiologischen Vorstellungen der orthodoxen Kirchen. Öffentlich betonte er, »der Jurisdiktionsprimat des Papstes, des Nachfolgers Petri« – also seine höchste und universale Befehlsgewalt über die ganze Christenheit – bleibe essentiell.[26] Mit solchen Äußerungen bringt man die ökumenische Annäherung keinen Schritt voran, man dreht sich im Kreis, und am Ende ist man wieder am Ausgangspunkt.

Auf der Sonderversammlung der Bischofssynode für den Nahen Osten 2010 im Vatikan verkündete der Präfekt der Glaubenskongregation Kardinal Levada die Absicht, die Patriarchen der Ostkirchen zu einem Gedankenaustausch mit dem Heiligen Stuhl über eine mögliche Reform des »Petrusamtes« zu befragen, also des päpstlichen Primats. Dazu kommentierte der Patriarch der Maroniten, Béchara Raï: »Etwas Ähnliches ist bereits zur Zeit Johannes Pauls II. geschehen. … Wir hatten damals die Beiträge verschiedener Patriarchen und orientalischer Bischöfe gesammelt, die Arbeit blieb aber dann unvollendet.«[27]

Mehr als sieben Jahre nach der päpstlichen Ansprache in

der Sixtinischen Kapelle bewegt sich nichts. Der Ökumenische Patriarch Bartholomäus I. hätte es gern gesehen, wenn der Papst nach Ravenna gekommen wäre, um mit ihm gemeinsam symbolisch eine neue Ära einzuläuten.[28] Zunächst hatte sich Benedikt XVI. dazu bereit erklärt, dann aber das Vorhaben wieder fallenlassen. Ratzinger bleibt in seiner unentschiedenen und oft widersprüchlichen Politik gefangen. Da er nicht wollte, dass das Thema im größeren Kreis diskutiert wurde, erklärte er die Dokumente der katholisch-orthodoxen Kommission zur Geheimsache und ließ sie erst nach Indiskretionen widerstrebend veröffentlichen. Aber anerkannt hat er sie nie. Und obwohl er Bartholomäus I. versicherte, dass die katholische Kirche das Petrusamt nicht »aus dem Blickwinkel der Macht« heraus verstehe, landet er doch wieder bei der These: »Es wird umfassender Studien und eines geduldigen Dialogs bedürfen.«[29]

In der Zwischenzeit sind auch im orthodoxen Lager konservative Positionen wiederaufgetaucht, und das bilaterale Treffen in Wien 2010 endete ohne Ergebnis. Und so blieben alle Bemühungen in den Anfängen stecken.

Etliche Kardinäle sind enttäuscht, weil Benedikt XVI. seinen anfänglichen Versprechungen, weniger monarchisch zu regieren, keine Taten hat folgen lassen. Bezeichnenderweise kommen diese Beschwerden auch von seinen größten Bewunderern und Anhängern. »Ich habe fest damit gerechnet«, so ein Kardinal, der Ratzinger im Konklave aus Überzeugung seine Stimme gab, »dass der Papst die Kardinäle häufiger und für längere Zeit zusammenrufen würde. Für ein Woche beispielsweise. Um Zeit für eine differenzierte Schilderung der Lage zu haben, um ihm zu helfen, sich selbst ein Urteil zu bilden. Aber merkwürdigerweise hat er das nie getan.«

Die Stagnation führt zu Resignation. Bisweilen flammt auch Protest auf. Im Februar 2008 verabschiedete eine nationale Konferenz des brasilianischen Klerus mit Delegierten der 18 000 brasilianischen Priester in Anwesenheit von Kardinal Hummes einen Aufruf, in dem neben dem zölibatären Klerus der Ordensleute, die ein Keuschheitsgelübde abgelegt haben, auch für verheiratete Priester ein Platz in der Kirche gefordert wird. Schon im Jahr zuvor hatte die Brasilianische Bischofskonferenz ein Papier zu diesem Thema an die Lateinamerikanische Bischofskonferenz (CELAM) weitergeleitet, wo es jedoch in der Schublade verschwand.

Angesichts der letzten Deutschlandreise Benedikts XVI. unterzeichneten im Februar 2011 230 Theologieprofessorinnen und -professoren aus Deutschland und weiteren 20 Ländern das Memorandum *Kirche 2011: Ein notwendiger Aufbruch*. Darin führten sie aus, es müsse Schluss gemacht werden mit dem Kleinreden der Krise, »tiefgreifende Reformen« seien notwendig, die nicht länger verschoben werden könnten. Dazu brauche man einen offenen Dialog ohne Tabus über Macht- und Kommunikationsstrukturen, über die Gestalt des kirchlichen Amtes und die Beteiligung der Gläubigen an der Verantwortung, über Moral und Sexualität.

Im Gefolge der großen Missbrauchs-Krise des Jahres 2010, so konstatierten die Theologen, seien so viele Christen wie nie zuvor aus der katholischen Kirche ausgetreten. Sie hätten der Kirchenleitung ihre Gefolgschaft gekündigt oder ihr Glaubensleben »privatisiert«.

Das Dokument enthält konkrete Forderungen: Beteiligung der Gläubigen an der Bestellung wichtiger Amtsträger (Bischöfe, Pfarrer). Abschaffung von »XXL-Pfarren«, in denen Nähe und Zugehörigkeit kaum mehr erfahren werden könnten und Priester »verheizt werden und ausbrennen«. Daher brauche die Kirche auch verheiratete Priester und Frauen im kirchlichen Amt, außerdem ein Kirchenrecht, in dem die Gläubigen ihre Rechte tatsächlich geltend machen können. In diesem Sinne müssten Rechtsschutz und Rechtskultur in der Kirche dringend verbessert werden; ein erster Schritt dazu sei der Aufbau einer kirchlichen Verwaltungsgerichtsbarkeit. Ferner verlange es der Respekt vor der Gewissensfreiheit, Vertrauen in die Entscheidungs- und Verantwortungsfähigkeit der Menschen zu setzen, insbesondere im Bereich persönlicher Lebensentscheidungen und individueller Lebensformen. Das gelte auch für »Menschen, die Liebe, Treue und gegenseitige Sorge in einer gleichgeschlechtlichen Partnerschaft oder als wiederverheiratete Geschiedene verantwortlich leben«.[30]

In ihrer Zeitschrift *America* schlugen die US-amerikanischen Jesuiten vor, das Kardinalskollegium solle seine Pforten für Frauen und nichtordinierte Männer öffnen. Damit könne die Kirche ihr Image als Männerclub ablegen und würde ein bisschen mehr jenem »Volk Gottes ähneln, wie es vom Zweiten Vatikanischen Konzil beschrieben wurde«.[31]

Begleitet wurde die Provokation von einem praktischen Vorschlag, der durchaus nicht unrealistisch ist: ein »internationaler Laienrat« im Vatikan, »der dem Kardinalskollegium bei seinen Aufgaben beratend zur Seite steht«. In diesem Rat sollten im Glauben bewährte Laien aus allen Berufsgruppen mitarbeiten, damit die Kirchenleitung »nicht ausschließlich aus alten Männern besteht, sondern um verheiratete und ledige Männer und Frauen aller Altersstufen erweitert wird«. Denkbar wäre auch, dass einzelne Mitglieder aus diesem Kreis vom Papst in die Leitung der vatikanischen Dikasterien berufen werden.

Appelle, Vorschläge und Provokationen sind Anzeichen für ein tiefes Unbehagen und den Wunsch, dass die Kirche nicht in sich zusammenbrechen möge. Um das Gefühl der Stagnation zu vertreiben, reicht es auch nicht, wenn sich bei »Megaevents« wie dem Weltjugendtag 2011 in Madrid begeisterte junge Leute in Massen um den Papst scharen. Wobei die angegebene Teilnehmerzahl von zwei Millionen eher ins Reich der Phantasie gehört, denn eine derartige Menge hätte bei der Vigil mit Benedikt XVI. am Flughafen Cuatro Vientos gar keinen Platz gehabt.[32]

Unter den Folgen der zahlreichen Krisen, die das Pontifikat begleiteten, hat auch die geopolitische Rolle der Kirche gelitten. Einige Reisen Benedikts XVI. waren ein großer Erfolg. Trotzdem wirken sie wie Solitäre, weil sie sich nicht in eine nachhaltige, langfristige Strategie einfügen. Großen Anklang fand seine Reise in die Türkei, aber die Chance, in der Beziehung zum Islam ein neues Kapitel aufzuschlagen, wurde nicht genutzt. Sehr gelobt wurde der Papst auf seiner Reise ins Heilige Land, wo er den Staat Israel und die palästinensischen Gebiete besuchte. Mit großer Ausgewogenheit und Entschlossenheit trat er dafür ein, dass die Zwei-Staaten-Lösung »Wirklichkeit werden und nicht ein Traum bleiben« möge, und betonte, der Staat Israel habe ebenso Anspruch auf ein Leben in Frieden und Sicherheit innerhalb international anerkannter Grenzen, wie das palästinensische Volk Anspruch auf eine souveräne, unabhängige Heimat habe. Bei der Abschiedszeremonie sagte er: »Einer der traurigsten Anblicke während meines Besuchs hier war für mich die Mauer. Als ich an ihr vorbeikam, habe ich für eine Zukunft gebetet, in der die Völker des Heiligen Landes in Frieden und Eintracht zusammenleben können, ohne solche Instrumente der Sicherheit und der Trennung zu brauchen.«[33]

Aber leider verpuffte diese diplomatische Glanzleistung und führte nicht zu einer wirksamen Nahostpolitik des Heiligen Stuhls.

So kam es, dass die einmal gewonnene Aufmerksamkeit der Weltöffentlichkeit rasch dahinschmolz. Im Sumpf von Verhandlungen, die nie wirklich ernsthaft in Gang kamen, und angesichts der andauernden israelischen Besetzung der Palästinensergebiete – die im Oktober 2010 von der Bischofssynode für den Nahen Osten erneut verurteilt wurde, verbunden mit der Forderung nach Umsetzung der UNO-Resolutionen –, ist die Stimme des Heiligen Stuhl auf der internationalen Bühne kaum zu hören.

Benedikt XVI. ist sehr besorgt um das Schicksal der Christen im Nahen Osten. Deshalb berief er die Bischöfe der Region zu einer Sonderversammlung ein, um die christlichen Gemeinden vor Ort zu stärken, die – ausgerechnet in dem Gebiet, wo das Evangelium entstand und zuerst verkündet wurde – durch Krieg, Gewalt, Auswanderung und den Druck des islamischen Fundamentalismus vom Aussterben bedroht sind.

Nach der Serie von Attentaten, bei denen Dutzende von Christen in muslimischen Ländern ihr Leben verloren, noch sichtlich unter Schock, stellte der Papst am Montag, den 10. Januar 2011, in seiner traditionellen Neujahrsansprache an das Diplomatische Korps das Thema Religionsfreiheit in den Mittelpunkt. Er ging auf die antichristlichen Terroranschläge im Irak und in Ägypten und auf die Christenverfolgung in Pakistan ein und betonte noch einmal die Rechte der christlichen Minderheiten im Nahen Osten. »Muss es noch einmal gesagt werden? Die Christen im Nahen Osten sind ursprüngliche und vollwertige Bürger, die loyal zu ihrer Heimat und zu allen ihren staatsbürgerlichen Pflichten stehen. Es versteht sich von selbst, dass sie alle Rechte der Staatsbürgerschaft, der Gewissens- und Religionsfreiheit, der Freiheit im Erziehungs- und Bildungswesen sowie beim Gebrauch der sozialen Kommunikationsmittel in Anspruch nehmen können.«[34]

Im Januar beherrschen die Bilder der tunesischen Revolution die internationalen Medien. Es ist der Beginn des Arabischen Frühlings, der den Maghreb erschüttert, dann auf Ägypten übergreift und das 30-jährige Regime Mubaraks hinwegfegt, die Rebellion in Syrien entfacht und Libyen in einen Bürgerkrieg mit Nato-Einsatz stürzt. Die Öffentlichkeit entdeckt eine arabische Welt, die nach Freiheit und Demokratie verlangt, wo die junge Generation nach einem neuen Verständnis als Staatsbürger sucht, gespeist von der Freiheit der Kommunikation durch Handys, Internet, Twitter und Facebook. Es ist der Beginn einer neuen Ära, aber zugleich zeichnet sich die Gefahr eines wiederauflebenden islamischen Fundamentalismus in Staaten ab, die bis dahin als eher säkular geprägt galten.

Alles spielt sich gleichsam vor der Haustür der europäischen Christenheit ab, praktisch vor den Augen des Heiligen Stuhls. Doch aus dem Apostolischen Palast kommt keine grundsätzliche, wegweisende Stellungnahme zu diesem Umbruch, dem wichtigsten welthistorischen Ereignis seit dem Fall der Berliner Mauer. Ein Jahr später, im Januar 2012, fällt dazu nur eine kurze Erwähnung in der Neujahrsansprache des Papstes an das Diplomatische Korps. Man musste bis zur Libanon-Reise des Papstes im September 2012 warten, also zwei Jahre, um eine kleine ermutigende Bemerkung über den Ruf nach »mehr Freiheit und Demokratie« in den arabischen Ländern zu hören. Und auch nur im Rahmen des Pressegesprächs auf dem Flug nach Beirut 2012.[35] Dies, obwohl die Bischöfe aus dem Nahen Osten genau wissen, dass die Wende in der arabischen Welt auch die Katholiken betrifft.

Das Papsttum, dem es in den 27 Jahren unter Wojtyłas Führung gelungen ist, sich als Fürsprecher der Menschenrechte weltweit Gehör zu verschaffen, kehrt sozusagen in die Grenzen einer rein christlichen Dimension zurück und beschränkt sich darauf, das Existenzrecht der eigenen Religion zu verteidigen.

Als Theologe und Professor verfolgt Benedikt XVI. die Weltereignisse nicht so konzentriert wie jemand, der – aufgrund von Ausbildung oder instinktiver Aufmerksamkeit – ein Gespür für das hat, was auf geopolitischer Ebene geschieht. Was immer man von den Kriterien einer Zeitschrift halten mag, so ist es doch bezeichnend, dass Benedikt XVI. nur in den beiden Jahren nach seiner Wahl zum Papst, 2006 und 2007, beim *Time Magazine* in die Liste der hundert einflussreichsten Menschen der Welt aufgenommen wurde. Danach verschwand er von der Liste. Nach einer langen Laufbahn als Diplomat kann es sich der frühere, inzwischen pensionierte Nuntius Karl-Josef Rauber erlauben, freier zu sprechen. Nach den ersten fünf Jahren von Ratzingers Amtszeit zog er folgende Bilanz: »Die vatikanische Diplomatie ist sehr wichtig, aber ich stelle fest, dass sie heute in den internationalen Organisationen nur noch eine untergeordnete Rolle spielt. In Europa, in Amerika scheint man ihr kaum mehr Bedeutung beizumessen, vielleicht auch deshalb weil die Kirche derzeit selbst in Turbulenzen geraten ist [wegen der Pädophilie-Fälle] ... Freilich sind die Zeiten eines Casaroli oder eines Silvestrini vorbei, als die vatikanische Diplomatie angesichts des Kommunismus und der Berliner Mauer Geschichte schrieb.«[36]

»Die Kurie kommt mir vor wie ein Flugzeug in der Warteschleife über dem Flughafen«, erzählt ein nordamerikanischer Geistlicher. Der Vergleich ist treffend. Die Zentralregierung der Weltkirche wirkt wie eingehüllt in eine Atmosphäre aus Routine, Unsicherheit und fehlender Zukunftsperspektive. In Ermangelung monatlicher Sitzungen der Dikasterienleiter »wurschtelt jeder vor sich hin, ohne sich um eine gemeinsame Marschrichtung zu kümmern, ohne jedes gemeinsame Konzept«, kommentiert betrübt ein Kardinal mit Kurienerfahrung. Ein Veteran der Vatikandiplomatie geht noch weiter und attestiert der Kurie eine Bunkermentalität. »Es herrschen Groll und Feindseligkeit gegen die Außenwelt, so als würde die Welt die Kirche hassen«, gibt dieser zu verstehen. Was nichts anderes meint, als einen Rückzug ins eigene Schneckenhaus.

Anders als in Wojtyłas Amtszeit unterhalten die Kardinäle an der Kirchenspitze keinen regen Kontakt mehr mit der Öffentlichkeit. Vor Benedikts Amtsantritt bestand die Kurie aus Purpurträgern mit sehr unterschiedlichen Einstellungen, die jedoch – jeder in seinem Bereich – stets zum Austausch mit der Gesellschaft bereit waren. Jean-Louis Tauran im Außenministerium, Alfonso López Trujillo im Familienrat, Gesundheitsminister Javier Lozano Barragán, der Verantwortliche für die Bischöfe Giovanni Battista Re, der Vorsitzende des Rates für Gerechtigkeit und Frieden Renato Martino, der Vorsitzende des Kulturrats Paul Poupard, der Verantwortliche für die Ökumene Walter Kasper, der Afrikaner Francis Arinze, Referent für den interreligiösen Dialog. Und allen voran Joseph Ratzinger, der sich stets aktiv mit der Kultur seiner Zeit auseinandersetzte. Dagegen ist sein erster Nachfolger in der Glaubenskongregation, Kardinal William Levada, nie in Erscheinung getreten. 2012 trat Erzbischof Gerhard Ludwig Müller seine Nachfolge an.

Auch der Inder Ivan Dias, der unter Ratzinger von 2006 bis 2011 die wichtige Kongregation für die Evangelisierung der Völker leitete und von dem man sich aufgrund seines asiatischen Hintergrunds eine Bereicherung der Kurie erwartet hatte, hüllte sich weitgehend in Schweigen. Benedikts gesamte Kurie schwieg und erwarb sich so das Image von Würdenträgern, die ihre Tage mit Büroarbeit im Apostolischen Palast verbringen.

Und wer nicht schwieg, der wurde zum Schweigen gebracht. Ende 2006 berief Benedikt XVI. Kardinal Cláudio

Hummes an die Spitze der Kongregation für den Klerus. Hummes stammt aus der Metropole São Paulo, er ist ein führender Vertreter des brasilianischen Katholizismus und hatte seinerzeit der Befreiungstheologie nahegestanden. Kurz vor seiner Abreise aus Brasilien gab er am 3. Dezember 2006 der Tageszeitung *O Estado de S. Paulo* ein Interview, in dem er den Rückgang der Berufungen mit den Worten kommentierte: »Der Zölibat ist kein Dogma, sondern eine Dienstvorschrift.« Schließlich seien auch manche Apostel verheiratet gewesen, fuhr Hummes fort, und das Eheverbot für den Klerus sei erst Jahrzehnte nach Einführung des Priesteramtes erlassen worden. Die Kirche, so der frisch ernannte Präfekt der Kleruskongregation, sei keine starre Institution, sie könne sich verändern, wenn es erforderlich sei. »Ausgehend von der Überlegung, dass Ledige zur katholischen Geschichte und Kultur gehören, kann die Kirche über dieses Thema nachdenken«, sagte er abschließend.

Kaum war er in Rom gelandet, veröffentlichte die Pressestelle des Vatikans am 4. Dezember 2006 in seinem Namen eine Richtigstellung: »Die Abschaffung des Priesterzölibats steht zurzeit nicht auf der Tagesordnung der Kirchenbehörden.« Nach dieser Zurechtweisung machte Hummes, der 2010 pensioniert und durch Kardinal Mauro Piacenza ersetzt wurde, nie wieder einen innovativen Vorschlag.

Neuzugänge in der Kurie gab es nach den ersten fünf Regierungsjahren. Kardinal Peter Turkson aus Ghana übernahm die Leitung des Rates für Gerechtigkeit und Frieden, der Schweizer Bischof Kurt Koch wurde Vorsitzender des Rates zur Förderung der Einheit der Christen, der kanadische Kardinal Marc Ouellet Präfekt der Bischofskongregation. Interessante Persönlichkeiten, von denen man noch nicht sagen kann, ob sie das Schweigen durchbrechen werden. Der Einzige, der von Amts wegen reden soll und darf, um die öffentliche Meinung zu stimulieren, ist der Kulturverantwortliche, Kardinal Gianfranco Ravasi.

Im langen Schatten der Bürokratie verstärken sich die Zentralisierungstendenzen. Die Kurie möchte alles kontrollieren, was die nationalen Bischofskonferenzen tun, aus Angst, sie könnten ein bisschen zu selbständig werden. In verschiedenen Teilen der Welt wächst der Unmut der Bischöfe, ein vorsichtiges Murren breitet sich aus, was sich bisher jedoch noch nicht in einer offenen Diskussion niederschlägt.

In der Ära Ratzinger hat sich eine Schere geöffnet: Zwischen hochtheologischen Abhandlungen und der Alltagspraxis der katholischen Weltkirche gibt es keinen erkennbaren Zusammenhang mehr. Theologisch brillante Texte wie die Enzyklika *Caritas in veritate* finden keinen Niederschlag in einer entsprechend dynamischen Kirchenpolitik. Die Kardinäle sind gespalten. Der eine meint seufzend: »Hoffentlich schreibt er nicht noch ein Jesus-Buch« (was inzwischen mit zwei weiteren Bänden eingetreten ist), während ein anderer es für »äußerst wichtig hält, dass der Papst als der Nachfolger Petri über Jesus spricht«.

Der frühere Nuntius Rauber, inzwischen über 70, kennt Ratzinger seit dem Konzil. Er beschreibt ihn als »absolut integren Gelehrten. Aber für Verwaltungsfragen interessiert er sich nun mal nicht, die überlässt er Kardinal Bertone … Er könnte eine ernsthafte Kurienreform durchführen. Aber sein Interesse gilt nur dem Forschen und Schreiben«.[37]

Mit den Jahren wächst unter Bischöfen, Kardinälen und Mitarbeitern der Kurie der Unmut angesichts des Mangels an konsequenter Leitung des Kurienapparats. Vatileaks war auch ein Symptom dieses Unbehagens. Unter der Hand wird immer häufiger über das Fehlen an Orientierung geklagt. »Was will man? Wohin geht es? Auf welchem Weg?«, so die

Kommentare vieler Kardinäle unter vier Augen. Die Anhänger von Benedikts theologischer Mission nehmen ihn in Schutz und sagen, die Früchte seines Predigens würden erst in Zukunft sichtbar werden, auch wenn »die Welt ihn gegenwärtig nicht versteht oder ihm nicht zuhören will«. Aber letztlich ist es doch problematisch, dass Ratzinger die Zeit, die nicht durch offizielle Termine belegt ist, für die Arbeit an seinen Büchern verwendet, anstatt sich mit der erforderlichen strategischen Neuausrichtung der Weltkirche in einer Zeit des Wandels zu beschäftigen. So als wäre er ein Teilzeitpapst, zur Hälfte mit Regierungsangelegenheiten beschäftigt, zur anderen Hälfte mit seinen theologischen Studien.

Es ist eine Zeit der Ungewissheit. Man spürt die Furcht, sich zu bewegen, und die Angst, nichts zu tun. Selbst bei vielen, die Benedikts Ansichten teilen, herrscht spürbare Unzufriedenheit mit der Arbeitsweise des Staatssekretariats. Mitunter sehnt man sich sogar nach Sodano zurück. Eines Tages platzte ein älterer Kardinal aus einem nordeuropäischen Land, der am Konklave teilnahm, mit einer zunächst unverständlichen Bemerkung heraus: »Sodano war italienischer als Bertone.« Auf die Frage, was er damit meine, zögerte er einen Augenblick und meinte dann knapp: »Er war politischer, gewiefter, vielleicht schlauer, mit einem Wort sagte er alles und verstand alles.«

Es geht aber nicht um Personen, sondern um den Wunsch nach einem Führungsstil, der die jahrhundertealte politische Klugheit des Heiligen Stuhls zu verkörpern weiß. Gewiss, es ist nicht leicht, sich in der heutigen multipolaren Welt zu bewegen, die mit dem bipolaren Gleichgewicht des Kalten Kriegs überhaupt nicht mehr zu vergleichen ist. Aber unter den engen Mitarbeitern des Papstes gab es nicht einmal den Versuch einer Neubestimmung der weltpolitischen Rolle des Heiligen Stuhls unter veränderten historischen Bedingungen.

»Statt Weltpolitik macht man italienische Politik«, kommentiert ein Kardinal, frei von rückwärtsgewandter Nostalgie, jedoch sehr besorgt um die gegenwärtige Lage.

Einer, der seit Jahr und Tag im Apostolischen Palast aus- und eingeht, meint nur lapidar: »Sich abzuschotten, das entspricht Ratzingers Charakter. Ernsthaft verändern könnte er ohnehin nichts, dafür hat er weder das Personal noch die Mittel noch die Ideen.«

Am 1. Mai 2011 strömten Hundertausende auf den Petersplatz und in die Via della Conciliazione, um an der Seligsprechung Johannes Pauls II. teilzunehmen. Übermächtig das Riesentransparent mit dem Porträt Karol Wojtyłas an der Fassade des Petersdoms, während Ratzinger auf dem Papstthron vor dem Portikus wie geschrumpft wirkte. Geradezu erdrückt von seinem Vorgänger. Er wird an Johannes Paul II. gemessen, daran hat sich in all den Jahren nichts geändert. Den vielen, die nach Rom gekommen waren oder zu Hause vor dem Fernseher saßen, wird die Persönlichkeit Karol Wojtyłas unvergesslich bleiben. »Durch seine Einfachheit und seine Fähigkeit, die Herzen von Katholiken und Nichtkatholiken zu rühren, hat er der Kirche seinen Stempel aufgedrückt«, sagte ein brasilianischer Priester, der als Pfarrer in Wien tätig ist. »Er hat die Sprache der Menschen gesprochen.«

Dabei geht es nicht darum, ihn am Charisma seines Vorgängers zu messen. Benedikt XVI. hat von Anfang an einen eigenen Stil entwickelt, ohne je zu versuchen, den polnischen Papst zu kopieren. Und es gelingt ihm ausgezeichnet, die Aura seiner Persönlichkeit zum Ausdruck zu bringen.

Das Problem besteht vielmehr im geopolitischen Erbe der Ära Wojtyła. In mancher Hinsicht lässt sich Johannes Paul II. mit Napoleon vergleichen. Nach dem fulminanten Aufstieg und dem Fall des kleinen Kaisers war Frankreich genauso groß wie zuvor. In ähnlicher Weise steht auch die Kirche nach Wojtyłas weltumspannendem Wirken nun wieder vor den eigenen ungelösten Problemen der siebziger Jahre.

Allerdings ist die internationale Rolle des katholischen Kirchenoberhaupts ein Erbe, das kein Papst des 21. Jahrhunderts einfach ignorieren kann. Wojtyła hat das 21. Jahrhundert als anerkannter Gesprächspartner aller Weltreligionen begonnen, allen voran der beiden großen monotheistischen Religionen Judentum und Islam. Er trat als Verteidiger der Menschenrechte auf, jenseits aller geographischen, politischen, religiösen und kulturellen Grenzen. Er bewies, dass er in der Lage ist, zu Fragen von Krieg und Frieden glaubwürdig Stellung zu beziehen, etwa im Fall der von Bush und Blair angezettelten Irak-Invasion. Und er zeigte, dass er bereit ist, sich mit den Fehlern und Greueltaten der Kirche auseinandersetzen und seinen Machtanspruch gegenüber anderen Kirchen kritisch zu hinterfragen. Abgesehen von der notwendigen Kohärenz des eigenen Glaubens und dem glaubwürdigen Eintreten für die eigenen Werte ist der Umgang mit diesem Erbe ausschlaggebend für das Ansehen und den Einfluss der katholischen Kirche in der Welt.

Es grenzt schon ans Paradoxe, wenn Joseph Ratzinger, der als Kardinal (und später auch als Papst) bei den interreligiösen Begegnungen in Assisi vor den Gefahren des Synkretismus warnte, sich zuletzt im Oktober 2011 durch die Ereignisse genötigt sah, zu einem interreligiösen Gipfeltreffen einzuladen – ausgerechnet nach Assisi –, um die katholische Kirche nicht zu isolieren und schutzlos den Angriffen preiszugeben. Fast als dürfe man bestimmte Wege nicht verlassen, obwohl die symbolische Kraft des Treffens entscheidend geschwächt wurde, weil Ratzinger kein gemeinsames Gebet aller Religionen für den Frieden zugelassen hat. (Das offizielle Programm räumte den Teilnehmern nach dem Mittagessen eine Gebetspause auf ihren Zimmern ein. Nach dem Nickerchen, wie man in Assisi ironisierte.) Ratzinger – viele im Kardinalskollegium wissen das und sagen es auch – ist kein Geopolitiker.

Im achten Jahr der Ära Ratzinger fragt man sich, ob die Ratzinger-Lobby damals, als sie sich im Konklave für den Präfekten der Glaubenskongregation stark machte und alles daran setzte, eine entsprechende Mehrheit zustande zu bringen, ein großangelegtes Projekt für die Zukunft der Kirche im Auge hatte. Die Antwort ist nein. Dafür gibt es keinerlei Anhaltspunkte. Ratzinger auf den Papstthron zu bringen, war in erster Linie eine Defensivschlacht, eine instinktive Abwehrreaktion auf die moderne Welt. Unterhält man sich heute mit den Ratzinger-Befürwortern von damals, so bekommt man zu hören, die Kirche habe damals mit dem Rücken zur Wand gestanden, es sei ums Überleben gegangen, um den »Kampf gegen die Säkularisierung«, in ihren Augen eine Art Epidemie, ein lebensgefährlicher Angriff auf den Glauben und eine so weitreichende Auflösung aller Werte, dass die Kirche dadurch in eine Sackgasse zu geraten drohte. Säkularismus, Relativismus und Pluralismus der modernen Gesellschaft hätten sich ausgebreitet wie ein böser Spuk. Noch anlässlich der Eröffnungssitzung der Bischofsynode am 8. Oktober 2012 sprach Kardinal Donald Wuerl, der Erzbischof von Washington, im Hinblick auf das halbe Jahrhundert nach dem Konzil von einem »Tsunami des Säkularismus«.

In bestimmten Kirchenkreisen galt und gilt das massenweise Auftreten der Individualisierung in der Gesellschaft als Ursache für den Niedergang jener »Volkskirche«, mit der sie aufgewachsen sind und die jahrhundertelang funktioniert hat, aber heute weitgehend nicht mehr existiert.

»Sie wollten Garantien für die Unumstößlichkeit der Lehre«, so ein Kardinal und Ratzinger-Gegner über die Lobby, die im Konklave siegte. Letztlich war die Angst, das Bedürfnis nach Wiederherstellung der kirchlichen Identität die entscheidende Triebfeder, so als könne man die Wirren der nachkonziliaren Ära und die Verunsicherung, die manche religiösen Vorstöße Johannes Pauls II. in konservativen Kreisen ausgelöst haben, einfach ad acta legen. Dieser Angstreflex, dieses zwanghafte Bedürfnis nach Identität ist eine Dynamik, die in der Kirchengeschichte der letzten zweieinhalb Jahrhunderte immer wieder aufgetaucht ist. Es sei denn, dass jemand ihr Einhalt gebot. Als sie vor der Einberufung des Zweiten Vatikanischen Konzils aufgefordert wurden, ihre Ansichten zu äußern, schickte die Mehrheit der Bischöfe Dossiers in den Vatikan, in denen sie eine Verurteilung »der modernen Übel« und ein unnachgiebiges Festhalten an der Kirchendoktrin verlangten.[38] Die Einstellung änderte sich erst als Johannes XXIII. in seiner Ansprache zur Eröffnung des Konzils am 11. Oktober 1962 die Unheilspropheten tadelte, die »in den heutigen Verhältnissen der menschlichen Gesellschaft nur Untergang und Unheil erkennen«.[39]

Auch Ratzingers Persönlichkeit ist durch eine tiefe Furcht vor dem Verlust der katholischen Identität geprägt. In der heutigen Zeit, in der Gott »überflüssig, ja fremd geworden zu sein scheint« und der Mensch als einfaches Produkt der Natur betrachtet wird, »das wie jedes andere Tier behandelt werden kann«, glaubt Ratzinger den Angriff einer Kultur zu erkennen, die »einen radikalen und tiefgehenden Bruch nicht nur mit dem Christentum, sondern mit den religiösen und moralischen Traditionen der Menschheit im Allgemeinen darstellt«.[40]

Beim Konklave 2005 bildete der Pessimismus das Verbindungsglied zwischen dem Kandidaten und der Gruppe seiner Unterstützer. Es ist dieser Pessimismus, der Benedikt XVI. wenige Monate später veranlasst, mit erhobener Stimme vor dem drohenden Gottesgericht zu warnen, das sich ursprünglich auf die Zerstörung des Tempels in Jerusalem bezog. »Aber die Androhung des Gerichts betrifft auch uns, die Kirche in Europa, es betrifft Europa und den Westen im Allgemeinen.«[41] Die Restauration im Bereich der Liturgie, aber nicht nur dort, war die unmittelbare Folge der Wahl des Präfekten des Heiligen Offiziums zum Papst.

Als Benedikt XVI. gewählt wurde, glaubten viele zunächst an ein Pontifikat des Übergangs. Wenn aber Übergang bedeutet, den Weg in eine Phase der Neugestaltung zu bahnen, so ist dieses Ziel nicht in Sicht. Der persönlichen intellektuellen und geistigen Ausstrahlung Papst Benedikts zum Trotz scheint die Marschrichtung doch eher nebulös. In der Regierungsarbeit ist kein klarer Kurs zu erkennen, kein organischer Entwurf für eine Kirche in der modernen Gesellschaft. Der Philosoph Otto Kallscheuer, Politologe und aufmerksamer Beobachter der modernen Theologie, meint dazu: »Misst man Benedikt XVI. am eigenen Anspruch, der Institution Kirche wieder neue Binnendynamik und sichtbare Anziehungskraft zu verleihen, so ist der deutsche Professor auf dem Stuhle Petri bislang gescheitert.«[42] Sogar die Diskussionen über einen möglichen Nachfolger, wie man sie bisweilen in höchsten Kirchenkreisen führt, sind konfus. Ausdruck einer konfusen Gesamtlage.

In seinem achten Jahr wird das Pontifikat immer mehr zum Monolog. Bei seinem letzten Besuch in Deutschland ließ Benedikt die grundsätzlichen Fragen des katholischen Bundespräsidenten Wulff über Kirche, Gesellschaft und Ökumene unbeantwortet. Desgleichen die Erwartung der evangelischen Kirche auf ein »ökumenischen Geschenk«. Er schwieg, als die Muslime vom Glauben »an denselben Gott Abrahams« sprachen. Er ignorierte die Proteste der Juden gegen seine Zugeständnisse an die fundamentalistischen und antisemitischen Piusbrüder. Nie ging er in all seinen Reden auf die von deutschen Katholiken aufgeworfenen Probleme ein.

Doch Papst und Gesellschaft reden nicht nur in Deutschland aneinander vorbei. Der Mensch auf der Straße weiß nicht so recht, was er von diesem Papst halten soll. Jahre nach seiner Amtseinführung kann es einem Priester oder einem Journalisten immer noch passieren, dass ihn jemand anspricht und die merkwürdige Frage stellt: »Wie ist er eigentlich, dieser Papst?« Lässt man glühende Verehrer und erbarmungslose Kritiker beiseite, so zeigt diese Frage doch, welche widerstreitenden Gefühle Ratzinger bei Gläubigen und Nichtgläubigen auslöst.

Mischt man sich bei einer Generalaudienz unter die Menge, kann man hören, wie Gläubige sich freuen, endlich »einen richtigen Papst« vor sich zu haben, während andere flüsternd bekennen, er sei nicht der »Richtige«. Seine intellektuelle Autorität ist unangefochten, trotzdem sind die Leute zurückhaltend, der Funke springt nicht über. »Er vermittelt keine Hoffnung«, hört man oft von jungen Leuten. Er weckt nicht den Wunsch, sich ihm anzuvertrauen. Dafür ist er zu sehr Theologe und wird nicht als Verkörperung einer Kirche der Barmherzigkeit wahrgenommen.

Häufig hört man im Volksmund einen reservierten Unterton, eine Nuance von Ablehnung oder auch die Enttäuschung darüber, im Papst keinen echten Gesprächspartner gefunden zu haben. Als würde seine Botschaft beim Publikum nicht ankommen. Wenn er dann, wie am Karfreitag 2011, auf Drängen seiner Mitarbeiter doch einmal im Fernsehen auftritt, um religiöse Fragen der Zuschauer zu beantworten, fühlt er sich sichtlich unwohl. Das Evangelium in Pillenform zu verabreichen, ist nicht seine Sache.[43]

Auch wer von seinen Reden begeistert ist, beklagt oft, dass sie in einer Art Zwischenwelt verharren, wenn es eigentlich darum ginge, effektiv »die Papstrolle zu übernehmen«. Symptomatisch ist, dass viele eine Art Idealbild von ihm im Kopf haben, aber sich an kein einziges konkretes Ereignis erinnern können, wo er im Mittelpunkt stand. Benedikt XVI. gefällt vor allem jenen, die schon Gewissheiten haben. Menschen, die noch auf der Suche sind, erreicht er kaum.

Aber da die Stimmung der Menge unberechenbar ist, kann es merkwürdigerweise auch passieren, dass eine Persönlichkeit wie Ratzinger nichtpraktizierenden Katholiken plötzlich als Inbegriff des mystischen Religionsführers erscheint: gerade er, dem alles Mystische fremd ist und der seine Hauptaufgabe darin sieht, Glaube und Vernunft miteinander zu verbinden. Reserviert, vergeistigt, allem gesellschaftlichen Trubel entrückt, wirkt Benedikt auf diese begeisterten Nichtgläubigen wie der weise Hüter einer unumstößlichen Tradition, der froh ist, kein »Papst der Massen« zu sein wie Johannes Paul II.

Je mehr Zeit vergeht, desto mehr macht sich bei den unterschiedlichsten Menschen auch eine ganz neue Empfindung breit. »Rührung« nannte es ein junger Mann, der den Papst nur aus dem Fernsehen kennt. Etliche andere, ob gläubig oder weniger gläubig, verwenden denselben Ausdruck. Rührung angesichts eines profilierten Mannes in fortgeschrittenem Alter, dem der Wind ins Gesicht bläst.

Aber selbst bei einem Papst muss man immer auf Überraschungen gefasst sein. Niemand hätte sich vorstellen können, dass Ratzinger die aufrichtige Liebe eines Priesters verteidigt, der sein Priesteramt aufgeben will, um die geliebte Frau zu heiraten. Wenn die beiden, so argumentiert er, wirklich den Willen haben, zu heiraten, und eine »gute Ehe« eingehen können, dann sei es richtig, dass sie diesen Weg einschlagen.[44]

Sein Humor verlässt ihn nie. Denkwürdig sein schneidender Kommentar zur italienischen Politik nach dem Zusammenbruch der Christdemokratischen Partei in den neunziger Jahren: »In Italien ist es immer schwer zu sagen, inwieweit überhaupt etwas erschüttert worden ist. Da brechen politische Systeme zusammen und dann ändert sich eigentlich gar nichts.«[45]

Ein fester Punkt in seinen Überlegungen, den er bei der Bilanzierung seiner Amtszeit ausdrücklich erwähnt, ist seine Bereitschaft zum Rücktritt. Ein unerwartetes Thema aus dem Mund eines Papstes.

In seinem Denken ist ein Rücktritt keine rein juristische Frage. Auch Pius XII., Paul VI. und Johannes Paul II. hatten während ihrer Amtszeit über einen möglichen Rücktritt nachgedacht. Pius XII. für den Fall, dass er von den Nationalsozialisten gefangengenommen würde, Paul VI. und Johannes Paul II. aus gesundheitlichen Gründen. Beide hatten ihren Sekretären geheime Anweisungen gegeben, aber das Thema nie öffentlich angesprochen. Jedenfalls ist im Kirchenrecht der Rücktritt eines Papstes vorgesehen.

Ratzinger ist der Erste, der über einen Rücktritt als konkrete Möglichkeit spricht. Auf die Frage seines Biographen, ob er sich eine Situation vorstellen könne, in der er einen Rücktritt für angebracht hält, antwortet er mit einem klaren »Ja.« Wenn ein Papst zu der klaren Erkenntnis komme, dass er physisch, psychisch und geistig den Auftrag seines Amtes nicht mehr bewältigen könne, dann »hat er ein Recht und unter Umständen auch eine Pflicht zurückzutreten.«[46]

Als er den Mitgliedern des Konklaves die Wahl seines Namens erklärte, verwies Ratzinger auf das kurze Pontifikat Benedikts XV. und fügte hinzu, das sei eine Zeit »großer Arbeit« gewesen. Wer den Papst besser kennt, weiß zu berichten, dass er eine starke Abneigung hegt gegen die Vorstellung eines schmerzhaften körperlichen Verfalls, wie ihn Wojtyła erlebte. Deshalb hält er sich streng an die Vorschriften der Ärzte und legt auf seinen immer kürzer werdenden Reisen unverzichtbare Ruhepausen ein. Die Angst, dass seine Kräfte nicht reichen, ist sein ständiger Begleiter. Seine Erschöpfung ist größer geworden. Um nicht zu Fuß gehen zu müssen, lässt er sich inzwischen auf Wojtyłas rollendem Podest durch die Basilika schieben. Im Urlaub fährt er nicht mehr in die Alpen und bleibt lieber in Castelgandolfo. Und doch liegt oft ein heiterer Ausdruck auf seinem Gesicht. In seiner Anfälligkeit liegt eine Zähigkeit, die in gewisser Weise an Konrad Adenauer erinnert.

Auf seinen Reisen in Italien hat er auch die Abruzzen besucht, wo Pietro da Morrone lebte, der Eremit und spätere Papst Coelestin V., der zurücktrat und in Gefangenschaft starb. Im Gegensatz zu Dante, der ihn der Feigheit bezichtigte, weil er sein Amt aufgegeben hatte, lobte ihn Ratzinger als Sucher Gottes, als Mann des großen Gebets, der sich als Einsiedler in die Stille zurückzieht. In die innere Stille, wo es ihm gelang, »der Stimme Gottes gewahr zu werden, die fähig ist, seinem Leben eine Ausrichtung zu geben«.[47]

Joseph Ratzinger wird seinen Weg fortsetzen und seine Entscheidungen in dieser innigsten Dimension treffen. Dort, wo er zu Gott betet und »bettet«, dass er ihm die Richtung zeige.

Anmerkungen

EINLEITUNG

1 G. Sporschill, F. Radice, *Corriere della Sera*, 1.9.2012.
2 C. Wulff, Grußworte, 22.9.2011.
3 D. Graumann, Rede, 22.9.2011.
4 Benedikt XVI., Ökumenischer Gottesdienst, Erfurt, 23.9.2011.
5 M. Baumer, www.zdk.de, 14.9.2011
6 D. Mensink, www.zdk.de, 15.9.2011.
7 M.-Th. Kastner, www.zdk.de, 7.9.2011.
8 Benedikt XVI., Begegnung mit dem Rat des ZdK, Freiburg i. Br., 24.9.2011.
9 Ebd.
10 Benedikt XVI., Begegnung mit den in Kirche und Gesellschaft engagierten Katholiken, Freiburg i. Br., 25.9.2011.
11 Benedikt XVI., Predigt, Freiburg i. Br., 25.9.2011.
12 www.pfarrer-initiative.at, 19.6.2011.
13 Benedikt XVI., Chrisam-Messe, 5.4.2012.
14 J. Wanke, Arbeitstagung von Vertretern der Deutschen Bischofskonferenz und des Zentralkomitees der deutschen Katholiken, Bensberg, 4.–5.11.2010.
15 Benedikt XVI.: *Licht der Welt. Der Papst, die Kirche und die Zeichen der Zeit. Ein Gespräch mit Peter Seewald.* Freiburg i. Br. 2010. S. 92
16 Benedikt XVI., Ansprache vor der Kurie, 22.12.2011.

KAPITEL I

1 Aus dem Schlussdokument der Zweiten Generalversammlung des Lateinamerikanischen Episkopats vom 6.9.1968.
2 St. v. Kempis: *Benedetto. Die Biografie.* Leipzig 2006. S. 190f.
3 R. Kapuściński: *Chrystus z karabinem na ramieniu.* Warschau 1975.
4 Kongregation für die Glaubenslehre, *Libertatis nuntius*, 6.8.1984.
5 Kongregation für die Glaubenslehre, Erklärung zu dem Buch *Kirche: Charisma und Macht* von P. Leonardo Boff, 11.3.1985.

6 J. Ratzinger: *Zur Lage des Glaubens. Ein Gespräch mit Vittorio Messori.* München 1985. S. 28.
7 Ebd., S. 60, 49 und 36.
8 F. König: *Der Weg der Kirche. Ein Gespräch mit Gianni Licheri.* Düsseldorf 1986.
9 C. Bernstein, M. Politi: *Seine Heiligkeit. Johannes Paul II. und die Geheimdiplomatie des Vatikans.* München 1997. S. 509 f.
10 F. König, *The Tablet*, 27.3.1999
11 *Logos*, Nr. 29, 1.–2. März, Juli 1990, Colombo, Sri Lanka.
12 D. Deckers: *Der Kardinal. Karl Lehmann. Eine Biographie.* München 2002.
13 M. Politi, *La Repubblica*, 23.10.1999.
14 *Avvenire*, 12.10.1999.
15 C. M. Martini, G. Sporschill: *Jerusalemer Nachtgespräche. Über das Risiko des Glaubens.* Freiburg i. Br. 2008. S. 112.
16 Ebd., S. 26.
17 M. Politi, *La Repubblica*, 16.4.1997.
18 M. Politi, *La Repubblica*, 19.1.1996.
19 M. Politi, *La Repubblica*, 8.9.1996.
20 C. Bernstein, M. Politi: *Seine Heiligkeit, Johannes Paul II. und die Geheimdiplomatie des Vatikans.* München 1997. S. 610.
21 M. Politi: *Papa Wojtyła. L'addio.* Brescia 2007.

KAPITEL II

1 M. Politi, *La Repubblica*, 16.4.1997.
2 J. L. Allen: *Kardinal Ratzinger.* Düsseldorf 2002. S. 314.
3 A. Tornielli: *Pio XII. Un uomo sul trono di Pietro.* Mailand 2007.
4 C. Bernstein, M. Politi: *Seine Heiligkeit. Johannes Paul II. und die Geheimdiplomatie des Vatikans.* München 1997. S. 196.
5 G. Galeazzi, F. Pinotti, *Wojtyła segreto. La prima controinchiesta su Giovanni Paolo II.* Mailand 2011.
6 Johannes Paul II.: *Auf, lasst uns gehen! Erinnerungen und Gedanken.* Augsburg 2004. S. 171.
7 S. Izzo, *Agenzia Italia*, 26.5.2010.
8 J. L. Allen: *Kardinal Ratzinger.* Düsseldorf 2002.
9 P. Seewald: *Benedikt XVI. Ein Porträt aus der Nähe.* Berlin 2007.
10 M. Politi, *La Repubblica*, 14.5.2005.
11 M. Politi, *La Repubblica*, 19.11.2004.
12 J. Ratzinger, Meditazioni alla Via crucis, 24.3.2005.
13 M. Politi, *La Repubblica*, 9.4.2005.
14 M. Politi, *La Repubblica*, 8.4.2005.
15 D. Malacaria, *30 Tage*, Nr. 1, 2007.
16 M. Politi: *Papa Wojtyła. L'addio.* Brescia 2007.
17 O. La Rocca, *La Repubblica*, 18.4.2005

18 G. Camarotti, *O Globo*, 24.12.2005.
19 M. Politi, *La Repubblica*, 18.4.2005.
20 S. v. Kempis: *Benedetto. Die Biografie*. Leipzig 2006.
21 M. Politi, *La Repubblica*, 18.4.2005.
22 L. Brunelli: »Così eleggemmo papa Ratzinger«, *I classici di Limes*, Nr. 1, 2009.
23 Ebd.
24 G. Andreotti: *Meine sieben Päpste: Begegnungen in bewegten Zeiten*. Freiburg i. Br. 1982.

KAPITEL III

1 Benedikt XVI., Treffen mit den Priestern und Ständigen Diakonen Bayerns, Freising, 14.9.2006.
2 Benedikt XVI., Willkommensfeier der Jugendlichen, Sydney, 17.7.2008.
3 Benedikt XVI., Gespräch mit den Journalisten im Flugzeug, 9.9 2006.
4 Benedikt XVI., *Predigt*, Pfarrei von Tor Tre Teste, 26.3.2006.
5 Benedikt XVI., Ansprache in der Basilika von Aquileia, 7.5.2011.
6 Benedikt XVI., Messe zur Einführung in das Amt Petri, 24.4.2005.
7 Benedikt XVI.: *Licht der Welt. Der Papst, die Kirche und die Zeichen der Zeit. Ein Gespräch mit Peter Seewald*. Freiburg i. Br. 2010. S. 139.
8 Benedikt XVI., Ansprache an das Diplomatische Korps, 12.5.2005.
9 A. Bobbio, *Famiglia Cristiana*, Nr. 18, 2005.
10 *Avvenire*, 9.12.2010.
11 O. Domingo, *Vanguardia*, 21.4.2005
12 M. Politi, *La Repubblica*, 29.7.2006.
13 Am 17.8.2005.
14 M. Politi, *La Repubblica*, 18.7.2005.
15 Benedikt XVI., Ansprache an die Römische Kurie, 22.12.2008.
16 Benedikt XVI., Ansprache beim Willkommensfest der Jugendlichen, Köln, 18.8.2005.
17 Benedikt XVI.: *Licht der Welt. Der Papst, die Kirche und die Zeichen der Zeit. Ein Gespräch mit Peter Seewald*. Freiburg i. Br. 2010. S. 33.
18 Benedikt XVI., Ansprache an die Pilger aus Deutschland, 25.4.2005.
19 Benedikt XVI., *Licht der Welt. Ein Gespräch mit Peter Seewald*. Freiburg i. Br. 2010. S. 18.
20 Ebd., S. 18.
21 Benedikt XVI., Interview mit dem Bayerischen Rundfunk (ARD), dem ZDF, der Deutschen Welle und Radio Vatikan, 5.8.2006.
22 Benedikt XVI., Ansprache in der Pfarrkirche von Introd, 25.7.2005.
23 AGI, 29.12.2006.
24 Joseph Ratzinger – Benedikt XVI.: *Jesus von Nazareth. Erster Teil. Von der Taufe im Jordan bis zur Verklärung*. Freiburg i. Br. 2007. S. 11.
25 Ebd., S. 162.
26 Ebd., S. 237.

27 Ebd., S. 62.
28 Benedikt XVI., Interview mit dem Bayerischen Rundfunk (ARD), dem ZDF, der Deutschen Welle und Radio Vatikan, 5.8.2006.
29 Angaben einer Umfrage von Eurisko, in M. Politi, *La Repubblica*, 16.5.2005.
30 Benedikt XVI., Messe mit den Schweizer Bischöfen, 7.11.2006.
31 AGI, 14.4.2007.
32 ANSA, 19.4.2006.
33 Benedikt XVI., Predigt in Valencia, 9.7.2006.
34 Kongregation für die Glaubenslehre, *Lehrmäßige Note zu einigen Fragen über den Einsatz und das Verhalten der Katholiken im politischen Leben*, 21.11.2002.
35 Benedikt XVI., Interview mit dem Bayerischen Rundfunk (ARD), dem ZDF, der Deutschen Welle und Radio Vatikan, 5.8.2006.
36 J. Ratzinger, Rede auf dem Meeting von Comunione e Liberazione in Rimini, 1.9.1990.

KAPITEL IV

1 Benedikt XVI., Ansprache in der Universität Regensburg, 12.9.2006.
2 M. Luther: *Ein Sendbrief an Papst Leo X.* In: Ders.: *Gesammelte Werke*, Bd. 2. Berlin 2002. S. 241.
3 Johannes Paul II., Predigt, Warschau, 2.6.1979.
4 C. Zecchinelli, *Corriere della Sera*, 18.9.2006.
5 Reaktionen auf die Regensburger Rede laut ANSA, AGI, AFP, *Corriere della Sera, Il Giornale, La Repubblica, Il Messaggero, La Stampa.*
6 Benedikt XVI.: *Licht der Welt. Der Papst, die Kirche und die Zeichen der Zeit. Ein Gespräch mit Peter Seewald.* Freiburg i. Br. 2010. S. 123.
7 Dokumentation *Wikileaks*, C. Sandrolini, *Verschlüsselte Depesche 06 Vatikan 199 vertraulich*, 18.9.2006.
8 Erklärung von Kardinalstaatssekretär Bertone, 16.9.2006.
9 Benedikt XVI., Angelus, Castelgandolfo, 17.9.2006.
10 M. Politi, *La Repubblica*, 29.4.2006.
11 Ebd.
12 Benedikt XVI., Begegnung mit Vertretern muslimischer Gemeinden anlässlich des Weltjugendtages in Köln, 20.8.2005.
13 O. Fallaci, *Telewizja Polska*, 14.8.2005.
14 O. Fallaci: *L'Apocalisse.* Mailand 2004.
15 O. Fallaci: »Die Wut, der Stolz und der Zweifel«, *Die Welt*, 22.3.2003.
16 O. Fallaci, *Corriere della Sera*, 4.6.2005.
17 M. Talbot, *New Yorker*, 5.6.2006.
18 Benedikt XVI., Schreiben an Mons. Domenico Sorrentino, 2.9.2006.
19 M. C. Allam, *Corriere della Sera*, 23.3.2008.
20 M. Politi, *La Repubblica*, 28.3.2008.
21 *A Common Word between Us and You*, 13.10.2007.

22 M. Politi, *La Repubblica*, 7.11.2008.
23 Benedikt XVI.: *Licht der Welt. Der Papst, die Kirche und die Zeichen der Zeit. Ein Gespräch mit Peter Seewald.* Freiburg i. Br. 2010. S. 75.
24 *Süddeutsche Zeitung Magazin*, 26.7.2007.
25 Benedikt XVI., Angelus, 2.1.2011.
26 M. Politi, *La Repubblica*, 9.5.2009.

KAPITEL V

1 *L'Osservatore Romano*, 19.3.2011.
2 Benedikt XVI., Generalaudienz, 10.3.2010.
3 G. Gänswein, Lectio doctoralis, Perugia, 15.2.2011.
4 C. Ruini, *Conferenza nella Scuola di cultura cattolica Rumor*, Vicenza, 1.3.2009.
5 Kongregation für den Gottesdienst, *Quattuor abhinc annos*, 3.10.1984.
6 L. Accattoli, *Corriere della Sera*, 9.8.2000.
7 M. Tosatti, *La Stampa*, 24.3.2006.
8 M. Tosatti, *La Stampa*, 17.3.2007.
9 Ein Apostolisches Schreiben des Papstes.
10 Benedikt XVI., *Summorum Pontificum*, 7.7.2007.
11 Kongregation für den Gottesdienst, *Quattuor abhinc annos*, 3.10.1984.
12 Joseph Ratzinger: *Ergebnisse und Probleme der dritten Konzilsperiode.* Köln 1965. S. 18f.
13 Benedikt XVI., *Summorum Pontificorum*, 7.7.2007.
14 O. La Rocca, *La Repubblica*, 8.7.2007.
15 Kongregation für den Gottesdienst, *Brief an Mons. Bonicelli, Erzbischof von Siena*, 11.6.1999.
16 J. Ratzinger, Brief an Wolfgang Waldstein, Regensburg, 14.12.1976.
17 Kongregation für den Gottesdienst, *Quattuor abhinc annos*, 3.10.1984.
18 Una Vox, *Protokoll über das Einvernehmen zwischen Seiner Eminenz Kardinal Joseph Ratzinger und Seiner Exzellenz Mons. Marcel Lefebvre*, Rom, 5.5.1988.
19 Johannes Paul II., Apostolisches Schreiben *Ecclesia Dei*, 2.7.1988.
20 Benedikt XVI., *Brief an die Bischöfe*, 7.7.2007.
21 Ebd.
22 Ebd.
23 G. Gänswein, M. Lohmann (Hrsg.): *Katholisch: Wissen aus erster Hand.* Freiburg i. Br. 2010. S. 208.
24 M. Politi, *La Repubblica*, 15.9.2007.
25 Ebd.
26 G. Miccoli, *Jesus*, 4.9.2010.
27 M. Politi, *Il Fatto Quotidiano*, 16.4.2010.
28 M. Politi, *La Repubblica*, 21.9.2008.
29 Ebd.

30 J. Ratzinger: *Zur Lage des Glaubens. Ein Gespräch mit Vittorio Messori.* München 1985. S. 125.
31 J. Ratzinger: *Aus meinem Leben. Erinnerungen (1927–1977).* München 1998. S. 173.
32 J. Ratzinger, Geleitwort zu U. M. Lang: *Conversi ad Dominum. Zu Geschichte und Theologie der christlichen Gebetsrichtung. Mit einem Geleitwort von Joseph Cardinal Ratzinger.* Einsiedeln 2003; 5., überarbeitete Auflage 2010. S. 7.
33 M. Politi, *La Repubblica*, 31.7.2008.
34 M. Politi, *La Repubblica*, 22.4.2006.
35 C. Fusani, *www.repubblica.it*, 29.6.2008.

KAPITEL VI

1 M. Politi, *La Repubblica*, 22.4.2005.
2 M. Politi, *La Repubblica*, 3.2.1994; J. Ratzinger, *Avvenire*, 26.4.2009; hier zitiert nach J. Ratzinger: *Israel, die Kirche und die Welt.* In: Ders.: *Die Vielfalt der Religionen und der Eine Bund.* Bad Tölz 2005. S. 17–45.
3 J. Ratzinger, *Avvenire*, 26.4.2009; hier zitiert nach J. Ratzinger: *Israel, die Kirche und die Welt.* In: Ders.: *Die Vielfalt der Religionen und der Eine Bund.* Bad Tölz 2005. S. 17–45.
4 Genesis 22.
5 J. Ratzinger, *Avvenire*, 26.4.2009; hier zitiert nach J. Ratzinger: *Israel, die Kirche und die Welt.* In: Ders.: *Die Vielfalt der Religionen und der Eine Bund.* Bad Tölz 2005. S. 17–45.
6 Brief Edith Steins an Pius XI., 12.4.1933. In: *Edith-Stein-Jahrbuch 2004.* Würzburg 2004. S. 18 f.
7 J. Ratzinger: *Aus meinem Leben. Erinnerungen (1927–1977).* München 1998.
8 Matthew Fox: *Ratzinger und sein Kreuzzug.* Uhlstädt-Kirchhasel 2011. S. 34.
9 *La Civiltà Cattolica*, Nr. 2115, 1938.
10 Zitiert nach H. A. Winkler: *Geschichte des Westens. Die Zeit der Weltkriege 1914–1945.* München 2011. S. 833 f.
11 K. P. Spicer: *Resisting the Third Reich: The Catholic Clergy in Hitler's Berlin.* DeKalb 2004; hier zitiert nach P. Haeuser: *Jud und Christ. Wem gebührt die Weltherrschaft?* Regensburg 1923.
12 Kommission für die religiösen Beziehungen zum Judentum, *Wir erinnern: Eine Reflexion über die Shoah*, 16.3.1998.
13 J. Ratzinger, *L'Osservatore Romano*, 29.12.2000.
14 Benedikt XVI., Generalaudienz, 31.5.2006.
15 U. De Giovannangeli, *L'Unità*, 9.7.2007.
16 G. G. Vecchi, *Corriere della Sera*, 10.7.2007.
17 M. Politi, *La Repubblica*, 19.7.2007.
18 *Missale Romanum* Pauls VI.

19 O. La Rocca, *La Repubblica*, 6.2.2008

20 O. La Rocca, *La Repubblica*, 22.3.2008.

21 W. Kasper, *Brief an den Rabbiner David Rosen*, 13.2.2008.

22 Kommuniqué des Staatssekretariats, 4.4.2008.

23 Benedikt XVI., Begegnung mit Vertretern des Judentums, Paris, 12.9.2008.

24 T. Bertone, Eröffnungsvortrag beim Kongress zum 50. Todestag Pius' XII., Università Gregoriana, 6.11.2008.

25 P. Gheddo, *Zenit*, 25.11.2009.

26 A. Sapieha, *Actes et documents du Saint-Siège relatifs à la seconde guerre mondiale*, III, 1 doc. 323, 3. November 1941, Vatikanstadt 1965–1981.

27 G. M. Vian, *Archivum Historiae Pontificiae*, Nr. 42, 2004.

28 A. Tornielli: *Pio XII.* Mailand 2007.

29 M. Politi, *La Repubblica*, 23.6.1996.

30 G. Sale, *L'Osservatore Romano*, 2.8.2008; hier zitiert nach G. Passelecq, B. Suchecky: *Die unterschlagene Enzyklika.* München 1997. S. 260f.

31 M. Politi, *La Repubblica*, 7.10.2008.

32 A. Tornielli, *Il Giornale*, 19.10.2008.

33 ANSA, 23.10.2008.

34 A. Tornielli, *Il Giornale*, 7.11.2008.

35 Benedikt XVI., Angelus, 10.11.2008.

36 E. E. Richetti, *Popoli*, 14.1.2009.

KAPITEL VII

1 *Rivarol*, 12.1.2007

2 M. Politi, *La Repubblica*, 26.1.2009.

3 O. La Rocca, *La Repubblica*, 26.1.2009.

4 G. G. Vecchi, *Corriere della Sera*, 29.1.2009.

5 Paolo Rodari, Andrea Tornielli: *Der Papst im Gegenwind. Was in den dramatischen Monaten des deutschen Pontifikats wirklich geschah.* Kißlegg 2011.

6 Ebd.

7 Kongegration für die Bischöfe, *Dekret zur Aufhebung der Exkommunikation von vier Bischöfen der Bruderschaft »St. Pius X.«*, 21.1.2009.

8 P. Rodari, A. Tornielli (siehe Fußnote 5)

9 R. Williamson, *Brief an die Freunde und Wohltäter*, April 2000.

10 G. G. Vecchi, *Corriere della Sera*, 29.1.2009.

11 *Semana*, 25.4.2009.

12 A. Tarquini, *La Repubblica*, 27.1.2009.

13 B. Bartolini, *Corriere della Sera*, 31.1.2009.

14 www.repubblica.tv, 31.1.2009.

15 *Radio Vatikan*, 3.2.2009.

16 Benedikt XVI.: *Licht der Welt. Der Papst, die Kirche und die Zeichen der Zeit. Ein Gespräch mit Peter Seewald.* Freiburg i. Br. 2010. S. 151.

17 www.chiesa.espressonline.it, 4.2.2009.
18 *Der Spiegel*, 9.2.2009.
19 G. G. Vecchi, *Corriere della Sera*, 20.2.2009.
20 www.zenit.org, 26.2.2009.
21 Erhebung von Infratest dimap für die ARD, 6.2.2009.
22 *Stern*, 11.2.2009
23 *Passauer Neue Presse*, 7.2.2009.
24 Deutsche Bischofskonferenz, Referat Statistik.
25 R. Williamson, *Eleison Kommentare*, CLVI, 10.7.2010.
26 DICI, 6.1.2010.
27 *Nouvelles de Chrétienté*, September–Oktober 2010.
28 B. Tissier de Mallerais: *L'étrange Théologie de Benoit XVI. Herméneutique de continuité ou rupture?* Le Sel de la Terre 2010.

KAPITEL VIII

1 J. Ratzinger, *Brief an Gabriele Kuby*, 7.3.2003.
2 www.oe24.at, 7.2.2009.
3 *La Repubblica*, 15.4.1998.
4 S. Fabre, I. de Gaulmyn, *La Croix*, 16.2.2009.
5 www.orf.at, 10.2.2009.
6 R. Olt, www.faz.net, 12.2.2009.
7 *Hirtenbrief der österreichischen Bischöfe*, 16.2.2009.
8 Ebd.
9 Ebd.
10 Benedikt XVI., Begegnung mit dem polnischen Klerus, 25.5.2006.
11 Paolo Rodari, Andrea Tornielli: *Der Papst im Gegenwind. Was in den dramatischen Monaten des deutschen Pontifikats wirklich geschah.* Kißlegg 2011.
12 O. La Rocca, *La Repubblica*, 7.1.2007.
13 A. Tarquini, *La Repubblica*, 8.4.2006.
14 *Gazeta Wyborcza*, 2.1.2007.
15 A. Tarquini, *La Repubblica*, 5.1.2007.
16 O. La Rocca, *La Repubblica*, 6.1.2007.
17 O. La Rocca, *La Repubblica*, 7.1.2007.
18 www.spiegel.de, 7.1.2007 (zitiert mit kleinen Abweichungen).
19 W. Redzioch, www.zenit.org, 21.1.2007.
20 L. Accattoli, *Corriere della Sera*, 7.1.2007.
21 S. Magister, www.chiesa.espressoline.it, 11.1.2007.
22 A. Tarquini, *La Repubblica*, 7.1.2007.
23 Ebd.
24 A. Tarquini, *La Repubblica*, 8.1.2007.
25 Radio Vatikan, 7.1.2007.

KAPITEL IX

1 Benedikt XVI.: *Licht der Welt. Der Papst, die Kirche und die Zeichen der Zeit. Ein Gespräch mit Peter Seewald.* Freiburg i. Br. 2010. S. 151

2 C. Ruini, *L'Osservatore Romano*, 14.3.2009.

3 G. M. Vian, *L'Osservatore Romano*, 13.3.2009.

4 Ebd.

5 M. Politi, *La Repubblica*, 14.5.2007.

6 M. Cini, *Il Manifesto*, 14.11.2007.

7 *La Repubblica*, 15.1.2008.

8 www.repubblica.it, 15.1.2008.

9 M. Politi, *La Repubblica*, 17.1.2008.

10 V. Feltri, *Il Giornale*, 28.8.2009.

11 M. Politi, *La Repubblica*, 5.9.2009.

12 A. Cazzullo, *Corriere della Sera*, 31.8.2009.

13 Vom Kassationsgericht am 1.7.2011 aufgehobene Verfügung ohne eine inhaltliche Begründung, sondern nur mit dem formalen Hinweis, Farina sei inzwischen aus dem Journalistenverband ausgetreten.

14 G. Nuzzi: *Seine Heiligkeit.* München 2012. S. 48–53 und S. 335–339.

15 C. S. Smith, I. Fisher, *International Herald Tribune*, 7.1.2007.

16 L. Geninazzi, *Avvenire*, 17.1.2007.

17 A. Tarquini, *La Repubblica*, 8.1.2007.

18 Benedikt XVI.: *Licht der Welt. Der Papst, die Kirche und die Zeichen der Zeit. Ein Gespräch mit Peter Seewald.* Freiburg i. Br. 2010. S. 28.

19 *La Repubblica*, 7.12.2009.

20 Istituto Sturzo, Rom, 10.12.2009.

21 M. Ansaldo, *La Repubblica*, 11.12.2010.

22 *Adnkronos*, 11.12.2010.

23 M. Ansaldo, *La Repubblica*, 11.12.2010.

24 P. Rodari, *Il Foglio*, 21.5.2009.

25 Benedikt XVI.: *Licht der Welt. Der Papst, die Kirche und die Zeichen der Zeit. Ein Gespräch mit Peter Seewald.* Freiburg i. Br. 2010. S. 102 und 20.

26 M. Politi, *Il Fatto Quotidiano*, 16.4.2010.

27 M. Politi, *Il Fatto Quotidiano*, 29.4.2010.

28 M. Politi, *La Repubblica*, 15.11.2004.

29 Benedikt XVI., Interview mit dem Bayerischen Rundfunk (ARD), dem ZDF, der Deutschen Welle und Radio Vatikan, 5.8.2006.

30 Verlautbarung des Presseamts des Heiligen Stuhls, 17.2.2012.

31 Zitiert nach G. Zizola: *Albino Luciani dal Veneto al mondo.* Rom 2010.

32 M. Politi, *La Repubblica*, 13.7.2004.

33 Benedikt XVI., *Caritas in veritate*, 29.6.2009.

34 Benedikt XVI., Ansprache beim Weihnachtsempfang für das Kardinalskollegium und die Mitglieder der Römischen Kurie sowie des Governatorats, 20.12.2010.

35 Verlautbarung des Presseamts des Heiligen Stuhls, 5.1.2010.

KAPITEL X

1 Tullio Pericoli und Emanuele Pirella in *L'Espresso*, Januar 1979.
2 www.unaids.org.
3 M. Politi, *La Repubblica*, 10.5.2007.
4 Ebd.
5 Kongregation für die Glaubenslehre, *Lehrmäßige Note zu einigen Fragen über den Einsatz und das Verhalten der Katholiken im politischen Leben*, 24.11.2002.
6 *Le Monde*, 19.3.2009.
7 G. Martinotti, *La Repubblica*, 25.3.2009.
8 L. Scaraffia, *L'Osservatore Romano*, 22.3.2009.
9 D. G. Giusti, *L'Osservatore Romano*, 22.3.2009.
10 O. La Rocca, *La Repubblica*, 28.3.2009.
11 M. Politi, *La Repubblica*, 19.3.2009.
12 G. Galeazzi, *La Stampa*, 20.3.2009.
13 *L'Osservatore Romano*, 21.3.2009.
14 D. Tettamanzi: *Nuova bioetica cristiana.* Mailand 2000.
15 *L'Espresso*, 21.4.2006.
16 APCOM, 31.1.2005.
17 R. Cotroneo, *Corriere della Sera*, 7.3.2009.
18 G. Galeazzi, *La Stampa*, 7.3.2009.
19 M. Politi, *La Repubblica*, 14.3.2009.
20 *L'Osservatore Romano*, 20.11.2010.
21 Benedikt XVI.: *Licht der Welt. Der Papst, die Kirche und die Zeichen der Zeit. Ein Gespräch mit Peter Seewald.* Freiburg i. Br. 2010. S. 146 f.
22 M. Politi, *La Repubblica*, 22.11.2006.

KAPITEL XI

1 Benedikt XVI., Predigt, 19.7.2008.
2 Verlautbarung des Heiligen Stuhls vom 11.12.2009.
3 *L'Osservatore Romano*, 17.2.2010.
4 www.stern.de, 19.2.2010.
5 O. La Rocca, *La Repubblica*, 6.3.2010.
6 *L'Osservatore Romano*, 7.3.2010.
7 M. G. Frawley-O'Dea, V. Goldner (Hrsg.): *Atti impuri. La piaga dell'abuso sessuale nella chiesa cattolica.* Mailand 2008.
8 Suprema Sacra Congregazione del Sant'Uffizio, *Instructio. De modo procedendi in causis de crimine sollicitationis*, 1962, Paragraph 18.
9 Ebd, Paragraph 2.
10 Ebd, Paragraph 11.
11 Ebd, Paragraph 13.
12 Ebd.
13 F. Lombardi, *Pressemitteilung*, 13.3.2010.

14 *Der Spiegel*, 22.3.2010.
15 A. Tarquini, *La Repubblica*, 27.3.2010.
16 M. Drobinski, www.sueddeutsche.de, 19.3.2010.
17 A. Tarquini, *La Repubblica*, 27.3.2010.
18 Ebd.
19 www.spiegel.de, 19.4.2010.
20 F. Lombardi, Radio Vatikan, 13.3.2010.
21 G. G. Vecchi, *Corriere della Sera*, 15.3.2010.
22 *L'Osservatore Romano*, 14.3.2010.
23 G. G. Vecchi, *Corriere della Sera*, 17.3.2010.
24 H. Küng: »Ratzingers Verantwortung«, *Süddeutsche Zeitung*, 17.3.2010.
25 Benedikt XVI., Interview mit Journalisten, 15.4.2008.
26 Benedikt XVI., Interview mit Journalisten, 12.7.2008.
27 L. Goodstein, *New York Times*, 25.3.2010.
28 R. Cascioli, *Avvenire*, 25.3.2010.
29 Ebd.
30 *L'Osservatore Romano*, 25.3.2010.
31 http:/images.zeit.de/gesellschaft/2010-04/dokumente-bertone.pdf.
32 Ebd.
33 G. G. Vecchi, *Corriere della Sera*, 27.3.2010.
34 G. Cardinale, *30 Giorni*, Nr. 2, 2002.
35 Benedikt XVI., Interview mit Journalisten auf dem Flug nach Großbritannien, 16.9.2010.
36 P. Issig, www.welt.de, 3.12.2010.
37 P. Issig: »System der Vertuschung und Verharmlosung«, *Die Welt*, 4.12.2010.
38 M. Tosatti, *La Stampa*, 5.12.2002.
39 G. Cardinale, *30 Giorni*, Nr. 2, 2002.
40 R. Gisotti, Radio Vatikan, 23.2.2004.
41 Radio Vatikan, 3.4.2010.
42 G. G. Vecchi, *Corriere della Sera*, 15.4.2010.
43 www.vatican.va/resources/resources_guide-CDF-procedures_ge.html, 12.4.2010.
44 *La Repubblica*, 10.4.2010.

KAPITEL XII

1 M. Dowd, *New York Times*, 27.3.2010.
2 M. Molinari, *La Stampa*, 26.3.2010.
3 Benedikt XVI.: *Licht der Welt. Der Papst, die Kirche und die Zeichen der Zeit. Ein Gespräch mit Peter Seewald.* Freiburg i. Br. 2010. S. 37.
4 Erklärung des Heiligen Stuhls zur Apostolischen Visitation der Kongregation der Legionäre Christi, 1.5.2010.
5 F. Strazzari, *Il Regno*, Nr. 22, 2009.
6 G. Nuzzi: *Seine Heiligkeit.* München 2012. S. 213 und 355.

7 P. Rodari, A. Tornielli: *Attacco a Ratzinger*. Mailand 2010.

8 Benedikt XVI.: *Licht der Welt. Der Papst, die Kirche und die Zeichen der Zeit. Ein Gespräch mit Peter Seewald.* Freiburg i.Br. 2010. S. 57.

9 J.J. Barba, *Manifesto publico ante Benedicto XVI*, März 2012.

10 Vatikan-Insider, www.lastampa.it, 24.3.2012.

11 D. Vidal, *La Verdad*, 17.4.2010.

12 P. Rodari, A. Tornielli: *Attacco a Ratzinger.* Mailand 2010.

13 AGI, 15.4.2010.

14 Benedikt XVI., Interview mit den Journalisten auf dem Flug nach Portugal, 11.5.2010.

15 M. Introvigne, *Avvenire*, 18.3.2010.

16 M. d'Orlando, *Asia News*, 14.4.2010.

17 M. Politi, *Il Fatto Quotidiano*, 18.5.2010.

18 Ebd.

19 V. L. Gaito, *Viaggio nel silenzio*, Tea 2010.

20 M. Politi, *Repubblica*, 22.5.2002.

21 G. Cardinale, *30 Giorni*, Nr. 2, 2002.

22 L. Scaraffia, *L'Osservatore Romano*, 11.3.2010.

23 G. Cardinale, *Avvenire*, 13.3.2010.

24 A. Bagnasco, Prolusione all'assemblea CEI, 24.5.2010.

25 A. Tornielli, *Il Giornale*, 29.5.2010.

26 G. Galeazzi, *La Stampa*, 29.5.2010.

27 G. G. Vecchi, *Corriere della Sera*, 26.3.2010.

28 A. Bagnasco, Prolusione all'assemblea CEI, 23.5.2010.

29 F. Lombardi, Note, Radio Vatikan, 13.3.2010.

30 *Zum Vorgehen bei sexuellem Missbrauch Minderjähriger durch Geistliche im Bereich der Deutschen Bischofskonferenz*, 26.9.2002.

31 ASCA-AFP, 10.9.2010.

32 Radio RSF-InBlu, 12.4.2011.

33 A. Cioni, www.corrierefiorentino.corriere.it, 10.11.2009.

34 E. Dellacasa, *Corriere della Sera*, 15.5.2011.

35 L. Fazzo, *Il Giornale*, 1.4.2010.

36 Kongregation für die Glaubenslehre, *Veränderungen in den* Normae de gravoribus delictis, *die der Kongregation für die Glaubenslehre vorbehalten sind*, 21.5.2010.

37 19.6.2010.

38 11.8.2010.

39 Kongregation für die Glaubenslehre, *Rundschreiben, um den Bischöfen zu helfen, Leitlinien für die Behandlung von Fällen sexuellen Missbrauchs Minderjähriger durch Kleriker zu erstellen*, 3.5.2011.

40 Ebd.

41 Benedikt XVI., Interview mit Journalisten auf dem Flug nach Portugal, 11.5.2010.

42 Benedikt XVI., Predigt, 18.9.2010.

43 Benedikt XVI.: *Licht der Welt. Der Papst, die Kirche und die Zeichen der Zeit. Ein Gespräch mit Peter Seewald.* Freiburg i. Br. 2010. S. 45.

KAPITEL XIII

1 P. A. Bonnet, Beschluss zur Eröffnung des Hauptverfahrens, 13.8.2012.
2 ANSA, 25.5.2012.
3 P. A. Bonnet, Beschluss zur Eröffnung des Hauptverfahrens, 13.8.2012.
4 I. Ingrao, *Panorama*, 7.9.2012.
5 Die sechs neuen Kardinalsernennungen, die Benedikt XVI. für den 24.11.2012 angekündigt hat – je einen Bischof aus den USA, dem Libanon, Indien, Nigeria, Kolumbien und den Philippinen – ändern das Kräfteverhältnis im Konklave nicht.
6 G. Nuzzi, La 7, 25.1.2012; C. M. Viganò, Brief an Benedikt XVI., 27.3.2011.
7 M. Lillo, *Il Fatto Quotidiano*, 27.1.2012; C. M. Viganò, Brief an Bertone, 8.5.2011.
8 Mitteilung des Kardinalsrats für die Untersuchung organisatorischer und ökonomischer Probleme des Heiligen Stuhls, 2.7.2011.
9 G. Nuzzi: *Seine Heiligkeit. Die geheimen Briefe aus dem Schreibtisch von Papst Benedikt XVI.* München 2012. S. 78.
10 F. Lombardi, Erklärung, 26.1.2012.
11 Erklärung der Präsidentschaft des Governatorats des Staates der Vatikanstadt, 4.2.2012.
12 M. Lillo, *Il Fatto Quotidiano*, 10.2.2012; das Schreiben wird Benedikt XVI. mit Datum vom 30.12.2011 zugestellt.
13 M. Lillo, *Il Fatto Quotidiano*, 6.5.2012; J. Carrón, Brief an Nuntius Bertello, März 2011.
14 G. M. Vian, *L'Osservatore Romano*, 15.2.2012.
15 »Gli Intoccabili«, *La* 7, 22.2.2012; das Interview wurde am 3.9.2012 unter Lüftung der Identität Paolo Gabrieles in voller Länge ausgestrahlt.
16 M. Lillo, *Il Fatto Quotidiano*, 28.2.2012; T. Bertone, Brief an Tettamanzi, 24.3.2011.
17 D. Tettamanzi, Brief an Benedikt XVI., 28.3.2011.
18 G. Nuzzi: *Seine Heiligkeit. Die geheimen Briefe aus dem Schreibtisch von Papst Benedikt XVI.* München 2012.
19 P. A. Bonnet, Beschluss zur Eröffnung des Hauptverfahrens, 13.8.2012.
20 Reskriptum zu Artikel 126 b der Allgemeinen Ordnung der Römischen Kurie, 7.2.2011.
21 P. A. Bonnet, Beschluss zur Eröffnung des Hauptverfahrens, 13.8.2012.
22 Giornale Radio, RAI, 29.5.2012.
23 Interview mit M. Piacenza, www.zenit.org, 10.9.2012.
24 G. Nuzzi: *Seine Heiligkeit. Die geheimen Briefe aus dem Schreibtisch von Papst Benedikt XVI.* München 2012. S. 174.
25 M. Politi, *Il Fatto Quotidiano*, 15.2.2012.

26 M. Politi, *Il Fatto Quotidiano*, 29.6.2012.
27 Wozu sich die Vatikanbank am 25.5.1984 in Genf verpflichtete.
28 Berufungsgericht Rom, Urteil im Fall Calvi, 7.5.2010.
29 M. A. Calabrò, G. G. Vecchi, *I segreti del Vaticano*, hrsg. vom *Corriere della Sera*, 2012.
30 Päpstliche Kommission für den Staat der Vatikanstadt, Gesetz 127, 30.12.2010.
31 Ebd.
32 Ebd.
33 In Italien kann jeder selbst entscheiden, welche gemeinnützige Einrichtung 0,8 Prozent seiner Einkommensteuer erhält.
34 M. Lillo, *Il Fatto Quotidiano*, 15.2.2012; D. Dalla Torre, Schreiben vom 15.10.2011.
35 M. Lillo, *Il Fatto Quotidiano*, 15.2.2012; A. Nicora, Brief an Bertone, 12.1.2012.
36 *Il Fatto Quotidiano*, 12.6.2012.
37 M. Lillo, *Il Fatto Quotidiano*, 9.6.2012; P. Lasalvia, Brief an die Generaldirektion des IOR, 18.3.2012.
38 C. Anderson, *Notice and memorandum*, IOR, 24.5.2012.
39 F. Sarzanini, *Corriere della Sera*, 9.6.2012.
40 F. Sarzanini, *Corriere della Sera*, 5.9.2012.
41 R. M. Woelki, Interview, *Die Zeit*, 8.7.2012.
42 TMNews, 21.6.2012.
43 C. M. Martini, *Corriere della Sera*, 27.5.2012.
44 Benedikt XVI., Generalaudienz, 30.5.2012.
45 Benedikt XVI., Brief an Kardinal Bertone, 2.7.2012.
46 Benedikt XVI., Generalaudienz, 30.5.2012.
47 P. A. Bonnet, Beschluss zur Eröffnung des Hauptverfahrens, 13.8.2012.
48 Ebd.
49 Ebd.
50 Ebd.
51 M. Ansaldo, *La Repubblica*, 14.6.2012.
52 Quotidiano.Net, 3.10.2012.
53 Ebd.
54 G. Galeazzi, *Vatikan Insider*, 2.10.2012.
55 P. A. Bonnet, Beschluss zur Eröffnung des Hauptverfahrens, 13.8.2012.
56 Paul Badde, *Die Welt*, 15.7.2012.
57 G. G. Vecchi, *Corriere della Sera*, 3.10.2012.
58 Ebd.
59 AGI, 5.10.2012.
60 M. A. Calabrò, *Corriere della Sera*, 18.10.2012.
61 Europarat, Expertenausschuss für die Bewertung von Maßnahmen gegen Geldwäsche und Terrorismusfinanzierung – Moneyval, Straßburg, 4.7.2012.

KAPITEL XIV

1 Benedikt XVI., Rede zum 50-jährigen Bestehen der Römischen Verträge, 24.3.2007
2 T. Bertone, Predigt, Montecassino, 21.3.2010.
3 Benedikt XVI., Ansprache, 20.5.2010.
4 I. Ingrao, *Panorama*, 27.5.2010.
5 Benedikt XVI., Ostervirgil, 11.4.2009.
6 Benedikt XVI., Ansprache vor der Römischen Kurie, 20.12.2010.
7 28.6.2010.
8 *Apostolisches Schreiben zur Einrichtung des Päpstlichen Rates zur Förderung der Neuevangelisierung*, 21.9.2010.
9 Benedikt XVI., Begegnung mit dem Klerus von Brixen, 6.8.2008.
10 Benedikt XVI., Ansprache, 11.3.2010.
11 Benedikt XVI., Angelus, 1.1.2010.
12 Benedikt XVI., Angelus, 9.8.2009.
13 Benedikt XVI., Ansprache, Hyde Park, London, 18.9.2010.
14 Benedikt XVI., Predigt, Stará Boleslav, 28.9.2009.
15 Benedikt XVI., Interview auf dem Flug nach Prag, 26.9.2009.
16 Benedikt XVI.: *Licht der Welt. Der Papst, die Kirche und die Zeichen der Zeit. Ein Gespräch mit Peter Seewald.* Freiburg i. Br. 2010. S. 163 f.
17 Ebd.
18 Benedikt XVI., Ansprache an die deutschen Bischöfe, 10.11.2006.
19 A. Scola, Messe für Kardinal Martini, Mailand, 3.9.2012.
20 C. Marroni, *Il Sole 24 Ore*, 10.12.2010.
21 Benedikt XVI., Ansprache an Vertreter der EVP-Fraktion des Europäischen Parlaments, 30.3.2006.
22 M. Politi, *La Repubblica*, 28.3.2007.
23 Kongregation für die Glaubenslehre, *Lehrmäßige Note zu einigen Fragen über den Einsatz und das Verhalten der Katholiken im politischen Leben*, 24.11.2002; *L'Osservatore Romano*, 17.1.2003.
24 Benedikt XVI., Ansprache an die Teilnehmer der Generalversammlung der Caritas Internationalis, 27.5.2011.
25 M. Politi: *La chiesa del no.* Mailand 2009.
26 Benedikt XVI., Ansprache in der Universität Regensburg, 12.9.2006.
27 Ebd.
28 Ebd.
29 Gespräch mit dem Autor.
30 Benedikt XVI., Ansprache in der Universität Regensburg, 12.9.2006.
31 Benedikt XVI.: *Licht der Welt. Der Papst, die Kirche und die Zeichen der Zeit. Ein Gespräch mit Peter Seewald.* Freiburg i. Br. 2010. S. 102.
32 Benedikt XVI., Begegnung mit Vertretern aus der Welt der Kultur, 12.9.2008.
33 H. Tincq, *Le Monde*, 9.9.2008.

34 Benedikt XVI., Begegnung mit Vertretern der Gesellschaft Großbritanniens, 17.9.2010.

35 Benedikt XVI., Ansprache im Reichstagsgebäude, Berlin, 22.9.2011.

36 Benedikt XVI., Begegnung mit den politischen Autoritäten und dem Diplomatischen Korps, 26.9.2009.

37 Benedikt XVI., Weihnachtsempfang für das Kardinalskollegium und die Römische Kurie, 21.12.2009.

38 L. Fazzini, *Avvenire*, 23.2.2011.

39 E. Bianchi, *La Stampa*, 18.2.2007.

40 J. Kristeva, *Asia News*, 27.10.2001.

41 Benedikt XVI., Lettera al Presidente del Senato Marcello Pera, 16.10.2005.

KAPITEL XV

1 M. Marquart, www.spiegel.de, 7.4.2010.

2 Ebd.

3 Ebd.

4 L. Scaraffia, *L'Osservatore Romano*, 17.4.2010.

5 AGI, 21.3.2010.

6 A. Melloni, *Adista*, Nr. 35555, 4, 2010.

7 Zenit, 28.9.2010.

8 M. Marquart, www.spiegel.de, 7.4.2010.

9 Benedikt XVI., Begegnung mit dem Klerus der Diözese Aosta, 25.7.2005.

10 Benedikt XVI., Begegnung mit dem Klerus der Diözesen Belluno-Feltre und Treviso, 24.7.2007.

11 *Annuarium Statisticum Ecclesiae 2010*, Lev, 2012.

12 Ebd.

13 M. Politi: *Il ritorno di Dio*. Mailand 2004.

14 L. Diotallevi: *La parabola del clero*. Turin 2005.

15 Elfte Ordentliche Vollversammlung der Bischofssynode, *Propositionen*, 22.10.2005.

16 Benedikt XVI., Begegnung mit dem römischen Klerus, 2.3.2006.

17 *Annuario pontificio*, 2011.

18 *Annuarium Statisticum Ecclesiae 2010*, Lev 2012.

19 Zweite Sonderversammlung der Bischofssynode für Afrika, *Endliste der Propositiones*, Nr. 47, 24.10.2009.

20 Kongregation für den Glauben, Doctrinal Assessment of the Leadership of Women Religious, 18.4.2012.

21 Benedikt XVI., Missa pro ecclesia, 20.4.2005.

22 Benedikt XVI., Besuch der evangelisch-lutherischen Gemeinde Roms, 14.3.2010.

23 Benedikt XVI., Missa pro ecclesia, 20.4.2005.

24 Katholisch-orthodoxes Koordinationskomitee, *Il ruolo del vescovo di Roma nella comunione della Chiesa nel primo millennio*, Aghios Nikolaos, 3.10.2008.

25 www.zenit.org, 18.11.2007.

26 ANSA, APCOM, 8.3.2008.

27 D. Malacaria, *30 Tage*, Nr. 4/5, 2011.

28 Mitteilung von Bartholomäus I. an den Autor.

29 Benedikt XVI., Botschaft an Bartholomäus I., 30.11.2009.

30 *Kirche 2011: Ein notwendiger Aufbruch*, www.memorandum-freiheit.de; veröffentlicht in der *Süddeutschen Zeitung*, 3.2.2011.

31 *America*, 21.2.2011.

32 Der *Avvenire* vom 21. August 2011 zitiert die Angaben von Pressesprecher Lombardi, wonach insgesamt 1,5–2 Millionen Menschen »zum Teil« in Cuatro Vientos, »zum Teil« vor den Bildschirmen in Madrid an der Vigil teilgenommen hätten.

33 M. Politi, *La Repubblica*, 16.5.2009, und Benedikt XVI., Ansprache bei der Abschiedszeremonie auf dem Internationalen Flughafen Ben Gurion, Tel Aviv, 15.5.2009.

34 Benedikt XVI., Ansprache an das Diplomatische Korps, 10.1.2011.

35 Benedikt XVI., Pressekonferenz auf dem Flug in den Libanon, 14.9.2011.

36 F. Strazzari, *Il Regno*, Nr. 4, 2010.

37 Ebd.

38 J.W. O'Malley: *What happened at Vatican II*. Cambridge 2008.

39 Johannes XXIII., Rede zur Eröffnung des 2. Vatikanischen Konzils, 11.10.1962; hier zitiert nach *Herderkorrespondenz* 17 (1962/1963), S. 85–88.

40 Benedikt XVI., Ansprache beim IV. Nationalkongress der Kirche Italiens, 19.10.2006.

41 Benedikt XVI., Predigt, 2.10.2005.

42 O. Kallscheuer, *Cicero*, September 2011.

43 M. Politi, *Il Fatto Quotidiano*, 23.4.2011.

44 Benedikt XVI.: *Licht der Welt. Der Papst, die Kirche und die Zeichen der Zeit. Ein Gespräch mit Peter Seewald*. Freiburg i.Br. 2010. S. 5[illegible].

45 J. Ratzinger: *Salz der Erde*. München 1996. S. 149.

46 Benedikt XVI.: *Licht der Welt. Der Papst, die Kirche und die Zeichen der Zeit. Ein Gespräch mit Peter Seewald*. Freiburg i.Br. 2010. S. 47.

47 Benedikt XVI., Predigt in Sulmona, 4.7.2010.

Dank

Mein Dank gilt den Kirchenmännern, die mir im vertraulichen Gespräch mit Klarsicht und Augenmaß zahlreiche Aspekte dieses Pontifikats verdeutlicht haben. Andrea Tornielli bestärkte mich mit seinen Veröffentlichungen in der Überzeugung, dass ein nüchterner Blick auf die Fakten zu konvergenten Urteilen führt, selbst wenn man von unterschiedlichen kulturellen Positionen ausgeht. Lucio Brunelli brachte Licht in die Abstimmungen des Konklaves.

Zum Verständnis der neuesten Entwicklung von Benedikts Denken war mir Peter Seewalds Interview eine wertvolle Hilfe.

Tiziana Solina stand mir mit ihren wie immer sorgfältigen Recherchen zuverlässig zur Seite. A. Markmatthew ermunterte mich. S. Garpol las das Manuskript mit geduldiger, kritischer Aufmerksamkeit. Prof. Antonio Autiero und Dekan Prof. Klaus Müller sei gedankt, dass dieses Buch in der Katholisch-Theologischen Fakultät der Westfälischen Wilhelms-Universität Münster, wo Joseph Ratzinger seinen Lehrstuhl hatte, vorgestellt und diskutiert werden konnte.

Anregungen, Hinweise und Hilfe bei der Materialsuche erhielt ich von Ph. Natanson, F. Ehlers, R. Ascarelli, A. Brugnini, J. Scaramucci, K. Hasig, R. Rosso, M. Lamers, A. Bobbio, G. Chirri und S. Izzo.